U0902896

上海现代服务业联合会会长、《上海物流年鉴》编委会主任周禹鹏

市政府发展和研究中心主任、《上海物流年鉴》编委会副主任周振华

市政协经济委员会主任、《上海物流年鉴》编委会委员许培星

市商务委巡视员、《上海物流年鉴》编委会委员管和平

周禹鹏会见商务部原副部长魏建国（左二）、市商务委副主任顾嘉禾（右一）。

周禹鹏与魏建国

周禹鹏与宝山区区长汪泓。

上海物流企业家协会秘书长陈永军

《上海物流年鉴》编委会委员，市发展改革委副主任顾洪辉（左二）和市流通经济研究所常务副所长汪亮（右一），左一是市发展改革委经贸处处长殷飞。

上海现代服务业联合会常务副会长兼秘书长张亚培。

2012 年 3 月 20 日,《上海物流年鉴》编委会部分领导在揭牌仪式暨研讨会上。

“《上海物流年鉴》编委会和编辑部揭牌仪式暨研讨会”会场。

周禹鹏、周振华为《上海物流年鉴》编委会和编辑部揭牌。

上海现代服务业联合会副会长、《上海物流年鉴》编委会委员周伟民宣读编委会成员名单。

市流通经济研究所园区经济研究中心主任、《上海物流年鉴》编辑部主任白焕耀(右一)主持会议。

市经信委生产服务处处长于成发言。

市统计局总经济师、《上海物流年鉴》编委会委员严军发言。

上海长江经济联合发展(集团)股份有限公司副总裁、《上海物流年鉴》编委会委员居亮发言。

市商务委市场体系建设处处长刘敏在 3 月 20 日会上。

周禹鹏为《上海物流年鉴》编委会委员颁发聘任书。

原中国物流与采购联合会常务副会长丁俊发作主旨发言。

由民生银行上海分行与上海物流企业家协会合作建立的“小微企业城市商业合作社”在论坛上揭牌。

与会的物流行业代表参观物流企业的生产线。

《上海物流年鉴》编辑部主任白焕耀与有关专家探讨交流。

上海交通运输协会副会长干观德

市流通经济研究所常务副所长、《上海物流年鉴》编委会委员汪亮发言(右一是东昊董事长闵春光)。

《上海商报》副社长、《上海物流年鉴》编委会委员沈传信(左一)发言。

《上海物流年鉴》编辑部主任白焕耀(右二)宣读周禹鹏同志给会议的贺信(右一是浦东现代物流行业协会秘书长陶惠民)。

上海现代服务业联合会副秘书长陈虎祺发言(左二,左一是上海市物流协会常务副会长韩志雄)。

《上海物流年鉴》编辑部工作会议。

上海物流年鉴：2012

Shanghai Logistics Yearbook 2012

《上海物流年鉴》编辑部 编

世界图书出版公司
上海・西安・北京・广州

图书在版编目(CIP)数据

上海物流年鉴：2012/《上海物流年鉴》编辑部编.
—上海：上海世界图书出版公司，2012.11
ISBN 978-7-5100-5372-6

Ⅰ.①上… Ⅱ.①上… Ⅲ.①物流—上海市—2012—年鉴 Ⅳ.①F259.275.1-54

中国版本图书馆CIP数据核字(2012)第239545号

责任编辑：应长天
责任校对：石佳达

上海物流年鉴：2012
《上海物流年鉴》编辑部 编

上海世界图书出版公司出版发行
上海市广中路88号
邮政编码 200083
南京展望文化发展有限公司排版
上海东亚彩印有限公司印刷
如发现印刷质量问题，请与印刷厂联系
(质检科电话：021-63294668)
各地新华书店经销

开本：787×1092 1/16 印张：28.5 字数：530 000
2012年11月第1版 2012年11月第1次印刷
ISBN 978-7-5100-5372-6/F·56
定价：399.00元
http://www.wpcsh.com.cn
http://www.wpcsh.com

《上海物流年鉴》编撰委员会

主　任：周禹鹏

副主任：周振华

委　员（按姓氏笔画排序）：

王亚奇　史济越　仲伟林　刘　健　许培星　严　军　李惠德

吴伟青　汪　亮　沈传信　陈学军　陈永军　周伟民　周　赤

周　淮　赵　峻　顾性泉　顾洪辉　菅和平　韩志雄　简大年

《上海物流年鉴》编辑部

主　任：白焕耀

编辑人员（按姓氏笔画排序）：

于　成　马洁华　马晓敏　马　峰　王晓艳　尹军波　冯荫犇
朱天恩　朱贤峰　朱泽榕　刘　敏　汤　琳　孙　旭　杨卓群
吴保峰　何　勇　邹翠娟　张志坚　张连森　陈文彬　陈　奕
袁得志　徐家明　殷　飞　陶惠民　蒋永祥　蒋　婵　戴桂麟

《上海物流年鉴》编撰委员会

地址：上海市浦东滨江大道2525弄5号A栋(上海现代服务业联合会办公楼内)

邮编：200120　**电话：**50151866(总机)　**传真：**50151827/50151857

E－mail：shsf.china@163.com

《上海物流年鉴》编辑部

地址：上海市延安西路1754号(上海市流通经济研究所内)

邮编：200051　**电话/传真：**51029011转304分机

E－mail：shlogyearbook@126.com

新浪博客：http://blog.sina.com.cn/u/2748023544

前　　言

自《上海物流年鉴 2011》首次发行以来，倍受社会各界的普遍关注，也获得了业内人士的广泛好评。一年多来，在上海市政府各相关部门领导组成的编纂委员会重视和指导下，经过编辑部的辛勤工作和努力，《上海物流年鉴 2012》卷又将与读者见面了。2012 年卷的编纂工作本着开放式办年鉴的编辑方针，邀请了相关行业协会和物流业中不少优秀企业共同参与，在各方共同努力下，2012 年卷在去年基础上编辑质量又有不少进步，在此我对参与年鉴编纂的政府各相关部门、行业协会和企业表示衷心的感谢，并且也衷心希望明年出版的 2013 年卷能够在现在的基础上取得更为明显的进步。

2011 年是我国“十二五”规划开局之年，是物流业发展的“政策年”。国家对物流产业的重视程度前所未有，采取了多种措施促进我国物流业的健康发展，国家有关部门和地方政府积极推动相应的政策出台和落实，我国物流业发展的政策环境得到了持续改善。特别是“物流国九条”政策的出台，对推动物流企业的发展其作用十分明显。其次，2011 年底起国家积极推进营业税改增值税的税制改革，并且从 2012 年年初起支持上海率先开展试点改革。同年 8 月，又将试点城市扩展到 10 个。“营改增”改革不仅进一步优化了物流业的整体经营环境，更加快了物流企业升级发展的步伐。这在年鉴的 2012 年卷中都已有所反映。同时我注意到，与去年的年鉴比较，今年的年鉴在目录编排和内容组织方面也有所改进。这一方面说明，年鉴编辑部的同志们能够在编纂委员会指导下不断总结经验，另一方面也表明本市物流行业在过去一年中实现了新发展。希望编辑部的同志们坚持以科学发展观为统领，坚持从实际出发，更好地在年鉴中反映出本市物流业的“喜和忧”，积极宣传物流企业的先进文化和创新精神。

物流既是传统又具有时代特征的关键产业，是企业生产、社会发展和人民群众的日常生活中不可或缺的重要产业门类，从属于生产性服务业领域。从某种意义上可以说，一个国家、一个地区的物流质量与水平，往往成为衡量其国民经济运行质量的重要尺度。在当前“创新驱动、转型发展”的大背景下，本市物流业作为现代服务业的重要组成部分，迎来了进一步发展的春天。物流业的百舸争流，一定会有更多更好的企业脱颖而出，也一定会有更多更好的成功经验问世，为助推本市经济社会的发展不断作出新的贡献。我相信，《上海物流年鉴》所能发挥的作用也将会越来越明显。

《上海物流年鉴》已经出版二卷了，但仍处于幼年期。虽然有关各方为年鉴出版付出了辛勤劳动，存在问题和不足也在所难免，不过我仍然衷心希望大家在年鉴编纂上严把质量关，使其更具科学性和客观性。同时也希望政府的相关部门和物流龙头骨干企业给予上海物流年鉴更多的关注、关爱和支持，把《上海物流年鉴》办得越来越好，使年鉴尽早成为上海物流产业文化史上绚丽绽放的一朵奇葩。

上海现代服务业联合会会长

《上海物流年鉴》编撰委员会主任

周禹鹏

2012 年 9 月

编 辑 说 明

《上海物流年鉴 2012》是继《上海物流年鉴 2011》后，记录和反映上海物流行业发展年度综合信息的又一本大型行业工具书。

本年鉴设置综述、政策与服务、物流基础领域、口岸物流、制造业物流、商贸和其他物流、物流基础设施建设、物流标准—技术—装备和安全、物流管理信息化、物流衍生服务、物流业发展专题研究、附录等十二篇章，各项内容主要收录时限为 2011 年全年，部分收录内容延至 2012 年 6 月。

各篇章责任编辑的分工为：孙旭分工第一、第八篇，徐家明分工第四、七、九篇，白焕耀、方精丽、姜源分工第六篇，张志坚分工第二、三、五、十、十一、十二篇，陶惠民则承担了若干分篇内容素材和文字的补稿、增稿工作。

本年鉴组稿和编辑期间，得到上海市发展和改革委员会、上海市经济和信息化委员会、上海市商务委员会、上海市交通和港口管理局、上海市统计局、上海市工商局、上海海关、上海市邮政管理局、上海铁路局、上海市综合保税区管委会、上海市物流协会、上海浦东现代物流行业协会、上海国际货代行业协会、上海机场集团、上海长江经济联合发展(集团)股份有限公司、上海同盛(集团)有限公司等单位的大力支持，在此谨表示衷心感谢。

《上海物流年鉴》编辑部

2012 年 8 月 28 日

目　　录

第一篇　综　　述

第二篇　政策和服务

第三篇 物流基础领域

第四篇 口岸物流(国际物流和保税物流)

第五篇　制造业物流篇

第六篇 商贸和其他物流

第七篇 物流基础设施建设

第八篇 物流标准、技术与装备

第九篇 物流管理信息化

第十篇 物流衍生服务

第十一篇 物流业发展专题研究

第十二篇 附 录

第一篇　综　述

2011年，在经济持续较快增长和一系列政策措施的推动下，上海市社会物流总需求增速提高，物流专业化、社会化进程在结构调整中明显加快。上海物流业增加值达到2 242.69亿元，占全市生产总值比重为11.7%，占第三产业增加值比重为20.1%，比上年度增长7.4%；国际物流和保税物流能力明显提升，制造业物流和城市配送物流等重点领域成效显著；物流基础设施投入不断增强，综合运输网络布局

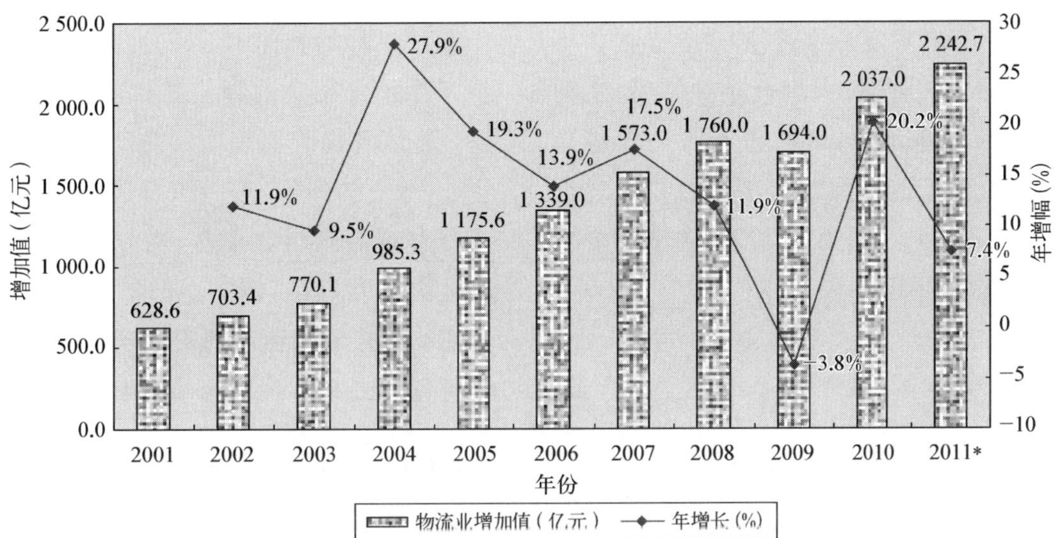

图1-0-1　2001—2011年上海物流业增加值变化一览

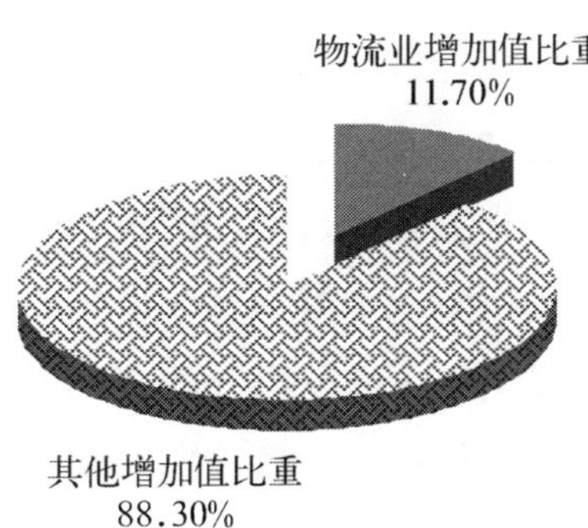

图1-0-2　2011年上海物流业增加值占全市生产总值比重

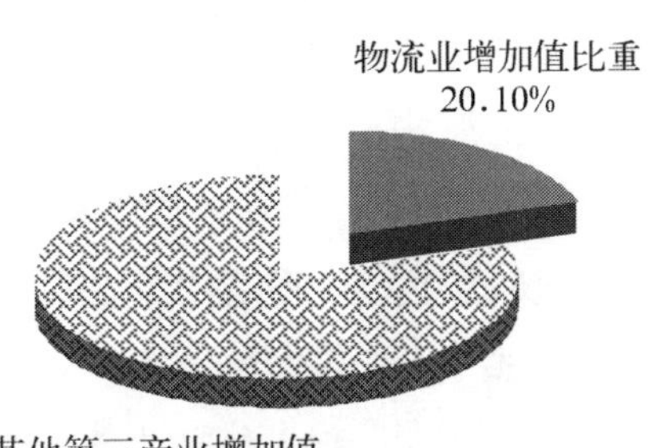

图1-0-3　2011年上海物流业增加值占全市第三产业增加值比重

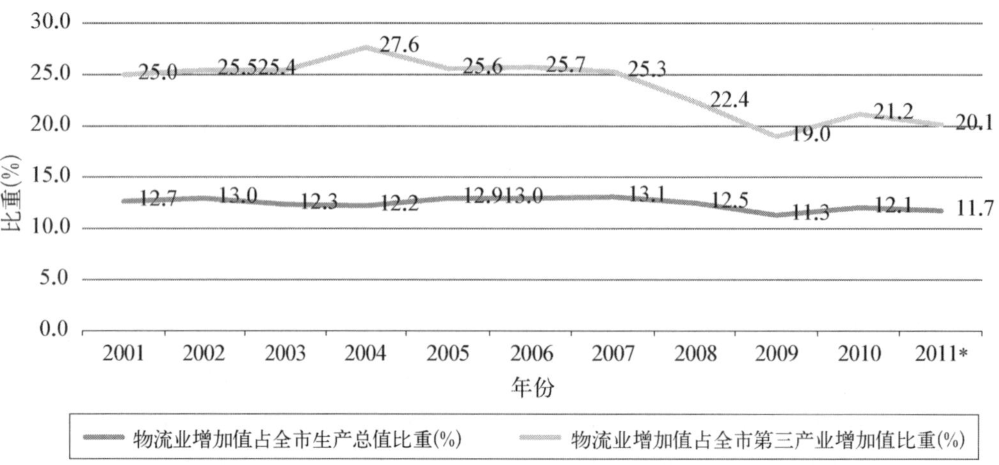

图 1-0-4　2001—2011 年上海物流业增加值占全市总量比重变化一览

日趋完善；信息化水平大幅提高，物流标准化体系建设逐步推进；物流企业主体不断发展壮大，加快向现代企业转型；主动对接长三角地区，区域物流联动效应显现。物流业为上海市经济平稳较快运行提供了有力支撑，为推动发展方式转变发挥了重要作用。

§1.1　2011 年上海物流业发展综述

刚刚过去的 2011 年，是实施“十二五”规划的开局之年，面临国际国内环境的重大挑战，上海物流业坚定信心、迎难而上，按照贯彻落实科学发展观的要求，着眼于保增长、扩内需、调结构的总体部署，从积极营造有利于物流业发展的政策、市场环境出发，以区域物流功能配置为抓手，在外部经济环境不确定和不稳定因素较多、外需尚未有根本性好转的情况下，在《上海市现代物流业发展“十二五”规划》的推进和实施过程中，进一步完善区域经济中物流基础设施建设，进一步体现物流功能配置在产业结构调整、升级中的作用，进一步打造具有区域竞争力的物流产业平台，进一步结合存量地块的开发推进物流业的发展，进一步在物流领域的创新研究及尝试中获得了可喜的成果。

§1.1.1　年度行业市场动态、统计数据和基本分析述评

一、上海口岸物流发展总体数据

据统计，2011 年，上海口岸进出口货物总额首次突破 1 万亿美元大关，达到 10 654.9亿美元，同比增长 17.3%，占全国进出口货物总额的 29.3%。其中兄弟省市经上海口岸进出口的货物占比 63%。上海港集装箱吞吐量首次突破 3 000 万标准箱，达到 3 173.9 万标准箱，同比增长 9.2%，继续稳居全国第一和世界第一，超

过排名世界第二、第三的新加坡港、香港港分别为 180.1 万标准箱、737.4 万标准箱，超过排名全国第二、世界第四的深圳港 916.8 万标准箱。上海浦东国际机场货邮吞吐量 310.9 万吨，同比下降 3.7%，继续保持全国第一和全球第三，占全国机场货邮吞吐总量的 30%左右，其中进出口货邮量占全国机场进出口货邮总量的 60%左右。与全球排名前四位的货运机场相比，与排名第一的香港国际机场(393.9 万吨，同比下降 4.6%)差距为 83 万吨，与排名第二的孟菲斯国际机场(391.6 万吨，同比下降 0.01%)差距为 80.7 万吨，超过排名第四的仁川国际机场(253.9 万吨，同比下降 5.4%)57 万吨。

二、上海物流业发展总体结构

外高桥港区和浦东国际机场已联袂成为物流产业发展的枢纽。口岸出入境旅客吞吐量将接近 2 300 万人次。上海市物流园区数量稳定增长，在结构上既有国家级的保税物流园区，也有大型企业内部的物流园区；物流从业人数也显著增加。上海已建成了亚洲最大的跨国采购中心，吸引了 90 多家跨国采购商，其中 56 家跨国公司在上海设立总部，这为上海国际物流的进一步发展创造了广阔的发展空间。

经济的发展、结构的转型，促进了上海市物流服务业的发展。物流服务业增加值对上海 GDP 的贡献度大幅增长，物流业正在成为上海生产型服务业中颇为重要的行业，物流业与经济各领域都有密切的关联，已成为经济增长的亮点。在快递、电子商务、商贸物流、大宗商品物流等领域的服务业态和运作模式的创新，取得了进一步的发展。

§1.1.2 年度行业发展特点

2011 年物流行业的发展随着经济运行的宏观情况，整体增长中带着些结构化的缩减，增长速度趋于稳定，需求层次提升，保持了良性发展的态势，具体表现为以下特点：

一、物流产业增速放缓且趋于稳定

据初步统计，2011 年上海社会物流总额和物流业增加值增幅 10%左右[①]，社会物流总费用与 GDP 的比率维持在 18%左右[②]。这一数据一方面是上海建设贸易中心和航运中心的成果；另一方面，该增幅趋于缩减，且保持平稳，为后续的发展积蓄力量。

二、需求层次提升

一体化、精益化、智能化的供应链服务需求继续扩大；专业化、个性化、柔性化的共同配送需求快速增长；电子商务和居民消费等对物流配送和快递服务的要求

① 2011 年物流业增加值年增幅实际为 7.4%。——编者注

② 据《上海市现代物流业“十一五”发展规划》：物流总费用与生产总值比值 2001 年为 16.5%，2005 年为 15.5%。——编者注

越来越高。

三、市场竞争加剧

市场主体庞杂的局面和要素成本上升的趋势，短期内难以改变，物流企业经营困难进一步加剧。营改增政策的实施，从理论推演上为上海市物流业特别是运输业的成本带来了很大的压力。

四、物流企业面临新的选择

市场优胜劣汰情况随着竞争的日益加剧而变得明显。符合市场需要的企业将有更多发展机会，不适应市场需要的企业将承担被淘汰的风险。物流企业间的重组和并购增加，很多物流企业开始借助资本市场的力量来完成自身的蝶变。

五、涉及民生的物流领域更受关注

过去的一年是民生年，与人们生活相关的物流活动，如农产品物流、食品物流、医药物流、社区物流服务等获得进一步发展。物流作为调整供需平衡的渠道和现实的手段，在物价变动幅度加大，商品结构化短缺的现实市场中，如何快速、敏捷、低成本地满足日常生产和消费需求，配合国家调控政策，成为物流企业需要解决的问题。

六、物流新技术加快应用

物联网、云计算、多层仓库、自动分拣、托盘共用系统、移动物流支持等新的设备和技术获得一定的应用。在上海建设智慧型城市的浪潮中，物流企业通过传感器的使用，将业务运作与信息整合密切联系在一起，在解决客户需求的同时，为分析客户群体特征，提升服务水平和层次取得了十分关键的市场资料和数据，为后续的发展和服务奠定了基础。

七、多业联动的经营模式

制造业、商贸业、金融业与物流业联动发展，形成了一定的整合优势。物流业摆脱了过去以仓储和运输为唯一支撑的范畴，加入了外延式扩大再生产。物流企业作为市场运营的主体，更多地与制造商、分销商、银行、保险、信息服务商等整合在一起，提供综合的解决方案，有效地满足客户需求，并减少了整个供应链运作的成本，为物流功能从成本中心向利润中心转移创造了必要的条件。

§1.2 物流行业2012年发展思路和展望

§1.2.1 上海市物流行业2012年发展领域

物流业与商贸流通业的结合发展

商贸物流作为一种商贸、物流相互渗透的产业新形态，在网购与快递的结合已经呈现良好的前景。为了提高已经形成的网络化配送运作效率，实现电子商务产业链扩张，依托城市形成物流服务的集聚，将成为其快速发展的机遇。

物流业与制造业的联动发展

近些年来的实践证明，高水平的物流企业帮助制造业改善管理，以及制造业主动与物流企业对接，构建制造业与物流业在服务上具有紧密联系的制造业物流系统，符合制造业与物流业发展的提升方向。

客观反映物流行业运行情况的数据指数化趋势、宏观管理方向发展。为客观反映物流行业的整体运行状况、发展趋势、周期性特征以及与国民经济运行的关系和影响，国家发改委经济运行调节局、中国物流与采购联合会联合在2011年正式开展中国物流业景气指数调查工作。而为了反映地区，上海市的物流运行情况，上海市也将编制物流运营的各种指数，配合中国物流业景气指数的发布，以便更加准确、细致地反映宏观和微观的行业动态。

§1.2.2 行业发展新方向、新业态、新功能、新技术展望

创新来源于细节，由下至上的萌动带来的变革往往令人敬畏，并且通过长时期自发形成的持续不断的自我强化，从而滴水成渊，汇成行业潮流或者趋势，进而带动相关产业形成变革的需求，通过层级递进和梯度转化，形成全社会统一的价值观念，带动经济发展，推动社会进步。这样，寻找和发现这些物流业发展中可能引发行业趋势的萌动信息成为必然。

一、物流宏观规划方面的制度创新引发的行业趋向

编制上海物流指数规划

上海物流指数的编制规划工作正在紧锣密鼓地进行，物流指数的建立可以较客观地反映当前物流市场状态和行情，为物流产业的规划和调整奠定宏观基础；物流指数的建立可以反映未来物流市场的趋势，为物流产业的投资和经营管理提供指南，从而有利于政府从宏观角度对物流产业进行指导和管理；有利于促进区域物流业的有序发展；有利于物流行业的经营与管理模式的改进；有利于物流生产组织与优化；有利于为物流期货市场的运行做好基本面的评估。

上海物流指数的规划及实施，将促进行业整体指标化、数据化，从而为经济发展提供关键绩效指标（KPI）的定义和确定方法，为企业运营提供参考。随着上海物流指数的实施，其他附属的子指数群也将陆续出台和兴起。按照行业划分的各行业物流运作指数，将为行业内的企业指明身处的位置，从而为物流优化提供辅助判断标准；按照功能划分的物流指数，将说明运输、仓储、包装等物流功能的分布情况，从而为企业的产品设计和分销提供参考依据；按照物流时间节点划分的各种物流效率指数，将为企业的采购、生产、配送等物流环节提供数据化分析结果，以便通过改进提高效率。

单证数据化保管中心规划

单证数据化保管中心通过具有公信

力的第三方存管机构，利用 EDI、SAAS 等技术，用电子单证代替了纸面单证，由传统的多点对多点的联系变为网络信息传递，从而改变单证保管的形式。传统的单证保管，按照海关和税务部门的要求，需要保存纸面单证 5—8 年，往往造成了企业单证保管仓库的成本大幅增加，企业租用办公地点的流动利用率降低 40%—50%。对于一些电子形式存储的单证，由于企业没有规模经济效应，造成人员浪费、设备浪费的情况。集中的电子单证保管可以大大减少存储资源，同时加强了数据安全性。

单证数据化保管中心规划符合各相关单位的需求：数据化单证保管中心，将节省企业运营成本，有利于海关监管、税务稽查，推行单证标准化，简化审批手续，缩短单证审核时间，节省供应链总时间，保障信息安全。

二、物流行业自身发展形成的趋向

行业标准及物流绩效衡量指标

国际金融危机直接导致物流行业面临外部需求显著减少，高要素成本下经营困境加剧，中小物流企业在市场和成本的双重压力下纷纷破产，同时促进了行业的重新洗牌，大规模的物流企业纷纷利用这次机遇展开了行业并购的战略部署，加快了国内物流网点的布局，提升了行业的服务起点和整体水平。为了更好地划定行业范围和目标，为了提高后期进入者的经营壁垒，为了同全球化的客户推行同一平台下的运营，作为开展第四方物流服务的准备，企业呼吁加快物流行业标准和科学物流绩效衡量指标（KPI）的建设，表达了市场的强烈需求。

物流企业的股权结构变化频繁，行业资本市场借力加强

从上海产权交易市场的交易情况看，物流业成为外资青睐的行业。随着新宁物流、沈阳新松跻身创业板，高端物流企业备受瞩目。传统意义的外资并购方式退居二线，以 PE 为代表的金融资本开始角逐物流市场。另一个在资本市场引起关注的现象是，资本对物流业的投资思路出现了显著变化。2011 年以前，资本对于物流业的渗透和并购，来源于强烈的资产预期，形成了抢夺物流实体运营资源为中心的战略，企业的评估也多参考物流网点、资产总额等指标。而如今，越来越多的投资资本开始关注物流作为服务资源的潜在增长点，更加关注物流企业的服务及盈利模式，信息平台建设，客户数据库建设，资产开放性，管理团队及管理水平等。

三、物流业务运营体系化需求形成的趋向

市场预测及需求计划管理体系得到重视

服务业的一个本质特征就是服务能力同市场需求的匹配。物流企业对自身的准确衡量和定位是获得市场的前提，而服务水平及客户满意度是衡量自身定位的尺度。具有针对性的市场预测能力能

够提高服务的可预知性，从而更加完善地提高客户感知，从而为下一次服务奠定基础。市场预测中的价格预测是市场预测的另一个重要内容，准确地预测市场价格可以在具体的业务运营中得到一定的指导，有利于提高收益的稳定性。

物流业是为生产型或者消费型的客户服务的，是否能够准确预测及即时了解客户的信息，特别是需求信息，是物流服务水平的标志，也是物流业务的重要来源。上海市优质的物流服务企业已经认识到了对客户需求进行管理的必要性，特别是一些跨国物流公司已经开始着手进行客户系统同自身系统的对接，用供应链的思路来进行业务流程设计，制度规划及绩效保证。

客户关系管理体系得到重视

随着物流市场的进一步发展和规范，信息系统的进一步完善和信息采集的进一步规范，物流企业的服务水平也逐渐提高。面对自身服务资源的有限性和客户需求的层次性，物流企业的客户评价体系逐步建立和推广，形成了对服务对象的分类，对不同层次的客户提供与之适合的不同服务。这种现象将在未来进一步强化。客户关系管理体系的建立，有利于满足客户的需求，提供合理的价值；有利于行业标准的制定和分级管理的实施；有利于形成行业的逐步逐级管理提升；有利于物流市场的规范管理和区分；有利于高端客户享受有差别的服务。

从客户的角度看，通过服务的区分，能够更加精确地找到自身服务的提供者，从而避免了由于信息缺失而导致服务商选择失误。同时，因为服务管理的需要，客户对于市场物流企业服务类别的区分，有利于客户通过自身服务体系的建立和提升，以满足高端物流服务企业的服务对象资质。从供应链角度看，这种面向客户的关系管理，将使得客户的价值得到尊重，提供更加满意的服务；而全项客户关系管理体系的运用，使得客户同物流商、生产商的系统有了对接的平台，从而更加有利于信息的流动，缓解由于信息沟通不畅导致的“牛尾效应”。

四、物流应用创新形成的趋向

专项物流管理服务

专项的物流管理服务开始从理论向实务进行转化，很多第四方公司借助电子信息平台的工具，开始整合第三方物流服务商。整合的内容也日益完备，从运输、仓储、设备等运作层面向运输方式、仓储类型、设备利用时段进行深化。电子平台的使用日的更加明确，市场化趋向更加明显。行业内的网站在整合资源信息的同时，开始提供具有市场指导价值的专项信息，并且通过咨询服务得以体现。第三方物流企业评估、物流信息的接口整合、物流管理软件的外包、呼叫中心的应用、行业物流的企业对比及标杆数据等业务成为第四方服务的主要内容。

传统的第三方物流应用出现了链状特征，同供应链理论进行了对接和整合，形成了具有初步供应链特征的第三方物流服务模式。第三方物流企业的服务也出现了轻资产的管理模式，更加注重于物流基础服务之外的延伸服务，对客户的产品设计、流程管理、信息管理、采购管理、配送管理、生产管理等提出了更多的物流运作方法，促进了客户内部系统向外部系统的延伸，获得了更好的物流价值支撑。此趋势将为对接专业的供应链管理服务提供一定的必要的衔接基础。

物流电子交易平台

物流电子交易平台从网络向手机、RFID等延伸。电子交易平台的内容也从竞价交易向服务层次、服务对象、服务管理过渡。部分电子交易平台实现了现货挂牌交易、现货远期交易、竞价拍卖交易、竞价招投标交易、电子超市交易、网上商城交易、在线协商交易、专场交易、移动交易等不同的电子交易模式，并在此基础上形成了对信息的综合管理，从而对市场的走向等能够通过统计分析作出趋势性的判断。

电子交易平台的功能拓展和服务延伸将为传统的物流配送中心增加更多的服务需求，比如流通加工，拼装配货等；电子交易平台为物流的系统化提供了可能，为整个采购物流、生产物流、配送物流提供了整合的信息来源和手段；电子交易平台为客户服务制定了标准，也为物流市场的整体优化提供了信息保障；电子交易平台使物流服务信息更加透明，客户将更多地采取物流外包的方式来运营，从而更加有精力把自己的核心能力突出出来，便于整个社会的专业化分工。

五、物流外延的扩大和整合形成的趋向

物流金融

物流金融是在物流服务的基础上，为物流服务对象或者物流服务商本身提供资金融通、结算、保险等复合业务的模式，从而在物流运营中，借助各种金融产品和工具，有效地组织和调剂物流服务领域中货币资金的运动。物权法的出台为物流金融的行业应用提供了切实的法律保障，也激发了各大小金融机构提供物流金融服务的兴趣，从而开发了各种产品，有效地解决了物流服务中出现的资金短缺，现金流不足，融资能力不强，风险没有保障，结算方式不合理等问题。

物流金融服务的实践走在了物流金融理论的前面，各大小金融机构提供的物流金融产品也从动产质押向债权质押过渡，由于物权法的出台，更加强化了这一趋势。在这个过程中，商业票据的价值提高，企业对于形象和信誉更加尊重，为社会提供了很好的信誉基础。

物流结算平台

面向中小企业的融资中心是结算平台的一种方式，是融合了信息技术、监管机制、风险管控、物流金融的一种模式。结算平台通过对B2B交易的资金融通、账目清算提供了渠道，规避了交易风险，提高了资金利用效率，得到了广大企业的认可。物流行业的结算平台将可能扩展到其他领域,成为行业结算的平台,而物流企业在其中扮演了信用担保、业务联系、信息反馈等供应链理念的物流服务功能。

物流结算平台的运用为物流服务贸易奠定了基础。而结算平台的拓展借助期权、期货市场的贸易交割形式,在物流的实体运作方面得以体现。物资大流通、平台大结构的未来,在互联网的支撑作用下将会为人类整体的集聚和文明的跃迁寻求突破的范式。社会数据化、信息化为我们的生活、城市、个体提供了无限想象的发展空间,而物流服务产业必然在其中找到自己的位置,更加夯实社会不可或缺的、举足轻重的地位。

六、发展中的物流服务业趋势

物流中心的发展

建立在政策和资金基础之上的产业配置、工业集聚吸引了产业为导向的相关物流服务运作;由于经济的发展、劳动力的旺盛需求促进了城市的日益扩展,从而带动了城市生活物流服务市场的发展。随着城市功能的配套的进一步完备,物流基础设施如桥梁、隧道、高速公路、水路、管道的不断完善,跨国公司基于商业利益的布局推动,上海的物流中心建设向多元化、高层次、大规模、多功能拓展。按照产业布局的物流仓储中心向服务于多产业转变;服务水平由基础的资源服务向高端的附加服务转变;由中小规模的物流仓储向大规模的物流中心转变;由单一功能的仓储向多功能的集拼、简单加工等配套转变。经济危机的到来使物流产业的需求变小,从而为行业的整合提供了客观条件,从而深化了上述的四个转变。这些转变在2010年底开始酝酿,在2011年得到了进一步强化。预计在下一个十年内,这种趋势将继续。

物联网

物联网产业的成长,带动了物流服务业的发展。物流信息化依赖于物联网的软硬件通讯支撑,包括传感器、传感网芯片、操作系统、数据库软件、中间件、应用软件、系统集成、物体位移感知、智能控制系统及设备等一系列产品及服务的发展。物联网的技术突破和应用为物流服务业提升行业服务水平,促进物流服务业向高端服务业发展带来了更加广阔的应用空间。在过去的一年里,借助于物联网的技术,上海物流服务业已经开始着手进一步集成信息系统,进一步扩大数据采集,进一步规范运营流程,进一步树立行业标准,进一步扩大交叉应用,进一步加强移动服务……这个发展趋势必将得到强化,并随着物联网技术的发展而不断开拓创新。

物流服务技术

在过去的一年里,物流服务技术得到了前所未有的增长,在众多的技术发展中,RFID和呼叫中心的广泛应用成为行业的聚焦点。RFID这一基本成熟的信息技术,经历了长时间的市场选择与等待,终于开始在物流服务业全面爆发。RFID成本的下降及信息系统应用的集成需求，特别是RFID技术的创新应用为物流服务业的高效发展带来了令人期待的成长。虽然目前的RFID仍然无法落脚于低价值的单体产品的管理应用，但这一天必然将到来。呼叫中心是服务业的产物，在金融、旅游、电信服务业领域一直得到了广泛的应用。而物流服务业呼叫中心的推出和推广为这个行业作出了应有的贡献。目前的呼叫中心功能上可以与互联网及移动通信网相互借用和互联，提高了整个行业的服务水平。更多的物流服务技术将进一步得到开发和应用。

物流地产

上海的物流地产整体上总量远远不足，质量上更需要进一步提升。2011年物流地产的开发有了很大的进展，呈现了多样化、规模化的趋势。这里的多样化是指投资主体包含了外资、国有和民营等不同所有制范围；物流地产应用的范围包含了不同的行业，不同的需求；物流地产的功能包含了仓储、短驳、保税、分拣、简单加工等不同的形式；物流地产的分布也不仅仅局限于市区、园区附近，而是包含了机场、铁路、高速公路附近的地块；分布区域也包括了浦东、杨浦、宝山、嘉定、青浦、松江等区县，并且有逐渐向西移动的趋势；物流地产的内容也强化了城市功能区的配套这一重要内容。

§1.3 物流业“十二五”发展规划

§1.3.1 商贸物流发展专项规划

商务部发展改革委供销总社关于印发《商贸物流发展专项规划》的通知(商商贸发〔2011〕67号)

各省、自治区、直辖市、计划单列市及新疆生产建设兵团商务主管部门，发展改革委，供销合作社：

为进一步促进我国商贸物流发展，提高商贸物流服务质量和水平，增强商贸服务业竞争力，适应流通业发展和转变经济发展方式的需要，根据国务院《物流业调整和振兴规划》(国发〔2009〕8号)，商务部、发展改革委、供销总社组织编制了《商贸物流发展专项规划》(以下简称《规划》)，现印发你们。请根据《规划》确定的工作目标、重点工作，结合当地实际，抓紧制定具体工作方案和工作措施，认真组织实施，确保取得实效。

商务部　发展改革委　供销总社

二〇一一年三月十四日

商贸物流发展专项规划

商贸物流是指与批发、零售、住宿、餐饮、居民服务等商贸服务业及进出口贸易相关的物流服务活动。商贸物流属产业物流，是商品流通的重要组成部分。构建高效、安全、通畅的商贸物流服务体系，有利于降低物流成本，提高流通效率和效益；有利于促进商贸服务业转型升级，提升流通产业竞争力；有利于扩大就业，改善民生，维护社会稳定与繁荣；有利于减轻资源和环境压力，促进经济发展方式转变，更好地为建设小康社会、构建和谐社会服务。

为进一步促进我国商贸物流发展，根据国务院《物流业调整和振兴规划》（国发〔2009〕8 号）和《商务部关于加快流通领域现代物流发展的指导意见》（商改发〔2008〕53 号）的有关要求，制定本规划。规划期为 2011—2015 年。

1. *发展现状*

改革开放以来，特别是进入新世纪以来，我国商贸物流发展成效显著，主要体现在以下方面：

1）城乡商贸物流服务体系初步建立，服务水平不断提高

近年来，在国家政策引导和市场机制的作用下，城乡商贸物流服务体系逐步完善，服务功能不断增强。随着流通领域现代物流示范城市工作的推进，城市商贸物流专业化、组织化程度有所提高，为城市商贸服务业发展提供了有力支撑。“万村千乡市场工程”、“双百市场工程”、“农超对接”、“新农村现代流通网络建设工程”和农资流通体系试点等工作，有效促进了农村日用工业品、农资和农产品物流配送体系建设。批发市场通过功能再造和制度创新，延伸了加工、配送功能，缩短了供应链流程，提高了流通效率。餐饮企业通过建立现代化主食配送中心，实现网点的统一配送、及时补货，保证了食品的新鲜度，为方便居民消费发挥了积极作用。

2）商贸物流基础设施不断完善，配套能力不断增强

近年来，我国商贸物流基础设施投资稳步增长，配套设施不断完善。仓储业固定资产投资近十年来年增幅保持在 40% 左右。立体仓库面积已接近仓库总面积的 20%，形成了通用仓储与专业仓储、常温仓储与低温仓储、普通仓储与立体仓储共同发展的格局。截至 2009 年末，全国连锁零售企业拥有各类商品配送中心 3 426 个，通过配送中心向连锁企业配送商品金额达到 1.2 万亿元。一批商品集散地、产地和销地批发市场经过建设改造，货物集散、配送能力不断增强，冷链物流设施成为新的投资热点。物流信息管理系统在商贸物流活动中得到广泛运用。现代化的商贸物流基础设施对促进传统物流模式转变、提高城市和城际配送效率发挥了积极作用。

3）商贸物流服务主体迅速成长，先进物流服务方式推广速度加快

随着商贸物流社会需求的不断扩大，多种所有制、多种服务模式、多层次的现代商贸物流企业群体迅速发展。商贸企业、物流企业积极推广应用越库配送、共同配送、供应商管理库存等服务模式，满足现代零售企业小批量、多频次、快周转的物流服务需求，限额以上连锁超市商品统一配送率达到 63.4%。汽车、家电、医药、烟草等专业物流形成一定规模。信息

科技的广泛应用，大大提高了商贸企业和物流、配送企业的服务能力和供应链管理水平。各地建设的公共物流信息服务平台，有效地改善了物流信息的共享服务，促进了物流资源的供需衔接。

4）商贸物流发展环境明显改善，各种支持和配套政策日臻完善

近年来，各级政府部门通过制定规划、出台政策、设立专项资金，从多方面支持商贸物流发展。中央财政通过设立促进服务业发展专项资金、农村物流体系建设专项资金，引导商贸物流健康发展。金融机构通过建立支持流通业发展专项贷款，支持商贸物流业进行基础设施改造。供应链金融创新和贸易融资快速发展，有效缓解了中小企业融资难问题。行业组织开展物流企业信用评级和综合评估工作，推动了物流市场信用体系建设。

商贸物流业快速发展对促进商贸繁荣、服务民生、改善消费环境、推进流通方式升级和转变经济发展方式发挥了积极作用。然而，我国商贸物流整体水平不高，物流效率偏低，难以满足商贸服务业快速发展和居民消费升级的需求，主要表现在：商贸物流企业普遍规模较小，组织化程度不高；专业化的第三方物流发展滞后，运作方式、运行模式不能适应工业和商贸企业精细化服务的要求；商贸物流基础设施落后，配送能力不强；商贸物流缺乏统一规划和布局，融资难、税负重、基础设施投入不足等，在一定程度上制约了商贸物流业发展。

2. 面临的形势

未来五年将是我国经济发展方式转变的关键期，新型工业化和新一轮技术革命快速发展，居民消费结构加快升级，城镇化进程稳步推进，经济全球化程度日益深化，给商贸物流发展带来了重大发展机遇，同时也提出一系列新的要求。

1）经济发展方式转变对商贸物流发展提出了新的要求

转变经济发展方式是未来五年我国经济社会发展的主线，商贸物流是转变经济发展方式的重要领域。后金融危机时代，国际市场需求的不确定性增强，资源环境约束更加突出，外资物流企业加速在国内物流市场布局，流通业面临的市场竞争将更加激烈，要求商贸物流企业完善发展机制、创新服务模式、加快技术和装备更新、发展低碳物流，为扩大内需、服务民生、节能减排、促进经济发展方式转变作出积极贡献。

2）内需规模不断扩大为商贸物流发展带来巨大潜力

2010 年，我国社会消费品零售总额达到 15.5 万亿元，生产资料销售总额达 36 万亿元，进出口贸易额接近 3 万亿美元。随着我国扩大内需长效机制的确立以及经济增长向消费、投资、出口协调拉动转变，将进一步释放城乡居民消费潜力，国内市场总体规模将进一步扩大。预计到 2015 年，我国社会消费品零售总额和生产资料销售总额分别达到 30 万亿元、76 万亿元。商贸物流将迎来一个快速发展的

新局面。

3）流通组织体系变革催生商贸物流服务方式创新

我国商贸服务业正面临一场深刻变革，连锁经营由传统业态向社区便利店、大型折扣店等多业态、多业种延伸，对商贸物流提出更高要求。2009 年，我国限额以上连锁零售企业年销售额 2.2 万亿元，占社会消费品零售总额的 16.8%。与此同时，我国电子商务交易额快速增长，预计未来五年将保持年均 20%以上的增长速度，2015 年将达到 12 万亿元。交易规模不断扩大和流通方式变革催生物流服务方式创新，建设高效物流配送体系成为现代流通业发展的关键环节。

4）科技进步为商贸物流提供了新的服务手段

当前，以运输技术、配送技术、装卸搬运技术、自动化技术、库存控制技术、包装技术等专业技术为支撑的现代化物流装备技术格局正在形成，技术与应用创新已经成为我国商贸物流业发展的重要保障。同时，经过市场的培育和适应性开发，物联网技术正在引领新一轮的物流技术革命。物联网技术的推广应用，对商贸服务业和物流业变革将产生深远影响，并推动商贸物流业效率和服务水平的进一步提高。

3. 指导思想和发展目标

1）指导思想

坚持以科学发展观为指导，以转变发展方式为主线，以结构调整为突破口，以改革创新为动力，以科技应用为支撑，通过健全法规，加强监管，规范秩序，完善标准，优化布局，引导和鼓励企业物流服务模式创新，推进商贸物流服务的专业化、信息化、网络化、规模化发展，不断完善商贸物流服务体系，增强商贸服务企业竞争力，提高流通现代化水平和全社会物流效率，促进国民经济又好又快发展。

2）基本原则

（1）市场导向，政府推动。坚持以市场为导向，充分发挥我国市场需求巨大的优势，运用市场机制促进商贸物流业健康发展。同时，要发挥政府在商贸物流基础设施建设、技术应用、标准推广、服务创新、主体培育等方面的保障作用，通过完善法律、法规、标准和政策措施，营造良好的商贸物流发展环境。

（2）统筹规划，联动发展。加强对全国与区域、城市与农村的商贸物流发展的统筹规划，合理布局区域和地区重大物流基础设施建设，强化跨部门、跨行业、跨地区的商贸物流协同工作机制，以及商贸业与物流业协调发展机制，不断提高商贸物流水平。

（3）典型引导，有序推进。加强流通领域现代物流示范工程建设，充分发挥试点、示范工程项目的典型带动作用。不断总结经验、扩大示范影响，在试点、示范的基础上，有序推进商贸物流体系建设。

3）发展目标

到 2015 年，初步建立一套与商贸服务业发展相适应的高效通畅、协调配套、绿色环保的现代商贸物流服务体系，形成城市配送、城际配送、农村配送有效衔接，国内外市场相互贯通的商贸物流网络，引导和培育一批能够适应商贸服务业发展需要、具有较强国际竞争力的商贸物流服务主体，较好地满足城市供应、工业品下乡、农产品进城、进出口贸易等物流需求。规模以上连锁超市商品统一配送率达到70%；农村“万村千乡”农家店商品统一配送率达到60%，农资连锁经营企业商品配送率达到80%以上；果蔬、肉类、水产品冷链运输率分别提高到20%、30%、36%；立体仓库的总面积占仓库总面积的40%；物流企业机械化、自动化、标准化、信息化水平显著提高；商品库存周转速度明显加快，流通环节物流费用占商品流通费用的比率显著下降。

4. 重点工作

1）完善商贸物流网络布局

完善以现代物流配送中心为节点、以服务于商贸服务业和居民消费为目标的城市配送体系，实现城市配送与商贸服务网点、居民居住区的有效衔接。在继续推进“万村千乡市场工程”、“新农村现代流通网络建设工程”、“双百市场工程”和农产品“农超对接”的基础上，推进农村日用消费品和农资配送中心建设，大力发展城乡一体化物流服务体系。充分运用社会物流资源，建立工业制成品、农产品、生产资料等大宗商品跨区域运输的城际配送网络，实现干线运输与城市配送有效衔接。以国际商品交易中心、重点进出口口岸为依托，通过完善货物储存、配送功能，提高进出口货物集散能力，形成连接内陆、贯通全球的国际物流通道。

2）加强商贸物流基础设施建设

在全国大中城市、商贸业聚集地、大型批发市场、进出口口岸，统筹规划建设和改造一批现代物流中心、配送中心。加强农副产品冷链物流建设，完善产地预冷、销地冷藏和保鲜运输、保鲜加工等设施。建设、改造一批仓储、分拣、流通加工、配送、信息服务等功能齐备的商贸物流园区，促进商贸物流产业适度集聚。加强仓储设施建设，推进传统仓储向现代物流配送中心转变，促进全社会物流设施资源利用效率的提高。适应互联网和物联网发展趋势，大力推进商贸物流公共信息化基础设施建设。

3）提高商贸物流专业化、一体化服务水平

支持大型连锁企业建设、改造现代物流配送中心，完善物流配送功能，发展统一配送，提高连锁企业物流配送精细化水平。大力发展第三方物流，支持商贸服务业与物流业对接，发展专业化、网络化、全流程的物流服务，促进供应链各环节有机结合。鼓励中小企业加强合作，创新物流合作方式和服务模式，发展共同配送。支持品牌生产企业与物流企业密切合作，建立专业化的城际和国际物流配送网络。支持家电、服装、医药、烟草、图书、汽车、钢材、散装水泥、再生资源回收、粮食以及餐饮主食等专业化物流发展，满足流通专业化发展的需要。

4）引导和鼓励商贸物流模式创新

支持各类批发市场完善物流服务功能，逐步形成集展示、交易、仓储、加工、配送等功能于一体的批发交易型配送模式。建立以现代物流配送中心和高效信息管理系统为支撑的电子商务物流基地，形成覆盖主要城市、辐射农村的快捷、便利、畅通的网络购物配送体系，满足网络购物快速发展的需要。加快物流电子交易平台建设，在中心城市引导建立一批以网络平台为依托、以第三方物流服务为主体，集信息发布、交易结算、跟踪、信用评价等功能于一体的网络物流资源交易中心，促进传统、分散的中小企业物流服务模式变革。

5）提高商贸物流科技应用水平

鼓励企业加强物流装备更新和设施改造，采用先进物流技术，实现物流作业机械化、自动化，提高作业效率。加大信息技术在商贸物流领域的推广应用力度，鼓励商贸物流企业广泛采用条码、智能标签、无线射频识别等自动识别和标识技术、电子数据交换技术、可视化技术、货物跟踪技术等，实现商品来源可追溯、去向可查证、物流流程可视化。支持商贸服务企业与物流企业、生产企业通过共用信息系统，实现数据共用、资源共享、信息互通，提高企业对市场变化的反应能力和供应链管理水平。加大物联网技术在商贸物流中的推广应用，提高我国商贸物流现代化、智能化水平，推动智慧物流发展。

6）深入开展商贸物流发展示范工作

继续深入开展流通领域现代物流示范工作，以建设流通领域现代物流示范城市为突破口，优化城市物流资源，完善城市配送功能，提高城市配送的组织化程度。适时启动商贸物流园区、物流技术、物流配送中心示范工作。开展诚信经营示范活动，加强物流企业、物流园区信用体系建设。通过开展示范、试点和先进模式推广等工作，以点带面，合理布局物流基础设施，增强物流服务主体功能、拓展服务网络，提高商贸物流整体水平。

7）大力推广绿色物流方式

按照循环经济发展和构建低环境负荷商贸物流体系的要求，加大绿色物流装备、设施和节能仓库的推广使用力度。进一步完善综合运输体系，优化各种运输方式的比例。合理组织、配置物流资源，优化物流配送路径，降低运载车辆空驶率。大力采用和推广多式联运，实现各种运输方式之间的有效衔接。引导建立服务于商贸服务业的逆向物流体系，促进资源的循环利用。从流通末端应用入手，推广托盘共用系统，鼓励中心城市、重点区域运用物联网技术，率先推动托盘共用体系建设。

8）完善应急物流运行机制

针对自然灾害、公共卫生事件、重大事故等突发事件具有偶然性、不确定性、非常规性、时间紧迫性等特点，突出政府层面的应急物流指挥调度和组织协调，以及商贸流通领域社会层面应急物流资源的优化整合、科学配置和统筹利用。加强应急食品、物资储备库的规划建设，建立应急物资储备管理信息系统，完善应急商品储备、调运制度和应急处理流程，形成属地为主、条块结合、分级负责、与常态物流紧密结合的应急物流运行机制。鼓励大型商贸企业、物流企业制度性参与应急物流保障体系。

9）大力推进商贸物流国际合作

继续推进物流业对外开放，鼓励外商投资现代物流业，引进国外先进物流管理方法、运作模式和技术装备。鼓励物流企业开展国际化经营，提高我国商贸物流企业的国际竞争力。以中日韩、中国—东盟、两岸四地和新亚欧大陆桥沿线区域物流合作为重点，开展务实、高效的区域物流合作。引导企业在非投资建设物流中心，增强对非市场进出口货物的集散能力。发挥我国大型物流企业的国内外网络优势，拓展国际货运代理业务的服务范围和增值服务空间，努力打造内外贸结合的商贸物流网络，实现国际与国内商贸物流渠道的有效衔接。

5. 保障措施

1）加强商贸物流发展的组织协调和引导

各级商务主管部门、发展改革委、供销合作社要按照本规划确定的目标和任务，根据商贸物流发展特点，加强对商贸物流工作的规划指导和组织协调，建立相关工作机制，落实工作责任。在国家现代物流工作综合协调机制下，调动各方面的积极性，形成推动商贸物流发展的合力。行业社团组织要充分发挥政府与企业间的桥梁与纽带作用，做好行业自律，完善从业规范，推进行业制度建设，加强国际交流与合作，为行业健康发展提供全方位的服务。

2）改善商贸物流发展的市场环境

加强对商贸物流领域的立法研究，制定适合商贸物流发展需要的法律法规。推进市场化改革和体制创新，增强商贸物流业发展活力。打破地区封锁，构建公平、规范、有序的商贸物流市场体系，促进物流资源的自由流动。加强城乡物流服务体系的整体规划，通过地方立法和制定相关政策，解决干线运输、城市物流配送车辆通行难问题。加强对商贸物流产业的宏观调控和运行监测，加强物流产业安全评估及竞争力评价，完善物流行业产业损害预警机制。加强商贸物流信用体系建设，增强企业信用意识和风险防范意识。

3）加大商贸物流发展的政策支持

各级商务主管部门、发展改革委、供销合作社要积极研究出台相关政策，协调相关部门运用财政、金融、税收、土地等手段支持商贸物流业发展。认真做好商贸物流发展规划，现代物流配送中心、仓储设施、快速转运中心、商贸物流园区等物流基础设施项目需符合土地利用总体规划，并纳入当地城乡建设规划。加大对重点商贸物流项目的财政资金支持力度，推动、引导商贸物流企业“走出去”，符合条件的企业可以申请对外经济技术合作专项资金支持。拓宽融资渠道，鼓励金融机构加大对商贸和物流企业的融资支持力度，按照企业需求，加强金融产品和服务方式创新，积极探索多种形式的抵押或质押贷款担保方式。

4）加强商贸物流基础工作

健全商贸物流统计分析制度，建立行业数据库，监测、分析商贸物流运行状态，提供行业服务、指导行业发展。加强仓储、配送各环节及物联网应用等相关技术和管理标准的制定工作，规范商贸物流服务行为、促进供应链各环节有效衔接，重点做好蔬菜、禽肉、水产品、速冻食品低温运输、装卸、仓储、加工配送等冷链物流相关标准的推广应用和衔接工作。加强商贸物流职业技能教育，开展商贸物流领域职业资格培训工作，协调相关部门与行业组织推动建立和完善多层次复合型商贸物流人才培养体系，及时输送市场急需的商贸物流专业人才。

§1.3.2 上海市现代物流业发展“十二五”规划

上海市人民政府关于印发上海市现代物流业发展十二五规划的通知(沪府发〔2012〕51号)

各区、县人民政府，市政府各委、办、局：

现将《上海市现代物流业发展“十二五”规划》印发给你们，请认真按照执行。

上海市人民政府

二〇一二年五月二十四日

上海市现代物流业发展“十二五”规划

现代物流业是以信息技术和供应链管理为核心，融合运输业、仓储业、货代业、流通加工业等一体化发展的复合型服务业，不仅具有促进生产、拉动消费、保持国民经济平稳增长的作用，而且在推动制造产业结构升级、服务业态模式创新、加快经济发展方式转变等方面具有积极作用。大力推进现代物流业发展，对于“十二五”上海“创新驱动、转型发展”，加快推进“四个率先”、加快建设“四个中心”和社会主义现代化国际大都市具有重要意义。根据国务院发布的《物流业调整和振兴规划》、国务院办公厅《关于促进物流业健康发展政策措施的意见》和《上海市国民经济和社会发展第十二个五年规划纲要》，结合本市实际，制定本规划。

一、发展的现状与面临的形势

（一）发展的现状

“十一五”以来，上海物流业发展抓住“搭好平台、培育主体、建立网络”三个关键环节，增强城市物流功能，提高物流服务水平，为上海建设“四个中心”和社会主义现代化国际大都市提供了有力的支撑。

1. 物流业发展规模进一步扩大

“十一五”期间，上海物流业增加值年均增长10%，保持了快速增长的良好势头。在国家“调结构、扩内需”政策和《物流业调整和振兴规划》的指导下，上海克服困难、积极推进，物流业发展取得新的突破。2010年，上海物流业增加值达到

表 1-3-1　2005—2010 年上海物流业规模

指　　标	2005	2006	2007	2008	2009	2010	平均增长率
物流业增加值(亿元)	1 175	1 339	1 573	1 760	1 694	2 037	10.0%
货物运输量(万吨)	68 741	72 617	78 108	84 347	76 968	81 023	2.7%
航空货邮吞吐量(万吨)	222	253	290	305	298	370	11.3%
港口货物吞吐量(万吨)	44 317	53 748	56 145	58 170	59 205	65 339	8.3%
集装箱吞吐量(万标准箱)	1 808	2 172	2 615	2 800	2 500	2 907	10.6%

注：2009 年受国际金融危机影响，物流业增速有所减缓。

2 037 亿元，占全市生产总值的比重为 12.1%，占第三产业增加值比重为21.2%。2010 年，上海港货物吞吐量达到 6.5 亿吨，集装箱吞吐量超过 2 900 万标准箱，均位居世界第一；上海航空货邮吞吐量达到 371 万吨，其中浦东国际机场航空货邮吞吐量位居世界第三。

2. 重点领域发展成效显著

口岸物流实现了海、陆、空港保税物流功能全覆盖。上海综合保税区管委会的成立，标志着“三港”、“三区”实现联动发展，国际航运发展综合试验区建设积极推进，洋山保税港区营业税免征政策效应初显，出口加工区拓展保税物流等功能有序开展，跨国采购、国际配送、贸易展示、出口集拼、中转分拨等业务得到拓展，上海物流业国际竞争力进一步提升。制造业物流以四个专业物流基地为代表，物流企业与制造企业深入合作，9 家企业被评为“全国制造业与物流业联动示范企业”，物流业对制造业支撑能力得到强化。城市配送物流推广配送标准、优化通行政策，上海城市配送的物流效率、服务能力和交通管理水平进一步提升，为上海世博会的成功举办提供了有力保障。

3. 物流基础设施不断完善

功能性、枢纽型、网络化的综合交通基础设施建设取得重大突破。洋山深水港三期和外高桥港区六期基本建成使用；浦东国际机场、虹桥国际机场的扩建工程完工并投入运营；高速公路网基本建成，沪杭客专、沪宁城际铁路建成通车，内河航道整治进展顺利。重点物流园区和专业物流基地建设稳步推进。深水港物流园区海铁联运、水水中转和国际中转能力逐步提高；外高桥物流园区跨国采购和国际配送功能不断拓展；浦东空港物流园区的浦东机场综合保税区正式封关运营；西北综合物流园区的城市配送物流服务功能进一步凸显。四个专业化物流基地以制造业配套为核心，吸引物流企业集聚发展，相关开发建设以及项目引进都有了实质性的进展。

4. 信息化和标准化得到加强

上海电子口岸平台主要口岸物流单证电子化率达 75%，上海口岸通关效率和物流信息服务水平大大提高；管理信息系统、全球定位、标准化立体仓库、自动拣选设备等物流信息系统和技术装备逐步推广和应用。物流标准化工作稳步推进，累计研究各类物流标准达 20 多项，牵头研制的《物流中心作业通用规范》、《物流园区分类与基本要求》等多项国家标准已获得国家标准委评审通过；全国物流标准化技术委员会第三方物流分技术委员会落户上海；选择试点企业积极开展物流服务标准化示范试点；发布实施了本市地方标准《食品冷链物流技术与管理规范》，制定实施了《城市配送物流车营运技术规范》和《冷藏保鲜车辆营运技术规范》。

5. 企业主体不断发展壮大

支撑上海口岸物流、制造业物流和城市配送物流等重点领域发展的现代物流市场多元化体系已基本形成。国际著名物流企业纷纷进入上海；大型中央企业以上海为基地组建了第三方物流公司；本地国有物流企业逐步转型，通过外包重组和整合资源延伸服务功能，逐渐成为现代物流企业；一批民营物流企业总部集聚上海，形成自身独特的管理理念和业务模式。截至 2010 年底，上海已有国家 A 级物流企业 107 家，其中 4A 级以上企业 54 家。30 家企业获评“全国先进物流企业”，石化、汽车、医药、电子等专业物流与产业融合互动，带动产业转型升级。

6. 区域物流联动效应显现

上海、江苏、浙江一市两省有关部门联合制定了《关于推进长三角地区现代物流联动发展的若干措施》，联合发布了《关于推进长三角地区道路货运（物流）一体化发展的若干意见》。上海物流相关行业协会加强与江苏、浙江物流行业协会的互动，并建立行业自律机制。上海物流企业加快对接长三角的步伐，港口企业与沿江多个港口建立合作关系，成立专业化港口物流公司，促进沿江物流资源整合。

（二）存在的不足

“十一五”期间，上海现代物流业发展跃上了一个新的台阶，但与加快建设“四个中心”和社会主义现代化国际大都市的要求相比，还存在着明显不足。一是高端物流功能亟待加强。物流业总体仍处于产业链中低端，特别在本市土地、交通、人力等投入要素成本相对较高的情况下，迫切需要提高物流业的增值能力。二是物流集约化程度有待提升。物流设施的相互衔接和社会化运营水平仍然较低，中小物流企业的专业服务能力欠缺和“散、乱”现象并存，产业集中度较低。三是物流运行方式亟待进一步转变。传统运输、仓储等物流环节的节能减排和交通组织压力较大，全社会运用信息化有效配置物流资源的能力仍显不足，各物流环节标准化的统一和宣传贯彻力度有待加大。四是现代物流发展面临的体制机制障碍有待进一步突破。物流一体化运作需要尽快改变条块分割管理，鼓励物流服务专业化、社会化运作的财税改革刚刚起步，发展物流总部、物流金融等高端功能需要进一步完善利益分配机制和外部管制。这些，要以更大的改革开放勇气和不断创新的办法来加以解决。

（三）面临的形势

“十二五”是上海深入推动创新驱动、转型发展的关键时期。国内外经济、社会的发展变化，既为本市现代物流业加快发展提供了重要机遇，也提出了更高的发展要求。

一是加快建设“四个中心”，为培育高端物流功能提供了重要机遇。金融、贸易、航运活动与物流业密切相关、相辅相成。国务院明确上海“四个中心”建设要着力提升资源配置功能，金融产品创新、新型贸易发展、航运中转集拼等业务拓展步伐加快，这些，都需要坚强有力的物流体系支撑。因此，上海必须更加注重高端物流功能培育，重点发展叠加资讯、交易、结算等高增值物流业务，增强对物流资源、网络的控制力。

二是加速调整产业结构，为提升供应链管理服务带来了有利契机。物流业是重要的生产性服务业。国际金融危机后，全球产业结构发生深刻调整，物联网等战略新兴产业快速发展，生产方式加快向智能化方向变革，国内外跨地区产业转移和区域产业一体化进程加速，这些，为物流技术革新和拓展供应链管理服务空间带来了契机。因此，上海必须加快提升供应链管理服务水平，促进制造产业转型升级，提高综合服务功能。

三是着力扩大消费需求，为物流服务模式创新创造了良好条件。物流业对满足消费需求起到基础保障作用。城市化进程加快和配套举措落实，扩大内需战略的政策效应明显发挥，居民消费规模持续快速扩大，网络购物等电子商务新型消费方式迅猛发展，这些，对通过改善运营方式来扩大物流规模创造了条件。因此，上海必须加大物流服务模式创新力度，切实降低流通费用，更好地满足人民多样化、高质量、安全性的消费需求。

四是强化节能减排约束，对转变物流运行方式提出了迫切要求。传统运输、仓储等物流环节面临较大能耗和环保压力。外部环境约束及资源供给趋紧，发达国家逐步推行碳关税等绿色壁垒，我国逐步推进各领域合理使用能源消费总量方案，把节能减排作为硬约束，这些，对物流业发展向绿色低碳转型提出了迫切要求。因此上海必须切实转变物流运行方式，节约集约利用物流资源，发展低碳物流。

五是推进增值税改革试点，对营造现代物流发展环境提出了明确任务。物流业健康发展离不开政策措施的完善。国务院高度重视物流业发展，出台了调整振兴规划和一系列配套政策措施，并选择上海率先在交通运输业和部分现代服务业开展营业税改征增值税试点，这些，对本市促进社会化、专业化物流发展提出了明确任务。因此，上海必须大力营造符合现代物流发展的政策环境，理顺体制、机制、法制、税制，形成示范效应。

二、发展的指导思想、基本原则和目标

（一）指导思想

深入贯彻落实科学发展观，紧紧围绕建设“四个中心”和社会主义现代化国际

大都市的总体目标，切实按照“创新驱动、转型发展”的要求，把现代物流业作为发展服务经济的重要内容，以供应链管理和信息技术为支撑，加快转变物流产业发展方式，更加注重高端物流资源集聚和高端物流功能塑造，进一步延伸产业链条、拓宽发展空间、优化发展环境，为“十二五”时期上海初步形成国际经济、金融、贸易、航运中心的核心功能提供坚实的物流支撑，不断增强上海参与国际国内物流资源配置的能力，持续提升上海在全球供应链中的地位和影响力，显著提高上海物流业的国际化水平和全球竞争力。

（二）基本原则

1. 高端带动，创新发展

充分发挥上海的要素集聚和综合服务优势，大力发展技术、知识、资金密集型的高端物流服务，进一步强化信息化的基础作用和人力资源的关键作用，加快推动物流服务模式创新，带动上海物流业发展能级和服务水平的整体提升。

2. 产业互动，融合发展

重视现代物流业对制造产业结构优化调整的互动和支撑作用，大力发展专业化、社会化的第三方物流，把握面向消费需求的生产转型趋势，促进二、三产业深度融合，切实降低全社会物流成本。

3. 低碳推动，绿色发展

进一步提高物流设施和各种物流资源的集约利用率，鼓励和推广低碳物流装备和技术的应用，不断降低物流业能源消耗和污染排放，确保物流业安全、有序运行，走经济社会可持续的绿色发展之路。

4. 区域联动，改革发展

进一步加快物流市场对内对外开放步伐，坚持“引进来”和“走出去”相结合，加强与长三角、长江流域、全国乃至全球的物流业合作联动，积极推进体制机制创新，改革完善有利于现代物流业一体化运作的市场体系，更好发挥物流枢纽城市的服务功能。

（三）目标

以高端物流服务为核心，加快物流业向“高效率、高增值、低消耗”转变，到2015年，使物流业成为上海推进“四个率先”、建设“四个中心”的重要产业载体，使上海成为全国现代物流业发展的引领示范高地，形成与国际经济、金融、贸易、航运中心核心功能相匹配，初步具有全球物流资源配置功能的国际物流枢纽城市和全球供应链管理中心之一。

主要预期指标如下：

表 1-3-2 “十二五”期间上海市物流业发展的主要预期指标

序号	指 标 名 称	2015年预期目标
1	物流业增加值年均增速	10%左右
2	物流业增加值/全市生产总值	13%左右
3	全社会物流总费用/全市生产总值	15%以下

续 表

序号	指 标 名 称	2015 年预期目标
4	航空货邮吞吐量	500—550 万吨
5	港口货物吞吐量	保持在 6.5 亿吨左右
6	集装箱吞吐量	3 300 万 TEU 左右
7	集装箱水水中转比例	45%
8	铁路集疏运比重	进一步提高
9	铁路货运比重	5%以上
10	江海联运、水铁联运、公铁联运比例	进一步提高
11	物流信息化和标准化水平	有较大提升
12	口岸物流通关单证电子化率	80%以上
13	国内外优势物流企业总部、本市大型综合物流企业以及专业化物流服务企业数量	进一步提高

三、重点发展的领域

"十二五"期间，按照有利于体现工作的延续和衔接，有利于丰富城市物流功能，有利于提升物流业发展能级的原则，规划发展口岸物流、制造业物流、城市配送物流以及电子商务物流四个重点领域。

(一) 口岸物流

着眼于充分发挥上海口岸城市的综合服务功能，构建紧密联通国内外口岸、具有较强增值能力的口岸物流体系。积极推动本市各出口加工区拓展保税物流、研发、检测、维修等功能，促进加工贸易调整升级；积极放大外高桥保税区效应，推动"三港三区"建立海、陆、空保税物流联动发展机制；积极推进长三角、长江流域保税物流快速通关和联动机制，提高上海口岸对于腹地的辐射服务能力；积极探索口岸物流监管模式创新，进一步推动与国际惯例接轨；不断增强口岸物流服务"四个中心"建设的高端功能。

(二) 制造业物流

着眼于进一步提高本市制造业的国际竞争力，构建一体化运作的供应链管理服务体系。积极提升本市供应链管理的设备技术水平，不断降低制造企业应用成本；积极提高第三方物流企业在各制造业领域专业化服务的能力，适应本市制造业高端化发展趋势；将本市打造成为供应链管理服务中心，实现服务制造企业向全国拓展生产、销售网络；不断增强制造业物流服务本市产业结构升级、布局调整优化的功能。

(三) 城市配送物流

着眼于切实保障和改善民生，构建广泛覆盖城乡居民、提供市民更加优质生活的城市配送物流体系。积极推进现代商贸配送物流体系建设，进一步优化由综合物流园区、大型分拨配送中心、社区末端配送节点组成的三级城市配送网络；积极推进“绿色物流”体系建设，进一步提高物流运行安全和节能减排能力；积极推进农产品物流体系建设，着力减少农产品流通环节和降低中间费用；不断增强城市配送物流服务落实扩大消费战略的功能。

(四) 电子商务物流

着眼于加快转变物流运行方式，构建更加信息化、便捷化、智能化的电子商务物流体系。积极推进现代信息技术和设备更多惠及本市航运物流、贸易物流等各个领域，促进物流效率提高和监管流程不断创新；积极推动电子商务与全社会物流资源更加紧密结合，进一步加快本市物流服务模式和业务流程创新；加大物流业体制、机制、税制、管制改革力度，努力建立适应现代物流业一体化运作的发展环境；不断增强电子商务物流服务智慧城市运行的功能。

四、发展的规划空间布局

“十二五”时期，围绕本市“四个中心”功能建设和产业结构调整需要，根据本市现代物流业发展目标和重点发展领域，规划布局五大重点物流园区、四个重点制造业专业物流基地，规划引导形成一个城市特色配送物流带，进一步强化与城市规划、产业结构、节能降耗、交通组织等方面的衔接，形成科学合理的物流业发展布局。

(一) 重点物流园区

依托海、陆、空港门户，加强多式联运能力建设，突出功能提升和联动发展，搭建对接国际、连接腹地、服务全国的物流设施平台。

1. 深水港物流园区

依托洋山保税港区和临港产业园区，以建设“国际航运发展综合试验区”为契机，积极打造国际航运中心建设核心功能载体，积极探索实施“启运港退税”、国际航行船舶保税登记、期货保税交割等制度创新，大力发展“水水中转”和国际中转集拼分拨等功能，加快形成面向亚太的采购集拼和分拨配送中心，加快拓展贸易展示、大宗商品集散、离岸云海数据、检测维修制造等功能，形成保税功能与临港产业优势融合的港口综合型物流园区。

2. 外高桥物流园区

依托外高桥港区和外高桥保税区，以建设“国际进口贸易促进创新示范区”为标志，积极打造国际贸易中心建设的重要服务支撑载体，大力发展为专业化进口贸易平台服务的航运物流枢纽功能，进一步培育为国际贸易结算中心服务的国内外物流业务管理中心，不断拓展以文化贸易、医药研发、检测维修等服务贸易为特征的物流功能，形成国际物流与进出口贸易紧密结合的区港联动型物流园区。

3. 浦东空港物流园区

依托浦东机场综合保税区和空港产业园区，以建设国际临空服务创新实践区为抓手，积极打造国际航空物流枢纽的主要服务载体，大力发展国际国内著名航空公司的亚太货运枢纽功能，积极推进国际快递、国际中转等高技术含量、高附加值、高时效性的航空物流服务，加快拓展融资租赁、设备维修、贸易展示等航空物流增值服务，形成航空产业与物流业联动发展的航空口岸型物流园区。

4. 西北综合物流园区

依托普陀桃浦、未来岛和嘉定江桥物流基地，进一步加大传统陆路货物集散功能的调整升级力度，积极打造城市商贸配送物流的标志性载体，大力发展保税物流中心、陆上货运交易中心、大型城市超市配送等平台功能，积极推进物流总部经济、商务会展、教育培训等服务功能，不断拓展铁路班列运输、北虹桥临空物流等服务功能，进一步推进落实桃浦生产性服务业功能区规划，推动货运停车场向更具市场经济性的综合货运枢纽搬迁，形成具有国际化城市物流服务特点的物流园区。

5. 西南综合物流园区

依托发达的加工制造业基础和西南综合交通门户枢纽的区位优势，积极打造重要陆路物流枢纽的功能载体，大力发展面向长三角制造业的物流服务功能，积极推进与电子商务更加融合的物流功能，不断拓展城市配送和区域分拨等物流服务，进一步优化集疏运体系，落实规划建设，推动产城融合，形成具有国际供应链管理特征的物流园区。

(二) 重点制造业物流基地

以先进制造业基地为依托，通过企业主体的市场化运作，实现专业化物流服务资源集聚，拓展提升制造业物流的服务功能。

1. 国际汽车城物流基地

依托国际汽车城产业基地建设，发挥龙头物流企业带动整合作用，打通采购、生产、营销、售后各产业环节，不断优化公路、铁路运输方式的衔接，为汽车与零部件的研发制造、贸易销售、博览展示、检测维修等全流程提供物流服务。

2. 化学工业区物流基地

依托上海化学工业区建设，以化学工业区物流产业园为核心，推动化工物流与化工贸易的市场一体化发展，进一步满足各种化工产品生产流通需求，提供更加安全可靠的加工、包装、配送、储运等物流服务。

3. 临港装备制造业物流基地

依托装备制造业基地建设，对接国家新型工业化产业示范基地和两化融合试点区域建设，为发电及输变电设备、大型船用关键件、航空设备及配套、自主品牌汽车及零部件、大型工程机械等装备制造产业集群提供专业化的物流及延伸服务。

4. 钢铁及冶金产品物流基地

依托精品钢基地建设，着力推进罗泾港配套产业区发展，加快吴淞国际物流园转型升级，通过资源整合和模式创新，大力发展集流通加工、分拨配送、信息发布、市场交易、金融服务等于一体的电子商务钢铁物流贸易平台，为钢铁产业链提供现代化的物流服务。

(三) 城市特色配送物流带

结合本市综合货运枢纽规划建设，依托市场形成的相关物流企业总部和项目，规划引导形成具有鲜明特色的城市配送物流带，促进企业和项目集聚，物流设施集约建设使用。

电商快递和快速消费品城市配送带。依托本市境内沈海高速沿线便利的交通条件和较强的市场经济性，汇集国内著名电子商务企业地区总部和快递企业总部，不断深化完善对于城市配送网络的衔接和管理功能，努力形成快速响应城市居民消费需求，辐射长三角周边城市，嘉定、青浦、松江组团式发展的良好格局。

“十二五”期间，在充分利用现有物流资源、节约和集约使用土地的基础上，加大土地政策支持物流业发展力度，对列入重点物流园区、重点制造业物流基地和城市配送网络体系的项目用地需求，给予重点保障，并促进项目进入绿色通道，加快项目建设进程。同时，结合各区县物流业发展实际，合理布局区域性物流基地和配送节点，促进本市现代物流业与区域产业发展、城市居民生活的需求相适应，形成层次清晰、相互衔接、运作高效的现代物流网络。

规划空间布局示意图如下：

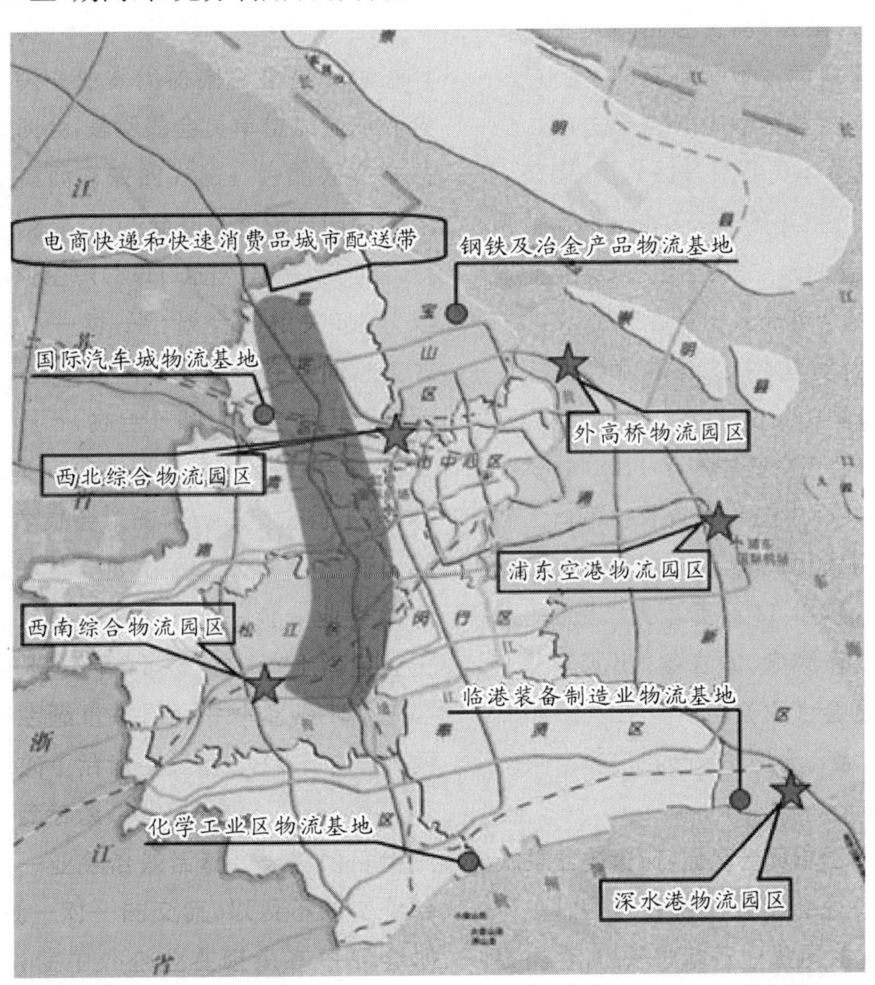

图 1－3－1　重点物流园区、重点制造业物流基地、城市特色配送物流带布局示意图

五、发展的主要任务

（一）着力推动转型，培育符合“四个中心”的高端物流功能

着力推动上海物流产业转型发展，加快培育与金融、航运和贸易中心建设紧密结合的高端物流服务，进一步发挥物流中心城市的集聚辐射功能，提升物流市场资源配置能力。一是深化拓展高端物流金融功能，鼓励本市有条件的物流企业开展预付货款、代收货款、仓单质押、存货监管等物流金融服务，推动相关技术领先和管理规范的物流企业与金融企业合作，开发专门保险、担保交易、单证贴现等物流金融增值服务。二是加快发展高端物流航运功能，积极参与长江黄金水道建设，大力发展“水水中转集拼”业务，依托国际航运发展综合试验区，大力发展国际中转集拼分拨业务，不断深化保税货物与保税延展货物一体化运作机制，加快在本市形成面向亚太的国际采购、分拨配送中心。三是积极推进高端物流贸易功能，围绕内外贸一体化发展目标，大力推动为进口汽车、航空设备、机械设备、高端消费品等保税展示交易平台服务物流的发展，不断加强为新型国际贸易发展服务物流的衔接，依托本市期货产品创新、期货保税交割等政策，逐步建立联系国内外市场的大宗商品交易集散平台，加快培育建设各类物流资源交易市场体系。四是大力发展高端物流总部经济，鼓励跨国公司在本市设立亚太采购配送中心、供应链管理中心，集成营运管理、质量控制、信息处理、资金结算等功能，支持本市相关龙头物流企业积极对外投资合作，推动本市业务向业务管理中心、单证管理中心、结算中心等转型。

（二）适应产业升级需要，加快提高供应链管理服务能力

大力推进供应链管理技术研发应用，加快发展供应链嵌入式物流，打造供应链管理中心，提高为制造业布局调整服务的能力。一是依托战略性新兴产业的培育和发展，大力研究物联网技术、移动智能终端等新一代信息技术在物流领域应用发展，不断推进电子标签等应用成本下降，保持本市在供应链管理技术方面的领先优势。二是把握本市制造业向敏捷制造、柔性制造等智能发展模式变革趋势，加快推进落实国家制造业与物流业联动发展要求，大力推广供应商管理库存（VMI）、及时生产（JIT）、电子数据交换（EDI）等物流服务，支持本市制造业向高端化发展。三是配合本市化工、汽车、装备等制造企业开展生产组织长三角一体化、分销网络全国化拓展的需要，积极发展集原材料和零部件采购、产成品包装销售、售后零配件供应维修于一体的全过程供应链物流服务，推动本市相关专业物流企业向供应链管理中心转型。四是满足一般加工型劳动密集型产业逐步向内地转移后迫切降低物流成本的需求，不断增强铁路、空运、内河等远程物流运输的综合运作能力，提供高效便捷的多式联运物流服务，继续保持中国制造的全球竞争力。

（三）落实扩大内需战略，大力建设现代商贸物流体系

大力建设现代商贸物流体系，为城市居民提供更多便利、更高质量、更加安全的物流服务，更好满足人民群众消费升级需求。一是制定发布本市《城市配送物流发展实施方案》，大力完善落实三级城市配送网络体系，鼓励本市相关自有物流资源网络企业加强合作，通过信息共享平台，在快速消费品、鲜活农产品等领域率先开展城市共同配送工程示范，便利城市居民生活。二是加快发展冷链物流配送，支持建设产地预冷、销地冷藏、保鲜运输、保鲜加工等设施，完善温度监控和追溯体系，确保生鲜食品、生物制剂等在生产流通各环节的品质和安全。三是大力发展医药物流，推动医药集中采购和统一配送，提高医药直供配送比率和运行效率，确保医药送达安全、及时、准确，有效降低医药物流成本。四是强化城市应急物流体系建设，建立应急物资储备管理信息系统，完善应急商品流通预案和应急物资配送预案，提高本市应对自然灾害、事故灾害、公共卫生事件、公共安全事件等突发事件的物资保障能力。

（四）提高技术研发应用水平，积极建设“智慧物流”城市

加强以信息化带动物流现代化，不断提高本市物流先进技术、设备的研发应用水平，进一步推动本市物流企业业务流程创新、服务模式创新，促进本市物流以更加智慧的方式运行。一是大力推进集装箱电子标签、托盘和货架电子标签、手持和车载阅读器的研发推广，促进本市航运、贸易物流运行效率提高，加快推进口岸综合信息平台、电子舱单管理平台、船舶自动识别平台、智能交通管理平台的应用建设，支持本市航运、贸易监管方式不断创新。二是支持本市电子商务快递企业积极运用二维码、现代化立体仓库、自动分拣设备等技术设施，提高快速响应网络购物的配送能力，支持本市电子商务网站、快递企业与社区物业、便利店合作，构建低成本、广覆盖的系统配送网络，提高电子商务配送的满意度。三是积极推进大宗商品物流运行与电子商务紧密结合，鼓励本市互联网信息资讯企业整合各地区大宗商品物流资源，促进大宗商品物流有序流动，支持本市钢铁、化工、有色金属等相关大宗商品现货电子交易平台加快发展。四是进一步加快本市物流资源交易平台向全国拓展业务，促进全社会物流资源供需的有效对接，进一步鼓励面向小微物流企业的集成化服务平台加快发展，促进广大中小物流企业管理水平和运营能级的提升。

（五）更加注重物流安全，推进“绿色物流”体系建设

注重城市物流运行安全，大力推动节能减排制度建设，促进物流资源充分利用，打造本市“绿色物流”体系。一是加快本市危险化学品生产储存企业布局调整，加强对本市危化品气瓶电子标签标识，实现数据实时采集和动态跟踪，建立健全零

星危险化学品物流服务体系，实现对危化品物流储存和配送的全流程实时安全监控。二是加快建立本市运输等行业能源消耗和排放统计及分析制度，建立健全行业节能减排考核体系，建立《道路运输证》配发与车辆燃油消耗量监测相结合的工作机制，鼓励城市运输企业使用节能环保车辆。三是深入推进本市甩挂运输试点，选择管理规范、有稳定业务需求的企业开展试点，探索甩挂运输运营组织模式，发挥示范效应。四是进一步加强涉及城市废旧资源回收、加工、交易、连锁的逆向物流体系打造，积极鼓励“在线收废”等回收物流模式创新，促进城市资源的再生利用。

(六) 发挥大市场、大流通作用，推动农产品物流加快发展

加强农产品流通设施建设，不断提高流通组织化程度，努力减少农产品物流环节，建立健全农产品流通追溯体系，进一步保障和改善民生。一是进一步加强粮油、蔬菜、冷鲜肉等流通设施建设，推进西郊国际农产品交易中心、江桥、江杨等农产品批发市场的建设和升级改造，全力以赴建好外高桥现代化粮食物流中心，提高其港口、铁路、内河散粮联运接卸能力。二是培育壮大一批农业龙头企业和农民专业合作社，扶持大型鲜活农产品专业合作社发展，推动产销一体化和产业化经营，进一步完善本市粮油、猪肉等主副食品的重要商品储备制度，提高市场应急调控能力。三是大力推动农批对接、农超对接、农校对接等多种形式的产销衔接，逐步推进农产品网络营销模式发展，减少农产品流通环节，完善鲜活农产品运输绿色通道政策，降低农副产品流通成本。四是积极运用电子标签等信息技术，建立完善本市覆盖面更广的农产品流通追溯系统，形成从生产、批发到零售终端全过程、全方位的农产品物流安全监管网络。

(七) 优化货物运输结构，加快形成多式联运物流体系

充分发挥本市海、陆、空综合交通枢纽优势，进一步优化完善货物集疏运体系，大力推动海运、内河、公路、铁路、航空运输的有效衔接，大力推进多式联运发展。一是积极推进江海直达船型标准制定和推广应用，加快外高桥、洋山集装箱港区集装箱内支线泊位建设，实施洋山深水港区四期及后续工程建设，加快推进黄浦江上游、杭申线、大芦线二期等内河高等级航道工程，培育内河航运市场，不断提高江海直达运输比例和水水中转效率。二是合理规划布局本市公路综合货运枢纽，完善货运通道网络，优化和规范外高桥港区对外货运通道和场站布局，进一步加强与长三角货运通道对接，提高陆路集疏运效率。三是结合沪通铁路建设，启动外高桥集装箱货运场站建设，加快调整优化上海铁路货运服务体系布局，进一步发挥芦潮港集装箱中心站功能，加强与公路、港口、机场、物流园区等设施的衔接，大力发展铁路集装箱班列运输模式。四是加快建设和完善浦东机场西货运区和浦东机场

综合保税区整体封关设施，支持基地航空公司货站设施及西货运区DHL货运枢纽等工程建设，加快建设上海空港货物信息系统，打造优质高效的货运枢纽运行平台。

（八）高度重视物流标准化，不断提升物流业服务水平

坚持“先行先试、服务全国”的原则，积极推动本市物流标准化建设工作，大力推进长三角物流通用标准的合作和互认，促进本市物流业服务水平不断提升。一是支持本市物流企业、大专院校、研究机构以及相关行业协会积极参与物流国际、国家和行业标准的研究和制定，配合国家研制海铁联运等重要标准，推动本市化工、钢铁、医药、食品冷链、农产品、快递等领域的物流作业服务地方标准走在全国前列。二是大力宣传贯彻并组织实施国家物流园区、托盘等物流标准，积极推广《城市配送物流车营运技术规范》等上海地方标准，结合本市物流重点领域和重点园区发展需要，大力开展物流标准化示范工程。三是加快推进长三角物流信息领域标准化合作试点，加强区域物流标准联合研制，逐步建立区域物流行业标准对接以及协调互认的工作机制。四是不断推动政府物流信息平台的标准化，努力做到信息联通共享、数据兼容和格式统一，逐步形成与国际通行标准接轨的一体化监管平台。

（九）加快制度改革突破，大力营造现代物流业发展环境

抓住本市率先实施相关制度改革试点的重大机遇，加快体制机制创新，大力营造适应现代物流业发展的良好环境。一是把握物流业实行增值税制度改革试点契机，研究完善增加增值税进项抵扣项目等措施，鼓励企业延伸物流链条，将产业细分并实现一体化运作，整合业务资源，拓展业务空间。二是结合深化浦东综合配套改革、推进服务业综合改革试点、创建国家电子商务示范城市等，深化推进物流业与金融、贸易、航运、电子商务等高端服务领域结合的管理举措，研究完善公益特性物流项目落地的市级统筹和区县补偿协调机制，加快提升全市物流发展能级。三是大力推动物流领域诚信体系建设，通过不断推动口岸查验部门信息共享，企业分类通关改革，加强市场监管部门与信用服务企业合作等，构建企业“守信便利、失信惩戒”的机制。四是深化流通体制改革，坚决治理交通运输领域乱收费、乱罚款，纠正大型零售商业企业违规收费行为，建立健全运输价格与成品油价格联动长效机制，加强对物流运力的运行监测和宏观调控。

（十）建设开放的市场体系，进一步推动区域物流联动发展

进一步扩大本市物流市场向国际、国内开放，加强本市企业与国内外知名物流企业合作交流，积极支持本市品牌物流企业“走出去”，推动区域物流联动发展。一是充分利用本市吸引外资和总部经济等政策，鼓励国内外大型物流企业到上海设立总部和分支机构，积极引进国外的资金技术和智力支持，学习借鉴国际先进的经

营理念和管理模式。二是深化长三角物流区域合作，鼓励本市优势企业积极承接长三角物流业务，继续推动长三角地区政府相关部门开展物流资质互认和监管协同，搞好长三角“5·6 物流日”等活动，加快区域物流一体化进程。三是加强长江流域口岸物流通关协作，构建物流快速通道，支持本市优势物流企业通过资本入股、管理输出、业务联合等方式，整合长江流域的港口码头、物流园区、仓储设施等物流资源，加快长江流域物流联动发展。四是鼓励本市龙头物流企业“走出去”，不断拓展全国沿边、沿海等物流通道，采取并购、股权置换等方式，逐步建立全球物流网络，增强上海物流品牌的竞争力和辐射力。

六、发展的配套政策措施

（一）进一步完善工作推进机制

建立健全与国家相对应的促进物流业健康发展组织协调工作推进机制，加强统筹协调力度，形成各区县、各部门推进合力，共同推进重点物流园区和重大项目建设，研究解决重点难点问题。继续发挥上海推进现代物流业发展联席会议的作用，做好本市物流业运行监测、协调推进和服务企业的工作。

（二）进一步改进行政管理方式

加快在国民经济行业分类、产业统计、工商注册等方面研究明确现代物流业类别，改进资质审批管理方式。清理针对物流企业的资质审批项目，逐步减少行政审批。积极为物流企业设立法人、非法人分支机构提供便利，鼓励物流企业开展跨区域网络化经营。进一步简化交通、公安、环保、检验检疫、消防等方面的审批手续，提高审批效率。

（三）支持企业主体创新做强

积极支持企业进行业务流程创新和商业模式创新，推动大中型企业的物流资源和业务整合，加大对小微企业的整合扶持力度，加强对现代物流业务流程和商业模式创新的知识产权认定和保护。支持企业设立研发中心，加强对物流关键技术和设备的研制，根据规定，给予采购设备等优惠和扶持。进一步完善物流企业申请高新技术企业、技术先进型服务企业认定标准，大力开展推选“全国先进物流企业”、“上海服务名牌”等品牌建设，对符合条件的物流企业给予通关、检验检疫、外汇管理等方面的便利。

（四）加快符合现代物流发展的税制改革

贯彻实施本市物流业实行增值税制度改革试点的重大举措，按照“总体税负不增加、基本消除重复征税”的原则，不断调整完善，充分发挥注册在洋山保税港区内企业从事相关物流及辅助业务实行增值税即征即退优惠政策效应，推动实施启运港退税。对物流企业总部和分支机构实行汇总申报缴纳所得税，落实调整完善部分农产品流通环节增值税政策、完善大宗商品仓储设施用地的土地使用税等政策。在本市率先形成有利于现代物流产业一体化运作和专业化分工的税制。

(五) 进一步优化物流口岸环境

深化推进上海口岸通关无纸化改革，进一步加强上海电子口岸“大通关”平台建设，继续深入推动“一单两报”试点、关检联网核查、关税电子支付、提货单电子签章放行等工作。加强长三角、长江流域等跨区域电子口岸合作，逐步推广“属地申报、口岸验放”、“口岸转检、属地施检”、“产地施检、口岸直通”的区域快速通关模式。依托“三港三区”等，启动实施保税延展、检测维修、国际采购等业务的分类监管措施，研究实施新型货物贸易企业、国际物流服务外包企业等外汇便利管理制度。

(六) 改善物流车辆交通管理

按照“依法、高效、环保”的原则，研究制定城市配送交通管理办法，结合道路交通实际情况和重点配送物流企业需求，完善中心城区货运通行政策，优化通行证发放办法，改善中心城区车辆停靠、装卸作业管理。确定城市配送车辆的标准环保车型，鼓励支持环保配送车辆使用，研究统一本市快递业收派件车辆标识、标准，合理解决快件收派车辆通行、停靠难问题。研究完善适合甩挂运输发展的车辆保险和海关监管措施。大力推行不停车收费系统，提高车辆通行效率。

(七) 多渠道加大物流业资金投入力度

根据国家产业结构调整指导目录，结合本市物流业发展重点领域，积极争取国家服务业专项资金，积极运用本市服务业发展引导资金、技术改造和信息化专项资金等，加大对物流基础设施投资的扶持力度。积极利用相关政策性资金，对符合条件的设立国内外物流企业总部和物流运营中心、企业运用低碳环保技术设备、物流科技项目投入给予支持。建立政府资金投入统筹评估机制，提高资金使用效率。积极引导银行资金、社会资本通过信贷、股权投资基金等方式，提高对物流企业的金融服务水平。积极支持符合条件的物流企业上市和发行企业债券。

(八) 加强物流专业人才引进培养

构建物流专业人才引进、培养和使用的激励机制，吸引海内外高层次物流紧缺人才来沪。加快搭建高校和企业互动对接平台，积极引导高校和科研机构与国内外知名大学和著名物流企业开展交流合作。大力推进产、学、研合作，支持建立多层次的物流综合培训体系、实验基地和人才孵化基地。开展多渠道物流专业人才培训，加快将本市打造成为我国物流人才教育培训基地。

(九) 建立健全物流统计调查制度

加强物流统计基础工作，完善本市物流业统计指标体系，研究科学统计方法，明确统计口径。按照国家有关要求，探索建立本市物流业统计调查与核算制度，定期发布本市物流业运行情况。积极支持行业协会充分发挥作用和力量，开展物流统计调查，促进物流统计信息交流共享，提高统计数据的准确性和及时性。

(十) 发挥行业中介组织作用

充分发挥物流、仓储、交通运输、港口

和国际货代等协会的桥梁和纽带作用，加强在调查研究、提供政策建议、做好服务企业、规范市场行为、开展合作交流、人才培训咨询等方面的中介服务。建立长三角地区物流协会诚信建设协调机制，支持物流企业参加诚信守法及等级评估，促进物流行业规范自律，推动物流市场有序健康发展。

§1.4 2011年上海市和浦东新区物流业发展情况报告

§1.4.1 2011年上海物流业发展情况报告

2011年，围绕贯彻落实国务院《物流业调整和振兴规划》，结合上海国际贸易中心和国际航运中心建设，上海加快物流市场培育，优化城市配送物流发展，构建现代物流服务体系，物流业发展取得了一定成效。

一、上海物流业发展基本情况

1. 物流业规模和效益持续扩大

“十一五”期间，上海物流业增加值为2 242.69亿元，同比增长7.4%，占全市GDP比重为11.7%，占全市第三产业增加值的比重为20.1%。2011年，上海港口货物吞吐量完成7.2亿吨，同比增长11.4%，集装箱吞吐量3 173万标准箱，同比增长9.2%，均保持世界第一。

2. 物流企业服务能级全国领先

目前，本市已拥有A级企业114家①，其中50%以上为4A级以上企业；30家企业获评首届“全国先进物流企业”；9家企业被国家发展改革委评定为“全国制造业与物流业联动示范企业”。在全国物流行业各类评比中，上海获奖企业数量在全国均处于领先地位。这些企业在发展壮大中，逐步形成自身独特的管理理念和业务模式。如长桥物流为百特医疗提供药品直供配送解决方案，把供应链管理延伸到医院内部，提供医院内的输液药品仓库管理管理和配送服务，将输液药品从医院仓库配送至各个医疗病区、医院输液配置中心，以及将相关药品从医院输液配置中心配送至各个医疗病区的全天候配送服务，有效降低了医药供应链的物流成本，确保了医院药品送达的安全、及时、准确。交运集团主动对接苏州工业园区，承接了苏州物流中心70%的保税物流业务。农工商集团顺应长三角地区流通现代化发展需要，构建辐射长三角区域物流配送网络，实现对超市、大卖场、便利店、折扣店等3 500家门店上万品种的常态化配送。

3. 专业物流与产业进一步融合

专业物流与产业融合互动，带动产业转型升级。如惠尔物流以完善的全国终端配送体系，支撑上海家化的全国销售网络，每年完成数万吨、价值逾20亿元的货

① 截至2011年底的统计数据。——编者注

物运输与中转，管理四五千种产品和数万个批次的上海家化产品，并根据订单准确、及时发往全国数百个销售网点，使上海家化存货周转天数减少10天，每年节省物流费用达千万元以上。新杰物流以规范的订单管理、进销存管理和售后处理流程，为3M中国有限公司拓展电子商务业务提供电子商务管理服务，使3M公司销售范围迅速覆盖到全国三线、四线城市及偏远地区，并且产品发货准确率达到99.99%，产品完好率达到99.99%。华谊天原物流凭借技术创新和资金投入，融入制造企业生产线后端拓展物流增值业务，为拜耳材料提供集物料掺混、气流输送、除尘去杂和产品包装等一体化服务，将PC材料优级品率提升至99%，货物破损率降至0.05%以下，为客户创造了价值。

4. *物流网络实现全国布局*

汽车、化工、公路运输等各领域的物流企业纷纷走出上海，在全国进行网络布局，提升对区域物流资源的控制力。如安吉物流依托自身1 000辆轿运车、10艘滚装轮、500节火车皮的物流网络优势，并与遍布全国的20个汽车主机厂、3 000家汽车经销商、100家汽车运输企业实现平台对接、信息联通，优化汽车零部件入厂物流、整车物流和零部件售后物流全流程，为汽车制造与汽车零配件生产、汽车贸易与营销提供集仓储、配送、运输、包装、加工等为一体的全方位物流服务，有效提升物流运作效率，降低物流成本。目前，已承担500万辆整车物流业务，约占全国整车物流业务量的40%。陆交中心依托道路货运公共中转平台，开通上海到全国80多个城市的回程专线，同时开设全国首个定班专线联盟市场，末端分拨配送可到达全国地县级城市。目前，省际道路货运中转业务已覆盖全国九大物流区域，21个全国性物流节点城市，11个区域性物流节点城市。

5. *物流平台等新型业态迅速发展*

本市涌现出的各类物流服务平台，为广大物流企业，尤其是中小物流企业，提供企业内部管理、物流资源交易等服务，以公共服务带动行业整体发展。如新跃物流的“物流汇”，中小型陆运物流企业公共服务和管理平台，通过向第三方陆运物流企业推出物流管理软件、物流企业电调系统、呼叫中心服务、车辆全球定位服务等，提升中小物流企业的内部管理水平和运营能级；通过开展专业代理服务和开展企业文化建设服务，降低企业运营成本，增强企业的行业使命感和社会价值认同，提升企业品牌意识；通过成立新跃党支部，进一步凝聚队伍，聚沙成塔。目前平台已集聚了2 600多家实体会员企业，其中90%会员来自江西、安徽、湖南、湖北等外省市。又如陆交中心56135平台提供交易撮合、信息发布、价格发现、金融保险等增值服务，实现社会物流资源的供需有效对接，形成以上海为核心，服务区域、辐射全国、对接国际的物流资源交易平台。56135平台已逐步建立起一个汇集省际专线、回程配载、集疏运等专业服务信息的物流资源数据库，并研发了物流资源搜索引擎，通过快捷提供大量物流供需信息，有效整合全国范围内的物流资源，解决流通中的物流瓶颈。平台现有网上注册会员3万多家，每日发布有效物流供求信息60万条、有效运价行情14万条，日均访问量35万人次。通过平台交易的货盘总货值超过188亿元，运费总额超过14亿元。2011年平台物流服务收入达到1.3亿元。

6. 物流先进技术运用取得实效

一是依托RFID电子标签和相关设备，实现数据的自动采集和流程的动态管理。通过加强物流流程监控，提高物流安全性。如市商务委会同市食品药监局在本市猪肉流通领域运用RFID技术建立猪肉流通安全信息追溯系统，形成本市猪肉流通从生猪屠宰、肉品批发到零售终端全过程、全方位、全覆盖的食品安全监管信息网络。市质监局在全市400万只钢瓶上应用电子标签对危化品气瓶进行标识，在气瓶的使用登记、充装、检验环节对在用气瓶进行数据的实时采集和动态跟踪，实现对危化品气瓶的动态、规范化管理。上药物流在本市疫苗配送中采用物联网技术进行温度实时监测，实现疫苗从疾病预防控制中心到社区等疫苗接种点过程中，储存、运输和配送、验收、交接等全程温度保持2—8℃，保证疫苗的安全有效。二是通过提高流程和节点工作效率，降低物流运营成本。如百联现代物流将RFID技术应用于吉买盛配送中心业务运作各主要环节，通过托盘标签、货架标签、手持阅读器、车载阅读器等与配送中心信息系统有机集合，使配送中心上架准确率达到99.99%以上；收货操作时间比传统模式缩短40%；上架操作速度比传统模式提高66%；补货、拣货速度比传统模式提高95%；使仓库更加可视化、透明化，降低零售配送中心缺货率；运用RFID系统，信息传递速度及准确率大幅提高。

二、2012年上海物流业发展思路

按照“创新驱动、转型发展”的总体思路，2012年上海将紧密围绕经济发展方式转变，提升物流服务能级，认真落实《上海市现代物流业发展“十二五”规划》，抓紧落实上海现代服务业综合试点任务，确保上海物流业取得新进展、新突破。

1. 加快建设城市共同配送服务体系

选取资源相对集聚、建设基础较为完善的城市快消品、药品和生鲜食品（蔬菜）等领域率先进行城市共同配送体系建设，搭建要素集聚、信息共享的城市共同配送服务平台，引导企业将富裕资源和增量需求通过平台实现共享和对接，逐步实现社会配送服务资源整合。

2. 加快推进制造业物流供应链一体化

推动物流企业与制造企业融合互动发展，促进供应链各环节有机结合，推动供应链一体化，带动产业转型升级。鼓励制造企业引入供应链运作参考（SCOR）模型，对供应链管理实践进行梳理和诊断，通过企业流程再造，有效整合物料流、信息流和资金流，建立敏捷高效的供应链管理体系，提升产业综合竞争能力。

3. 加快完善口岸物流贸易服务功能

继续推进洋山保税港拓展水水中转集拼功能，探索国际中转集拼功能，加快期货保税交割业务实质运作。促进跨国公司亚太采购配送中心、供应链管理中心、有色金属集散中心等集聚港区。依托港区在贸易模式、外汇管制、保税仓储等方面的优势，叠加“航运＋贸易”、“期货＋现货”、“国际＋国内”、“完税＋保税”的功能，积极探索建设大宗商品集散平台。

4. 加快区域物流一体化进程

深化长三角区域合作，会同苏浙物流牵头部门举行2012年长三角地区现代物流联动发展大会，继续开展长三角“5·6”物流日活动，进一步加强区域物流一体化建设，形成持续稳定的交流合作机制，引导长三角地区物流业加强合作。积极培育本市物流服务平台，如陆交中心56135平台、“物流汇”中小型陆运物流企业公共服务和管理平台等不断做大规模，提升平台的辐射力和影响力，加大区域物流资源的整合力度。

5. 继续做好物流行业基础性工作

在增值税制度改革试点后，为物流企业做好政策解读，帮助物流企业理解政策、把握政策、用好政策，密切跟踪政策动向，并关注企业反响，及时汇总反馈。依托行业协会，率先在本市A级物流企业和物流园区中开展物流统计工作。

（上海市商务委员会）

§1.4.2 2011年浦东新区物流业发展报告

2011年，国际市场需求还未有明显恢复，但由于国内消费市场依然相对活跃，一定程度上减轻了外部市场需求不足对浦东新区物流业的影响，使新区物流业虽然较上年高增长情形有明显回落，但依然保持了10%以上相对较快的增长，占GDP比重与上年基本持平。

一、浦东新区物流业发展基本情况

1. 物流业增长速度较上年明显回落

2011年，全球经济复苏速度慢于预期，国际市场需求尚未完全恢复，国际贸易摩擦加剧，全球贸易额增幅放缓，全年新区外贸进出口总额2 260亿美元，比上年增长21.1%，增长速度比上年下降13个百分点，导致新区运输行业大幅度下滑。但同时由于国内市场消费增势依然较快，全年新区商品销售总额增长27.1%，使批发贸易行业继续保持较快的增长速度。在上述两大因素的影响下，新区物流业增长速度虽比上年明显回落，但依然保持在两位数以上的水平，全年实现增加值1 046亿元，比上年增长11.6%，增幅与上年相比回落15.3个百分点；快于新区GDP增长速度0.5个百分点；占新区GDP的比重达到19.1%，与上年基本持平。其中交通运输业实现增加值160亿元，下降2.1%，增幅比上年大幅度回落80多个百分点，占物流业的比重为15.3%，比上年降低 2.1 个百分点;批发业实现增加值 885 亿元,增长 14.5%,增幅比上年回落 4.7 个百分点,占物流业的比重为 84.6%,比上年提高 2.2 个百分点;邮购及电子销售业实现增加值 1 亿元,增长最快,达到 22.8%,但比重仅占物流业的 0.1%;物流房地产和物流服务业分别实现增加值 0.26 亿元和 0.22 亿元,下降 49%和 43.4%。

表 1-4-1　2011 年浦东新区物流业增加值

行　业	增加值(亿元)	增长(%)	比重(%)
合计	1 045.96	11.6	100.0
交通运输仓储邮政业	159.83	−2.1	15.3
批发业	884.64	14.5	84.6
邮购及电子销售业	1.01	22.8	0.1
物流房地产	0.26	−49.0	…
物流服务业	0.22	−43.4	…

2. 外贸进出口增幅回落,港口吞吐功能受到影响

2011 年新区对外贸易量增幅回落,全年进出口总额增长 21.1%,比上年下降 13 个百分点,这在一定程度上影响了港口吞吐量的增长。海港方面,港口集装箱吞吐量 2 881 万标箱,增长14.8%,增幅比上年回落 2.5 个百分点;港口货物吞吐量 26 332万吨,增长17.2%,增幅比上年提高 2.9 个百分点。空港方面,浦东国际机场货邮吞吐量 311 万吨,增长速度由上年的 26.7%下降为−3.7%;旅客吞吐量受世博年的高基数影响,全年达到 4 144 万人次,增幅仅为2.1%,比上年下降 24.5 个百分点。

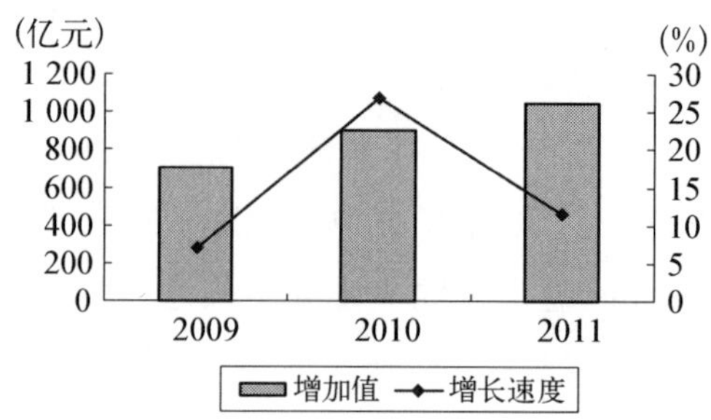

图 1-4-1　2009—2011 年浦东新区物流业增加值

二、物流业发展的主要特点

1. 物流企业继续向批发贸易类集聚

近年来,浦东新区大力推进贸易领域改革与创新,调整贸易结构、优化贸易方式,上海国际贸易中心核心功能区建设取得新进展。2011 年,批发类企业在物流企业数总量中的比重超过七成,达到 73%,比上年提高 9.7 个百分点。交通运输类企业受国际航运市场低迷的影响,企业数量略有减少,占物流企业数的比重为 26.7%,比上年下降 9.7 个百分点。批发业和交通运输业构成了物流企业的主体,两大行业企业合计占物流业的比重超过 99%。

物流企业多为私营和外商投资企业。从企业登记注册类型看,新区物流企业以私营和外商投资企业为主,两类企业合计占物流企业数总量近八成,外资企业呈现加快发展态势,在物流业中的比重不仅比上年有所提高,而且已接近私营企业。

2011 年,外商投资企业占物流企业数量的 37.1%,比上年提高 5.2 个百分点,仅比私营企业低 3.8 个百分点;私营企业占 40.9%,比上年下降 3.5 个百分点。

表 1-4-2　2011 年浦东新区物流业企业单位数结构

行　　业	比重(%)	比 2010 年增减(百分点)
合计	100.0	—
交通运输仓储邮政业	26.7	−9.7
批发业	73.0	9.7
邮购及电子销售业	0.1	基本持平
物流房地产	0.1	基本持平
物流服务业	0.1	基本持平

表 1-4-3　2011 年浦东新区物流业企业按注册登记类型分组结构

指　　标	比重(%)	比 2010 年增减(百分点)
合计	100.0	—
#国有	5.3	0.2
集体	1.1	−0.9
私营	40.9	−3.5
外商及港澳台企业	37.1	5.2
其他	15.6	−1.0

物流企业地域分布较上年变化不大,外高桥保税区和内环以内核心区域是物流企业较为集中的地区。从地域分布上看,外高桥保税区最集中,占新区物流企业总数的近 1/5,交通运输类企业多集中在保税区内;陆家嘴街道、潍坊街道和洋泾街道等内环线以内的核心地区分别占物流企业总数的 15.5%、14.1%和 6%,以批发贸易类企业为主。

表 1-4-4　2011 年浦东物流业企业主要地域分布情况

街镇及开发区名称	比重(%)
合计	100.0
#潍坊街道	14.1
陆家嘴街道	15.5
洋泾街道	6.0
花木街道	3.0
川沙新镇	2.9
高桥镇	3.2
外高桥保税区	19.3

2. 除邮购及电子销售业外,其余行业资产规模普遍萎缩

在全球贸易速度下行和国内宏观调控未明显放松的双重影响下,新区物流业企业资产规模较上年普遍减少。2011 年末,新区物流企业资产总计 6 967 亿元,下降 14.1%。其中物流房地产业下降幅度最大,达到 76.5%;物流服务业下降幅度也超过 40%;交通运输仓储邮政业下降 28%。虽然全球贸易市场增速回落,但国内需求相对仍比较旺盛,批发业资产规模虽比上年有所减少,但下降幅度不大,年末资产总计 4 574 亿元,下降 3.8%;尤其是电子商务近年来高速发展,企业规模扩张迅速,邮购及电子销售资产总计 7 亿元,增长速度达到 74%。

表 1-4-5 2011 年浦东物流业企业资产规模情况

指　　标	单位	2011 年	增长(%)
合计	亿元	6 966.98	−14.1
按行业分			
交通运输仓储邮政业	亿元	2 371.93	−28.0
批发业	亿元	4 573.85	−3.8
邮购及电子销售业	亿元	7.31	74.0
物流房地产业	亿元	13.38	−76.5
物流服务业	亿元	0.51	−43.3
按登记注册类型分			
国有	亿元	1 068.15	10.1
集体	亿元	32.14	−23.8
私营	亿元	942.88	−47.8
外商及港澳台	亿元	2 553.21	−5.7
其他	亿元	2 370.59	−8.2

从企业登记注册类型看，呈现“国进民退”的态势。除国有企业资产规模比上年扩大外，其余类型企业资产均有所减少，特别是私营企业下降幅度最大。2011年末，国有物流企业资产总计 1 068 亿元，增长 10.1%；私营企业资产总计 943 亿元，大幅下降 47.8%，下降幅度最大；外资和其他类型企业资产规模分别下降 5.7% 和 8.2%，上述两种类型仍是物流企业的主体，合计共占总资产规模的 70%。

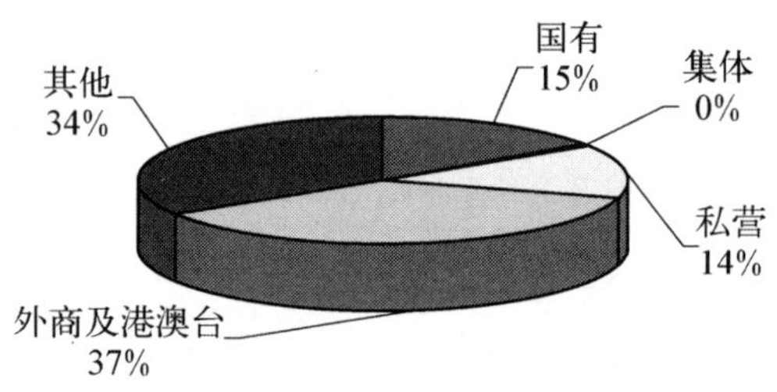

图 1-4-2 2011 年浦东新区物流业资产规模分登记注册类型

3. 消费市场快速发展拉动物流企业营业收入保持两位数增长

2011 年，虽然运输企业营业收入增幅大幅度下滑，但内需的持续向好使物流企业营业收入增长仍在 15%以上。全年新区物流企业实现营业收入 15 336 亿元，比上年增长16.6%。其中，批发业 13 453 亿元，占物流企业营业收入的 87.7%；增长速度达到 19.2%，增幅高于物流企业整体 2.6 个百分点。以上海益实多(1 号店)电子商务有限公司为主的邮购及电子销售行业继续迅速扩张，营业收入虽然总量不大，为 21 亿元，但速度增长极快，达到 2.3 倍，全年新区电子商务商品交易额达到 3 107 亿元，增长 33.6%。其余行业营业收入或与上年持平，或比上年减少，物流服务业因个别企业搬迁至外区，导致收入下降 85.6%。

表 1-4-6 2011 年浦东物流业企业营业收入情况

指　　标	单位	2011 年	增长(%)
合计	亿元	15 335.56	16.6
按行业分			
交通运输仓储邮政业	亿元	1 860.13	基本持平
批发业	亿元	13 452.64	19.2
邮购及电子销售业	亿元	21.09	2.3 倍

续 表

指　　标	单位	2011 年	增长(%)
物流房地产业	亿元	1.54	−27.7
物流服务业	亿元	0.16	−85.6
按登记注册类型分			
国有	亿元	2 305.69	5.8
集体	亿元	35.68	−26.9
私营	亿元	2 500.80	−37.7
外商及港澳台	亿元	6 966.74	37.9
其他	亿元	3 526.66	89.7

从企业登记注册类型看,外资企业构成收入的主体,私营企业下降最为明显。2011 年,外商及港澳台企业实现营业收入近 7 000 亿元,增长 37.9%,占物流企业营业收入的 45%左右。以股份制企业为主的其他经济类型企业实现营业收入 3 527 亿元,增长速度最快,达到 89.7%,也是唯一增幅比上年加快的领域。集体经济和私营企业营业收入均比上年有所减少,特别是私营企业全年实现营业收入 2 500 亿元,比上年大幅下降 37.7%。

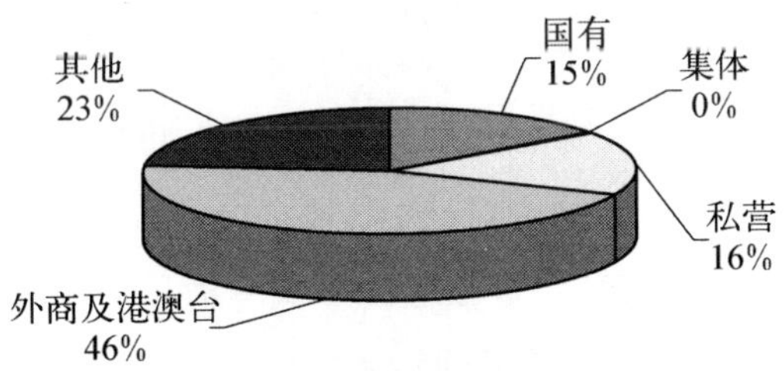

图 1-4-3　2011 年浦东新区物流业营业收入分登记注册类型

4. *企业效益总体下滑明显,但行业之间差异较大*

全球经济形势复苏缓慢,使外向度较高的新区物流业总体盈利情况不佳。2011 年,物流企业实现营业利润 461 亿元,比上年增长 2.4%,增幅较上年大幅下降(2010 年新区物流企业营业利润 450 亿元,比 2009 年增长 1 倍),与上半年 16%的增长速度相比也有近 14 个百分点的差距。各行业之间的差异性较大,两大主要行业利润增长呈现一升一降态势。批发业全年实现营业利润 373 亿元,虽增幅比上年下降近 20 个百分点,但仍保持 34%的较高增速;交通运输仓储邮政业利润下滑较为严重,全年实现营业利润 90 亿元,下降 47.4%;邮购及电子销售行业虽然营业收入成倍增加,但仍未能实现盈利,全年亏损 2.7 亿元。

表 1-4-7　2011 年浦东物流业企业营业利润情况

指　　标	单位	2011 年	增长(%)
合计	亿元	461.09	2.4
按行业分			
交通运输仓储邮政业	亿元	90.30	−47.4
批发业	亿元	373.41	34.0
邮购及电子销售业	亿元	−2.69	—
物流房地产业	亿元	0.06	—
物流服务业	亿元	0.01	−91.3
按登记注册类型分			
国有	亿元	27.17	−46.0
集体	亿元	0.82	1.6 倍
私营	亿元	25.41	−42.1
外商及港澳台	亿元	358.41	1 倍
其他	亿元	49.27	−72.3

从企业登记注册类型看，外资企业独当一面。2011 年，外商及港澳台企业实现营业利润 358 亿元，增长 1 倍，不仅在物流企业总体利润中的比重最大(77%左右)，而且增长速度也远远高于整体水平，主要是因为物流业中的外资企业多为批发业的缘故，而批发业的利润情况好于整体。国有、私营及其他类型的企业利润下降幅度均在 40%以上，合计产生的营业利润仅 100 亿元左右，与外资企业相比差距明显。

5. 劳动力平稳增长，私营和外资企业最为集中

2011 年，新区物流企业共吸纳就业 25.3 万人，增长 8.4%。其中交通运输仓储邮政业吸纳 8 万多人，增长 15%；批发业就业人员 16.8 万人，增长 4.9%；邮购及电子销售业增长最快，达到 1.8 倍；物流房地产和物流服务业就业人数均有所下降。

表 1-4-8　2011 年浦东物流业企业从业人员情况

指　　标	单位	2011 年	增长(%)
合计	人	252 836	8.4
按行业分			
交通运输仓储邮政业	人	83 580	15.0
批发业	人	167 501	4.9
邮购及电子销售业	人	1 636	1.8 倍
物流房地产业	人	100	−35.1
物流服务业	人	19	−91.8
按登记注册类型分			
国有	人	40 910	1.4 倍
集体	人	2 977	33.1
私营	人	76 477	30.7
外商及港澳台	人	85 455	−10.3
其他	人	47 017	−21.6

从登记注册类型看，私营和外资企业是吸纳就业的主力，国有和以股份制为主的其他企业也占一定比例。2011 年，外商及港澳台企业吸纳就业 8.5 万人，占物流业从业人员的 1/3；私营企业 7.6 万人，占 30.2%；国有和以股份制为主的其他企业为 4—5 万人，分别占 16.2%和 18.6%。

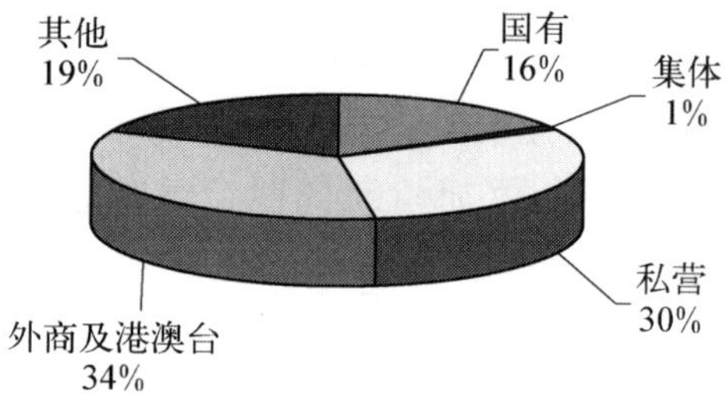

图 1-4-4　2011 年浦东新区物流业从业人员分登记注册类型

6. 贸易领域改革创新优化物流业发展环境

2011 年，新区继续加快上海国际贸易中心核心功能区建设，大力推进贸易领域改革与创新，优化贸易方式、促进贸易便利化。在重点区域建设推进方面，积极探索建设与国际通行惯例接轨的自由贸易园区，召开第 11 届世界自由贸易园区大会；上海进口商品展示贸易中心土建工程

基本竣工，招商工作有序推进；外高桥保税区获“国家进口贸易促进创新示范区”称号。在重点行业环境优化方面，在金桥率先开展旧机电入境维修检验检疫改革试点，贝尔等3家企业进入首批试点；启动集成电路产业链保税监管新模式，解决了制约设计企业境内下单的瓶颈问题；此外，生物医药产业便捷通关、通检试点扩大至整个张江区域等一系列举措，对优化贸易结构，提升贸易能级，使浦东从货物贸易向服务贸易拓展具有重要意义。在重点环节改革突破方面，开通“海关网上申报系统”，率先在上海海关实现了企业注册、换证业务的网上办事，大大缩短了审批周期；扩大国际贸易结算中心试点，试点企业数达到20家；深化分类通关改革试点，已覆盖至所有进出口业务现场，选取个别企业启动进出境货物通关单无纸化试点，进一步提升通关效率。

三、当前物流业发展存在的主要问题

1. 国际市场低迷对新区物流业影响程度较大

2011年，世界经济复苏力度低于预期，全球航运市场整体低迷，波罗的海干散货运价指数比2010年下跌45%左右，世界货物贸易额实际增长仅5%，远低于2010年13.8%的增幅。受此影响，新区物流业增幅回落明显，特别是交通运输类企业营业收入增长缓慢，盈利情况不佳，利润大幅度下滑。

2. 运输结构不均衡

目前，浦东内陆运输多依赖于公路交通，导致道路拥堵现象严重，运输效率降低，洋山港“水水中转”量只占45%，铁路(芦潮港铁路站)的比例更低。而国际物流发达地区多拥有公路、铁路、航空、航道等多种交通网络，如伦敦与外界水路、公路、铁路的连接十分方便；纽约港连接全国高速公路网及纽约、旧金山、纽约、西雅图东西两条大铁路；鹿特丹港通过莱茵河集疏运货物的始发港和目的港，港口与欧洲铁路、公路都能联网。

3. 高端物流业比重仍较低

新区物流业的发展仍然主要集中在传统的交通运输和批发贸易领域，虽然近年来在电子销售领域有较大的突破，但整体规模还比较小，尚不足以影响整个物流业的发展，而以物流软件开发和咨询等高端产业为主的物流服务业处于逐步萎缩态势，与国际物流发达地区相比差距明显。

四、促进物流业发展的若干建议

1. 提高企业抗风险能力

面对国际贸易市场回落的局面，指导企业加强风险的管控，支持企业与一些大的货主签订风险共担的合同，鼓励企业主动采取积极策略应对危机，支持有能力、有实力的物流企业进行产业结构调整，加快促进企业转型升级，在经营上控制成本，并通过技术更新、低碳改造、管理进步及信息化建设等，增强企业的市场竞争力。

2. 构建全方位立体的多式联运系统

建议统筹海陆空运输资源，大力发展内河运输优势，提高河道和铁路的货物运量，实现海陆空多种运输方式的优化组合。如继续修建浦东铁路，提升洋山、外高桥港区货物、集装箱经铁路集疏运的比例。整治内河航道，重点是与长江、杭州湾、东海以及江苏、浙江省内河道相连通的河道，以及与临港、外高桥港区相连通的大芦线和赵家沟等航道。

3. 积极培育和引进骨干企业

推动物流企业运用现代物流理念，整合运输、仓储、配送、货代、批发、零售以及信息服务等领域的资源，促进相关行业物流功能整合和服务延伸，加快传统物流企业向现代物流企业的转变。在积极引进国内外知名物流企业特别是总部型物流企业落户浦东的同时，支持本区物流企业开展业务流程、服务模式、应用技术集成创新，进一步扩大物流市场规模、提升物流服务水平，形成一批服务水平高、国际竞争力强的物流骨干企业。

4. 提高信息技术应用水平

加强信息技术在物流领域的基础应用，推进各类物流信息资源的整合和利用。一是充分利用信息化建设成果，深化电子口岸建设，规范物流各环节公共信息交换标准，建立以公共信息交换系统为核心，具有供应链管理、业务协同和专业化服务等功能的现代物流公共信息服务平台。二是组织相关科研机构、高校和企业进行产学研合作，参与物流前沿技术研制和开发，提升物流信息技术化的水平。

5. 密切关注“营改增”的实施对物流企业的影响

据了解，“营改增”实施后，从事物流辅助服务的企业，税收负担基本持平或增加不多，并且多数企业可通过内部降本增效等措施自行消化。但是物流中的装卸搬运服务和货物运输服务从3%的营业税税率调整为11%的增值税税率，导致试点后企业实际税负大幅增加，实际可抵扣的进项税的比重又不高。尤其是货物运输是充分竞争的行业，平均利润率只有3%左右，税收负担大幅增加，企业内部无法消化。为此，要密切关注“营改增”的实施对物流企业税收成本的影响，对执行过程中遇到的问题要及时跟踪解决，增加增值税进项税抵扣项目，如过路过桥费、保险费，以及房屋租金等，允许物流企业现有的运输工具及设备依据一定比例纳入进项税额抵扣，使得物流运输业的税负回到税改前水平。

（浦东现代物流行业协会，浦东新区统计局）

§1.4.3 上海市发展和改革委员会：《为完成物流业“十二五”发展目标奠定坚实基础》的报告

根据国家要求和市领导指示精神，我们回顾总结全市物流业调整和振兴工作情况，落实《上海市现代物流业发展“十二五”规划》,提出申报2013年中央预算内资金支持物流项目的工作要求,分析形势、提高认识、理清思路、部署工作,为完成物流业“十二五”发展目标奠定坚实基础,促进我市现代服务业和先进制造业发展,加快形成以服务经济为主的产业结构。全市物流业调整振兴工作取得了实效,上海物流业发展成效正日益显现。以上成绩的取得,离不开物流行业广大企业的艰辛努力,离不开相关行业协会的努力推动,离不开政府有关部门的重视与支持。

回顾过去,我们既为取得的成绩感到欣慰,也看到上海物流业发展仍然任重道远;展望未来,我们既对物流业发展前景充满信心,也要对面临的挑战保持清醒认识。《物流业调整和振兴规划》实施期刚满,《上海市现代物流业发展“十二五”规划》已经由市政府印发(沪府发〔2012〕讯号),《规划》是当前和今后一段时期指导全市物流业发展的纲领性文件,贯彻实施《规划》是“十二五”时期全市物流业发展的根本要求。结合“十二五”全市物流业发展的主要工作,谈几点想法:

一、认清形势,抢抓发展机遇

物流业作为复合型产业,不但与传统意义上的运输仓储、装卸搬运等紧密相关,而且与信息技术、加工制造、金融保险、管理咨询、商贸流通等密切相连,产业覆盖面广、关联度高、带动力强,作为现代服务业的重要组成和先进制造业的基本支撑,是沟通生产与消费、连接国际国内市场的重要载体,促进生产、拉动消费作用大,吸纳就业人数多。大力推进现代物流业发展,对于提高经济运行的质量和效益、推动产业结构调整和能级提升、扩大消费和改善民生具有重要促进作用,对于上海发展方式加速转型、城市服务功能提升、增强国际竞争力具有重大的现实意义。

2010年上海物流业增加值达到2 037亿元,占全市生产总值的比重为12.1%,占第三产业增加值比重为21.2%,物流业已经成为上海现代服务业的重要组成部分。“十二五”时期,国际国内经济环境发生深刻变化,国际产业分工转移出现新趋势,上海推动创新驱动、转型发展进入关键时期。分析面临的形势,可以说物流业机遇与挑战并存,但机遇大于挑战。我们正迎来现代物流业发展的大好时机。主要从四个方面来说明:

1. 上海具有良好的基础条件和政策优势

上海位于我国沿海、沿江交汇点,是长三角城市群的核心,《物流业调整和振兴规划》明确定位,上海作为全国性物流节点城市。网络化、枢纽型、功能性基础设施初步建成,拥有连接国际、国内物流和服务的硬件环境,具备面向国际、国内两个市场,辐射长三角、长江流域和服务全国的优越条件;2011年,上海港口货物吞吐量完成7.2亿吨,同比增长11.4%,集装箱吞吐量3 173万标准箱,同比增长

9.2%，均保持世界第一。拥有浦东、虹桥两大国际机场，2011年浦东机场货邮吞吐量311万吨，继续位居我国第一、全球第三。产业生态方面，上海人才、资金、信息等各类要素充分集聚；商业贸易、加工制造、航运服务、信息资讯、金融等产业已形成规模。在政策优势方面，上海拥有浦东综合配套改革试点、国家服务业综合改革试点、国际航运发展综合试验区、国际贸易示范区、国家电子商务示范城市、全国流通领域现代物流示范城市等先行先试优势，拥有出口加工区、保税区、保税物流园区、保税港区、综合保税区等各类海关特殊监管区域。

2. 建设"四个中心"为物流业发展注入强大动力

物流业与金融、贸易、航运密切相关，相辅相成。金融业发展可以为物流业提供良好投融资环境和便利的金融服务，也有利于推动物流金融服务创新；贸易与物流互为支撑，贸易规模扩大、贸易主体集聚、贸易便利化程度提高等，有利于丰富物流的贸易服务功能，促进物流贸易一体化发展；航运是物流的重要支撑，航运设施和航运服务体系建设能够降低物流成本、提高物流效率，提升上海物流业的国际竞争力。因此，要抓住"四个中心"建设的机遇，推动物流与金融、贸易、航运的融合共进，不断提升上海物流业的增值服务能力和资源配置能力。

3. 物流业发展环境正在逐步改善

近年来从中央到地方各级政府都高度重视现代物流业的发展。一方面从国家来看，2009年开始，国家先后出台了《物流业调整和振兴规划》、《农产品冷链物流规划》、《国务院办公厅关于促进物流业健康发展政策措施的意见》、《关于加强鲜活农产品流通体系建设的意见》等引导推动物流业发展的政策文件。今年1月份，财政部和税务总局出台了《关于物流企业大宗商品仓储设施用地城镇土地使用税政策的通知》，决定自2012年1月1日起的3年期限内，对物流企业自有的(包括自用和出租)大宗商品仓储设施用地，减按所属土地等级适用税额标准的50%计征城镇土地使用税。去年以来，根据国家的统一部署，各地都开展了收费公路专项清理工作，有效规范了公路乱罚款乱收费行为。另外，目前国家发展改革委正在牵头编制《全国物流园区发展规划》，将会出台规范和支持物流园区发展的政策措施。另一方面从本市来看，先后出台了《本市贯彻〈物流业调整和振兴规划〉的实施方案》、《本市落实〈国务院办公厅关于促进物流业健康发展政策措施的意见〉的工作方案》、《上海市现代物流业发展"十二五"规划》，市商务委、市发展改革委、市交通港口局、市公安局联合制定的《上海市加快推进城市配送物流发展实施方案》也即将发布实施。目前，市发展改革委正在牵头开展关于上海市农产品冷链物流发展的课题研究，为下一步出台我市支持冷链物流发展的政策文件做好准备。

4. “营改增”为上海物流业转型发展带来新机遇

总体上来说，交通运输业和物流辅助服务由营业税改征增值税，有力促进了物流业各环节的专业化分工合作，有效避免了物流服务的重复征税问题，明显优化了物流业发展税收政策环境。但是，从试点实施情况来看，部分物流企业一般纳税人反映税负增加较多，主要原因在于增值税率过高(从3%变为11%)、进项抵扣范围较窄、部分进项较难取得增值税发票等。针对这些问题，本市采取了过渡性补贴政策，并积极向国家有关部门汇报沟通。特别强调一下，要正确理解此次增值税改革的初衷和重大意义：税收制度要适应经济发展需要，随着专业化细分，服务业重复征税的问题日益突出，不符合转方式、调结构的要求，也不符合国际惯例。上海物流业必须认识到，作为国家的重大战略部署和上海的重大改革举措，“营改增”是一项意义深远的税收制度改革，而不是一项税收优惠政策，是结构性减税举措，而不是降低某类企业或某个行业税负。“营改增”打通了制造业和服务业间的增值税抵扣链条，有效避免了服务业重复征税，有利于发展现代服务业，符合转方式、调结构的发展要求。上海物流业不能过于计较一时的、局部的税负增减问题，而应该主动顺应变革趋势，认清税制改革对上海物流业转型发展的催化作用，紧抓“营改增”机遇，加快构建物流服务网络、拓展业务空间、创新业务模式、延伸产业链条，不断提高自身竞争力。

当然物流发展也面临着一些挑战。如世界经济复苏前景还不明朗，全球经济一体化深入发展，国际国内制造业产业转移出现新趋势，上海面临着土地资源、劳动力成本、节能减排、城市交通等压力，我们应该积极思考，主动求变，要化危机为机遇、变压力为动力。要清醒认识当前物流业发展的良好形势，抓住机遇，迎接挑战，乘势而上，推动物流业快速发展。

二、找准方向，全力推进各项工作

加快发展现代物流业，总体上我们有一个《“十二五”规划》(沪府发〔2012〕51号)和一个《工作方案》(沪府办〔2011〕98号)，《“十二五”规划》明确了今后一段时期我市物流业发展的指导思想、基本原则、主要目标、工作任务和保障措施；《工作方案》结合我市实际，将促进物流业健康发展的措施任务进行了部门分工落实。希望各有关部门和单位认真学习贯彻，把工作做实做细，把政策用足用好。

1. 准确把握物流业发展的基本原则

“十二五”时期，面临着“创新驱动、转型发展”的战略要求，上海物流业应该在保持量的优势的同时，着力在质的方面取得新突破，在《规划》中我们提出了坚持“高端带动、创新发展，产业互动、融合发展，低碳推动、绿色发展，区域联动、改革发展”的基本原则，就是要在保持产业平稳较快增长的基础上，加快推动物流产业转型发展和能级提升。要大力发展知识、技术、资金密集型的、增值能力强的、具有资源配置功能的高端物流服务;要推动物流与金融、商贸、航运、先进制造、信息技术等产业的融合发展;要扩大物流业对内对外开放,进一步拓展发展空间;要提高物流资源利用效率,推广绿色物流技术和模式,为低碳经济发展作出贡献。

2. 坚持物流业发展目标不动摇

以高端物流服务为核心,加快物流业向"高效率、高增值、低消耗"转变,到2015年,使物流业成为上海推进"四个率先"、建设"四个中心"的重要产业载体,使上海成为全国现代物流业发展的引领示范高地,形成与国际经济、金融、贸易、航运中心核心功能相匹配的,初步具有全球物流资源配置功能的国际物流枢纽城市和全球供应链管理中心之一。"十二五"全市物流业增加值年均增速在10%左右,物流业增加值占全市生产总值比重在13%左右,全社会物流总费用占全市生产总值比重在15%以下。

3. 全力抓好各项任务的推进落实

一方面《上海市现代物流业发展"十二五"规划》已正式印发,要按照"十二五"规划确定的指导思想、发展目标和工作任务,做好规划的衔接,提出年度分解目标,采取切实有力措施,如期完成规划目标任务,确保现代物流业持续快速增长。另一方面,去年11月,本市印发了落实国办发〔2011〕38号文的《工作方案》,要按照《工作方案》明确的工作安排和部门分工,加强领导、抓好落实,抓紧制定本部门的实施计划,要在《工作方案》确定的各项工作推进及其具体政策措施的制定实施方面取得实质性进展。市发展改革委将按照市委、市政府要求,继续搞好统筹协调,会同市有关部门以及相关行业协会,加强对《规划》和《方案》实施情况的督促检查,及时研究新情况、解决新问题。

三、突出重点,推动产业能级提升

在工作全面扎实推进的同时,找准工作中的着力点和突破口,至关重要。可以从以下几个方面着手:

1. 重点园区规划建设要加快进度

一是物流园区布局要完善调整。在完善方面,重点是加快规划建设西南综合物流园区,全市形成外高桥、深水港、浦东空港、西北综合、西南综合五个重点物流园区布局;在调整方面,重点在西北综合物流园区,尤其是推动桃浦地区传统货运停车场功能提升并向外围嘉定地区迁移。二是重点物流园区功能要提升。五个重点物流园区要结合各自区位交通和政策功能优势,形成定位清晰、功能协调、特色鲜明的发展态势。三是要推动园区联动发展。通过多种方式促进各园区间信息互通、资源共享、合作共赢。四是园区多式联运能力要加强。如外高桥、深水港的铁水联运和水水中转能力,浦东空港的空铁联运能力,西北的公铁联运能力都要加强,西南园区的规划建设要注重利用好沪杭铁路和油墩港内河航道的集疏运能力。

2. 重点项目的推进实施要加大力度

围绕"十二五"规划,重点抓好以下几类项目建设:一是信息平台项目建设。包括物流公共信息平台、物流园区信息平台、企业物流信息平台等。结合上海特点,可以重点在口岸物流类信息平台、行业物流类信息平台、物流资源交易类信息平台方面加大力度。同时,也要引导支持各个企业提高信息化水平,要把相应平台建立起来,形成网络。二是农产品流通和冷链物流项目建设。要对传统农产品批发市场升级改造,拓展信息发布、价格发现、检测检验、交易结算、安全追溯等功能,以肉类、果蔬、水产品等为重点,加强鲜活农产品冷链物流体系建设,尤其是加大对现代化冷链物流中心建设的支持力度。三是城市配送设施项目建设。以食品、日用快消品、医药产品、危险化学品等为重点,加快现代化物流配送中心设施建设,满足城市居民生活需要,保障城市运行安全。四是多式联运设施项目建设。特别要加大对重点物流园区多式联运设施项目的支持。五是区域分拨中心项目建设。支持国内外企业以上海为基地对全球和区域物流运营进行整合,设立区域分拨中心,实现采购、仓储、集拼、分拣、包装、流通加工、销售结算等功能集成。

3. 重点物流领域发展要有所突破

重点领域的选择以上海的城市特征和产业特点为依据。《"十二五"规划》把口岸物流、制造业物流、城市配送物流和电子商务物流作为重点发展领域。一是口岸物流方面,我们要保持清醒、要有紧迫感。要在"两高一低"的目标上下工夫,即"高效率、高增值、低成本"。二是制造业物流要进一步提高本市制造业的国际竞争力,构建一体化运作的供应链管理服务体系,要满足加工贸易西部转移产生的物流需求,创新上海与内陆区域加工制造业供应链运行模式。三是城市配送物流还存在着配送车辆运力未能有效整合,配送车辆通行难、停靠难,面向社区和商业中心的末端节点不足等问题。要完善城市配送网络、推动城市共同配送体系建立、提高专业配送水平。四是电子商务物流要着力打造与网络交易、在线支付协同运作的物流支撑体系,满足各种类型电子商务模式发展需要,包括要提高快递服务质量、加强快递渠道安全监管、完善快递服务标准、健全快递服务法规等。

4. 重点企业的扶持培育要有所作为

物流业发展的重要标志就是要有一批龙头物流企业。一是大力培育大型综合物流品牌,支持其整合资源,成为具有强大品牌影响力的现代物流企业,到2015年,培育若干家本市年产值过百亿的具有国内影响力和国际竞争力的大型综合物流企业。二是着力建设专业物流品牌,结合上海优势和行业特点,发展一批创新能力优、科技含量高、增值能力强的专业化物流服务企业。三是支持平台企业发展,重点是面向广大中小物流企业提供管理咨询、技术支持、金融保险等服务的社会化、市场化平台,集质量控制、检测认证、采购贸易、金融保险、分拨配送、代理报关、信用评估等于一体的全程供应链管理平台等。四是积极开展推选“全国先进物流企业”、“上海服务名牌”等品牌建设。

5. 重点物流功能的打造要率先落实

围绕“四个中心”建设的国家战略，加快培育与金融、航运和贸易中心建设紧密结合的高端物流服务。一是大力发展物流金融增值服务，创新开展预付货款、代收货款、仓单质押、存货监管、专门保险、担保交易、单证贴现等物流金融服务。二是大力发展高端物流航运功能，在国际中转集拼分拨、保税与非保税货物一体化运作等方面有所突破，打造亚太地区重要的国际采购、分拨配送和供应链管理中心。三是高瑞物流贸易功能，培育建设物流资源交易市场、开展国际贸易供应链物流集成服务、拓展新型国际贸易物流服务功能、打造大宗商品交易集散平台。四是发展高端物流总部经济，汇聚一批跨国公司的全球供应链资源配置节点，吸引一批国内外优势物流企业总部、物流型总部企业，以及研发设计、运营管理、质量控制、信息处理、资金结算等功能性中心集聚。

6. 重点基础工作的开展要迈出新步伐

要加强物流统计、行业监测、物流标准、人才培养等基础工作，为全市物流业发展提供支撑保障。一是要建立健全物流统计核算制度，定期编制物流业统计情况报告，为政府决策和产业发展提供可靠依据。二是要建立重点物流企业联系制度，加强与企业联系沟通，监测企业和行业运行情况。三是推动物流标准化建设工作，坚持“先行先试、服务全国”的原则，重点在仓储设施、运输工具、托盘容器、物流信息等领域开展标准研制和推广，在快递、医药、危险品、农产品冷链行业开展物流标准化示范。四是研究构建物流人才引进、培养和使用的激励机制，吸引各类物流紧缺人才来沪，把上海打造成为我国物流人才教育培训基地。

物流业跨行业、跨部门、跨领域，涉及面广、综合性强，为推进上海物流业发展目标和任务的落实，政府各部门要进一步完善协调推进机制，在统筹规划的基础上，形成相互配合、齐抓共管、合力推进的新格局。行业协会要更好发挥行业平台作用，加强调查研究、开展合作交流、做好企业服务、引导行业自律。物流企业要发挥主体作用，以市场需求为导向，以信息技术和供应链管理为核心，通过整合资源、分工合作，不断做大做强。

加快发展现代物流业，构建以服务经济为主的产业结构，是创新驱动、转型发展的一项重要工作。让我们携手共进，为实现上海物流业“十二五”发展目标，加快建设国际经济、金融、贸易、航运中心和现代化国际大都市而共同努力！

（这是2012年6月5日《上海市物流业调整和振兴工作暨中央预算内项目总结交流会》上市发展改革委领导的讲话稿）

第二篇　政策和服务

§2.1　2011年物流政策环境回顾

2011年，是我国“十二五”时期开局之年，也是物流业发展的“政策年”。国家重视物流业健康发展，有关部门和地方政府积极推动政策出台和落实，物流业发展的政策环境持续改善。

物流业发展相关规划集中出台

2011年，国家“十二五”规划再次强调“大力发展现代物流业”，各部门、各地方物流业发展相关规划集中出台。

国家“十二五”规划纲要再次强调大力发展现代物流业

2011年3月，十一届全国人大四次会议通过的《国民经济和社会发展“十二五”规划纲要》（以下简称《规划纲要》），在第四篇“营造环境，推动服务业大发展”第十五章“加快发展生产性服务业”里面单列一节“大力发展现代物流业”。《规划纲要》指出：“加快建立社会化、专业化、信息化的现代物流服务体系，大力发展第三方物流，优先整合和利用现有物流资源，加强物流基础设施的建设和衔接，提高物流效率，降低物流成本。推动农产品、大宗矿产品、重要工业品等重点领域物流发展。优化物流业发展的区域布局，支持物流园区等物流功能集聚区有序发展。推广现代物流管理，提高物流智能化和标准化水平。”这是继“十一五”规划后，物流业第二次进入国家五年规划纲要，再次提升了物流业在国家规划层面的产业地位，较为全面地指明了“十二五”时期物流业发展的重点任务和发展方向。此外，《规划纲要》全文共有20多处提及有关发展物流的内容。

有关部门编制和实施物流相关规划

2011年，商务部等34个部门联合发布《服务贸易发展“十二五”规划纲要》（商服贸发〔2011〕340号），列入重点支持的领域达30个，其中7个属于交通物流类领域。交通运输部印发《交通运输“十二五”发展规划》（交规划发〔2011〕191号），规划明确提出“促进现代物流发展”，要求依托货运枢纽发展现代物流、支持运输企业向现代物流企业转型、大力发展农村物流。铁道部出台《铁路“十二五”物流发展规划》，规划设计了全国、区域、地区三级铁路物流节点网络。民用航空局发布了《中国民用航空发展第十二个五年规划》，提出要积极发展货邮运输。工信部发布《物联网"十二五"发展规划》，提出要重点支持物联网在工业、农业、流通业等领域的应用示范，以及智能物流、智能交通等的建设。国家邮政局发布《邮政业发展"十二五"规划》和《快递服务"十二五"规划》，提出深化邮政主业改革，鼓励快递业转型升级。按照国务院《物流业调整和振兴规划》的要求，商务部、国家发改委、供销总社等三部门联合下发《商贸物流发展专项规划》（商商贸发〔2011〕67 号），明确了商贸物流属产业物流，确定了 9 项重点工作内容。

多地政府出台物流业"十二五"发展规划

据不完全统计，2011 年有天津市、河北省、浙江省、江苏省、福建省、宁夏回族自治区等十多个省市区，以及青岛市、深圳市、宁波市、福州市等计划单列市省会城市出台了物流业"十二五"发展规划①。各地结合地方经济运行情况和物流发展特点，注重地方物流体系建设，强化区域物流空间布局，培育物流产业作为新的经济增长点，提出了实质性的配套政策措施。

"物流国九条"等相关政策相继出台

2011 年 6 月，温家宝总理主持召开国务院常务会议，专题研究支持物流业发展的政策措施。8 月，《国务院办公厅关于促进物流业健康发展政策措施的意见》（国办发〔2011〕38 号）印发，被业内称为"物流国九条"，涉及税收、土地、交通、管理体制、资源整合、技术创新与应用、资金投入、农产品物流、组织协调等九大问题。12 月，国务院办公厅发出国办函〔2011〕162 号《关于印发贯彻落实促进物流业健康发展政策措施意见部门分工方案的通知》，把（国办发〔2011〕38 号）文细化为 47 项具体工作，落实到 31 个部门和单位。

税收政策开始调整

一是税收试点工作成效显著。2011 年，由中国物流与采购联合会组织推荐、国家发改委审核、国家税务总局发文批准，第七批、341 家物流企业纳入营业税差额纳税试点范围。到 2011 年底，试点企业总数已达 934 家。按照"物流国九条"要求，第八批试点企业入选条件有所放宽，上一年营业税及其附加实际缴纳额最低限由 100 万元调整到 50 万元。

二是增值税改革试点工作启动。2011 年 10 月 26 日，国务院常务会议决定，开展深化增值税制度改革试点，逐步将目前征收营业税的行业改为征收增值税。从 2012 年 1 月 1 日起，将在上海市开展交通运输业和部分现代服务业营业税

---

① 2012 年 5 月 24 日，上海市人民政府颁发了《上海市人民政府关于印发上海市现代物流业发展"十二五"规划的通知》（沪府发〔2012〕51 号）。

改征增值税试点。其中，交通运输业适用11%的税率，物流辅助服务适用6%的税率。物流相关概念第一次被列入税目，相关税率首次纳入增值税序列。

三是物流企业土地使用税减半征收。2012年初，财政部、国家税务总局下发《关于物流企业大宗商品仓储设施用地城镇土地使用税政策的通知》(财税〔2012〕13号)。通知要求，自2012年1月1日起至2014年12月31日止，对物流企业自有的(包括自用和出租)大宗商品仓储设施用地，减按所属土地等级适用税额标准的50%计征城镇土地使用税。

四是免征蔬菜流通环节增值税。2011年12月，财政部、国家税务总局发布《关于免征蔬菜流通环节增值税有关问题的通知》(财税〔2011〕137号)，自2012年1月1日起，免征蔬菜流通环节增值税。

交通环境有所改善

一是收费公路专项清理工作启动。2011年6月14日，交通运输部等五部门联合发出《关于开展收费公路专项清理工作的通知》(交公路发〔2011〕283号)，开展收费公路违规及不合理收费专项清理工作。截至2011年底，全国收费公路专项清理工作第一阶段的调查摸底基本完成，共排查发现了711个项目有问题，已经完成和即将完成的整改项目有522个，占总量的68%。全国10多个省份采取了降低个别路段收费标准、回购撤销部分收费站点等措施。

二是取消政府还贷二级公路取得实效。2009年1月1日开征燃油消费税后，按照工作部署，截止到2011年底，共有18个省市取消了政府还贷二级公路收费，撤销收费站1 892个，涉及里程9.4万公里。全国二级公路不收费里程达到25.5万公里，占二级公路总里程的82.6%。

三是公路治超工作力度加大。2011年7月1日，《公路安全保护条例》正式实施。各地陆续出台治超办法，开启治超专项行动。交通运输部推广山西治超经验，推进治超信息系统全国联网，13个省份354个治超站联网。8月1日，《公路超限检测站管理办法》正式施行，不仅对此前治理超限行动中出现的各种问题做了详细的规定，同时也加大了对超限超载车辆的处罚力度。

四是铁水联运开始起步。2011年9月，铁道部与交通运输部联合下发了《关于加快铁水联运发展的指导意见》(交水发〔2011〕544号)。两部将在完善铁水联运发展规划、加快基础设施建设、完善配套政策和标准、加强运输组织管理、推进信息共享、培育龙头企业等六个方面深化合作与交流，建立长效合作机制。

五是甩挂运输逐步推广。2010年底，全国甩挂运输试点工作全面启动，福建、浙江、江苏、上海等10个省(区、市)以及中外运长航集团、中国邮政集团等被作为首批试点省份和单位。2011年，交通运输部制定了甩挂运输、厢式运输行业标准，公布了第一批甩挂运输推荐车型，推进12

个甩挂运输试点项目。

六是口岸环境得到改善。2011 年，海关总署进一步加快分类通关改革进度，完善改革措施，出口分类通关改革在全国海关全面推广，进口分类通关改革也由 15 个海关推广到 41 个直属海关的部分现场开展试点，通关效率明显提高。

产业投入力度加大

2011 年，国家发改委按照《关于印发物流业调整和振兴专项投资管理办法的通知》（发改办经贸〔2009〕695 号）的规定，继续设立专项资金支持，具体范围包括农产品冷链物流项目、物流配送工程、制造业与物流业联动发展工程、物流标准和技术推广工程、物流公共信息平台工程及大宗农产品物流等六类项目。2011 年，中央资金投入 11 亿元，支持 461 个物流重点项目建设，带动社会资金 525 亿元；中央资金投入 5 亿元，支持农产品冷链项目建设，带动社会资金 144 亿元。

2011 年，财政部按照《关于印发〈中央财政促进服务业发展专项资金管理办法〉的通知》（财建〔2009〕227 号），继续开展服务业功能聚集区项目资金申报工作，重点支持商贸功能区、物流功能区的建设和升级改造，一批物流园区获得资金支持，2011 年共计投入 7 亿元。

为贯彻落实《国务院关于加快发展服务业的若干意见》，2011 年起，财政部、商务部在全国选择部分基础条件好、示范效应强、特色明显的地区开展现代服务业综合试点工作，探索服务业发展新模式。目前已经确定北京、上海、天津、辽宁等省市作为首批试点地区，计划三年时间，每年投入 10 多亿元，重点支持包括现代物流在内的重要服务业公共性平台和产业化项目建设。

为加强对服务业关键领域、薄弱环节和新兴产业的引导，促进服务业加快发展，国家和地方服务业发展引导资金继续支持物流业发展。福建、重庆、舟山等多地设立物流业发展专项资金，重点支持地方急需发展的重点物流项目和工程。

各地响应“物流国九条”要求，重点支持城市配送体系发展。上海市重点支持建立城市三级共同配送系统，重点支持医药、生鲜食品和快速消费品共同配送体系建设。北京市开展城市物流“共同配送”试点工程，首批建立 15 个“共同配送”站点，通过与快递公司和电子商务网站合作，可覆盖 100 个社区。

此外，2011 年，现代物流业首次出现在《产业结构调整指导目录（2011 年本）》的鼓励类分类中。

资源整合开始发力

2011 年 6 月，国家邮政局出台《关于快递企业兼并重组的指导意见》（国邮发〔2011〕108 号），明确提出，“十二五”时期，通过兼并重组，快递产业集中度明显提高，培育出一批年收入超百亿元、具有较强国际竞争力的大型快递企业。意见提出了六大兼并重组的重点，并要求加强对快递企业兼并重组的指导、规范和服务。

全国现代物流工作部际联席会议办公室2010年底发布了《关于开展制造业与物流业联动发展示范工作的通知》。2011年，办公室组织开展了两业联动发展示范工作，确认130家企业为示范企业，召开了第三届全国制造业与物流业联动发展大会。多地出台政策支持两业联动发展。山东省《关于加快推动制造业与物流业联动发展的实施意见》提出：到2015年，重点扶持和培育150户省级企业物流管理中心、100户为制造企业提供一体化服务的物流企业和50户为重点企业配套的专业化物流企业。

技术推广得到支持

2011年，财政部、工业和信息化部以财企〔2011〕64号印发《物联网发展专项资金管理暂行办法》。专项资金的支持范围包括物联网的技术研发与产业化、标准研究与制定、应用示范与推广、公共服务平台等方面的项目。基金总额50亿元，分5年发放。首批5亿元专项基金申报中，最终审批合格近100家企业。

2011年中央财政安排交通运输节能减排专项资金2.5亿元，用于支持公路水路交通运输节能减排工作。交通运输部开展了“车、船、路、港”千家企业低碳交通运输专项行动，有力推进了重点环节的节能减排工作。共有1 126家交通运输企业参加了专项行动，覆盖了公路水路交通运输行业全领域。经核算，2011年度补助项目形成的节能量为31.5万吨标准煤，替代燃料量为22.4万吨标准油，减少二氧化碳排放113.8万吨。

农产品物流受到重视

2011年，农村物流服务体系发展专项资金继续支持农家店改造、农村配送中心建设、农超对接、农村公共物流信息平台、电子交易平台建设等项目，支持重点转到配送中心建设和改造。2011年，中央资金投入15.4亿元。

2011年，商务部会同财政部投入6.4亿元支持江苏等8个省份开展了农产品现代流通综合试点。内容包括农产品批发市场和农贸市场升级改造、农超对接、创新农产品流通模式和“南菜北运”等。

2009年，交通运输部会同国家发改委下发《关于进一步完善和落实鲜活农产品运输绿色通道政策的通知》（交公路发〔2009〕784号）扩大鲜活农产品运输绿色通道网络。从2010年12月1日起，全国所有收费公路（含收费的独立桥梁、隧道）全部纳入鲜活农产品运输绿色通道网络范围，对整车合法装载运输鲜活农产品车辆免收车辆通行费。2011年，鲜活农产品运输产品目录进一步扩大，全国免征车辆通行费超过130亿元。

当前物流业发展面临的主要政策问题

税收政策有待深化落实

相对于其他税收政策，营业税差额纳税试点工作成效明显，受到企业普遍欢迎。但是总体来看，试点政策门槛依然偏高，试点范围还有待扩大，试点中出现的一些问题也需要进一步明确。

2012 年 1 月 1 日起营业税改征增值税试点工作在上海市启动，物流行业纳入本次试点范围。试点开始以来，物流企业特别是运输型物流企业普遍反映税率上调幅度较大，实际可抵扣项目较少，导致税负大幅增加，显然有违试点方案中，“改革试点行业总体税负不增加或略有下降”的指导思想。同时，运输和仓储等物流环节税率仍未统一，不利于物流业“一体化”运作，也不符合“物流国九条”提出的“要结合增值税改革试点，尽快研究解决仓储、配送和货运代理等环节与运输环节营业税税率不统一的问题”。

土地使用税减半征收政策是落实“物流国九条”的重要政策措施，深受物流企业欢迎。但是，由于政策出台时间较短，各地对政策的理解存在差异，导致政策执行中出现偏差。如，一些地区只对单一仓储型物流企业执行此项政策，而综合型物流企业则无法享受；一些地区认为仓库不是物流企业，专业建造并出租仓储设施的企业无法享受政策支持；还有一些地区提高了仓储用地级别，变相抵消税收优惠政策。

2009 年，财政部和国家税务总局发布的《关于安置残疾人就业单位城镇土地使用税等政策的通知》(财税〔2010〕121 号)提出，要将地价计入房产原值征收房产税。不仅形成了房产占地实际上的重复纳税，加重了物流企业税收负担，而且在执行中也会产生地价确定标准不统一等征管问题。

2008 年新的《企业所得税法》实施后，取消了对物流企业所得税统一缴纳的规定。跨省市总分机构物流企业实行“就地预缴”的政策。由于网络化经营、一体化运作是物流企业基本的运行模式，预缴企业所得税的方式，割裂了物流企业的网络关系，严重制约着物流企业做强做大。

过路过桥费仍是企业沉重负担

过高的路桥费，加重了物流企业的负担，增加了社会流通成本。据调查，过路过桥费平均占运输成本的 30%左右。对于大件运输和商品车运输等超限运输车辆，收费名目繁多，各省标准不一，各地自由裁量权很大，缺乏公开透明的办事标准。从专项清理工作实施情况来看，更多地方只是开展收费公路专项清理工作，尚未有实质性行动。从整体上看，收费公路价格形成机制尚未形成，监督检查和规范管理缺乏法律法规支持，收费公路长效治理机制仍然缺失。此外，个别地方和人员重罚款、轻纠正、以罚代管、粗暴执法以及乱罚款现象时有发生。

物流业“用地难”、“地价高”

近年来，物流用地存在两方面的突出问题：一方面，随着城市扩容改造，原有物流设施改作他用，物流用地急剧收缩。而迁建用地供给紧缺，地价持续攀升，超出物流企业承受能力，即使拿到土地的物流企业，也要面临土地投资强度、税收贡献等硬性指标要求，而无法充分利用土地，导致新建仓储设施短缺严重。大中城市周边仓库货场租金不断提高，物流成本持续上升。另一方面，一些地方发展目标盲目贪大，物流规划用地动辄几平方公里、甚至几十、上百平方公里。也有的借物流名义圈占土地，等待升值，或改变用途，搞房地产开发，而真正从事物流业务的企业拿不到合适的土地。

公共财政支持力度有待加强

物流园区、物流中心、配送中心以及仓库货场等物流基础设施，资金投入量大、回收周期长，具有较强的公益性和公共性，企业自有资金难以支撑长期发展。从国际发展经验看，物流基础设施作为国家综合竞争力的基础条件，是公共财政支持的重点之一。三年来，公共财政虽然在有些方面有所支持，但支持重点还不够明确，支持力度还难以满足行业健康发展需要。而且，各部门各自为政，降低了资金使用效果。

企业做强做大受到环境制约

对于企业兼并重组、剥离物流资产和业务方面存在的问题，行业普遍反映审批程序复杂，相关税费高，资产处置困难，劳动关系处理困难，债务债权关系复杂，制约了企业兼并重组的步伐。对于国有大型物流企业内部产权转让，现行政策法规认定属于交易性质，要求对转让标的企业进行审计、资产评估，需要大量的交易费用和等待时间，增加了企业内部重组成本。各地还存在一些阻碍和限制分支机构设立和经营的问题。一些地方不承认物流企业分支机构在总部取得的经营资质，赋予总部的政策，有些分支机构还享受不到。此外，支持物流企业“走出去”还缺乏具体政策支持。

物流管理体制不适应行业发展需要

物流业是复合型产业，目前没有一个专门的主管部门。2001 年，原国家经贸委等 6 部门出台物流政策文件；2004 年，国家发改委等 9 部门出台相关政策；2005 年，由国家发改委牵头成立了全国现代物流工作部际联席会议；2009 年落实《物流业调整振兴规划》以及 2011 年落实“国九条”政策，又有 30 多个部门参与工作。尽管这些部门的工作都很努力，结果是涉及部门越多，协调难度越大。自 2005 年以来，多数省区市成立了类似的联席会议机制，但牵头部门有的在发改委，有的在经信（工信）部门，有的在商务部门或交通部门，甚至一个省内都有不同归属，形成上下不对口、左右不衔接。这种状况如不改变，将会严重制约现代物流业快速健康发展。

未来政策期待

物流业中长期规划应及时出台

《物流业调整和振兴规划》实施期为

2009—2011 年，目前规划期已满。进入“十二五”时期，我国经济以科学发展为主题，以加快转变经济发展方式为主线，对物流业发展提出了新的要求，亟须引导行业未来长期发展的战略思考和顶层设计。2011 年，国家发改委会同交通运输部等 10 个部门，以及中国物流与采购联合会等 3 个协会，成立了物流业发展中长期规划编制领导小组，由国家发改委经济贸易司牵头负责相关具体工作，并开展了前期调研工作。建议物流业中长期规划加快进入起草编制阶段，从国家层面保证物流业规划的延续性。

企业税负应进一步减轻

营业税差额纳税试点范围应继续扩大。2012 年 3 月，温家宝总理在全国人大五次会议上所作的《政府工作报告》中提出，要“扩大物流企业营业税差额纳税试点范围”，体现了政府支持物流业发展的政策导向。业内企业急切盼望加快营业税差额纳税试点工作推进速度，进一步放宽入选条件，扩大试点范围，并妥善解决试点中遇到的突出问题。

增值税改革试点有序推进。这次营改增试点，在服务业总体减负的同时，物流业特别是交通运输企业出现了税负增加较多的情况。建议政府有关部门充分重视，并抓紧解决物流业相关环节税率不统一、交通运输服务税率偏高等实际问题。在问题没有妥善解决前，建议慎重对待试点扩围。

交通环境亟待改善

2012 年，交通运输部等 5 部门将继续推动收费公路专项清理工作。在第一阶段调查摸底的基础上，针对排查中出现的问题应抓紧出台具体实施方案，重点推进收费公路专项清理的监督检查和验收工作。各地区应按照有关文件要求，进一步降低公路过路过桥收费。

应加强对收费公路的管理。建议修订《收费公路管理条例》，制定收费公路信息公开办法，完善收费公路价格形成机制。研究解决挂车交强险制度，推进甩挂运输发展。制修订《大件运输管理办法》、《超限运输车辆行驶公路管理规定》，加强公路超限法规建设。

按照“物流国九条”要求，建议有关部门研究制定城市配送车辆管理政策，调整城市配送车辆管控进城的区域范围，为物流车辆进城提供通行、停靠便利。

物流基础设施期盼加大支持力度

列入国务院《物流业调整和振兴规划》专项规划的《全国物流园区发展规划》，应于 2012 年出台。应明确物流园区规划布局的基本标准和原则，制定相应的鼓励政策和约束机制。对于纳入全国和省级物流业发展规划的物流用地应予重点保障，列入城市土地利用总体规划并优先安排。

建议推行租地建库方式，既保证物流企业用地需求，有效减轻企业一次性投资压力，也有效抑制圈占土地、等待升值的投资冲动。

交通运输部正在加快完善《交通运输部投资补助物流园区项目管理办法》，2012年开始将针对示范性好、公益性强的物流园区给予一定的补助资金支持。

商务部2012年将开展“现代物流技术应用与共同配送综合试点”工作。通过组织推荐现代物流技术应用和共同配送综合试点城市，促进试点城市加大商贸物流基础设施投入。

物流业管理体制改革应该提到议事日程

几年来的实践表明，没有一个专门的行政管理机构，物流政策难以落地。一些地方政府逐步加快物流管理体制调整改革，成立专门机构，统筹协调地方物流管理工作。建议在下届政府机构改革中，参照能源和粮食管理体制，在国家层面设立国家物流局，统筹协调全国物流业发展工作。各省市建立相应机构，承担相应职能。

（中国物流和采购联合会）

§2.2 国务院和部委政策文件

§2.2.1 国务院办公厅关于促进物流业健康发展政策措施的意见

（国办发〔2011〕38号）

各省、自治区、直辖市人民政府，国务院各部委、各直属机构：

为进一步贯彻落实《国务院关于印发物流业调整和振兴规划的通知》（国发〔2009〕8号）精神，制定和完善相关配套政策措施，促进物流业健康发展，经国务院同意，现提出以下意见：

一、切实减轻物流企业税收负担

根据物流业的产业特点和物流企业一体化、社会化、网络化、规模化发展要求，统筹完善有关税收支持政策。有关部门要抓紧完善物流企业营业税差额纳税试点办法，进一步扩大试点范围，并在总结试点经验、完善相关配套措施的基础上全面推广。要结合增值税改革试点，尽快研究解决仓储、配送和货运代理等环节与运输环节营业税税率不统一的问题。研究完善大宗商品仓储设施用地的土地使用税政策，既要促进物流企业集约使用土地，又要满足大宗商品实际物流需要。

二、加大对物流业的土地政策支持力度

仓储设施、配送中心、转运中心以及物流园区等物流基础设施占地面积大、资金投入多、投资回收期长，要在加强和改善管理、切实节约土地的基础上，加大土地政策支持力度。科学制定全国物流园区发展专项规划，提高土地集约利用水平，对纳入规划的物流园区用地给予重点保障。对各地区物流业发展规划确定的重点物流项目用地，应在土地利用总体规划修编时纳入规划统筹安排，涉及农用地转用的，可在土地利用年度计划中优先安排。

对政府供应的物流用地，应纳入年度建设用地供应计划，依法采取招标、拍卖或挂牌等方式出让。积极支持利用工业企业旧厂房、仓库和存量土地资源建设物流设施或提供物流服务，涉及原划拨土地使用权转让或租赁的，应按规定办理土地有偿使用手续，经批准可采取协议方式出让。土地出让收入依法实行“收支两条线”管理。

三、促进物流车辆便利通行

进一步降低过路过桥收费，按照规定逐步有序取消政府还贷二级公路收费，减少普通公路收费站点数量，控制收费公路规模，优化收费公路结构。加大对高速公路收费的监管力度，撤并不合理的收费站点，逐步降低偏高的高速公路收费标准，对已出让经营权的繁忙路段，应根据政府财力状况逐步回购经营权。尽快研究修订《收费公路管理条例》，统筹发展以普通公路为主的体现政府普遍服务的非收费公路和以高速公路为主的收费公路。大力推行不停车收费系统，提高车辆通行效率。抓紧修订完善道路大型物件运输管理办法和超限运输车辆行驶公路规定，规范道路交通管理和超限治理行为。按照依法、高效、环保的原则，研究制定城市配送管理办法，确定城市配送车辆的标准环保车型，全面禁止将客运车辆改装为货运车辆，有效解决城市中转配送难、配送货车停靠难等问题，促进符合条件的物流企业加快规模化发展。研究调整挂车交强险征收政策，促进甩挂运输发展。

四、加快物流管理体制改革

加快推进物流管理体制改革，打破物流管理的条块分割。加强依法行政，完善政府监管，强化行业自律。结合制(修)订相关法律、行政法规，在规范管理的前提下适当放宽对物流企业资质的行政许可和审批条件，改进资质审批管理方式。认真清理针对物流企业的资质审批项目，逐步减少行政审批。要破除地区封锁和体制、机制障碍，积极为物流企业设立法人、非法人分支机构提供便利，鼓励物流企业开展跨区域网络化经营。进一步规范交通、公安、环保、质检、消防等方面的审批手续，缩短审批时间，提高审批效率。对于法律未规定或国务院未批准必须由法人机构申请的资质，物流企业总部统一申请获得后，其非法人分支机构可向所在地有关部门备案获得。物流企业总部统一办理工商登记注册和经营审批手续后，其非法人分支机构可持总部出具的文件，直接到所在地工商行政管理机关申请登记注册，免予办理工商登记核转手续。合理规划口岸布局，改善口岸通关管理，提高通关效率，促进国际物流和保税物流发展。加强物流业政策及法规体系建设，从国民经济行业分类、产业统计、工商注册、土地使用及税目设立等方面明确物流业类别，进一步确定物流业的产业地位。尽快完善物流调查统计和信息管理制度。

五、鼓励整合物流设施资源

支持大型优势物流企业通过兼并重

组等方式，对分散的物流设施资源进行整合；鼓励中小物流企业加强联盟合作，创新合作方式和服务模式，优化资源配置，提高服务水平，积极推进物流业发展方式转变。目前只为本行业本系统提供服务的仓储和运输设施，要积极创造条件向社会开放，开展社会化物流服务。支持商贸流通企业发展共同配送，降低配送成本，提高配送效率。支持物流企业加强与制造企业合作，全面参与制造企业的供应链管理，或与制造企业共同组建第三方物流企业。制造企业剥离物流资产和业务，可根据《财政部国家税务总局关于企业重组业务企业所得税处理若干问题的通知》（财税〔2009〕59 号）、《财政部国家税务总局关于企业改制重组若干契税政策的通知》（财税〔2008〕175 号）和《财政部关于企业重组有关职工安置费用财务管理问题的通知》（财企〔2009〕117 号）等文件规定，享受税收、资产处置、人员安置等相关扶持政策。统筹规划和发展工业园区、经济开发区、海关特殊监管区域、高新技术产业园区等制造业集聚区的物流服务体系，积极引导区内企业将物流业务外包，扩大物流需求，推动区域内物流基础设施和信息平台等共享共用。

六、推进物流技术创新和应用

加强物流新技术的自主研发，重点支持货物跟踪定位、无线射频识别、物流信息平台、智能交通、物流管理软件、移动物流信息服务等关键技术攻关。适时启动物联网在物流领域的应用示范。加快先进物流设备的研制，提高物流装备的现代化水平。加强物流标准的制定和推广，促进物流标准的贯彻实施。鼓励物流企业应用供应链管理技术和信息技术，地方各级人民政府对物流企业的物流信息平台建设要积极给予扶持。推动有关部门、重点制造企业和商贸企业、物流企业不断提高物流信息资源的开发利用水平，促进物流信息的科学采集、安全管理、有效利用、深度开发、有序交换和集成应用。调整完善物流企业申请高新技术企业的认定标准，具备条件的物流企业可以享受高新技术企业的相关政策。推进物流信息资源开放共享，处理好安全与协同的关系，鼓励采取多种方式实现物流信息的互通交换，促进信息流、物流和资金流的协同和联动，提高物流服务效率和经营管理水平。

七、加大对物流业的投入

各级人民政府要加大对物流基础设施投资的扶持力度，对符合条件的重点物流企业的运输、仓储、配送、信息设施和物流园区的基础设施建设给予必要的资金扶持。积极引导银行业金融机构加大对物流企业的信贷支持力度，加快推动适合物流企业特点的金融产品和服务方式创新，积极探索抵押或质押等多种贷款担保方式，进一步提高对物流企业的金融服务水平。完善融资机制，进一步拓宽融资渠道，积极支持符合条件的物流企业上市和发行企业债券。

八、优先发展农产品物流业

要把农产品物流业发展放在优先位置，加大政策扶持力度，加快建立畅通高效、安全便利的农产品物流体系，着力解决农产品物流经营规模小、环节多、成本高、损耗大的问题。大力发展“农超对接”、“农校对接”、“农企对接”等产地到销地的直接配送方式，支持发展农民专业合作组织，加强主产区大型农产品集散中心建设，促进大型连锁超市、学校、酒店、大企业等最终用户与农民专业合作社、生产基地建立长期稳定的产销关系。发挥供销社和邮政等物流体系在农村的网络优势，积极开展“农资下乡”配送和农产品进城配送服务。抓紧开展农产品增值税抵扣政策调整试点，妥善解决农产品进项税抵扣中存在的问题，鼓励大型企业从事农产品物流业，提高农产品物流业的规模效益。加大农产品冷链物流基础设施建设投入，加快建立主要品种和重点地区的冷链物流体系，对开展鲜活农产品业务的冷库用电实行与工业同价。推动农产品包装和标识的标准化，完善农产品质量安全可追溯制度。提高对农产品批发市场和农贸市场(含社区菜市场)公益性的认识，加大政府投入和政策扶持力度。加强农产品批发市场、农贸市场的规划和建设，新建城市居住区要严格按照相关规定，配套建设社区菜市场或相应的商业设施，不得随意改变用途。农产品批发市场用地作为经营性商业用地，应严格按照规划合理布局，土地招拍挂出让前，所在区域有工业用地交易地价的，可以参照市场地价水平、所在区域基准地价和工业用地最低价标准等确定出让底价，土地出让后严禁擅自改变用途从事商业性房地产开发，确需改变用途、性质或者进行转让的，应当符合土地利用总体规划并经依法批准。研究农产品批发市场相关房产税政策，农产品批发市场和农贸市场的用水、用电、用气、用热价格实行与工业同价。规范和降低农产品批发市场、农贸市场的摊位费等相关收费，必要时按法定程序将摊位费纳入地方政府定价目录管理，清理超市向供应商收取的违反国家相关法律法规的通道费。继续严格执行并完善鲜活农产品“绿色通道”政策，进一步加强管理，完善技术手段，提高车辆检测水平和通行效率。进一步落实鲜活农产品配送车辆24小时进城通行和便利停靠政策。提高粮食物流现代化水平，推进粮食储、运、装、卸的“四散化”，加强东北产区散粮收纳和发放设施及南方销区的铁路、港口散粮接卸设施建设，推动东北地区散粮火车入关，加快发展散粮铁水联运。进一步推进棉花质检体制改革，提高棉花包装质量和物流技术装备水平与标准化程度，在全国范围推行棉花的机械快速装卸作业法，组织好新疆棉外运工作。

九、加强组织协调

各地区、各有关部门要充分认识物流业的重要性，加快政府职能转变和管理创新，积极推动物流业又好又快发展。国务院有关部门要按照职能分工，加强对物流业发展的协调指导，抓紧细化政策措施，认真组织贯彻实施，切实规范物流服务，提升物流业经营水平。发展改革委要会同有关部门加强对各项政策措施落实情况的督促检查，及时研究新情况、解决新问题，为物流业进一步健康发展创造良好的政策和体制环境。

国务院办公厅

二〇一一年八月二日

§2.2.2 全国现代物流工作部际联席会议办公室：《关于全国制造业与物流业联动示范企业名单的公示》

2010年9月，全国现代物流工作部际联席会议办公室印发了《关于开展制造业与物流业联动发展示范工作的通知》，要求各省区市物流牵头部门和有关中央企业组织申报制造业与物流业联动示范企业（项目）。截至去年底，全国共推荐联动示范企业261家。今年4月份，联席会议办公室组织专家对申报项目进行了评选，初步认定131家企业入围联动发展示范企业名单（名单附后）。现将入围名单予以公示。公示期间如有异议，请向物流联席会议办公室反映。

公示时间：2011年7月6日—13日

公示电话：(010)68505534

全国现代物流工作部际联席会议办公室

二〇一一年七月五日

全国制造业与物流业联动示范企业公示名单(上海市8家/全国131家)

……

上海北芳储运集团有限公司

上海安吉汽车物流有限公司

上海华谊天原化工物流有限公司

上海惠尔物流有限公司

上海畅联国际物流有限公司

上海全方物流有限公司

上海长桥物流有限公司

上海新杰货运服务有限公司

上海宝联五金储运有限公司

……

§2.2.3 国家税务总局关于发布试点物流企业名单（第七批）的公告（国家税务总局公告2011年第55号）

根据《国家税务总局关于试点物流企业有关税收政策问题的通知》（国税发〔2005〕208号）的有关规定，经国家发展和改革委员会和国家税务总局确认，现将第七批试点物流企业名单予以公布。纳入试点范围物流企业的有关税收问题按国税发〔2005〕208号文件的有关规定执行。

本公告自2011年11月20日起执行。

特此公告。

附件：《试点物流企业名单（第七批）》

国家税务总局

二〇一一年十月二十五日

附件：

《试点物流企业名单（第七批）》（上海

共22家企业，42—63/全国共341家）

1—41（略）

42. 上海顺衡物流有限公司

43. 招商局物流集团上海有限公司

44. 中航国际物流有限公司

45. 上海无忧物流有限公司

46. 上海弘和物流有限公司

47. 上海景鸿国际物流股份有限公司

48. 上海益嘉物流有限公司

49. 上海恒荣国际货运有限公司

50. 上海熙可送物流有限公司

51. 德迅（中国）货运代理有限公司

52. 上港集团物流有限公司

53. 上海市邮政速递物流有限公司

54. 上海宜隆国际物流有限公司

55. 上海宝钢物流有限公司

56. 上海安吉速驰储运有限公司

57. 招商局物流集团上海奉贤有限公司

58. 上海全胜物流有限公司

59. 上海港口化工物流有限公司

60. 上海华谊天原化工物流有限公司

61. 上海联达物流有限公司

62. 上海远成物流发展有限公司

63. 上海柯莱国际货运有限公司

64—341（略）

§2.2.4 关于印发《营业税改征增值税试点方案》的通知（财税〔2011〕110号）

各省、自治区、直辖市、计划单列市财政厅（局）、国家税务局、地方税务局，新疆生产建设兵团财务局：

《营业税改征增值税试点方案》已经国务院同意，现印发你们，请遵照执行。

附件：营业税改征增值税试点方案

财政部　国家税务总局

二〇一一年十一月十六日

附件：

营业税改征增值税试点方案

根据党的十七届五中全会精神，按照《中华人民共和国国民经济和社会发展第十二个五年规划纲要》确定的税制改革目标和2011年《政府工作报告》的要求，制定本方案。

一、指导思想和基本原则

（一）指导思想

建立健全有利于科学发展的税收制度，促进经济结构调整，支持现代服务业发展。

（二）基本原则

1. 统筹设计、分步实施

正确处理改革、发展、稳定的关系，统筹兼顾经济社会发展要求，结合全面推行改革需要和当前实际，科学设计，稳步推进。

2. 规范税制、合理负担

在保证增值税规范运行的前提下，根据财政承受能力和不同行业发展特点，合理设置税制要素，改革试点行业总体税负不增加或略有下降，基本消除重复征税。

3. 全面协调、平稳过渡

妥善处理试点前后增值税与营业税

政策的衔接、试点纳税人与非试点纳税人税制的协调，建立健全适应第三产业发展的增值税管理体系，确保改革试点有序运行。

二、改革试点的主要内容

(一) 改革试点的范围与时间

1. 试点地区

综合考虑服务业发展状况、财政承受能力、征管基础条件等因素，先期选择经济辐射效应明显、改革示范作用较强的地区开展试点。

2. 试点行业

试点地区先在交通运输业、部分现代服务业等生产性服务业开展试点，逐步推广至其他行业。条件成熟时，可选择部分行业在全国范围内进行全行业试点。

3. 试点时间

2012 年 1 月 1 日开始试点，并根据情况及时完善方案，择机扩大试点范围。

(二) 改革试点的主要税制安排

1. 税率

在现行增值税 17%标准税率和 13%低税率基础上，新增 11%和 6%两档低税率。租赁有形动产等适用 17%税率，交通运输业、建筑业等适用 11%税率，其他部分现代服务业适用 6%税率。

2. 计税方式

交通运输业、建筑业、邮电通信业、现代服务业、文化体育业、销售不动产和转让无形资产，原则上适用增值税一般计税方法。金融保险业和生活性服务业，原则上适用增值税简易计税方法。

3. 计税依据

纳税人计税依据原则上为发生应税交易取得的全部收入。对一些存在大量代收转付或代垫资金的行业，其代收代垫金额可予以合理扣除。

4. 服务贸易进出口

服务贸易进口在国内环节征收增值税，出口实行零税率或免税制度。

(三) 改革试点期间过渡性政策安排

1. 税收收入归属

试点期间保持现行财政体制基本稳定，原归属试点地区的营业税收入，改征增值税后收入仍归属试点地区，税款分别入库。因试点产生的财政减收，按现行财政体制由中央和地方分别负担。

2. 税收优惠政策过渡

国家给予试点行业的原营业税优惠政策可以延续，但对于通过改革能够解决重复征税问题的，予以取消。试点期间针对具体情况采取适当的过渡政策。

3. 跨地区税种协调

试点纳税人以机构所在地作为增值税纳税地点，其在异地缴纳的营业税，允许在计算缴纳增值税时抵减。非试点纳税人在试点地区从事经营活动的，继续按照现行营业税有关规定申报缴纳营业税。

4. 增值税抵扣政策的衔接

现有增值税纳税人向试点纳税人购买服务取得的增值税专用发票，可按现行规定抵扣进项税额。

三、组织实施

财政部和国家税务总局根据本方案制定具体实施办法、相关政策和预算管理及缴库规定，做好政策宣传和解释工作。经国务院同意，选择确定试点地区和行业。

营业税改征的增值税，由国家税务局负责征管。国家税务总局负责制定改革试点的征管办法，扩展增值税管理信息系统和税收征管信息系统，设计并统一印制货物运输业增值税专用发票，全面做好相关征管准备和实施工作。

§2.2.5 财政部、国家税务总局《关于在上海市开展交通运输业和部分现代服务业营业税改征增值税试点的通知》（财税〔2011〕111 号）

各省、自治区、直辖市、计划单列市财政厅（局）、国家税务局、地方税务局，新疆生产建设兵团财务局：

经国务院批准，在上海市开展交通运输业和部分现代服务业营业税改征增值税试点。根据《营业税改征增值税试点方案》，我们制定了《交通运输业和部分现代服务业营业税改征增值税试点实施办法》、《交通运输业和部分现代服务业营业税改征增值税试点有关事项的规定》和《交通运输业和部分现代服务业营业税改征增值税试点过渡政策的规定》。现印发你们，自 2012 年 1 月 1 日起施行。

上海市各相关部门要根据试点的要求，认真组织试点工作，确保试点的顺利进行，遇到问题及时向财政部和国家税务总局报告。

附件 1：交通运输业和部分现代服务业营业税改征增值税试点实施办法（略）

附件 2：交通运输业和部分现代服务业营业税改征增值税试点有关事项的规定（略）

附件 3：交通运输业和部分现代服务业营业税改征增值税试点过渡政策的规定（略）

财政部　国家税务总局

二〇一一年十一月十六日

§2.2.6 财政部、国家税务总局《关于物流企业大宗商品仓储设施用地城镇土地使用税政策的通知》（财税〔2012〕13 号）

各省、自治区、直辖市、计划单列市财政厅（局）、地方税务局，西藏、宁夏、青海省（自治区）国家税务局，新疆生产建设兵团财务局：

为促进物流业健康发展，根据《国务院办公厅关于促进物流业健康发展政策措施的意见》（国办发〔2011〕38 号）有关精神，现就物流企业大宗商品仓储设施用地城镇土地使用税政策通知如下：

一、自 2012 年 1 月 1 日起至 2014 年 12 月 31 日止，对物流企业自有的（包括自用和出租）大宗商品仓储设施用地，减按所属土地等级适用税额标准的 50％计征城镇土地使用税。

二、物流企业是指为工农业生产、流通、进出口和居民生活提供仓储、配送服务的专业物流企业。

大宗商品仓储设施是指仓储设施占地面积在6 000平方米以上的，且储存粮食、棉花、油料、糖料、蔬菜、水果、肉类、水产品、化肥、农药、种子、饲料等农产品和农业生产资料；煤炭、焦炭、矿砂、非金属矿产品、原油、成品油、化工原料、木材、橡胶、纸浆及纸制品、钢材、水泥、有色金属、建材、塑料、纺织原料等矿产品和工业原材料；食品、饮料、药品、医疗器械、机电产品、文体用品、出版物等工业制成品的仓储设施。

仓储设施用地，包括仓库库区内的各类仓房（含配送中心）、油罐（池）、货场、晒场（堆场）、罩棚等储存设施和铁路专用线、码头、道路、装卸搬运区域等物流作业配套设施的用地。

三、符合上述减税条件的物流企业需持相关材料向主管税务机关办理备案手续。

请遵照执行。

财政部　国家税务总局

二〇一二年一月二十日

§2.2.7　财政部、国家税务总局《关于免征蔬菜流通环节增值税有关问题的通知》（财税〔2011〕137号）

各省、自治区、直辖市、计划单列市财政厅（局）、国家税务局，新疆生产建设兵团财务局：

经国务院批准，自2012年1月1日起，免征蔬菜流通环节增值税。现将有关事项通知如下：

一、对从事蔬菜批发、零售的纳税人销售的蔬菜免征增值税。

蔬菜是指可作副食的草本、木本植物，包括各种蔬菜、菌类植物和少数可作副食的木本植物。蔬菜的主要品种参照《蔬菜主要品种目录》（见附件）执行。

经挑选、清洗、切分、晾晒、包装、脱水、冷藏、冷冻等工序加工的蔬菜，属于本通知所述蔬菜的范围。

各种蔬菜罐头不属于本通知所述蔬菜的范围。蔬菜罐头是指蔬菜经处理、装罐、密封、杀菌或无菌包装而制成的食品。

二、纳税人既销售蔬菜又销售其他增值税应税货物的，应分别核算蔬菜和其他增值税应税货物的销售额；未分别核算的，不得享受蔬菜增值税免税政策。

附件：蔬菜主要品种目录

财政部　国家税务总局

二〇一一年十二月三十一日

§2.2.8　交通运输部等五部门《关于开展收费公路专项清理工作的通知》（交公路发〔2011〕283号）

各省、自治区、直辖市人民政府：

为贯彻落实十七届中央纪委第六次全体会议和国务院第四次廉政工作会议

精神，切实解决收费公路超期收费、违规设站（点）等突出问题，经国务院同意，现就开展收费公路违规及不合理收费专项清理工作通知如下：

一、总体要求

深入贯彻落实科学发展观，按照“政府负责，部门实施，依法清理，标本兼治，全面规范”的原则，在省级人民政府组织领导下，通过一年左右时间的专项清理工作，全面清理公路超期收费、通行费收费标准偏高等违规及不合理收费，坚决撤销收费期满的收费项目，取消间距不符合规定的收费站（点），纠正各种违规收费行为。在此基础上，研究制定加强收费公路管理、降低收费标准、促进收费公路健康发展的长效机制和政策措施，确保公路交通事业更好地服务经济社会发展。

二、政策依据

专项清理工作的主要政策法规依据：

（一）《中华人民共和国公路法》；

（二）《收费公路管理条例》（国务院令第 417 号）；

（三）《收费公路权益转让办法》（交通运输部、国家发展改革委、财政部令 2008 年第 11 号）；

（四）《国务院办公厅关于转发发展改革委交通运输部财政部逐步有序取消政府还贷二级公路收费实施方案的通知》（国办发〔2009〕10 号）；

（五）交通部、国家计划委员会、财政部《关于发布〈关于在公路上设置通行费收费站（点）的规定〉的通知》（交公路发〔1994〕686 号）；

（六）财政部、国家发展改革委《关于发布〈行政事业性收费项目审批管理暂行办法〉的通知》（财综〔2004〕100 号）。

三、清理内容

（一）对下列违规设置或违规收费的收费公路（含独立的公路桥梁、公路隧道，下同）项目，要立即停止收费，坚决撤销收费站（点），拆除路面收费设施，保障公路完好畅通。

1. 未经省级人民政府批准设置的收费公路及收费站（点）。

2. 超过省级人民政府批准期限收取通行费的收费公路及收费站（点）。

3. 已还清建设贷款（含有偿集资款，下同）的政府还贷收费公路，以及既不属于县级以上地方人民政府交通运输主管部门利用贷款建设，也不属于国内外经济组织投资建设或依法受让政府还贷公路收费权的收费公路。

4. 东部地区省份从 2004 年 11 月 1 日、中部地区省份从 2009 年 1 月 1 日起批准立项的二级收费公路。

5. 2004 年 11 月 1 日后批准立项，但技术等级和里程规模不符合下列要求的收费公路：高速公路（不含城市市区至本地机场的高速公路）连续里程 30 公里以上，一级公路连续里程 50 公里以上，国家确定的中西部地区省份二级公路连续里程 60 公里以上，二车道的独立公路桥梁和隧道长度 800 米以上，四车道的独立公路桥梁和隧道长度 500 米以上。

6. 1994 年 9 月 1 日至 2004 年 10 月 31 日之间批准立项，但技术等级和里程规模不符合下列要求的收费公路：平原微丘区二级公路连续里程 40 公里以上，山岭重丘区二级公路连续里程 20 公里以上，一般公路桥梁长度 300 米以上，改渡为桥的公路桥梁长度 200 米以上，公路隧道长度 500 米以上。

7. 1994 年 8 月 31 日前批准立项，但不符合当时有关文件规定的收费公路。

8. 高速公路以及其他封闭式收费公路上除省界及两端出入口外，在主线上设置的公路收费站（点）。

（二）对存在下列违规行为的收费公路及收费站（点），要立即纠正并停止违规行为。

1. 收费公路项目边施工边通车收取通行费、未交工验收或交工验收不合格收取通行费的，要立即停止收费，并按照相关规定进行清理整顿。待项目交工验收合格并按规定程序获得批准后方可实施收费。

2. 对公路收费站（点）加收或代收城市道路通行费等非公路收费项目，以及收费公路与非公路收费项目实行捆绑收费的，要立即停止加收或代收，取消捆绑收费行为。

3. 对擅自变更公路收费站（点）位置的，要限期更正；限期内未能更正的，责令停止收费。

4. 对违规挤占、挪用以及超范围使用政府还贷公路通行费收入的，要严格依法追缴，确保其全额用于偿还建设贷款和养护管理。追缴资金后，凡具备还清建设贷款条件的收费公路，应立即停止收费。

（三）对下列《收费公路管理条例》正式实施前已经依法批准实施收费或完成收费权转让，但站（点）间距或收费期限不符合《收费公路管理条例》规定的收费公路及收费站（点），要制定并落实具体措施进行规范，确保在 2011 年 12 月 31 日前符合《收费公路管理条例》的规定。

1. 非封闭式收费公路的同一主线上，相邻收费站（点）的间距少于 50 公里。

2. 经省级人民政府依法批准实施收费，但收费期限不符合下列规定的收费公路：国家确定的东部地区省份政府还贷公路收费期限不超过 15 年、经营性公路收费期限不超过 25 年，国家确定的中西部地区省份政府还贷公路收费期限不超过 20 年、经营性公路收费期限不超过 30 年。实行统贷统还的政府还贷收费公路，其收费年限按照偿还完贷款即停止收费的原则执行。

3. 经省级人民政府依法批准，转让政府还贷公路收费权延长收费期限超过 5 年，或累计收费期限的总和超过 20 年（国家确定的中西部地区省份超过 25 年）；转让经营性公路收费权延长收费期限，或累计收费期限的总和超过 25 年（国家确定的中西部地区省份超过 30 年）。

上述情况中，属于第 1 种情况的，要限期调整站(点)位置或撤并部分站(点)，使站(点)间距符合《收费公路管理条例》的规定。属于第 2 和第 3 种情况的，要调整已批准的收费期限，使累计的收费期限总和符合《收费公路管理条例》及《收费公路权益转让办法》的规定；对因特殊情况难以按期调整的，由省级人民政府提出明确处理意见和时限要求，报交通运输部会同有关部门研究。

(四) 降低偏高的通行费收费标准。对通行费标准偏高、经营收益过高、社会反映集中的收费公路，由省级人民政府组织有关部门，按照经营性公路收回投资并有合理回报、政府还贷公路按期还贷并满足养护管理资金需求的原则降低通行费收费标准。同时，完善公路计重收费办法，确保合法装载车辆通行费负担有所减轻。

(五) 对未按照有关法律、法规规定的权限和程序，将政府还贷公路改为经营性公路进行建设和经营管理的，要立即纠正，实现属性归位。

(六) 对违反国家有关法律、法规规定，擅自在公路上设卡实施检查或收费的行为，要坚决予以取缔并严格追究相关人员的法律和行政责任。

(七) 对各地出台的有关收费公路方面的地方性法规和规范性文件进行清理，全面解决现行法规制度中明显不适应实际需要、前后规定不一致或不衔接、文件过期等问题，确保在 2012 年 4 月底前完成相关地方性规章和规范性文件的修订或废除工作，同时提出修改完善相关行政法规的建议。

四、实施步骤

专项清理工作分四个阶段进行：

第一阶段，调查摸底阶段(2011 年 6 月 20 日—8 月 31 日)，各省级人民政府组织交通运输、发展改革(价格)、财政等部门，按照工作职责及本通知要求，全面清查和核实截止到 2011 年 4 月 30 日仍在运行的所有收费公路项目的里程规模、站点设置、收费期限、收费标准等有关情况，按照附表要求填报收费公路专项摸底调查表并同时提供批复文件等相关证明材料，确保填报内容真实、全面，数据准确、翔实。各省、自治区、直辖市收费公路专项摸底调查表务必于 2011 年 9 月 5 日前报送交通运输部(公路局)、发展改革委(价格司)、财政部(综合司)。

第二阶段，自查自纠阶段(2011 年 9 月 1 日—12 月 31 日)，各省、自治区、直辖市人民政府组织交通运输、发展改革(价格)、财政等部门，在调查摸底的基础上，按照相关政策法规和本通知的要求，对现有收费公路、收费期限、收费标准、收费站(点)和收费行为逐一进行审核。对审核发现的各类违规及不合理收费行为、收费项目及收费站(点)，提出具体的整改措施，并在省级人民政府统一组织下抓好整改落实。

第三阶段，检查复核阶段(2012 年 1

月1日—2月29日)，交通运输部、发展改革委、财政部、监察部和国务院纠风办将对各地调查摸底、自查自纠以及整改措施落实等有关情况进行督导和检查，必要时组织省际互查。对清理工作不到位或存在弄虚作假、敷衍塞责等行为的地区和单位，将予以通报批评，并责令限期整改；情节严重的，依法追究相关人员的责任。

第四阶段，总结完善阶段(2012年3月1日—5月31日)，各省、自治区、直辖市要认真总结本地区专项清理工作情况，并于2012年4月10日前将本地区专项清理工作总结等有关情况报送交通运输部、发展改革委、财政部、监察部和国务院纠风办。交通运输部会同有关部门全面总结各地专项清理工作情况，并上报国务院。有关部门要按照职责分工研究提出规范收费公路发展的长效措施，进一步完善收费公路通行费标准形成机制，科学确定经营性公路合理回报率，建立健全政府还贷公路收支情况定期审计制度、收费公路统计制度和监测制度，制定收费公路信息公开办法，强化收费公路服务质量监管力度，完善收费公路相关法规，通过完善制度、理顺体制、优化机制、强化监管等措施，从根本上确保收费公路科学发展、规范管理。

五、相关要求

(一)加强领导，提高认识。清理公路超期收费等违规及不合理收费是今年国务院部署全国治乱减负的重要内容，也是促进公路交通事业健康持续发展的重要措施。各省、自治区、直辖市人民政府及交通运输、发展改革(价格)、财政、监察和纠风部门要充分认识专项清理工作的重要性和紧迫性，从服务经济社会发展大局，保障和改善民生，促进和谐社会建设的高度出发，高度重视，精心策划，密切配合，齐抓共管，高质量、高效率地组织好此次专项清理工作。

(二)精心组织，落实责任。根据《中央纪委关于中央和国家机关贯彻落实2011年反腐倡廉工作任务的分工意见》及有关规定，交通运输部、发展改革委、财政部、监察部和国务院纠风办负责统一组织、指导和协调各地专项清理工作。各省、自治区、直辖市要成立由省级人民政府主管领导牵头，省级交通运输、发展改革(价格)、财政、监察和纠风部门主管领导参加的专门工作机构，制定具体实施方案，按照各自职责分工，加强协调配合，共同组织开展本地区专项清理工作。各省、自治区、直辖市制定的具体实施方案、组织机构及联系方式请于2011年6月25日前报送交通运输部、发展改革委、财政部、监察部和国务院纠风办。

(三)依法清理，稳步推进。收费公路涉及面广、政策性强、时间跨度大、情况较为复杂，各省级人民政府及有关部门要充分认识专项清理工作的复杂性和艰巨性，严格按照《收费公路管理条例》等现有政策法规和本通知要求，依法依规组织开展专项清理工作。同时，要把做好专项清理工作与维护正常公路收费秩序结合起来，精心组织，周密部署，按照“谁主管、谁负责”的原则，督促相关部门和管理单位妥善处理清理工作中出现的问题，确保专项清理工作平稳顺利实施并取得实际成效。

（四）完善制度，强化监管。各省级人民政府及有关部门要认真梳理专项清理中发现的问题，组织人员深入研究，妥善解决。同时，要结合本地区实际，研究出台相关措施和地方性规章，加强和规范收费公路的政府监管，并向国家有关部门提出进一步完善收费公路政策的建议和意见。

为确保并巩固清理成果，在专项清理工作期间，各省、自治区、直辖市要从严审批新的一级及以下普通公路收费项目，暂停审批收费公路资产上市融资和境外企业收购国有收费公路资产。对一级及以下普通公路改扩建的，不得延长收费期限。禁止新增经营性普通公路。国家确定的西部地区省份要按照逐步有序的原则，加快推进取消政府还贷二级公路收费工作进度。

（五）加强信息公开，强化社会监督。各省级人民政府及有关部门要结合本次专项清理工作，通过政府及部门网站、新闻媒体等多种渠道，及时公布本地区收费公路的有关情况，特别是专项清理工作的政策依据、进展情况以及整改措施和实际效果，正面引导舆论。对经省级人民政府批准撤销或合并的收费站（点），要及时向社会公布；对经清理依法保留的收费站（点），要按规定公布站点名称及位置、审批机关及批准文号、收费用途、收费标准、收费期限、收费单位、政府还贷公路的还贷情况等相关信息，自觉接受社会监督。

附件：收费公路专项摸底调查表（略）

交通运输部　国家发展改革委　财政部　监察部　国务院纠风办

二〇一一年六月十日

§2.2.9 公路超限检测站管理办法（中华人民共和国交通运输部令 2011 年第 7 号）

《公路超限检测站管理办法》已于 2011 年 6 月 10 日经第 6 次部务会议通过，现予公布，自 2011 年 8 月 1 日起施行。

部长　李盛霖

二〇一一年六月二十四日

公路超限检测站管理办法

第一章　总则

第一条　为加强和规范公路超限检测站管理，保障车辆超限治理工作依法有效进行，根据《中华人民共和国公路法》和《公路安全保护条例》，制定本办法。

第二条　本办法所称公路超限检测站，是指为保障公路完好、安全和畅通，在公路上设立的，对车辆实施超限检测，认定、查处和纠正违法行为的执法场所和设施。

第三条　公路超限检测站的管理，应当遵循统一领导、分级负责、规范运行、依法监管的原则。

交通运输部主管全国公路超限检测站的监督管理工作。

省、自治区、直辖市人民政府交通运输主管部门主管本行政区域内公路超限检测站的监督管理工作，并负责公路超限检测站的规划、验收等工作。

市、县级人民政府交通运输主管部门根据《中华人民共和国公路法》、《公路安全保护条例》等法律、法规、规章的规定主管本行政区域内公路超限检测站的监督管理工作。

公路超限检测站的建设、运行等具体监督管理工作，由公路管理机构负责。

第四条 公路超限检测站作为公路管理机构的派出机构，其主要职责是：

（一）宣传、贯彻、执行国家有关车辆超限治理的法律、法规、规章和政策；

（二）制定公路超限检测站的各项管理制度；

（三）依法对在公路上行驶的车辆进行超限检测，认定、查处和纠正违法行为；

（四）监督当事人对超限运输车辆采取卸载、分装等消除违法状态的改正措施；

（五）收集、整理、上报有关检测、执法等数据和动态信息；

（六）管理、维护公路超限检测站的设施、设备和信息系统；

（七）法律、法规规定的其他职责。

第五条 县级以上各级人民政府交通运输主管部门应当在经批准的公路管理经费预算中统筹安排公路超限检测站的建设和运行经费，并实行专款专用。任何单位和个人不得截留、挤占或者挪用。

第六条 县级以上地方人民政府交通运输主管部门可以结合本地区实际，在本级人民政府的统一领导下，会同有关部门组织路政管理、交通警察等执法人员依照各自职责，在公路超限检测站内对超限运输车辆实施联合执法。

第二章 规划建设

第七条 公路超限检测站按照布局和作用，分为Ⅰ类检测站和Ⅱ类检测站：

（一）Ⅰ类检测站主要用于监控国道或者省道的省界入口、多条国道或者省道的交汇点、跨省货物运输的主通道等全国性公路网的重要路段和节点；

（二）Ⅱ类检测站主要用于监控港口码头、厂矿等货物集散地、货运站的主要出入路段以及省内货物运输的主通道等区域性公路网的重要路段和节点。

第八条 公路超限检测站的设置，应当按照统一规划、合理布局、总量控制、适时调整的原则，由省、自治区、直辖市人民政府交通运输主管部门提出方案，报请本级人民政府批准；其中，Ⅰ类检测站的设置还应当符合交通运输部有关超限检测站的规划。

经批准设置的公路超限检测站，未经原批准机关同意，不得擅自撤销或者变更用途。

第九条 公路超限检测站的全称按

照“公路管理机构名称＋超限检测站所在地名称＋超限检测站”的形式统一命名，其颜色、标识等外观要求应当符合附件1、附件2的规定。

第十条　公路超限检测站的建设，除符合有关技术规范的要求外，还应当遵循下列原则：

（一）选址优先考虑公路网的关键节点；

（二）尽量选择视线开阔，用水、用电方便，生活便利的地点；

（三）以港湾式的建设方式为主，因客观条件限制，确需远离公路主线建设的，应当修建连接公路主线与检测站区的辅道；

（四）统筹考虑公路网运行监测、公路突发事件应急物资储备等因素，充分利用公路沿线现有设施、设备、人力、信息等资源，增强检测站的综合功能，降低运行成本。

第十一条　建设公路超限检测站，应当根据车辆超限检测的需要，合理设置下列功能区域及设施：

（一）检测、执法处理、卸载、停车等车辆超限检测基本功能区；

（二）站区交通安全、交通导流、视频监控、网络通讯、照明和其他车辆超限检测辅助设施；

（三）必要的日常办公和生活设施。

对于交通流量较大、治理工作任务较重的公路超限检测站，可以在公路主线上设置不停车预检设施，对超限运输车辆进行预先识别。

第十二条　公路超限检测站应当在入口前方一定距离内按照附件3的规定设置检测站专用标志，对行驶车辆进行提示。

第十三条　公路超限检测站应当加强信息化建设，其信息系统应当符合交通运输部颁发的数据交换标准，并满足远程查询证照和违法记录信息、站内执法信息化以及部、省、站三级联网管理的需要。

第十四条　公路超限检测站建成后，省、自治区、直辖市人民政府交通运输主管部门应当按照国家有关规定和标准组织验收。验收合格后方可投入使用。

第十五条　新建、改建公路时，有经批准设置的公路超限检测站的，应当将其作为公路附属设施的组成部分，一并列入工程预算，与公路同步设计、同步建设、同步运行。

第十六条　省、自治区、直辖市人民政府交通运输主管部门应当组织有关部门定期对辖区内公路超限检测站的整体布局进行后评估，并可以根据交通流量、车辆超限变化情况等因素，适时对超限检测站进行合理调整。

第三章　运行管理

第十七条　公路超限检测站应当建立健全工作制度，参照附件4的规定规范检测、处罚、卸载等工作流程，并在显著位置设置公告栏，公示有关批准文书、工作流程、收费项目与标准、计量检测设备合格证等信息。

第十八条 公路超限检测站实行24小时工作制。因特殊情况确需暂停工作的，应当报经省、自治区、直辖市公路管理机构批准。

省、自治区、直辖市公路管理机构应当制定公路超限检测站运行管理办法，加强对公路超限检测站的组织管理和监督考核。

第十九条 公路超限检测站实行站长负责制。公路管理机构应当加强对站长、副站长的选拔和考核管理工作，实行站长定期轮岗交流制度。

第二十条 公路超限检测站应当根据检测执法工作流程，明确车辆引导、超限检测、行政处罚、卸载分装、流动检测、设备维护等不同岗位的工作职责，并结合当地实际，按照部颁Ⅰ类和Ⅱ类检测站的标准配备相应的路政执法人员。

第二十一条 公路超限检测站应当根据检测路段交通流量、车辆出行结构等因素合理配置下列超限检测执法设备：

（一）经依法定期检定合格的有关车辆计量检测设备；

（二）卸载、分装货物或者清除障碍的相关机械设备；

（三）执行公路监督检查任务的专用车辆；

（四）用于调查取证、执法文书处理、通讯对讲、安全防护等与超限检测执法有关的其他设备。

第二十二条 公路超限检测站应当在站区内设置监督意见箱、开水桶、急救箱、卫生间等便民服务设施，并保持站内外环境整洁。

第二十三条 公路超限检测站应当加强对站内设施、设备的保管和维护，确保设施、设备处于良好运行状态。

第二十四条 公路超限检测站应当加强站区交通疏导，引导车辆有序检测，避免造成公路主线车辆拥堵。要结合实际情况制定突发事件应急预案，及时做好应急处置与安全防范等工作。

第四章 执法管理

第二十五条 公路超限检测应当采取固定检测为主的工作方式。

对于检测站附近路网密度较大、故意绕行逃避检测或者短途超限运输情形严重的地区，公路超限检测站可以按照省、自治区、直辖市人民政府交通运输主管部门的有关规定，利用移动检测设备等流动检测方式进行监督检查。经流动检测认定的违法超限运输车辆，应当就近引导至公路超限检测站进行处理。

禁止在高速公路主线上开展流动检测。

第二十六条 车辆违法超限运输的认定，应当经过依法检定合格的有关计量检测设备检测。

禁止通过目测的方式认定车辆违法超限运输。

第二十七条 经检测认定车辆存在违法超限运输情形的，公路超限检测站执法人员应当按照以下要求进行处理：

（一）对运载可分载货物的，应当责令当事人采取卸载、分装等改正措施，消除违法状态；对整车运输鲜活农产品以及易燃、易爆危险品的，按照有关规定处理；

（二）对运载不可解体大件物品且未办理超限运输许可手续的，应当责令当事人停止违法行为，接受调查处理，并告知当事人到有关部门申请办理超限运输许可手续。

第二十八条　对经检测发现不存在违法超限运输情形的车辆，或者经复检确认消除违法状态并依法处理完毕的车辆，应当立即放行。

第二十九条　公路超限检测站执法人员对车辆进行超限检测时，不得收取检测费用；对停放在公路超限检测站内接受调查处理的超限运输车辆，不得收取停车费用。

需要协助卸载、分装超限货物或者保管卸载货物的，相关收费标准应当按照省、自治区、直辖市人民政府物价部门核定的标准执行。卸载货物超过保管期限经通知当事人仍不领取的，可以按照有关规定予以处理。

第三十条　公路超限检测站执法人员依法实施罚款处罚，应当依照有关法律、行政法规的规定，实行罚款决定与罚款收缴分离；收缴的罚款应当全部上缴国库。

公路超限检测站执法人员依法当场收缴罚款的，应当向当事人出具省、自治区、直辖市财政部门统一制发的罚款收据；未出具的，当事人有权拒绝缴纳罚款。

禁止任何单位和个人向公路超限检测站执法人员下达或者变相下达罚款指标。

第三十一条　公路超限检测站执法人员应当按照规定利用车辆超限管理信息系统开展检测、执法工作，并及时将有关数据上报公路管理机构。

省、自治区、直辖市公路管理机构应当定期对超限运输违法信息进行整理和汇总，并抄送相关部门，由其对道路运输企业、货运车辆及其驾驶人依法处理。

第三十二条　公路超限检测站执法人员进行超限检测和执法时应当严格遵守法定程序，实施行政处罚时应当由 2 名以上执法人员参加，并向当事人出示有效执法证件。

在公路超限检测站从事后勤保障等工作，不具有执法证件的人员不得参与拦截车辆、检查证件、实施行政处罚等执法活动。

第三十三条　路政管理、交通警察等执法人员在公路超限检测站对超限运输车辆实施联合执法时，应当各司其职，密切合作，信息共享，严格执法。

第三十四条　公路超限检测站执法人员应当按照国家有关规定佩戴标志、持证上岗，坚持依法行政、文明执法、行为规范，做到着装规范、风纪严整、举止端庄、热情服务。

第三十五条　公路超限检测站执法

人员在工作中，严禁下列行为：

（一）未按照规定佩戴标志或者未持证上岗；

（二）辱骂、殴打当事人；

（三）当场收缴罚款不开具罚款收据或者不如实填写罚款数额；

（四）擅自使用扣留车辆、私自处理卸载货物；

（五）对未消除违法状态的超限运输车辆予以放行；

（六）接受与执法有关的吃请、馈赠；

（七）包庇、袒护和纵容违法行为；

（八）指使或者协助外部人员带车绕行、闯卡；

（九）从事与职权相关的经营活动；

（十）贪污、挪用经费、罚没款。

第三十六条 省、自治区、直辖市公路管理机构应当设立公开电话，及时受理群众的投诉举报。同时通过政府网站、公路超限检测站公告栏等方式公示有关信息，接受社会监督。

第五章 法律责任

第三十七条 公路超限检测站违反本办法有关规定的，由县级以上人民政府交通运输主管部门责令改正，对负有直接责任的主管人员和其他直接责任人员依法给予处分，并由省、自治区、直辖市人民政府交通运输主管部门予以通报；情节严重的，由交通运输部予以通报。

第三十八条 公路超限检测站执法人员违反本办法第三十五条规定的，取消其行政执法资格，调离执法岗位；情节严重的，予以辞退或者开除公职；构成犯罪的，依法追究刑事责任。涉及驻站其他部门执法人员的，由交通运输主管部门向其主管部门予以通报。

第三十九条 公路超限检测站执法人员违法行使职权侵犯当事人的合法权益造成损害的，应当依照《中华人民共和国国家赔偿法》的有关规定给予赔偿。

第四十条 车辆所有人、驾驶人及其他人员采取故意堵塞公路超限检测站通行车道、强行通过公路超限检测站等方式扰乱超限检测秩序，或者采取短途驳载等方式逃避超限检测的，由公路管理机构强制拖离或者扣留车辆，处3万元以下的罚款；构成违反治安管理行为的，依法给予治安管理处罚；构成犯罪的，依法追究刑事责任。

第六章 附则

第四十一条 本办法自2011年8月1日起施行。

§2.2.10 关于加快铁水联运发展的指导意见（交水发〔2011〕544号）

各省、自治区、直辖市交通运输厅（委），天津市、上海市交通运输和港口管理局，各铁路局，长江、珠江航务管理局，上海组合港办公室，各直属海事局，各有关港航企业，中铁集装箱公司：

为贯彻落实中华人民共和国国民经济和社会发展第十二个五年规划纲要、交通运输发展规划、铁路发展规划和《交通运输部铁道部关于共同推进铁水联运发展合作协议》，进一步发挥铁水联运的优势和潜力，促进综合运输体系建设和现代物流发展，现就加快铁水联运发展提出以下意见：

一、充分认识加快铁水联运发展的重要意义

（一）加快铁水联运发展有利于促进综合运输体系建设。铁路运输和水路运输是综合运输体系的重要组成部分。加快发展铁水联运，有利于转变交通运输发展方式，优化运输通道布局和运输结构，完善综合运输体系，加强水陆口岸功能衔接，实现货物运输无缝衔接，更好地发挥铁路、水路运输对国民经济和对外贸易的支撑保障作用。

（二）加快铁水联运发展有利于促进现代物流发展。铁路运输和水路运输是现代物流的主要载体。加快发展铁水联运，有利于充分发挥铁路和水路运输的比较优势和组合效应，提高能源、原材料等大宗货物和集装箱运输效率，降低物流成本，更好地满足经济发展对提升现代物流水平的要求。

（三）加快铁水联运发展有利于促进区域经济协调发展。深入实施东部率先、中部崛起、西部大开发和东北振兴战略，促进资源开发和产业梯度转移，对密切内陆与沿海、沿江地区的交通联系提出了更高要求。加快发展铁水联运，有利于增强运输保障能力，扩大区域经济交流合作，更好地服务内陆地区外向型经济发展。

（四）加快铁水联运发展有利于促进节能减排。加快发展铁水联运，有利于降低能源、资源消耗，减少污染物排放，符合建设资源节约型、环境友好型社会的总体要求，对于加快转变运输发展方式具有重要意义。

二、指导思想、主要原则和发展目标

（五）指导思想。深入贯彻落实科学发展观，转变交通运输发展方式，把发展铁水联运作为综合运输体系建设的重点任务，坚持深化改革、开拓创新、统筹规划、科学管理，加大投入和建设力度，强化组织协调，推进运输结构调整，切实提升铁水联运服务能力和水平，促进区域经济协调发展，保障国民经济平稳运行。

（六）主要原则。坚持统筹发展，以市场为导向，突出重点，有序推进，充分发挥铁水联运组合效应；坚持同步发展，在着力加强铁水联运硬件设施建设的同时，不断增强铁水联运软件能力和服务水平；坚持创新发展，加大铁水联运关键技术研发和推广力度；坚持合力发展，建立和完善部门合作机制，充分调动各有关单位发展铁水联运的积极性，加强沟通协调，形成齐抓共管、协调发展的良好发展氛围，加快建设覆盖主要联运通道的铁水联运体系。

（七）发展目标。统一的铁水联运标准化体系基本形成，铁水联运信息化建设取得突破性进展，科技创新能力进一步提

升;主要联运通道铁水联运运行机制基本建立,铁水联运枢纽港站换装能力明显增强;培育一批能够提供综合性一体化服务、具有较强竞争力的铁水联运企业,铁水联运服务能力和水平显著提高。到2015年,集装箱铁水联运量年均增长20%以上,港口煤炭、矿石、粮食、化肥等大宗散货铁路集疏运比重比2010年提高10个百分点。

三、主要工作和任务

(八)合理布局联运通道和网络。贯彻落实交通运输"十二五"发展规划和铁路"十二五"发展规划,做好铁路与港口的规划衔接,以沿海和沿江主要港口为铁水联运枢纽、经济腹地铁路干线为骨架、沿线主要货运站场为节点,科学布局铁水联运通道,完善区域性铁水联运网络。

(九)加强铁水联运基础设施和运输装备建设。加快推进主要港口、铁路和货运站场及运输装备等联运设施设备建设,大力推进铁路装卸线向港口码头延伸,推进"港站一体化",实现铁路货运站场与港区无缝衔接。

(十)完善铁水联运相关标准、制度。加快铁水联运标准化建设,统一铁水联运集装箱规格、货种限制(含危险货物)、装载技术等相关标准和要求,制定铁水联运数据信息传输、交换的相关标准。建立健全铁水联运统计和考核制度,完善统计调查方法和指标体系。推进铁水联运统一单证、优化流程、责任交接和全程联保制度的建设。

(十一)加强先进技术的研发和推广。鼓励企业在铁水联运运输、装卸、配送等环节采用先进技术和标准化专用装备。通过研究开发和示范应用,促进电子数据交换(EDI)、无线射频识别(RFID)、供应链管理(SCM)等先进技术在铁水联运领域的推广应用,全面提升铁水联运技术水平。

(十二)推进铁水联运信息化建设。加快铁水联运信息化建设步伐,在信息开放、数据交换等方面取得重大突破,充分利用港航、铁路、口岸管理等部门的信息资源,支持各铁水联运通道建立公共信息共享平台,逐步提供班轮/班列运行时刻、运价、联运货物动态、订舱/请车、港口/车站业务、口岸监管等数据查询、业务办理等信息服务。

(十三)积极引导铁水联运市场发展。充分发挥市场配置资源的作用,推动铁水联运多元化、市场化。在大力发展中长途铁水联运的同时,完善价格机制和政策,加快拓展短途铁水联运市场。充分发挥铁路集装箱场站和内陆无水港的作用,进一步加快集装箱铁水联运市场发展。优化铁水联运运输组织,合理设计运输方案,提高往返重载运输比重,减少车船排空,提高运输效率。鼓励货运枢纽拓展仓储、分拨配送、流通加工、保税等功能,促进货运枢纽站场加快发展现代综合物流。

(十四)大力培育铁水联运市场主体。引导和规范铁水联运代理等中介服务机构的发展，鼓励大型航运、港口、铁路运输企业积极发展铁水联运业务，完善铁水联运功能，拓展经营网络，延伸服务范围，扩大铁水联运规模。支持企业按照市场机制整合资源，构建面向国际国内贸易的铁水联运服务网络。

（十五）实施铁水联运示范工程。积极开展铁水联运示范工程建设，根据铁水联运市场需求和有关联运通道的软硬件条件，选择一批铁水联运示范项目，加快组织实施。在总结示范经验的基础上，逐步推广示范成果，带动我国铁水联运整体水平的提升。

四、保障措施

（十六）加强和完善铁水联运发展规划。把加快铁水联运发展作为贯彻落实交通运输、铁路“十二五”发展规划，推进综合运输体系建设的一项重要任务，做好铁水联运规划编制工作，加强统筹协调，完善铁水联运通道和网络。

（十七）加大铁水联运资金投入。对纳入铁水联运示范项目的重点铁水联运信息平台建设予以适当资金支持。积极引导社会资本投入铁水联运基础设施建设领域。积极争取地方政府对铁水联运基础设施建设资金、土地及税收等方面的支持。

（十八）健全铁水联运政策法规。抓紧制定铁水联运相关规章，加强铁水联运标准、规范建设，统一和规范铁水联运市场。进一步完善有利于铁水联运发展的价格体系和扶持政策。

（十九）完善铁水联运协调机制。交通运输部、铁道部联合成立推进铁水联运发展领导机构和工作机构，各有关部门和单位根据各自职能分工，加强协调配合，切实做好规划编制、项目审批、资金支持、体制创新、配套政策制定等各项工作。各地交通运输（港口）管理部门、铁路部门要会同有关企业建立相应的合作机制，做好铁水联运工作的落实，同时加强指导监督，加大宣传力度，及时研究新情况，协调解决相关问题，并强化与海关、检验检疫等口岸部门的沟通、协调，形成快速、优质的口岸环境，共同推进铁水联运又好又快发展。

交通运输部　铁道部

二〇一一年九月二十九日

§2.2.11　关于鼓励和引导民间投资进入物流领域的实施意见（发改经贸〔2012〕1619 号）

各省、自治区、直辖市及计划单列市、新疆生产建设兵团发展改革委、公安厅（局）、财政厅（局、财务局）、国土资源主管部门、交通运输厅（局、委）、商务主管部门，中国人民银行上海总部、各分行、营业部、各省会（首府）城市中心支行、各副省级城市中心支行，各省、自治区、直辖市及计划单列市国家税务局、地方税务局、工商行政管理局（市场监督管理局），各省、自治区、直辖市银监局、证监局，各铁路局，中国物流与采购联合会：

为贯彻落实《国务院关于鼓励和引导

民间投资健康发展的若干意见》(国发〔2010〕13号)精神,鼓励和引导民间投资进入物流领域,各地要在切实抓好《国务院办公厅关于促进物流业健康发展政策措施的意见》(国办发〔2011〕38号)文件各项政策措施落实的基础上,进一步加大对民间资本投资物流领域的支持力度,为民营物流企业发展营造良好的环境。为做好此项工作,特提出如下意见:

一、引导民间资本投资第三方物流服务领域

(一)积极支持民间资本投资从事社会化物流服务。为民间资本投资参与承接传统制造业、商贸业的物流服务外包创造条件,鼓励民间资本投资从事为商贸流通企业服务的共同配送业务,降低配送成本、提高配送效率;鼓励民间资本加强与制造企业合作,投资参与制造企业的供应链管理或与制造企业共同组建第三方物流企业。

(二)支持民间资本进入物流业重点领域。鼓励民间资本进入快递、城市配送(含冷链)、医药物流、再生资源物流、汽车及家电物流、特种货物运输、大宗物资物流、多式联运、集装箱、危化品物流、供应链管理、国际物流和保税物流等重点物流领域。鼓励民营企业和国铁企业开展多种方式的物流合作,提高铁路物流运输服务水平。鼓励民间投资开展厢式货车运输以及重点物资的散装运输等。鼓励民间资本参与物流标准化体系建设。

(三)支持民间资本进入物流基础设施领域。支持民间资本投资运输、仓储、配送、分拨、物流信息化以及物流园区等领域的物流基础设施建设,支持民间资本进入商贸功能区领域,鼓励民间资本投资参与铁水联运、公铁联运、公水联运等转运中心设施建设。鼓励民间投资参与建设铁路干线、客运专线、城际铁路、煤运通道和地方铁路、铁路支线、专用铁路、企业专用线、铁路轮渡及其场站设施等项目。

二、加快形成支持民间资本进入物流领域的管理体制

(一)打破阻碍物流设施资源整合利用的管理瓶颈。鼓励目前只为本行业本系统提供服务的仓储、运输设施向社会开放,鼓励民间资本投资参与现有物流基础设施的整合利用,开展社会化物流服务。

(二)完善资质审批管理。进一步清理针对物流企业的资质审批项目,逐步减少行政审批,积极为民营物流企业设立法人、非法人分支机构提供便利,鼓励民营物流企业开展跨区域网络化经营。进一步规范交通、公安、环保、质检、消防等方面的审批手续,缩短审批时间,提高审批效率。对于法律未规定或国务院未批准必须由法人机构申请的资质,由民营物流企业总部统一申请获得后,其非法人分支机构可向所在地有关部门备案获得。

(三)简化注册经营手续。民间资本投资设立物流企业,在总部统一办理工商登记注册和经营审批手续后,其非法人分

支机构可持总部出具的文件，直接到所在地工商行政管理机关申请登记注册，免予办理工商登记核转手续。

三、为民营物流企业创造公平规范的市场竞争环境

（一）切实减轻民营物流企业税收负担。完善营业税改征增值税试点工作。符合条件的民营物流企业同等享受营业税差额纳税试点政策。民营物流企业同等享受已经出台的大宗商品仓储设施用地城镇土地使用税减半征收政策。

（二）加大对民营物流企业的土地政策支持力度。鼓励民营物流企业利用旧厂房、闲置仓库等建设符合规划的物流设施，涉及原划拨土地使用权转让或租赁的，经批准可采取协议方式供应。对于以物流业为主的城市功能区和园区，细化规划功能分区，按国家标准确定土地用途，严格按照不同地类和土地使用标准分宗供地，防止以物流中心、商品集散地名义圈占土地和实施整体供地，增强民营物流企业的土地市场竞争能力，提高节约集约用地水平。

（三）优化民营物流企业融资环境。鼓励银行业金融机构创新适合民营物流企业特点的金融产品和服务方式，对符合条件的民营物流企业积极提供必要的融资支持，提高对民营物流企业的金融服务水平。进一步拓宽民营物流企业融资渠道，完善民营物流企业融资担保制度，发展物流业股权投资基金，积极支持符合条件的民营物流企业上市和发行债券。

（四）促进民营物流企业车辆便利通行。各地在制定本地区促进城区物流车辆便利通行的管理办法时，要关注民营物流企业发展的需要，对民营物流企业的物流车辆享受同等的通行证发放、进城停靠等便利通行政策。要依法维护民营物流企业生产经营秩序，促进其健康发展。

四、鼓励民营物流企业做强做大

（一）推动民营物流企业加快向现代物流企业转变。鼓励现有单一从事运输、仓储、货代、船代、无船承运人、联运、快递服务的民营企业整合功能、延伸服务，加快向具有较强资源整合和综合服务能力的现代物流企业转型。鼓励中小民营物流企业加强联盟合作，支持大型优势民营物流企业加快兼并重组，不断创新合作方式和服务模式，优化资源配置，提高服务水平，提升民营物流企业竞争力，加快培育一批具有一定规模和国际竞争力的民营物流企业。

（二）积极支持民营物流企业开展国际合作。支持民营物流企业同国际先进物流企业的合资、合作与交流，引进和吸收国外促进现代物流发展的先进经验和管理方法。积极创造有利条件，鼓励民营物流企业“走出去”。鼓励民营物流企业为国内企业海外投资提供配套物流服务，加快建立具有国际竞争力的物流服务网络。

（三）发挥行业协会在支持民营物流企业发展中的重要作用。物流业社团组

织要充分发挥政府与企业联系的桥梁纽带作用，积极为民营物流企业发展提供服务支撑，及时向有关政府部门反映民营物流企业发展中面临的问题，切实引导民营物流企业加强行业自律，健全完善内部安全管理制度，严格落实安全管理责任，促进民营物流企业健康发展。

鼓励和引导民间资本进入物流领域，推动民营物流企业加快发展，对于促进物流业结构调整和可持续发展具有重要意义。各单位要认真贯彻落实国家相关政策，切实采取有效措施，鼓励民间资本投资物流领域。同时，注意跟踪了解本地区物流领域利用民间投资的情况、效果和存在的问题，将有关情况和意见建议及时反馈发展改革委。

国家发展改革委 公安部 财政部 国土资源部 交通运输部 铁道部 商务部 人民银行 税务总局 工商总局 银监会 证监会

二〇一二年五月三十一日

§2.3 上海市地方性法规和政策文件

§2.3.1 市建设交通委、市发展改革委、市物价局、市交通港口局《关于规范本市集装箱运输服务有关收费行为的意见》

（沪建交联〔2011〕366 号）

各有关单位：

集装箱道路运输是货运物流的重要环节，在上海国际航运中心建设和现代物流发展中发挥着重要作用。为进一步促进本市集装箱道路运输业发展，缓解物价和费用上涨对运输企业经营的压力，经报市政府研究同意，现就规范本市集装箱运输服务有关收费行为、清理各类不合理收费提出以下意见：

一、清理取消集装箱堆场自设的收费项目

（一）燃油附加费。

（二）夜间操作费。

二、降低收费标准的项目

（一）港区调箱门费(按船方或货方要求搬移箱作业)，由 50 元/箱次降低为 20 元/箱次。

（二）S2 高速公路全程通行费，40 英尺集装箱卡车降低为 50 元/车次，其他规格的集装箱卡车的通行费相应下调。

三、严格执行核定收费标准的项目

汽车装卸搬移费和施封费，应按相关收费标准严格执行，不得擅自涨价。

四、推荐收费标准的项目

打单费(集装箱发放/设备交接单)，暂按 10 元/单执行。

五、收费项目应当按规定明码标价，并按照“谁获取服务谁支付费用”的原则操作，不得将打单费、施封费等收费项目向集装箱道路运输企业转移。

六、对未经核准同意的各类收费和强制转嫁付费义务的行为，发现一起，查处一起。

七、统筹考虑全市各方面的情况，在已下调出租汽车贷款道路通行费的基础上，提前实施其他减免贷款道路通行费的措施。具体方案近期另行公布。

八、对集装箱堆场企业出现的经营困难和问题，各所在区（县）人民政府应当及时帮助妥善处理，并制定落实相关扶持政策和措施。

上述措施，自发布之日起实施，各有关单位应严格遵照执行。市、区（县）价格管理部门会同交通港口管理部门进一步加强监督检查，并依法查处各类违规行为。

上海市交通运输和港口管理局

二〇一一年四月二十三日

§2.3.2　市商务委《关于〈上海市国际物流货代行业重点企业认定管理办法〉的备案报告》

市人民政府：

《上海市国际物流（货代）行业重点企业认定管理办法》（以下简称《办法》）已经我委 2011 年 4 月 25 日第 13 次主任办公会议通过，并于 4 月 28 日发布。现将文件文本 5 份及起草说明、法律审核意见、制定依据各 1 份报请备案。

本《办法》是在对《上海市国际物流（货代）行业重点企业认定管理暂行办法》进行修改后制定的，鉴于国际物流（货代）行业重点企业认定工作已有较好的基础，故此本《办法》从发布次日起开始施行。

上海市商务委员会

二〇一一年五月十二日

关于《上海市国际物流（货代）行业重点企业认定管理办法（草案）》的说明

近年来，随着中国加入 WTO 后，上海的对外贸易迅猛发展，2010 年，上海口岸进出口总额 9 085 亿美元；上海港货物吞吐量以 6.5 亿吨蝉联世界第一，集装箱吞吐量 2 906.9 万标准箱，首次超越新加坡，跃居世界第一；航空货邮吞吐量达到 370 万吨，在中国大陆位居前列。

伴随着对外贸易的发展，上海的国际物流（货代）企业规模不断壮大、结构日益优化、企业的服务水平、管理理念不断提高。据统计，上海现有国际物流（货代）企业 6 085 家，占全国国际物流（货代）企业总量的 1/4，承担着上海口岸 80% 以上的进出口货运代理业务，成为上海乃至长三角地区国际贸易服务领域的一支重要力量。

当前，上海正加快国际经济、金融、贸易和航运中心建设步伐，国际航运中心建设是上海“四个中心”建设的关键和重要突破口。洋山国际深水港、洋山港保税港区的运营，不仅有力地推进了上海国际航运中心的建设，也为上海国际物流（货代）业的发展带来了新的发展机遇。但同时我们也看到，与境外国际金融航运和贸易中心城市相比，上海的国际物流（货代）业在发展规模、服务层次和对经济发挥的促进作用方面还有较大提升空间。

我委作为上海的国际物流（货代）行业主管部门，将全力推进国际物流（货代）

业的发展和国际合作，积极营造促进国际物流（货代）业发展的一流环境。我们认为在国际物流（货代）市场充分开放、充分竞争、优胜劣汰的前提下，建立重点企业认定机制，可有效利用政府资源，使政府的优惠政策发挥最大效用。同时借以拓展国际业务领域，积极出口“物流”服务，满足国际客户需求，提高本土企业的国际认知度。因此，2008 年我们试点开展了上海市国际物流（货代）行业重点企业认定工作，得到了企业的积极响应，两年来共认定上海市国际物流（货代）行业重点企业 25 家。今年我们在原有暂行办法的基础上，广泛听取国际物流（货代）企业的意见，对《上海市国际物流（货代）行业重点企业认定管理暂行办法》中有些标准较高部分进行了修改，目的在于进一步扩大认定范围，引导更多的具有一定经营规模和实力，有较高的信息管理水平，市场竞争力强的国际物流（货代）企业参与国际市场竞争。

关于《上海市国际物流（货代）行业重点企业认定管理办法（草案）》法律审核意见

《上海市国际物流（货代）行业重点企业认定管理办法（草案）》于 2011 年 4 月 11 日交由我处进行法律审核。经研究，我处对草案提出了修改意见，起草部门对草案进行了相应的修改。现提出以下审核意见：

该办法没有超越我委职权范围；听取了相关意见；不存在无依据设定行政许可、行政处罚、行政强制、行政收费、非行政许可审批事项、增加行政相对人财产性负担等内容；有制定的相关依据，不与其他规范性文件相冲突。未发现该文件存在违法或明显不当情形。

2011 年 4 月 22 日

表 2-3-1 关于《上海市国际物流（货代）重点企业认定管理办法》的制定依据

序号	名　　称	制定机关	公布日期
1	《印发关于促进我国现代物流业发展的意见的通知》（发改运行〔2004〕1617 号）	国家发改委等九部委	2004. 8. 5
2	商务部和上海市人民政府关于共同推进上海市服务贸易发展的合作协议	商务部、上海市人民政府	2008. 7. 2
3	《商务部关于加快我国流通领域现代物流发展的指导意见》（商改发〔2008〕53 号）	商务部	2008. 3. 3
4	上海市政府印发关于促进上海服务贸易全面发展的实施意见（沪府〔2009〕48 号）	上海市政府	2009. 5
5	上海市人民政府办公厅关于转发市商务委、市发展改革委、市财政局制订的《上海市服务贸易发展专项资金使用和管理试行办法》的通知（沪府办〔2009〕36 号）	上海市人民政府办公厅	2009. 9. 23

§2.3.3 上海市财政局、上海市经济和信息化委员会、上海市地方税务局《关于试行鼓励制造业分离生产性服务业若干财政扶持政策的通知》（沪财税〔2011〕46号）

各区（县）财政局、经委（商务委）、地方税务局，市财政监督局，市地方税务局各直属分局：

为进一步落实市委、市政府关于“创新驱动、转型发展”的要求，鼓励本市先进制造业分离生产性服务业，提升制造业企业的核心竞争力、促进生产性服务业加快发展，经市政府同意，特制定如下财政扶持政策：

一、财政扶持的原则

按照“突出重点、化解难点、培育新的增长点”的要求，选择部分技术含量高、市场前景好、发展潜力大、具有较强代表性的企业进行试点，实施相应的财政扶持政策，以有利于本市制造业的主辅分离，促进生产性服务业特别是高端生产性服务业的加快发展。

二、扶持企业的试点范围

财政扶持企业的试点范围是：从本市先进制造业企业（以下简称“母体企业”）中分离出来具有独立法人资格，面向社会或母体企业从事研发设计、检验检测、信息服务、总集成总承包和供应链管理服务的生产性服务业企业（以下简称“生产性服务业企业”）及其母体企业。

三、扶持企业的认定

享受财政扶持的生产性服务企业及其母体企业应向上海市经济和信息化委员会（以下简称“市经信委”）提出试点申请。

市经信委会同上海市财政局、上海市地方税务局（以下分别简称“市财政局”、“市地税局”）对申请企业进行认定（认定办法另行制定），经认定为试点企业的，可享受相关财政扶持政策。

四、扶持政策的内容

对经认定的试点企业，实行以下财政扶持政策：

（一）对生产性服务业企业购进机器设备，给予一定的财政扶持。

（二）对生产性服务业企业开展符合条件的生产性服务业，考虑其促进地方经济发展、创造就业机会、增加就业岗位等多种因素，给予一定的财政扶持。

（三）对从高新技术企业中分离出的生产性服务业企业，鼓励其加快创建国家重点支持的高新技术企业，给予一定的财政扶持。

（四）对制造业分离生产性服务业，鼓励母体企业向生产服务业企业划转资产，给予一定的财政扶持。

五、扶持政策的申请与审核

经认定的试点企业，应持有关资料到财政部门进行申请，经审核后按规定享受财政扶持政策。

(一) 企业申请

1. 受理部门

属于市级集中税收征管的企业,向市财政部门提出财政扶持申请;属于市级委托税收征管和区县属地税收征管的企业,向区县财政部门提出财政扶持申请。

2. 申请时间

扶持政策内容第(一)、(二)项的申请时间为季度终了30日内;扶持政策内容第(三)、(四)项的申请时间为每年6月份。

3. 申请资料

(1) 工商登记证复印件(第一次申请时提供);

(2) 税务登记证复印件(第一次申请时提供);

(3) 季度或经注册会计师审计的年度会计报表复印件;

(4) 财政部门需要的其他有关材料。

(二) 财政部门审核

属于市级集中税收征管的试点企业,由市财政部门对企业申请的资料进行审核。

属于市级委托税收征管和区县属地税收征管的企业,由区县财政部门对企业申请的资料进行初审,并于企业申请后的30天内报市财政部门。

六、扶持资金的拨付

按照市政府《关于本市进一步深化完善"十二五"期间市与区县财税管理体制改革若干意见的通知》确定的市与区县财政体制,财政扶持资金由市级和区县级"转方式、调结构"专项资金共同承担、分别安排。

市财政部门终审后的30天内,由市和区县财政部门分别办理财政扶持资金拨付手续。属于市级集中税收征管及市级委托税收征管的企业,由市财政全额拨付;属于区县属地税收征管的企业,先由区县财政全额拨付;拨付的资金中,属于市级财政应负担的部分,采取年度财力结算方式专项返还企业所在区县。

企业收到财政拨付的扶持资金,按现行国家统一的会计制度进行账务处理。

七、扶持政策的衔接

试点企业既符合以上财政扶持政策条件,又符合其他有关财税优惠政策条件的,可从优享受财税优惠政策,但相关政策不能重复享受。

八、监督管理

市财政局、市经信委、市地税局共同负责,协同做好相关监督管理工作。

(一) 市财政局、市经信委、市地税局在执行财政扶持政策过程中,发行已认定的试点企业不再符合认定条件,或者存在提供虚假申报材料、信息以及因偷税、骗税等违法行为被税务机关处罚的,应暂停执行财政扶持政策,并由认定办公室进行复核。经复核情况属实的,取消其认定资格，停止享受财政扶持政策。

（二）对经核实存在以虚报、冒领等手段骗取国家财政性资金行为的企业，将按照《财政违法行为处罚处分条例》（国务院令第427号）有关规定，追回骗取的有关资金，并给予相应的行政处罚。

九、财政扶持的实施期限

本通知扶持政策的内容第（一）、（二）、（四）项，自2011年1月1日起开始实施，至该试点企业纳入国家扩大增值税征收范围之日止。

本通知扶持政策的内容第（三）项，自2011年1月1日起开始实施，至2012年12月31日止。

附件：《上海市鼓励制造业分离生产性服务业财政扶持政策试点企业认定管理办法》（略）

上海市财政局、上海市经济和信息化委员会、上海市地方税务局

二〇一一年六月七日

§2.3.4 《市商务委关于认定上海东浩外服国际物流有限公司等7家企业为“上海市国际物流（货代）行业重点企业”的通知》（沪商服贸〔2011〕485号）

各有关单位：

为推动本市国际物流（货代）业的发展，促进上海国际航运中心建设，规范国际物流（货代）市场，提升国际物流（货代）企业管理水平，根据《上海市国际物流（货代）行业重点企业认定管理办法》，经审核，现认定下列7家企业为“上海市国际物流（货代）行业重点企业”（有效期三年）：

上海东浩外服国际物流有限公司

大航国际货运有限公司

上海得斯威国际货运有限公司

上海锦放物流有限公司

上海近铁国际货运有限公司

上海新贸海国际集装箱储运有限公司

上海住仓国际货运有限公司

特此通知。

上海市商务委员会

二〇一一年八月八日

§2.3.5 《市商务委关于开展促进本市国际物流（货代）业健康发展的工作通知》（沪商服贸〔2011〕517号）

各有关单位：

近年来，上海的对外贸易迅猛发展，2010年，上海口岸进出口总额9 085亿美元；港口货物吞吐量、集装箱吞吐量均居世界第一。伴随着对外贸易的发展，上海的国际物流（货代）企业规模也不断壮大，据统计，上海现有国际物流（货代）企业6 000余家，占全国国际物流（货代）企业总量的1/4，成为上海乃至长三角地区国际贸易服务领域的一支重要力量。

当前，上海正加快国际经济、金融、贸易和航运中心建设步伐，国际航运中心建设是上海这“四个中心”建设的关键和重

要突破口，也为上海国际物流（货代）业的发展带来了新的发展机遇。

作为上海的国际物流（货代）行业主管部门，我们将进一步推进国际物流（货代）业的发展和国际合作，积极营造促进国际物流（货代）业发展的一流环境。现将开展促进本市国际物流（货代）业健康发展有关工作通知如下：

一、加强各方配合，形成国际物流（货代）业工作合力

（一）继续开展"上海市国际物流（货代）行业重点企业"认定工作，扩大认定范围，建立国际物流供需双方的见面制度及重点物流企业联系制度。重点扶持一批在国际市场上已经形成一定影响力的品牌企业，为企业功能整合、资产重组、培育自主品牌等方面提供政策支持，促进综合性物流企业在全国建立网络，在经营范围、注册资金、交通管制、工商监管和财政税收等方面制定与当地企业一视同仁的便利政策，积极推动其产品和服务进入国际主流市场。

（二）制定完成"国际物流行业技术性业务流程外包服务（BPO）认定标准"，向商务部申请，试点开展国际物流行业技术性业务流程外包服务项目申报工作，推进一批大中型国际物流（货代）企业拓展现代物流服务内容。

（三）鼓励国际物流（货代）企业积极开展国际合作与交流。加大对企业参与境内外国际物流促进活动的政策支持。

二、建立与口岸物流相配套的国际物流园区，提高国际物流经营的规模效益

加快发展物流业，设立国际物流园区拓展新的经济增长空间，提高城市经济的国际化、信息化、市场化和法制化水平。我们将以"政府主导、国际化经营、企业化管理、市场化运作"为原则，在上海探索建立国际物流中心，力争将其打造成为华东地区乃至中国的最大的物流服务平台。

三、充分发挥行业协会作用，为推动对外贸易结构的转型升级作贡献

（一）加大对国际货代行业协会开展的诚信企业评审工作的支持，进一步规范物流服务的内容和标准，保证物流服务标准明确、具体、简洁、易懂，严格符合服务业的规范和要求。树立物流服务的榜样示范作用，强化对国际物流货代服务诚信企业的嘉奖和宣传工作，扩大国际物流货代企业诚信体系评估的社会效应。

（二）支持国际货代行业协会开展"上海市国际货运代理行业百优企业"评选活动，更好地适应上海外贸物流细分化、专业化发展趋势，对接各专业物流精细服务的要求，为外贸企业提供更加专业、优质、便捷、经济的服务。

（三）建立本市进出口商会和国际货代行业协会合作与交流机制，充分掌握货物贸易相关信息，更好地促进国际物流（货代）行业的发展，同时通过协会间的交流与沟通了解国际物流服务的最新

发展情况，与外贸企业互补不足，相互促进。

（四）指导支持国际货代行业协会广泛开展国际货代行业培训，提高从业人员素质。加大政府支持力度，扩大人才培训资金支持范围，定期分层次举办国际货代行业从业人员培训班，重点开展国际货代从业人员的学历培训、国际货代业务操作人员的上岗培训、国际货代中高级管理人员的业务培训。

上海市商务委员会

二〇一一年八月九日

§2.3.6 上海市交通运输和港口管理局《关于发布〈上海市道路货物运输站场开业技术条件〉的通知》(沪交货〔2011〕605 号)

各有关单位：

《上海市道路货物运输站（场）开业技术条件》（修正）于 2011 年 11 月 1 日第 21 次局长办公会审议通过，现予发布，自 2011 年 12 月 1 日起施行，请遵照执行。

上海市交通运输和港口管理局

二〇一一年十一月八日

上海市道路货物运输站（场）开业技术条件（修正）

1. 制定依据

本条件的制定依据：《中华人民共和国道路运输条例》、《上海市道路运输管理条例》、交通运输部《道路货物运输及站场管理规定》。

2. 内容与适用范围

2.1　本条件规定了经营道路货物运输站（场）（以下简称货运站）须具备的设施、设备、人员、业务操作规程和安全管理制度等方面的基本技术条件。

2.2　本条件适用于在本市行政区域内经营货运站业务的业户。

2.3　本条件是本市道路运输管理部门对申请经营货运站业务的单位或者个人进行开业审查的依据。

3. 货运站的定义和分类

3.1　本条件所称的货运站是指以场地、仓库、库棚等基础设施为依托，为社会提供有偿服务的具有货物仓储、中转、保管、配载、信息服务、装卸、理货等物流服务功能的经营场所。包括综合货运站、集装箱货运站等类别。

3.2　综合货运站是指以仓库、库棚等基础设施为依托，为社会提供除集装箱堆存和中转以外的货物的仓储、配载、信息服务、搬运装卸等服务功能的经营场所。

3.3　集装箱货运站是指以集装箱堆场设施为依托，为社会提供集装箱重箱或者空箱的堆存、中转和装卸等服务功能的经营场所。

4. 货运站的设置和建设要求

货运站的设置和建设，应当符合本市道路运输专业规划和国家及本市有关标准。

5. 货运站的设施条件

5.1 具有与其经营规模相适应的货运站房、生产调度办公室、信息管理中心用房、仓库、仓储库棚、堆场、场地和道路等设施,并经有关部门组织的工程竣工验收合格。

5.2 经营综合货运站的占地总面积不得少于6 600平方米。经营集装箱货运站的占地总面积不得少于33 000平方米。

5.3 货运站应分别设有车辆进、出检查道口。

5.4 站内道路一般应采用双车道无交叉的环形行驶路线。

5.5 堆场、仓库、仓储库棚、道路通道应设有明显的指示标志。

6. 货运站的设备条件

6.1 综合货运站应具有不少于2台动力叉车,从事集装箱装拆箱业务的应具有相应的集装箱的装卸机械设备。

6.2 集装箱货运站应具备与其业务范围相适应的设备条件。从事集装箱空箱堆存的应具有2台以上集装箱堆高专用机械;从事集装箱重箱堆存的应具有1台以上装卸能力达到40吨以上含有计重功能的装卸专用机械;从事集装箱装拆箱业务的应具有2台以上专用机械叉车。

6.3 货运站应配备必要的消防、照明设备。

6.4 综合货运站出口应设置车辆称重设备。

6.5 货运站应建立计算机业务信息管理系统并具备与公共信息平台联网功能。

7. 货运站人员条件

具有与其经营规模、经营类别相适应的管理人员和专业技术人员。其中,综合货运站具有中级职称的人员不少于1名、初级职称的人员不少于2名。集装箱货运站专业技术人员中应包含2名以上验箱师,验箱师和专用机械操作等业务工种人员应具有相应的证书或操作证件。

8. 货运站制度条件

8.1 具有健全的业务操作规程,包括车辆进、出检查操作规程,货物堆放、装卸、保管操作规程等。

8.2 具有健全的安全生产管理制度,包括安全生产责任制、仓库防火安全管理制度、装卸搬运设备维护管理制度、从业人员安全教育及培训制度、安全生产监督检查制度、事故统计报告制度及应急预案等。

8.3 集装箱货运站应建立集装箱进出货运站场的检查制度,需要认定集装箱污、损情况的,应公示认定标准,并配备视频记录设备。

9. 危险货物储存业务特别要求

货运站经营危险货物储存业务的,还应当取得本市安全生产监督管理部门的批准文件。

10. 在本市设立货运站分支机构的,应当符合本条件。

11. 本条件自二〇一一年十二月一日起施行,有效期至二〇一六年十一月三十日。

§2.3.7 上海口岸服务条例

上海市人民代表大会常务委员会公告第40号

《上海口岸服务条例》已由上海市第十三届人民代表大会常务委员会第三十次会议于2011年11月17日通过,现予公布,自2012年3月1日起施行。

上海市人民代表大会常务委员会

2011年11月17日

上海口岸服务条例

第一章 总则

第一条 为了规范口岸开放,提高口岸通关效率,保障口岸安全畅通,促进对外开放和经济社会发展,根据国家有关法律、行政法规的规定,结合本市实际,制定本条例。

第二条 本条例所称的口岸,是指供人员、货物、物品和交通工具直接出入国(关、边)境的港口、机场、车站等。

第三条 本市口岸开放、通关服务优化、口岸环境保障等工作,适用本条例。

第四条 市人民政府在国家有关部门的指导下,加强对本市口岸工作的领导,统筹推进上海口岸的建设和发展。

第五条 市口岸服务部门按照规定权限,负责口岸管理和通关协调服务工作,推进口岸环境的优化完善,并组织实施本条例。

市发展改革、建设交通、商务、经济信息化、规划国土、交通港口等部门应当根据各自职责,规范和优化行政程序,协同实施本条例,为口岸运行提供公开透明、便捷高效的行政服务。

海关、检验检疫、海事、边检等口岸检查检验机构(以下统称“口岸查验机构”)依法做好上海口岸检查检验、监督管理等工作,并协同落实上海口岸的其他有关工作。

第六条 本市相关行业协会应当加强对国际货运代理、国际船舶代理、报检报关代理等中介服务机构的自律管理,监督会员的经营活动,指导会员提高相关中介服务的专业水平和能力。

第二章 口岸开放

第七条 市口岸服务部门应当会同市发展改革、规划国土、建设交通、交通港口、商务、财政等部门根据上海对外开放和经济社会发展需要,组织编制上海口岸开放规划。经征求口岸查验机构、相关区县人民政府、本市海关特殊监管区域管理机构等意见后,按照规定程序报批和公布。

上海口岸开放规划应当包括新开放口岸、扩大开放口岸以及口岸开放范围内对外开通启用的项目名称、位置、预测吞吐量、口岸查验机构及其人员配备的需求测算等。

上海口岸开放规划作为专项规划纳入本市国民经济和社会发展规划,是实施口岸开放管理的依据。

第八条 上海口岸开放规划应当与

本市港口、机场、铁路等专项规划相衔接。

本市有关部门在编制港口、机场、铁路等专项规划时，应当征求市口岸服务部门意见。

第九条 对列入上海口岸开放规划的港口、机场、车站等建设工程，市口岸服务部门应当会同口岸查验机构、本市有关部门和建设单位按照国家有关规定，结合实际情况，协调落实口岸现场查验设施和非现场配套设施的建设要求。

口岸现场查验设施和非现场配套设施，应当按照“保障监管、便利通关、资源集约、合理适当”的原则建设和配备。

第十条 对列入上海口岸开放规划的港口、机场、车站等建设工程，口岸现场查验设施应当与主体工程统一规划、统一设计、统一投资和统一建设。

本市有关部门在办理前款规定的建设工程投资项目审批（核准、备案）和建设工程设计文件审查手续时，应当征求市口岸服务部门的意见。

第十一条 新开放口岸或者扩大开放口岸的，由市口岸服务部门提请市人民政府按照国家有关规定报国务院审批。

新开放口岸或者扩大开放口岸经国家批准后，由市口岸服务部门按照国家有关规定组织预验收；预验收合格的，报请国家口岸主管部门组织正式验收。

第十二条 临时开放口岸或者在非开放区域临时进出的，由市口岸服务部门按照规定程序报国家有关部门审批。经批准后，由市口岸服务部门协调保障口岸查验机构开展检查检验和监督管理工作。

第十三条 在口岸开放范围内，码头、航站楼、车站等作业区需要对外开通启用的，由作业区运营单位向市口岸服务部门提出。对外开通启用的作业区，应当符合上海口岸开放规划，具备相关主管部门认可的工程立项手续及生产运行条件，其口岸查验配套设施等查验和监管条件应当符合口岸查验监管要求。

市口岸服务部门应当自受理之日起二十个工作日内牵头，会同口岸查验机构对作业区生产、安全、查验和监管条件等进行验收，并应当在验收合格后五个工作日内报市人民政府，由市人民政府批准对外开通启用，并报国家口岸主管部门备案。

经市人民政府批准对外开通启用的码头、航站楼、车站等作业区扩建、改建的，应当按照前两款规定办理对外开通启用手续。

第十四条 在口岸开放范围内，未对外开通启用的码头、航站楼、车站等作业区因口岸建设、应急保障、科研考察等特殊情形，确需临时接靠国际交通运输工具的，作业区运营单位应当提前向市口岸服务部门提出。临时接靠的作业区，应当具备相关主管部门认可的生产运行条件和基本的查验监管条件。

市口岸服务部门应当及时牵头办理临时接靠手续，协调保障口岸查验机构开展检查检验和监督管理工作。

第十五条　市口岸服务部门应当会同口岸查验机构、本市有关部门定期对口岸现场查验设施条件和吞吐运能、通关业务量、服务能力等情况进行评估，并根据评估结果，协调落实相应的管理措施。

第三章　通关服务优化

第十六条　本市依据上海口岸布局，设立集中通关服务场所，方便办理通关申报和相关的税务、外汇、金融等业务。

市口岸服务部门应当组织口岸查验机构和相关单位进驻集中通关服务场所联合办公，并建立日常运行协调机制，推进通关服务场所完善功能、优化服务。

本市电力、通信等相关企业应当做好集中通关服务场所的电力、通讯等服务保障工作。

第十七条　本市推进电子口岸信息平台的建设、运营和发展，支持口岸查验机构、口岸运营单位提高通关申报、查验、放行、后续监管等环节的信息化应用水平。

市口岸服务、经济信息化等部门应当会同口岸查验机构、本市有关部门、口岸运营单位将通关业务流程和相关信息数据整合进电子口岸信息平台，推进通关信息兼容共享。

第十八条　本市支持口岸查验机构优化通关流程、完善通关服务，促进旅客通关便捷和贸易便利化。

市口岸服务部门应当加强通关协调服务，推进口岸查验机构、本市有关部门、口岸运营单位加强通关各环节的联动协作，及时协调处理影响通关日常运行的各类问题。

对影响通关效率和涉及通关模式创新的重大问题，市口岸服务部门应当会同相关单位提出解决方案，报市人民政府协调推进。

第十九条　本市建立重要国际会议、重大国际赛事、大型国际展览等重大活动的通关服务保障机制。

针对重大活动的特点和通关需求，市口岸服务部门应当会同口岸查验机构、本市有关部门、口岸运营单位共同开展通关服务保障工作，必要时制定专项方案，确保重大活动通关安全便捷。

第二十条　对口岸与海关特殊监管区域间的保税货物流转，市发展改革、口岸服务等部门和本市海关特殊监管区域管理机构应当配合口岸查验机构，根据国家有关规定按照保障安全和方便货物进出的原则，合理确定监管流程和监管方法，建立保税货物便捷流转的监管模式。

第二十一条　本市根据区域经济发展特点和外省市口岸通关合作需求，与其他省、自治区、直辖市建立口岸跨区域合作机制，提升上海口岸服务长三角、长江流域和全国的功能。

市口岸服务部门应当协调配合口岸查验机构创新区域通关监管模式，优化旅客、货物中转流程，扩大区域通关便利措施的适用范围。

市建设交通、交通港口、口岸服务等部门应当与外省市相关部门加强口岸物流协作，推进江海直达、铁海联运、水水中转、陆空联运等多式联运发展，支持口岸运营单位、航运企业跨区域合作。

第四章 口岸环境保障

第二十二条 市口岸服务、公安、交通港口、商务、卫生、质量技术监督等部门应当协同口岸查验机构加强口岸风险的预警防范，配合做好打击走私、防范非法出入境、防控卫生疫情、管控危险货物等口岸安全保障工作。

口岸运营单位应当建立健全安全管理制度，定期检查本单位各项安全防范措施的落实情况；及时处理本单位存在的可能引发口岸安全事件的问题，并按照规定向有关部门报告。

本市港口、机场、车站等口岸的突发事件应急指挥责任单位应当制定和落实口岸突发事件应急预案，并组织应急演练，完善应急处置机制。

第二十三条 本市建设交通、公安、交通港口等部门应当加强对口岸及其周边的道路、堆场等设施的建设管理，加强口岸集疏运协调配合，及时疏导旅客、货物以及严重道路交通堵塞等情况，保障口岸进出畅通。

第二十四条 市经济信息化、口岸服务、商务、工商、质量技术监督、税务等部门应当会同口岸查验机构、人民银行、外汇管理部门建立企业诚信信息共享机制，推动诚信标准互认，并协同实施以企业诚信度为基础的口岸通关分类监管制度。

第二十五条 市发展改革、工商、商务、交通港口、口岸服务等部门应当协同口岸查验机构引导国际货运代理、国际船舶代理、报检报关代理等中介服务机构发展，规范中介服务机构的经营行为，加强中介服务市场的监管。

第二十六条 市口岸服务部门应当组织编制上海口岸发展年度报告，反映口岸运行状况、监管服务情况、通关创新措施等，并向社会公布。

市口岸服务部门应当定期会同市交通港口、商务、外汇管理等部门和口岸查验机构汇总上海口岸运行相关数据，加强对口岸运行情况的分析监测。

第二十七条 市口岸服务部门应当支持口岸查验机构健全通关服务窗口业务规范，并按照国家和本市相关规定，推进口岸查验机构和口岸运营单位开展文明口岸共建工作。

市口岸服务部门应当组织本市相关行业协会、企业定期对口岸服务情况进行评价；对评价中发现的问题，由市口岸服务部门协调、督促相关单位及时处理。

第五章 法律责任

第二十八条 违反本条例规定的行为，有关法律、行政法规已有处罚规定的，从其规定。

第二十九条 在口岸开放范围内，码头、航站楼、车站等作业区的运营单位违反本条例第十三条的规定，未办理对外开通启用手续擅自接靠国际交通运输工具，或者违反本条例第十四条的规定，未办理临时接靠手续擅自接靠国际交通运输工具的，由市口岸服务部门责令改正，没收违法所得，并处二万元以上十万元以下罚款。

在口岸开放范围外，码头、航站楼、车站等作业区的运营单位未办理口岸开放手续，擅自接靠国际交通运输工具的，由市口岸服务部门予以制止，并报国家有关部门处理。

第三十条　行政机关工作人员违反本条例规定，玩忽职守、滥用职权、徇私舞弊的，由其所在单位或者上级主管部门依法给予行政处分；构成犯罪的，依法追究刑事责任。

第六章　附则

第三十一条　本条例自 2012 年 3 月 1 日起施行。

§2.3.8　上海市人民政府办公厅印发本市落实《国务院办公厅关于促进物流业健康发展政策措施的意见》工作方案的通知

（沪府办〔2011〕98 号）

各区、县人民政府，市政府有关委、办、局：

经市政府同意，现将《本市落实〈国务院办公厅关于促进物流业健康发展政策措施的意见〉的工作方案》印发给你们，请认真按照执行。

上海市人民政府办公厅

二○一一年十一月二十三日

本市落实《国务院办公厅关于促进物流业健康发展政策措施的意见》的工作方案

为了落实《国务院办公厅关于促进物流业健康发展政策措施的意见》（国办发〔2011〕38 号）（以下简称《意见》），完善本市促进物流业发展的政策措施，优化物流业发展环境，促进上海物流业健康发展，制定本工作方案。

一、指导思想

深入贯彻落实科学发展观，按照《意见》精神和市委、市政府提出的“创新驱动、转型发展”的总体要求，把物流业作为发展服务经济的一项重要内容，加快政府职能转变和管理创新，积极营造有利于物流业发展的政策环境，推动上海物流业能级提升，更好发挥上海物流业在全国的引领示范作用，不断提高上海物流业服务全国和参与国际竞争的能力，为加快建设“四个中心”和社会主义现代化国际大都市提供物流保障。

二、主要工作和目标

各有关部门要按照本工作方案明确的工作安排和部门分工（详见附件），抓紧制定本部门的实施计划，并在减轻企业税收负担、加大土地政策支持力度、促进车辆便利通行、加快管理体制改革、整合物流设施资源、推进技术创新和应用、加大产业投入力度、发展农产品物流、优化口岸物流环境、发展物流总部经济、吸引培育物流人才等 11 项工作推进及其具体政策措施的制定实施方面取得实质性进展。

三、具体要求

（一）统一思想，高度重视

物流业涉及领域广、产业带动力强、吸纳就业人数多、促进生产与拉动消费作用大。各区县、各有关部门要充分认识物流业在上海建设国际经济、金融、贸易、航运中心过程中的重要功能，把落实《意见》作为"创新驱动、转型发展"的重要内容和发展服务经济的重要抓手，统一思想、高度重视，确保此项工作取得实效。

（二）加强领导，抓好落实

各牵头部门要加强对本工作方案组织实施的领导，明确具体责任部门和责任人，周密部署、精心组织，健全机制、抓好落实。

（三）开拓进取，创新突破

各牵头部门要根据本工作方案的工作安排和部门分工，积极主动、深入调研、破难攻坚，突出针对性和实效性，有序推进各项工作，研究细化各项具体政策措施，确保本工作方案提出的各项任务和举措落到实处。

（四）加强沟通，紧密协作

各有关部门要加强沟通协作，密切配合，形成合力。各牵头部门要加强与国家相关部门的沟通，积极争取政策支持，推动相关政策在上海先行先试。

四、领导机制

市发展改革委要继续搞好统筹协调，会同市商务委、市经济信息化委、市建设交通委、市农委、市财政局、市地税局、市规划国土资源局、市工商局、市交通港口局、市统计局等部门以及相关行业协会组织建立工作领导机制，加强对本工作方案实施情况的督促检查，及时研究新情况、解决新问题，并及时将有关情况上报市政府。

附件：

《本市落实〈国务院办公厅关于促进物流业健康发展政策措施的意见〉的工作安排和部门分工》（略）

§2.3.9 市商务委、市发展改革委、市交港局《关于印发〈上海市加快推进城市配送物流发展实施方案〉的通知》（沪商市场〔2012〕400号）

各有关单位：

为促进本市流通领域现代物流业加快发展，推动建立高效、绿色、便捷的城市配送物流服务体系，特制定《上海市加快推进城市配送物流发展实施方案》。现印发给你们，请遵照执行。

上海市商务委员会
上海市发展和改革委员会
上海市交通运输和港口管理局
上海市公安局
二〇一二年六月二十日

上海市加快推进城市配送物流发展实施方案

城市配送物流是面向城市，以商业活

动、居民生活和都市工业等为主要服务对象，满足城市经济社会发展需要的物流活动。为促进本市流通领域现代物流业加快发展，推动建立高效、绿色、便捷的城市配送物流服务体系，根据商务部、发展改革委、供销总社《商贸物流发展专项规划》(商商贸发〔2011〕67 号)、《上海市现代物流业发展“十二五”规划》(沪府发〔2012〕51 号)和《本市落实〈国务院办公厅关于促进物流业健康发展政策措施的意见〉的工作方案》(沪府办〔2011〕98 号)的有关要求，结合本市建设“全国流通领域现代物流示范城市”，制定本方案。

一、发展现状与面临的形势

(一) 发展现状

近年来，为适应上海城市发展、人口规模扩大和人民生活水平提高的需要，进一步完善城市服务功能，本市积极发展城市配送物流，并取得一定成效。

1. 城市配送物流的基础设施初具规模。本市单体仓储面积 5 000 平方米以上的仓储设施总面积约为 1 500 万平方米。深水港物流园区依托洋山保税港区，建成现代化保税物流仓库超过 80 万平方米，大力发展国际采购和分拨配送业务，海铁联运、水水中转和国际中转能力逐步提高；外高桥物流园区深化实施“区港联动”，保税物流园区已建成 38 万平方米物流仓库，拥有 14 万平方米集装箱转运区，国际配送和中转分拨等业务有序开展；浦东空港物流园区的浦东机场综合保税区正式封关运营，相关物流业务稳步推进；西北综合物流园区已成为本市快速消费品、医药品等物流配送中心的集聚地，城际中转、城市配送功能逐步增强。在本市外环线附近，一批拥有现代化物流设施的配送中心建成并投入运营。

2. 城市配送物流多元化市场主体初步形成。连锁商业企业积极推广应用现代化配送技术，降低库存商品资金占用及商品损耗，并构建具有一定辐射力的物流配送网络，实现对超市、卖场、便利店、折扣店等多种业态的日常配送。危险化学品、食品冷链、医药、图书等专业物流逐步形成一定规模。一批第三方城市配送物流企业不断发展壮大，运用先进管理理念，形成独特的业务模式，拓展区域及全国服务网络。国际知名快递企业入驻上海建设国际转运中心，民营快递企业市场化、网络化、规模化、品牌化程度不断提高。

3. 现代装备和先进技术应用加快。标准化立体仓库、自动拣选设备、电子标签、管理信息系统等物流信息系统和技术装备逐步推广和应用。冷链物流企业建设具有－60℃深冷功能变温型超低温冷库，完善冷链物流服务功能。烟草物流企业运用无人自动高架库、自动存取机等国际先进物流设备，提高物流运作效率。物流资源交易平台自主研发在线交易系统、远程信息采集系统等物流信息软件，并积极推广应用射频识别(RFID)、全球定位系统(GPS)、地理信息系统(GIS)等先进技术，建立物流跟踪体系。

4. 城市配送物流标准研制和推广加快。上海标准化研究院承担《物流中心作业通用规范》、《物流中心分类与基本要求》、《物流园区分类与基本要求》等多项国家标准的编制。市有关部门结合本市城市配送物流发展情况，针对薄弱环节，发布实施《食品冷链物流技术与管理规范》、《道路货物运输冷藏车辆营运技术规范》、《城市配送物流车营运技术规范》等地方和行业标准，并在3A级以上物流企业中率先推广，提高城市配送物流服务水平。第三方物流企业采用标准化托盘，运用物联网技术，推进托盘共用系统建设，试点后托盘利用率提高了6倍。

本市城市配送物流发展虽然取得了一定的成绩，但是规模化、系统化的城市配送物流体系尚未形成，面向社区和商业中心的城市末端配送物流设施不足，城市配送运力未得到有效整合，配送车辆通行难问题依然存在。

(二) 面临的形势

1. 消费需求持续扩大为城市配送物流发展带来巨大潜力。2011年，本市实现社会消费品零售总额6 777亿元，同比增长12.3%。随着经济稳步增长，居民消费水平不断提高，扩大内需长效机制的确立，市场总体规模将进一步扩大，城市配送物流需求呈现规模扩张趋势。

2. 流通组织体系变革催生城市配送物流服务模式创新。本市连锁商业持续发展，新业态、新网点、新模式不断涌现，发展速度、规模和水平保持全国领先地位。本市电子商务快速发展，网络购物交易额位居全国前列。构建支撑连锁商业、电子商务发展的新型城市配送物流体系，成为发展现代流通的关键环节。

3. 经济发展方式转变对城市配送物流发展提出了新的要求。经济发展方式的转变要求科学合理规划城市配送布局，提高城市道路及相关设施资源的利用率；要求城市配送物流企业创新服务模式，加快技术和装备更新，发展低碳物流，为节能减排、服务民生、促进经济发展方式转变作出积极贡献。

4. 科技进步为城市配送物流发展提供了新的服务手段。信息技术、配送技术、装卸搬运技术、自动化技术、远程监控技术等现代化物流装备技术的应用创新已成为城市配送物流发展的重要保障。物联网技术的推广应用将推动城市配送物流效率和服务水平的进一步提高。

5. 保障民生的要求促进城市配送物流进一步提升服务质量。后世博上海城市建设将以“注重民生，打造宜居城市”为重要内容，要求城市配送物流为居民提供高效、便捷、优质的城市配送物流服务，同时减少车辆尾气排放、噪音污染和交通拥挤。

二、指导思想、原则和目标

(一) 指导思想

按照全面贯彻落实科学发展观的总体要求，根据本市经济社会、现代流通发

展和居民消费升级的需要，结合开展国家现代服务业综合试点和建设“全国流通领域现代物流示范城市”，通过科学布局、整合资源、完善机制，推进城市配送社会化、专业化、信息化、网络化发展，大力推动城市共同配送，着力提升城市专业配送水平，不断完善城市配送物流服务体系。

（二）基本原则

1. 坚持资源整合、绿色环保的原则。对城市配送物流资源进行合理、有效组织，提高资源利用率，减少交通堵塞、噪音、尾气排放等影响，改善城市景观，体现以人为本理念。

2. 坚持注重效率、提升服务的原则。通过制度、管理、服务和技术创新，完善供应链上下游衔接，提高城市配送效率，提升城市服务水平。

3. 坚持整体推进、重点突破的原则。以推行共同配送、完善城市末端配送设施、培育大型物流企业为重点，在重要领域和重点区域率先突破，推动城市配送体系的整体协调发展。

4. 坚持政府引导、市场主导的原则。强化企业的市场主体地位，发挥市场配置资源的基础性作用，加强政府统筹规划和产业政策的宏观指导，为城市配送营造良好的发展环境。

（三）发展目标

到 2015 年，建成一批设施先进、功能完善、管理规范、运作高效的现代化配送中心，搭建若干城市配送物流服务平台，培育一批辐射范围广、服务能力强的城市配送物流企业，形成一批运行有序规范的城市配送示范社区和商务区，初步建成一个接轨国际物流、服务长三角地区城市群的高效、绿色、便捷的城市配送物流服务网络。

三、空间布局

结合本市产业布局，整合现有仓储、运输等物流基础设施，引导市场形成层次清晰、衔接有序的城市配送物流服务三级网络布局。

一级网络——重点物流园区分拨中心。在本市重点物流园区，合理布局分拨中心，集聚龙头企业，强化资源整合，贯通城市交通枢纽和对外交通节点，实现道路货运与水路、航空、铁路等其他运输方式之间的衔接，搭建上海对接国际、连接腹地、服务全国的物流平台。

二级网络——公共及专业配送中心。在本市中心城区外围、高速公路通道接口，引导支持企业建设公共配送中心，完善干线运输与城市配送的有效衔接。升级改造一批现有专业配送中心，强化采购、集货、分拣、储存、理货、加工、送货、信息处理等一体化服务功能。

三级网络——城市末端配送网点。在社区、商务区等规划设置一批公共货物装卸点和货物集散点、货车停车泊位，充分利用现有商业零售终端网络，增强城市末端配送的装卸、分拣、暂存等服务功能，满足商业网点、商务楼宇、企业及社区居民等的商品配送需求。

四、主要任务

（一）大力发展城市共同配送。在不改变企业现有运营模式和相关资源产权的基础上，鼓励有条件的重点物流企业建立合作关系，推动城市配送共同化、智能化、规模化、集约化发展。搭建覆盖全市的城市共同配送公共信息服务平台，引导企业将富余资源和新增需求通过平台实现共享和对接，实现全社会物流资源的有效利用。

（二）提升发展城市连锁商业配送。支持大型连锁企业加快建设一批高起点、高标准的现代化全温带配送中心，提升配送中心的管理服务水平，并逐步统一服务标准。推动大型连锁企业以配送中心为节点，健全物流配送网络，提升连锁商业配送服务专业化水平，进一步提高连锁企业核心竞争力。

（三）优先发展城市电子商务配送。支持电子商务企业与第三方物流合作，建立快速补货和区域调拨系统，构建低成本、广覆盖的系统化配送网络，满足网络购物快速发展要求。鼓励购物网站、快递企业等与便利店开展合作，为客户提供全天候包裹快件的收寄服务，开展配送储物柜设立试点，逐步实现城市末端配送社会化，不断提高电子商务配送的满意程度。

（四）规范发展涉及城市安全的专业配送。提升涉及公共安全和生活安全的危险化学品、食品冷链、医药等物流配送水平，构建供销配运一体、全过程安全可控的配送体系。利用全球定位技术和信息平台实现对城市危险化学品零星配送的实时可视监控，规范危险化学品仓储和运输的安全管理。推广冷链物流核心技术，完善产地预冷、销地冷藏和保鲜运输、保鲜加工等设施，加强温度监控和追溯体系建设，确保食品在生产流通各环节的品质可控性和安全性。积极推动医药集中采购和统一配送，运用射频识别(RFID)技术加强对特殊药品的监管，提高医药物流的配送能力和运行效率。

（五）推动发展城市应急配送。选择和培育一批城市配送物流网络齐全、技术先进、运作高效的城市配送物流企业，完善物资供应应急预案。发挥物流资源交易平台作用，全方位调控社会物流资源，构筑与城市常态物流紧密结合的、无缝连接的应急配送网络，提高应对自然灾害、公共卫生事件、重大事故等突发事件的物资保障能力。

五、保障措施

（一）加快完善推进工作机制。充分发挥市推进现代物流业发展联席会议制度作用，打破条块分割的政策和体制障碍，健全完善组织协调机制。通过监测城市配送物流发展动态，推进重大项目实施，协调解决重大问题，形成推进合力。发挥行业协会和社会中介组织的作用，加强调查研究、提供政策建议、做好企业服务、开展合作交流，引导企业诚信经营，形成政府部门、协会与中介组织、企业之间的良性互动机制。建立市、区(县)联动工作机制，及时沟通发展情况，形成联动效应。

（二）加快实施城市共同配送示范工程。选取资源相对集聚、建设基础较为完善的城市快速消费品、药品和生鲜食品等领域，选择一批为商贸企业提供专业配送服务的A级物流企业，在货物装卸管理规范的社区和商务区，开展共同配送示范。利用物联网技术、全球定位技术、冷链物流技术和信息服务平台等，开展涉及城市安全的零星危险化学品、药品和食品冷链共同配送示范。通过示范创建，不断总结试点经验并逐步推广，带动本市流通领域现代物流整体水平的提升。

（三）加快推广城市配送物流标准和技术应用。研究制定本市《城市配送服务规范》等服务标准。在A级物流企业中进一步推广本市《城市配送物流车营运技术规范》等物流标准。采用射频识别(RFID)技术，建设标准化托盘社会共用系统。在城市配送物流企业中推广应用现代化立体仓库、自动拣选设备等先进物流装备及自动识别和标识技术。推进城市智能交通管理平台建设，建立基于地理信息系统(GIS)的城市配送查询系统，引导社会物流设施合理布局。

（四）加快完善中心城区货运通行政策。坚持扶大扶优，整合城市配送物流资源，适度提高重点城市配送物流企业中心城区货运通行证发放额度，引导城市配送物流企业使用符合标准的配送车辆，提高城市配送物流运营效率和服务水平。

（五）加快营造良好的城市配送物流发展政策环境。落实国家现代服务业综合试点和市服务业发展引导资金等相关政策，重点支持城市共同配送、涉及城市安全的物流配送、先进技术和现代装备应用、城市配送物流服务标准研制和推广等项目建设。积极引导高校、科研机构与国内外著名物流企业开展合作交流，加强城市配送理论与技术研究和多层次城市配送专业人才培养。

§2.4 关于物流业发展的部分重要讲话

§2.4.1 稳中求进，整合提升，促进我国物流业持续健康发展（中国物流与采购联合会会长　中国物流学会会长　何黎明）

2011年我国物流业发展回顾

刚刚过去的2011年，是我国“十二五”时期开局之年。一年来，在党中央、国务院坚强领导下，全国各行各业以科学发展为主题，以转变发展方式为主线，继续推进改革开放和社会主义现代化建设，国民经济保持了平稳较快发展。前3个季度，国内生产总值同比增长9.4%，预计全年增速略高于9%。预计全年进出口总额将达3.6万亿元，同比增长20%以上；社会消费品零售总额18万亿元，同比增长17%。

在经济持续较快增长和一系列政策

措施的推动下，我国物流业发展取得了新进展。社会物流总需求增速虽然趋缓，但物流专业化、社会化进程在结构调整中明显加快。预计全年社会物流总额可达160万亿元，物流业增加值约为3万亿元，同比分别增长12%和14%。与上年同期相比，社会物流总额增幅回落3个百分点，物流业增加值增幅提高近1个百分点。预计社会物流总费用同比增幅为18.3%，与GDP的比率可能升至18%，略高于上年17.8%的水平。物流业为国民经济平稳较快运行提供了有力支撑，为推动发展方式转变发挥了重要作用。一年来，我国物流业发展呈现出许多新的特点。

第一，支持物流业发展的政策集中出台。

2011年，物流业界称作“政策年”。3月，全国人大通过的《“十二五”规划纲要》突出强调“大力发展现代物流业”，共有20多处提及物流业发展的内容；6月，国务院常务会议专题研究支持物流业发展的政策措施；8月，《国务院办公厅关于促进物流业健康发展政策措施的意见》(国办发〔2011〕38号)印发，被业内称为“国九条”；10月，国务院常务会议决定，从2012年1月1日起，在上海市开展交通运输业和部分现代服务业营业税改征增值税试点；12月，国务院办公厅发出国办函〔2011〕162号《关于印发贯彻落实促进物流业健康发展政策措施意见部门分工方案的通知》，把(国办发〔2011〕38号)文(即“国九条”)细化为47项具体工作，落实到31个部门和单位。

当前，“国九条”提出的政策措施正在逐步落实。由中国物流与采购联合会组织推荐、国家发改委审核、国家税务总局发文批准，第七批、341家物流企业纳入营业税差额纳税试点范围。到目前，试点企业总数已达934家。第八批试点企业推荐审核工作正在进行当中。物流企业土地使用税调整方案基本形成，降低物流业土地使用税政策可望近期出台。中央和地方财政先后对农产品冷链物流、粮食物流、服务业功能集聚区、城市共同配送系统和农村流通体系建设等重点物流项目给予资金支持。国家开发银行与中国物流与采购联合会签署了开发性金融合作协议，部分贷款额度已落实到具体物流项目。北京、天津、上海、陕西、山西、山东、安徽、福建等20多个省市正在酝酿出台落实“国九条”的实施细则。

第二，物流业发展环境受到广泛关注。

在持续快速增长过程中，一些突出问题也成为制约物流业发展的“顽症”。比如，税负较重、重复纳税，过路、过桥费过高，公路“乱收费、乱罚款”，配送车辆进城难，物流业用地难、地价高等等。这些问题导致物流业运行成本上升、货物流通不畅，物流企业不堪重负。

2011年5月，中物联协助中央电视台组织策划了《聚焦中国物流顽症》系列节目，通过《经济半小时》、《经济观察》和《对话》等栏目，集中剖析了我国物流业发展环境中的突出问题，在社会上引起了极大反响。全国人大财经委、中央政策研究室、国务院办公厅、国家发改委、商务部、工信部等部门，先后召开专题会议。新华社、人民日报、经济日报、中央人民广播电台以及众多媒体深入报道，促进了有关问题的解决。

6 月，交通运输部等 5 部门发出《关于开展收费公路专项清理工作的通知》。到 2011 年底，全国收费公路专项清理工作第一阶段调查摸底基本完成。18 个省市取消了政府还贷二级公路收费，撤销收费站 1 892 个、涉及 9.4 万公里。许多省市区采取撤销站点、降低收费标准等措施，我国首条高速公路——上海沪嘉高速已取消收费。公路"乱收费"、"乱罚款"问题有所缓解；北京、上海、苏州等城市配送车辆进城通行条件有所改善。

第三，物流市场需求发生深刻变化。

工业物流整合速度加快。一是从生产企业分离、分立的物流公司在搞好母体公司物流服务的基础上，积极开发社会物流业务。如淮矿物流、开滦物流和芜湖安得物流等，其社会物流业务量均已超过了母公司的物流需求量。二是提高物流外包的比例和层次。物流外包涉及行业从家电、电子、快速消费品等下游产业和产品向钢铁、建材、煤炭等上游延伸；外包领域从运输、仓储、货代等基础性服务向全方位一体化供应链服务扩展。三是制造业与物流业联动发展深入推进。12 月，国家发改委在南京召开"第三届制造业与物流业联动发展大会"，公布了 130 家"全国制造业与物流业联动发展示范企业"。

商贸物流整合趋势明显。传统批发市场、农贸市场提升、改造、扩展物流功能，连锁零售企业加紧完善物流系统，电子商务物流供不应求状况加剧。据估算，2011 年我国网络购物总额将超过 8 000 亿元，全年快递业务量 36.5 亿件。快递服务的发展速度赶不上暴发式增长的电子商务物流需求，国内主要快递公司多次小幅上调价格。电子商务企业开始进入物流快递领域；物流快递企业也积极试水电子商务。

农业和农村物流要求双向对接。农产品物流这个"老大难"问题在 2011 年表现更为突出。一边是农民"卖菜难"，一边是居民"买菜贵"。温家宝总理专门批示，把"优先发展农产品物流业"写进了"国九条"。有关部门大力推进"农超对接"、"农校对接"、"农企对接"、"农批对接"等流通方式，加大农产品冷链物流体系建设的投入。同时，着力推进农产品进城、日用工业品和农资下乡的农村物流服务体系建设。但农业和农村物流仍然是薄弱环节，应该引起高度重视。

第四，物流经营模式经历新的变革。

物流市场需求的新变化，对物流服务提出了新要求，而服务价格提升空间有限。2011年11月，大中型公路运输企业货运价格环比上升1.4%，同比上升4.2%；中小型企业零担货运价格低位波动；1—11月，沿海散货运价指数同比下降4.5%；波罗的海干散货综合运价指数同比下降45.9%。燃油价格连续攀升，人力成本大幅度提高，土地使用税费、仓库租金再创新高，物流要素成本价格进入持续上行通道。1—11月，全国重点物流企业主营业务成本同比上升28.4%，极大地压缩了利润空间。

为应对优服务、低价格、高成本的挑战，物流企业在经营模式上寻求突破。以中储、中远、中外运为代表的仓单质押融资监管业务加快发展，不仅获得了增值服务收益，也增加了对供应链的掌控能力。数十家银行成立专门机构，不断推出供应链金融新产品。据推算，全国全年此项贷款额度可达1.5万亿—2万亿元。公路零担货运在前几年卡车航班、专线联盟的基础上，2011年又出现了"公路货运班车总站"新模式。苏州传化物流基地通过"总站"模式，对零担货运实现集约化、客运化的管理和服务。越来越多的物流企业介入生产企业代理采购、供应商管理库存、分销执行，供应链一体化服务能力不断增强。

第五，物流企业整合提升步伐加快。

2011年，资本市场看好我国物流业发展前景，一些境内外知名投资机构进一步加大对国内物流业的投入。具有一定网络基础、仓储设施或提供冷链、医药、保税等专业服务的中型物流企业成为并购焦点；一些有实力的房地产、煤炭等企业转向物流地产开发领域；部分物流企业借助资本市场实现快速扩张，已有10多家重点物流企业在国内外股票市场上市；中小物流企业抱团结盟，谋求更大话语权，物流企业市场集中度进一步提高。1—11月，全国重点物流企业主营业务收入同比增长26.3%。2011年度50强物流企业主营业务收入共达5 927亿元，同比增长31.5%；排名第50位的达到15.4亿元，同比增长26.2%。

物流企业的专业化服务能力显著增强。在快递、公路货运、汽车物流、医药物流、烟草物流、能源物流等专业细分领域涌现出一批实力比较雄厚、市场占有率较高、综合竞争力较强的物流企业。到2011年底，按照《物流企业分类与评估指标》国家标准，经评估认定的A级物流企业已达1 506家，覆盖除西藏自治区以外大陆所有省市区。涉及的行业既有交通运输、仓储、货代、快递等综合服务企业，也延伸到制造业、商贸业和农业等专业物流服务领域，还有新兴的供应链公司、物流园区等。代表我国物流业发展最高水平的5A级物流企业已经达到98家，物流企业核心群体初步形成，在行业中起到了示范和引导作用。物流企业积极应用管理信息系统、物流信息平台、移动信息服务、物联网等信息化手段，物流服务的高效化、一体化和智能化明显提高。

第六，物流区域集聚趋势明显。

随着区域经济结构调整，中西部产业发展能力不断增强。国内外大型物流和商贸企业在成都、重庆、武汉、郑州等中西部主要城市设立区域物流中心和二级配送网络；“长三角”两省一市创新区域物流合作模式，区域性国际物流系统逐步形成；“珠三角”地区深化区域通关改革，物流集聚效率不断提高；《东北地区物流业发展规划》发布，推进物流业逐步向节点和通道集聚；环首都经济圈概念的提出，京津冀物流合作提上议事日程。区域物流资源从分散走向整合，区域物流服务的集聚效果逐步显现。

在区域物流发展中，也出现了一些值得注意的倾向。一些地方对物流需求状况缺乏深入分析，提出的物流发展目标带有一定盲目性。物流规划用地动辄几平方公里，甚至几十、上百平方公里，脱离实际需求。也有的借物流名义，圈占土地，搞房地产开发；而真正从事物流业务的企业又拿不到用地指标。即使拿到土地，也因为地价太高而无法开展物流业务。这些问题，应该引起有关部门高度重视，并采取得力措施，加以规范和引导。

第七，物流基础设施建设投资增速放缓。

受交通运输业投资明显放缓影响，物流业固定资产投资增速持续回落。1—11月物流业固定资产投资完成2.8万亿元，同比增长9.6%，增幅比1—10月回落0.3个百分点，比去年同期回落14个百分点，比同期城镇固定资产投资增幅低14.9个百分点。

2011年，“7·23”甬温线特别重大铁路交通事故发生后，铁道部全面梳理拟建和在建项目，解决规模过大、标准过高、盲目压缩工期等问题，投资建设进度放缓。公路、水路投资连续高速增长之后，2011年增速同样低于上年。预计全年公路、水路固定资产投资共完成1.42万亿元，同比增长7.1%。我国物流基础设施建设存在的主要问题，依然是多种运输方式以及线路与节点的配套性、协调性较弱，综合运输系统效益有待进一步发挥。

第八，物流行业管理基础性工作日臻完善。

一是物流标准化工作稳步推进。《物流标准目录手册》正式出版，收录物流国家标准、行业标准和地方标准共计601项。第一个由中国专家发起和主导的物流领域国际标准《ISO18186：2011 货物集装箱—RFID货运标签系统》正式发布。

二是物流统计工作深化细化。采购经理指数（PMI）在国家宏观经济监测中发挥了重要作用。社会物流统计制度日趋完善，分行业、分产品的统计调查分析逐步开展。物流运行景气指数体系试发布制度初步建立。

三是物流教育和培训质量提升。目前，我国开办物流专业的本科院校达417

所，高职高专约824所，中职中专超过2 000所，在校学生总数突破100万人。物流学科建设取得突破性进展，物流管理、物流工程、采购管理专业已列入本科专业目录里专业大类，为下一步学科目录调整进入一级学科作了充分的铺垫。物流师职业资格培训与认证工作自2003年11月开展以来，已有30多万人参加了认证培训，16多万人取得高级物流师、物流师和助理物流师资格证书。

四是物流科技、管理创新和学术理论研究取得新进展。经科技部批准，从2002年开始，中国物流与采购联合会设立了科学技术奖。10年来，共有267个项目获奖。中国物流学会开展物流优秀论文和研究课题的评审和表彰工作，2011年共征集各类研究成果1 200多件。

总体来看，2011年我国物流业保持了平稳较快发展，为国民经济和社会发展作出了重要贡献。广大企业、政府有关部门、行业协会、科研机构、新闻媒体等，都付出了辛勤努力，给予了大力支持。2011年11月，人力资源和社会保障部、中国物流与采购联合会在人民大会堂召开了全国物流行业劳动模范表彰大会，一批物流行业先进集体和个人受到表彰，物流行业社会地位进一步提升。

借此机会，我谨代表中国物流与采购联合会、中国物流学会，向物流业相关的政、产、学、研、媒各有关部门和单位表示衷心的感谢！

同时，我们也要清醒地看到，制约我国物流业发展的深层次矛盾尚未完全解决，新的困难和问题又摆在我们面前。衡量物流业运行效率的指标——物流总费用与GDP的比率，尽管过去几年有所下降，但下降基础仍不牢固。国内领先的物流企业与跨国企业相比，无论是规模、品牌、盈利能力、国际市场份额，还是物流服务水平和供应链管理能力均有较大差距。物流市场主体庞杂、产业集中度低、诚信体系建设滞后，市场秩序失范等问题依然存在。物流运作方式与资源、能源和土地消耗及生态环境的矛盾日益突出。土地、燃油、人力等各项物流要素普遍短缺，运营成本持续攀升，物流企业生存和发展环境尚未实现根本性好转。现行体制设计和政策思路与物流业发展要求不相适应，“国九条”提出的相关政策措施有待进一步落实。

2012年我国物流业发展形势及对策分析

2012年是实施“十二五”规划承上启下的重要一年。综合分析国际国内形势，我国经济社会发展面临新的挑战和机遇。从国际看，世界经济复苏艰难曲折，欧洲主权债务危机日益恶化，全球大宗商品和金融市场动荡加剧，各类风险因素进一步增多。从国内看，国民经济在保持良好发展态势的同时，也面临不少困难。进出口贸易增速回调，投资拉动受到制约，内需增长难度加大，部分企业出现经营困难。这些都将对2012年物流业发展产生深刻影响。

展望 2012 年，我国物流业发展有一些因素值得关注。

一是增速放缓趋稳。预计 2012 年社会物流总额和物流业增加值的增幅将在 11%和 13%左右，社会物流总费用与 GDP 的比率将维持在 18%左右。

二是需求层次提升。一体化、精益化、智能化的供应链服务需求继续扩大；专业化、个性化、柔性化的共同配送需求快速增长；电子商务和居民消费等对物流配送和快递服务的要求越来越高。

三是市场竞争加剧。市场主体庞杂的局面和要素成本上升的趋势，短期内难以改变，物流企业经营困难进一步加剧。

四是物流企业面临新的选择。符合市场需要的企业将有更多发展机会，不适应市场需要的企业将承担被淘汰的风险。

五是涉及民生的物流领域更受关注。如农产品物流、食品物流、医药物流、社区物流服务等将获得进一步支持。

六是物流新技术加快应用。物联网、云计算、多层仓库、自动分拣、托盘共用系统等新的设备和技术将获得更加广泛的应用。'

七是多业联动的经营模式。制造业、商贸业、金融业与物流业联动发展，将形成新的整合优势。

八是物流政策逐步落实。如果说 2011 年是“政策出台年”的话，2012 年应该是“政策落实年”。我们对“国九条”等政策的进一步落实充满期待，也寄予厚望。

面对新一年困难与机遇并存的新形势，我国物流行业要认真贯彻中央经济工作会议精神，以科学发展观为指导，把握好“稳中求进”的总基调。以整合物流资源，创新服务模式，提升物流服务能力为主攻方向；以提高物流效率，降低物流成本，提高服务质量，减轻资源环境负担为主要目标；以苦练内功、改善管理、培养人才，完善行业管理基础工作为重点；以多业联动、有机融合、包容发展为依托；以信息化、标准化，科技创新为手段；以落实“国九条”为抓手，努力营造物流业持续健康发展的良好环境，加快构建现代物流服务体系，助推其他产业转型升级，满足人民群众日益增长的物流服务需求，为保持国民经济平稳较快发展和物价总水平基本稳定提供坚实的物流保障，以物流业发展的新业绩迎接党的“十八大”胜利召开。

2012 年我国物流业要把握好稳中求进的总基调，在国家宏观调控，结构调整中发挥更大作用。

——在扩大内需中发挥支撑和保障作用

扩大内需特别是消费需求是宏观调控政策的重要内容，也给物流业发展开辟了新的领域。我们要搞好城市共同配送体系建设和农村物流服务体系建设，提高流通效率。要大力发展电子商务物流、冷链物流、医药物流、社区物流服务等新型业态，拓宽物流服务领域。要改造物流系统，优化作业流程，提高供应链管理水平，努力降低物流成本。要通过现代物流管理方法和技术手段，对重点商品实行全程监控、源头追溯，创造放心消费、安全消费的物流条件。

——在推进产业结构优化升级中发挥促进作用

物流业是复合型服务产业，涉及领域广，吸纳就业人数多，促进生产、拉动消费作用大。物流业增加值已占全部服务业增加值的16%左右，物流业每增加6个百分点，差不多就能够带动服务业增加1个百分点。大力发展物流业，可以有效调整三次产业结构，促进经济协调发展。通过对传统产业物流系统改造，加强对战略性新型产业和中小微型企业的物流服务，助推产业结构优化升级。

——在提高经济增长的质量和效益中发挥重要作用

我国物流运行成本高、效率低、潜力大。社会物流总费用与GDP的比率每降低1个百分点，就可以带来4 000多亿元的经济效益。通过物流运行效率和效益的提高，可以减少对GDP高增长的依赖，并减轻资源和环境压力。融入信息技术的现代物流业，也是经济发展的"晴雨表"，应该在服务宏观政策和经济运行调节中发挥更大作用。物流业只有融入经济发展全局，服务于经济结构调整和发展方式转变，才能找准自身的发展定位。

全面落实"国九条"政策措施，是2012年物流工作重点，也是全行业的期盼。当前，国务院各有关部门正在按照分工，提出具体政策落实方案。中国物流与采购联合会经过调查研究，多次提出政策建议，有的已经被采纳。

——我们期待，切实减轻物流企业税收负担

不要因为税制变更，增加企业负担。根据物流企业一体化运作、网络化经营的特点，建立综合物流业务税目，统一税率、统一发票，适应一站式服务、一票到底业务发展的需要。

——我们期待，加大对物流业土地政策支持力度

制定和实行物流业用地保护政策，对纳入规划的物流园区用地给予重点保障。物流业用地使用权可采取租赁方式，不准随意变更用途。在保证物流用地的同时，有效遏制以物流名义圈占土地的行为。

——我们期待，物流车辆便利通行

交通运输部等五部委收费公路专项清理工作能够取得实效，切实降低过路过桥收费。抓紧修订完善道路大型物件运输管理办法和超限运输车辆行驶公路规定，规范道路交通管理和超限治理行为。研究制定城市配送管理办法，有效解决城市中转配送难、配送货车停靠难等问题。

——我们期待，加快物流管理体制改革

从国民经济行业分类、产业统计、工商注册、土地使用及税目设立等方面明确物流业类别，进一步确定物流业的产业地位。

——我们期待，鼓励整合物流设施资源

支持大型优势物流企业通过兼并重组等方式，对分散的物流设施资源进行整合；鼓励中小物流企业加强联盟合作，创新合作方式和服务模式，优化资源配置，提高服务水平，积极推进物流业发展方式转变。

——我们期待，推进物流技术创新和应用

特别是调整完善物流企业申请高新技术企业的认定标准，具备条件的物流企业可以享受高新技术企业的相关政策。

——我们期待，加大对物流业的投入

希望各级政府加大对物流基础设施投资的扶持力度，银行业金融机构加大对物流企业的信贷支持力度。进一步拓宽融资渠道，积极支持符合条件的物流企业上市和发行企业债券。

——我们期待，优先发展农产品物流业

关于农产品物流设施网络建设、质量安全可追溯制度建设、“绿色通道”建设以及相关的减轻税费、优化环境的政策落到实处。

——我们期待，加强组织协调

物流业涉及部门多，协调难度大。期盼国务院有关部门密切配合、加强协调，发挥全国现代物流工作部际联席会议作用，尽快全面落实各项政策措施。各级地方政府，结合各地实际全面推动落实。中国物流与采购联合会将继续开展调查研究，积极反映企业诉求，全力配合政府有关部门做好落实工作。

在新的一年里，物流企业要认真研究市场需求和国家经济政策变化，适时调整经营战略和市场策略。应从盲目追求大规模、高速度，转向质量好、效益高、速度稳。要更多关注中西部地区、农村地区物流市场，满足扩大内需带来的物流市场需求。加快物流企业评估工作进度，扩大A级物流企业覆盖面，促进企业转型升级。加快与工业企业、商贸流通企业和金融企业等融合发展，向贸易、物流和金融一体化全程供应链延伸服务。大力推进科技进步和经营模式创新，增强核心竞争力。加快人才培养，提高管理水平，加强企业文化建设，积极履行社会责任。

中国物流与采购联合会作为行业社团组织，将努力做好服务工作。我们将积极参与《物流业发展中长期规划（2012～2020）》、《全国物流园区发展规划》和《煤炭物流规划》等研究起草工作。继续深入企业了解情况，反映诉求，发挥好桥梁和纽带作用。开展对细分行业的研究和咨询服务，提高对行业发展的指导性和针对性。进一步完善物流标准、统计、教育、培训、技术推广和理论研究等行业管理的基础性工作。加强行业自律，引导业内企业规范发展。真诚希望政府有关部门、业内企业、行业协会及研究机构、新闻媒体，对我们的工作继续给予重视和支持。

中央提出，2012 年要促进服务业发展提速，比重提高，水平提升。作为重要的生产性服务业，做好 2012 年的物流工作，任务艰巨，责任重大。我们要在政府有关部门领导下，深入贯彻科学发展观，认真落实中央经济工作会议的决策部署，坚定信心、稳中求进、攻坚克难、整合提升，为促进我国物流业持续健康发展作出新的贡献！

§2.4.2 构建上海综合交通体系的若干思考（上海市交通和港口管理局局长 孙建平）

当前，上海深入贯彻实施公共交通优先发展战略，积极推进港航建设与管理，城市交通服务能力和水平取得长足进步，国际航运中心建设得到有力推动。

交通现状

基础设施

机场：浦东、虹桥 2 个国际机场，5 条跑道

铁路客站："3 主 3 辅"6 个（上海站、上海南站、虹桥站、上海西站、松江南站、安亭站）

港口：上海港由黄浦江上游、中游、下游，宝山罗泾，外高桥，杭州湾，崇明三岛和洋山深水港等 8 个港区组成

资源配置能力

航空：旅客吞吐量 7 456 万人次，货邮吞吐量 356 万吨

铁路：旅客到发量 1.24 亿人次，货物运输量 888 万吨

港口：货物吞吐量 7.3 亿吨，集装箱吞吐量 3 174 万

TEU，为世界第一大港

道路货运量：4.3 亿吨，占上海货运总量的 46%

城市公共交通：日均客运量 1 668 万乘次，每百人日均公共交通乘用次数 71 次

轨道交通、地面公交、出租汽车、水上客渡、省际道路客运、客运交通基础设施、大型居住区公交设施（略）

港航设施

至 2011 年底，上海港海港共有 1 164 个泊位（其中万吨级泊位 241 个，拥有集装箱专用泊位 43 个）

赵家沟、大芦线一期、苏申外港线、黄浦江（泖港段）等内河高等级航道基本建成，三级航道总里程达 152 公里

交通衍生服务业

经营性公共停车泊位 36.6 万个，经营性公共停车泊位总量达到同期汽车保有量的 20%；另有道路停车泊位 3.2 万个

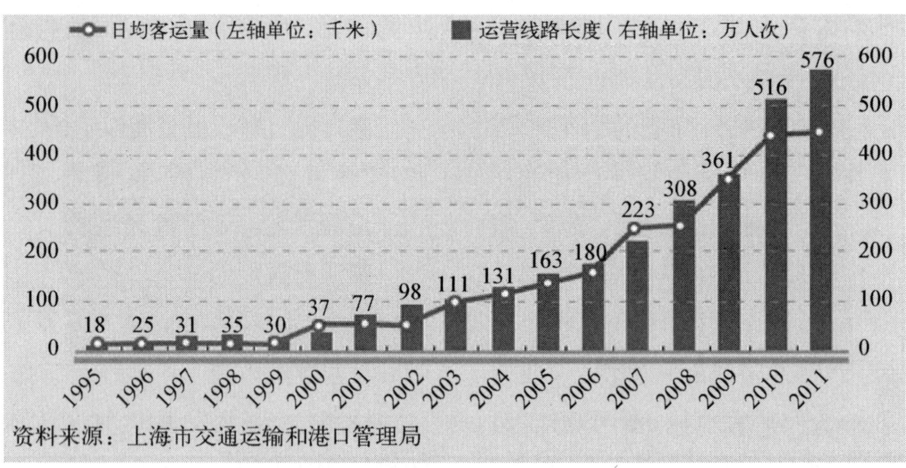

图 2－4－1　上海市历年轨道交通主要数据

中心城公共停车设施信息系统联网工作全面推进汽车维修经营业户 6 215 户，年维修辆次达 776.8 万辆次

机动车驾驶员培训业户 195 户，完成驾驶员培训量 56.5 万人次

当前，上海深入贯彻实施公共交通优先发展战略，积极推进港航建设与管理，城市交通服务能力和水平取得长足进步，国际航运中心建设得到有力推动。

《上海市综合交通发展“十二五”规划》提出，上海正处在加快实现“四个率先”、加快建设“四个中心”的关键时期，也处在城市功能提升、发展转型的关键阶段。上海要打造成为具有较强国际竞争力的世界级城市群核心城市特别是经济全球化、区域一体化和新型城镇化，对上海综合交通的发展提出了更高的要求。

一、面临问题

（一）城市交通与市民日益增长的出行需求尚有差距（略）

（二）港航服务管理与国际航运中心要求尚有差距

集疏运体系有待进一步优化。几种集疏运方式发展不平衡：公路运量占比仍然较高，局部通道出现严重拥堵；水水中转比重增长幅度有所放缓，内河集装箱运输发展缓慢；航空和铁路的集疏效率偏低。

港口基础设施的发展空间有限。“十一五”期间上海港口基础设施建设快速发展，但由于上海可开发利用的岸线资源有限、道路通行能力有限等原因，使得未来上海港口基础设施发展的空间不足。

现代航运服务体系建设刚刚起步。基本航运服务体系尚未健全，特别是高端航运服务业与上海国际航运中心建设的任务和目标还有较大差距。口岸服务与国际先进水平仍有差距，信息共享度不够。

邮轮产业发展有待进一步规范和推进。上海建设邮轮母港与基础设施配套的相关服务体系尚未建立。

（三）行业安全稳定形势依然严峻

加强交通港航安全监管始终是各项工作的重中之重。交通港航行业，特别是轨道交通、省际道路客运、危险品运输等行业，一旦发生事故，对人民群众生命财产安全，特别是对城市正常运行的冲击以及社会影响非常巨大。随着经济社会的快速发展和内外环境不确定因素增多，给行业管理和发展带来了新的矛盾和问题，如不及时适应形势发展需要，就会引发行业安全生产事故和社会不稳定因素。

（四）行业管理面临高度市场化的新挑战

实践表明，随着法制化、市场化进程的不断推进，行业管理已经从简单的重审批、轻监管向依法行政、综合管理转变。尤其是货运（汽修、驾培、牵引）等市场化程度比较高的行业，需要管理部门进一步转变思想观念，强化基础管理，提高服务水平，创新管理手段，不断解决行业管理和发展中存在的深层次矛盾和问题。

二、应对措施

（一）深入实施公交优先发展战略（略）

（二）持续调控市中心城区新增机动车总量

随着市民生活水平提高和消费观念变化，对私车需求日趋增加。但受中心城区路网扩容能力有限、特大型城市环境资源匮乏等因素限制，上海对中心城区新增机动车额度实行总量调控，通过额度拍卖方式有序发展私车。从 1994 年 Z 牌照个人自备车竞价拍卖试点开始，上海不断完善各类车辆额度投标拍卖工作。通过额度拍卖合理配置路权，并将拍卖所得用于公共交通建设发展和政府购买公共交通服务，不仅有效控制了市中心城区机动车过快增长，缓解了道路交通压力，同时也为公共交通建设发展赢得了时间。相关研究结果表明：2010 年上海汽车保有量理论预测值为 338 万辆，实际为 172 万辆，减少约 50%，按每辆汽车平均每天行驶 40 公里计，约减少汽油消耗量 6 200 吨/日，减少碳排放量 5 000 吨/日，说明机动车额度总量调控政策效果是明显的。“十二五”乃至今后更长一段时期内将进一步深化路权配置研究，有效缓解交通拥堵，进一步提高道路通行能力。

（三）全面推进港航软硬件建设

完善港航基础设施，优化港航行业服务与管理，促进上海国际航运中心建设。

航运集疏运体系方面：加快洋山深水港区四期及后续工程等海港和内河航道基础设施建设；继续开展内河航道整治工程和内河集装箱港区建设；巩固和强化上海港国际集装箱枢纽港，提高水水中转和国际中转业务比例；促进洋山保税港区功能开发和利用；深化推进“资源节约型、环境友好型”港口建设。

现代航运服务体系方面：规范现代航运服务市场；积极探索航运经纪准入制度常态化；探索以航运金融服务等途径缓解

中小港航企业发展中的难题，参与和促进航运金融业的发展；发展内河水运及其相关服务业市场；支持北外滩、陆家嘴和临港等航运服务集聚区发展；加快建立上海国际航运中心综合信息平台。

国际航运发展综合试验区方面：继续宣传洋山保税港区营业税优惠政策，争取扩大优惠政策享受范围；推动上海港二次中转集拼业务发展和促进洋山保税港区开展水水中转集拼业务；继续配合做好启运港退税试点准备工作。

邮轮产业发展方面：促进邮轮港口服务业发展；继续优化协调上海邮轮母港“2＋1”运营模式(吴淞口＋国客中心＋外高桥)。

(四) 深入开展指导行业发展政策意见的研究落实

针对行业管理中不断出现的新形势、新情况，健全基础管理，提高服务水平，创新监管手段。特别是要从政策层面把握好行业发展方向和定位，针对性地开展管理，解决行业管理中的深层次问题和矛盾。具体来说，要继续抓好出租汽车、省际客运、内河水运等已出台行业发展政策意见的贯彻落实。加强沟通协调，完善《关于进一步优先发展公共交通的意见》、《关于加强上海轨道交通运营安全的意见》，力争尽快发布实施。完善道路货运、邮轮产业等行业发展政策意见。抓好国务院办公厅关于进一步促进道路运输行业健康稳定发展的意见的贯彻落实。研究制定汽车维修、机动车驾驶员培训、机动车停放、道路清障施救牵引等行业的发展指导意见。

三、“十二五”目标任务

“十二五”时期，上海将根据区域协调、城乡统筹原则，优化城市空间布局，形成“一核两翼，多个片区”的新型城市化空间体系。上海人口规模继续扩大，各类出行需求持续增长，出行选择更为多样，出行范围进一步扩大，人均出行次数和平均出行距离增长，机动化、快速化、便捷化将成为未来交通发展的趋势，便捷、安全、舒适将成为选择交通方式的标准。

(一) 继续推进轨道交通建设(略)

(二) 继续加大客运枢纽建设力度(略)

(三) 全面提升公共交通服务水平和吸引力(略)

(四) 不断提升出租汽车行业服务水平(略)

(五) 优化黄浦江轮渡和三岛水上客运航线布设(略)

(六) 推进省际道路客运发展(略)

(七) 推进港口码头设施建设和改造

推进洋山深水港区四期及后续工程建设；推进宝钢、上海化工区以及临港产业区配套公共码头、漕泾电厂码头、航煤码头等项目的建设和改造，支持产业发展；继续推进长兴岛修造船基地建设，支持造船工业发展；规划建设崇明岛危险品码头工程；完成金山公共港区控详规划编制，适时启动建设；做好外高桥港区后续工程前期准备工作，适时启动项目建设。

加强上海港可持续发展战略研究，开展新港区选址研究工作，进一步完善港口布局，提升港口功能。形成布局科学、功能完善的现代化港口群，基本确立东北亚国际集装箱运输枢纽港的地位，基本确立区域港口物流中心地位。

（八）加快推进内河港口现代化建设

推进内河现有码头向集约化港区归并，提高码头生产效率和服务水平，降低港口生产的能源消耗和污染排放。探索内河集约化港区的开发和经营模式，引导、鼓励多种经济成分的企业投资内河港区建设和运营。探索建立内河、外海港口联动发展模式；研究内河港区与物流园区、保税区联动发展。推进外高桥内河港区一期和芦潮港内河港区一期工程，形成千吨级内河泊位9个，货物吞吐能力达到320万吨。

（九）继续推进航道建设和维护

完成黄浦江上游段、杭申线、大芦线航道二期工程建设；开工并建成长湖申线、平申线两条跨省航道；深化苏申内港线、赵家沟东段、大浦线、油墩港、金汇港航道建设前期研究，适时启动。2015年，Ⅲ级及以上航道力争达到220公里（含黄浦江下游段）。开展五级以下航道梳理和定级工作，制定内河航道维护标准，建设内河航道维护项目库，实现内河航道维护监测全覆盖。实施吴淞导堤维修工程，确保黄浦江航道的通航安全。实施长江口支航道疏浚工程，适应长江口－12.5米深水航道通航条件，提高外高桥和罗泾港区码头通过能力。配合临港新城港区建设，同步建设进港航道28公里，满足2万吨级船舶乘潮进港。建立洋山深水港区进出港航道以及长江口、杭州湾等航道的长效维护机制并实施维护，确保通航需求。

（十）优化航运集疏运系统

增强集疏运能力、优化集疏运结构、节能降耗，加快发展水水中转和海铁联运，扩大港口内陆覆盖面，提高便捷通达程度，提升上海港口对区域经济的服务能级。大力发展以长江运输为重点的江轮直达和江海转运；促进内河高等级航道功能提升，引导公路集装箱运输部分业务弃陆从水；加强铁路与港口的直接联络，充分发挥铁路大运量、长运距、节能、环保的优势，逐步推进海铁联运；优化主要集装箱港区周围的道路系统，解决集装箱船舶集中到港时周围道路严重拥堵问题；加强与长三角对接，适当增加出省通道。期末，上海港集装箱吞吐量水水中转比例45％，其中洋山港区集装箱水水中转比例55％。

（十一）加快航运服务体系建设

加快优化航运服务结构，提高服务水平，吸引航运服务要素集聚，培育和壮大高端航运服务，增强上海面向国内外的航运服务能力。继续吸引世界知名航运企业在沪发展总部经济；促进航运公估、船舶交易、航运咨询、船舶供应等机构发展。提升航运代理、船舶技术服务、船舶检验、航运信息等机构服务水平；拓展航运服务产业链，延伸发展现代物流等关联产业。

促进航运经纪业务的规范发展,不断完善上海在航运经纪人公司审批、注册和管理等方面先行先试制度。以优惠政策吸引更多的大型船舶管理公司落户上海,提升上海港国际船舶管理的服务水平和质量,“十二五”期末初步奠定国际船舶管理中心地位。探索改革我国现行的船舶经营公司注册制度,逐步扶持我国专业船舶经营公司在上海不断集聚和发展,建立和优化国家级示范性船舶交易平台。积极参与上海国际航运中心综合信息共享平台建设。

(十二)推进邮轮服务体系建设及水上客运旅游发展(略)

(十三)提高道路货物运输与物流组织水平

实施道路货运与空、铁、水运输有效衔接,促进货物运输“门到门”,构建与口岸物流、区域物流、制造业物流、城市配送物流相配套的“安全、高效、畅通、绿色、智能”的货运体系。

推进货运场站规划建设。促进道路运输系统与港区、铁路货运站场良好衔接,重点做好与高速公路网相衔接、具有货运配载和停车等功能的公路货运枢纽规划建设。

优化货物运输网络通道。完善省际快运网为主干、城市配送网为分支、物流信息网为纽带的区域物流网络体系。形成连接海港、空港、铁路枢纽、货运站场和物流园区、先进制造业基地的“一环三纵四横六射”的货运主通道网络,形成上海为主中心,涵盖杭州、南京等地的2小时道路配送网。

提高集装箱运输组织水平。拓展RFID卡的信息采集功能的应用,建立短程配载平台,提高集装箱配载效率。加强与港口、铁路衔接,优化集装箱道路运输通道。规范集装箱运输市场,建立集装箱道路运输成本监测机制和科学合理的运力调控机制,规范集装箱货运市场服务收费。

促进道路货物甩挂运输全面发展。研究解决制约甩挂运输发展的保险、海关监管等问题,鼓励和引导运输企业购置和使用国家统一标准的牵引车和挂车;积极探索国际甩挂运输。

发展城市配送物流。基本形成由商业配送、快件包裹、冷藏食品、医药、农产品、零星危货等子项目构成的城市配送体系,提供“站到站”、“门到门”分级式递送服务。全方位加强危险品运输监管。

(十四)加强停车系统规划建设和管理

以“动态—静态—用地”平衡为原则,以差别化政策为导向,对中心城区的停车泊位实行必要的需求管理。合理提高本市居住区停车设施供应总量,适当增加为居住区服务的道路停车场数量;控制中心城办公建筑停车设施供应规模;增加P+R停车设施;重视商业、医院、学校等公益性停车设施的供应和管理,促进城市民生宜居。基本建成与道路交通容量相协调、与土地利用功能相匹配、与公交优先发展战略相适应的停车系统。

及时调整配建指标，体现差别化供应策略。修订《上海市建筑工程交通设计及停车库(场)配置标准》，根据本市用地开发和公共交通服务水平、道路通行情况，差别化地确定本市建筑停车配建指标。

理顺机制，推进公共停车场建设。以区为主，市、区合力，以小规模、多点布设为主，推动公共停车场建设。

合理规划，有序建设 P+R 停车场。结合外围地区轨道交通站点，继续推进 P+R 停车场建设。

细化道路停车场功能，缓解局部停车难问题。充分发挥道路停车泊位设置灵活、存取方便、可达性高等优势，合理布设道路停车场，作为路外停车设施规模上的补充和功能上的补充，缓解局部区域短期内的停车难问题；适当设置部分限时停车位，方便短时停车。

(本文由作者 2012 年 5 月 24 日在同济大学第 61 期“同路人”学术论坛的讲稿整理而成，有删节。)

§2.5 政府部门和协会服务

§2.5.1 上海市推进现代物流业发展工作机制

从“十一五”规划时期开始，上海建立了推进现代物流业发展工作机制。成立了上海市推进现代物流业发展工作小组，成员单位包括：市商务委、市发改委、市经信委、市建交委，市国资委、上海海关、市口岸办、市交港局、市质监局、市安监局、市公安局、市财政局、市地税局、市工商局、市统计局、上海出入境检验检疫局、民航华东地区管理局、上海铁路局、市物流协会、市仓储协会、市交通运输协会；市国际货代协会、上海电子口岸建设联席会议办公室等。

根据《上海市人民政府关于印发本市贯彻〈物流业调整和振兴规划〉的实施方案的通知》(沪府发〔2009〕37 号)，明确市发改委负责组织编制本市现代物流业发展规划，市商务委负责牵头推动本市现代物流业发展。建立了推进现代物流业发展联席会议制度，完善协调机制，形成推进合力，研究相关政策措施，逐步解决发展过程中的重点难点问题，指导推进上海现代物流业持续健康发展。

“十一五”期间，市发展改革委牵头研究制定了《本市贯彻〈物流业调整和振兴规划〉的实施方案》，积极争取国家和本市资金支持重点物流项目建设。

市商务委牵头制定了《上海市加快推进城市配送物流发展实施方案》，大力发展城市共同配送、专业配送和应急配送，建设流通领域现代物流示范城市。

市经济信息化委进一步深化完善物流公共信息平台建设，加大推动物流信息化应用力度，提升制造业物流服务能级。

市城乡建设交通委围绕上海国际航运中心建设目标，积极促进形成水水中转、海铁联运等多式联运的物流集疏运网络布局。

市国资委结合推进国资战略重组，支持物流龙头企业建设。

市口岸办积极推进长江流域口岸城市之间合作。加快推动上海“大口岸、大通关、大平台、大物流”建设。

市交通港口局制定《上海市城市配送物流车辆技术规范》，以标准化促进和规范城市配送物流发展。市安监局积极推进城市危险化学品物流监管体系建设。市公安局聚焦重点是，提高城市配送物流量大的企业市内通行证的发放比例。

市财政局将物流业纳入市服务业引导资金重点支持领域。市税务局积极研究物流新业态的监管模式以及与之相适应的政策体系。

上海铁路局、民航华东管理局大力支持本市抗震救灾应急物流，确保救援物资及时送达灾区。

上海海关、上海检验检疫局实施分类改革试点，优化报关报检流程，提升监管效率，营造良好的口岸环境。

（市商务委）

§2.5.2 上海市发展和改革委员会

相关职能

组织编制本市物流业相关发展规划，并会同有关部门推进实施。协调本市物流业发展中的重大问题，研究提出本市物流业发展的有关政策建议。负责本市物流和流通领域投资项目审批、核准和备案，组织实施物流和流通领域项目中央预算内资金申请。

2011 年物流业发展工作

1. 开展物流业发展规划编制工作

按照《上海市人民政府办公厅关于开展本市国民经济和社会发展“十二五”市级专项规划编制工作的通知》要求，牵头会同市商务委、市建设交通委、市经济信息化委、市交通港口局、市规划国土资源局、市公安局、市财政局、市税务局、市工商局、市统计局等部门，组织开展《上海市现代物流业发展“十二五”规划》的编制工作，历经前期研究，初稿编制、补充修改、深化完善四个阶段，形成《规划（送审稿）》，并专报市领导。

2. 制定本市落实国办发〔2011〕38 号文的工作方案

根据市领导指示，为做好《国务院办公厅关于促进物流业健康发展政策措施的意见》（国办发〔2011〕38 号）的贯彻落实工作，牵头会同市商务委、市经济信息化委、市建设交通委、市农委、市财政局、市地税局、市规划国土资源局、市工商局等部门，结合上海物流业发展特点和实际，研究制定了《本市落实〈国务院办公厅关于促进物流业健康发展政策措施的意见〉的工作方案》，并经市政府同意以沪府办〔2011〕98 号发布实施。

3. 支持本市物流业重点项目建设

按照物流业调整振兴规划要求和国家发展改革委部署，梳理本市 2011 年的物流业重点投资项目，对 5 个项目进行批复并上报国家发展改革委，申请中央预算内专项切块资金用于支持物流重点项目。

积极开展2012年中央预算内流通领域项目的储备和申报工作，包括农产品批发市场、粮油仓储设施、粮食现代物流、物流业重点工程、农产品冷链等五个方面的重点建设项目。

4. 推动本市农产品冷链物流发展

为贯彻《农产品冷链物流发展规划》(发改经贸〔2010〕1304号)，加快建设本市农产品冷链物流服务体系，启动开展了上海农产品冷链物流发展有关课题研究，梳理本市农产品冷链物流发展现状，探索适合的发展模式与途径，提出政策措施建议。

5. 开展物流园区发展规划调研

根据国家发展改革委要求，结合本市现代物流业发展“十二五”规划编制，开展本市物流园区发展规划调研，并形成支持物流园区健康发展的有关建议报国家发展改革委，积极配合国家发展改革委做好《全国物流园区发展规划》编制。

6. 加快构建城市配送物流体系

与市商务委、市交通港口局、市公安局共同研究制定《上海市加快推进城市配送物流发展实施方案》，推动建立高效、绿色、便捷的城市配送物流服务体系。

7. 跟踪物流企业“营改增”试点

密切关注增值税改革试点对上海物流业发展的影响，积极与市商务委、市物流协会沟通协作，召开企业座谈会，听取企业对增值税改革试点的意见建议，并及时就相关情况与国家和市有关部门沟通。

2011年工作案例介绍

根据市领导指示和市政府工作要求，为做好《国务院办公厅关于促进物流业健康发展政策措施的意见》(国办发〔2011〕38号)(以下简称《意见》)在本市的贯彻落实工作，市发展改革委会同市有关部门研究制定了《关于贯彻落实〈国务院办公厅关于促进物流业健康发展政策措施的意见〉的工作方案》(以下简称《工作方案》)。

为做好《工作方案》的研究制定，市发展改革委牵头会同市商务委、市经济信息化委、市建设交通委、市农委、市财政局、市地税局、市规划国土资源局、市工商局等部门，按照《意见》精神，结合上海物流业发展特点和实际，对《意见》提出的各项工作任务进行了逐条分解、细化、扩充，并增加了优化口岸物流环境、发展物流总部经济、吸引培育物流人才三方面的工作任务，形成了《贯彻落实〈国务院办公厅关于促进物流业健康发展政策措施的意见〉的工作安排和部门分工》(以下简称《工作安排和部门分工》)。9月21日，市发展改革委顾洪辉副主任召开专题会议，听取各相关部门对《工作安排和部门分工》的意见建议，修改完善后形成了《工作安排和部门分工》(征求意见稿)，并发函征求各相关部门意见。同时，我委加强与国家发展改革委的沟通，将《工作安排和部门分工》与国家发展改革委拟定的“国办发〔2011〕38号部门分工方案”进行了衔接，在修改完善的基础上，最终形成了《工作安排和部门分工》(作为《工作方案》附件)。

《工作方案》的主要内容包括：

一是确立指导思想。《工作方案》提出要坚持创新驱动、转型发展，把物流业作为发展服务经济的重要内容，加快政府职能转变和管理创新，积极营造有利于物流业发展的政策环境，为加快建设“四个中心”和社会主义现代化国际大都市提供坚实的物流保障。

二是明确主要工作和目标。《工作方案》要求各有关部门按照明确的工作安排和部门分工开展工作，要在税收、土地、车辆通行、管理体制、设施资源整合、技术创新和应用、资金投入、农产品物流、口岸物流环境、物流总部经济、物流人才等工作的推进及其政策措施的制定实施方面取得实质性进展，为上海物流业健康发展创造良好的政策和体制环境。

三是提出工作要求。各有关部门要统一思想、高度重视，加强领导、抓好落实，开拓进取、创新突破，加强沟通、紧密协作。

四是建立领导机制。由于物流业属于新兴复合型产业，涉及领域广、关联部门多，为加强工作协调推进力度，确保工作取得实效，由市发展改革委牵头，会同市有关部门、相关行业协会组织建立工作领导机制。

2012 年工作展望

一是总结评估本市物流业调整和振兴规划实施情况。为应对国际金融危机，2009 年初国务院印发了《物流业调整和振兴规划》，规划实施期三年。上海也发布了《本市贯彻〈物流业调整和振兴规划〉的实施方案》。根据国务院领导批示要求和国家发展改革委统一部署，我委将会同市有关部门，对三年来《规划》和《方案》的实施情况，主要是规划目标的完成情况、政策措施的制定和落实情况、中央预算内项目实施情况进行总结评估。

二是发布实施并贯彻落实《上海市现代物流业发展“十二五”规划》。上半年要完成《上海市现代物流业发展“十二五”规划》编制并报市政府同意后发布实施；加强对《规划》的宣传解读；会同市有关部门和行业协会建立规划实施的工作机制，确保规划落实取得实效。

三是加大《本市落实国务院办公厅关于促进物流业健康发展政策措施的意见的工作方案》实施力度。按照《工作方案》要求，加强统筹协调，会同市有关部门和相关行业协会加强对《工作方案》实施情况的督促检查，加大对本市物流业发展重点领域、关键环节和制约瓶颈的突破力度，进一步优化本市物流业发展环境。

四是继续支持物流重点项目建设。进一步做好 2012 年中央预算内流通领域项目的管理工作，做好 2011 年中央预算投资及地方切块资金支持物流业项目的推进、监督和检查等工作。

五是推动本市农产品冷链物流发展。完成农产品冷链物流研究课题，并启动开展引导、支持本市农产品冷链物流发展的相关政策研究，推动本市加快形成设施先进、管理规范、网络健全、全程可控的冷链服务体系，降低农产品流通损耗，保障农产品消费安全。

（市发展改革委）

§2.5.3 上海市经济和信息化委员会

制造业物流和快递方面：2011 年工作小结

1. 推动物流资源整合、加快大型制造业集团物流服务分离

推动大型制造企业内的企业物流整合为专业化、社会化的第三方物流企业，扩大物流服务市场供给。如宝钢集团整合集团内钢铁物流资源，2010 年 12 月成立了上海宝钢物流有限公司（以下简称宝钢物流），截至 2011 年 4 月底，宝钢物流分别完成宝钢股份本部、特钢事业部、不锈钢事业部和钢管事业部物流业务吸收合并工作，宝钢股份各事业部的物流业务全部并入宝钢物流。

2. 开展上海智慧物流相关研究、取得阶段性成果

委托海事大学开展“上海智慧物流公共服务平台架构研究”，积极探索物流资源效率提升。根据课题中期研究成果：本市物流车辆空驶率为 37.66%，车辆闲置率（按小时）为 64.48%，车辆闲置率（按天）为 19.74%，下一步将探索提升物流车辆资源利用率的有关措施和方法，推动智慧城市建设。

3. 按照市委、市政府批示、推动本市快递业发展

按照俞正声书记和韩正市长在新华社关于《上海快递产业总部经济凸显呼唤地方立法和政策扶持》上的批示精神，在市委领导下，会同市政府法制办、市邮政局、市建设交通委等有关部门，通过座谈会、深入重点快递企业，密集调研，梳理分析当前本市快递产业发展面临的主要问题并提出解决问题有关建议，形成了《关于推进本市快递产业发展的工作建议的报告》，为市委、市府推动我市快递业发展提供依据。

4. 加强交流、推动企业物流信息化能力提升

组织物流企业参加工信部和中物联在郑州举办的“2011 中国物流与采购信息化推进大会暨物流企业 CIO 峰会”，交流学习物流企业信息化的成果经验。

5. 指导市物流协会，建设和完善上海市物流公共服务平台

推进由市物流协会承担的信息化发展专项项目“上海市物流公共服务平台”的建设、指导协会开展应用推广工作，扩大中小物流企业服务受益面。

6.《上海市制造业物流发展白皮书（2010）》研究结题

本研究在调研的基础上，对本市制造业物流现状进行总结、问题分析以及趋势预测，分享制造业物流的成功案例。对于探索如何推动本市制造业物流提供第一手的素材。

2012 年工作打算：

1. 继续推动大型制造集团分离物流服务

结合推进生产性服务业分离总体工

作安排，继续推动支柱产业大型制造集团分离企业物流，推动行业物流资源整合。

2. 拟建上海制造业物流公共服务平台

根据《上海智慧物流公共服务平台架构研究》研究成果，拟建上海制造业物流公共服务平台，初步设想平台拟建五大功能：本市物流车辆空驶率、闲置率数据发布、智慧专业物流综合应用、智慧物流咨询服务、面向中小企业的物流信息软件服务、物流企业信用体系服务。

3. 继续针对物流业（快递业）做好信息化发展专项支持工作

结合专项资金的工作开展，作好优秀物流企业、优秀快递企业调研，推进优秀项目申报、评选和支持工作。

4. 营造绿色物流意识、推进绿色物流示范

在物流行业营造绿色物流意识，推动物流行业节能减排，启动绿色物流示范。

5. 指导物流园区信息化建设

组织制定"物流园区信息化评价标准"，并针对五大物流园区和五大物流基地进行评估调研，掌握物流园区信息化建设情况和信息化需求，指导物流园区信息化建设，同时完善"物流园区信息化评价标准"。

6. 组织编写"供应链管理案例集"

重点梳理三方面案例：1）以第三方物流为特征的、与制造业供应链交互的嵌入式和非嵌入式服务；2）以第四方综合物流服务为特征的、供应链信息服务；3）骨干制造企业供应链信息化、物流和电子商务融合。

7. 携手物流协会服务企业

指导市物流协会，继续推进上海市物流公共服务平台完善和应用推广，服务中小物流企业。

8. 加快完善第三方物流企业服务供应链信息化

引导和鼓励大型先进制造企业剥离和外包物流业务，做大做强专业化和社会化的第三方物流企业。推进物流信息技术创新应用，特别是促进电子商务技术、物联网技术、卫星导航技术等方面的集成应用。

生产性服务业税收政策方面：2011 年工作小结

1. 在充分调研的基础上，会同市财政局、市税务局形成了关于进一步鼓励和支持制造业主辅分离促进本市生产性服务业加快发展的财税政策，并联合发布了《关于试行鼓励制造业分离生产性服务业若干财政扶持政策的通知》（沪财税〔2011〕46 号）文件。

2. 开展试点企业认定管理工作，并会同市财政局、市税务局对申请认定企业进行联合评审，共认定了二批 10 家企业享受财政扶持政策。

2012 年工作打算

1. 将《关于试行鼓励制造业分离生产性服务业若干财政扶持政策的通知》（沪财税〔2011〕46 号）文件中规定的总集成总

承包、检验检测、研发设计、供应链管理服务、信息服务等五大生产性服务业的重点领域扩大到生产性服务业十二五规划中的十大重点领域。

2. 继续认定部分企业享受财税扶持政策。

（市经济信息化委）

§2.5.4 上海市物流协会

协会简介

上海市物流协会成立于2007年4月，由上海市物流和商贸流通企业及相关单位组成的跨系统、跨部门、跨所有制的非营利性社会团体法人。会员单位近千家。协会的常务理事单位中集中了本市钢铁、汽车、化工、商贸、港口物流的龙头企业，其中A级物流企业占了53.2%，全国先进物流企业占了32%。

2011年协会主要工作

全力配合政府落实好促进物流业发展的政策措施，做到两个及时

“国九条”发布和“营改增”开展后，协会全力配合政府物流主管部门，积极推动物流业发展政策措施的贯彻落实。一是及时组织物流企业座谈会，听取意见，表达诉求。2011年10月起，协会配合市发改委、市商务委分别三次召开重点物流企业和中小型物流企业座谈会，共计32个企业，43名企业高管和经营、财务部门负责人参加，根据企业反映的税改后税负可能增加的问题和呼声，分别汇总了7点意见和8条建议的报告上报政府，受到重视和关注。二是及时组织税收政策辅导报告会，解读政策。2011年11月28日，协会举办税收政策辅导报告会，组织仓储、运输、货代、快递等物流企业参加，有130余名代表到会，财税局资深专家作了详尽辅导，解答了代表们现场提出的18个问题，协会还编印了“税改政策汇编”共2万余字，发给企业参考，受到了欢迎。此外，协会还推荐骨干物流企业参加国家财政部、商务部有关税改座谈会，组织15家物流企业填报国家商务部的税改问卷调查，为完善税改政策措施，更好确保实施发挥了作用。

圆满完成协会换届改选，实现了两个充实

2011年10月25日，协会在上海展览中心友谊会堂举行四年一度的换届改选大会，全国政协常委、市工经联、市经团联会长蒋以任、中物联副会长蔡进、市商务委副主任张新生和政府物流主管部门的领导及260多物流企业的代表出席了大会。会议总结了四年来的协会工作，提出了今后工作的建议，选举产生了新一届理事会。协会通过换届改选，一是充实了领导机构，新一届理事会与一届一次理事会相比，理事单位数量从112名增加到了160名，增加42.8%。理事单位结构中民营和股份合作制企业从39.3%上升到47.5%，外企从2.3%上升到5.6%。反映了四年来协会会员队伍扩大，民营和外资物流企业发展迅速的现状。二是充实了

秘书处工作班子，加强了力量，组成结构更加合理。

加强为会员企业的服务，取得了三个超越

协会在为会员企业的服务中，努力超越传统。一是首次举办高级物流师培训试点班，为企业培养了一批高级人才。2011年5月，42名学员（其中企业高管占85.7%）经考试合格，获得了国家人力资源和社会保障部门颁发的高级物流师证书。二是A级物流企业首次超越百家。由中物联委托协会承担的上海地区A级物流企业评估至2011年底，国家标准A级物流企业达到105家，首次超越百家，其中5A级、4A级物流企业55家，占总数的52.4%，比例高居全国前列。三是首次举办了上海物流界迎新年联谊会。2011年12月27日，由协会主办，市口岸联合会、市交通运输协会、市国际货代协会、市仓储协会、市物流企业家协会协办的上海物流界迎新年联谊会成功举办。市发改委、市经信委、市商务委等政府物流主管部门领导到会，这是首次由协会发起，联合物流业兄弟协会共同举办的上海物流界大聚会，来自上海市和江浙两省的近60家重点物流企业和江浙沪十余城市物流协会的代表聚集一堂，交流经验、沟通情况、增进友谊、促进发展，实现了大团结、大合作。

促进行业管理和发展，完成了三件大事

2011年，协会协助政府开展行业管理，完成了三件大事。一是积极参与第二届全国物流行业先进集体、劳动模范和先进工作者的评选推荐，配合政府评选出上海市的3个全国物流行业先进集体，20名全国物流行业劳动模范。根据政府要求，协会参加了上海市评选工作领导小组和评选工作办公室，并在政府的领导和兄弟协会的支持下，承担制定计划，起草方案，宣传发动，走访企业，审核材料，汇总上报，布置公示，检查落实，带队进京，做好保障等一系列工作，圆满完成任务。二是积极参与全国制造业与物流业联动（“两业联动”）示范项目的评选推荐，配合政府评选出上海市的9个国家级“两业联动”示范项目。协会配合政府开展了上海市参加全国示范项目的评选推荐工作全过程，积极协助做好参评、统计、上报等相关工作。10月国家发改委、工信部等相关部门在南京市召开大会进行正式发布，同时出版优秀案例，在全部30个优秀案例中，上海有4个入选，占十分之一以上。三是由协会首倡的“5·6”长三角物流节正式启动，成为江浙沪物流行业共同的活动日。2011年5月6日，在南京市举行的长三角现代物流联动发展大会上，江浙沪三地政府和协会正式启动了“5·6”物流节。同日，协会与“物流汇”和政府有关部门在梅赛德斯-奔驰文化中心共同组织了上海的“5·6”物流活动日，有近500余家物流企业的代表参加，大型活动取得了圆满成功。

（上海市物流协会）

§2.5.5 上海国际货运代理行业协会

积极开展对外合作交流，为会员企业拓展业务创造条件

2011年在金融危机和欧洲主权债务危机的双重冲击下，上海口岸外贸增幅减缓，会员单位物流业务发展受到较大负面影响。为帮助企业走出困境，拓展海外市场，2011年协会加大了对外合作交流的力度。

1. 举办2011年上海国际货代物流业务洽谈会

组织中外货代物流企业在上海进行业务洽谈会，是帮助会员单位加强对外合作的便捷而有效的方法。为能办好本届业务洽谈会，2011年初就积极与国际物流联盟网络组织（MTG）进行联系与沟通，就共同举办一对一洽谈会的相关时间、地点、组织方式进行了协商。在共同形成方案的情况下，协会于2011年4月开展了此项活动的宣传办展工作。2011年6月，又共同就举办会议的详细事项进行了确认，在双方的共同努力下，“2011年上海国际货代物流业务洽谈会（一对一业务洽谈会）”于2011年11月14日在上海宝隆美爵大酒店隆重举行。中外企业150多名代表参加了洽谈会。经过14日、15日两天的交流洽谈，共安排进行了850多人次的一对一业务洽谈活动。会前的网络配对，现场一对一的交流，以及不断变化洽谈对象，使中外企业在组织有序的会场中，实现了“一对多”的业务洽谈目标，让不少参会企业实现了业务合作的意向。参会会员单位纷纷表示，这是一次成功的业务洽谈会，是一次高效、实用、可行的国际交流合作盛会。首次办会的圆满成功，为今后继续举办类似会议提供了宝贵的经验。

2. 组织会员单位赴境外考察活动

协会还根据会员单位的需求，充分利用协会多年对外联络而与各国或地区物流货代组织建立的联系渠道，在境外和地区行业协会的大力支持配合下，成功组织部分会员单位赴台湾、法国、西班牙等地区进行考察交流活动。考察活动不仅让会员单位与当地多家货代物流企业进行了交流，更多的是让会员单位对外方经营环境和市场状况，作了实地的了解，为推动企业实现“走出去”战略创造了条件。

3. 办好各类洽谈会和考察交流活动

协会积极配合中国货代协会举办WCAF上海洽谈会，协助美国各州驻华协会举办“2011年度中美物流合作交流会”，与上海市对外投资促进中心共同举办“欧洲门户——法国巴黎机场大区商业机遇说明会”。从而使2011年对外合作交流工作呈现出“多方式、多渠道、多批次、多成效”的工作局面，努力为会员单位拓展海外市场提供更多的机会。

加强业务培训，提高会员单位管理水平

加强业务培训是协会服务企业的重要内容，也是推动行业发展的重要手段与途径。2011年协会根据政策变化以及企

业需求的状况，积极开展行业培训，营造全行业的学习氛围，促进企业管理水平的提高。

1. 围绕口岸监管政策的调整，年初举办了《海运出口监管拼箱货物集中监管宣讲会》，邀请海关和上港集团介绍出口拼箱货物集中监管的新政内容和港务集团拼箱集中监管的操作流程，为企业全面正确了解新政与业务操作流程创造条件。年末，协会又根据口岸通关中存在的问题，举办《海空运报关报检情况和新政通报会》，请海关与国检部门分析通关中存在的问题，指出改进的方法，并用案例来解释新政，为企业提高单证质量，减少差错提供具体的指导意见。

2. 为提高企业业务管理水平和风险防范能力，协会先后举办了《货代企业客户服务问题及解决方案》、《应收帐款风险管理和催收技巧》、《货代责任保险海外条款研讨会》、《货代业务相关司法解释解读讲座》、《2011 年物流企业风险控制研讨班》等专业培训，从而不断为提高企业的管理水平和专业人员的业务素养，为货代企业综合服务水平的提升创造条件。

3. 在做好政策和业务知识专项培训的基础上，协会还继续做好货代上岗证和续证以及航空销售代理上岗证培训工作，不断满足行业发展和企业人才培训的实际需要。参加培训共计 850 人次。

据统计，2011 年协会共组织各类培训 10 次，共有 1 600 多人次参加了相关的专题培训，由于课程内容紧贴企业经营实践，讲授方式务实，培训活动得到了参训人员的广泛好评与认可。

开展行业信用等级评估，加强企业基础性管理工作

1. 2011 年协会继续开展行业诚信体系建设，继续以企业信用等级评估为抓手，通过企业信用等级评估活动，不断提高会员企业诚信意识，提升企业风险防范能力，推动企业建立内控管理制度。在评估活动中，不仅广泛开展评估前的宣传，而且认真进行评估中的各项培训工作，宣传评估目的，引导企业开展自查；讲解评估过程，推动企业建章立制，剖析评估重点，消除企业管理盲区；克服“为评估而评估”的单纯评估思想，真正把评估活动作为优化企业管理的重要手段。2011 年共有 30 多家企业参加培训，最终评出 A 级以上（含 A 级）企业 29 家。

在做好内部评估过程中，协会还积极与海关，检验检疫等口岸通关监管部门联手，将企业在通关过程中的遵章守纪纳入企业信用等级评估之中，在评估后，又及时将本协会信用等级评估结果通报海关与国检，实现信息互通，努力推动信用认证互认，从而推进口岸物流诚信环境的建设。

2. 在开展企业信用等级评估的同时，协会继续做好 2011 年上海国际物流（货代）重点企业的申报评审工作。2011 年在评审标准修订，审核程序严格的情况下，协会加大宣传力度，评审前积极做好咨询和政策解答;初评中认真做好申报材料的收集与初审,既严格把关,又配合企业做好申报材料的补充与完善;评审时,真实汇报企业情况,努力使评审结果客观、公正。2011年又有七家会员企业荣获上海市国际物流(货代)重点企业称号。随后又按照市商务委的要求,协助企业完成"绩效支持,认证补贴、培训补助、参展扶持、平台网络建设、国外专家聘用"等六大专项财政补贴的申报材料,使得21家重点企业获得市财政专项资金的补贴,让重点企业不仅获得荣誉,还在企业发展中获得政府的财政支持。

3. 2011年协会还根据市商委的布置,即在全市范围内开展评选全国物流行业先进集体,劳动模范和先进工作者的评选工作。按照"爱岗敬业,开拓创新,成效显著"等标准在行业内进行广泛动员,在企业推荐的基础上,汇总推荐名单,逐一把关个人事迹材料,在市评审会上积极陈述推荐先进个人的优秀事迹,力争更多集体与个人进入先进行列。经过反复筛选和广泛征求意见以及公示,本协会会员单位中有7名先进个人荣获全国物流行业劳动模范光荣称号,并于2011年12月18日赴京受奖,为行业树立了一批新标杆、新标兵。

反映企业诉求,当好政府参谋

1. 随着劳动力成本的不断上涨,特别是2011年下半年欧洲主权债务危机的扩展,外贸进出口均受到较大影响,货代企业经营困难问题陡然上升。协会多次向有关部门报告行业状况,特别是当国家商务部欲在上海召开货代企业座谈会时,协会积极配合市商务委做好各项组织准备工作,逐一落实参会企业。充分利用这一机会直接反映货代企业的诉求,使商务部有关领导及时掌握国际物流货代行业现状,为国家制订国际物流货代业支持政策,提供真实的依据。

2. 代表行业多次参加营业税改增值税情况交流会,并认真反映行业诉求,对会员单位反映的意见逐一梳理,先后就全局性问题,如增值税发票开票限额过低,安装开票设备成本过高,部分业务支出无法获得增值税发票,支付海外代理费用如何抵扣等一系列情况,及时表达了行业诉求,上述行业意见得到政府有关部门的高度重视,目前部分问题已经解决或正在解决之中。

3. 在关注重大事件及时反映企业诉求的同时,协会还积极参与行业课题工作。2011年上半年协会会同上海航运仲裁院、虹口航运商会,完成了《无船承运业务标准提单条款》课题,下半年又参与上海口岸办《上海口岸通关中介服务行业的现状与对策》课题。另外,从2011年4月起,协会承接市商务委有关货代企业备案的登记审核工作。协会将这一工作作为服务企业、服务政府的重要途径,认真落实专人,设立咨询电话,耐心解答企业备案中的各种问题,方便企业做好备案工作。自4月接手此项工作至今,共为500

多家新货代企业进行了备案，发挥了协会服务企业与政府的桥梁纽带作用。

重视自身建设，做好服务会员的工作

1. 协会积极重视自身建设，注重人员队伍的素质提高。协会积极参与市商务委、市社团管理局等政府主管部门组织的培训活动，认真对照有关要求，加强行业协会的规范化建设，通过与各兄弟行业协会的学习交流，努力提升服务行业的意识和水平。

2. 2011 年，协会对门户网站的信息内容力求做到每日及时更新，力求满足会员企业的信息需求。2011 年共出版了《信息交流》21 期，内容涉及进出口贸易数据、通关报检业务信息、政府公告、政策法规、业内动态、外贸形势分析预测等多种内容。

3. 协会继续重视做好发展新会员的工作。协会秘书处一方面主动与非会员企业取得联系，宣传行业协会，扩大行业协会的影响；一方面认真接待每一起非会员单位的咨询、来访，并通过举办各类活动显示协会功能，积极吸引非会员单位加入行业组织。2011 年又发展了 16 家新会员单位。

（上海国际货运代理行业协会）

§2.5.6 上海市邮政管理局

运输物流 快递部分

上海市邮政管理局在国家邮政局和市委市府领导下，依照《邮政法》等国家法律法规，对上海快递服务进行监管。

2011 年上海快递行业发展概况

2011 年是上海快递业全面实施“十二五”规划实现良好开局的一年，上海市邮政管理局坚持改革发展不动摇，推动行业规模不断扩大。上海快递业务收入实现 153 亿。其中，规模以上快递服务企业业务量达到 4.09 亿件，人均年用快递件达到 17.8 件，在全国处于领先水平。

申通快递、圆通快递的日业务量峰值分别超过 350 万件和 250 万件；电子商务快件成为上海快递服务的重要组成部分，占据申通、圆通、韵达、中通等快递企业业务量的 60%—70%。

上海作为亚太区域重要门户、长三角区域的核心城市，战略地位日益突出，吸引了众多快递企业驻足，上海已经发展成为全国快递企业总部聚集最多的城市。申通快递、圆通速递、韵达快运、中通快递、汇通快递、希伊艾斯快递等多家民营快递企业的全国总部以及 FedEx、UPS、TNT、DHL、OCS 等国际快递公司的中国区或华东区总部均设在上海，快递总部经济带来的产业聚集效应日益显现。各类快递企业通过立足上海、辐射长三角、服务全国、对接国际，推进了全市快递服务协调较快发展。

2011 年上海邮政管理局对上海快递业的管理扶持工作

为发展创造良好环境

2011 年，上海市邮政管理局在立法、规划、政策上均取得了突破。一是地方立法获得突破性进展，经与相关部门密切沟通联系、全面反复协调，《上海市实施〈中华人民共和国邮政法〉办法》（草案）被列入2012年市人大常委会正式立法项目。二是结合全面宣贯《邮政法》、《邮政业十二五规划》，编制发布了“上海邮政业十二五规划”。三是全面协调营造了有利于行业发展的政策环境。争取到中央有关领导、市委市府主要领导的关心支持、亲自批示，市领导召集会议对本市快递服务发展专题研究并形成了一系列意见，大大推动了制约影响本市快递业发展瓶颈问题的破解。积极协调争取为快递保持了良好的税收政策，地税部门暂不将快递服务纳入增值税扩围范畴。

指导营造快递“总部经济”

2011年，围绕“促能力、强服务”有效开展了快递监管工作。一是妥善应对快件“爆仓”现象，组织企业做好旺季服务工作。启动应急预案，健全组织领导体系，指导企业加强内部调度、保障留守人员配备、切实执行服务承诺、坚持安全生产；加强服务监管，实施24小时值班，局领导带队对企业检查，局“12305”电话热线保持24小时电话受理，确保了旺季服务工作有序开展，社会反响良好，快递的基础产业地位更加凸显。二是积极服务企业。全年共向273家在沪经营快递业务的法人企业核发了《快递业务经营许可证》，累计为837家快递企业发放了经营许可；全面推进邮政业人才队伍建设，实现校企合作的突破，指导韵达快运公司与上海经济管理学校实现合作；全年完成4 179名快递业务员的职业技能鉴定考试工作，合格率达84%，至今近2万名从业者参加了快递业务员职业技能鉴定考试。

积极做好重要时期、重大活动、突发事件的妥善应对处理工作

2011年，进一步保障了重大活动，维护了市场秩序和行业安全。一是固化世博工作经验，通过加强与有关部门的协调配合、制定实施寄递物品四项“基本制度”（寄递企业申请登记制度、数据预先申报制度、专人持证上岗制度、核对登记寄件人证件和全面核实填写“面单”制度），保障了第14届国际泳联世界锦标赛、第26届世界大学生夏季运动会期间的邮路安全和服务。二是开展了专项执法第二阶段检查。全年共出检1 661人次，检查企业372家，查处无证经营企业56家、其他不规范行为的企业2家，并对104家企业下达了整改通知书。

加强行风建设和媒体宣传

2011年，大力构建“政府监管、行业自律、社会监督”的政风行风建设格局。局领导做客上海市人民广播电台“政风行风热线”节目；组织受理市“纠风在线”网站转来的意见投诉；引导快递企业开展行风建设工作，效果日益显现，圆通公司客服部申报获得“全国青年文明号”荣誉称号。

另外，做好国家局组织的中央媒体采访团对“三通一达”公司采访的接待安排工作。组织安排新华社上海分社、上海《解放日报》等上海本地媒体一同采访、予以正面宣传报道。新华社关于上海快递发展的内参获得中央有关领导和市委市府主要领导的批示，引起了各级领导对快递服务的高度重视。

2012 年快递业工作要点

全面落实“十二五”规划，加快转变行业发展方式

进一步加强领导，以快递设施、邮政业监管信息系统等建设项目为重点，推动规划主要任务的落实和重点工程的实施。着力优化市场主体结构、业务结构、网络结构和区域发展结构。进一步提高产业集中度，促进多种所有制企业共同发展。鼓励快递企业细分服务市场，丰富服务内涵，拓展服务领域，创新服务产品，向服务链、供应链、产业链上下游延伸，提升服务价值。引导企业根据市场需求完善基础网络，整合网络资源，不断提高运行效率和效益。推动企业体制机制创新，加速向现代邮政业转变。推动企业创新经营方式，转变经营模式，从单一寄递模式向多元化综合服务模式转变，由粗放经营向集约经营转变。大力提升行业标准化、信息化和自动化水平。搭建科技交流平台，加强科技交流活动。加强标准的宣传和培训，推动标准的贯彻执行。

全面推动地方立法，加快优化行业发展环境

进一步贯彻实施新《邮政法》。举全局之力，广泛听取各方意见，按计划协调推进出台《上海市贯彻〈邮政法〉办法》。抓住市政府专题研究破解本市快递服务发展瓶颈的契机，抓住国家大力支持鼓励发展邮政服务和快递产业的契机，跟踪落实市长专题会议精神，协调解决车辆通行难等快递发展的瓶颈问题，跟踪协调推进全市推进快递服务发展相关文件的出台。加快推进快递企业标准化建设，推动网点、车辆标识等标准的出台实施。

全面培育上海快递总部经济，加快做大做强快递企业

推动能力升级。鼓励引导企业完善网络体系，加强全网管理，优化作业流程；鼓励引导有条件的企业加强航空运力、揽投能力建设和门店形象建设。加强快递物流园区、大型分拣中心、航空快递中心等基础设施建设。

推动服务提升。推进差异化服务模式，引导企业提供多层次、多样化和个性化的产品体系。进一步落实《快递服务标准》，推进落实《快递业务操作指导规范》等制度，推进快递诚信体系建设。

推动做大做强。实施好快递企业兼并重组的指导意见，加快企业兼并重组步伐。实施好快递企业分等分级管理，进一步动员指导总部在沪的跨省、自治区、直辖市经营快递业务企业开展等级评定申请工作，并协助做好企业等级评定核查工作引导企业加强基层基础建设和品牌建设，加快培养快递骨干企业。

全面规范市场秩序，加快强化邮政安全监管体系

坚持严格标准，注重质量，加强审核，依法做好经营许可常态化管理工作。建立快递市场准入和退出机制，依法查处无证经营和“冒牌”经营的行为。加大执法检查力度，坚决依法查处扰乱市场经营秩序、侵犯消费者合法权益等违法违规行为，重点解决积压延误、丢失损毁、投诉赔偿难等重点问题。

进一步完善邮政业安全监管工作配套制度和寄递渠道安全保障机制，落实安全生产责任制，着力加强行业安全生产监管。深入推进行业应急预案体系建设。加强应急指挥管理，建立健全快递业务旺季服务保障应急机制；督导快递企业形成长效机制，提高旺季服务的应变能力。

（上海市邮政管理局）

第三篇　物流基础领域

§3.1 综　　合

§3.1.1　概况

全年实现交通运输、仓储和邮政业增加值913.6亿元，比上年增长7.1%。

全年各种运输方式完成货物运输总量93 318.1万吨，比上年增长15.2%。旅客发送总量13 519.2万人次，比上年增长0.5%(见表3-1-1)。

表3-1-1　2011年货物运输量与旅客发送量及其增长速度

指　标	单位	绝对值	比上年增长(%)
货物运输量	万吨	93 318.10	15.2
铁路	万吨	887.88	−7.4
水运	万吨	49 389.00	27.3
公路	万吨	42 685.00	4.4
机场	万吨	356.22	−3.9
旅客发送量	万人次	13 519.20	0.5
铁路	万人次	6 198.09	1.7
港口	万人次	78.47	−7.6
公路	万人次	3 477.00	−4.3
机场	万人次	3 765.64	3.4

全年上海港口货物吞吐量达到7.28亿吨，连续七年居世界第一，比上年增长11.4%。全年港口集装箱吞吐量3 173.93万国际标准箱，连续两年位居世界第一，比上年增长9.2%。集装箱水水中转比例达到41.1%，比上年提高3.1个百分点。上海浦东、虹桥两大国际机场全年共起降航班57.41万架次，比上年增长4.2%；进出港旅客达到7 455.88万人次，增长3.7%。其中，国内航线进出港旅客5 234.84万人次，增长2.5%；国际及地区航线进出港旅客2 221.04万人次，增长6.7%。全年上海机场货邮吞吐量353.94万吨，同比下降4.56%，其中浦东机场货邮吞吐量308.53万吨，已连续4年在全球机场排名第三。

至年末，全市轨道交通运营线路达到12条，运营线路长度达到454.1公里(含磁浮线路29.11公里)。全年优化调整公交线路305条。其中，新辟71条。至年末，公交专用道路达到161.8公里。公交运营车辆1.66万辆，运营出租车5.04万辆。全年市内公共交通客运量60.9亿人次，比上年增长2.8%。其中，轨道交通客运量21.01亿人次，增长11.5%；公共汽电车客运量28.11亿人次，增长0.1%。日均公交优惠换乘和老年人免费乘车分别达到248.6万人次和57.5万人次。

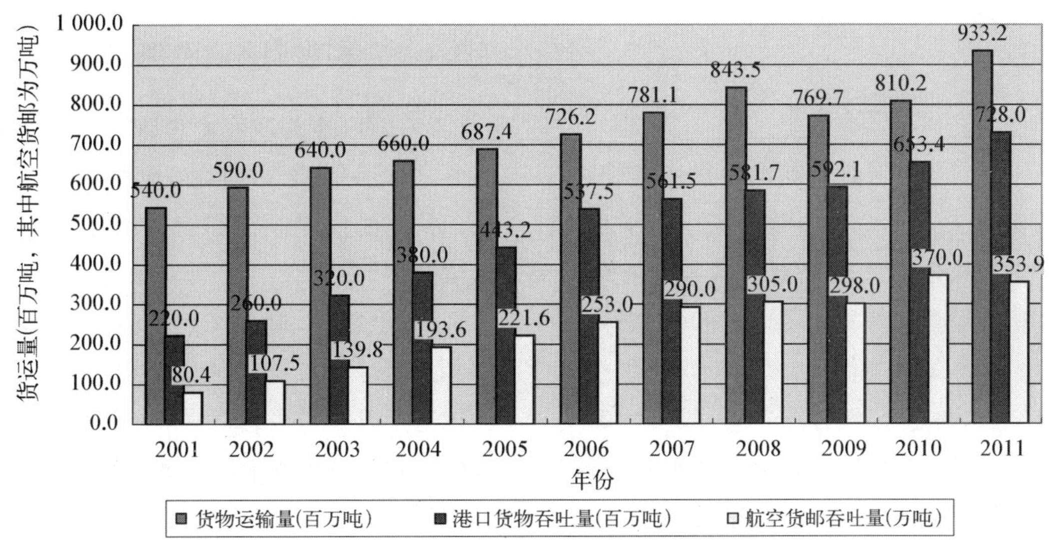

图 3-1-1　2001—2011 年上海部分货运统计指标变化情况

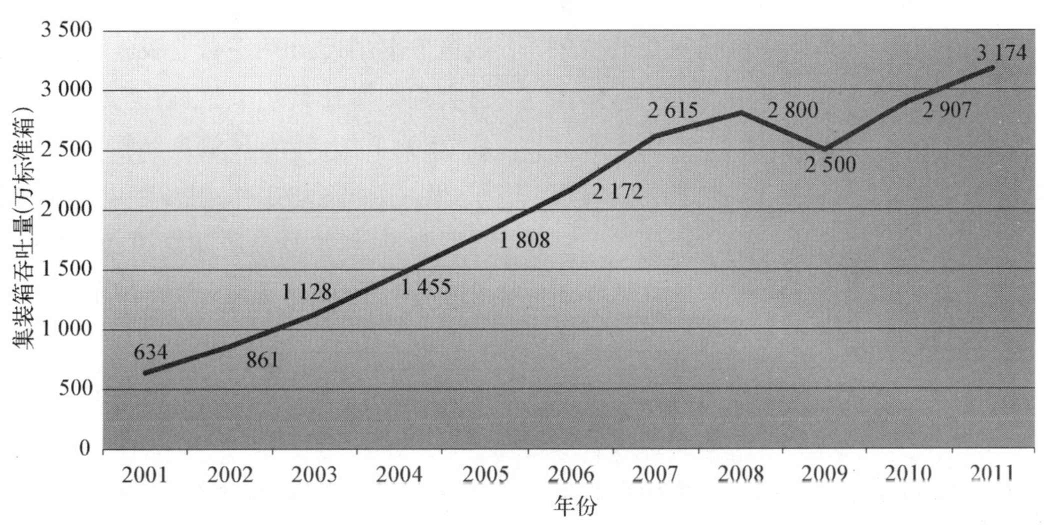

图 3-1-2　2001—2011 年上海港集装箱吞吐量变化情况

至年末，全市拥有各类民用车辆 329.17 万辆，比上年增长 6.3%。其中，汽车 194.96 万辆，增长 11%。在汽车拥有量中，私人汽车 119.92 万辆，比上年增长 15.4%。

全年完成邮政业务总量 50.96 亿元，比上年增长 34.6%。电信业务总量(按 2010 年不变单价计算)409.8 亿元，比上年增长 9%。至年末，全市固定电话用户 926.4 万户。其中，住宅电话 560.8 万户。移动电话用户 2 620.6 万户，比上年末增加 259.1 万户。其中，第三代移动通信技术(3G)用户 464.7 万户，比上年末增加 267.3 万户。(摘自《2011 年上海市国民

经济和社会发展统计公报》)

§3.1.2 加强行业监管

2011年,上海不断加强行业监管,有效保障交通运输和港航市场运行平稳有序。加强公交线路经营权考核及省际客运班线经营权考核;实施出租车(客运、货运)运价调整工作;协调启动道路甩挂运输试点,制定下发工作方案,落实国家资金补助;研究制定推进上海港“两型”港口建设发展指导意见并下发,制定出台标准,征集示范项目和单位,在全行业推动此项工作。此外,转变理念、提升服务,规范开展市场整治,确保重点地区交通秩序良好,有力维护全市运输市场秩序;依托市整治非法客运联席会议平台,探索研究交通执法新机制、新方法,推进出租汽车电子标签安装;推进水上旅游市场规范整治,建立公共票务平台,黄浦江游览市场秩序明显改观;完成全市内河三级搜救体系顶层设计,建成上海市内河水上搜救中心及若干分中心;开展国际船舶管理公司市场整顿;完成水运工程建设市场整治工作,研究出台建立健全相关机制的文件,同时结合航务体制改革,探索和建立市、区两级质量安全管理模式;推进港口码头公共安全长效监管,推进集装箱包装危险货物港口作业申报信息化建设项目并组织分步实施。加强引航安全监管,提升引航服务能级,引航工作量保持较快增长,全年累计完成引航69 345艘次,再创历史最高纪录。(《2012上海经济年鉴》)

§3.1.3 体现“服务政府”职能

2011年,上海政府主管部门着力提升服务,“服务政府”的职能得到进一步体现。关注受世界经济影响的航运企业经营情况,开展调研,加强指导和服务;严格监管、突出服务,确保洋山港区客货运输等各方面运行安全有序;督促运营企业延长轨道交通2号线运营时间,重点保障虹桥枢纽和浦东机场乘客交通需求;推进省际毗邻地区客运班线公交化运行,服务地区经济发展和群众出行;关心公交老龄驾驶员,会同市总工会、市社保局研究形成政策方案;加强出租车行业服务管理,推进落实关心驾驶员相关措施;完成“夏令热线”相关工作,提高日常热线接听服务水平,做好热线处理工作;完成苏申外港线服务区建设,解决社会船舶靠泊、加油、船员就餐等问题;优化受理大厅窗口布局,完善自助服务,方便办事人办理,平稳完成龙卡退卡工作;严把从业人员资格考试关,累计组织开展8个行业从业人员资格考试76 660人次。(《2012上海经济年鉴》)

§3.1.4 深化依法行政创新管理

2011年,上海交通港口行业进一步深化依法行政创新管理。配合市人大做好《上海市民用机场地区管理条例》修订审议,推进宣贯实施工作;修订《上海市出租汽车管理条例》、《上海市停车场(库)管理办法》和《上海市公共停车信息系统联网管理规定》等;推进行政审改工作,完成61

项行政审批项目办事指南修编和26项行政审批事项业务手册编制，加大实施并联审批、告知承诺审批力度；加强行业质量信誉考核，服务企业和市民；实施《关于加快本市内河水运发展的意见》、《关于促进本市省际客运行业持续健康发展的意见》；推进交通港航节能减排，形成交通节能减排联席会议制度并设立工作机构，起草完成116家交通重点用能单位能源利用状况报告，启动建立能源管理备案机制，建立企业能源消耗和工作动态报送机制，征集交通行业节能减排示范项目和节能工法；完成2012年和“十二五”交通运输用能需求调研，启动6家公共交通企业能源审计工作，争取交通运输部节能减排专项资金1 240万元；试点并推进内河船舶防污染责任险；对长湖申线航道实施危险化学品运输船舶禁航；制定《内河航运信息化设施建设标准》等多项市级标准规范。(《2012上海经济年鉴》)

§3.1.5 行业安全平稳可控

2011年，上海交通港口行业安全生产保持总体受控态势，内河水域有史以来第一次实现年度水上交通事故“零死亡”、水域环境“零污染”；落实市、区(县)管理部门和企业的安全生产责任制，完善相关工作机制；强化源头管理，制定并实施《上海市处置城市轨道交通运营事故应急预案》；强化覆盖水陆各行业的日常安全监管；开展安全生产和应急“双基”建设等各类专项行动；查处相关安全事故，强化安全监管责任追究。(《2012上海经济年鉴》)

§3.1.6 机动车维修救援服务热线暨维修救援网络试运行

2011年5月11日，市机动车维修救援服务热线暨维修救援网络试运行启动仪式在市城建热线服务中心举行。上海市机动维修救援网络是由市交通港口局主办，依托“12319”城建热线建设的24小时公共服务网络。网络引导并筛选全市范围内341家汽车维修诚信企业加入。网络可保证中环区域每公里范围内至少有一家汽修企业，确保响应速度。上海区域内驾驶员遇到汽车故障抛锚等情况，可拨打12319或96520寻求帮助。(《2012上海经济年鉴》)

§3.2 道路货运

道路货运业以其快速、便捷、门到门的服务，在整个运输业中居于决定性地位。随着现代物流体系供应链的发展与整合，作为物流体系重要组成部分的道路货物运输业面临着重要机遇与挑战。

§3.2.1 行业发展基础

企业发展情况

普通道路货运业户在2011年大幅下降，2011年有33 719户(各主要类型企业户数如下表所示)，较2010年下降22.1%。在道路普通货运业户规模减少的同时，每户拥有的车辆数同时减少，从2010 年的 4.5 辆/户下降至 4.1 辆/户。

2011 道路危险货物运输业户达到 1 312户，同比上升 20.8%。除爆炸品及反射性物质两类外，其他类别道路危险货物运输业户均有所增长。

表 3-2-1 上海市普通货运业分类统计指标(单位：户数(户)、车辆(辆))

年份	货运出租		搬场运输		大型物件运输		集装箱运输		冷藏保鲜运输		罐式容器运输	
	户数	车辆	户数	车辆	户数	车辆	户数	车辆	户数	车辆	户数	车辆
2009	8	2 336	24	626	42	460	917	13 652	463	2 222	529	4 434
2010	9	2 464	25	586	61	823	1 112	35 450	501	2 415	660	5 713
2011	9	2 518	22	557	87	1 327	1 243	41 310	238	2 058	310	3 188

（资料来源：上海市城市交通运输管理处）

表 3-2-2 近 5 年上海市道路危险货物运输业户分类统计(单位：户)

运输企业所运危险品的类别	2007 年	2008 年	2009 年	2010 年	2011 年
1 类(爆炸品)	5	5	6	7	7
2 类(易燃气体)	205	205	201	209	222
3 类(易燃液体)	244	241	235	240	255
4 类(易燃固体及易自燃物等)	149	149	146	152	168
5 类(氧化性物和有机过氧化物)	104	104	107	112	132
6 类(毒性物质和感染性物质)	104	104	111	116	132
7 类(放射性物质)	5	5	4	6	6
8 类(腐蚀性物质)	164	162	167	173	190
9 类(杂类危险物)	49	49	63	71	101
合计	1 029	1 024	1 040	1 086	1 312

（资料来源：上海市城市交通运输管理处）

从业人员情况

本市道路货物运输业从业人员在经历了 2010 年的回落之后，2011 年稳步上升，达到 428 207 人，同比增长 5%。

表 3-2-3 上海市道路货物运输从业人员情况

年 份	2007	2008	2009	2010	2011
总人数(人)	381 299	382 191	435 210	407 993	428 207

（资料来源：上海市城市交通运输管理处）

§3.2.2　行业总体运行状况

货运量

近5年，上海市道路货物运输量持续增长。2011年，货物运输量及集装箱运输量均在2010年的基础上，继续稳步上升，分别达到42 685万吨、1 750.7万TEU。说明行业发展已经摆脱全球金融危机的影响，呈现良好上升趋势。

表3-2-4　上海市道路货物运输运量

年　　份	2007	2008	2009	2010	2011
货物运输量(万吨)	35 634	40 328	37 745	40 890	42 685
集装箱运输(TEU)	15 043 928	13 918 182	13 479 216	16 448 098	17 506 603
货物运输周转量(亿吨·公里)	85	253	244	266	284

(资料来源：上海市城市交通运输管理处)

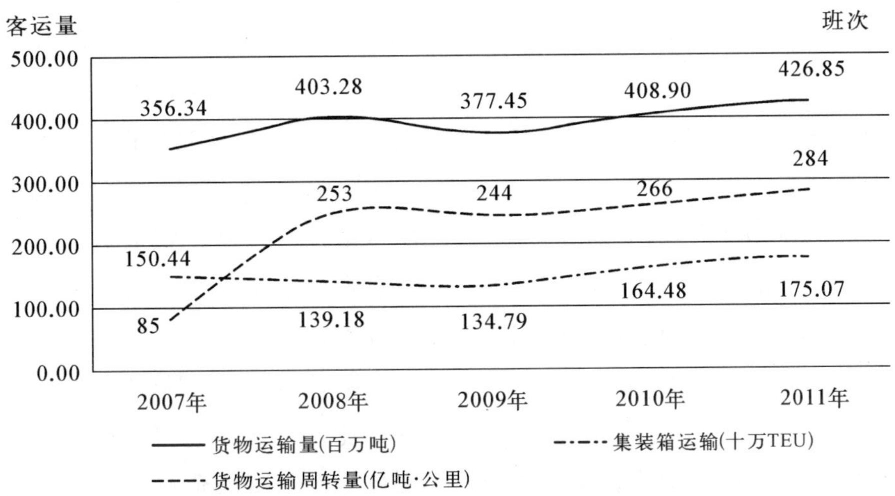

图3-2-1　上海市道路货物运输运量变化趋势

行业品牌化发展

上海市道路货运行业根据经济发展和人们生活的需要，新的业态和形式正在不断涌现，目前已经形成以城市配送、货运出租、集装箱运输、危险品运输、冷链运输、省际公路快运为主体的业态体系，且在道路货运各业态中都有几家标杆企业在不断发展壮大，如网络化、规模化经营的交运红日、华宇、德邦、顺丰、佳吉等企业，但相对于4万余家货运企业来讲，市场集中度仍是非常低。

§3.2.3　行业管理状况

形成联合执法长效机制

指挥中心除定期提供平台监管统计数据外，还对违规驶入禁行区域、车辆超速、信号异常情况严重的企业的进行专项统计分析，加强针对性上门监管。同时，加强联合执法监管，重点对车辆信号异常情况严重企业、新审批企业、三类高危企业及汽柴油运输企业等加强执法检查。

加强从业人员的培训教育和管理

一是，督促推进优化危运从业人员新考证发证许可流程；二是，根据危运行业企业实际需求和呼吁，道路危险货物运输从业人员从业资格培训开班周期缩短至每周至少开办一次；三是，有序开展2011年行业从业人员继续教育工作，教育中加强典型事故案例教育。加强从业经理人员教育，组织骨干企业高级管理人员研修班。

开展《道路危险货物运输技术规范》修订工作

根据相关法律法规调整内容，以及近年来行业管理工作实际，经广泛征求各管理部门意见以及行业协会、行业企业的意见，研究修订《道路危险货物运输技术规范》。

推进本市烟花爆竹市内专业化配送体系研究

为加强行业安全管理，对重点高危的烟花鞭炮运输引导推进专业化配送体系建设，指导上海市烟花爆竹专业经营单位开展本市鞭炮烟花配送专业化、集约化、网络化的配送体系研究，帮助制定了专项工作方案。

开展规范危险废物运输管理工作方案研究

对危险废物产生、运输、处置等各环节进一步加强监管，形成"覆盖源头、加强动态"的全过程责任监管体系，并以"消化存量、优化管理"为原则，推进建成"集约化、规范化、专业化"运输体系，强化监管，提升城市环境安全水平。

调整行业安全评估工作组织

2011年，指导行业协会进一步对安全评估的评估指标进行完善和修改，完成2011年道路危险货物运输安全评估指标的设定。加强对企业开展安全评估的培训指导，分别对运输"爆炸品、放射性物质、剧毒品"三类高危运输企业，及运输"毒性气体、遇湿放出易燃气体物质、易于自燃物质、有机过氧化物、强腐蚀品"高危等级运输企业进行安全评估指导培训，并根据市道路危险货物运输企业安全评估信息管理系统功能需求，完成安全评估系统开发。

同时，大力协调推进不收费评估并指导行业协会完成今年的安全评估工作。对评估不合格的企业下一步将采取限制发展规模、减少经营范围直至吊销经营许可资质等措施，实现评估工作与行业退出机制有效结合。

§3.2.4 行业发展展望与建议

发展甩挂运输，提高运输效率

甩挂运输是一项高效的运输组织方式，它能大大提高运输车辆的周转使用效率，提高运输能力，对节能减排、建设资源节约型、环境友好型社会意义重大。为推进本市甩挂运输的发展，从2011年9月1日开始取消挂车的二级维护、等级评定等强制措施，且给予甩挂运输贷款建设道路通行费优惠政策等。未来应继续加强甩挂运输试点工作，通过实际情况经验总结以及试点企业的引领示范作用，推进整个行业甩挂运输的发展。

加快推进和试点安全“技防”措施

进一步推广安全“技防”措施，提高行业服务质量，保障运输安全。“技防”措施主要包括：(1) 对运送汽油、易燃易爆气体的罐体安装防爆阻隔；(2) 按相关技术标准对车载GPS进行更新；(3) 视屏监控系统；(4) 推广危险品车辆电子运输证、电子从业资格证；(5) 推广自锁呼吸阀和海底阀等，保障运输安全。

加强从业人员的管理和考评

通过安全责任事故的分析，绝大多数事故是因驾驶员操作不当引发的单车事故。车辆年度审验中从业人员是最大的问题，但目前的从业人员管理只是人员变更、人员与车辆配比情况，档案的移交等。下一步应要求运输企业加强对从业人员的安全和操作技能培训，同时拟对危险品驾驶员开展诚信考核。通过诚信考核结果，调整从业人员。

推进货运信息化发展

下一步应继续加强行业公共信息平台的发展。一方面，应通过建立横向部门的信息共享平台和公益性的信息交换、发布平台，使运输市场更加透明、公开、公正，在一定程度上改善目前的市场秩序。

另一方面，应通过行业监管平台数据的分析企业诚信考核及安全评估结果，在运输企业变更经营范围、新增运力及更新、注销车辆上时，使行业资源投向经营管理优质企业，并逐步压缩经营管理差的企业运力规模。从而提高整个行业的安全营运水平。

（市交通和港口管理局《2011年上海市交通和港航发展报告》）

§3.3 铁路运输

§3.3.1 运输指标全面增长

2011年，上海铁路局运输指标全面增长。全年旅客发送3.1亿人次，同比增长7.0%，成为全路第一年旅客发送量超3亿人次的铁路局。货物发送24 733万吨，同比增长6.6%。运输总收入533.6亿元，同比增长14.7%，非运输企业收入290亿，同比增长38.1%，实现利润1.72亿元，同比增长13.2%。完成基建投资505.05亿元，更新改造投资16.87亿元。

§3.3.2 运输业务辐射全国各地

上海铁路局设徐州、蚌埠、南京、杭州4个铁路办事处，有合九、合武、芜湖长江大桥、新长、浦东、萧甬、金温、皖赣、衢常、沪宁、宁杭、丰沛、海洋、宿淮、沪杭、杭甬、宁安、阜六、杭州枢纽、上海金山、京福客专安徽有限公司、沿海铁路浙江有限公司、沪昆客专浙江有限公司、金丽温铁路有限公司等 24 个合资铁路公司，运输业务辐射全国各地。

表 3－3－1　上海铁路局基本情况表

项 目 名 称		单位	数值
固定资产原值		亿元	1 672.09
职工		万人	16.31
下辖单位	运输站段	个	62
	运输辅助单位	个	5
	非运输企业	个	128
营业里程		公里	7 655.6
时速 200 公里及以上线路		公里	2 359.5
复线营业里程		公里	4 635.7
同比增长		%	19.7
复线率		%	60.6
电气化铁路		公里	3 896.7
同比增长		%	21.9
电化率		%	50.9
运营车站		个	575
特、一、二等站（含合资公司）		个	98
配属客车		辆	6 584
动车组		组	187
配属机车		台	1 734
HXD 型大功率电力机车		台	356
日均图定开行客货列车		对	1 744.5
客车		对	513.5
货车		对	1 231

表 3－3－2　2011 年上海铁路局运输指标表

项 目 名 称	单位	数值	同比增长（%）
发送旅客	万人	31 144	7.7
上海市境内发送旅客	万人	6 198	1.7
发送货物	万吨	24 736	6.6
上海市境内发送货物	万吨	888	－7.4
运输总收入	亿元	533.69	14.7
上海市境内运输总收入	亿元	106.4	10.6
非运输企业收入	亿元	290	38.1
考核利润	亿元	1.72	
职工年均工作收入增长	%	20	

§3.3.3　2012 年运输经营主要目标

上海铁路局 2012 年运输经营主要目标：完成旅客发送 33 960 万人，货物发送 25 950 万吨，比上年实绩分别增长 9.8% 和 4.9%，完成多元化经营总收入 980 亿元，实现盈亏总额目标。（《2012 年上海经济年鉴》，中国口岸联合会网站）

§3.4　港口和航运

§3.4.1　概述

交通港航运行平稳

2011 年，上海交通港航运行平稳。全年上海港货物吞吐量 7.28 亿吨，同比增长 11.4%。上海港集装箱吞吐量 3 173.9 万标准箱，同比增长 9.2%，位居全球第一，创世界港口历史纪录。全港外贸吞吐量3.38亿吨，同比增长11.7%。内河港口吞吐量1.03亿吨，同比增长14.48%。(《2012上海经济年鉴》)

上海港推进国际航运中心建设取得突破

2011年，上海港推进国际航运中心建设取得突破。推进基础设施建设，外高桥港区六期工程通过交通运输部组织的竣工验收；黄浦区(浉港段)工程完工，赵家沟、大芦线一期和杭申线工程分别完成工程总投资的95%、91.1%和49.3%。发展和完善现代航运服务业，启动第二轮航运经纪业准入试点；实现政策突破，世界最大龙门吊箱型船船队经营企业——瑞士吉与宝有限公司亚洲总部落户上海，吸引全国首家外商独资邮轮公司落户上海；建立无船承运人运价报备制度，进一步落实无船承运人保证金保险制度实施；关注和配合启运港退税政策准备工作；研究提出发展邮轮经济和邮轮母港建设工作意见；确保吴淞口国际邮轮母港建设顺利进行；确定上海邮轮母港实行“2+1”运营模式。(《2012上海经济年鉴》)

上海港的重要地位继续加强

上海港位于长江三角洲前缘，居我国18 000公里大陆海岸线的中部、扼长江入海口，地处长江东西运输通道与海上南北运输通道的交汇点，是我国沿海的主要枢纽港，我国对外开放，参与国际经济大循环的重要口岸。上海市外贸物资中99%经由上海港进出，每年完成的外贸吞吐量占全国沿海主要港口的20%左右。

上海港依江临海，以上海市为依托、长江流域为后盾，经济腹地广阔，全国31个省市(包括台湾省)都有货物经过上海港装卸或换装转口。上海港的主要经济腹地除了上海市以外，还包括江苏、浙江、安徽、江西、湖北、湖南、四川等省和重庆市。

上海港的水陆交通便利，集疏运渠道畅通，通过高速公路和国道、铁路干线及沿海运输网可辐射到长江流域甚至全国，对外接近世界环球航线，处在世界海上航线边缘。(《2012上海经济年鉴》)

上海港集装箱吞吐量突破3 000万标准箱

2011年12月23日，上海港2011年集装箱吞吐量突破3 000万标准箱庆典仪式举行。近年来，在各方共同努力下，上海港的枢纽功能得到有力提升，服务功能更加全面，集疏运基础设施不断完善，国际航班航线密集增加，水水中转比例持续上升，口岸环境日益优化，港口规模和能级不断提升，与上海城市发展紧密融合、更趋和谐，与长三角和长江流域的联动不断加强，辐射、服务能力得到进一步拓展和延伸。上海港集装箱吞吐量突破3 000万标准箱，标志着上海国际航运中心建设迈上了新的发展能级。(《2012上海经济年鉴》)

§3.4.2 港口和航运2011年行业运行状况分析

2011年是后世博年，同时也是“十二

五”规划的开局之年。借助世博年取得的傲人成绩，上海各港航企业再接再厉，使全港生产业绩达到了新的高度。

年末圣诞效应减小、后半程增幅乏力

在错综复杂的国内外经济形势中，全港货物吞吐量继续保持快速增长，但年末增速有所回落。在9—11月的圣诞前夕，上海港总共完成外贸货物吞吐量8 464.1万吨，同比增长11.7%，增幅较7月份下降了12.9个百分点；集装箱吞吐量共完成806.4万标准箱，同比增长7.1%，增幅较7月份下降了5.6个百分点。受外贸吞吐量疲软的影响，9—11月全港货物吞吐量完成1.83亿吨，同比增长9.1%，同样较7月份下降了15.8个百分点。外贸吞吐量和集装箱吞吐量等指标于12月份开始小幅回升，环比增长在1%—2%之间，但仍然不能改变2011年后半程吞吐量增幅乏力等局面。

据统计，全球近90%的圣诞节礼品产自中国。随着欧美传统节日圣诞节的日益临近，产自中国的圣诞用品，就会源源不断地装船运往欧美，赶在圣诞之前进入当地的超市，供处于节日气氛中的民众选购。欧美国家占中国出口市场份额的35%，受其拖累，中国的出口数据也渐显寒意。海关总署公布2011年10月份的出口数据显示，10月份我国出口1 574.9亿美元，增长15.9%，低于市场预期，并创出8个月来的新低。这一数据与上海港9—11月的外贸数据相吻合。据分析造成这一现象的主要原因是欧债危机愈演愈烈，欧美国家纷纷采取紧缩的财政政策，导致民众购买力有所下降。同时，随着人民币不断升值，国内生产企业盈利空间不断被挤压，形成做越多亏越多的不良局面。因此部分中小企业改做小订单，造成货物运输量减少的局面。除了上述原因之外，有部分企业于2011年三季度就完成了全年的外贸订单并出货，因此造成7月份外贸及集装箱量大幅增长，反而使出货量在年末圣诞节前夕造成回落现象。

大宗散货增幅不一，内河港吞吐量创新高

2011年，全港共计完成煤炭类货物吞吐量1.11亿吨，同比增长20.2%，高于其他货类及全港货物吞吐量的增幅。随着漕泾发电厂等一批新的电厂投入运营，上海市在冬夏两季的用电瓶颈现象有所缓解，而电厂的运营需要电煤的支撑。因此2011年，全港煤炭类货物较往年有大幅增长。受制于国内中小煤矿的关停并转，及国内运输成本的不断增加，全港外贸进口煤炭量逐年递增，2011年全港外贸进口煤炭657.2万吨，同比增长44.9%。除了煤炭类货物增长迅猛之外，矿建类货物吞吐量也有较大涨幅。2011年，全港共完成矿建类货物吞吐量8 585.4万吨，同比增长14.4%。其中，内河港完成7 660万吨，占全港总量的89.2%。在矿建类货物的带动下，内河港全年完成1.03亿吨，创历史新高。除了以上两种货类外，其余各主要货类均保持稳定态势。

危险品货物吞吐量大幅增长

2011年，全港共完成危险品吞吐量4 273.0万吨，同比增长9.9%。其中，货主码头完成2 893.0万吨，与上年同期持平，占海港危险品吞吐量67.7%；海港公用码头完成1 380万吨，同比增长39.0%，占海港危险品吞吐量32.3%。全年内河危险货物港口吞吐量为253.2万吨，比上年增长10.26%，其中，进口177.3万吨，出口75.9万吨。各港区内河危险货物港口吞吐量居前三位的分别是金山、宝山、嘉定港区，其年吞吐量分别是70.1万吨、59.9万吨和51.0万吨。从数据上看，全港危险货物构成仍然以货主码头为主，但由海港公用码头完成的危险货物吞吐量增长迅猛，39.0%的增长幅度远超全港大部分生产指标。从分货类情况分析，海港公用码头危险货物吞吐量的增长主要是石油天然气制品。其次是危险品集装箱和化工制品。2011年，海港公用码头完成化工制品吞吐量71.6万吨，同比下降39.2%。而石油天然气制品共完成333.7万吨，同比增长117.1%，主要原因在于洋山申港国际石油储运有限公司已投入运营。洋山申港国际石油储运有限公司成立于2005年3月，由上海盛港能源投资有限公司、泰山集团洋山投资有限公司、中国石油国际事业有限公司和嵊泗海鑫石油有限公司共同投资组建。目前，该公司一期二期工程项目经国家发改委和浙江省发改委核准建设并已投入运营，三期工程建成后，洋山油库将成为全国乃至远东地区最大的成品油商业仓储基地之一。预计受这一因素影响，海港公用码头完成危险品货物吞吐量将继续增长。

（市交通和港口管理局《2011年上海市交通和港航发展报告》）

§3.4.3 港口主业

港口货物装卸

全港货物吞吐量

2011年，上海港全港货物吞吐量7.28亿吨，同比增长11.4%，增速较上年微幅回升1个百分点，占全国比重8.0%。其中，内河港码头、海港公用码头、海港货主码头货物吞吐量所占比例分别为14.2%、66.6%、19.2%。海港公用码头货物吞吐量增幅(13.1%)明显高于海港货主专用码头货物吞吐量增幅(8.1%)。

2011年，上海外贸货物吞吐量保持较快增长，但增速有所回落；同时，受国家拉动内需，改善经济结构宏观政策影响，内外贸货物吞吐量实现了同比增长。外贸货物吞吐量3.38亿吨，同比增长11.8%，其中，出口1.54亿吨，同比增长12.1%；进口1.84亿吨，同比增长11.5%。内贸货物吞吐量3.9亿吨，同比增长11.0%，其中出港1.18亿吨，同比增长17.7%；进港2.72亿吨，同比增长8.3%。

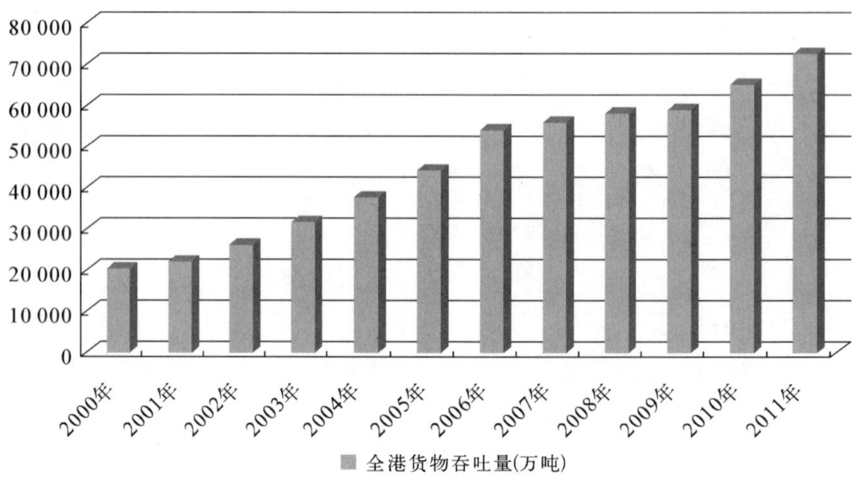

图 3-4-1 主要年份全港货物吞吐量

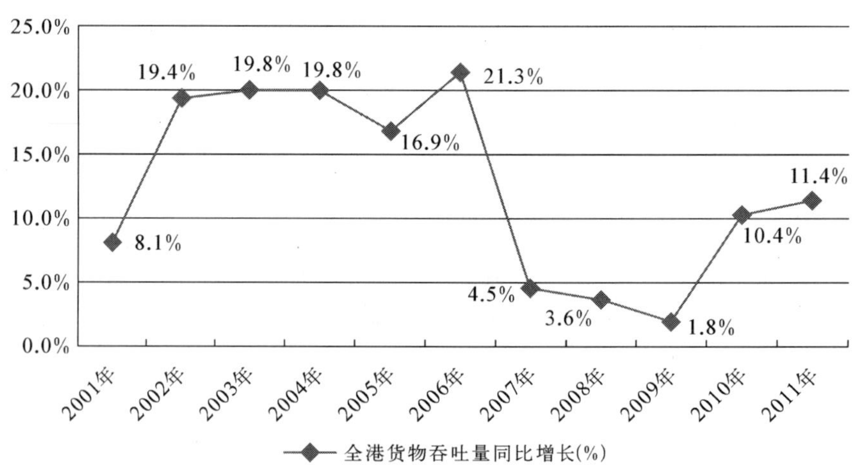

图 3-4-2 主要年份海港码头货物吞吐量同比增长

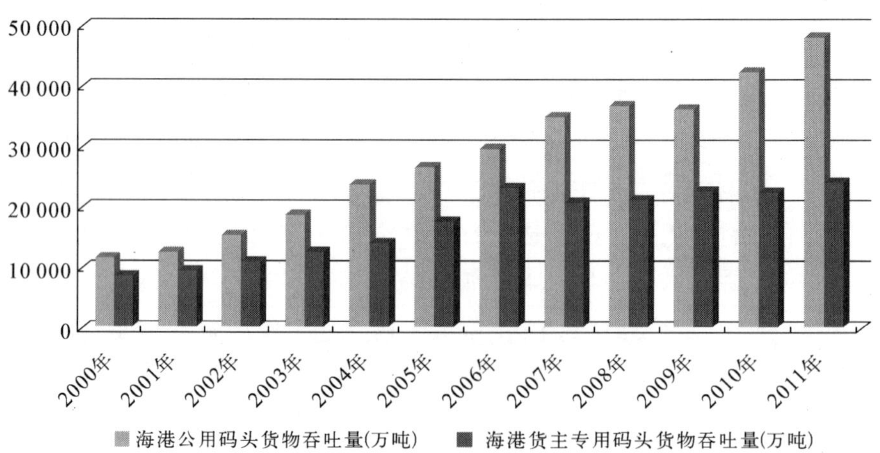

图 3-4-3 不同海港码头类型货物吞吐量

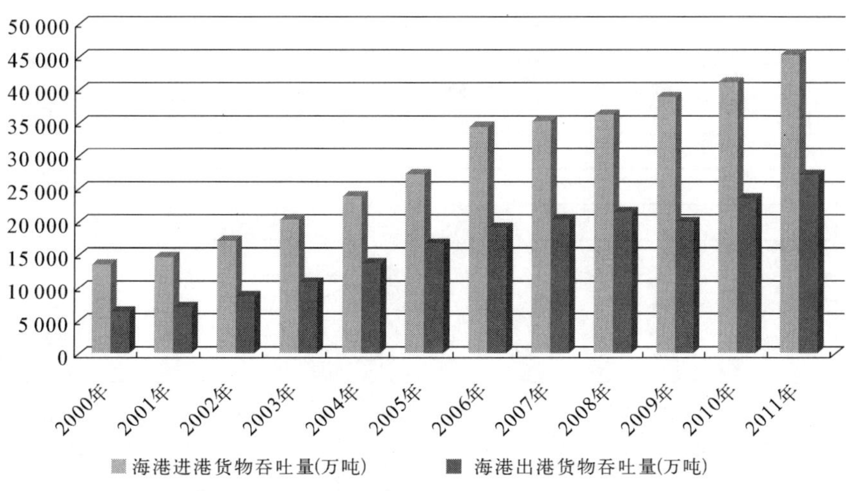

图 3－4－4　主要年份海港分进出港货物吞吐量

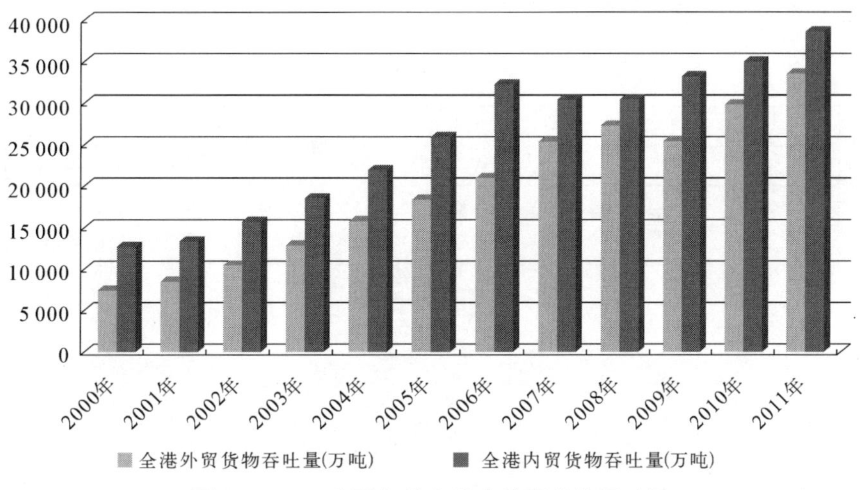

图 3－4－5　主要年份全港内外贸货物吞吐量

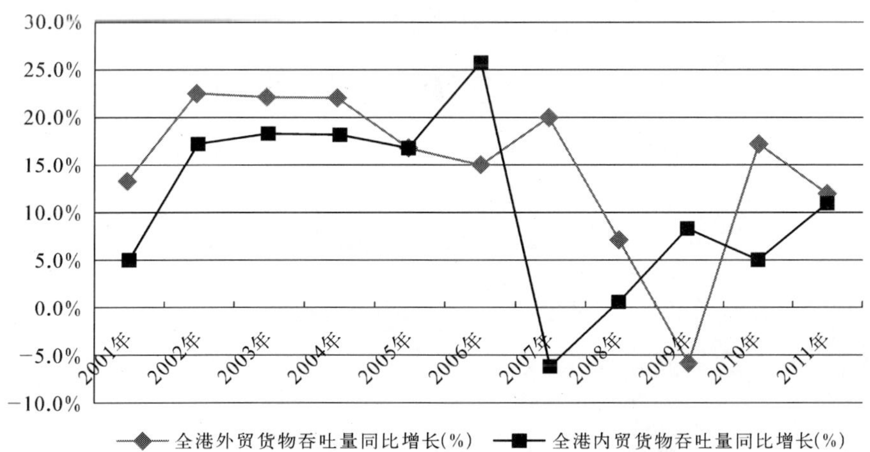

图 3－4－6　主要年份全港内外贸货物吞吐量同比增长

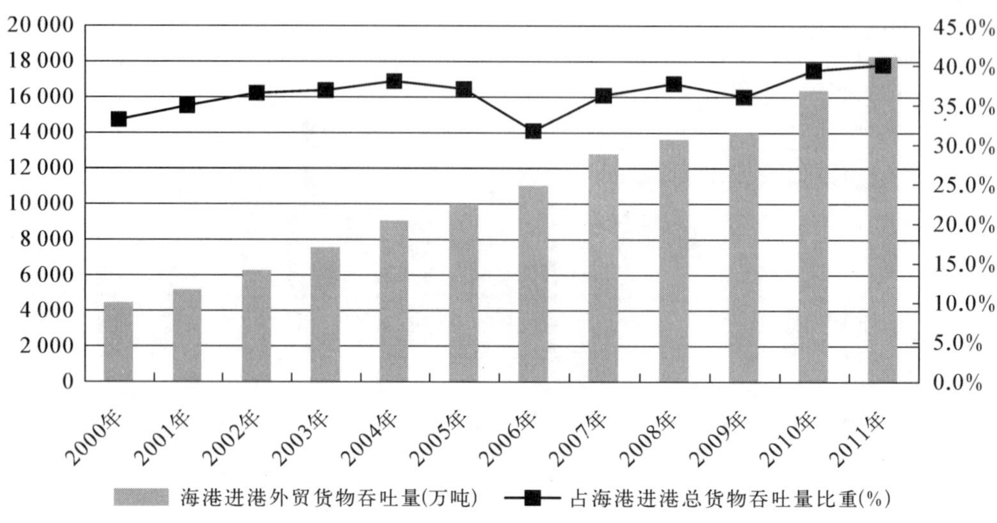

图 3－4－7 主要年份海港进港外贸货物吞吐量

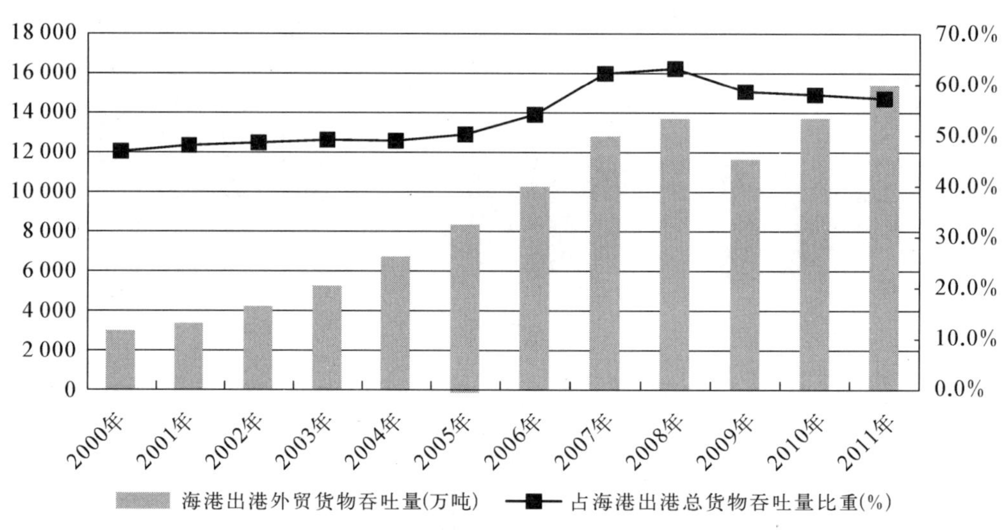

图 3－4－8 主要年份海港出港外贸货物吞吐量

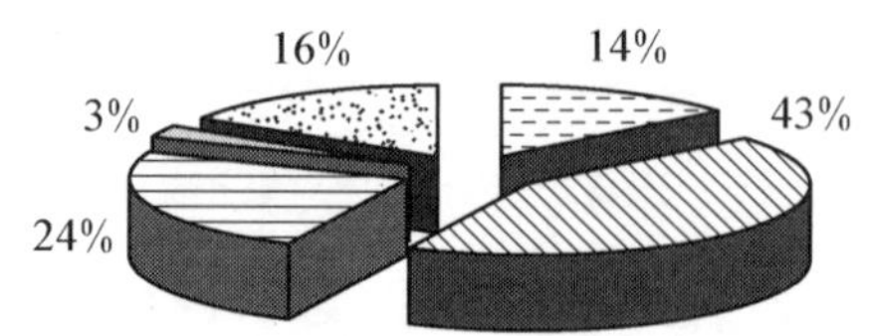

内河港　海港公用码头外贸　海港公用码头内贸
海港货主专用码头外贸　海港货主专用码头内贸

图 3－4－9 2011 年全港分码头货物吞吐量比重

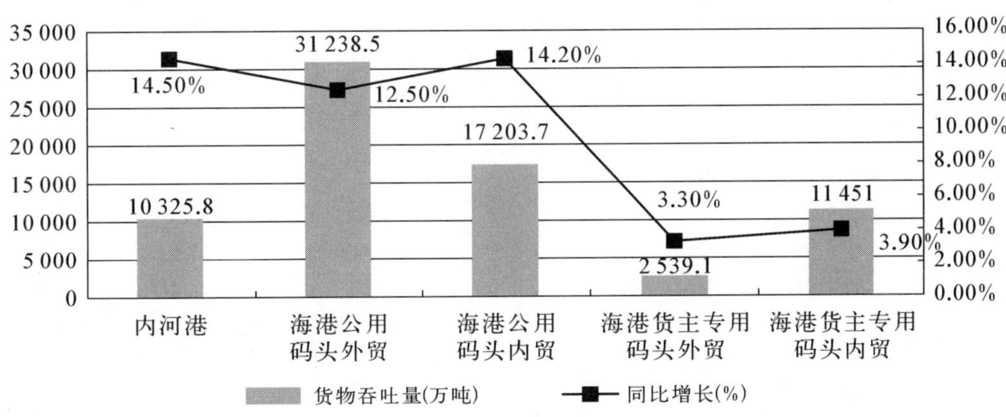

图 3－4－10　2011 年全港分码头货物吞吐量及同比增长

全港分货类货物吞吐量

煤炭在全港货物吞吐量占有重要比重，较上年继续保持平稳增长态势。煤炭吞吐量 11 138.3 万吨，占全港货物吞吐量 15.3%，同比增长 20.2%，增长率高于上海全港货物增长整体水平 8.8 个百分点。煤炭绝大部分主要经海港码头装卸完成，49.9%由海港公用码头完成，48.2%由海港货主码头完成。

金属矿石和钢铁吞吐量分别是 8 519.9 万吨、8 585.4 万吨，占全港货物吞吐量的 11.7%、11.8%。从增长率来看，钢铁同比增长 14.4%，高于金属矿石，金属矿石类较上年 23.1%增长率大幅下滑。金属矿石全部经由海港码头完成装卸。钢铁仅 9.7%经海港货主码头完成，1.1%经海港公用码头完成，绝大部分经由内河港码头完成装卸。

矿物性建筑材料、非金属矿石和化工原料及制品出现负增长，分别为－0.7%、－0.5%和－5.7%。此三类货物大部分经由海港码头装卸完成。仅 16%矿物性建筑材料、5.6%非金属矿石和 2.1%化工原料及制品经内河港码头装卸完成。

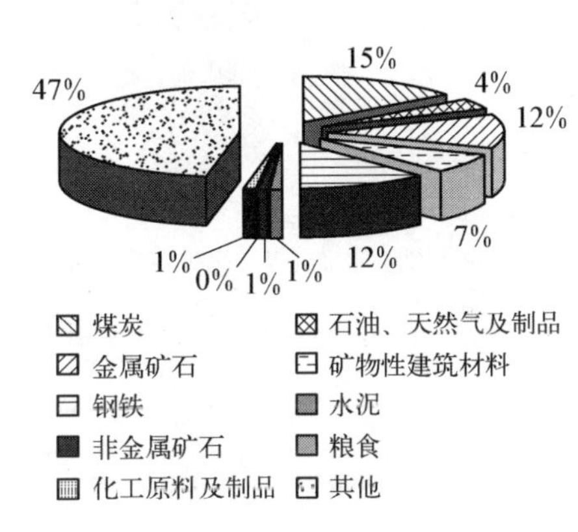

图 3－4－11　2011 年全港分货类货物吞吐量比重

2011 年，上海内河港口货物吞吐量 10 325.8 万吨，首次突破亿吨大关。分货类看，内河港口货物以矿建材料为主，全年共完成 7 660.1 万吨，占内河货物吞吐量 74.2%；其次为钢铁和水泥，占比分别为 7.7%、7.8%。煤炭及其制品，石油、天然气及制品，钢铁，矿建材料，水泥经由内

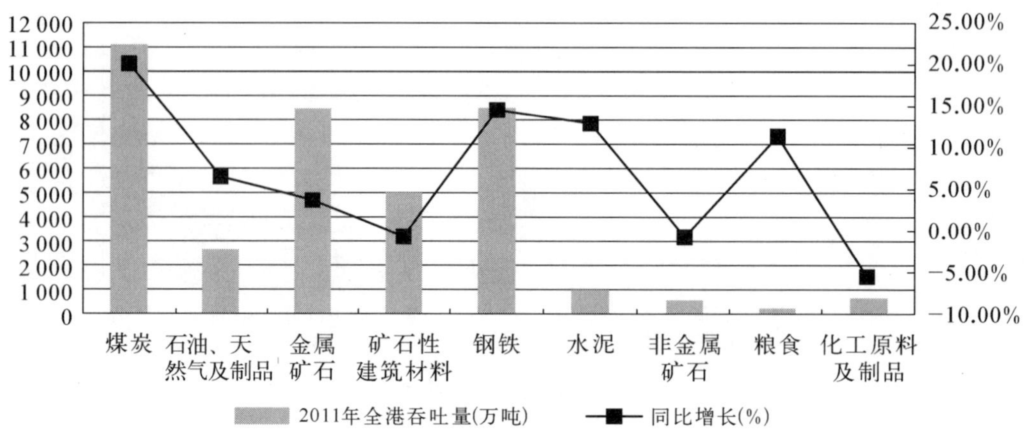

图 3－4－12　2011 年全港主要货类吞吐量及同比增长

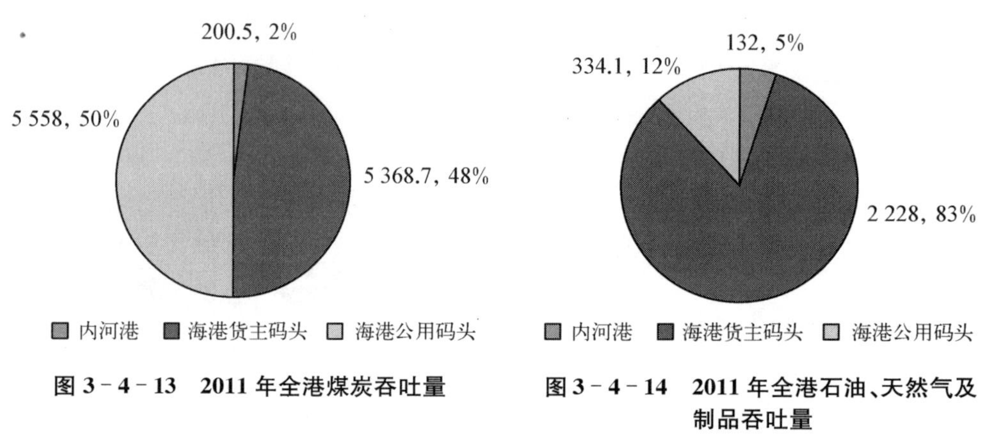

图 3－4－13　2011 年全港煤炭吞吐量

图 3－4－14　2011 年全港石油、天然气及制品吞吐量

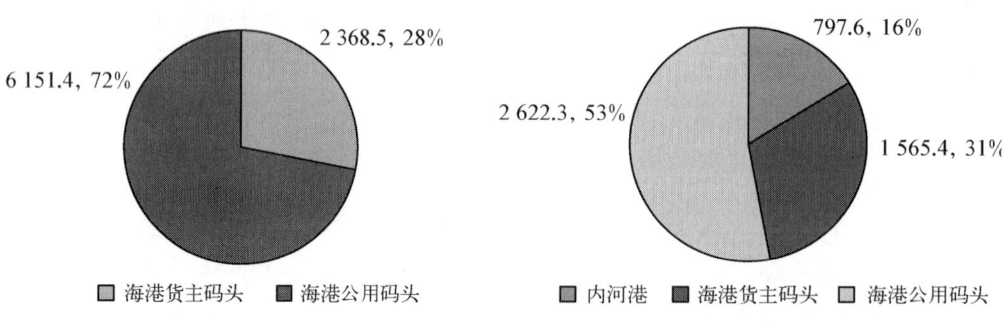

图 3－4－15　2011 年全港金属矿石吞吐量

图 3－4－16　2011 年全港矿物性建筑材料吞吐量

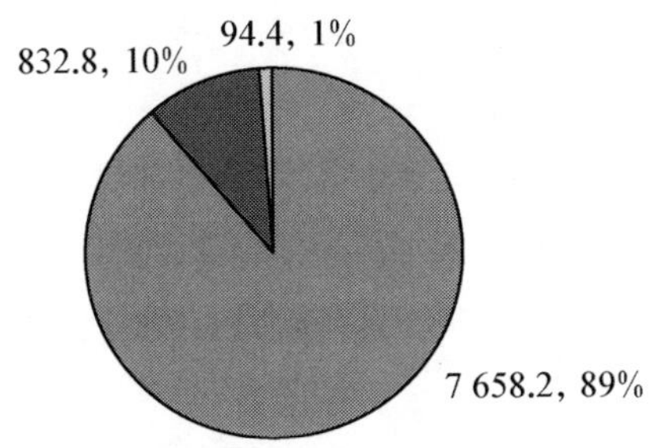

图 3－4－17 2011 年全港钢铁吞吐量

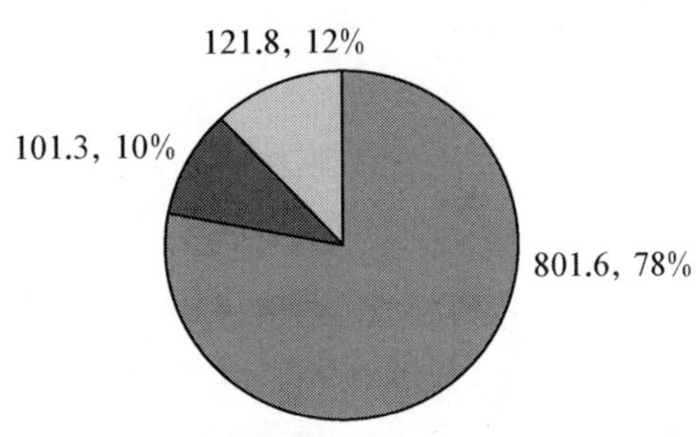

图 3－4－18 2011 年全港水泥吞吐量

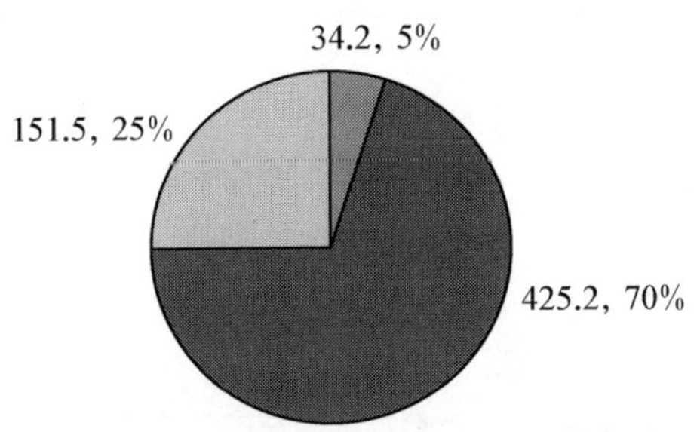

图3－4－19 2011 年全港非金属矿石吞吐量

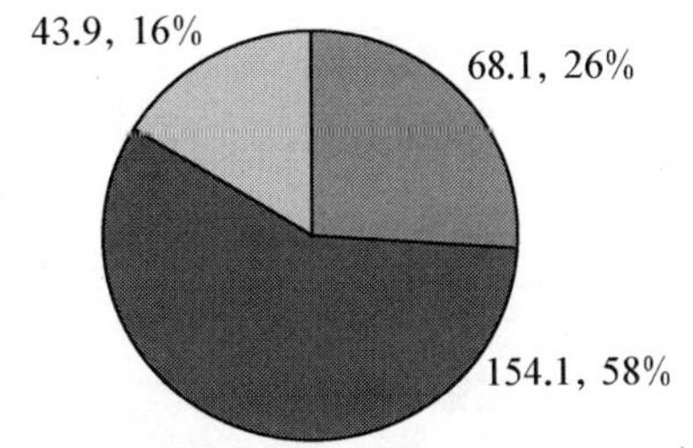

图 3－4－20 2011 年全港粮食吞吐量

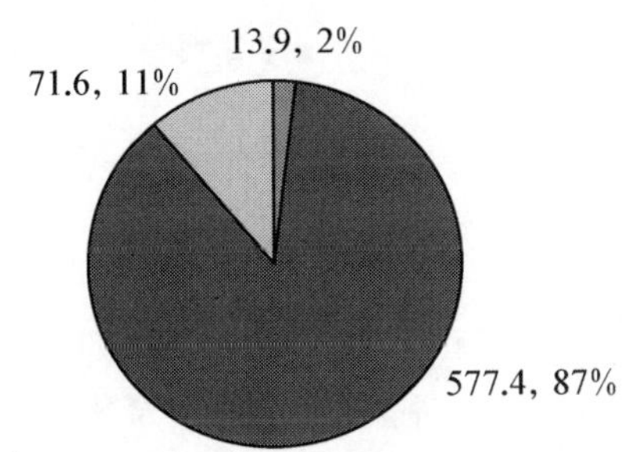

图 3－4－21 2011 年全港化工原料及制品吞吐量

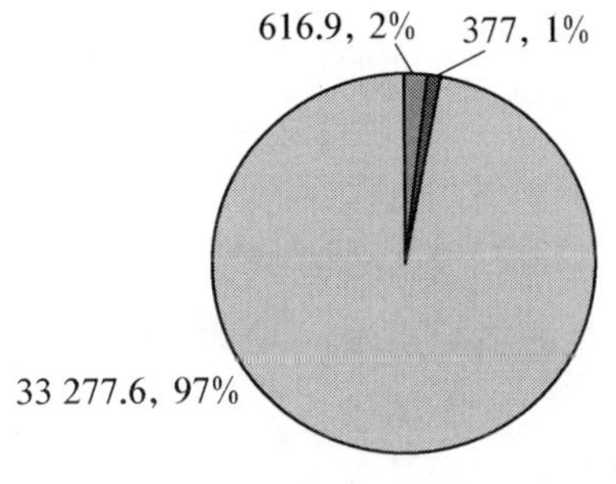

图 3－4－22 2011 年全港其他类货物吞吐量

河港口年吞吐量均在 100 万吨以上。

危险品货物吞吐量

2011 年，全港共完成危险品吞吐量 4 273.0 万吨，同比增长 9.9%。其中，货主码头完成 2 893.0 万吨，与上年同期持平，占海港危险品吞吐量 67.7%；海港公用码头完成 1 380 万吨，同比增

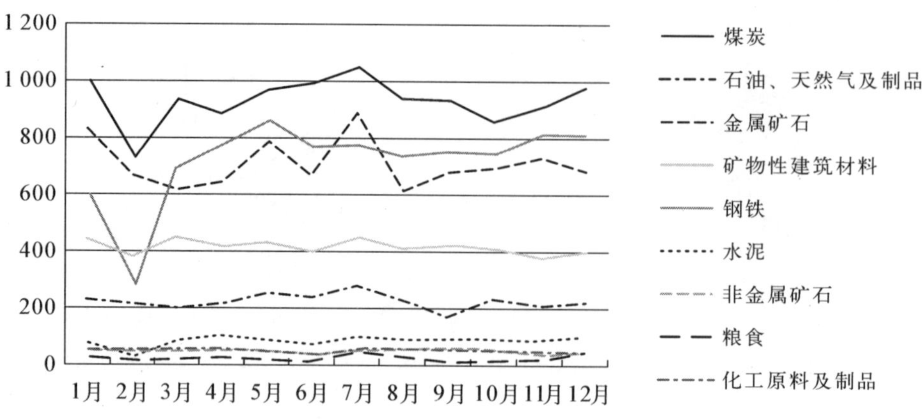

图 3-4-23 2011 年全港主要货类分月货物吞吐量(单位：万吨)

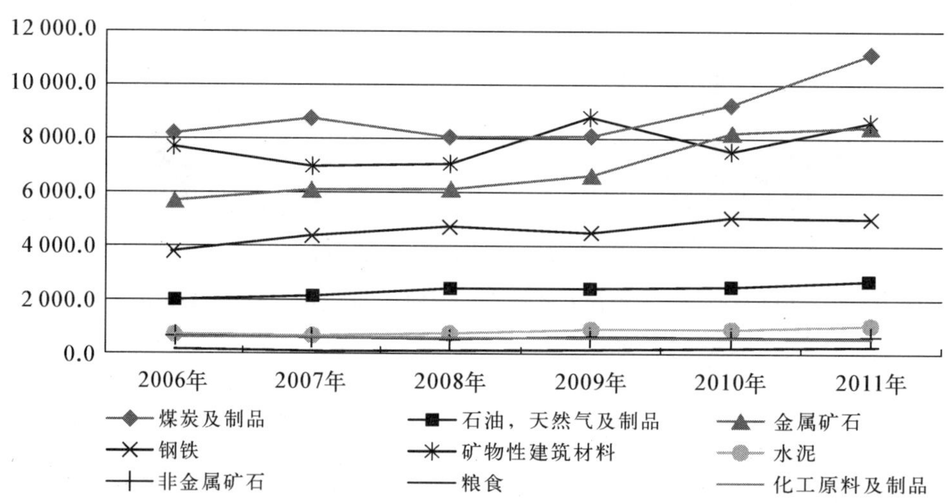

图 3-4-24 主要年份不同货类分月货物吞吐量情况(单位：万吨)

长 39.0%，占海港危险品吞吐量 32.3%。

至 2011 年底，全市内河港口持有《危险货物港口作业认可证》码头单位 57 户。按辖区划分，市区 2 户、闵行 1 户、嘉定 6 户、宝山 14 户、松江 2 户、金山 7 户、奉贤 7 户、浦东 6 户、崇明 12 户。按作业方式分，包装作业的有 8 户，散装作业的有 44 户，包装兼散装的有 5 户。全年内河危险货物港口吞吐量为 253.2 万吨，比上年增长 10.26%，其中，进口 177.3 万吨，出口 75.9 万吨。各港区内河危险货物港口吞吐量居前三甲的分别是金山、宝山、嘉定港区，其年吞吐量分别是 70.1 万吨、59.9 万吨和 51.0 万吨。

港口集装箱装卸

截至 2011 年底，上海国际港务(集团)股份有限公司共拥有国际集装箱班轮航线 288 条；其中，远洋航线 152 条，较上

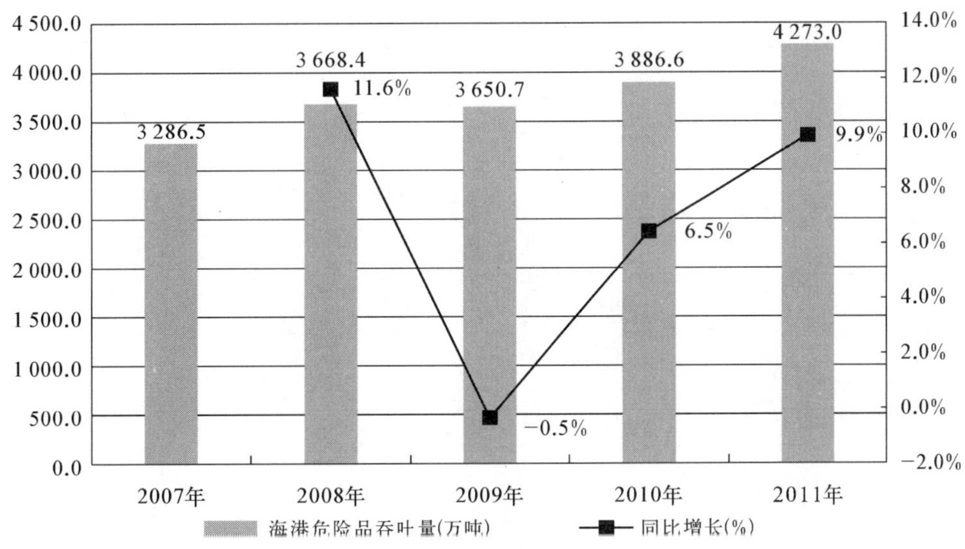

图 3-4-25 主要年份海港危险品吞吐量及其同比情况

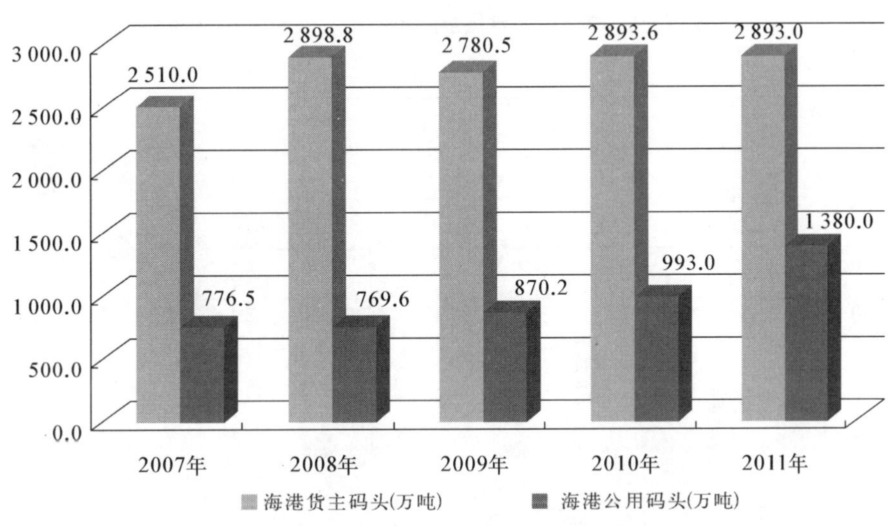

图 3-4-26 主要年份海港危险品吞吐量构成

年增加1条，近洋航线136条，较上年增加2条。远洋集装箱班轮密度每月654班，较上年每月增加9班；近洋集装箱班轮密度每月591班，较上年每月增加24班。全港2011年集装箱吞吐量首次突破3 000万标准箱，继续保持世界第一，为加快推进上海国际航运中心和强港建设作出了积极的贡献。全港集装箱吞吐量完成3 173.9万标准箱，同比增长9.2%，增速较上年有所回落，占全国19.5%。洋山深水港区集装箱吞吐量1 309.9万标准箱，占全港集装箱吞吐量41.3%，同比增长29.6%。集装箱水水中转比例为41.1%，比上年增加3.1个百分点。全港完成铁水联运量10.29万标准箱，同比增长43.1%。

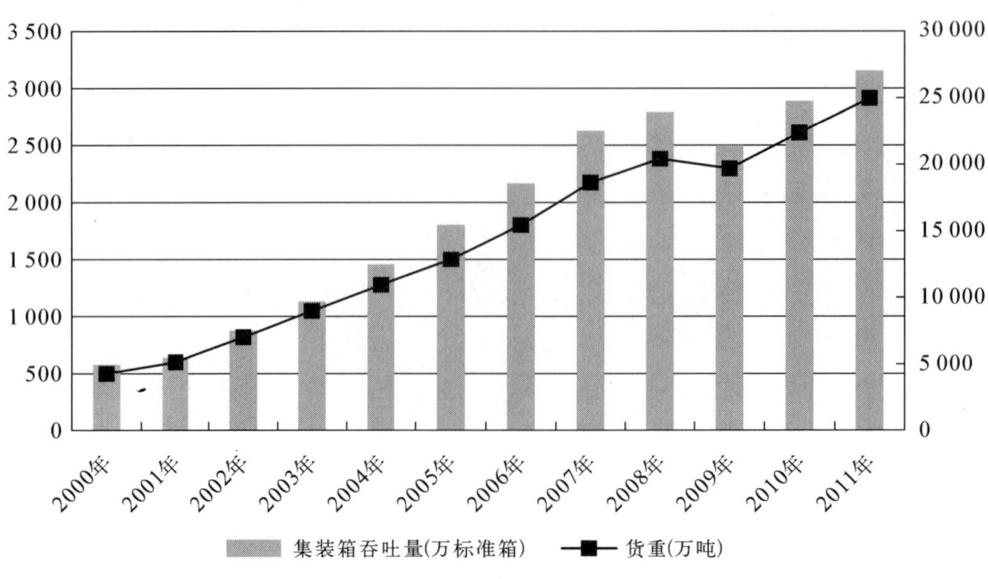

图 3－4－27 主要年份全港集装箱吞吐量及货重

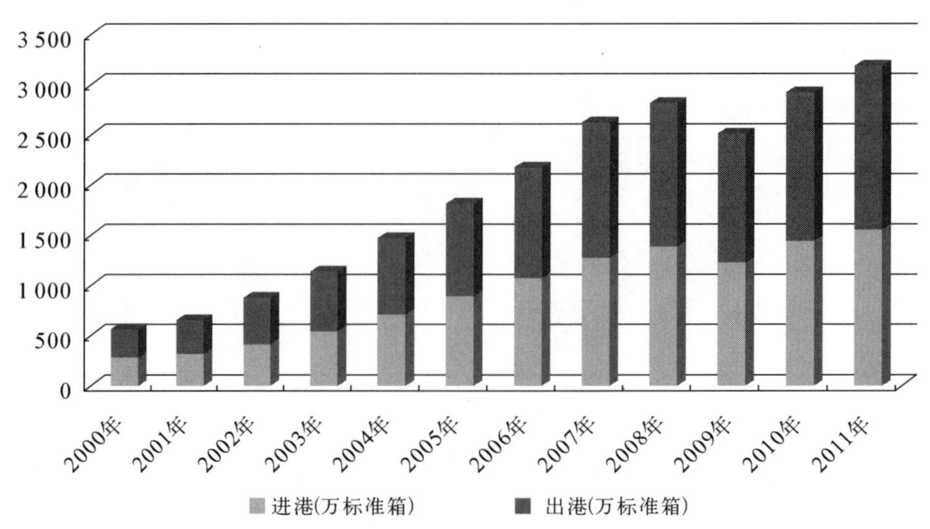

图 3－4－28 主要年份全港分进出港集装箱吞吐量

上海港在整体经济良好态势下，全年完成集装箱进港 1 555.1 万标准箱，占全港集装箱吞吐量 49%，同比增长 8.3%；出港 1 618.9 万标准箱，占全港集装箱吞吐量 51%，同比增长 10.1%。外贸集装箱吞吐量 2 759.3 万标准箱，同比增长 9.1%，内贸集装箱吞吐量 414.6 万标准箱，同比增长 9.9%。

分航线来看，各航线在进出港集装箱所占比重基本持平，且均以国际航线为主要形式。进港国际航线集装箱吞吐量占总进港 73.4%，出港国际航线集装箱吞吐

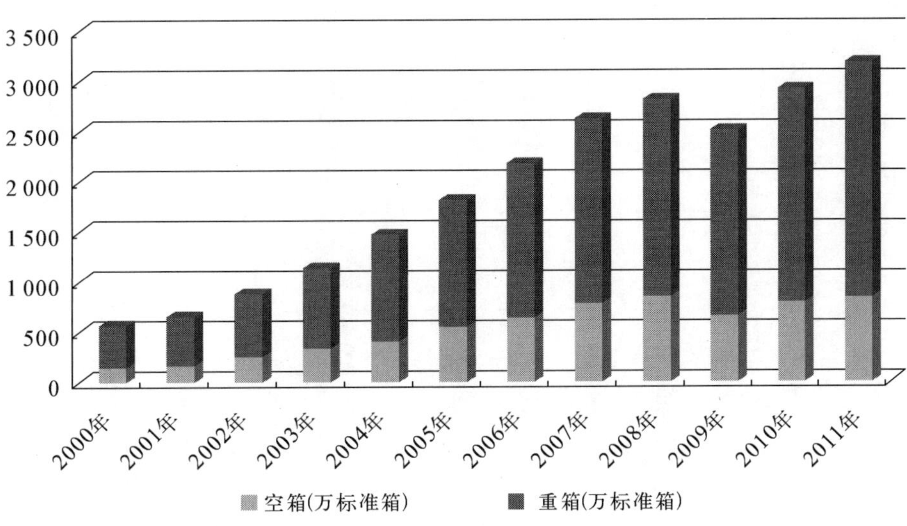

图 3－4－29 主要年份全港分空重箱集装箱吞吐量

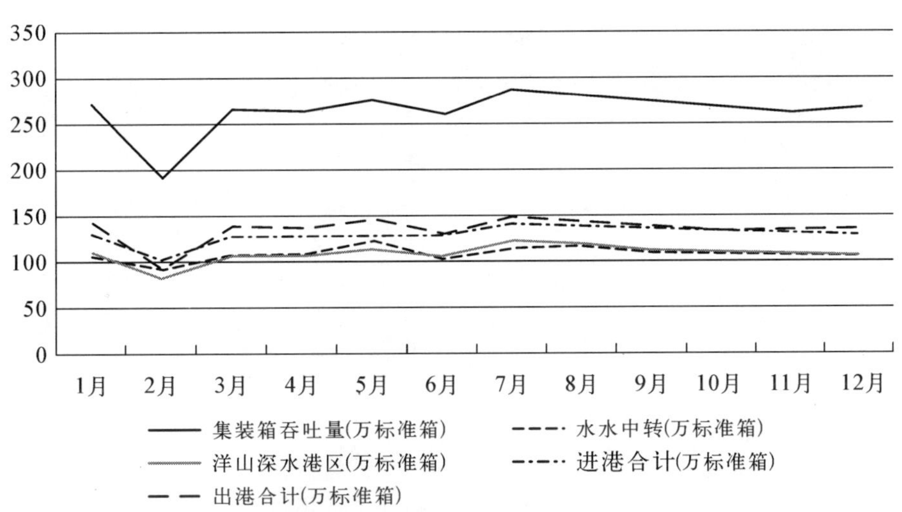

图 3－4－30 2011 年全港分月集装箱吞吐量情况

量占总出港 74.9%。内支线、内贸线在进港集装箱吞吐量所占比重分别为 13.5%、13.2%;在出港集装箱吞吐量所占比重分别为 12.1%、13.0%。

分空重箱来看,重箱占全港集装箱吞吐量 73.8%,较上年占比微有增加。国际航线中,进港空箱与重箱在进港国际航线集装箱吞吐量所占比重不相上下,出港重箱占出港国际航线集装箱吞吐量 97.5%。内支线中,进港重箱占进港内支线集装箱吞吐量 90.8%,出港重箱占出港内支线集装箱吞吐量 62.2%。内贸线中,进港重箱占进港内贸线集装箱吞吐量 70.5%,出港重箱占出港内贸线集装箱吞吐量 60.6%。

(市交通和港口管理局《2011 年上海市交通和港航发展报告》)

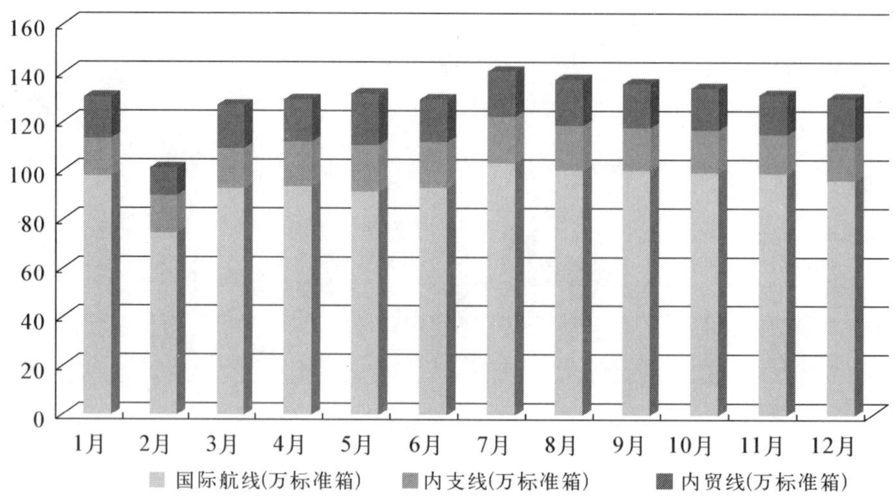

图 3－4－31 2011 年全港进港分月集装箱吞吐量情况

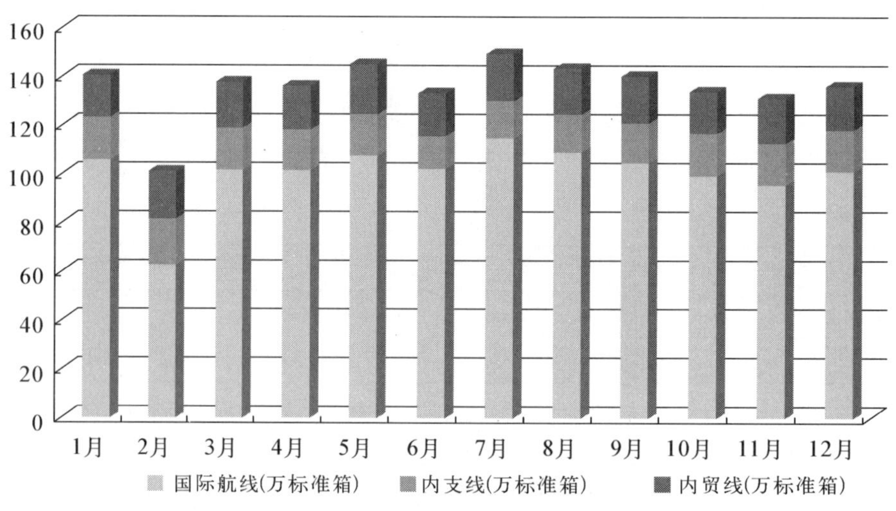

图 3－4－32 2011 年全港出港分月集装箱吞吐量情况

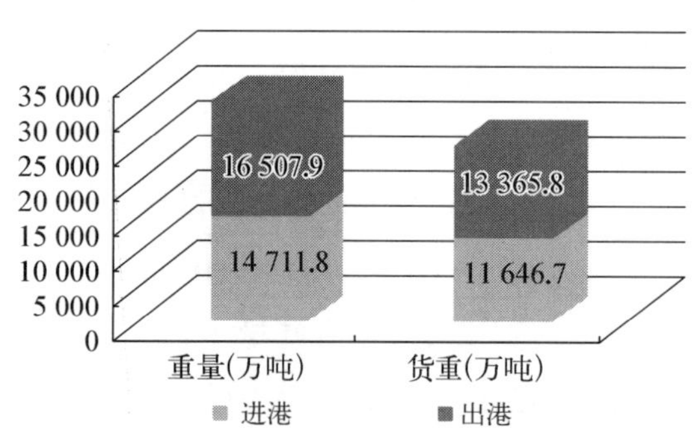

图 3－4－33 2011 年全港分进出港集装箱重量及货重

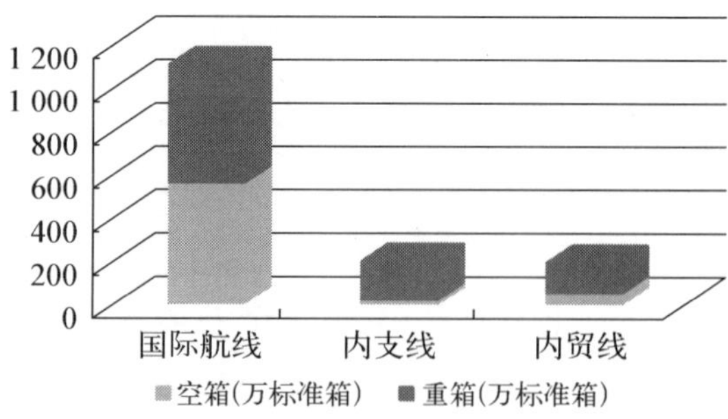

图 3－4－34 2011 年全港进港不同航线分空重箱吞吐量

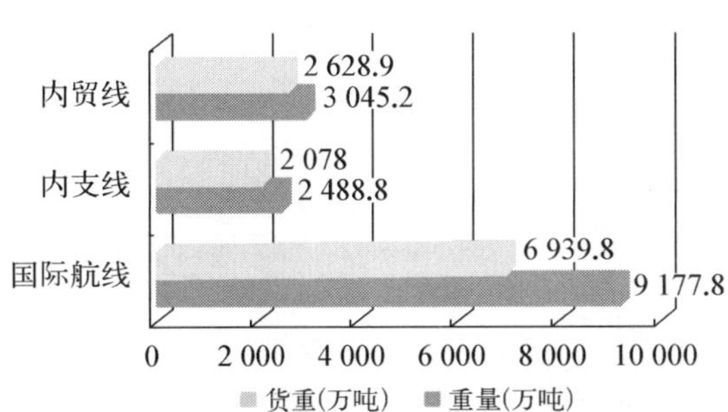

图 3-4-35 2011 年全港进港分航线集装箱重量及货重

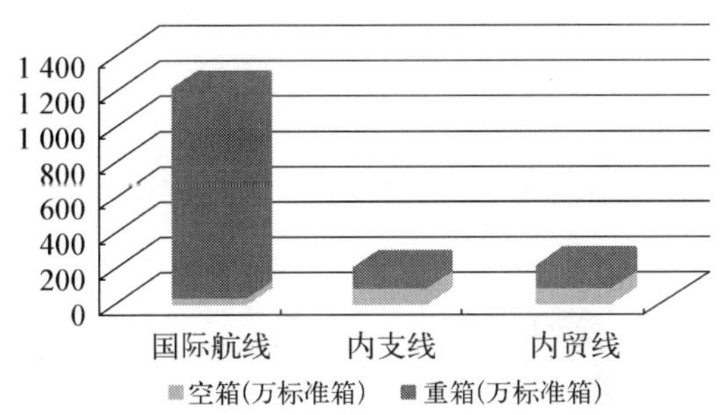

图 3-4-36 2011 年全港出港不同航线分空重箱吞吐量

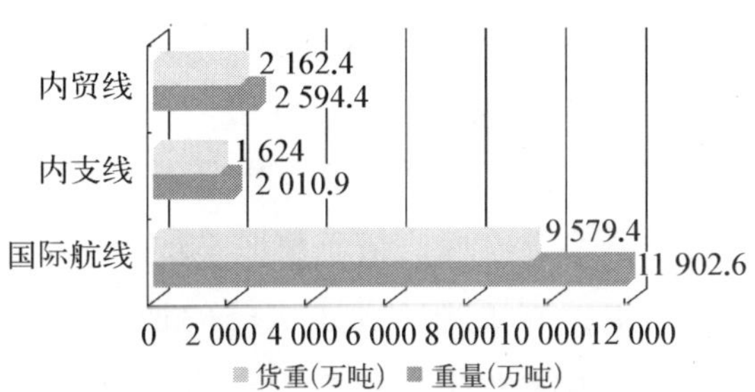

图 3-4-37 2011 年全港出港分航线集装箱重量及货重

§3.4.4 港口辅助业

引航

2011 年，全年引航工作量总体保持了较快增长的趋势，引航艘次再创历史新高。全年累计完成引航 69 345 艘次，同比增长 3.1%。其中，进口 32 319 艘次，出口 32 534 艘次，移泊 4 492 艘次；集装箱船舶 31 069 艘次，同比增长 16.4%；危险品船舶 11 619 艘次；邮轮 333 艘次；船长 180 米以上 28 361 艘次，船长 250 米以上 14 717 艘次，吃水 10 米以上 16 103 艘次。其中 1 月份引航 6 204 艘次，创单月历史最高纪录。因班轮航线的调整，洋山引航艘次大幅度增长，全年引航突破 1 万艘次，共计 10 050 艘次，同比增长 21.8%，再创洋山开港以来的历史新高。吴淞口国际邮轮港国际邮轮引航艘次计 11 艘次。

上海港引航站围绕上海国际航运中心建设，强化管理，确保引航安全稳定受控，对引航安全管理体系进行了改版，健全完善引航安全管理机制；认真研究对策，确保长江口深水航道(12.5 米)延伸段引航安全；同时与教育科研机构合作，开展重点课题研究，进一步优化上海港引航作业流程和船舶通航环境。

拖带

随着港口船舶流量的不断增加，对船舶拖带工作的安全性和准时性都提出了更高的要求。2011 年，上海港依托现有的 AIS 系统和安全监控系统，打造实时视频监控管理网络。同时，依靠多种定位技术和智能化技术，开发了一套实时生产调度指挥系统。通过该系统的运用，相关作业调度人员可以 24 小时清楚地掌握港内、沿海每条拖带作业船和被作业船的具体位置和航向以及相互关系，从而对船舶拖带作业进行实时监控，保证了船舶拖带作

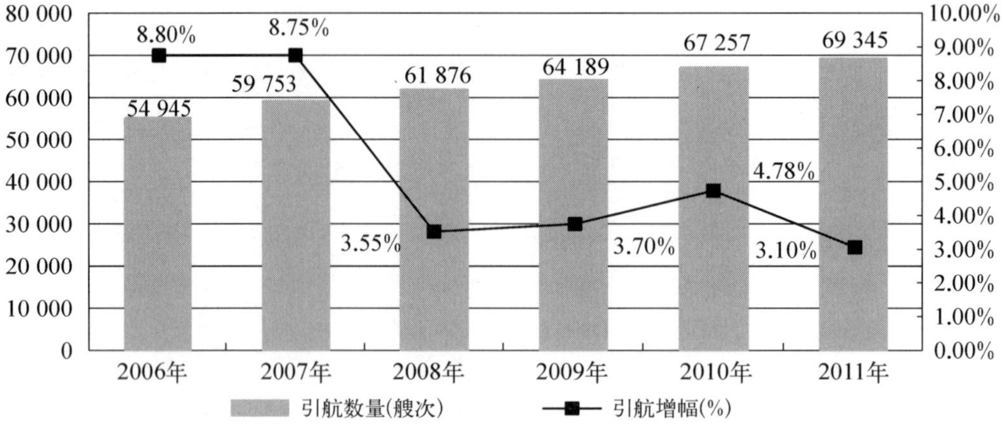

图 3－4－38　主要年份引航数量及同比增幅

业的安全高效，为中外大轮安全顺利靠泊上海港提供了有效地服务保障。

上海港全年共完成作业大轮 37 999 艘，同比增加 7.8%；完成拖轮作业艘次 96 018 艘次，同比增加 4.9%。其中，洋山港区完成作业大轮 5 097 艘，同比增加 22.6%；完成拖轮作业艘次 34 533 艘次，同比增加 20.7%。为确保洋山深水港区生产有序，通过内部挖潜，提高拖轮利用率，精心组织、合理调配，积极与引航站沟通，利用就近循环作业，AIS 电子海图实时监控等手段，确保靠泊洋山港大轮的安全准点。

理货

2011 年，随着海关 172 号令的加速推进，理货在外贸物流供应链中地位和作用日益突出。

上海外轮理货公司全年共完成理货吨 33 424.9 万吨，同比增长 10.7%；集装箱理箱量 3 012.7 万标准箱，同比增长 8.5%；集装箱拆箱理货完成 311.1 万标准箱，同比增长 12.4%；集装箱装箱理货完成 16 万标准箱，同比减少 4.8%。洋山完成理货吨 11 947.5 万吨，同比增长 17.9%；完成集装箱理箱量 1 319.3 万标准箱，同比增长 34.3%。公司定期召开“生产系统协调通气会”，深入剖析存在问题，积极谋划解决策略，解决了出口集装箱海关查验信息更改不准的难题，全年共受理海关查验理货信息更改 238 630 箱，进一步巩固了理货公正服务的地位。为了配合海关对集拼货物的全面集中监管工作，公司立足承担社会责任，在海关和上港集团的大力支持下，分别于 3 月份和 5 月份进驻沪东和芦潮港两个海关集拼监管堆场，正式实施集拼货物的理货工作，为优化上海口岸环境作出了积极贡献。

中联理货上海分公司全年完成集装箱船 572 艘次，计 309 836 标准箱；件杂货船 82 艘次，计 369 847.2 吨；内贸装箱 28 标准箱；包月堆场理箱 77 标准箱，外贸拆

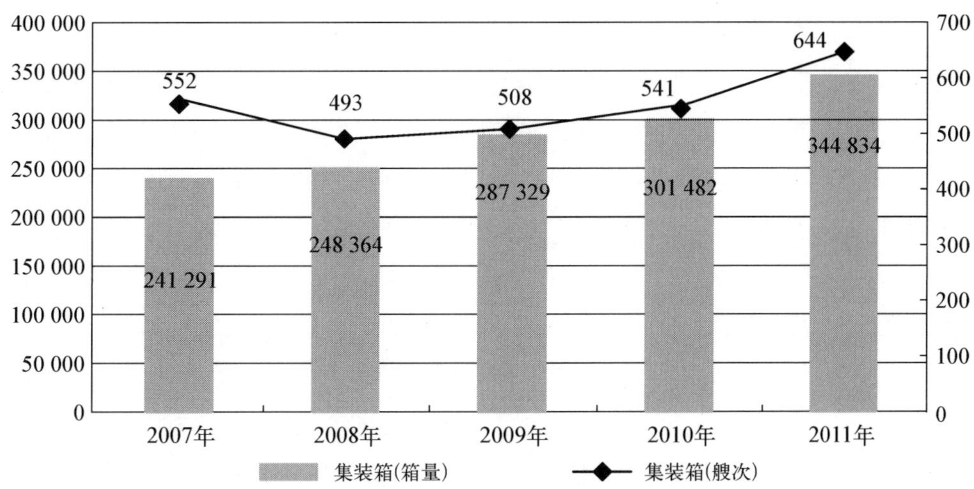

图 3-4-39 中联理货主要年份集装箱理货情况

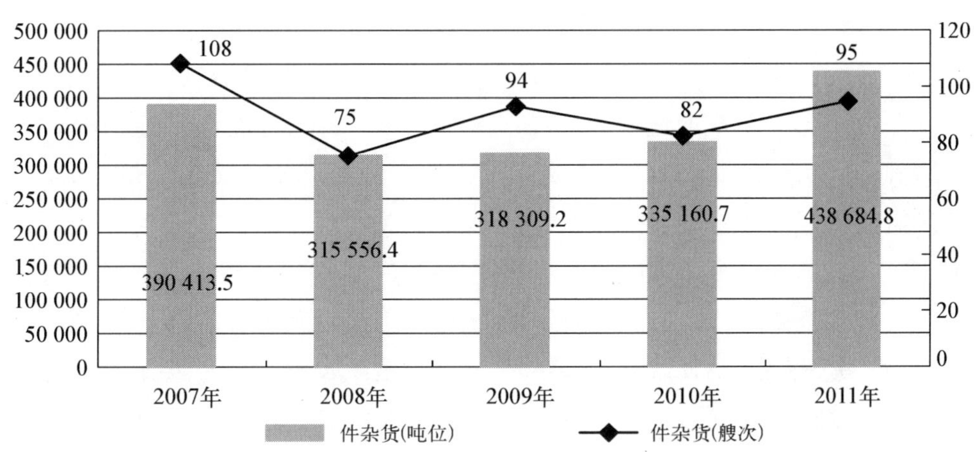

图 3-4-40 中联理货主要年份件杂货理货情况

箱 589 630 箱；丈量 223 420 米^3。

§3.4.5 行业管理及服务状况

行业政策

国家财政部、交通运输部共同制定颁布《港口建设费征收使用办法》，同时废止《港口建设费征收办法》(国发〔1985〕124号)。交通运输部、铁道部联合发布《关于加快铁水联运发展的指导意见》。交通部发布了《关于促进沿海港口健康持续发展的意见》。《国际防止船舶污染公约》新增两项修正案，分别在油污染和大气污染方面对船舶提出了新的规定。交通运输部第 12 次部务会议审议通过了《港口岸线使用审批管理办法》，并与国家发展改革委联合发布，自 2012 年 7 月 1 日起施行。

为贯彻交通运输部建设“资源节约型、环境友好型”港口的工作部署，落实部发《资源节约型环境友好型公路水路交通发展政策》、《建设低碳交通运输体系指导意见》和《公路水路交通运输节能减排“十二五”规划》等文件精神，进一步促进上海港的健康持续发展，切实推进行业结构调整，加快发展方式转变，结合上海港实际，市交通港口局12月14日印发《上海港“资源节约型、环境友好型”港口建设指导意见》。（市交通和港口管理局《2011年上海市交通和港航发展报告》）

《上海港口经营管理实施办法》（修订）施行

2011年12月1日，市交通港口局新修订的《上海港口经营管理实施办法》正式发布，《实施办法》重点依据交通运输的《港口经营管理规定》，以及上海港口经营行政管理的实际需要，对2008年发布施行的《实施办法》进行了修改，在许可条件、运行监管等方面进一步规范要求。(1) 在资质条件的规范方面，《实施办法》对照《港口经营管理规定》对港口经营许可证设立了有效期，并对各类经营业务所需提交的材料进一步细化。包括：对从事船舶港口服务业务的，提出人员、车船等方面的要求；对从事渣土（泥浆）装卸业务的，提出防护措施、运输中转协议等方面的要求；对从事润滑油、燃料油之外的油料供应服务业务的，提出了特许经营证明的要求等。(2) 在经营管理的规范方面，增加了对港口经营人在环境保护、安全管理方面的要求。包括：对饮用水源保护区的港口作业提出要求；对砂石、煤炭、渣土等码头的防护措施提出要求。（《2012上海经济年鉴》）

岸线码头综合管理

2011年，上海港港政管理中心完成岸线使用、水域工程建设项目审核40项，环境影响评价报告预审4项，危险品货物港口作业环保审核意见4项，预防性卫生审核1项，验收1项，公共场所卫生许可证颁证、复核、变更、注销共47份。按时足额征收岸线使用费2 712万元。开展岸线码头综合监管水上执法检查28航次，出动1 300多人次，对港区200多家码头单位开展陆上执法检查，出具整改单13份，行政处罚立案9起，结案8起。

同时，上海港港政管理中心开展“一户一档”工作，完善码头企业岸线使用、环保、设施等基础台帐400份，涵盖全港所有码头单位及主要沿跨河设施。完成交通运输部2010年度环保统计调查。制作完成上海港黄浦江港区岸线图。完成长江口南岸及崇明、长兴、横沙三岛岸线使用图集汇编及电子岸线前期调研。并会同市环境监测中心、市环境科学研究院等单位，对110家港航单位的燃油装卸生产设备、集疏运车辆、靠港船舶、散化码头挥发性有机物排放等进行调查，发放调查表750份，掌握了5 000余个数据，为建立上海港大气排放数据库清单和专项标准提供基础数据。协调参与《支撑上海交通港航“十二五”规划相关政策研究——上海港岸线资源利用、管理、立法研究》等课题，探索岸线使用特许登记、效能评价和强化岸线资源市场化、价值化的方法和途径，为深化岸线立法，创新岸线管理机制创造条件。

港口公共卫生安全监管

2011年，上海港港政管理中心开展环保监督性监测572家次，卫生监督性监测193家次。通过现场检查、评价，对港区56处公共场所实施“笑脸、平脸、哭脸”的量化分级挂牌公示，以此调动企业积极性，提高企业自律意识，实施有针对性的差别化管理。积极指导吴淞邮轮港特殊条件下的公共卫生安全管理工作。对16家公共场所经营单位共340名从业人员开展专题培训。开展模拟发现霍乱病例后的核实诊断、现场采样、场所消毒等上海港公共卫生应急预案演练活动，为应对突发公共卫生事件积累经验。结合上海港实际，编制《散货码头污染防治规范化要求》。

针对2010年上海港环保监督性监测中18家码头单位排放水不达标问题，开展水污染控制专项整治工作。通过发函通报、实地指导、现场复查等手段，及时督促企业加强内部管理，改进环保工艺，增加配套设施，做到达标排放。

针对浦东高桥地区江心沙路岸段部分码头单位违法占用岸线、私自建设码头设施、环保措施落实不到位等问题，上海港港政管理中心开展重点区域岸线环境专项整治，通过明确要求、梳理问题、督促整改、行政处罚等措施，督促企业规范使用港口岸线，安全使用码头设施，改善生产作业环境。对黄浦江徐浦大桥下游浦西侧1.8公里岸段内的废弃桩基、块石、沉船、渔网等，约5 800米^{2}岸滩进行了清理和整治，保障了黄浦江岸滩平整、整洁，有利于通航的安全、畅通。

6月22日洋山港区因船舶碰撞发生集装箱损害、有害气体泄漏事件，上海港港政管理中心快速做好检测、现场采样和样品分析工作，基于此编制完成《上海港口危险货物作业突发事故应急监测预案》。结合日本核泄漏事件和上海港实际，上海港港政管理中心开展3次放射性物品监测，共做了28罐六氟化铀、11标准箱八氧化三铀等放射性物品装卸及拆装作业放射性剂量实时监测，及时反映和处理铀矿砂散落作业区放射剂量超标事件，并做好作业区的复测工作。

此外，上海港港政管理中心还开发港政移动执法信息系统，提高执法效能。通过无线通讯网络及时将现场执法情况传送至数据处理服务器，做好信息归档、自动汇总等处理，实现现场执法、调查取证、执法文书打印、执法依据查询等功能的联动性和及时性，提高现场工作的有效性、科学性和准确性。调整、修改岸线使用信息，完善中心上海港GIS电子岸线信息查询综合系统。（市交通和港口管理局《2011年上海市交通和港航发展报告》）

内河港航系统安全生产“百日督查”

从2010年11月22日至2011年2月20日，市航务处开展了为期3个月的上海内河港航系统安全生产“百日督查”暗访工作。至3月10日，279项安全隐患中已有257项整改完成，整改率92.11%；对于剩余的22项隐患，各辖区的航务管理（地方海事）机构将继续对相关企业开展跟踪检查，确保所有隐患全部整改到位。（《2012上海经济年鉴》）

表3-4-1 上海内河港航系统安全生产暗访工作情况表

项 目 名 称	单位	数值
出动检查人员	人次	12 082
出动执法车辆	车次	1 639
出动巡逻艇	艇次	2 591
检查危险品船舶	艘次	1 136
检查内河码头	户次	2 084
其中：危险品码头	户次	270
检查水运企业	户次	140
其中：水上旅游、客运企业	户次	14
检查船舶修造厂	户次	45

§3.4.6 港口科技进步与创新

推进绿色港口建设

响应国家节能减排号召，上海国际港务（集团）股份有限公司利用先进的信息技术手段，不断创新集装箱运输管理系统，提高港口装卸效率，减少集卡空车行驶距离，降低能源消耗，加快推进绿色港口建设。

集装箱轮胎吊“油改电”。公司采用“高架滑触线方案”使集装箱轮胎吊“油改电”之后，使吊运每一标准箱的能耗成本由4元降至1.01元，降低能耗成本70%以上，同时实现了污染零排放。自2007年公司实施改造以来，截至2011年底，共计完成205台的集装箱堆场轮胎吊高架滑触线供电改造，节约22 845吨柴油消耗，折合标准煤33 288吨。

使用互拖平台提高集装箱运输效率。2011年，公司使用互拖平台协调的集卡托运量超过28万标准箱，其中直拖箱量达到6万标准箱。互拖平台在节能方面有着突出的贡献，每标准箱在场箱互拖可节省油耗约0.5升，每标准箱直拖可节省油耗约2升，总计2011年节约油耗约为23万升，减少CO_2排放约639吨（每升柴油二氧化碳排放量按2.78 kg计算）。

采用双挂车运输方式。为了做好节能减排工作，提高码头运作效率，减少集卡单箱油耗，上港物流与冠东公司合作成立双挂车测试小组，于8月开始试点该新兴工艺。“双挂车”即一个集卡车头，带两副集装箱挂板。根据测试数据双挂车小时拖运量9.36标准箱，远高于单挂车集卡小时拖运量5.5标准箱，双挂车单箱油耗为0.69升/标准箱，普通集卡单箱油耗为1.1升/标准箱，剔除人为干预因素，双挂车的作业效率高于普通挂车，在人员和能耗方面相对于普通挂车优势明显。

桥吊电气房自然风冷调温节能系统。针对目前国内外大型集装箱桥吊电气房基本安装在机房内部，在设备运行过程中电气房内控制系统产生的大量热量，需要通过空调系统来进行降温处理的情况，沪东公司自行研发“桥吊电气房自然风冷调温节能系统”，通过利用秋冬季期间的温度差，引入满足电气房运行条件的自然冷风，实现电气房内的充分热交换，降低电气房温度，达到节能减排的目的，并于 4 月在 106 桥吊上安装了该系统。据测算，全年可节约用电近 3 万度/台。

集装箱运输—RFID—货运标签

作为现代航运服务体系的重要组成部分，集装箱物流的发展需要依靠信息化的应用。然而，由于集装箱自身不载有信息，其流向、流转和识别基本上还是处于人工、半人工状态，缺乏透明度，效率低、成本高。此外，近年来不断发生的恐怖袭击事件以及利用集装箱运输而引发的偷渡、走私、失窃等问题，也引起了各界的广泛关注。现代集装箱物流迫切需要一种智能化电子标签系统，实时记录集装箱运输中的箱、货、流信息，以及相关的安全信息，结合全球网络环境实现集装箱物流的全程实时在线监控，以提高集装箱物流全程的安全性和透明度，并具有追溯性，使集装箱物流各环节的安全更可控，可帮助货主及时掌控运输动向，提高货物的运输质量，记录货物失窃的时间。同时，智能化电子标签系统的应用还将为物流相关的企业带来经济效益和社会效益，增强政府对物流全过程的监管，提高国家安全水平，提升集装箱物流的整体水平。

集装箱物流全程实时在线监控系统，是将集装箱作为信息流的载体，使信息流和物流融为一体，采用电子标签记录集装箱运输过程中的安全、地理位置以及箱、货、流信息，并实现在物流运输全过程的实时在线监控，从而根本上提高了集装箱物流的透明度、安全性和效率。

从 2001 年起，在国家“863”、科技支撑计划，市科技创新计划的支持下，上海国际港务(集团)股份有限公司研究了集装箱物流全程实时在线监控系统的相关技术和工艺。由上海国际港务(集团)股份有限公司代表中国组织起草的 ISO 标准提案，2009 年 1 月经过投票授权起草国际标准《集装箱运输- RFID -货运标签》(编号：ISO/NP18186)，2010 年 6 月 18 日投票通过作为可公开技术规范 ISO/PAS18186 发布，2011 年 1 月投票通过 DIS 阶段，进入最后的 FDIS 阶段。该标准首次开发了中国集装箱电子标签系统网站，实现了对集装箱物流的可视化全程协同管理；发明了集装箱物流全程实时在线监控系统，发明了与之相适应的带有集装箱定位和电子封条的集装箱电子标签；首次集成了 GPS 地理位置采集并与系统实时交互的移动式读写器，满足在装/拆箱点等场合完成数据采集和实时上传；首次实现了将 EDI 数据通过安装在道口的固定式读写器自动录入电子标签；首次提出并实现“三网合一”的混合网络数据传输系统；系统首次实现了同时识别和兼容 2.4 GHz 和 868 MHz 等不同频段、不同生产厂的电子标签。基于此标准撰写的国家标准《供应链监控用的集装箱电子箱封应用技术规范》已发布。(市交通和港口管理局《2011 年上海市交通和港航发展报告》)

§3.4.7　港口对外协同、合作与交流

1. 4月18—19日，市交通港口局轮值主办的“国际港口大会小组会议”在上海召开，会议主题为“低碳经济和港口发展”。与会的五个港口——上海、荷兰鹿特丹、新加坡、美国纽约/新泽西和长滩的近30位代表出席了本次会议。

2. 5月，市交通港口局代表团赴韩国，参加釜山国际港口协会第27届世界港口大会。本次大会主题是“拥抱未来·开拓视野”。大会共分四个分主题进行主题讨论，分别是经济危机后的全球化、世界港口和气候变化、港口物流和智能系统、城市和港口。二十多位世界港口及港口相关机构的专家代表分别就上述主题进行了主旨发言。本次世界港口大会为上海港提供了一个与世界其他港口及港口相关组织进行沟通交流的平台，为上海港打造“两型”港口、“智慧”港口提供了借鉴。

3. 9月，市交通港口局代表团赴美国参加在美国新奥尔良市召开的“第二届中美长江—密西西比河论坛”。并与美国运输与物流协会、新奥尔良港口管理部门等就港口规划建设、内河水运发展、航道管理养护等方面进行了务实的交流和探讨。

4. 9月，市交通港口局代表团赴南非，访问南非国家运输集团，与该集团运营管理的德班港草签了两港间的港口友好合作协议。

5. 10月，上海国际港务（集团）股份有限公司与安吉内河港签订《“两港一航”业务合作备忘录》，与浙江安吉港联合举行推介会，邀请各大船公司和安吉地区大客户参与，宣传该物流途径，取得了良好的效果。

6. 12月，成功召开了长三角区域大通关建设协作第四次联席会议，首次邀请15个长三角口岸城市参会，签署了沪、苏、浙三地《推进长三角口岸城市群大通关合作协议》。（市交通和港口管理局《2011年上海市交通和港航发展报告》）

§3.4.8　航运

行业经营业户规模

截至2011年底，上海拥有航运主业及辅助企业1 951户，同比增长4.7%，上海国际航运中心航运要素集聚能力继续增强，航运资源配置能力继续提升。拥有国际航运及辅助业企业1 362户，同比增长9.9%，其中，国际船舶运输、国际船舶代理、国际船舶管理、无船承运企业分别为62、139、97、1 009户，国际船舶运输企业新增2户。市交通港口局积极争取交通运输部政策支持，吸引地中海航运公司在沪成立其全国首家独资公司，还吸引了世界上最大龙门吊箱型船船队经营企业——瑞士吉与宝有限公司在沪设立其亚洲总部，并将其作为吉与宝集团在全球重要的运营中心和决策中心之一。国际船舶代理和国际船舶管理企业数量较上年持平；无船承运企业增加较明显，新增61户。拥有国内水路运输企业及辅助业

589户，其中，国内水路运输企业264户，新增9户，沿海和内河运输企业均为132户，各新增5户和4户；国内水路运输辅助业325户，较2010年末减少45户。

表3-4-2 2011年上海国际海上运输及其辅助业一览表

企业类型	2010年底总数（户）	2011年新增（户）	2011年注销（户）	2011年底总数（户）	较2010年增减（%）
国际船舶运输	60	2		62	3.3
国际船舶代理	139	8	8	139	0
国际船舶管理	97	0		97	0
无船承运	948	61		1 009	6.4
合计	1 244	71		1 307	5.1

表3-4-3 2011年上海国内水路运输及其辅助业一览表

企业类型	2010年底总数(户)	2011年底总数(户)	较2010年底增减(%)
国内水路运输	255	264	3.5
其中：沿海	127	132	3.9
内河	128	132	3.1
国内水路运输辅助业	370	325	—12.2

行业运行状况分析

航运主业

船舶货运

2011年，受国内外宏观经济形势影响，上海水路运输需求平稳，水路货运量在2010年保持快速增长的基础上转为平稳增长，创历史新高，但增速较2010年有明显回落。全社会水路货运量完成49 389万吨，同比增长8.8%，增速较上年回落10个百分点；水路货物周转量完成20 005亿吨公里，同比增长7.4%，增速较上年回落24.5个百分点。水路货运量在综合运输体系中的比重达到52.9%，较2010年回落近3个百分点，较“十一五”开局之年提升1.5个百分点，较“十五”开局之年显著提升13.5个百分点。水路运输在综合运输体系的地位和作用总体在不断提升，对本市、长三角区域、长江流域经济乃至全国经济的运输保障能力在增强。

远洋货运

2011年，受国际航运市场低迷影响，远洋货运需求增长乏力，增速出现急剧回落，全年上海远洋货运量完成16 044万吨，同比增长5.7%，增速较2010年回落21.4个百分点；完成远洋货物周转量15 654亿吨公里，同比增长7.7%，增速较上年回落近30个百分点。远洋货运量占水路货运量比重为32%，较上年回落1个百分点；远洋货物周转量占水路货物周转量比重达到78.3%，基本与上年持平。远

表 3-4-4　2001—2011 年上海全社会水路货运量统计

年　份	货运量(万吨)	水路货运量(万吨)	水路货运量占比(%)
2001	49 545	19 496	39.4
2002	54 196	23 174	42.8
2003	58 669	26 621	45.4
2004	63 180	30 148	47.7
2005	68 741	34 557	50.3
2006	72 617	37 348	51.4
2007	78 108	41 543	53.2
2008	84 347	43 060	51.1
2009	76 967	37 983	49.3
2010	81 024	45 407	56.0
2011	93 318	49 389	52.9

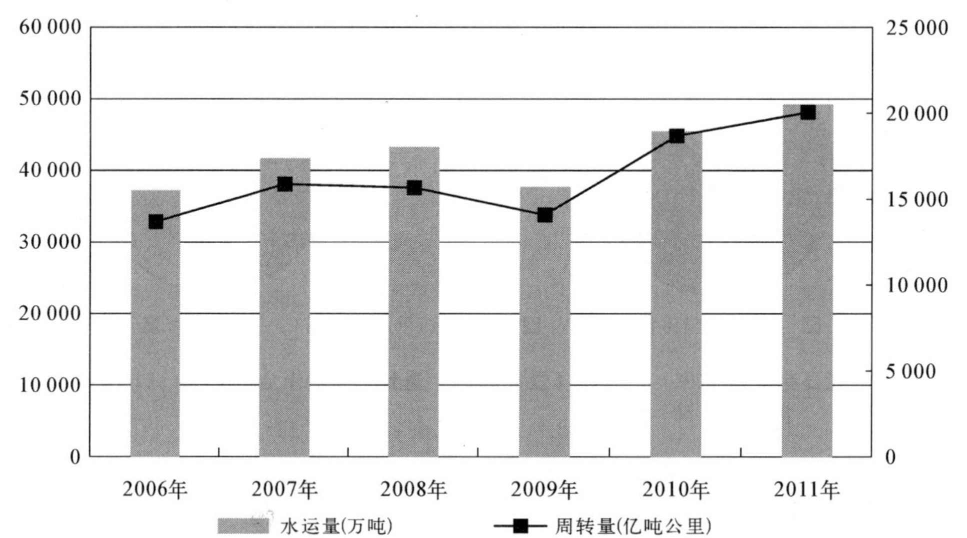

图 3-4-41　2006—2011 年上海水路货运量、周转量增长趋势图

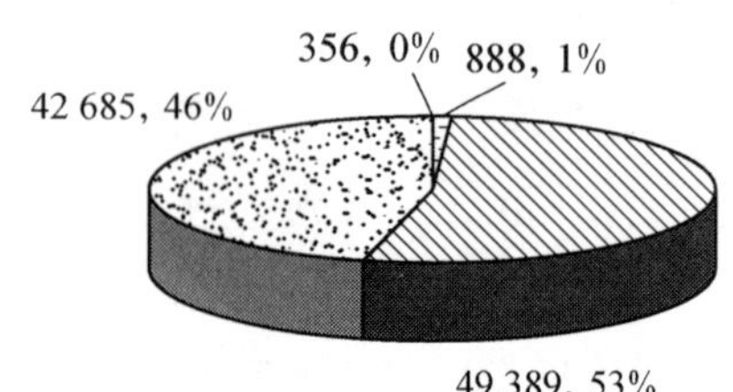

图 3-4-42　2011 年上海综合运输体系结构(单位：万吨)

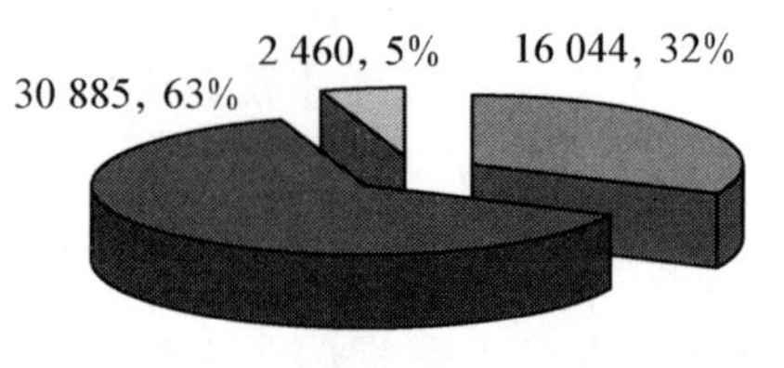

图 3-4-43　2011 年上海远洋、沿海、内河货运量占比

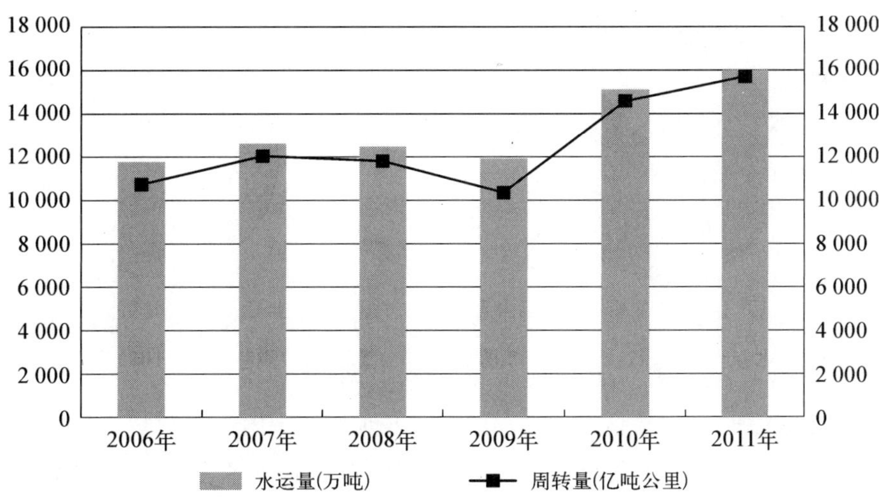

图 3-4-44 2006—2011 年上海远洋货运量、周转量增长趋势图

洋货运承担着大量外贸货物的运输任务，在水路运输中继续保持极其重要的地位和作用。

2011 年是国际国内经济形势急剧变化的一年，由于主要发达经济体受债务危机影响，新兴市场国家面临高通胀压力，全球经济增长趋缓。受制于宏观经济的不景气，国际贸易增速放缓，远洋货运需求增幅放缓，全球航运市场较为低迷。加之新增运力集中交付，供需矛盾加剧，此外，燃油价格居高不下，增加了航运企业的营运成本。而运价受运力供需失衡影响一路下滑，主要航线运价一度跌破运营成本，2011 年干散货航运市场一直低位徘徊，BDI 指数全年均值 1549 点，同比大幅下挫 43.8%，创 2004 年以来新低；中国集装箱运价指数全年均值为 990 点，同比下跌 12%，其中欧、地航线同比跌幅超过 30%；上海出口集装箱运价指数(SCFI)全年均值为 1007 点，同比下降 26.1%，其中1—4 季度均值分别为 1057 点、1043 点、1026 点、899 点，运价呈现逐季回落态势。

受运价下跌、燃油成本支出持续上升拖累，导致国际航运企业普遍经营困难，全年业绩普遍出现亏损，部分航运企业亏损严重。两大航运巨头中海集团旗下的中海集运和中远集团旗下的中远集运也面临了较大的经营压力，业绩出现下滑，主要生产经营情况如下：

2011 年中海集运实现重箱量 743.8 万标准箱，同比增长 3.2%，在上海港完成的集装箱为 232.1 万标准箱，同比减少 7.3%，重箱 174.2 万标准箱，同比减少 8.5%，国际航线平均运费为 5 352 元/标准箱，同比下降 24.7%，全年实现营业总收入 282.8 亿元，同比下降 18.82%，归属于上市公司股东的净利润亏损 27.43 亿元，而 2010 年盈利 42.3 亿元。2011 年中远集运完成货运量 691 万标准箱，同比增长 11.2%，在上海港完成的集装箱为

289.5万标准箱，同比增长8.6%，重箱为223.7万标准箱，同比增长9.7%，全年实现营业收入364.61亿元，较上年减少11.8%，营业利润亏损59.3亿元，而燃油成本同比增加了36.6%。注册在上海的其他航运上市公司也频现亏损。

面对复杂严峻的经营环境，国际航运企业积极主动地采取多项措施，应对市场低迷，努力减少亏损。一是优化船型、舱位和航线的调配：适时对富余运力进行出租、转租等合理安排，在行业下滑时减少损失，并增加租船收入；优化船队结构，适应市场需求，扩大船队大型化优势，降低航线的单箱成本，进一步提升综合竞争力、完善全球化服务网络。二是落实精细化管理，切实采取有效措施加强成本控制：推进超低经济航速运营，适时安排锁油，严控燃油成本；加强船队结构调整，合理安排退租，加快集装箱周转，提高管控能力，降低箱管成本；适时出台相关航线的运价稳定和恢复计划，努力提高准班率，调整营销模式和营销架构，释放营销潜能，尽最大可能创造收入；加大谈判力度，利用船队和箱量规模优势，谨慎研究，严格控制港口费用；此外，实施舱位分配预控制度，优化选择中转港口，提高货物中转衔接效率，降低支线中转成本。三是建立战略联盟，拓宽对外合作面：通过合作经营航线、互换舱位、买舱等多种方式展开合作，完善航线布局，增加直航舱位，扩大联盟合作范围，平抑市场运力增加。四是加强营销力度，加快大客户开发步伐，继续推进大客户战略：切实注重客户需求，以扎实、优质的服务来吸引和稳定客户。

沿海货运

2011年，在外需疲软、内需调整的经济背景下，我国大宗散货、原材料的需求力度加大，沿海货运需求整体向好，但增速有所放缓。全年全国沿海船舶运力增长16.1%，沿海货运量增长15%，运力的继续快速增长加剧了国内沿海散货市场供过于求的矛盾，总体上呈现下行态势，沿海散货综合运价指数CBFI在中低位震荡，全年均值1368点，同比下降6.3%，沿海煤炭货种运价指数平均值为1575点，同比下跌7.8%。

上海沿海货运量完成30 885万吨，同比增长8.5%，增速较2010年回落8.7个百分点，占全市水路货运量比重为63%，主要运输货种为煤炭、金属矿石、钢铁和矿物性建筑材料；沿海货物周转量完成4 299亿吨公里，同比增长6.1%，增速较2010年回落7.8个百分点。

内河货运

2011年，上海内河货运量完成2 460万吨，同比增长38.3%，增速较快主要是受2010年基数较低的影响，占全市水路货运量和全市货运量的比重分别为5%和2.6%，较2010年分别提升1.1个百分点和0.4个百分点，内河货运量占水路货运量比重虽然呈上升趋势，但仍处于较低水平；完成内河货物周转量52亿吨公里，同比增长36.8%。2011年，安吉、嘉兴、无锡内河港与上海港之间的集装箱转运量为6万标准箱，内河中转比重不足1%。

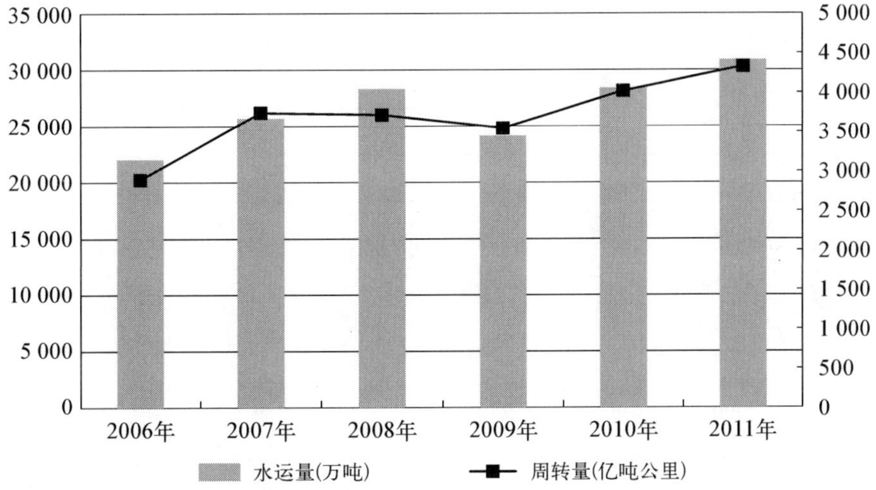

图 3－4－45　2006—2011 年上海沿海货运量、周转量增长趋势图

“十一五”期间，上海内河货运量呈现逐渐下降态势(如图 3－4－46 所示)，特别是 2010 年受世博会因素影响部分工厂停产带来运输需求下降，2011 年上海内河货运量恢复快速回升态势，主要得益于内河航道整治效益凸显和矿建材料等需求的持续增长。尽管上海内河航运在不断发展并取得一定成效，但仍面临不少问题，客观上存在着内河航道等级较低、通航能力不足，跨省骨干航道规划建设对接不畅；内河船型杂乱、技术水平不高；内河集装箱运输发展滞后，专用港区建设缓慢；内河航运企业规模化程度低；内河管理体制机制需要完善等问题，与上海国际航运中心建设要求的现代航运集疏运体系、水上高速公路还有较大差距。

表 3－4－5　2006—2011 年上海内河货运量、周转量统计

指　　标	2006 年	2007 年	2008 年	2009 年	2010 年	2011 年
水运量(万吨)	3 538	3 043	2 089	1 926	1 779	2 460
周转量(亿吨公里)	86	98	48	38	38	52

2011 年，上海内河进出港签证船舶量达到 85.5 万艘次，进出港船舶以三等船舶和四等船舶为主，分别为 28.5 万艘次和 50.7 万艘次，分别占 33.4%和 59.3%。从内河船舶签证量来看，江浙皖等外省籍船舶占 90%左右，本籍港船舶仅占 10%左右；上海内河货源 90%来自江浙皖地区，货物流向以进港为主，上海城市建设所需的矿建材料、钢铁、水泥等通过内河从该地区“进口”，以矿建材料为主，2011 年矿建材料进港量占内河码头进港量比重高达 77%，由此可见，长三角两省一市内河航运发展联系十分紧密，加强内河航运一体化发展具有客观必然性。

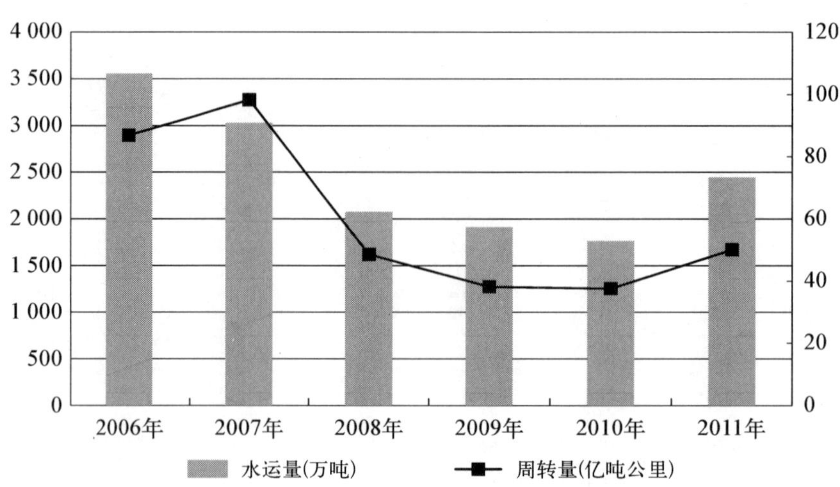

图 3－4－46 2006—2011 年上海内河货运量、周转量增长趋势图

表 3－4－6 上海内河进出港签证船舶量

		数量(艘)			功率（千瓦）	总吨（吨位）	总载重量（吨）
		合计	客船	危险品船			
总计		854 952	38	17 062	141 765 092	243 756 156	1 146 630 846
进港船舶	小　计	427 638	20	8 538	70 901 977	121 904 536	573 343 483
	一等船舶	9 261			11 478 618	31 601 763	49 528 707
	二等船舶	10 309	1	15	4 517 791	9 841 583	14 924 992
	三等船舶	142 782	2	3 367	26 859 251	45 410 451	62 388 084
	四等船舶	253 384		5 033	27 472 428	34 598 777	446 043 696
	五等船舶	11 902	17	123	573 888.81	451 962	458 004
出港船舶	小　计	427 314	18	8 524	70 863 115	121 851 620	573 287 363
	一等船舶	9 263			11 479 598	31 610 019	49 552 124
	二等船舶	10 317		15	4 523 815.2	9 852 711	14 941 222
	三等船舶	142 635	1	3 359	26 835 176	45 365 083	62 322 493
	四等船舶	253 181		5 028	27 450 038	34 571 183	446 012 765
	五等船舶	11 918	17	122	574 488.02	452 624	458 759

§3.4.9 航运辅助业

船舶代理

截至 2011 年底，上海拥有国际船舶代理企业共计 139 家，2011 年新增 8 家，注销 8 家，与上年持平。

2011 年 3 至 5 月，市交通港口局根据交通运输部《关于换发〈国际船舶代理经营资格登记证〉的通知》(水运国际函字〔2011〕143 号)要求，组织开展了本市国际船舶代理企业换证工作，并对企业报送材料进行审核。在换证范围内的本市国际船舶代理企业共有120家。其中，符合换证条件企业共112家，不符合条件依法注销《国际船舶代理经营资格登记证》申请的企业8家。

无船承运

截至2011年底，在上海港注册登记的无船承运企业共计1 009家(不包括通过上海上报的境外无船承运企业)，约占全国无船承运企业总数的26%，其中，外资508家，上海已成为全国注册登记无船承运企业数量最多，业务量最集中的地区。

2011年，市交通港口局进一步完善了关于无船承运的两项管理制度：一是运价备案制度。根据海运条例及其实施细则的规定，地方交通主管部门主要履行无船承运企业提单登记环节的初审和后续的市场监管职能，并可根据交通运输部授权，对违规企业实行行政处罚，近年来市交通港口局根据交通运输部的授权，先后完成对上海瑞恩物流有限公司等单位违规经营无船承运业务和中日航线部分无船承运企业运价备案执行情况的调查取证工作。二是责任保险制度。2010年，交通运输部发布公告实行保证金保险制度，无船承运企业可以选择保证金保险方式来进一步降低经营成本和增强企业经营活力，从而使资金方面的准入门槛也进一步降低，给低成本企业进入市场提供了机会。市交通港口局加大宣传，进一步落实了无船承运人保证金保险制度。

船舶管理

截至2011年底，本市共有110家船舶管理公司取得相关经营许可证依法从事国际、国内船舶管理业务，其中有97家公司取得《国际海运辅助业经营资格登记证》经营国际船舶管理业务，34家公司取得“水路运输服务许可证”经营国内船舶管理业务，有20家公司分别取得国际、国内船舶管理许可证兼营国际、国内业务。国际船舶管理代管船舶433艘，其中普通客船5艘，化学品船44艘，油船2艘，散货船185艘，其他货船197艘；国内船舶管理代管船舶214艘，其中普通客船7艘，化学品船27艘，油船16艘，散货船104艘，其他货船60艘；国际、国内船舶管理兼营代管船舶93艘，其中化学品船22艘，散货船16艘，其他货船33艘。

2011年10月，根据交通运输部《关于开展船舶管理市场清理整顿的通知》(交水发〔2011〕589号)的有关要求，市交通港口局在调查摸底工作的基础上，按照部统一部署，会同上海海事局开展了本市船舶管理市场清理整顿工作。通过对船舶管理市场清理整顿，规范船舶管理市场，完善监管措施，提高了船舶管理企业的管理水平和能力，进一步增强了经营者依法经营意识，规范了船舶管理市场秩序，强化了船舶管理市场动态监管，保障了水路运输安全，促进了水路运输业健康发展。

船舶检验

上海地区船舶检验业务主要由中国船级社所属的上海分社，市交通港口局下属的上海市船舶检验处和国外船级社(美、英、挪、德、法、意、日、韩)在沪机构分别承担,2011 年并有塞拉利昂新劳船级社、巴拿马埃思彼船级社正式落户上海,承担有关船检业务。

中国船级社上海分社

2011 年中国船级社上海分社完成入级营运船舶检验 1 814 艘次;船舶 ISM/ISPS 审核 619 艘次;新造入级船舶检验 99 艘(1 574 674 总吨),较上年减少 63 艘;新造国内船舶检验 131 艘,1 286 469 总吨;国内营运船舶检验 1 765 艘次,较上年减少 221 艘次,NSM 审核 148 次;产品检验 11 673 项次;国内船舶审图 1 876 批次。

2011 年中国船级社上海分社积极参与上海国际航运中心建设,不断提升服务行业发展的能力和水平,主要体现在以下方面:一是积极应对 PSC 集中大检查,配合各船公司和管理公司做好 5 大港口国控制备忘录组织开展的 2011 年秋季集中大检查(CIC);二是严格目标船检验和审核,促进重点公司加强管理,针对辖区内的目标船多、重点公司多的情况,上海分社建立了一对一的帮扶计划;三是做好外高桥船厂 3 000 M 深水半潜移动平台建造检验工作,完成了对该平台的发证工作;四是大力开展深潜器入级的检验工作,组织上海规范所、社审图中心研究入级规范的适用性,完成入级证书的编写和确认工作;五是深入开展“非厂修船舶”检验研究工作,研究成果形成《船舶年度检验准备指南》供船公司使用,有益补充现有检验程序;六是深入开展游艇检验模式、国内岸电项目、船舶能效、国内航行船舶安全隐患排查和应急处置等重大研究工作。

上海市船舶检验处

2011 年,上海市船舶检验处共完成新建船舶设计审图 33 套,同比减少 36.4%;建造检验船舶 61 艘(7 793 总吨),较上年减少 15 艘,营运检验船舶 2 725 艘次(16 839 160 总吨),同比增长 189.6%;产品检验 75 件。总体上看,新建船舶设计审图和建造检验船舶业务较上年有明显减少,主要是受航运市场低迷船东推迟或取消造船订单因素影响。

2011 年,上海市船检船舶检验处加强船舶法定检验工作,为船舶航行安全、维护水上安全形势把好源头关。除日常工作外,重点开展了以下工作:一是积极推进内河垃圾集运工程,将在江苏启东一家船厂建造的 10 艘 500 吨级集装箱船的检验和发证列为重点工作之一,完成了其中 4 艘船舶的检验和发证;参与现有 360 吨和 500 吨级环卫集装箱船的减振降噪研究,提高船舶舒适性;参与 1 000 吨级环卫集装箱船方案设计,该方案设计已通过评审。二是强化内部管理,建立了现场工作检查制度,确保现场工作质量;确保质量管理体系运行及机构资质保持有效,接受劳氏质量认证(上海)有限公司对上海市船舶检验处建立的质量管理体系运行情况及有效性的监督审核,监访审核结果达标,体系运行及证书有效；接受部海事局对法定检验资质进行的不定期检查；连续三年实现零投诉。三是做好船舶识别号授予工作、《本市水上旅游客船准入规定》制订工作及船舶吨位丈量统一管理等工作。

船舶登记

2011 年，上海市地方海事局共办理各类船舶登记业务 732 艘次，较 2010 年减少 50 艘次，其中，船舶抵押权登记 31 艘次，船舶光船租赁登记 20 艘次，船舶国籍登记 399 艘次，船舶变更登记 142 艘次，船舶注销登记 140 艘次。

上海海事局全年共办理各类船舶登记及相关业务 3 701 艘次。2011 年，上海海事局登记注册船舶为 2 182 艘(15 198 917 总吨)，较上年减少 2 艘，总吨位同比增长 9.1%。其中，特案免税登记船舶 25 艘(314 357 总吨)；国际航运船舶 355 艘(9 038 451 总吨)，较上年增加 22 艘；国内沿海船舶 990 艘(5 162 418 总吨)，较上年增加 51 艘；内河船舶为 837 艘(998 048 总吨)，较上年减少 52 艘。值得关注的是在上海注册登记的特案免税船舶数量较 2010 年仅增加两艘，且规模也很小，仅为 25 艘，说明中资国际航行船舶特案免税政策在实施过程中并未收到预期的效果。

从登记注册船舶的规模和增速来看，上海较新加坡、香港等地存在较大差距，2011 年新加坡登记注册的国际航运船舶达 3 936 艘，总吨为 57 360 千吨，同比增长 17.6%；香港登记注册的国际航运船舶为 1 952 艘，总吨为 68 333 千吨，同比增长 20.9%。当前，中资船舶大多选择境外登记，中资船舶在境外注册、悬挂外旗经营的比例在上升，已占中资国际海运船队总吨位的一半以上。近年来进出上海港的国际航运船舶数量一直呈现增长势头，但中国籍国际航行船舶所占比重却在逐年下降，2011 年上海港进出的国际航运船舶中挂中国国旗的仅有 4.2%，95%以上都挂外国籍旗。大部分中资船舶之所以选择境外方便旗船籍登记，主要喜好香港、新加坡等地的政策宽松、成本低、程序简、注重服务和管理的开放登记制度，以香港为例，其船舶登记制度的主要优势为：一是注册成本较低，首次注册费用低，且所有香港注册船舶均不用缴纳 ITF 会员福利基金、验船费、海难调查和国际组织参与费；二是注册船公司享受税费优惠，香港注册船舶从国际营运所得的利润，可获豁免利得税；三是注册程序简化；四是停泊内地港口享受吨税优惠；五是引进注册船舶质量管理系统(FSQC)，从不同的途径收集香港注册船舶有关质量方面的数据，找出质量走下坡的船舶，并予以改正，为船舶管理公司提供补救方案和建议；六是市场环境配套完善，注册营运公司设于香港，不但享有相关的税务优惠，而且香港安全便捷的金融及银行体系对公司运作有绝大裨益；七是政府拥有稳健的航运政策；八是引进注册前品质管理系统(PRQC)，除审核申请注册船只的品质外，并需评估管理公司的品质，防止不符合标准的船只混入香港船舶注册记录册。香港、新加坡等地的船舶登记做法对完善我国船舶登记制度具有重要的借鉴作用。

2011年，上海海事局开展了国际航运船舶保税登记制度研究，“中国洋山港”作为船舶登记港获中国海事局批复，随着“中国洋山港”正式成为船籍港，保税船舶登记政策将进一步创新突破和完善，将加快吸引在境外登记注册的大量中资船舶归国登记，并将带动航运金融、航运保险、船舶检验、船舶管理等相关产业的发展。

表3-4-7 2011年上海登记注册船舶情况一览表

指　　标	船舶数量（艘）	船舶总吨（千吨）
总量	2 182	15 198.9
特案免税登记	25	314.4
国际航运船舶	355	9 038.5
国内沿海船舶	990	5 162.4
内河航运船舶	837	998.0

表3-4-8 新加坡、中国香港登记注册国际航运船舶总吨(单位：千吨)

年　份	新加坡	中国香港
2007	39 603	35 967
2008	43 702	39 643
2009	45 632	44 904
2010	48 783	56 510
2011	57 360	68 333

水上救捞

2011年度交通运输部上海打捞局完成各类抢险救助打捞任务26起(国内水域13起，国外海域13起)，较上年增加了10起，其中公益性救助4起，公益性打捞3起，商业性救助19起。

上海打捞局出动抢险求助小分队两批次，分别于2月15日和10月9日受上海公安局请求，前往奉贤红庙和青浦蒸定河中打捞犯罪嫌疑人丢弃的保险箱等赃物以协助公安部门确定犯罪证据。6月22日至7月3日在上海市搜救中心的统一指挥下，组织实施了对在上海洋山港临时锚地因相撞船舶第五舱左舷严重受损进水的“智利国航瑞马”集装箱轮抢险救助工作。11月30日至12月20日组织德意、大力、沪救17、沪救18等船舶对搁浅在嵊泗外皇坟礁外的外轮“JADE”实施出浅救助作业。

2011年，东海救助局共执行救助值班待命7 976艘天，执行救助任务645起，共出动救助力量802次，其中救助船舶207次，救助艇94次，救助飞机221次，应急救助队280次。援救遇险人员1 394人，其中外籍人员279名；救助遇险船舶75艘，其中外籍船舶11搜，获救财产价值估算107.44亿元。较好地完成了“春运”、“两会”等重点时段和防抗台风、冬季大风等重点季节的救助任务，避免了大型搁浅集装箱船“达飞利波拉”轮、碰撞受损的危险化学品船“智利国航瑞马”轮、船体严重倾斜的“大同江”轮以及失控触礁的“JADE”轮等重大人员伤亡和海洋污染事故。此外还成功救助了集装箱船“江阴号”、舵机故障的万吨电煤船“金泰129”轮、“浙普工

51桩”轮11名船员，值守国家重点工程之一的“981”钻井平台，抗击“梅花”台风，多船支援岱山海域，守护28艘渔船近300名遇险渔民脱离险境等，有效保障了船公司和船民的生命财产安全，确保辖区海上运输事业安全发展，社会效益十分显著。

2011年上海海事局认真履行上海海上搜救中心职责，全年协调搜救行动205次，出动海事巡逻艇193艘次，飞机86架次，救助1 447人，救助成功率达95.07%。

2011年上海地方海事局成功实施搜救行动128次，救助遇险船员364人次，遇险船舶315艘次，较2010年增加15人次和155艘次。2011年上海内河救捞力量得到强化：首批通过上海市地方海事局资质认可的应急救助打捞单位达到10家，市区和各区县各有1家；内河应急救助社会力量覆盖青浦、松江、金山、闵行、宝山、奉贤、浦东、嘉定八个区县，其中，青浦拥有4个应急救助点，其他区县各有1个应急救助点，共有疏浚船3艘，打捞船20艘；各辖区海事机构拥有巡逻艇108艘、疏航艇10艘、多功能救助艇2艘、趸船44艘。

船舶供应

2011年，为营造良好的船舶供应服务环境，上海市码头管理中心制定了《上海沿海港区船舶物料及生活品供应企业质量信誉考核指标》，开展了质量信誉考核，并编写了《船舶港口服务标准》地方标准，填补了上海港船舶供应服务行业标准空白。同时，严审船舶供应服务准入，为构建优良健康市场把好第一道防线，全年船舶供应服务企业申请范围中，同意许可申请有17家次，占32.7%；不予许可24家次，占总数46.2%；注销5家次，占总数9.6%；同意变更许可（许可项目新增、减少）5家次，占9.6%；同意许可延期1家次，占总数1.9%。上海市码头管理中心还对船舶供应服务的经营船舶、车辆及相关业务人员核发标识标牌，并开辟了定时受理窗口，全年共核发船舶供应服务作业人员岗位证1 407张次，船舶供应服务专用车辆666张次，船舶供应服务专用船舶76张次。

截至2011年底，上海从事纯船舶供应服务企业约有222家，为船舶提供各种供应服务，为船舶运输提供保障。其中，围油栏供应企业13家，船舶生活品供应（含食品）61家，船舶生活品供应（非食品）105家，船员接送企业28家，船舶物料供应企业147家，国际航行船舶油料供应企业3家，国内航行船舶油料供应企业32家，船舶岸电供应企业34家，船舶淡水供应企业5家。（市交通和港口管理局《2011年上海市交通和港航发展报告》）

§3.4.10 行业管理及服务状况

法制建设

航运法律法规体系完善情况

2011年国家正式颁布《中华人民共和

国车船税法》。颁布了行政法规《中华人民共和国船舶吨税暂行条例》;国务院法制办公布《国内水路运输条例(征求意见稿)》,征求社会各界意见。财政部和交通运输部联合发布《内河航道应急抢通补助资金管理办法》;交通运输部发布了《中华人民共和国海上船舶污染事故调查处理规定》、《中华人民共和国海船船员适任考试和发证规则》、《中华人民共和国海员外派管理规定》、《中华人民共和国水上水下活动通航安全管理规定》、《中华人民共和国船舶污染海洋环境应急防备和应急处置管理规定》等。交通运输部发布了国家标准《运河通航标准》。此外,交通运输部继续开展了《航运法》的起草工作,市交通港口局积极参与起草工作,认真反映国际航运中心研究成果,并提出相关政策建议。

2011 年市交通港口局对航运相关政府规章进行了梳理和修正。对《上海市黄浦江航道管理规定》等政府规章进行了修正,并发文公布;对局规范性文件进行全面梳理后,公布了继续有效的规范性文件。

此外,市交通港口局还积极推进行业规范、标准出台,开展上海市地方标准《水上公共客运标志》制订和《船舶港口服务标准》制订;开展《上海市工程建设规范内河航道信息化设施建设标准》和《内河限制性航道设计规范》制订。

受理和审批航运行政许可情况

2011 年,市交通港口局认真落实行政审批改革工作,优化行政审批程序,提高行政管理效率和服务水平:一是积极推进行政审批标准化管理:制定业务手册;编制、修订办事指南,发布了《上海市交通港航行政审批办事指南目录》,涉及港航 38 项行政审批事项;继续开展行政审批目录梳理工作。二是进一步强化告知承诺审批工作力度。三是进一步加强审批后续监管工作。

全年市交通港航受理中心共受理港航类业务 1 176 件,办结 984 件,其中当场办结 203 件,发放各类许可证照 428 360张。

水上行政执法

2011 年上海海事局认真贯彻落实《防治船舶污染海洋环境管理条例》及有关部令、部局规范性文件,制定配套规范性文件;举办《行政强制法》等多部新生效法律法规规章的现场宣贯活动,开展专题培训,提升执法人员守法意识和执法水平;全面梳理全局规范性文件,确保实时有效;修订《政务公开指南》,制定《政务公开目录》,编制《上海海事局违法行为证据取证指南》;梳理海事行政强制行为,进一步规范行政许可的受理、审批等流程。

上海地方海事局继续加强执法力度,全系统完成各类行政处罚案件 54 980 件,较 2010 年锐减 31 000 件,同比减少 36.3%,主要是受上年世博安保工作强化行政执法力度导致基数骤增影响。其中,一般程序处罚案件 940 件,较 2010 年锐减

705件，同比减少42.9%；一般程序案件数仅占行政处罚案件总数的1.7%，较2010年减少0.2个百分点，较2009年提升1个百分点。总体上看，地方海事系统行政处罚适用一般程序的比重仍相当低，仍以适用简易程序为主，为保证及时处理案件，保障通航安全和畅通，简易程序适用存在客观必要性。

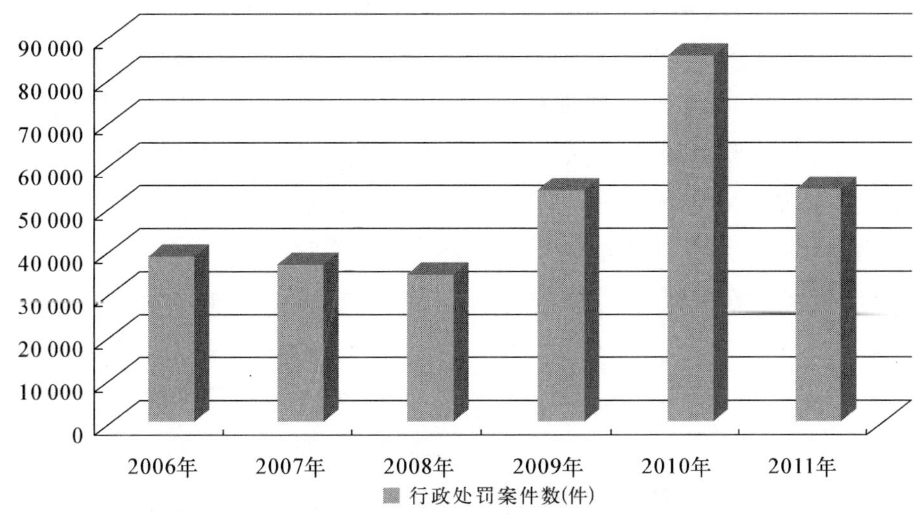

图3-4-47 2006—2011年上海地方海事行政处罚案件数

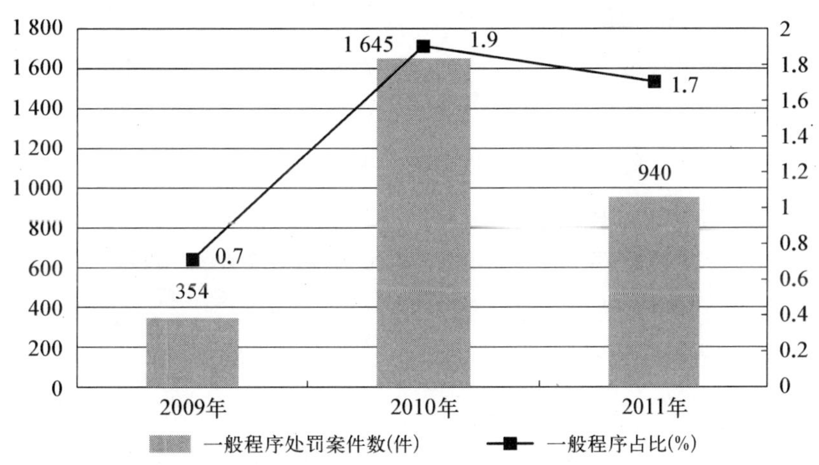

图3-4-48 2009—2011年上海地方海事一般程序处罚案件数

为加强地方海事管理部门法制建设，规范行政执法行为，上海地方海事局编制了《上海市地方海事系统海事执法业务指南》，根据交通运输部海事局《海事执法业务工作流程》，结合本市地方海事系统日常执法业务实际，汇编了通航管理类、船舶管理类、危防管理类、船员管理类、船舶检验类、行政处罚类等六大类，共35项业务，覆盖了执法依据、岗位职责、工作流程、参考执法标准、执法文书和台账等内容，为一线执法人员带来极大便利。在现有法律法规体系下，结合本市地方海事执法实际，开展了《上海航务（地方海事）系统行政处罚自由裁量标准研究》，健全上海航务（地方海事）行政处罚自由裁量权的控制程序，着力推进行政处罚自由裁量规范化、法治化、便利化。继续推进执法队伍建设，强化执法监督制度，规范行政执法行为，切实提高了行政执法人员依法行政的观念和能力，有效保障行政相对人的合法权益，切实保障内河航运安全。

行业政策

为应对国内外宏观经济环境对航运业的冲击，推进行业持续健康发展，2011年国家层面和地方层面均出台了相关政策，为行业发展提供了政策支持。

国家层面

2011年9月9日，交通运输部印发《关于加强外商独资船务公司审批管理工作的通知》，适当放宽独资船务公司市场准入条件和经营范围，规范外资航运投资，促进我国国际航运业的发展。注册在北外滩的歌诗达邮轮船务（上海）有限公司成为首例获批的国际邮轮公司。9月29日，交通运输部、铁道部联合发布了《关于加快铁水联运发展的指导意见》。12月21日，交通运输部海事局下发了《关于同意上海海事局在洋山保税港区开展船舶登记工作的批复》，明确同意将“中国洋山港”作为一个新的船籍港，对注册在洋山保税港区的企业开展保税船舶登记业务。12月29日，财政部、国家税务总局联合发布《关于交通运输业和部分现代服务业营业税改征增值税试点若干税收政策的通知》，率先在上海市开展交通运输业和部分现代服务业营业税改征增值税试点，以有效降低产业链的物流成本。

地方层面

4月23日，市发展改革委、市建设交通委、市物价局和市交通港口局联合发布《关于规范本市集装箱运输服务有关收费行为的意见》，以缓解物价和费用上涨对运输企业经营的压力，进一步促进本市集装箱运输业健康发展。

10月18日，为贯彻落实国发〔2011〕2号文件精神，上海市政府发布了《上海市人民政府关于加快本市内河水运发展的意见》（沪府发〔2011〕68号）文件，提出七项发展内河水运的重要任务，明确了支持发展的政策，为加快内河集疏运体系建设提供财税金融政策保障。

水上安全监督管理

2011年，本市交通港航各级管理部门切实履行安全生产和管理职责，积极落实各项安全措施，确保行业安全生产形势总体受控。

通航安全管理

2011年本市部直属海事部门全年共开展“安全生产月”、“商船渔船安全警示”、“渡口渡船安全大检查”、“渣土水上中转运输”等 7 项专项整治活动；有效应对“米雷”、“南马都”强热带风暴，“梅花”超强台风，实现重点船舶、重点区域、重点时段和重点环节的安全管理；开展空中巡航，充分协调航管部门，主动拓展常规巡航空间，初步构建立体巡航模式；完善事故调查处理程序，形成事故调查“深层次调查”、“后续处理”和“后评估制度”闭环流程，先后组织召开 5 次辖区险情、事故、搜救行动典型案例后评估会，为优化上海港通航环境奠定坚实基础。

市交通港口局进一步加强水上安全监管。一是完善安全管理体系：落实安全生产责任，调整市交通港口局安委会组成人员，及时部署年度安全工作；与相关局属事业单位和两级管理区县交通主管部门签订年度安全监管责任书；下发 2011 年安全生产专项工作任务分解表；制定安委会成员单位安全生产工作职责和局安委会及其办公室工作制度；印发上海市交通港航系统安全督查试行办法；建立水陆危险品运输行业及市交通港口局安委办安全联络员季度例会制度。二是强化安全源头管理，完善长三角交通港航安监、安保、应急处置合作等制度，实现上海与周边地区（嘉兴、湖州、苏州）水上危险品运输联防联控机制。三是加强日常安全检查：开展了苏州河底泥疏浚通航安全专项检查和“两会”前安全常规检查，开展“春节”、“国庆”前安全检查，加强安全隐患全面排查整治。四是开展各类专项行动：开展了“安全生产年”、“安全生产月”和开展严厉打击非法违法生产经营建设行为专项行动；编写加强本市内河跨航道危桥整治建议，开展内河（京沪高铁）沿线安全环境打非整治行动；做好本市渡口渡船安全管理工作，并做好《中华人民共和国水上水下活动通航安全管理规定》的贯彻落实；印发市交通港口局防汛防台应急预案并开展防汛防台大检查，在强台风“梅花”袭击本市时确保了水上交通安全。

市地方海事部门认真贯彻落实部海事管理部门和市交通港口局关于水上安全监管的工作要求，围绕“把口管理、腹地巡航、船岸双控、区域联动、人技两防”的安全监管方针，加强内河通航安全监管：一是制定《2011 年上海内河港航安全工作指导意见》，细化出 5 大类 78 项安全工作任务，形成全年安全工作有目标、有措施、有跟踪、有考核的精细化管理机制。二是与各辖区海事处签订《安全管理工作责任书》、建立安全工作联络员队伍和安全监管网络，延续世博会领导分片对口联系的有效做法，形成安委会统一领导和协调、处领导班子成员分片对口联系区县海事处和市区两级分级负责的安全责任体系，建立了扁平化调度指挥机制。三是与涉水部门和周边内河管理部门加强联合监管，形成管理合力，联合水务、堤防、环保、消防、救助等多家涉水单位加强内河安全综合监管；巩固与江浙等毗邻地方海事联席会议机制，密切长三角毗邻海事合作机制；执行“地方船检一把尺”，深化江浙沪船检互认机制；与水上公安机关签订联动联勤协作协议，以制度形式固化双方协作关系。四是继续调整功能定位、优化资源配置，在与江浙两省交界处的主要内河航道设置省际检查站，加强对入沪船舶的把口管理。五是实施“网格化巡航”机制，实施“全过程、全方位、全天候、全覆盖”管理，在黄浦江上游、吴淞江、蕴藻浜、大治河、淀山湖等重点水域全面实行网格化巡航，专门成立直属巡逻中队，联合闵行、松江、青浦三个辖区海事机构，实现市区二级联动，强化统一执法。六是相继开展“安全生产年”、“安全生产月”、“百日督查”、内河港航安全大检查、治理超载行动等专项活动。七是对可能严重影响通航安全和水域防污染的 12 个内河涉水工程项目组织开展了通航安全评估；加强在建水工项目全程监管，每个月对辖区在建项目开展通航安全巡查。

全年上海市内河辖区共发生内河水上事故 10 起，同比上升 25%；无人员死亡，同比下降 100%；沉船 8 艘，同比持平；直接经济损失 394.4 万元，同比下降 14.1%。

船舶监督管理

本市海事管理部门全年共实施港口国监督检查 818 艘次，海船安全检查 1 622 艘次，内河船安全检查 3 096 艘次，实施开航前检查 178 艘次；结合新安检规则的实施，推进船舶安检工作规范化建设，分别制定港口国监督检查、船旗国安全检查、开航前检查以及禁止离港和解除禁止离港审批四项工作程序；贯彻落实《游艇安全管理规定》，加强上海港游艇备案管理和日常监督管理；加强船籍港管理，做好船籍港国际航行船舶境外滞留应急处理、跟踪处置、调查处理等相关工作；加强船检机构管理，打造船舶生命周期全过程控制链；以上海港籍自卸式运沙船检验质量为试点，探索船籍港船检质量预防性控制机制；实施船舶识别号管理，全年授号船舶共计 2 456 艘；全年共办理各类船舶登记及相关业务 3 701 艘次，2011 年上海港在册登记船舶 2 182 艘，总吨 15 198 917。

危险品和防污染监督管理

本市海事管理部门继续开展危防申报、作业单位备案与诚信管理，逐步完善船舶污染监视监测手段；组织开展船舶污染应急演练；实施船舶污染清除作业单位资质管理和防治船舶污染应急能力专项验收工作，督促船舶、装卸油类码头制定完善溢油应急计划，并加强应急设备配备和应急能力建设；实施船舶垃圾接收申报、污染危害性货物申报等新增申报审批项目无纸化工作，完善船舶载运危险货物和船舶防污染申报审批系统；继续开展集装箱查验工作。

市交通港口局认真落实防治船舶污染相关工作。一是落实是编制本市防治船舶及其作业活动污染海洋环境应急能力规划。二是认真落实《上海市饮用水源保护条例》，保障市民饮用水安全。三是研究推进内河船舶污染责任保险。

船员管理

本市部海事管理部门注重从源头上加强船员管理工作，规范船员市场运作，提升船员队伍素质，完成船员适任知识培训教材更新编写；加强船员培训日常监督检查，船员培训监督检查率、辖区21家培训机构监督检查覆盖率和培训项目监督检查覆盖率均达到100%；做好船员服务机构监督检查，对辖区23家甲级服务机构和32家乙级服务机构实施监督检查率达到100%。

本市地方海事管理部门继续加强船员资格管理，2011年，船员适任证书考试人数为577人；内河船员特殊培训考试1 183人，其中，内河船舶船员基本安全培训考试801人，内河客船船员特殊培训考试305人，内河油船船员特殊培训考试77人；发放船员适任证书1 485本，其中，一类船舶、二类船舶、三类船舶、小型船舶各为476本、505本、387本、117本，发放船长和轮机长适任证书分别为433本、255本；发放船舶培训合格证书2 213本。

水上搜救和应急处置

本市部海事管理部门认真履行上海海上搜救中心职责，全年协调搜救行动205次，出动海事巡逻艇193艘次，飞机86架次，救助1 447人，救助成功率达95.07%。注重“一案三制”建设，加强搜救中心相关成员单位的联系与沟通，修订《上海海上搜救和船舶污染事故专项应急预案》，首次召开上海市搜救工作会议，将海上搜救工作纳入市政府日常工作议程，初步成立水上搜救志愿者队伍；成功处置“智利国航瑞马”轮等多起水上突发事故或险情，受到上海市政府通报嘉奖；组织上海港首次大型国际邮轮综合搜救演习，社会反响良好；联合日本海上保安厅广岛分部举行“2011中日海上搜救联合通信演习”。

2011年，本市地方海事管理部门进一步提升内河水上交通事故应急处置能力和水平，成效显著。一是加强“一案三制”建设，健全应急体制机制：开展《上海市内河交通事故应急预案》修订工作，基本完成内河交通事故、船舶污染事故、防台防汛及处置雨雪冰冻雾灾害等4项市级应急预案的修编，完善了全系统的应急处置预案体系，进一步规范搜救工作；积极推进搜救资源整合机制，鼓励社会多形式、多渠道参与内河水上搜救活动，根据《中华人民共和国防治船舶污染海洋管理条例》内对各地方政府建立防污染应急体系的明确要求，积极研究体系建设，呼吁政府加快内河搜救的地方性立法工作。二是建立行业应急救助和管理专家库，着手建设三级水上搜救体系：计划通过3年时间建立市级搜救中心、区级搜救分中心、站级搜救点三级架构的内河水上搜救体系，上海内河水上搜救中心，宝山、金山水上搜救分中心已正式投入运营。三是加强搜救能力建设，提高搜救技术水平：进一步加强社会力量应急救助点的建设，借助社会力量、专业力量在松江叶榭、青浦淀山湖(含急水港)、吴淞江泗江口筹备建立了三个集人命搜救、船舶救捞、污染物清除、碍航物清理等功能的内河综合应急救助基地；进一步优化《上海市内河水上交通安全监督和救助系统布局规划与实施方案》中的有关研究理论，完善具备监测监控、预测预警、信息报告、辅助决策、调度指挥和总结评估等功能的水上应急平台，建立风险隐患数据库，进一步推动上海内河搜救中心的建设；加强内河搜救训练和各类专项演练，举办系统内搜救业务知识培训班。

水上交通安全服务

本市海事部门全年接收船位报告 337 059 艘次，实施助航服务 1 685 艘次，避免险情 2 476 起，发布水上服务短信息 536 829 条，水上服务信息广播 51 167 条，恶劣天气告知 5 730 次，实施交通组织 56 469 次，处置重大安全通信 24 件。

航运科技进步与创新

2011 年，上海航运科技进步和创新继续取得突破，以现代通信和信息技术为载体的技术革新，正在引领航运业加快转型升级。

节能减排推进情况

2011 年市交通港口局全面落实国家节能减排政策，推动资源节约型、环境友好型交通发展，统筹推进港航行业节能减排。加快推进老旧船提前报废、提高装备环保水平，积极落实国家老旧船舶提前报废财政补贴政策，引导本市长江干线船舶提前淘汰，年内完成 8 艘(合计 1 564 总吨)长江干线船舶的提前拆解资金补贴审核工作并汇总上报市财政局。开展了内河船舶新能源技术研究，探索油电混合动力船舶技术应用的可行性和经济性。

为推进节能减排，航运企业纷纷订购大型集装箱船舶，加快淘汰老旧船舶，如：中国海运与科研机构合作开发 14 100 标准箱集装箱船、32 万吨 VLCC 等新船型，2011 年交付 6 艘 14 100 标准箱船，实现万箱船零的突破。航运企业积极推行“绿色航运”，做好节能减排工作，以降低污染、保护和改善人类生存环境。中海集运是最早采用船舶岸电技术的中国船东，在国内首家参与美国洛杉矶港务局的岸电改造计划，并与上港集团等共同推动我国船舶岸电技术研发和推广工作。2011 年中远集运致力于环境保护和能源节约，荣获“车船路港千家企业低碳交通运输专项行动先进企业”称号，通过科技成果推广、技术改造降低能耗。

航运信息化建设情况

市交通港口局高度重视推进交通港航信息化建设，开展了交通港航信息化顶层设计。并在总体规划基础上优化细化架构设计，指导交通港航全系统以及行业层面各项信息化重点工程有序推进，避免重复建设，确保资源整合和信息共享。

上海地方海事局加快推进内河信息化建设，提高内河管理和服务水平：

一是整合 AIS、VHF 以及应急联动软件平台，成功开发并应用了“上海内河交通管理与应急联动系统”。该系统包括签证、港口作业、黄浦江旅游即时情况、各类事故应急处置、GPS、AIS 日常监管系统管理等功能，于 2011 年 8 月 15 日开始试运行，各区县通过系统及时传递突发内河事故信息，为水上交通安全管理及事件应急处置工作提供新型的管理手段。

二是启动船联网建设。2011 年，由江浙沪共同申报的“长三角航道网与京杭运河水系职能航运信息服务（船联网）应用示范”项目被列入国家物联网应用示范工程，主要结合两省一市内河航运发展的信息化建设实际，搭建长三角航道网及京杭运河水系智能航运信息综合服务平台，实现对航行环境的全方位感知、监控和综合信息服务，保障全天候安全畅通航行，提高水路运输效率和质量、改善运输安全性、提高工作效率。同时实现交通运输部与示范省市间、示范省市相互之间以及本系统与交通运输部其他相关系统间的船舶数据、船公司数据、船舶动态信息、航道地理信息、载货信息及检查、执法信息的共享。上海地方海事局积极参与船联网建设，已开发应用了船联网的移动政务短信平台、船舶助航预警、水位远程实时监测等三个应用系统，社会反应良好。船联网是长三角内河航运信息一体化的重要载体，高度整合了内河信息资源，将对今后行业管理工作机制、业务协调、水运信息服务等都会产生深远影响。

三是完成《上海市工程建设规范——内河航道信息化设施设置规范》并通过技术审查；完成苏州河综合视频监控项目的所有外场建设。

四是积极做好上海内河辖区 AIS 基站布设和信号共享工作。

五是完成了对全市内河通航水域重要设施地理信息的排摸、测量和数据整合工作，为加强安全管理提供了强有力的技术支撑。

（市交通和港口管理局《2011 年上海市交通和港航发展报告》）

§3.5 机场和空运

§3.5.1 上海机场客货运态势持续平稳

2011 年，上海机场安全运输态势持续平稳，浦东、虹桥机场分别实现了第 12、第 24 个安全年，实现了“十二五”时期各项工作的良好开局。客运指标平稳增长，货运指标略有下降。全年航班起降 57.39 万架次，同比增长 4.14%；其中浦东机场为 34.41 万架次，增长 3.6%；虹桥机场 22.98 万架次，增长 4.96%。旅客吞吐量

7 456.01 万人次，同比增长 3.73%；货邮吞吐量 353.94 万吨，同比下降 4.56%，其中浦东机场货邮吞吐量 308.53 万吨，已连续 4 年在全球机场排名第 3，国际（地区）货邮吞吐量占到全国民航国际（地区）货邮吞吐量的 58%；虹桥机场货邮吞吐量 45.41 万吨，分别下降了 4.42%和 5.47%。

上海是以浦东机场为核心建设上海航空货运枢纽。2011 年，吸引了中外 21 家全货运航空公司和 31 家航空公司的货运包机通航浦东机场，全货机承运的货邮已占浦东机场进出港货邮总量的 70%；吸引和集聚了 UPS、DHL、FedEx 等大型国际物流集成商在浦东机场建设和运营转运中心。

浦东机场货运航线网络覆盖了除南美洲以外的国际城市和超过 63%的国内城市，国际通航点和全货机国际通航点达到 112 个和 38 个。目前，已基本确立了国际航空货运枢纽地位。

表 3－5－1　2011 年上海机场三大运输生产指标表

项目名称	单位	数值	同比增长
航班起降	万架次	57.39	4.14
浦东机场	万架次	34.41	3.6
虹桥机场	万架次	22.98	4.96
国内航线	架次	390 996	2.62
国际航线	架次	132 036	5.34
地区航线	架次	43 028	12.60
旅客吞吐量	万人次	7 456.01	3.73
浦东机场	万人次	4 144.77	2.14
虹桥机场	万人次	3 311.24	5.79
国内航线	万人次	5 228.84	2.39
国际航线	万人次	1 609.09	6.04
地区航线	万人次	618.08	9.72
货邮吞吐量	万吨	353.94	−4.56
浦东机场	万吨	308.53	−4.42
虹桥机场	万吨	45.41	−5.47
国内航线	万吨	81.68	−5.12
国际航线	万吨	232.95	−3.46
地区航线	万吨	39.31	−9.55

§3.5.2 上海机场硬件设施、保税区和物流集成运作状况持续完善

2011年，上海机场硬件设施持续完善。全力推进浦东机场第四、五跑道工程建设前期工作。项目建议书已获国家发展改革委批复同意；完成了第四跑道（除西平滑工程）地基处理和排水工程及西平滑堆载工程，以及第五跑道一阶段工程地基处理及排水工程、水域区堆载吹填沙600万立方米；12月全面开始第四跑道道面和第五跑道一阶段拖机道道面工程建设。虹桥机场东跑道大修工程于6月15日按期开工，经过5个多月的不停航施工，于12月20日完成大修工程。浦东机场T1航站楼改造工程有序推进，成立了上海机场建设指挥部T1改造分指挥部，完成了改造方案的研究制订和预可研报告的编制；西货运区的DHL北亚转运中心工程建设完成了主体结构施工。

经过多年努力和前瞻性规划与建设，浦东机场在国内首创了货运操作区与综合保税区融合运作的模式。截至2011年底，浦东机场拥有一个综合保税区、三个货运区、一条全货机专用跑道和38个全货机停机位的货运设施规模，具备了年500万吨货邮的处理能力。

2011年，上海机场集团公司与上海海关签订战略合作备忘录，共同强化浦东国际机场航空货运枢纽地位；积极配合实施浦东机场综保区二期封关运行，促进浦东机场西货运区功能的有效发挥；根据市政府和民航局领导要求，研究制定货运枢纽建设行动方案；进一步加强与国际大型航空物流集成商战略合作，推动和支持四大物流集成商基地建设和运营工作。（《2012年上海经济年鉴》、上海机场集团）

§3.6 仓 储

§3.6.1 2011年仓储企业运营情况典型调查

根据中国物资储运协会对60个大型会员单位的统计，2011年样本仓储企业生产经营状况基本良好，但也有一些不稳定因素。

主要经营指标完成情况

预计主营业务收入280亿元，比上年增长16%，利润4.83亿元，增长12%。货物吞吐量8 281万吨，比上年减少60万吨，社会平均库存期末462万吨，比上年减少9万吨；货物周转次数为8.96次，比上年下降0.64次，库房空置率1.5%，比上半年增加1.2个百分点，现货市场席位出租率为89%，下降7个百分点。

仓储企业生产经营的主要特点

一是下半年业务量下降幅度较大。由于制造业增速下滑和货币政策偏紧的影响，致使采购数量下滑。加上大宗商品价格上涨和波幅过大，使许多贸易商在等待观望，直接影响到生产资料如钢材、有

色、塑料等的流通量。尤其在8月份之后,库存物资明显减少。上海、广州等沿海地区,货物吞吐量下降幅度高达15%—22%。

二是货物周转次数放慢。2011年为8.96次,比2008年的9.5次、2009年的9.25次、2010年的9.6次低了0.54、0.29和0.64次,意味着货物流通放慢、在库时间延长和资金周转不灵活。

三是仓储业务利润主要来源于增值服务,业务构成和收入构成发生重大变化。传统的保管业务盈利为负,而货运代理、现货市场、质押监管、加工、配送等业务均盈利。库房业务收入超过货场业务收入,比上年增长26%,而货场业务收入出现负增长。说明客户对库房的需求增加,对露天货场的需求减少。这或许会成为一个转折点。

四是铁路运输业务收入增长43%,大大高于以往年份。在公路运输受道路通行费、油耗、乱罚款等因素的影响下,越来越多的客户选择了铁路运输。但也有一些企业反映,铁路部门的运力申请依然很难得到批准,取送车费逐年增高,影响企业使用铁路的积极性。

五是电子商务物流、电视购物物流对仓储的需求增长。一些仓储企业已在与京东商城等单位合作,提供电商物流服务。中储沈阳公司为辽宁电视购物提供仓储配送服务,每天分发1.2万件商品。

六是金融物流业务增长38%,低于往年的增长速度,但依然属高速增长。2011年该项业务尚未出现大的风险事件。主要得益于管理力度的加大和客户选择的优化。

§3.6.2 2011年仓储行业重要事件及影响

国务院办公厅38号文对仓储业的影响

国务院办公厅下发38号文《关于促进物流业健康发展政策措施的意见》中,多处条文与仓储业有关。主要包括:结合增值税试点,尽快研究解决仓储、配送和货运代理等环节与运输环节营业税税率不统一的问题;研究完善大宗商品仓储设施用地的土地使用税政策。既要促进物流企业集约使用土地,又要满足大宗商品实际物流的需要;加大对物流业的土地改革支持力度。科学制定全国物流园区发展专项规划,对纳入规划的物流园区用地给予重点保障;明确物流业类别;整合物流设施资源;加大对物流业的投入。加快推动适合物流企业特点的金融产品和服务方式的创新、积极探索抵押或质押等多种贷款担保方式,进一步提高对物流企业的金融服务水平。将对我国仓储业发展有重要影响。

城市驱赶仓库的速度加快

几乎所有大中城市都在扩容,以城市总体规划变更、组建新区、经济区等方式扩大城市规模,各省会城市、重要节点城市都在进行新城建设。其主要原因是人口聚集、产业转移、经济发展的速度快,原有土地已经无法容纳社会和经济发展规模，也有政绩考核、政绩工程、土地财政的驱使。这就使大批仓库被规划掉，在此情形下，一部分仓储企业改行，将土地开发了事；一部分仓储企业被迫外迁。而外迁又没有足够的仓储用地供给，或者因为土地价格连年攀升而无力重建。据中国物资储运协会调查，大约有40%的仓储企业已经或在今后几年中遇到搬迁问题。

集约节约使用土地和仓储业大量用地的矛盾更加突出

从国家土地控制的情况看，18亿亩耕地的红线已经逼近。2008年，耕地拥有量18.257亿亩，而建设用地的需求逐年增加，2010年批准建设用地48.45万公顷，是2003年的9倍多。而仓储业是占用土地较多的行业，每万平米土地最多只能建5 000米^{2}库房，道路、停车场、装卸区、辅助区、绿化等占用地较多。无论堆存或使用货架，库存容量都是有一定限度的。由于土地严控，目前许多物流园区，其土地都尚在规划和等待土地指标之中。

另根据国土资源部的公报，2008年我国出让土地16万公顷，总价9 600亿，平均600元/m^2；而2010年出让土地29.15万公顷，总价2.71万亿元，平均926.3元/米^2，价格上升50%以上。2010年工业用地平均地价为629元/米^2，合41.95万元/亩。地价的升高，增高了仓储成本，从而提高了仓储租金。北京、上海、广州、深圳高等级仓库租金每平米天分别达到1.1元、1.2元、1.3元、1.4元。

物流企业拿地难度增大

物流园区建设热情高涨，但由于地方政府在容积率、投资强度、税收贡献、就业人员等四个方面提出较高的要求，物流企业拿地的黄金时期已经过去。自2003年国家发出清理整顿园区的文件后，物流园区得到了空前的重视和发展。其主要原因：一是物流园区是充分综合使用土地和物流设施的形式，有客观的物流需求；二是土地稀缺、升值潜力巨大。任何业务的利润率都无法和土地升值率相比。同时，土地资本化后，企业的资产总额会成倍增加，信用等级大幅度提升；三是物流园区成为政府的抓手。

三十年来各种各样的园区经济给当地政府带来GDP增长的经验，物流聚集会为商流和投资创造条件，使物流有可能成为下轮经济增长的领头羊。所以几乎各地政府都在把物流业规划为当地的主导产业，以期吸引投资，聚拢资金，增加就业，增加税收和土地出让收入。

在土地紧缺和GDP考核以及财政支出的压力下，政府在招商时规定了招商条件，比如投资强度每亩150万元以上，每年税收在20万元/亩以上，建设容积率大于2等。土地取得成本和使用成本高涨与仓储企业微利的矛盾突出。仓储业营业税从5%降到3%的可行性增大，但需要与增值税改革相结合。如果不开展增值服务，仓储业的收入利润率大约只有

2.5%，资产利润率不到1%。而营业税为5%，房产税12%，所得税25%，能用于积累的资金很少。仓储企业期望依靠土地升值积累资金，出现了就是不赚钱也要占地的怪现象。这些条件驱使物流园区向商贸园区、总部园区方向发展，向投资回收更快的项目倾斜。

仓储物流中心成为物流业竞争的焦点之一

京东商城将在沈阳建东北地区总部，投资15亿美元建物流中心和改善技术装备。苏宁规划在广州建华南地区总部，其物流中心占地面积18万平方米，建筑面积19万平方米。拥有30万个货位。同时规划60个物流中基地，其中已建成的北京、杭州、南京、沈阳、成都、合肥、无锡七个，即将动工的广州、天津、青岛、徐州、重庆、厦门、北京二期七个。可以看出，凡是商贸流通企业都极为关注物流基地的建设，一方面是业务扩张的需要，区域物流中心是扩展的必要条件。另一方面，现有的物流设施远远落后于大型商贸企业的需求。几年前，就出现总量10万平米，单体库2万平米的需求，现在又增长为总量20万平米，单体库4万平米的需求。目前没有一家仓储企业有此能力。

§3.6.3 2012年仓储业发展趋势展望

仓储与运输配送企业的融合趋势

根据有关方面对全国34家五A级物流企业和33家两业联动示范企业的调查，有64家企业拥有自己的仓库和仓储业务。同时大型电子商务公司如阿里巴巴、京东商城等都在大规模建设自有库房；快递企业和网络性运输企业也在建设自己的货物集散中心。越来越多的物流活动需要在仓库中进行，统计上述67家企业的仓储服务项目，多达40多项。此外，特种仓库的需求量也会增加，如冷库、医药、化工危险品、煤炭、食品类仓库等。

物流中心和物流园区的布局将会调整和规范

一方面，我国经济结构调整和产业结构调整变化较大，中西部物流增速加快；另一方面，大宗商品的流量和流向及货品结构也发生变化，使物流设施也相应变化。但无论何种变化，都需要认真解决物流园区科学规划问题，园区规模应该与其承担的功能相匹配，物流园区的选址应该与综合运输体系结合在一起。当前最大的危险是借发展物流园区的名义造城，不顾实际需要盖高楼、建大厦、办市场、造酒店。基础物流设施建设被忽视，全国铁路专用线已从1.8万条减少到9 700条，能进行海铁联运的码头屈指可数，公路主枢纽规划早落实少，值得担忧。

仓储业将进入高技术发展时代

一是更广泛应用信息技术，增加计算机应用的覆盖面；二是更广泛使用机械化、自动化的装卸搬运技术和分拣技术。这是因为人力成本持续上升，必须用机械化、自动化、信息化来取代人力。同时货物的精细化,要求设备和作业的精细化,以提高效率和准确度。三是引进和应用先进的仓储管理技术,如看板管理、精益管理、持续改进、平衡记分卡等。当前一个时期,是我国经济结构调整的关键时期,也同样是物流设施调整的关键时期,调整好了,会对经济有促进作用,调整不好将会拖经济的后腿。物流布局不当会加大物流成本,从而会增加商品流通费用,推高物价,造成浪费。

商贸与物流的融合趋势

一是物流企业更加主动为商贸企业服务,二是越来越多的商贸企业开始进入物流领域,比如厦门建发、象屿集团、开滦物流等;也有越来越多的物流企业开展商贸活动,如中储股份、中铁物资、厦门嘉晟等。商贸企业做物流,可以增加服务功能,争取更多客户,保证货物安全。物流企业做贸易,可以充分利用资源,增加信贷额度,分得商业利润。但也有专家担心,商贸与物流一体化会降低专业化的高效率。

仓储物流与制造业联动

根据国家发改委运行局的联动案例分析,两业联动的广度、深度都有较大进展。联动的模式主要有:供应商管理库存,越库操作,入厂物流、采购物流、销售物流、加工、组装、质押融资、巡回取货、调达物流、项目总包、区域总包等。有许多物流企业还与制造业合资成立物流公司,为原厂提供专业化物流服务。

公共物流园区和租地建库的创新模式将会扩大

在广东等建设土地稀缺地区,已出现了租地建库的趋势。即土地所有者不再将土地50年使用权一次性出让给物流企业,而是采取土地租赁方式,租期一般在20年之内,租金每年支付。这样做的好处是土地利用灵活适应了城市发展的需要,政府减少对土地财政的依赖,物流企业一次性支出成本降低等,但也使物流企业的投资缺乏安全感和长期性。有关部门应研究完善公共物流园区和租地建库并行的方案,即在适合建物流设施的地区规划物流园区,土地属国有,用途为物流,政府建物流设施,物流企业租用;也可由企业租地建库,租期为30年,租金每月或每年支付。到期后如果土地规划不变,原租地企业优先续租。如果变更,则依法收回土地,并给予补偿。应规定土地只能用于物流活动,不允许随便改变用途,不允许转租,物流设施占地面积需超过用地面积的50%。这样的好处是使城市拥有较为长期的物流用地和物流设施,减少对土地的炒买炒卖,降低物流企业的负担等。

§3.7 国际货代

上海正在加快国际经济、金融、贸易和航运中心建设步伐,国际航运中心建设是上海“四个中心”建设的重要突破口。洋山国际深水港、洋山港保税港区的投入运营，不仅有力地推进了上海国际航运中心的建设，也为上海乃至长三角地区的物流货代业的发展带来了新的发展机遇。

据统计，上海市共有国际货运代理企业 7 000 家左右，约占全国国际货代企业总数的 25%。在 2011 年度全国国际货代物流百强综合榜评比排名活动中，公司注册地在上海并进入百强排名的国际物流企业占总数的 25%。

这些企业中除有中国外运、中远、中海等业内领先的国有大型知名企业外，也有本地大型综合物流企业东方物流集团、上港物流、锦海捷亚、港中旅华贸等，又有国际著名综合物流外资大型企业敦豪、德迅、泛亚班拿等。随着我国改革开放的不断深化，特别是 2004 年货代审批制的取消，上海国际货运代理企业呈现快速增长的态势，一大批国际物流企业纷纷入驻上海，一大批民营企业进入货代行业，民营、外资货代企业数量占行业比例急剧上升。国有、民营企业的服务水平、管理理念也不断提高，与外资企业同台竞争，相互促进，相互补充。现国有、外资、民营国际货代企业以三足鼎立的态势，承担着上海口岸 70%以上的进出口运输代理业务，是上海国际航运中心建设的一支重要力量。

随着经济全球化进程加快，上海已逐渐成为跨国公司设立亚太地区运营总部或采购中心的战略要地，这为上海国际物流货代业发展提供了良好契机。一批来自经济发达国家和地区的外商独资国际货运代理企业和综合物流企业已在上海注册中国运营总部，带来了大量国外先进的管理理念和行业专业人才，尤其是在发展生产性服务业——物流业方面，为我国转变经济增长方式、大力促进服务业发展，提供了大量宝贵的学习、借鉴的发展模式和经验。

（上海市国际货代行业协会）

第四篇　口岸物流（国际物流和保税物流）

§4.1 概　　述

2011年，上海口岸货物进出口总额首次突破一万亿美元，达1.065万亿美元，比2010年增长17.3%，占全国货物进出口总额的29.3%。

据上海市口岸服务办公室统计，2011年，长三角的江浙沪三省市经上海口岸进出口额占到了上海口岸进出口总额的85.5%，比上一年下降1.6个百分点；而部分中西部省区市进出口快速增长，安徽、湖北、四川和重庆的企业当年经上海口岸进出口均超过百亿美元，且增幅均在30%以上，说明上海口岸服务全国的功能进一步凸显。

上海口岸2011年的进出口、出口和进口增速均低于全国平均水平，进出口总额占全国比重自2001年以来首次下降到30%以内。

上海市口岸服务办公室认为，上海口岸外贸三项指标增速低于全国平均水平，一方面是因为以往基数比较大，另一方面与上海口岸所服务的进出口商品类型以易受外需萎缩影响的机电产品为主有关，且进口价格高涨的初级产品占上海口岸进口比重较低，导致出口和进口增幅分别比全国平均水平低了3个和7.6个百分点。

以机电产品为例，上海口岸2011年出口3 920.1亿美元，比2010年增长13.8%，低于当年上海口岸出口总体增速3.5个百分点。

上海口岸2011年高档消费类产品进口持续强劲上升，汽车、钻石、服装、手表进口金额分别比2010年增长46.1%、67.5%、70.4%和71.4%。

上海口岸货物进出口总额即外贸实际进出量，是指企业在全国各地海关（包括上海海关）报关，最终通过上海口岸进出口的货物统计。上海口岸货物进出口总额要大于上海海关对本关区的外贸统计，更是远远大于上海市的进出口。2011年，上海关区进出口货物总额为8 123.1亿美元，上海市进出口货物总额为4 374.4亿美元，均比2010年增长18.6%。

§4.2 年度动态信息

§4.2.1 《上海口岸服务条例》颁布实施

上海市第十三届人大常委会第三十次会议通过的《上海口岸服务条例》于2012年3月1日起实施。

作为全国最大口岸的上海首次为口岸综合管理立法，是上海贯彻落实《国务院关于推进上海加快发展现代服务业和先进制造业建设国际金融中心和国际航运中心的意见》这一国家战略的重要举措，是一部为航运与贸易中心建设"护航"的基础性地方法规。

《上海口岸服务条例》在起草过程中体现了法治政府、服务政府的理念，从建设便捷、高效、安全、法治口岸的需求出发，将"三个服务、一个规范"作为立法重点，即为口岸查验机构依法履行职能提供服务保障，为口岸运营单位申请口岸开放提供服务保障，为口岸相关企业发展提供服务保障，同时规范地方政府口岸开放管理行为。

以"临时接靠"为例，自2006年8月至2010年底，因口岸建设、应急保障、科研考察等特殊原因，需要在上海尚未对外开通启用的码头、航站楼、车站等作业区"临时接靠"的国际航行船舶达6 281艘次、国际公务机达16架次。但是，"临时接靠"一直缺少明确的法规依据，需要地方立法予以制度确认。《上海口岸服务条例》在总结多年实践经验的基础上，对"临时接靠"的适用条件、管理主体、管理流程等作了明确规定。

口岸开放涉及国家主权，未办理相关手续擅自接靠国际交通运输工具是严重的违法行为。为确保口岸开放管理的严肃性，《上海口岸服务条例》规定，对此类违法行为由上海市口岸服务部门责令改正，没收违法所得，并处两万元人民币以上十万元以下罚款。

对于上海在全国率先提出并实施的"大通关"工程，包括"5+2天"通关工作制和多种形式的通关模式创新，《上海口岸服务条例》通过立法形式进一步予以明确，体现了上海口岸服务上海、长三角以至全国的重要性。

§4.2.2 上海海关促进上海物流业发展

支持上海物流中心建设

物流业涉及领域广、产业带动力强、吸纳就业人数多、促进生产与拉动消费作用大，在上海建设国际经济、金融、贸易、航运中心过程中起到重要作用。为推动上海物流中心建设，上海海关认真总结近年来的工作经验，不断健全工作机制和方法，对具体措施进行分工部署，明确牵头部门和进度要求，有序推进各项举措落实。同时，按照市委、市政府提出的"创新驱动、转型发展"的总体要求，根据关党组确立的"创新发展，服务全国，走在前列"

的12字工作基调和目标，把物流业作为服务经济发展的一项重要内容，积极营造有利于物流业发展的政策环境，推动上海物流业能级提升，更好支持上海物流业在全国的引领示范作用，不断提高上海物流业服务全国和参与国际竞争的能力，为加快“四个中心”和社会主义现代化国际大都市提供物流保障。

截至2011年底，上海海关在推动现代航运服务体系、现代航运集疏运体系、国际航运发展综合试验区、邮轮经济建设上取得了一定成效，不断深化分类通关改革、推动甩挂运输市场发展、提高科技服务能力，持续发展“水水中转”、建立空运货物服务中心、推动启运港退税政策、推广国际服务外包业务保税监管模式、实施以设计公司为龙头的集成电路产业链保税监管模式，同时，对融资租赁、期货保税等新型贸易业态开展了一定的理论和实践探索。

2011年，上海海关共监管进出口货物总值8 123.1亿美元、集装箱2 219万TEU、进出境人员2 275万人(次)、统计报关单1 730万份，同比分别增长18.6%、5.8%、4.4%和3.0%。上海口岸税收流量4 237.1亿元，占全国海关税收的26.3%；实征入库3 526.5亿元，同比增长33.7%；转关运输转出税款710.6亿元，同比增长8.2%，占实征税款的20.2%。上海海关还连续第7年在上海市窗口行业社会公众满意度测评中位列前两位，连续第三届被授予上海市文明行业。

服务物流中心建设举措

上海海关针对服务物流中心建设，制定了一系列的措施方案，取得了一定的成效，主要体现在以下几个方面：

1. 落实并完善启运港退税政策试点

此项措施由市财政局、市地税局、上海海关和市交通港口局共同牵头。2011年，上海海关积极参加市财政局牵头召开的工作会议，就其草拟的相关方案提出上海海关意见，并及时向海关总署作专题汇报。6月，海关总署向国家发改委、财政部、税务总局和外汇管理局发出《海关总署关于启运港退税政策试点工作征求意见的函》，就海关总署起草的《关于启运港退税政策试点的通知(征求意见稿)》和《海关关于启运港退税政策试点操作规程(征求意见稿)》征求上述单位的意见。该操作规程主要明确了两个方面内容：一是对于适用启运港退税政策的出口报关单，启运地海关在货物出口报关放行后，依企业申请签发出口货物报关单证明联，并在出口报关单“出口日期”栏目加注货物离开启运港的实际日期，同时海关向国税、外汇管理部门发送报关单证明联电子数据，企业凭此申请办理退税手续。二是货物进入洋山港后，洋山港主管地海关办理转关核销手续。海关H2000系统每日自动对已启运出口并签发证明联的报关单数据是否正常转关核销进行核对。核对发现异常的，海关进行核查，核查确认未实际到达洋山港的货物，海关每月一次将未到达货物的相关报关单数据发送给国税部门，海关及国税部门根据各自职责进行查处。

2. 拓展国际物流进出洋山保税港区水水中转集拼业务

上海海关将“洋山保税港区拓展国际中转集拼功能”列为2011年的重大攻关课题之一，与市综保委、上港集团共同组成课题领导小组和工作小组，并以分课题的形式进行联合攻关。课题从统一规划、先易后难、分步解决的原则出发，重点研究解决以下三方面的问题：一是用“穿梭巴士承运保税货物”的方式尽快解决外高桥港区和洋山港区之间货物转运的问题。对此，上海海关根据“拓展穿梭巴士承运范围，提高两港联动效能”分课题要求，就具体实施方案、技术改造需求、业务流程等内容与综保委、上港集团进行了专题研讨。除此以外，上海海关还研究制定了适应保税货物水水中转的海关监管通关作业流程，并针对相关驳运船舶管理系统的配套修改方案拟定业务需求。二是进行出口拼箱点和进口分拨点设置的比选论证，并在现有海关保税、口岸两种监管模式的基础上优化国际中转集拼业务的监管模式。对此，上海海关深入研究进一步完善出口集拼点功能、优化洋山港集拼模式的具体措施，同时对建立进口分拨中心提出了有关设想。三是进行成本—效益分析，提出针对国际中转集拼业务的收费政策。该问题不涉及海关工作。

3. 实施上海口岸报检报关“一单两报”试点

为配合上海市口岸办“一单两报”工作试点，2011年以来上海海关采取多项措施积极开展各项工作。在2010年业务研讨、方案设计和系统开发的基础上，2011年1月13日，3家企业正式开展上海口岸报检报关“一单两报”项目试点。为满足企业日常作业的实际需求，上海海关多次参与口岸办组织的业务协调会，切实解决试点企业所遇到的困难，并结合企业提出的系统优化建议，不断完善“一单两报”系统。4月1日，上海海关就“一单两报”应用推广工作涉及的业务和技术问题召开研讨会，并赴天津学习考察，讨论该项目在上海口岸的实现方式、运作模式，最终确定选取资信高、有报关报检“一单两报”业务需求的大型生产型企业作为“一单两报”项目推广的方向。为达到年底前扩大到20家试点企业的目标，上海海关积极做好向市口岸办推荐候选企业的工作。目前，上海海关配合市口岸办就上海口岸报检报关“一单两报”项目向企业进行宣传介绍，并为有参与试点意向的企业做好安装软件、启动试点等工作准备。

4. 继续创新特殊监管区监管模式，发挥“三港三区”整体优势

一是推动期货保税交割业务试点进入实质性运作。2010年12月24日，期货保税交割业务在沪正式启动，2011年3月16日在洋山保税港区生成了首批期货保税仓单。8月19日，国内首票期货保税交割货物在洋山保税港区顺利申报出境，为价值22.8万美元、重25吨的电解铜。8月24日，第二票价值141.7万元人民币、

重24.7吨的电解铜完成进口申报，并征收税款24.1万元，顺利完成了从生成保税仓单、进行期货交割直至进出口申报验放的整个海关监管业务流程，标志着我国期货保税交割试点正式进入了实际运作阶段。

二是探索融资租赁多元化发展。在2010年浦东机场综合保税区成功试点首票单机融资租赁业务的基础上，2011年上海海关又与国银租赁有限责任公司合作，成功试点了首架经营性租赁飞机的入区监管，标志着航空器经营性租赁业务正式在机场综保区启动运营。目前共有6架飞机通过机场综合保税区开展了经营性租赁业务，总价值2.2亿美元。此外，上海海关还认真研究交银瀚洋(上海)船舶租赁有限公司在洋山保税港区开展单船融资租赁业务的需求，探讨可行的监管方案，在8月18日成功试点运作了此艘价值1 542.5万美元的1 000TEU香港集装箱船租赁业务。

三是发挥“三港三区”整体优势。落实上海海关关于支持“三港三区”联动发展的若干措施，为国际航运中心核心功能区建设保驾护航。深化空港和保税区联动运作，于2011年4月支持启用外高桥空运货物服务中心，为进一步加快货物在空港口岸与海关特殊监管区域间的流转速度创造有利条件。支持推动浦东国际机场保税区(二期)封关和洋山保税港区三期扩区相关调研和建设工作。与浦东新区人民政府和各口岸管理单位共同发布《关于推动跨国公司地区总部加快发展的若干意见》。支持推动张江国家自主创新示范区建设发展，启动张江高科技园区集成电路产业链保税监管新模式。

5. 建立上海外高桥保税区空运货物服务中心

推动建立“上海外高桥保税区空运货物服务中心”是上海海关支持“三区三港”联动发展，进一步深化外高桥保税区“空运直通式”作业模式的重要举措。该中心将空港货站及监管仓库的部分功能延伸至保税区，使得保税区内企业的空运进境货物在到达空港后，直接监管运输至空运货物服务中心进行理货，货物在中心内完成进境申报、海关实货确认、海关查验、货主提货等一系列通关流程，由此进一步提升通关效率。该项目于2011年4月初成功运作，实现了“机场一点加封、途中专车运输、区内一站通关”的联动监管，保税区空运进境货物整体通关时间最短可缩至3.5小时内，实现了政府、海关、企业三方的多赢。

6. 实施“两港联动(陆改水)”作业模式改革

为切实降低企业物流成本，进一步提升上海港综合服务水平，上海海关与上港集团共同研究探索开展了“两港联动(陆改水)”业务。“两港联动(陆改水)”作业，是将原先直接通过陆路运输至洋山保税港装船出运的货物，改为通过陆路运抵外高桥港区，再以水上“穿梭巴士”驳运至洋山保税港出运，以水路集疏运优势弥补公路集疏运不足，充分发挥外高桥港的货源组织优势和洋山港的航线资源优势。自2009年底始，上海海关对洋山保税港区出口货物试点了“两港联动(陆改水)”作业模式改革。2010年，试点范围从原先的外高桥港区四期码头扩大至二期码头，改革规模效应逐步体现。2011年，“两港联动”业务模式共受理出口货物1.85万批，涉及集装箱6.24万TEU、共计货值15.2亿美元，同比分别增长4.4倍、3.1倍和3.8倍。

7. 开通浦东新区“海关网上申报系统”

该系统由海关与浦东新区联合共建，在前期“企业网上注册申报系统”的基础上，进一步扩大完善了企业网上注册和换证等服务功能，成为全国首家由海关和地方政府共同开发建立的进出口货物收发货人注册和换证业务网上办理平台，进一步提高审批效率，为企业提供更为方便、快捷的服务，推动实现良性发展、互利多赢的目标。该系统于2011年10月10日举行开通仪式，企业办事时间由7个工作日缩短至4个工作日。截至去年底共完成新企业注册2 541家，受理企业换证、延期业务2 678家；通过“网上申报”办理注册、换证业务的企业达548家，占同期办理注册、换证企业总数的39.2%，取得了良好的社会效益。

8. 实施以设计公司为龙头的集成电路产业链保税监管模式

集成电路产业是国家战略性新兴产业。经过十几年的开发建设，张江高科技园区已逐步形成中国大陆地区规模最大、技术水平最高、产业链相对最完整的集成电路产业群。但由于集成电路设计企业不能作为加工贸易主体，只能通过其国外公司下订单并在国外营销结算，以及产品在设计、加工、测试、封装等环节和企业间流动都将产生税务成本造成资金周转紧张等因素，制约了设计公司在国内外同行业间的竞争力，也阻碍了集成电路行业的整体发展。针对集成电路产业链发展的实际问题，在市发改委的牵头下，上海海关会同相关部门向海关总署等中央部门反映情况，制定《监管方案》报海关总署等，逐步形成了较为成熟的以设计企业为龙头的集成电路产业链保税监管新模式。在此基础上，选取位于张江高科技园区的展讯通信(上海)有限公司作为首家试点企业，于2011年11月11日举行试点启动仪式并核发首本加工贸易手册，有力推动张江集成电路产业健康发展和浦东加工贸易转型升级。

服务物流中心建设海关工作方向

根据国务院办公厅下发的《关于促进物流业健康发展政策措施的意见》，上海市人民政府办公厅印发了本市落实《意见》方案的通知，其中对海关涉及的工作内容作了明确。

1. 发挥“三港三区”的优势和作用，积极争取海关特殊监管区域管理制度创新在上海先行先试，促进国际物流和保税物流发展；

2. 探索利用技术手段实现保税货物与非保税货物统一运作、有效监管；

3. 加强与国家有关部门和兄弟省市合作，加快推动启运港退税政策落地实施，提高洋山保税港区"水水中转"物流能力；

4. 大力推动"水水中转集拼"业务开展，拓展洋山保税港区"国际中转集拼"功能；

5. 建立口岸查验单位合作监管机制，着力推进报检报关"一单两报"试点和一门式口岸通关服务中心布局建设；推广"属地申报、口岸验放"的区域通关模式，优化"以报代备，以查代销"和"网上审批、分批集报"的保税物流监管模式；

6. 继续推动期货保税交割试点，研究完善支持政策，加快洋山保税港区建设大宗商品集散平台。

2012 年上海口岸工作领导小组会议于 2 月 8 日召开。杨雄市长在会上要求，上海口岸相关单位一要聚焦国际航运中心、国际贸易中心建设的关键环节，加快口岸通关监管的制度创新。二要推进"四个中心"建设、促进贸易便利化方面取得突破，重点是一方面加快口岸通关信息化建设，深化推进通关无纸化试点，进一步扩大"一单两报"试点；另一方面加强诚信体系建设，以企业诚信为基础，完善口岸通关风险管理，为实行无纸通关打好基础。三要做好配套的口岸监管服务，帮助企业应对当前严峻形势。

2012 年上海两会上，韩正市长在政府工作报告中提出，今后要显著提升航运国际服务功能。以资源配置型国际航运中心为目标，着力提升航运服务功能，完善现代航运集疏运体系，推进国际航运发展综合试验区建设，营造便捷、高效、安全、法治的口岸环境和服务环境，努力提高国际航运资源的配置能力。

因此上海海关将服务物流中心建设和上海"四个中心"建设结合起来，对各类具有政策突破性质的新型业务和项目，继续深化研究，加大探索力度，努力推动启运港退税政策等重点工作取得实质性突破。结合市政府办公厅今年 9 月印发的《上海国际金融中心和国际航运中心建设 2011 年重点工作安排和部门分工》(沪府办〔2011〕75 号)要求，认真研究其中涉及海关工作的内容，切实落实好国务院意见赋予的各项政策措施，有效发挥上海物流"先行先试"的优势。

(上海海关)

§4.2.3 上海综合保税区物流业发展概况

经济运行基本情况

2011 年上海综合保税区整体经济实现较快增长，各项主要经济指标全面完成年初计划，经济结构进一步升级优化，经济运行质量不断提高。主要呈现以下几个特点：

1. 贸易、航运等第三产业快速发展，产业结构不断升级优化

完成商品销售额 9 700 亿元，比上年

增长22%。物流企业经营收入3 850亿元,增长15%,其中物流业务营业收入690亿元,增长15%。航运及航运服务收入710亿元,增长18%,航运产业共有600家企业(其中洋山300家),船运企业约30家。

洋山是发展航运产业的主体。2011年洋山保税港区在中远集箱、泛亚航运、神华中海等重点船运企业的推动下,完成航运及航运服务收入522.16亿元,比上年增长19.1%;

2. 国际贸易引领发展,进出口额保持较快增长

完成进出口总额987亿美元,增长22.5%。其中进口额753亿美元,增长22%,出口额234亿美元,增长24%;形成进出口贸易逆差520亿美元,比上年增加90亿美元。综保区进出口额增速快于全国海关特殊监管区域4个百分点,占全国特殊区域21%,其中洋山保税港区在全国保税港区中排名第一,外高桥保税区在全国保税区中排名第一,外高桥保税物流园区在全国保税物流园区中排名第一。

3. 经济运行质量不断提升,发展效益进一步显现

完成工商税收383亿元,增长23%,占浦东新区20%。其中企业所得税和个人所得税合计增长超过30%,所占比重超过50%。工业万元产值能耗下降10%,低于新区下达的下降2.5%控制目标。综保区注册企业从业人员近25万人,增长5%。

4. 航运枢纽功能稳步推进,辐射服务作用不断发挥

完成集装箱吞吐量2 880.7万标箱,增长14.8%,其中洋山港完成1 309.9万标箱,增长29.6%;外高桥港完成1 570.8万标箱,增长4.8%。浦东国际机场货邮吞吐量完成310.86万吨。外高桥港、洋山港和浦东机场三大外贸口岸合计完成口岸外贸进出口货值9 300亿美元,增长22%,占上海外贸口岸进出口货值的比重从上年的83%提升至88%。外高桥保税区(含外高桥保税物流园区)全年货运总量620万吨,增长4.6%,货物进出仓量1 600万吨,增长6.3%,期末货物存放量85万吨,增长4.4%。

重点功能创新突破

1. 国际贸易结算中心试点进一步扩大

管委会配合上海外汇管理分局,深入推进国际贸易结算中心试点工作。9月23日,经国家外汇管理局批复同意,综保区国际贸易结算中心试点企业扩大到20家。目前新批12家试点企业已全部开设了结算专用账户,并逐步开展试运作。截止2011年底,试点项下贸易收支累计7 357笔,专用账户贸易额累计完成24.13亿美元。

2. 融资租赁业务多元化发展

综保区目前已累计引进4个融资租赁母公司和11个单机单船项目子公司,租赁标的物涵盖26架民航客机、6架直升飞机和3艘船舶,涉及的租赁资产规模超

过10亿美元。

3. 期货保税交割试点全流程运作

在海关、期交所等单位的大力支持和推动下,8月份完成交割、通关等环节的试点操作,顺利走通期货保税交割全部流程,正式进入市场运作阶段。我们依托功能先发优势,大力发展大宗商品产业,9月2日举行了大宗商品企业入驻颁证仪式,并出台了《关于推进洋山保税港区大宗商品产业发展的若干意见》。目前洋山保税港区已累计引进20家大宗商品运营龙头企业,总注册资本超过7.4亿元,初步形成大宗商品产业的集聚规模。

4. 水水中转集拼功能稳步推进

洋山保税港区已基本建立水水中转二次集拼的业务流程和网络体系,集拼模式进一步丰富,已由去年的一个中转箱集拼一个本地箱的"一对一"模式,拓展到多个属地中转箱与多个本地箱进行多个目的港的"多对多"复合式拼箱模式。集拼箱量也稳步上升,中转货物的货源地北起大连、青岛,南至厦门、福州,中到武汉、南京,初步覆盖沿江沿海经济腹地。

5. 国际中转集拼功能取得阶段性成果

综管委会同上海海关、港务集团以及相关航运企业、货代企业成立课题组,加快推进国际中转集拼功能课题研究,在充分调研论证基础上,把"提高两港联动效能、拓展穿梭巴士承运范围"列为年度重点工作予以突破,完成了海关监管流程优化及相关监管系统调整,并于12月18日成功进行了货物由厦门经外高桥港区运抵洋山区内仓库的业务试运作,12月29日举行了"穿梭巴士承运保税货物开通仪式暨国际中转课题阶段成果汇报会",为国际中转集拼功能深化奠定了基础,迈出了关键一步。

6. 保税船舶登记试点获得批复

我委配合市建交委、上海海事局积极向交通部海事局争取在洋山保税港区开展保税船舶登记试点,12月21日,交通部海事局批复上海海事局,同意在洋山保税港区内以"中国洋山港"作为新的船籍港开展船舶登记业务。

重点工作

1. 聚焦国际金融、航运、贸易中心建设,发挥前沿阵地与突破口的重要作用

(1) 围绕国际金融中心建设,以航运配套服务为重点,推动航运金融创新取得新的突破。一是推动国际贸易结算中心试点常态化运作;二是推动融资租赁规模化发展;三是继续深化期货保税交割试点;四是探索洋山保税港区开展离岸账户试点。

(2) 围绕国际航运中心建设,以国际航运发展综合试验区为核心,全面构建现代航运物流服务体系。一是拓展国际中转集拼功能;二是推动落实启运港退税政策;三是启动保税船舶登记工作。

(3) 围绕国际贸易中心建设,以国家进口创新示范区为载体,大力推动国际贸易产业能级提升。一是加快国家进口贸易促进创新示范区建设;二是研究建设大宗商品保税电子交易平台;三是推进国家

对外文化贸易基地建设;四是培育具有离岸、保税特征的服务贸易产业。

(4) 打造跨国公司亚太营运中心集聚地。积极推动跨国公司整合亚太区跨境销售、物流配送、资金结算等业务,探索培育以贸易与物流、保税与保税延展、境外与境内结合运作的亚太营运中心,实现跨国公司亚太区的供应链管理集成,使外高桥保税区成为营运总部集聚地。同时,大力拓展洋山保税港区和机场综合保税区的贸易功能及保税延展功能,促进内外贸一体化发展,支持洋山、机场亚太分拨中心进一步丰富功能、做大规模。

2. 聚焦符合国际惯例的贸易便利化环境建设,探索保税区向自由贸易园区转型升级之路

一是深化探索向自由贸易园区转型发展;二是探索海关诚信管理体系建设;三是完善通关便利化环境;四是推动区港一体化运作。

3. 聚焦产城联动和融合,形成区域经济联动发展的新格局

一是推动外高桥国际贸易城建设;二是促进机场综保区与周边地区的联动发展;三是推进洋山保税港区与临港新城、临港产业区互动;四是加强联动体制机制研究。

(上海综合保税区管委会)

§4.2.4 航运市场发展

航运市场运行

2011 年世界经济发展整体放缓趋势明显,全年呈现“前高后低”的发展态势。其中,主要发达经济体受债务危机困扰,政府债务风险上升,失业率仍然居高不下,而以中国、印度、巴西为代表的新兴经济体面临持续攀升的通胀压力和不断恶化的外部出口环境,经济发展有所放缓。

2011 年尽管新船交付量同比有所缩减,但是受航运运输需求恢复乏力的影响,市场供需比例进一步拉大,同时受世界经济增长趋缓、航运企业竞争加剧、货主企业不断进入运输市场等因素影响,运价跌入冰点,市场整体处于低位运行。在如此低迷的运价水平下,航运企业又面临油价大幅上涨、企业管理成本不断上升、国际热钱不断流出航运板块、企业现金流短缺等不利因素,企业经营利润直线下降,普遍亏损严重,部分已经申请破产保护,甚至倒闭。

展望 2012 年,世界经济仍将持续低迷,但经济“二次探底”的可能性不大。亚洲经济继续引领世界经济复苏,中国、印度、东盟经济的平稳发展将继续支撑亚洲经济保持较快增速,同时日本灾后重建也将为亚洲经济作出积极贡献。美国经济会继续向好的方向发展,不过受高债务、高失业率影响,经济复苏乏力。欧盟经济受高失业率、人口老龄化、高福利和高债务等影响,或将面临“二次衰退”。

(上海国际航运研究中心《2011 年航运市场分析报告》)

国际干散货运输市场

受欧洲债务危机进一步蔓延和全球

性通货膨胀的影响，美国、日本等国房地产、汽车等行业恢复缓慢，加之中国国内固定资产投资增速减缓，房地产开工率不足，主要钢厂把精力更多的转向国内矿山的开发与利用，国际铁矿石和煤炭贸易受到较大影响。预计2012年世界大宗散货的海运贸易量约为38.04亿吨，同比增长4.7%。尽管预计2012年老旧散货船舶拆解量会有较大增长，但是仍然无法抵消大量积压订单的集中交付，预计国际干散货船舶总运力吨位将达到7.13亿载重吨，同比增长14.9%。另外，考虑到以淡水河谷为代表的货主订造的部分船舶陆续交付，将会对市场造成较大冲击。预计运价大幅提升可能性不大，2012年的国际干散货市场仍将处于低位盘整的周期性恢复阶段中，预计全年BDI指数均值将在1700点左右。

（上海国际航运研究中心《2011年航运市场分析报告》）

国际集装箱运输市场

欧美主要发达国家受政府高债务影响，部分国家开始降低工资和社会福利，加之失业率持续高企，预计欧洲、美国的消费市场会持续萎靡。同时，为了创造更多的就业岗位，这些国家可能会更多的鼓励企业出口，双边贸易摩擦、贸易保护主义会越加频繁，这都不利于国际双边贸易的开展。而以中国、印度为代表的新兴经济体，面临外部出口增长下滑、内部经济放缓的双重压力，这些国家开始把更多的视野转移到发展内需上来。预计，2012年全球集装箱海运量可以达到16 012万标准箱，同比增幅6%左右。2011年底，国际集装箱船舶订单保有量约为390万标准箱左右。预计2012年全球有150万标准箱左右的集装箱船舶交付，运力增幅为7%—9%。各航线集装箱运价的好坏更多地取决于班轮企业的博弈，如果新的联盟格局能够达成默契，各航线集装箱运价会出现小幅上涨，预计运价能够达到盈亏平衡点以上，反之，班轮企业之间的竞争会进一步加剧，市场将继续维持2011年下半年水平。

（上海国际航运研究中心《2011年航运市场分析报告》）

国际油轮运输市场

虽然美国、欧盟的石油消费有所萎缩，高油价也会抑制需求的进一步增长，但是受中国、印度等国家石油战略储备增加，日本灾后重建带动能源需求，亚太地区炼油市场的持续增长以及亚洲汽车市场的快速发展等因素影响，预计2012年石油海运量可以达到33.07亿吨，其中，原油海运量为23.87亿吨，同比增幅为2.0%，成品油海运量为9.20亿吨，同比增幅为2.68%。按照目前的油船订单来看，2012年油轮运力供给与需求的差距仍将继续扩大，运力过剩问题仍然很严峻，预计2012年市场原油油轮运力增幅在8%—9%间，成品油油轮运力增幅在5%—6%之间。预计油轮运输市场整体依然低迷，运价上升空间不大。

（上海国际航运研究中心《2011 年航运市场分析报告》）

中国沿海主要干散货运输市场

2012 年我国经济增长将实现软着陆，电力、冶金、水泥建材等高耗能产业增速虽略有回落，但依然保持高速发展，从而保证煤炭需求继续提升，沿海煤炭运输需求总体进一步向好，但是导致煤炭运量猛增的南方大旱和国外煤价高企两个因素出现的可能性不大。沿海煤炭运输需求增长的力度将明显减缓，并且由于大量新船下水与部分内外兼营的船舶回归国内，沿海运输市场的运力过剩状况将进一步加剧。但同时由于沿海运输成本限制，沿海运价下跌的空间不大。

（上海国际航运研究中心《2011 年航运市场分析报告》）

§4.3 典型案例

§4.3.1 “保税船舶登记”启动

2012 年 3 月 6 日上午，洋山保税港区“保税船舶登记”启动仪式在上海举行，洋山保税港区成为全国首个开展“保税船舶登记”的试点区域。这也是我国第一次在海关特殊监管区域设立船舶登记机构。

此前，由于国外船舶登记成本低（船舶进口税在船价中占很大比例），又能享受退税等优惠政策，中资国际航运船舶大都选择在国外登记，存在不挂“五星红旗”而挂“方便旗”的现象。“这部分占实际上属于中国的船舶的 60％多，真正挂中国国旗的船舶只有 30％多”。

船舶在国外登记，其后续服务如验船、维修等收益中国就拿不到。更重要的是，由于船舶不挂中国旗，中国船队规模受到影响，在国际海事事务方面话语权也受到影响。“保税船舶登记”政策的推出，将有力吸引这些船舶“回归”，也将吸引更多的国外船舶到中国登记。

这是上海综合保税区近年来推出的诸多功能创新之一。截至目前，已经有融资租赁、期货保税交割、国际贸易结算中心等许多功能创新正在先行先试。

§4.3.2 “一单两报”和通关无纸化

2012 年，上海出入境检验检疫局与上海海关将加快通关单联网核查、“一单两报”和通关无纸化等工作进程，推动电子口岸建设；同时建立和完善关检协同执法机制，优化旅客携带物品“一机两屏”查验模式，共同加强对重点货物的进出口监管，探索打击走私和逃漏检合作新机制。

“一单两报”即外贸企业对进出口货物报检、报关信息一次录入，分别报送检验检疫与海关两个部门，可有效减少申报信息重复录入，促进口岸贸易便利化进程。目前，上海口岸已有 50 余家外贸企业提出相关需求，其中近半企业已享受到“一单两报”带来的便利。

“一机两屏”指检验检疫与海关两个

部门在一台查验机器旁安装两个屏幕，各自在职能框架内实施查验作业，减少查验次数，提升旅客出入境速度。目前，在上海机场、上海港国际客运中心、沪九直通车铁路口岸等处，已实现对入境旅客携带物“一机两屏”的操作。

为了营造诚实守信的外贸氛围，上海出入境检验检疫局和上海海关还计划建立企业信用信息定期互换或开放查询等共享机制。双方还约定利用各自的信息和专业优势，对涉及口岸通关的重大问题、重要措施和重点项目共同开展课题研究。

§4.3.3　泓明供应链集团进入 MRO 供应链服务时代

泓明供应链集团（HMG Supply Chain Group），是一家成立 15 年的国际物流企业，已从最初的传统货代转型为高科技行业提供专业的物流和供应链服务，通过设备供应商和分销商（卖方）与制造商（买方）之间建立起紧密的、资源共享和渠道集成的 MRO 产品（非生产性物料）公共电子商务服务平台，开展 MRO 产品采购分销执行和供应商管理库存的 MRO 供应链服务，包括商务执行、物流执行、资金结算执行和信息处理执行等活动。可以根据设备例行维护和意外故障需求和数据分析和预测，实现 JIT“及时”和 JIC“以防万一”的实时 MRO 产品采购和分销执行服务。通过在售后服务领域价值链协同，形成产业价值链的集聚效应，从而提高产业产能和效率，降低企业成本。

典型案例分析：

A 公司是一家美国上市的设备制造商，是国内多家高科技生产企业的设备供应商，同时也是一家跨国采购商。泓明作为第三方供应链公司，为其提供专业的

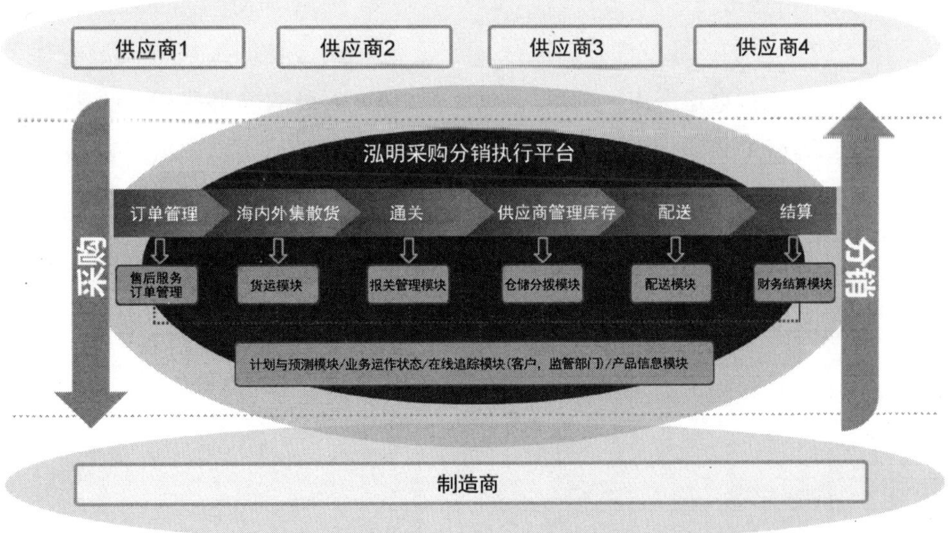

图 4-3-1　MRO 供应链图

MRO 供应链服务。

MRO 采购执行服务

◇ 帮助 A 公司加强供应商的协调和管理；

◇ 将多家外包商的服务集合为泓明一站式供应链服务优势；

◇ A 公司—供应商的“一对多”模式简化为客户(制造商)—泓明(供应链服务商)的“一对一”模式；

◇ 采购过程非核心业务——MRO 采购外包，降低运营成本，简化操作管理；

◇ 建立 MRO 产品库存共享网络和采购渠道集成，提高买方议价能力，降低采购成本；

◇ 为客户节省高昂的市场调研成本和采购成本；

◇ 帮助客户提高采购执行效率，快速响应市场需求。

MRO 分销执行服务

◇ 为客户建立全国或区域性分销执行网络，减少销售渠道层次，全面提高直供能力，降低渠道运作成本；

◇ 为 A 公司提供动态的缓冲库存及相应的仓储、运输、短途配送、信息服务；

◇ 提高订单准确率，缓解销售资金压力，提高流通环节资金周转率；

◇ 提高销售渠道活力，全面提高产品竞争力和占有率；

◇ 协助 A 公司管理和维护日常销售运作，配合客户执行市场活动。

MRO 供应商管理库存服务(VMI 服务)

◇ 缩短设备无计划宕机时间 Down Time，提高设备产能；

◇ 降低企业资产库存成本 TCO，减少 MRO 产品库存风险；

◇ 缩短供应商备件供应响应时间，提高服务水平和采购分销效率；

◇ 减少供需双方库存管理成本，降低供应链总成本；

◇ 提供 MRO 产品渠道集成，减少仓储、运输、报关等环节显性和采购人员的隐形费用。

(上海泓明供应链有限公司)

第五篇　制造业物流篇

§5.1 概　述

2011 年，上海全年实现工业增加值 7 230.57 亿元，比上年增长 7.5%。其中，规模以上工业增加值 6 798.28 亿元，增长 7.4%。在规模以上工业增加值中，轻工业增加值 2 046.98 亿元，增长 9.4%；重工业增加值 4 751.3 亿元，增长 6.5%。全年工业总产值 33 834.44 亿元，比上年增长 6.6%。其中，规模以上工业总产值 31 987.44 亿元，增长 6.4%。其中，制造业部分实现工业总产值 7 850.35 亿元，增长 11.5%，高出规模以上工业现价增速 2.3 个百分点。全年电子信息产品制造业、汽车制造业、石油化工及精细化工制造业、精品钢材制造业、成套设备制造业、生物医药制造业等六个重点工业行业完成工业总产值 21 332.66 亿元，比上年增长 6.5%，占全市规模以上工业总产值的比重达到 66.7%。

2011 年，上海第三产业增加值 11 111.06 亿元，增长 9.5%。第三产业增加值占全市生产总值的比重为 57.9%，比上年提高 0.6 个百分点。其中，物流业的基础部分交通运输、仓储和邮政业实现增加值 913.6 亿元，比上年增长 7.1%，占全市 GDP 的 4.76%，占全市第三产业增加值的 8.2%。2011 年，上海港货物吞吐量 7.28 亿吨，同比增长 11.4%；集装箱吞吐量 3 173.9 万标准箱，同比增长 9.2%，位居全球第一，创世界港口历史纪录。上海空港航空货邮量共 353.94 万吨，同比下降 4.56%，位居全球第三。

上海制造业的持续稳定发展不仅为物流发展奠定了基础，提供了载体和更大的发展空间，提出了社会化、专业化的物流需求，同时，物流业发展积极推动制造业产业结构升级和创造核心竞争优势。因此，以生产性服务业为切入点和突破口，促进制造业与物流业融合发展，形成以服务经济为主的产业结构，合力提升上海产业综合竞争力，是上海未来经济发展的现实选择。近年来，上海制造业物流联动发展呈现新特点。

§5.1.1　制造业和关联物流业集聚程度和服务能力不断提升

上海制造行业与制造物流集聚程度不断加强，制造业物流服务能力不断提升。为制造业提供支撑的一批功能性、枢纽型、网络化的综合交通基础设施建设取得重大突破。

2011年，四个重点物流园区（深水港物流园区、外高桥物流园区、西北综合物流园区、浦东空港物流园区）的制造业物流服务功能进一步得到提升，四个专业化制造业物流基地（国际汽车城物流基地、化学工业区物流基地、临港装备制造业物流基地、钢铁及冶金产品物流基地）与四大产业基地融合发展、联动发展、同步发展。

上海化学工业区规划设计了“五个一体化”管理模式，通过引进孚宝港务、中信物流等物流企业实现“物流传输一体化”，通过建设内部管网、廊桥构建对外交换和内部循环协调的物流体系，在化学工业区金山分区建立化学工业区物流产业园，集聚了包括新天原、上海交运远翼、金山石化物流等大批专业化物流企业。

吴淞国际物流园区目前集聚了包括新科安达、金鹰国货、香港德迅、香港利丰集团、美星物流等国际著名物流企业在内的579家企业，成为上海钢铁物流的主要枢纽。

国际汽车城内已建成的70万平方米，100个汽车物流仓库，并通过安吉天地汽车物流信息平台，为上海大众等制造企业提供网上全程监控、业务查询等物流增值服务，实现了汽车制造业的采购、运输、仓储、代理、配送等环节的充分整合。

目前，物流基础设施空间网络和服务功能正在覆盖和辐射上海市41个工业区及相关产业区域，有力地促进了制造业能级提升和产业结构优化。

§5.1.2 制造业与物流业融合发展渐成趋势

上海制造业产业链逐步进入供应链一体化管理阶段，制造业与物流业融合发展渐成趋势。

制造业与物流业产业联动强度不断增强，产业链全局优化意识逐渐成为业界共识，制造业产业链逐步进入供应链一体化管理新阶段。宝钢集团与下游的船舶制造企业开展了“整船订货、分段交货、加工配送”的船板配送模式，通过上下游供应链协同，为用户提供个性化的钢材切割和配送服务，降低了钢材库存水平，减少备货提前期，降低物流成本；华谊集团整合集团内部铁路、码头、储罐、仓库、运输等物流设施资源，成立新天原物流公司，在为集团提供物流服务的同时，积极为上海化学工业区内的拜耳化工等企业提供PC产品掺混、气流输送、包装和仓储配送等一体化服务，还为德固赛、亨斯曼公司提供带有温度控制的码头、储罐、配送等物流服务；上海电气集团与上海交运集团签订了物流战略合作协议，交运集团为电气集团提供长期的重装备零部件进厂和整机出厂物流服务；上海电子信息行业多采用供应商管理库存（VMI）物流模式，大众国际仓储物流等为达丰、英业达等制造企业提供精益物流服务；安吉天地整合社会物流资源，与上海通用、上海大众共同进行供应链管理，为它们提供集成化的物流解决方案，在汉堡建设的欧洲物流基地成为上海大众、上海通用的欧洲采购物流中心；电气集团将劳动密集型的中低档紧固件制造工序外包，与200余家供货商合作提供组合式供应服务。

§5.1.3 制造业物流向内外扩展延伸

制造业物流不仅向制造业生产加工活动两端延伸，而且向生产加工活动内部拓展。

物流企业不断创新物流服务模式，提高物流服务能力，不仅向制造业生产加工活动提供原材料、零部件采购、仓储和产成品配送销售延伸，而且向生产加工活动内部拓展。如长发集团在为奇瑞汽车提供物流服务的过程中，参与汽车的尾部工艺设计，使原有的单位运输能力由2辆提高到3辆；北芳物流为庄臣公司大中国区的整体物流战略提供供应链服务，将上海工厂蚊香片滴液包装加工生产线整合至北芳中央仓库，根据工艺要求对蚊香片加上药水后，进行质量的合格检测，并配备专业的检测设备和专业的检测人员，检测合格再实施二次包装。通过专业化服务，北芳物流为庄臣（中国）公司等降低了20%的销售物流成本；安吉天地与上海大众进行供应链优化整合，为上海大众提供包括VMI、上线喂料（linefeeding）在内的集成化物流解决方案，在两小时之内将各种原料和部件有序配送到生产总装车间，缩短物料供应的响应时间，确保上海大众实现了准时化生产（JIT）；宝钢国际投资建设了宝井、申井等24家钢材加工配送中心，与一汽大众和上海大众等制造企业建立了长期合作关系，通过东方钢铁和宝钢在线等平台实现了协同商务，为它们提供定制化的钢材剪切、拼焊和配送等物流服务，大大降低了制造企业的物流成本；大众国际仓储物流开发了VMI管理系统，为达丰电脑提供JIT模式的零部件配送，配送时间由按分计算变为按秒计算，推进了制造业企业的精益生产。

§5.1.4 制造业物流打破行业、区域界限

电子信息、电子商务、“大通关”信息平台打破制造业物流的行业、区域界限，实现制造业物流一体化运作。

电子、化工等行业的跨国公司的全球供应链，以及汽车、钢铁、船舶等行业的零部件、原材料国际采购，不仅要求物流成本低，而且要求物流运营效率高。通过上海“大通关”平台和电子口岸建设，实现了供应链各环节无缝连接，实现跨区域的物流资源整合，产品通关效率和物流信息服务水平明显提高，目前信息网络已经覆盖了上海的所有海空口岸、所有出口加工区、外高桥保税区、保税物流园区，为国际物流企业、加工制造企业提供了全面、畅通的应用接入，用户遍及长三角及长江流域地区。平台业务相关的直接或间接用

户5万多家，其中上海地区企业近500家，涵盖电子、机械、化工、纺织等多个行业；平台已经为先进制造业提供了国内物资调拨、区内物资调拨、临时进出区物资管理、区间物资调拨、VMI管理、电子支付等相结合的供应链系统基础框架，降低20%—30%的进出口物流成本。通过公共平台已实现外高桥保税区、松江出口加工区、洋山保税港区等9区联动，以一个逻辑上的“大园区概念”提供物流一体化运作，为制造业发展创造了良好的软环境。长发物流应用先进信息技术，创新物流运作模式，建设电子商务信息平台，发挥要素集聚、资源共享、业务协同的优势，有力降低了制造业成本，目前汇集了众多的国际顶级物流供应商，包括UPS、TNT、马士基、APL等，平台日物流服务总票数约43 000笔，日营业额约300万元，2006年营业额达到10多亿元，为包括INTEL、NISSAN、SHARP、APPLE、资生堂等世界500强企业在内的国内外7万多家企业提供专业物流服务，为客户提供按时点的服务及物流整体优化解决方案。钢铁物流行业电子商务发展迅速，目前在沪注册的钢铁电子交易公司包括“我的钢铁”和“东方钢铁在线”等20多家，电子商务的快速发展对钢铁物流的及时性、自动化和柔性化提出了新的要求。

§5.1.5 制造业绿色物流促进可持续发展

回收物流、安全物流、环境物流等绿色物流发展理念逐步得到重视，促进了制造业的可持续发展。

目前上海的拆车公司和钢铁资源回收公司进行汽车回收物流业务，初步建立了报废车辆回收、拆解、破碎分离的回收体系。上海市的报废汽车回收率为96%，达到国际先进水平。汽车玻璃、塑料等零部件回收率为50%左右，金属零部件回收率达到90%，零部件回收利用水平大幅提高。手机、打印机、复印机、传真机等电子产品更新速度越来越快，每年淘汰数量巨大，上海正在积极探索建立手机、电脑等电子产品的回收机制，各种有毒金属和贵重金属回收分解后，不但利润可观，而且有利于制造业的可持续发展。上海先后实施了《上海市危险化学品安全管理方案》、《上海市危险化学品安全管理十一五、十二五规划》等，对全市的危险化学品生产、仓储、运输、交易、使用、废弃处置等六大环节进行治理、整顿和规划，设置了专用的危险化学品生产基地、仓储基地、运输基地、交易基地，2007年7月亚洲规模最大、排放标准最高、一年可消化6万吨工业废弃物(包括固体、液体和气体)的危险废料焚烧炉在上海化学工业区正式投运，这些措施和规划有力地推进了上海危险化学品产业和物流的可持续发展。

§5.1.6 制造业物流的区域辐射力不断增强

制造业物流的区域辐射力不断增强，

促进了长三角地区制造业联动发展。

结合实施两省一市现代物流业发展“十一五”规划，不断加强长三角地区合作，不断实现资源共享、要素集聚、产业互补，共同推动现代物流科学发展、联动发展，推动长三角产业结构优化，提升长三角地区制造业综合实力。根据《长三角区域大通关建设协作备忘录》，苏浙沪两省一市正逐步探索跨区域通关新模式。上海率先实施长三角地区现代物流安全管理联动机制，初步实现了长三角地区危险化学品物流信息共享和安全联动监管，促进了长三角地区危险化学品产业安全发展、联动发展。安吉天地建设的物流信息平台集聚了长三角地区70多家零部件供应企业，整车配送网络覆盖全国，其制定的汽车仓储、运输和装卸等作业标准已成为全国行业标准。长发物流秉承“依托上海、立足长江、海纳百川、走向世界”的经营理念，以集成服务为特色，以信息技术为支撑，以专业团队为保障，为长三角地区、长江流域和国内外制造企业提供综合物流解决方案。2007年建立的长三角地区现代物流发展联席会议制度和联动发展机制使长三角制造业物流发展进入制度化、规范化发展新阶段。

§5.1.7 制造业和物流业联动发展挑战和机遇并存

从国际看，现代物流业对制造业的升级带动作用增强。发达国家的第三产业占GDP比重70%以上，生产性服务业又占第三产业的70%以上。上海良好的制造业基础为物流业提供了发展空间。2011年，上海市的服务业比重已达到57.9%，但与发达国家相比仍有很大差距。“十一五”期间上海制造业物流业发展虽然取得了阶段性成果，但是还存在以下几方面主要问题：

一是制造业物流供需结构性矛盾依然存在。装备制造业、船舶制造业等行业的物流需求未能全部释放，与外资物流企业相比，国内物流企业服务供给能力不足，专业化水平和个性化服务都需要提高，竞争力不强。

二是制造业物流基础设施的综合配套能力有待提高，四大专业物流基地的建设有待加速发展，物流功能有待进一步完善，促进制造业物流发展的软环境还需要进一步提升和完善。

三是既精通物流运作流程又懂制造业业务的中高端制造业物流专业人才仍显不足。吸引世界各地中高端制造业物流人才集聚，为上海发展先进制造业服务，仍是上海今后一段时期的重要任务。

§5.2 上海推进制造业与物流业联动发展的实践探索

§5.2.1 制造业进入供应链管理阶段，业务流程再造加快

制造以生产为导向转变为以客户为

中心。宝钢集团首创“整船订货、分段交货”的船板配送模式，通过上下游供应链协同，优化钢材库存水平，减少备货提前期。物流资源由分散管理转变为集中管理。如华谊集团优先发展化工物流，对焦化、吴泾化工厂、三爱富、氯碱等各单位的铁路、码头、仓库、运输等物流资源进行整合。制造过程的非核心业务由自营转向外包。电气集团所属标五高强度紧固件公司将劳动密集型的中低档紧固件制造工序外包，并与200余家供货商合作提供组合式供应链服务。

§5.2.2 第三方物流服务能力提高，为制造业创造新的价值

在采购环节方面，安吉天地物流在汉堡建设的欧洲物流基地成为上海大众、上海通用的欧洲采购物流中心，以阿德莱德为中心的澳洲物流基地也已启动运营。在生产环节方面，大众国际仓储物流开发出供应商库存管理系统，零部件配送时间由按分计算变为按秒计算；东昌西泰克运用信息技术，为大型制造企业提供间接物料的一体化管理服务，推进了制造企业的精益化生产。在销售环节方面，北芳物流通过专业化服务，为庄臣(中国)公司等降低了20%的销售物流成本；华谊天原物流为拜耳公司提供了PC产品掺混、气流输送、包装和仓储配送一体化服务。

§5.2.3 专业化物流向产业基地发展，配套服务功能增强

引导物流企业集聚。上海化工区引进专业化物流企业，实施“物流传输一体化”，构建对外交换和内部循环协调的物流体系；吴淞国际物流园区入驻了包括辛克、金鹰国际、德迅、利丰等国际著名物流企业在内的579家企业。业务公开招标市场逐步形成。上海化工区内的制造企业已实现每项物流业务均向全球公开招标。物流服务信息实现集成。如国际汽车城依托专业信息平台，将汽车采购、运输、仓储、代理、配送等环节联系起来，形成完整供应链。

§5.2.4 工业区物流依托信息平台建设，降低制造业成本

控制制造业进出口物流成本。上海电子口岸平台的信息网络已覆盖重点物流园区、出口加工区和保税区，涉及近500家制造企业，涵盖电子、机械、化工、纺织等行业，贯穿交易、监管、物流、支付等环节，降低20%—30%的进出口物流成本。实现跨区域的物资调拨。出口加工区、保税区物流信息平台联网运作，平均每天通过平台的调拨货物额超过1000万美元。开发公共的供应商库存管理系统(VMI)。为加工制造企业及下游生产资料供应商提供库存管理服务，如英业达公司使用VMI系统后，供需双方销售额增加30%以上，中心厂减少90%的库存，供应商产

品到货率由80%提升到95%以上。

§5.3 上海推进制造业与物流业联动发展的主要做法

按照“规划先行、支持重点、提高起点、注重实效”的工作思路，上海重点推进设施、信息、政策平台建设，构建政府、企业、行业协会、科研院所共同推进现代物流业发展的工作机制，营造制造业与物流业联动发展的外部环境。

§5.3.1 加强规划引导，抓制造业物流载体建设

制定和实施上海物流“十二五”发展规划，明确重点建设深水港、外高桥、浦东空港、西北、西南综合五个物流园区和汽车、化工、装备、钢铁四个专业物流基地。重点发展以第三方物流为主体的制造业物流，以社会化的物流服务降低成本，以专业化的物流服务提升能级，以高效率的物流服务促进先进制造业发展。

§5.3.2 加强供需对接，抓制造业物流市场培育

先后召开了上海推进现代物流业发展工作会议和“创新合作与物流发展”会议，明确上海加快制造业与物流业联动发展的工作重点和主要措施。20家制造企业与物流企业进行项目合作签约，物流服务合同总计金额超过20亿元，有效地引导了制造企业实施流程再造，扩大物流服务外包。

§5.3.3 加强标准制定，抓制造业物流标准应用

推进上海物流企业、科研院所、行业组织等参与国家标准研制，安吉天地物流制定的汽车仓储、运输和装卸等作业标准已成为全国行业标准。《食品冷链物流技术与管理规范》的地方标准制定和实施。启动修订《上海市工业区建设管理规范》，增加了工业园区物流管理和服务标准内容等。

§5.3.4 加强产学研合作，抓制造业物流人才培养

以复旦大学为试点成立上海物流研究院，加强与世界知名物流企业、研究机构的交流合作。如上海交通大学与美国佐治亚理工学院成立中美物流研究院；上海海事大学与世界海事大学、西澳大利亚大学合作培养物流研究生等。行业协会以各种方式培育市场急需的物流管理人才，上海至今已有数千人取得物流师资质。

§5.4 上海推进制造业与物流业联动发展的具体措施

上海制造业与物流业联动发展虽然取得了一定成果，但我们也清醒地看到，

发展中还存在一些问题和矛盾：供需的结构性矛盾依然存在，部分行业的物流需求未能全部释放；物流基础设施有待完善，装备技术有待改进；服务能力有待增强；既精通物流运作又懂制造业供应链管理的中高级人才仍显不足。下一步，上海将聚焦六大支柱产业，强化为大型产业基地、工业园区和大型制造企业配套的物流服务能力，重点发展以综合物流服务为标志的制造业物流基地，以循环经济为标志的行业物流，以第三方物流为标志的企业物流，以辐射能力为标志的区域物流，进而提升上海制造业的综合竞争力。

§5.4.1 推进产业基地与物流基地的协同发展

一是提高物流综合服务能力。提升四大物流园区的服务功能，加快四大专业物流基地及长兴船舶物流基地建设，在国家级和市级工业区逐步建立区域节点，形成布局合理、竞争力强、功能完备的制造业物流网络。二是加快物流基地建设。集聚一批精通行业业务、提供物流综合解决方案的专业物流龙头企业。国际汽车城加快国际零部件采购平台和物流信息平台建设，开展汽车零部件采购、配送以及整车物流业务。化工区加快集聚专业物流企业，延伸化工产品的流通加工、包装、配送等物流增值服务。临港装备业基地加快重点物流项目建设，吸引知名物流企业入驻，为装备制造业提供供应链一体化服务。钢铁基地大力发展钢铁服务业，促进物流基地与罗泾散货码头和宝钢物流配送中心的协同发展。

§5.4.2 推进行业物流的创新发展

一是创新行业物流管理模式。钢铁业重点发展以加工配送中心为主的钢材物流；电子信息业重点发展以空运为主的国际物流；装备、船舶业重点发展与进厂物流相关的采购和配套服务共性网络平台。二是推动绿色物流、逆向物流和安全物流发展。构建行业闭环供应链，加快化工、电子等行业的安全物流和绿色物流发展，促进钢铁、汽车等行业的逆向物流发展。

§5.4.3 推进先进技术的应用发展

一是加快推动 EDI、WMS、GPS 等成熟技术在企业广泛应用。支持电子标签(RFID)等新兴技术在危险化学品、食品冷链、保税车辆和集装箱、托盘管理等方面率先推广应用。二是加快建设物流综合服务平台。整合产业基地、工业区以及物流园区、专业物流基地资源，建设一体化、一站式的行业物流综合服务平台，如物流资源交易中心、化学工业区化工品电子交易平台、宝山国际钢铁物流商务中心等，不仅提供仓储、运输、采购、流通加工、配送、货代等基本物流服务，而且提供金融、咨询、策划、电子商务等高端物流服务。

§5.4.4 推进物流市场的培育发展

一是推进制造业物流外包。推动船舶制造业、装备制造业等自营物流为主的企业物流外包，提升电子信息产业、化工产业等行业的国际物流服务能力。二是培育制造业物流市场主体。鼓励物流企业管理信息化和装备现代化建设，培育一批规模大、功能强、服务水平高、与产业配套紧密的制造物流企业。支持一批具有良好基础、实力较强的大型物流企业通过战略联盟，建立国内外物流渠道，形成国际化、网络化物流企业。培育一批为石化、汽车、医药、电子、食品等行业提供服务的社会化、专业化的第三方物流企业。认定一批提供物流信息服务以及供应链管理服务的物流企业为高新技术企业。

§5.4.5 推进长三角制造业物流的联动发展

加快长三角物流公共信息平台建设。建立物流信息资源的共享机制，推动长三角地区制造企业口岸通关便利化，构建物流园区、工业区等物流信息联网，实现海港、陆港、空港物流信息共享。加强长三角地区现代物流安全管理联动。根据《苏浙沪危险化学品道路运输安全监管联控协议》，推进危险化学品物流实现信息共享和应急救援两个联动；创立统一规范标准，统一标识路牌、统一驾押培训、统一自救应急；实现危险化学品道路运输监督、管理、预警、预防统一。

§5.4.6 营造良好的制造业物流发展环境

一是启动制造业物流“双高人才”培训工程。联合复旦大学、上海交通大学、同济大学、上海海事大学等高校，加强国际合作，培养一批世界一流的制造业物流高级管理人才和高级技术应用人才。二是完善制造业物流的政策软环境。根据《上海现代服务业发展引导资金管理办法》，重点支持涉及城市公共安全、食品安全和医药安全的危化、冷链和医药物流项目，物流公共信息平台建设项目和区域物流合作项目。加快落实技术创新专项政策，发挥上海支持自主品牌的专项资金作用。

（上海市经济和信息化委员会）

§5.5 进一步发展和完善重点制造业物流基地

以先进制造业基地为依托，通过企业主体的市场化运作，实现专业化物流服务资源集聚，拓展提升制造业物流的服务功能。

§5.5.1 国际汽车城物流基地

上海依托国际汽车城产业基地建设，发挥龙头物流企业带动整合作用，打通采购、生产、营销、售后各产业环节，不断优化公路、铁路运输方式的衔接，为汽车与零部件的研发制造、贸易销售、博览展示、检测维修等全流程提供物流服务。

§5.5.2 化学工业区物流基地

上海依托上海化学工业区建设，以化

学工业区物流产业园为核心，推动化工物流与化工贸易的市场一体化发展，进一步满足各种化工产品生产流通需求，提供更加安全可靠的加工、包装、配送、储运等物流服务。

§5.5.3 临港装备制造业物流基地

上海依托装备制造业基地建设，对接国家新型工业化产业示范基地和两化融合试点区域建设，为发电及输变电设备、大型船用关键件、航空设备及配套、自主品牌汽车及零部件、大型工程机械等装备制造产业集群提供专业化的物流及延伸服务。

§5.5.4 钢铁及冶金产品物流基地

上海依托精品钢基地建设，着力推进罗泾港配套产业区发展，加快吴淞国际物流园转型升级，通过资源整合和模式创新，大力发展集流通加工、分拨配送、信息发布、市场交易、金融服务等于一体的电子商务钢铁物流贸易平台，为钢铁产业链提供现代化的物流服务。

§5.6 汽车物流：汽车整车物流产业发展情况

§5.6.1 行业技术标准和信息平台建设步伐加快

目前，中国《汽车物流术语》、《公路运输乘用车捆绑加固技术要求》、《零部件物流塑料周转箱尺寸系列及技术参数》和《汽车物流服务评价指标》等四项国家标准已进入向社会征求意见阶段，《汽车整车物流过程质量监控要求》、《汽车物流信息系统功能及基本要求》两项国家标准制定也已启动。涉及汽车整车物流、汽车零部件入厂物流及汽车服务备件物流等领域的十几项标准已开始前期调研。

与此同时，汽车滚装行业信息平台建设有所突破。随着企业市场定位的稳固，以及现代信息技术的普遍应用，各地行业共享信息平台将为企业间资源整合提供保障。中物联汽车物流分会与长久物流已开始着手建设全国汽车整车物流信息平台，这对整车物流领域降低运输成本，提高运输效率，节能减排都将发挥积极作用。

另外，商用车物流市场得到关注，商用车具有体积大、种类多的特点，其面临的仓储、运输、信息等物流问题与乘用车有很大不同。商用车物流已成为汽车物流业内一个重要分支，将汽车物流服务拓展到工程机械等相关领域，具有里程碑意义。

§5.6.2 行业市场稳步发展

最近几年，汽车物流产业和供需市场稳步发展，从汽车物流行业总体来看，供求关系逐渐稳定，市场集中逐步提高，贯穿产业链的行业体系不断完善，整个行业已经进入稳定快速发展时期。

目前，已经形成东北、京津、武汉、上

海、广州、西南六大汽车物流集群。在购置税优惠、以旧换新、汽车下乡、节能惠民产品补贴等多重鼓励消费政策的作用下，2011年全国汽车产销量双双超过1 840万辆，分别为1 841.89万辆和1 850.51万辆，同比分别微增0.84%和2.45%，增幅较上年分别回落31.60个百分点和29.92个百分点，产销增速13年来首次低于3%，但我国汽车产销总量继续居全球第一位，汽车贸易也呈现逐步恢复增长状态。据中国汽车协会提供的统计数据，2011年全年出口汽车81.4万辆，同比增长49.5%。汽车零部件物流领域市场很大，许多汽车物流企业已有意识向该领域拓展，如一汽物流、风神物流、安吉天地等已在该领域积累了丰富经验，成为该领域的领军企业。

大型汽车物流企业伴随汽车出口在实现自身业务规模扩大的同时也打开了国际市场通道。安吉汽车物流公司积极探索开拓海外业务，向实现全球经营方向迈进。长久物流公司也积极寻求在汽车出口物流平台业务方面有所突破。深圳长航购置5 000位滚装船，为未来汽车出口发展做准备。美国UP、德国BLG和MOSOLF、澳大利亚TOLLS、日本住友等国际知名汽车物流企业也以此为突破口加速在中国发展汽车物流业务。目前一批国有大型企业，如中远、中海、中邮、中铁等承运人已纷纷将业务扩展到汽车物流领域。

在整车物流和零部件物流两大领域继续齐头并进发展的同时，行业售后服务备件物流和商用车物流两个细分市场进入快速整合阶段。部分行业龙头企业已经着手探索二手车物流和“走出去”的路子，汽车物流行业外延继续拓宽。汽车物流的发展已进入以整车物流为主，向零部件入厂物流、零部件售后物流以及进出口物流方向延伸的竞争新格局。在比较成熟的整车物流领域，企业更多关注加强内部管理，企业间合作，推动公路、铁路、水运多式联运，加强自律协调竞争。快速发展的零部件物流，主流汽车品牌企业与第三方物流企业都建立了比较稳固的合作关系，更加注重优化内部管理、提高服务品质，内部挖潜，提高效率、降低成本。

（《中国产业报告网》）

§5.6.3 “安吉天地”积极打造智能型物流企业

安吉天地汽车物流有限公司（以下简称“安吉天地”）是由上海汽车工业销售有限公司和荷兰天地物流控股有限公司各出资50%于2002年6月12日组建而成的国内首家汽车物流合资企业。

作为拥有丰富本地资源和现代物流管理理念的专业物流供应商，安吉天地自成立以来，就提出以供应链管理的理念和先进技术打造现代智能型物流企业的目标，定位于拥有供应链管理者（第四方物流）管理能力的第三方物流供应商。

为打造“以供应链优化为目标打造智能型物流企业”，安吉天地通过资源整合化与网络基地化奠定硬件基础。通过自有资金投资、合资、合同关系等将分属于不同所有者的运输、仓储设施整合起来，在短时间内建立起遍布全国的运输网络和仓储网络。对这些分布在全国各地的物流资源，安吉天地采用的是整合化协调利用、基地化维护管理的方式。一方面，根据业务要求对分属于不同所有者的物流资源统一部署，统一协调，统一控制。另一方面，鼓励各个物流基地在保证总部业务的前提下自主寻找回程物流，主动降低执行总部合同物流的运作成本。

建立之初，安吉天地就非常重视企业的信息化建设，随着业务的逐步拓展，建立了多个物流信息系统，逐步集成企业内部信息和外部的客户及分供方信息，为安吉天地的物流智能化奠定了信息基础。

决策优化技术、流程再造技术、数据挖掘技术是实现物流智能化的重要手段。安吉天地的主要客户自成立时就有自建的物流网络，由于多种原因存在成本高、运作效率低的问题。客户的高成本就是供应链的高成本，作为面向供应链的智能型物流供应商，安吉天地认为必须利用先进的物流优化理念对客户的物流网络进行重新规划。

运输是物流活动中支出最大的部分，约占总费用的 44%，因此对运输活动进行优化可以显著降低总成本。安吉天地在信息系统中专门开发了优化模块，对整车和零部件的运输和装载计划的制定提供决策支持。

库存优化包括仓库与库区的优化管理和库存结构优化。在安吉天地总包集团整车业务之前，全国整车仓库和库区的管理比较混乱，环境脏乱差，安全隐患多，寻车效率低。安吉天地对 VDC（vehicle distribution center 整车物流分拨中心）进行了统一规划设计和改造。优化的分区功能和布局，从物流供应网络的源头上提高了运作效率。

§5.6.4 国内最大汽车物流基地建成启用

2011 年 12 月 5 日，由中铁二十四局承建的，国内设施最先进、功能最齐全、规模最大的上海闵行铁路货场汽车物流基地正式建成投入启用。

上海闵行铁路货场汽车物流基地位于上海闵行铁路货场西侧，总占地 117 亩。基地拥有联锁块硬化路面汽车停放场地 6 万多平方米、4 条铁路装卸线、4 个双层机械升降装卸平台等设施，年运量达到 17 万吨，工程于 2010 年 8 月开工建设。

该基地是铁道部为完善上海地区汽车物流布局，满足上海地区汽车运转需求而投资建设的。建成启用后，该基地将充分发挥铁路运输节能、环保、安全、全天候、规模化等优势，依托上海大众、上海通用强大的汽车生产能力，有效助推我国汽车工业的快速发展。

（中铁二十四局）

§5.6.5 最佳实践：精益供应链在汽车物流领域的成功应用

总体说来，供应链是围绕核心企业，

通过对信息流、物流、资金流的控制，从采购原材料开始，制成中间产品以及最终产品，最后由销售网络把产品送到消费者手中的将供应商、制造商、分销商、零售商、直到最终用户连成一个整体的功能网链结构。它是一个范围更广的扩展企业结构模式，包含所有加盟的节点企业，从原材料供应开始，经过链中不同企业的制造加工、组装、分销等过程直到最终用户。它不仅是一条连接供应商到最终用户的物料链、信息链、资金链，而且是一条增值链，物料在供应链上因加工、包装、运输等过程而增加其价值，给相关企业都带来收益。

汽车工业比其他制造业更复杂，尤其是涉及更多的跨国跨地区采购，因此汽车工业更关注供应链管理的不断精益化。而精益并不是那么容易实施并取得显著效果的，实施的条件至少有以下几个：

1. 产品标准化和系列化程度较高

没有产品的标准化和系列化，精益仰赖的“平顺”、“一个流”等思想就无从落实。

2. 质量(包括供应商质量)稳定

质量经常出现故障的产品，由于必须停下来进行处理，就会打断精益所要求的流畅、快捷和JIT生产节拍。

3. 计划波动性小，或生产平准化做的比较好

精益实现的手段之一，就是能够尽可能减少生产排程的波动，以提高生产线效率。如果对市场的需求判断有严重偏差，在生产过程中，任务随时插入或随时取消，也会对精益造成不利影响。

4. 供应商、企业自身和客户之间信息系统集成能力较强

精益不是单单企业本身在孤立状态下就可以很好完成的事情，需要上下游供应链环节的相互配合。客户的需求信息应尽早到达企业，实际订单能够在第一时间以某种信号的方式进行传递，以便企业进行事前的计划，并根据拉动信号组织生产。企业对自己的供应商也有相类似的合作方式。

5. 员工素质高，有自主管理意识

精益管理中提倡的全员参与、无缺陷、5S等思想，需要企业的员工在整体素质上不断改善。被动接受指令的工作方式，不适应精益管理的要求。

精益的概念现已经从最传统意义上的制造环节延伸到了供应链各个环节。目前中国汽车物流与供应链管理中的浪费(或成本差距)主要体现以下几点：

① 运输瓶颈，主要体现在公路、铁路及其港口的发展和承载能力；

② 供应链IT系统发展跟不上业务需求，缺乏供应链实时信息的掌握，导致整个供应链各环节缺乏全面且精确的可视化管理和掌握，延误了问题的发现和解决；

③ 供应商的可靠性及其供货质量问题；

④ 物流运营商过于分散；

⑤ 关税、通行费及一些地方政府的繁文缛节。

以上几点导致了物流成本在整车成本中占了过高的百分比。此外，在实施事先计划好运送班次和窗口时间的均衡装载 JIT 系统过程中所遇到的困难，以及缺乏实时问题反馈和解决，都导致每天充斥了“救火”工作。

面对复杂的供应链系统，选择实现精益化的策略方法无疑是非常重要的。

1. 消除浪费，实现精益生产与精益物流

精益生产是传统意义上的精益管理的核心，致力于从生产为中心的角度来分析存在的浪费并努力将浪费消除掉，将生产过程中得以保留下来的活动都通过客户愿意支付的费用而体现出来。图 5－6－1 是传统的精益生产所注重的价值流分析。

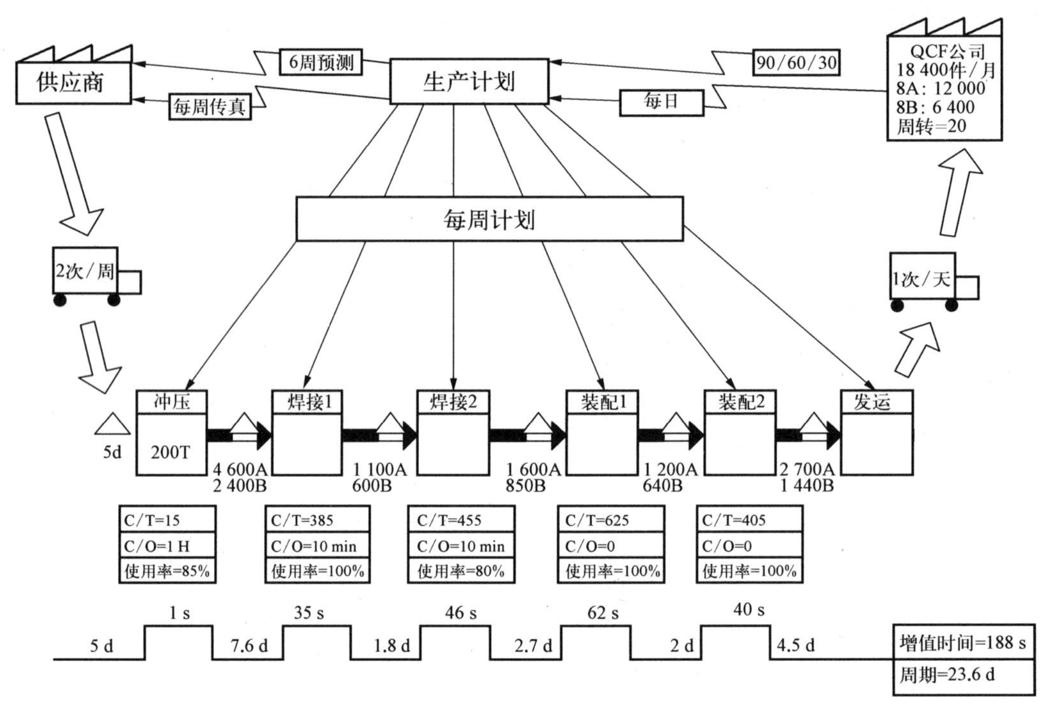

图 5－6－1　价值流分析图

价值流分析的核心思想，就是消除生产过程中不必要的浪费，也就是常说的七大浪费。下面我们列举这 7 种浪费，并提出常用的解决方法：

1) 生产过剩：拉动式系统，5S，“一个流”，生产计划均衡。

2) 等待：拉动式系统，5S，全面生产保全。

3) 不必要运输：5S，“一个流”，包装标准化，流程和工作流分析。

4) 过度加工：自动化，5S，价值流分析，防误防错，5W1H，技能概况图分析。

5) 库存：一个流，5S，生产均衡，拉式系统。

6) 多余动作：5S，5W1H，工作流分析，连续流动模式。

7）缺陷纠正：防误防错，目视管理，PDCA循环，5W1H，问题解决工具（如质量管理14种工具）

精益生产环节非常重视生产计划的均衡、生产线的布局、物料流动路径的规划、看板等工具的使用。也非常重视5S和TPM的支撑功能。

精益物流是从精益生产扩展出来的，主要针对物料流管理的范畴。精益物流与精益生产相辅相成，与精益生产相交叉，密不可分。

精益物流有一些独特的工具，如看板、物料流路线设计、物料仓储和库存策略PFEP(plan for every part)等。构成了既与生产融合，又呈现物流独立特点。其中看板管理是一个普遍应用的工具。看板又分为不同的种类，“生产看板”管理生产现场的工序之间的物料拉动；“内部取料看板”主要是生产和内部仓储之间的物料拉动；“三角看板”服务于成品库存（分销配送需求）对生产线成品的拉动；“供应商看板”管理供应商对企业的供应物流拉动等。

2. JIT准时化供货

JIT又名准时制，其基本概念是基于有计划地对所有浪费的消除和生产效率的持续提高的制造策略。它涵盖了对于所有可以产生最终产品的制造活动的成功执行，从设计工程到产品交付。向供应链的上游覆盖所有物料形态。准时制的基本元素是只有在需要时才拥有库存、提高质量到零缺陷的水平、通过降低生产准备时间、排队等待时间、批量等减少提前期。在最小的成本情况下，改善各种运作活动。很容易理解，JIT是企业所期待的供应链上的某种展现结果，也就是在各个环节上没有库存，特别是本企业内部、本企业的下游客户等，没有任何不必要的库存。

3. 供应商管理库存(VMI)的管理方式

这是一种被用来优化供应链绩效的手段。供应商具备查询客户的库存数据的条件，并在此基础上负责对因客户需求而引发的库存准备水平的维持。这个手段通过供应商对现场库存的经常性的定期回顾，并使回顾活动流程化而得以实现。

在计算现场库存的过程中，损坏和过期库存被去除，而正常库存需要被补充到预定的水平。一旦库存被客户使用，并按照事前约定的结算周期，供应商从客户那里得到库存使用的通知，根据合同对账期的规定，向客户开出发票，要求客户支付货款。图5-6-2说明了VMI得以实现的4个重要条件。

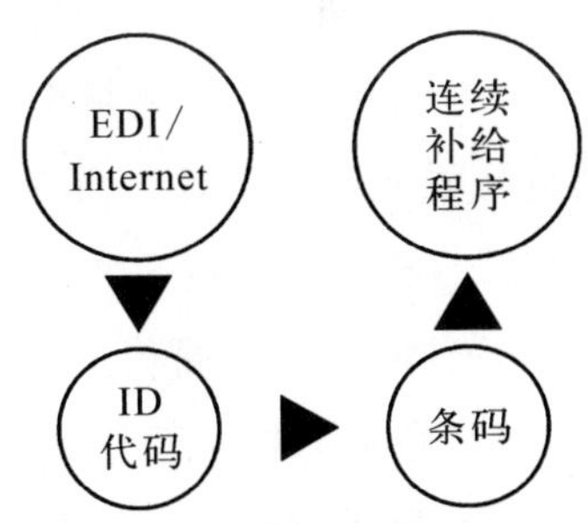

图5-6-2 VMI实现的必要条件

VMI给采购方带来了巨大的收益。采购方因VMI的模式而不需要自己准备库存，采购方可以将持续补货的责任转移给供应商；采购方因此可以减少相当数量的库存计划人员；采购方还可以降低纯“精益”模式下供应商交付周期相对较长的隐患。而 VMI 对于供应商而言也是非常得益的模式。供应商可以提前得到滚动需求计划，也可以通过登录供应商门户（Web Portal），对前端 VMI 配送中心里的库存进行实时状态查询，然后根据自己的运输周期和生产周期，合理地安排生产节奏和补货节奏。在安排运输的时候，还有机会优化最小运输批量，以节约物流成本。

4. 推行 milk-run 是对 VMI 模式进行的有力补充

VMI 的好处与贡献自不待言，但在实施过程中却面临着许多问题。据美国学者 2000 年的调查，实行 VMI 的成功率并不高，仅有 30%—40%。主要原因为：① VMI虽然强调降低供应链整体库存，但却把太多的责任放在生产供应商身上，供应商商对库存的差额负全部的责任；② VMI没有考虑和物流承运商的协作：承运商的能力限制会导致运输时间的延迟，从而破坏供应链的效率。而 milk-run 的诞生和应用，从一定程度上弥补了 VMI 的缺点。首先，强势生产商将 milk-run 操作外包给物流企业，并对其进行监控，从而能有效地控制运输的时间，其次，减轻供应商的部分责任，运用 milk-run 将会生产商承担货物运输途中安全与保险责任。

5. 仓库不仅仅是仓储，更要实现“增值”

现实世界里，面对销售市场的多变、供应市场的此消彼长、运输条件的不稳定等情况，为了消除这些波动，仓储的必要性是难以回避的。于是，我们更愿意为仓储加一个定义——“增值”。增值仓储在保持供应链竞争力方面发挥着重要的作用。不论是在正向供应链还是逆向供应链上，“关注仓储和包装”，在产品移动、营销和回收方面都有着积极的作用。仓库甚至可以参与生产的后期阶段，员工只要接受一定的培训就可以进行大众化产品的装配，或是退回产品（因为修理或替换）的重新组装。随着供应链的延伸，接触到更多的国际市场的物流需求，这些增值活动变得日益重要。

6. 压缩仓储周期实现 cross-docking

仓储业务难以消灭，当然能够持续优化。也就是仓储的周期应当不断得以压缩，最后实现“跨越”甚至“飞越”仓库。这就是越库管理“cross-docking”。

对入库的货品进行某种形式的包装或形态转换，以便于在中转仓库很容易进行备货和对终点站的出库配送。商品在车辆的入库卸货平台即可以转往出库的车辆平台，而不需要再仓库中进行正式存放。越库作业对于库存和仓储空间需求都有极大的节约作用。这种模式称作“直接装载”。图 5－6－4 就是这种作业模式的描述。这里，从收货“receiving”到发货“shipping”，中间有一个环节为理货“sorting”。这个环节速度很快，不会让人联想到货物到仓库的长期存放。

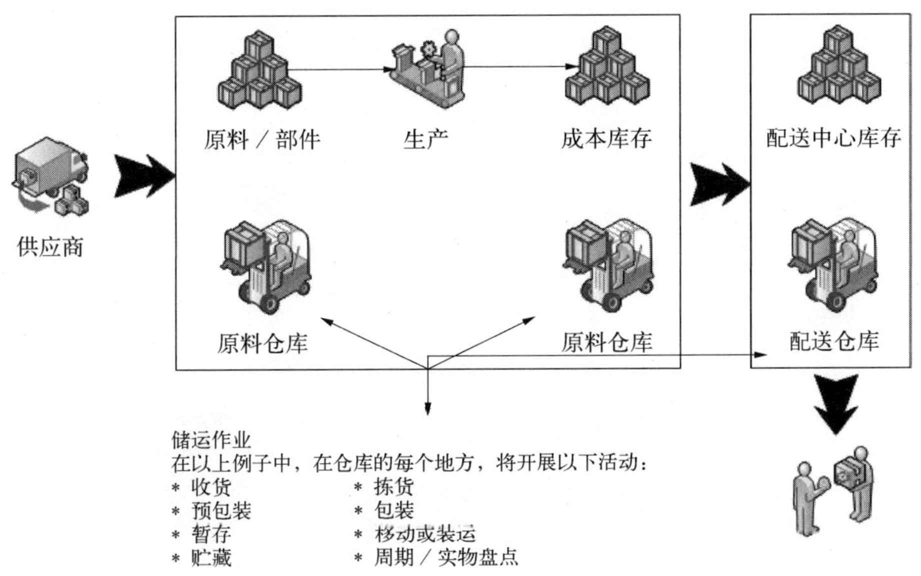

图 5-6-3 供应链中的仓储作业

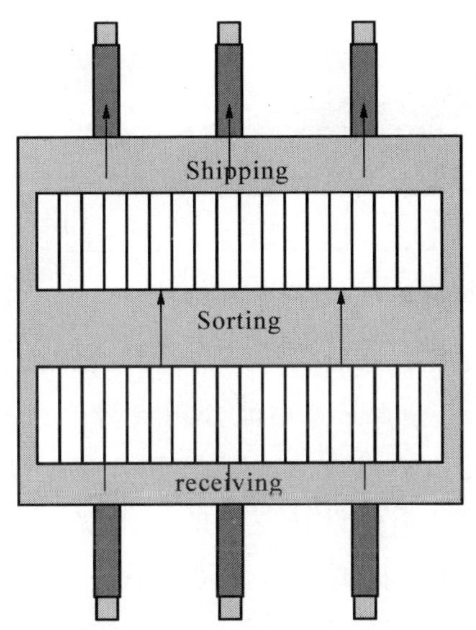

图 5-6-4 越库作业模式

7. 坚持供应链信息化

21世纪企业之间的竞争已经不再是单个企业间的竞争，而是供应链与供应链之间的竞争。由于供应链的有效性高度仰赖于供应链上成员企业间的信息共享，因此可以得出这样一个推论“供应链之间的竞争归根结底是信息技术之间的竞争”。

图5-6-5是一个简单的示意图。一条相对完整的供应链上信息流的传递方向是从消费者到零售商，再从零售商到分销商，再往上游到达制造商和材料供应商……实际上信息流包含的内容极为复杂，既有自右到左的需求信息，还有自左到右的需求确认信息，更有每个企业之间的交错联系的其他各种商务信息。

而涉及的关键流程则包含采购、物料和半成品仓储、生产制造过程中的在线库存管理、成品的分拨以及最终的配送等等。而支持这些关键流程的物流活动更为复杂，从基本形态上可以分为运输和仓储，但在实际的操作过程中则包含了采购和销售订单的处理、采购运输物流、物料的精细化仓储、生产线的及时配送、成品的入库保管、对经销商的分拨配送、货物的在途跟踪等。

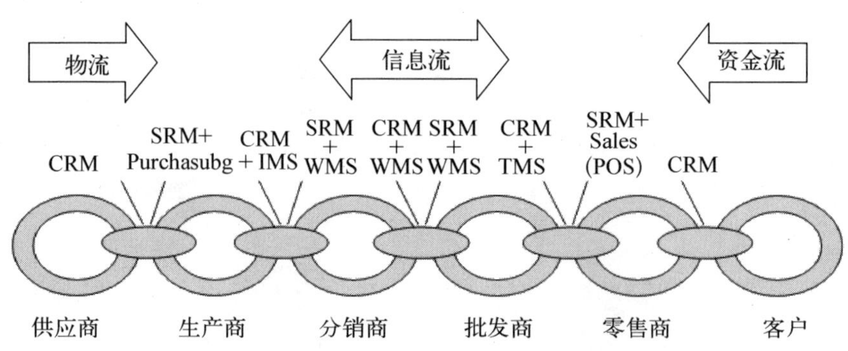

图 5-6-5　供应链上的信息管理环节

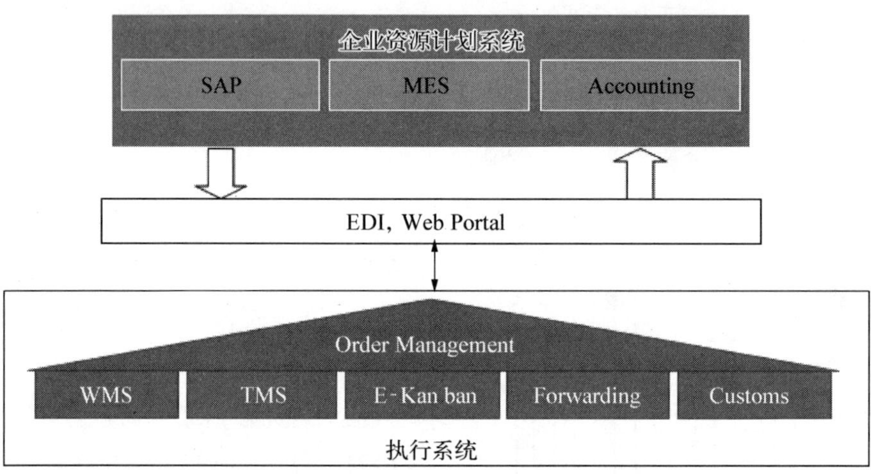

图 5-6-6　关键技术 ERP+WEB PORTAL+物流运行支持系统

从技术角度来讲又包括了电子订单处理、循环取货(milk-run)、库位管理、条码管理、无线射频识别(RFID)、物料仓库预组装排程、生产过程中看板管理、对供应商的看板管理、运输过程中的卫星定位或无线通讯定位(GPRS)、装载优化和路线设计优化等许多内容。

8. 业务外包战略

必须明确的是,必须是有能力管理所有的信息,并具备实施最高效的物流网络的专职能力的第三方物流公司,才能真正对企业有所帮助。第三方物流公司丰富的实践经验可以帮助企业避免很多在供应链中实施精益所经常碰到的错误。另外,这些第三方物流公司自身经过多年发展和学习也形成了自己的专业流程,能帮助企业设计正确的技术解决方案。而目前中国的物流公司普遍进行着低附加值的成本竞争,它们多在从事着简单运输、仓储或者关务活动,业务多集中在客户的物流业务某些环节上方面。真正有远见、有实力从客户的供应链管理的全局角度寻找机会,深度介入制造业供应链管理并实施精益化操作的第三方物流公司,在中国还是凤毛麟角。

以上海畅联国际物流(SLC)为代表的

部分国内先进物流企业，已经开始尝试将第三方物流服务嵌入到生产企业的各个供应链环节，并力求运用工业工程(IE)将整个供应链的精益物流管理贯通，成为客户的供应链全程合作伙伴。目前的汽车物流领域中成功运行的项目有：

① 北京奔驰入场物流服务：SLC 为北京奔驰总装车间的 7 家排序上线物料供应商提供上门取货和长途干线运输、北京地区的 VMI 管理、对总装车间的排序、上线配送管理等主要服务。同时，也提供了包装器具资产管理、不良品返还管理等多种附加服务。在帮助 7 家供应商实现有效的库存管理、生产配送管理的基础上，保证了北京奔驰每年 12 万辆汽车的顺利下线。

② 奇瑞汽车备件出口供应链管理：SLC 为奇瑞汽车出口到全球 80 个目的地的配件提供了供应链一体化服务。包括了备件在芜湖基地的仓储库存管理、包装置换管理、出口过程中的报关、国际货代等。SLC 设在芜湖的出口作业越库中心承担了奇瑞出口销售订单的物流执行的全部工作。从全国各地采购获得的出口备件，经过订单执行过程中的整合作业，在进行合理的包装置换、托盘单元化、集装箱配载优化等工作之后，被送上出口的路途，直到目的地国家的收货人。在出口供应链服务的过程中，已经为客户提供了库存、运输状态、收货结果等的全程可视化。为奇瑞每年几十亿的配件出口供应链提供了物流全面保障。

③ 吉利汽车宁波基地入场物流服务：SLC 在吉利汽车宁波生产基地设立了大型 VMI 中心，根据吉利的生产计划，有效地拉动和管理供应商的库存。同时，按照吉利汽车每日生产计划，进行 JIT 和 JIS 的上线配送。VMI 中心管理着吉利 180 多家供应商的几千种物料。SLC 通过 WMS、电子看板的集成系统，与吉利汽车及其物料供应商保持着计划、单据、库存数据等信息的同步，并在强大的 Web－EDI(图 5－6－6)的支持下，有效组织供应商补货，实现网上到货预约 ASN 等功能。在与吉利汽车联合会诊的基础上，SLC 帮助吉利建立了生产物料拉动看板体系，实现了富有效率的物料流，极大地消除了供应链上的各种浪费。

④ ZF—汇众萨克斯的供应链全程管理：SLC 在首先为该客户提供供应链管理咨询的基础上，为其量身定做了入场物流模式、生产现场物流管理模式、成品物流管理模式和售后市场零件物流管理模式。这些模式的实现，是通过仓储、运输、包装、预先组装等资源的合理组合、持续优化得以实现的。通过优化，将客户原来较为臃肿的入场物流仓库从 3 个减少到 1 个，总面积下降 40%。通过 WMS 系统、物流导向的 BOM 管理系统、供应商管理门户系统、电子看板系统的实施，与客户的 SAP 系统实现了生产计划自动转化为物流需求，并指导物料备料。SLC 为客户首创的生产线工位“触摸屏电子看板”的拉动模式，结合小料车齐套上线的具体操

图 5-6-7　SLC SCM 登录界面

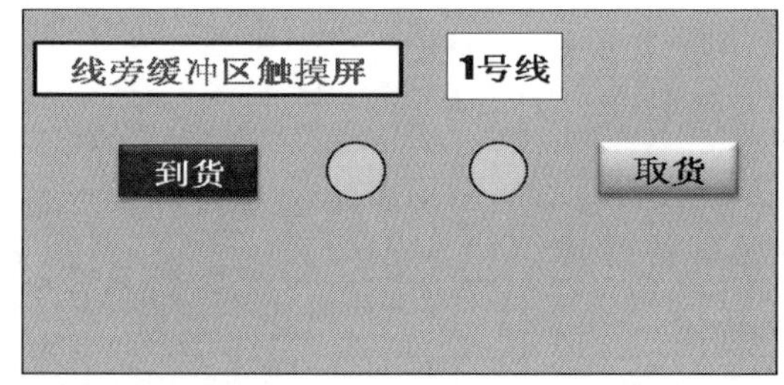

图 5-6-8　触摸屏电子看板图示

作(如图 5-6-8 所示),大大提高了物流过程中各个环节的反应速度,保证了客户每年平均增产 30%的生产要求。

以上仅仅是 SLC 在汽车物流精益供应链管理成功案例中的一小部分,在为其他客户如德尔福、奥托立夫、上海汽车、上海汇众、延峰伟世通等提供的相关供应链服务中,都能够感受到 SLC 的鲜明特征,即通过专业的供应链模型设计、信息系统的有效实施、精益原则的贯彻、IE/TQM 等体系的实施和工具的使用,为客户带来实实在在的价值。这些价值具体体现在客户的库存周转率提高、反应速度加快、运输成本下降、物料差错率和人为破损率降低、过程可视化等各个方面。使客户真切感受到精益供应链管理,特别是精益物流管理的好处。与此同时,SLC 也获得了客户的认可,取得应有的服务回报。

SLC 在各个成功的项目基础之上,正在倾力打造一个涵盖汽车制造业入场物流、国际货运物流、国内 milk-run 和干线运输网络在内的一体化精益供应链服务体系。

§5.7 钢铁物流：上海钢铁物流业“十二五”规划期间破围

形成“以服务经济为主导”的产业结构，是上海产业升级的既定方向。上海钢铁物流业的发展，不仅要靠资金的投入、设备的更新、政府的配套政策，还需要企业对战略规划、商业模式的前瞻性把握。今后10年乃至30年的钢铁物流业如何发展？这个长期缺少政策关注和扶持的行业对政策导向的需求日益迫切。一些钢贸企业对各地政府着力推动经济转型的“十二五”规划寄予了厚望。尽管政府可能并不会针对钢贸行业制定专项发展规划，但是行业可以在现代服务业或现代物流业、大宗商品等专项发展规划中，找到行业的新坐标新方向，从而围绕这些政策导向，谋划钢贸业的发展思路。

自改革开放以来，钢贸行业几乎完全通过自身的积累发展壮大，在政府相关报告和研究课题中很少提及钢贸业，相应政策也极少看到，往往游离于大宗商品规划和现代物流规划的边缘。但是，随着钢贸物流行业的发展，政策规划的缺失正日益成为行业发展的瓶颈。政府在城市规划方面，对钢贸物流的空间布局尚无明确指导意见，对各个物流节点也没有配套措施，致使钢铁贸易环节复杂化，并增加了相关费用。上海钢贸物流企业的仓库应该设立在外环线以外，减少产品由钢厂到码头再到终端的中间环节，这样大卡车也不会进入市区内，减少排放污染。

目前许多钢贸企业涉及加工、配送、仓储、包装等多个领域，企业的网络化构架经常造成企业下属点与点之间的重复纳税，存在一定的不合理现象。我国钢贸企业众多但弱小散，同质化竞争严重，很多企业没有创新意识和能力，在“十二五”上海产业结构调整、参与国际竞争的过程中，这些钢贸企业必然面临新的“洗牌”。在这一转变中，容不得市场的无序和恶性竞争，行业秩序亟待规范。

近年来，虽然在转变经济发展方式的过程中，各地日益注重现代服务业的发展，但是相对于金融业、航运业、创意文化产业、娱乐餐饮业来说，上海物流业的发展仍然相对滞后。期望，“十二五”规划的建设过程中，物流站点和基础设施的建设能加快速度，政府能给予物流基础投资方面的政策倾斜。上海钢贸企业遇到的问题在全国各地普遍存在，而作为全国最大的钢材物流集散中心——上海在这方面表现得尤为突出。

“十二五”规划的主线是转变经济发展方式，转变经济发展方式不仅仅包括产业结构、需求结构和要素投入结构的调整，而且也包括市场发展格局、流通格局、企业经营模式的调整与转型。这对我国钢铁流通业发展格局将不可避免地产生重大历史性影响。钢铁物流业要借助“十二五”的转型，实现历史性的跨越，还必须解决管理、人才、技术、经营模式等方面的问题。

上海市已经将大宗商品市场发展规划首次列入市政府的报告中，并已经形成“十二五上海大宗商品市场的发展规划”，重点构建货物贸易市场体系、商品消费和服务消费市场体系、服务贸易市场体系、电子商务市场体系与贸易相关的专业服务业市场体系等“五大市场体系”。钢铁物流是这一市场体系的重要组成部分。与其他大宗商品领域相比，上海的钢铁贸易十分活跃，企业主动转变发展方式，要求转型的趋向已经很明显，政府已经在连续关注钢贸行业正在进行的转型探索及存在的问题。

近年来，我国钢材市场将逐步进入后扩张期，需求增长将相对平缓，市场对专业化服务的要求越来越高，此时流通行业对引导生产、衔接产需等方面的功能和作用将会日益突出。市场流通格局将在生产与流通的博弈中，凸显流通的先导作用。

形成“以服务经济为主导”的产业结构，是上海产业升级的既定方向。要抓住行业格局向流通业先导转变的大趋势，加快钢铁物流行业的发展。在钢铁领域，要发挥服务业或流通业的先导作用，钢铁物流行业还有很长的路要走。上海钢铁物流业的发展，不仅要靠资金的投入、设备的更新、政府的配套政策，还需要企业对战略规划、商业模式的前瞻性把握。目前虽然上海钢贸企业数量多、规模大，但是在信息化管理、资源整合等方面还有差距，今后发展应更加注重软实力的提升。

上海的“十二五”规划强调产业联动，这是汲取了香港发展的经验和教训后做出的正确决策。如果单纯依赖服务业或服务业中的一个产业，在产业结构的轻型化过程中，就会使整体经济失去了制造业基础的依托，服务业也因此失去可服务的基础对象，产业的空心化现象会严重削弱经济的增长动力。

要建设新的大宗商品市场体系，不仅要发展有形的市场，更要注重无形的市场以及企业对这两种市场的整合能力。目前上海约有970个商品交易市场，10个大宗商品交易市场，贸易商品几十大类，上期交所期货合约已有8种。但是目前除了铜的“上海价格”成为国际铜市的重要风向标之一外，包括钢材在内的许多产品在国际国内几乎没有体现价格话语权。今后钢铁物流领域要大力发展以信息技术为载体的专业性电子商务平台，实现贸易主体大量集聚，形成上海的钢材价格指数风向标。（现代物流报　王亚彬）

§5.7.1　西本钢铁力争成为“中国最优秀的服务型贸易商”

上海西本钢铁贸易发展有限公司（简称“西本钢铁”），是中国钢铁及衍生产品流通行业大型联合企业。公司于1999年在浦东注册成立，多年来公司依靠艰苦创业和改革进取的奋斗精神，遵循“以质量求生存、以信誉树品牌、以价格赢市场”的经营宗旨，在企业内部以贯彻质量体系为契机，规范业务操作流程，建立整套的质量文件和规章制度，实现办公自动化，大大提高办公效率。在短短的几年时间，公司实现了跳跃式发展，企业销售规模逐年扩大，近年来，年均钢材销售超百万余吨，实现营销总额达近百亿元50多亿元，被上海市国税局、地税局多次评定为年度A类纳税信用等级。

西本钢铁以其品牌、技术、管理、创新、人才诸方面的综合优势，确立了其在产业IT界的杰出地位。公司是中国钢铁营销十强企业，在全国钢铁流通企业中排名前5位，在上海市排名中位列三甲。同时，西本钢铁位列民营企业500强第112名。此外，公司被上海市人民政府评为“文明单位”、“劳模集体”。

西本钢铁秉承诚信专业化经营理念，与沪上多家金融机构达成合作协议。公司所销售的钢材产品质量有着严格的保证，系上海市建委、质监系统用材推荐单位。西本钢铁所销售的钢材产品质量有着严格的保证，与宝钢、首钢、莱钢、酒钢、永钢等数十个国内大型钢厂建立了长期稳定的战略合作关系，供材项目涉及市政、商务及住宅楼宇、交通设施（地铁、高架、桥梁）等各项工程。目前，西本钢铁的营销及服务遍及全国，业已成为了国家基础设施建设和城市化进程推进的重要力量。

由西本公司提供优质钢材的建筑项目现已延伸至华东、西南、华南等地区。如国家级重点工程“沪崇苏”桥隧工程、世界第一高楼（上海）环球金融中心、浙江第一高楼温州世贸中心大厦、国家康居示范工程（上海）东方城市花园、国内第一单体建筑苏州“东方之门”、重庆地标性房产项目中华新城、中国最高的住宅楼世茂滨江花园、国家级重点工程洋山深水港、上海市重点工程国际客运中心码头以及世博搬迁配套工程、上海轨道交通、上海磁悬浮工程、秦山核电二期扩建项目等等。

公司被中国物流信息中心、中国物资信息联盟评为“全国百强钢材营销企业第七位”，并获得500强民营企业之112位的佳绩。被中国企业家联合会、中国企业家协会授予“中国知名企业”和“中国驰名商标”，被全国市场诚信建设委员会和人民日报社市场信息中心评为“全国质量、服务诚信示范单位”。西本钢铁被中国物流与采购联合会批准为中物联常务理事单位。虞钢同志被评为全国物流行业劳动模范，同年被中国物流与采购联合会聘为副会长。

西本钢铁致力于以产业IT构架新经济模式。公司在人才、物流、信息、资本市场进行着卓越的统筹运营。公司正在成为生产和消费之间和谐、通畅的秩序架构者。

西本钢铁是上海钢贸企业中第一家通过ISO9001质量认证的公司。公司全部应用技术均自主开发，公司研发人员占公司总人数的25%。方便快捷的96369网上交易系统、卓有成效的行情分析预警系统、高效畅通的 OA 指挥控制系统、科学严谨的 ERP 管理系统均具有完全独立的自主知识产权。

西本钢铁坚持“一业特强、适度关联”的投资发展战略，进行专业化零风险运营。公司立足“专业、科技、创造、共好”的经营理念，密切关注中高端市场，不断地向客户提供创新的满足其需求的产品、服务和解决方案，为客户共同创造长期稳定的价值增长。

以“西本新干线”(www. 96369. net) 96369 网上交易系统为依托，完全向高科技电子商务及物流服务商转型。依靠专业化、科技化的专业人才队伍和先进的管理模式，通过产业整合，西本钢铁力争成为“中国最优秀的服务型贸易商”的宏伟战略目标。

§5. 7. 2 完善钢铁物流体系有利于经济的稳步增长

2011 年，我国钢铁流通规模在前几年高速扩张的根底上完成了颠簸、较快增长。钢铁流通业在继续开展的同时，呈现了一些新状况、新疑问。

首先，微观经济增速趋缓，钢铁流通规模进入陡峭增长时期。据国家统计局初步测算，2011 年国际消费总值 47 万亿元，大众物流按可相对价钱计算，相对上年增长 9. 2%；分季度看，一至四季度辨别同相对增长 9. 7%、9. 5%、9. 1%、8. 9%；2012 年一季度增长 8. 5%差不多。能够看出，GDP 增速呈逐季趋缓迹象。2011 年，我国消费材料销售总额为 45. 6 万亿元，按可相对价钱计算，同相对增长 13. 2%，是自 2002 年以来 10 年中增幅最低的。钢铁流通规模近十年来高速增长的走势趋于陡峭，进入颠簸增长阶段。

其次，受需求、本钱等要素制约，钢铁贸易微利甚至盈余。2011 年，钢铁行业运转前高后低，上半年增长较快、效益较好，下半年增速降低，一些重点公司效益下滑甚至盈余。

2011 年我国粗钢产量为 6. 83 亿吨，相对上年添加 5 584 万吨，增长 8. 9%；生铁和钢材为 6. 3 亿吨和 8. 8 亿吨，同相对辨别增长 8. 4%和 12. 3%。我国钢材市场供需差率正常情况在 1 个百分点以内，据此计算，2011 年钢材流通规模已超越 8 亿吨，其销量在大宗商品流通中位居前列。

据国内钢铁工业协会统计，2011 年全国重点大中型钢铁公司利润总额为 875 亿元，销售利润率只要 2. 4%，不但低于 2010 年的 2. 9%，也低于金融危机之后 2009 年的 2. 5%。2012 年 1 月份，全国工业消费者出厂价钱同相对提高 0. 7%，环相对降低 0. 1%；购进价钱同相对提高 2. 0%，环相对降低 0. 3%。流通公司利润率更低。2011 年以来流通公司假如单纯搞贸易，扣除税费和财务费用后实践是盈余的，甚至卖得越多，亏得越多。

在这种状况下，仅靠价钱特点业已不能赢得市场竞争，提供高质量的配套效劳才能在市场竞争中胜出，同时还存在大型公司强者恒强,传统买卖为主的中小公司生活困难等其他方面的问题。面对我国钢铁流通业呈现的这些新变化,何拂晓指出了 2012 年及今后一段工夫,钢铁流通业的重要任务:树立与完善国内特征的钢铁流通体系,树立与完善标准市场流通次序、公司运营行为、工商关系的法规规矩;健全钢铁流通行业管理体系、统计体系、市场监测体系与市场预警机制;完善规范体系;树立诚信体系。

一是丌展古代物流。钢铁流通业开展古代物流,重要在于运用古代物流理念,创新运营形式,完成贸易、物流、金融、信息一体化运作。二是延伸产业链。钢铁流通公司要以贸易为主,向上下游产业延伸,掌控下游资源,波动终端客户,扩展营销互联网,拓宽发展空间。三是进步效劳程度。钢铁流通公司要经过添加效劳功用、进步效劳质量,树立价值链、利润链,完成贸易商向效劳商的基本转变。

§5.8 化工物流:运输方式一体化提速化工物流

按照《关于推进上海加快发展现代服务业和先进制造业、建设国际金融中心和国际航运中心的意见》,上海将"紧紧围绕建成东北亚国际枢纽港,加快推进以上海为中心、以苏浙港口为两翼的上海国际航运中心建设,着力打造航运服务资源集聚中心"的发展思路,进一步优化完善现代航运集疏运体系和现代航运服务体系建设;整合长三角港口资源,完善航运服务布局。这对物流"重量级"的石油和化工产业来说,无疑是重大利好。

石化与航运业关联度高

上海坐落于太平洋西海岸,长江入海口。上海港码头总长近 100 千米,泊位超过 1 200 个,其中化工专用码头 60 个。上海的港、航、物流等产业对全市 GDP 的贡献率约 15%,已成为上海新兴的支柱产业。2008 年上海港完成货物吞吐量 5.8 亿吨、集装箱吞吐量 2 800 万标准箱,成为世界第一大货运港和第二大集装箱港。

从主导产业的选择基准来看,石化与航运业都属于关联度高的产业。资料显示,石化行业对航运业的直接消耗系数为 0.036,石化产业的成长有 3.6%是航运业作出的贡献。把上海建成国际航运中心,必将会推动石化产业的新发展。

长三角两省一市的石油和化工产业销售额约占全国总量的 25%;原油加工量近 7 000 万吨,乙烯产能 400 万吨;跨国化工巨头聚集长三角,国内企业进出口贸易活跃,每天通过上海港进出的化工原料和产品有 10 多万吨。随着上海洋山深水港一期建成,加上上海两翼北仑港、南通港的崛起,苏南的太仓、浙北的乍浦等港口的新建,上海形成了我国化工物流更加快捷的组合港。这对承担原油、天然气、化工原料及化学品的运输创造了极为便利的条件。

优化现代航运集疏运体系将带来低成本和高效率，为化工物流带来新机遇；最近已有跨国化工公司在上海调研，计划把中东地区的石化产品在洋山港仓储，开展分包业务，供应国内客户。

优化现代航运集疏运体系

优化现代航运集疏运体系，实现多种运输方式一体化发展，是上海建设国际航运中心的重要目标。对于石油和化工产品的运输来说，管道、水路、铁路和公路多种运输一体化最快速、成本最低、效率最高。国内石油和化工产品运输成本普遍较高的原因是港口集疏运体系建设很不均衡，公路运输比例相对过高。有专家分析，与居世界吞吐量第一、集装箱量第二的规模相比，上海航运的服务业发展显然滞后，如在航运指数期货、运费远期合约和运费期权等航运价格衍生品方面还是空白。

上海港将提供更高效、更安全、更规范的码头服务；目前洋山港拥有 16 个深水泊位和液化天然气码头，将发挥洋山深水港区的独特作用，做大水水中转、国际中转，进一步集聚航运要素，吸引更多的中外班轮公司进驻；上海港要积极转变港口发展方式，延伸航运产业服务链，从原来单一注重货物位移到重点发展现代服务业。陈戌源透露，上海将试行推出航运指数期货、运费远期合约和运费期权等航运价格衍生品，降低风险和成本，与世界接轨。

在为石化企业做好航运服务方面，上海的思路是：形成以上海为中心、苏浙为两翼、以长江流域为腹地，与国内其他港口合理分工、紧密协作的枢纽港架构；充分依托长江“黄金水道”，加强与中西部地区乃至全国各省区市的优势互补、互利合作，发挥上海城市综合服务功能。

解决海铁联运是关键

与发达国家相比，我国多式联运发展落后。这是由于各种运输方式之间缺乏统一管理、自成体系、封闭发展，也是与我国铁路运输能力紧张、技术装备落后、化学品铁路运输法规出台缓慢有关。

实现多种运输方式一体化发展，解决“海铁联运”是关键。当前上海港的综合集疏运系统存在失衡，如 1 000 千米以上货运的最优方式是铁路，铁路直通码头既可以减少货物堆场的成本，又可以提高运输效率、节能减排，但目前国内“海铁联运”的比例仍没有超过 0.5%。同时江海不能直达，增加了沿江中转成本，制约了水水中转。上海港要在这些方面率先突破。

（中国胶粘剂网）

§5.8.1 上海化学工业区物流产业园的现状和特点

产业园建设概况

根据上海市委、市政府“品牌输出，资源共享”战略，2004 年 7 月，《上海化学工业区与金山区加强战略合作的框架协议》签定，协议明确：化工区优先发展石油和精细化工为主的先进制造业，金山区优先发展物流、仓储为主的现代服务业。金山区要加速为化工区配套的物流产业园的建设，将此作为化工区物流传输一体化延伸的一个区域，为化工区物流需求配套服务。

为进一步落实上海市委、市政府关于优先发展现代服务业的要求，充分依托大化工产业基地的优势，推进上海国际化工城建设，上海化学工业区管委会与金山区人民政府达成了建设“上海化学工业区物流产业园”的共识，并向市经委联合申报建立“上海化学工业区物流产业园”，市经委于2006年2月21日以沪经区〔2006〕68号文批复同意。市经委又将上海化学工业区物流产业园列入了“十一五”期间上海全面推进和建设的五大物流型生产性服务业功能区之一，列入上海市“十一五”物流基地产业发展规划。根据金山建设“上海国际化工城”的功能定位，上海化学工业区物流产业园也是国际化工城中“一城三基地”之一的“现代物流基地”，是上海国际化工城的一个重要组成部分。

上海化学工业区物流产业园，是由金山区、上海化工区联手构建的化工物流平台，以上海化学工业区和上海石油化工股份有限公司为依托。上海化学工业区物流产业园位于上海西南部，上海化学工业区北侧，A4高速和沪杭公路之间，距市中心60 km。规划分二期开发。第一期规划面积3 km^2，主要体现先进制造业和现代物流业相结合的思路，重点发展物流、仓储、化工设备检维修，形成生产性服务业的集聚区。第二期将新规划16 km^2，作为沿杭州湾化工产业带的物流、仓储发展备用地。

上海化学工业区物流产业园区作为上海市全面推进和建设的五大物流型生产性服务业功能区之一和上海市“十一五”物流基地产业发展规划，具有化工专业的特点，将建设化工原料、化工产品、化工设备等仓储、配送、交易平台，为化工区配套服务。园区首先满足化工区一期10 km^2 的物流要求，其次配套化工区中长期物流需求及将来保税区的建设。同时，园区还加大了招商引资力度，引进了一批与化工区内企业生产相配套的国内外知名物流企业，以满足这些企业的物流需求。

产业园发展特点

上海化学工业区物流产业园自挂牌成立以来，积极优化投资环境，改善服务水平，发展势头良好。就目前来看，园区化工物流产业发展呈现出以下的特点：

园区规划起点高，技术专业性强

上海化学工业区物流产业园是伴随着上海化学工业园发展而建设的一个大型化工物流基地。经营化工物流相对于普通物流而言，需要有专业的物流技术、专业的物流设施、专业的物流管理团队和专业操作人员队伍。化工产品特点决定了在物流过程中，缺乏专业技术不仅将导致物流成本的增加和服务水平的降低，而且将导致严重的安全、环保问题，威胁物流产品乃至企业的安全。从目前落户园区的企业来看，投资规模大，大都是伴随化学工业园区的相关企业而来的，企业专业化程度高。

原材料和产成品为仓储服务对象，库存量大

物流产业园主要针对上海化工区内的企业提供原材料储存服务和产品分销的储存支持。化工产品的消费特点决定了会产生大量的库存需要。石化产品是重要的化工原料，其价格影响许多下游的石化产品和聚合物的价格。以乙烯为例，由于产品的需求有波峰和波谷，存在着一定的需求周期，当需求旺盛时，产品价格大幅度上扬，当需求降低时，产品价格就大幅度回落，但生产却因设备无法停止运转而源源不断地产出，因而产生的库存需求量也是巨大的。

多式联运为主的运输方式

物流产业园濒临空港、海港，公路、铁路、内河交通便利，具有综合性交通优势，因此，充分利用了园区独特的地理位置，采用多式联运为主的运输方式。上海化学工业区建有 2.5 万 t 级的海运液体码头和 1 000 t 级的大件码头，并建成一期 10 多千米公共管廊，保证了上游原料运输顺畅。从产成品运输方式来看，采用公路运输的企业数量远远大于其他运输方式，与铁路相比，企业认为公路运输便捷、弹性大、速度快，能够实现点到点的服务，直接送到客户手中。

与化工企业形成长期的战略伙伴关系

物流业务是企业生产经营的重要组成部分。化工物流量大，技术专业性强，安全要求高等特点，为了保证物流服务的稳定、可靠和优质。化工区企业与物流服务商已经形成了长期稳定的合作关系。如赛科与金山石化物流有限公司、拜耳与新天原化工物流公司、巴斯大公司与上海昆酒实业有限公司等都签订了长期合作的协议。

上海化学工业区物流产业园实施产业集群的竞争优势分析

提高效率、降低成本

园区内的物流企业通过共享区内的基础设施、配套服务设施和综合服务，减少分散布局所需的额外投资，克服了单个企业在公共资源方面的不经济现象，并利用地理接近性而节省相互间物质和信息流交易费用。同时，因为地理上的集中，园区内的物流企业能更容易招聘到有专业技能和工作经验的雇员，及时得到本行业竞争所需要的信息，更稳定更有效地得到供应商的服务，比较容易获得配套的产品和服务，并能以较低的价格从政府以及其他公共机构获得公共物品或服务。这些都使产业园内的物流企业降低了成本，产生更高的生产率，使集群内的企业在生产成本上具有明显的优势，从而奠定了价格竞争的基础。

利用群体效应，建设区域性品牌

与单个的企业品牌相比，区域品牌作为一种无形资产，具有更广泛的可持续效应。区域品牌一旦形成，不仅有利于企业对外交流，而且使集群内的企业在信息搜索、人才储备、辅助性服务等方面更具经济性。此外，在集群内，相关产品齐全，物流企业集中，交通和信息传递费用的节省，更容易吸引物流需求客户的注意。因此，物流集聚区的形成必然吸引众多物流顾客到此寻找合作伙伴，从而形成物流需求的汇集点。上海化学工业区物流产业园内已经聚集了一批拥有良好形象和品牌的企业，这必然会强化该区域"化工物流"特色的品牌效应，从而促进园区的进一步发展壮大。

促进主导化工产业的进一步集聚

物流作为其他集群或主体的支持产业，物流集群通过自身的内部群体效应和乘数效应可进一步促进和带到其他行业的发展。化工物流产业作为化工产业的辅助产业，是化工产业链上的一个重要环节，与化工上下游产业具有高度的关联性。化工物流产业集群所带来的低成本、高质量和专业化的物流服务必将会吸引越来越多的国内外化工企业入驻上海化学工业区和金山的其他工业区，从而促进化工主导产业的进一步集聚。

共享信息平台，体现信息化优势

现代物流技术的发展具有高度信息化的特点。物流企业的集群正好是实现信息化的一个有利条件，物流企业可以通过公共信息平台做到各物流公司信息共享，这往往是单个物流公司的信息管理系统所不能完成的，作为统一科学规划的化工物流园区，上海化学工业区物流产业园在建设和管理伊始就坚持集中仓储、运输、配送等物流资源共享的原则，通过建设公共信息服务平台将资源整合，发挥产业集聚、产业链聚集所带来的规模优势，降低整体化工园区的物流成本。

随着化工产业的快速发展，化工物流市场高涨的人气为化工物流发展带来了不可多得的机遇。上海化学工业区物流产业园应牢牢抓住这个巨大市场需求的机遇，充分利用自身良好的区位优势和品牌优势，扩大和加强化工物流产业的进一步集群，完善化工物流产业链，提升物流产业园的竞争力，争取建成"国际化工物流交易中心、化学危险品管理中心、化工产品储运管理中心及物流保税中心"，打造成上海西南翼的现代化物流集散枢纽平台。

§5.8.2 化工物流：鼓励制造业分离生产性服务业政策促进天原物流公司转型

2011 年，市财政局、市经信委、市税务局等三部门出台了《关于试行鼓励制造业分离生产性服务业若干财政扶持政策的通知》（沪财税〔2011〕46 号，以下简称"46

号文”),该扶持政策对从母体剥离的生产性服务业来讲是一大利好,它从一定程度上鼓励企业进行资源整合、走专业化发展道路,同时又暂时有效弥补了税制的瑕疵,实际是上海增值税改革的前奏曲。华谊天原化工物流公司被纳入了第一批扶持企业。

剥离重组后的发展情况介绍

2003年,物流公司开始从氯碱剥离,时至目前仍在不断整合与重组。公司发展经历了两个阶段,从剥离初期“只为氯碱服务”,发展至今日“为氯碱、为集团内、为集团外第三方”服务并存的格局,第三方服务已占据公司总收入的三分之二;从年收入百万发展至年收入过亿;服务客户从一家增长至目前主要客户超过10家,其中包括化工行业巨头:拜耳、巴斯夫、德固赛、亨斯迈等。

2012—2013年是公司的投资年,计划项目投资(含土地)超过4亿,其中已落地项目三个:土地投资已进入购置流程;拜耳项目与E4地块开发已完成可研报告。上述两项目将于2013年建成,投运后将会实现公司收入与利润的双跨越。

公司组织结构和运营效能得到优化

得益于46号文精神,物流公司自2011年下半年开始整合化工区仓库资源,归并同类业务,将保税、危险品与非危险品仓储与运输整合在一起,不但提高了仓库资源的周转率,而且改善了整体运营效能,有效降低了管理成本,2012年将为公司带来近千万元的收入。

公司业务流程再造

物流公司是从氯碱剥离出来的,与氯碱之间既是客户又是供应商的关系,之前为规避重复缴税,双方服务内容以内部抵减方式确认收入与成本。依托46号文精神,公司对部分业务进行了流程再造,理顺了收支关系,提高了工作效率,真实反映了公司的业务规模,2012年拟增加收入超千万。

但由于营改增政策中关于新增扩围企业可抵扣范围短期内还不够宽、46号文2012年的执行方向暂未确定,公司仍有部分内部交易暂未能理顺,这会随各项政策的出台逐步调整。

专业化分工开始真正形成

46号文从政策上鼓励集团坚持走专业化发展道路,物流公司已被定位为集团内专业物流总供应商,并规划在十二五期间逐步完成资源整合与业务合并。2011年华谊天原化工物流安徽分公司已开始为安徽华谊煤化工物流提供服务并获得巨大成功;2012年初又接受集团委托组织制定与实施安徽基地的物流总包方案,服务范围已从传统的化工产品码头装卸、仓储与陆运扩大至包括轮胎、煤等更多服务产品;包括陆运、海运等更多运输方式;包括贸易、货代等更多联动业务。2012年预计实现收入超过2 000万元;2012年5月与华谊安庆丙烯酸公司签署码头开发建设服务协议，这为公司拓展安庆化工物流服务奠定基础；2012 年下半年，物流公司还将整合吴泾焦化剥离出的物流资源。

存在的问题

公司近两年遇到了发展中的瓶颈，项目投资全部在建；快速实现跨越式规模发展受到影响；服务行业面临着刚性的人工成本上涨压力，公司经营效益短期内受到挑战。

上海营改增政策已在实施，一季度全市总体结构性减税 20 亿元，运输行业整体仍处于增加税负的状态，天原物流公司的业务形态可以代表物流辅助行业（兼营部分运输服务），根据公司 1—4 月经营数据测试，总体税负下降不足 10 万元，主要原因：一是营改增政策执行的行业范围没有全覆盖、扩围企业增值税进项可抵扣范围不够宽；二是物流服务业处于商业竞争的弱势地位，对税制改革带来的税负增加不能得到有效转移。

进一步完善政策若干建议

46 号文出台的初衷是为避免企业主辅分离过程中的重复缴税、鼓励生产性服务业企业进行投资、专业化发展，并寄希望衔接于增值税扩围政策的出台来解决上述问题。但增值税扩围政策解决了部分重复缴税的问题，投资与经营税收减负问题仍存在，建议 46 号文继续执行或有条件地调整后继续执行，具体如下：

分析与汇总第一批扶持企业（10 家）2012 年项目投资、资产转移、增值税政策下总体税负（流转税与所得税）情况。

建议 46 号文的执行限期与全国或全行业政策相衔接

营改增政策的执行效果是“实现结构性减税”，实际对大、中型生产性服务企业的扶持力度有限，只有全国、全行业（或大部分行业）执行增值税政策才能有效解决生产性服务行业增值税进项抵扣不足的问题，建议 46 号文的执行限期与全国或全行业执行增值税政策相衔接。

建议执行范围进行相应调整

46 号文重点精神是扶持“剥离”与“发展”。因此建议：

剥离：为母体服务的流转税扶持政策延续；与母体之间发生资产转移新增税费的扶持政策延续；

发展：为社会服务的新增收入实行 100%流转税扶持；对现存业务每年降低 10%—20%扶持力度；因业务发展需要新增的设备、设施与固定资产投资中涉及的各类包括契税、增值税与印花税等税收给予一定的扶持。（市经济信息化委）

§5.9 医药物流：2011 年上海医药以物流发展抢占市场情况分析

2011 年 3 月 18 日，上海医药子公司上药控股与全球领先的医药公司勃林格殷格翰有限公司，落户苏州上药供应链有限公司签约仪式，在苏州举行。苏州上药供应链作为上药控股在上海市外投建的第一家以医药生产型物流为主营业务的专业医药物流中心，是对医药流通领域变革的一种尝试。

在目前医药流通行业“十二五”规划即将出台的背景下，国内医药流通企业纷纷开足马力与其他企业竞争，以拉开相互间的距离。实际上，由于医药流通行业“十二五”规划的核心内容是提高行业集中度，这显然对大型医药流通企业有利，而医药流通行业之间的竞争也自然而然地落在了这些大企业、大集团身上。

而国内目前的医药流通企业如果进行座次排名，可以简单地分为两大阵营，首先是以国药集团为代表的医药流通巨无霸。国药集团是由国务院国资委直接管理的中国最大的医药健康产业集团，其无论从规模上、资产上、销售额上、渠道上以及同政府之间的关系上都远远领先于其他医药流通企业，它的地位在国内医药流通行业里无可撼动。

另外一大阵营是以上海医药、华润医药、九州通、南京医药等为代表的区域性、地方性医药流通集团，这些企业年销售额差别并不大，因此更加激发它们提升竞争力与其他企业展开较量。拿上海医药来说，其目标是打造全国综合性的医药龙头，其医药商业销售规模位居华东和上海第一位，但是为了同华润医药以及九州通竞争，上药也不断拓展业务链抢占市场先机。

此次上海医药与全球领先的医药公司勃林格殷格翰有限公司合作，对于上药来说有两点利好。首先，上海医药与勃林格殷格翰的合作是一种全新的模式，这也算是上海医药对外拓展的一种全新尝试，双方的合作将提高上海医药在医药流通方面的效率，并可以有效降低成本，这有助于上海医药轻松上阵与华润、九州通等展开新一轮竞争。

其次，上海医药选择与勃林格殷格翰合作供应链项目是看中了全产业链的物流服务，这种以物流先行介入生产全过程模式的探索不仅可以领先一步抢占医药市场，还能解决上海医药的后顾之忧。

§5.10 装备制造业物流：发展高端物流业提升装备制造业竞争力

高端物流业能够促进物流企业与生产企业的无缝链接，真正实现生产企业的“零库存”管理，有利于制造企业将原料及零部件采购、仓储、商品集散等非主导业务分离出来，减少资金占用，降低运营成本，这至少可以为企业降低3%至5%的运营成本，甚至可以达到10%以上。除此之外，物流企业还可借助自身优势，开发企业闲置设备流通和改造等业务模式。

装备制造企业目前正由原来的分散

布局走向集聚式发展，这为高端物流业发展创造了更广阔的市场需求和发展空间。产业集聚带来物流量的集聚和成本的节约。在一个集聚区内，物流企业可以建设集中的服务设施（如仓库），为企业提供快捷、高效的配送服务，降低企业运作成本。目前国内物流业总体上尚处于商品集散的低端起步阶段，能够满足于装备制造业发展需求的高端物流业基本还是空白点，谁能率先进入，建立起完善的高端物流服务体系，谁就占有了先机。另一方面，高端物流业具有规模效应，企业越大，运行成本越低，越有利于提高服务质量，赢得更多客户。同时也要认识到，服务于装备制造业的高端物流业是一种专业物流，对物流企业的要求比较高，必须对这个行业有充分的了解。

在装备制造业集聚区建立专业物流园区，创新服务模式。物流园区的规划和建设要具有战略性和前瞻性，应从地区装备制造和物流业发展现状的实际出发，加强装备制造业集聚区物流资源整合，推动一体化高端物流管理模式的应用和发展，为装备制造企业提供高端的、一站式的外包服务。

积极引进和培育专业物流外包企业，推进企业做大做强。加快推进高端物流业发展的路径有两方面：一是引进国内外高端物流外包企业，如上海市引进全球500强的工业品分销商固安捷；二是积极培育本土物流企业，如深圳市培育一站式供应链管理模式的物流企业怡亚通。应有针对性地开展招商引资工作，吸引诸如美国普洛斯、丹麦马士基、日本邮船等世界100强物流企业投资。值得注意的是，服务于装备制造企业的高端物流业，具有专业化、个性化的特点，必须充分了解区域装备制造原料、零部件的情况，在积极引进国内外物流企业的同时，更要注重培育本土高端物流企业。一些企业长期从事装备制造原料、零部件的销售、配送业务，对行业发展在宏观和微观上都能够准确把握，具有从事专业外包服务的良好基础和把企业做大做强的潜力。高端物流企业应立足本地装备制造业集聚区，体现规模优势，逐步把企业建设成为跨区域、跨国界的大型企业集团，达到服务全国、走向世界的目标。

给予专业物流企业在用地及投融资等方面的政策支持，吸引风险资金进入。建议将加快发展高端物流业纳入区域发展规划中，在项目审批、立项、土地利用、税收减免、融资扶持等方面予以倾斜。针对物流企业缺少固定资产、难以用房地产进行抵押贷款的问题，应把物流业作为投融资政策支持的重点产业，针对融资机构扶持物流企业出台一些政策，比如开发应收账款抵押、仓储物品抵押等融资政策。政府部门和物流协会凭借其公信力，成立针对物流企业的专业担保机构，积极引导商业银行在防范资金风险的前提下，放宽物流企业贷款融资条件。同时，允许物流企业将融资费用全部列入财务费用在税前扣除，以减轻其税收负担。针对高端物流企业在大型专业物流设备引进和 IT 系统平台建设等方面的资金需求，应予以重点项目投资补助、贷款贴息等方面的支持。设立装备制造物流园区专项发展基金，对于纳入城市总体布局规划、具有发展潜力的物流园区和物流项目给予优先贷款和贴息。建议对龙头物流企业在政策、资金等方面给予重点支持，可考虑将这类企业列入现代物流业与装备制造融合试点单位。创造有利于物流业大发展的经济环境，为企业吸引风险投资基金创造条件。

建立装备制造产品信息全国统一编码，加快物流配送标准化建设。目前，不同行业装备制造产品信息命名、描述、分类和编码不一致，导致物流采购和销售不通畅，严重影响高端物流企业运行效率与运行质量，成为发展装备制造高端物流业的重要制约因素。有必要建立统一的装备制造产品信息编码标准，建立服务于制造业与物流业联动发展的信息化标准“装备制造业物流产品溯源信息编码”，为加快装备制造业物流配送工作奠定基础。政府应做好装备制造产品标准化战略规划工作，制定标准化总体框架，确定标准化发展的方向和重点。与国家行业管理机构、行业协会、标准化监管部门等密切合作，制定并实施行业内部各种设施、机械设备、专用工具等的统一信息编码。作为一种过渡，在推广初期可实行老编码和新编码共存的模式，逐步实现信息集成应用和信息资源共享。

第六篇　商贸和其他物流

§6.1 商贸物流

近年来，随着我国国民经济的发展和城乡居民生活水平的迅速提高，商贸业获得了较大的发展，商品流通规模不断扩大，社会消费品零售总额年均增长 14%，为商贸物流的发展提供了持续增长的空间。并且，流通产业所有制结构调整也取得了积极的成果，经营主体多元化进一步发展，多种经济成分竞争，国营、民营、合资、外商独资共同发展的流通格局基本形成。传统营销方式逐步得到改造，超市、便利店、专卖店、仓储式商场、购物中心等新型业态成长迅速，已有多家商贸企业成为上市公司。但是，和商贸业的快速增长态势相比，与之配套、为其发展提供后劲支持的商贸物流总体上仍处于相对滞后的状态。

国家《商贸物流发展专项规划》指出：商贸物流是指与批发、零售、住宿、餐饮、居民服务等商贸服务业及进出口贸易相关的物流服务活动。商贸物流属产业物流，是商品流通的重要组成部分。构建高效、安全、通畅的商贸物流服务体系，有利于降低物流成本，提高流通效率和效益；有利于促进商贸服务业转型升级，提升流通产业竞争力；有利于扩大就业，改善民生，维护社会稳定与繁荣；有利于减轻资源和环境压力，促进经济发展方式转变，更好地为建设小康社会、构建和谐社会服务。

据上海市经信委 2010 年研究课题“上海市现有商业物流现状调查分析”，全市商业系统（包括商业、餐饮业、服务业和仓储业）作为现代物流雏形的仓储业，共有各类企业 1 300 余户，总资产 122.5 亿元，全年的销售额 67 亿元，运输车辆 1.52 万辆，占全市货运车总数的 9.14%，运输能力达 39 亿吨。此外，还有少量的铁路专用线、码头和船队。全市已形成的商业物流配送中心 76 个。

商贸物流特点

与传统的运输业比较，商贸物流呈现出以下四大特点。

1. 连锁配送物流

随着上海连锁经营规模的进一步扩大，带动了连锁企业配送中心的建设和发展。近年来联华、华联、农工商和可的等连锁企业都相继投资建设了以内部配送为主的配送物流中心，并辅以信息管理和计算机控制系统，目前处于国内领先水平。

2. 第三方物流

这类物流企业大多由原有的国有批发企业和储运企业通过专业化改造和联合重组的方式演化而来，以便充分发挥商业系统原有的设施资源效用，如商业仓库、粮库、车队、船队、码头和铁路专用线等。其中较具代表性的是上海商业储运公司为积极探索走第三方物流之路而投资组建的“全方物流”。该物流体系以信息网络为基础，提供覆盖上海至华东及全国各地的物流配送服务，取得了较好的社会效益和经济效益。

3. 生鲜低温物流

这种专业物流是随着经济发展和人民生活水平的提高，食品消费结构的变化而发展的低温物流，也被称为“冷链物流”。如上海锦江集团与日本三井物产、上海大众合作建成的“新天天大众低温物流中心”，年配送额达 3 亿元，又与吴泾冷库等联合成立锦江低温物流事业部，将其发展成拥有铁路专用线和码头的大型低温物流中心。

4. 电子商务物流

电子商务是未来商业发展的方向，近年来还处于积极探索的发展阶段，为其配套的物流配送网络也不断地建设发展。如联华 OK 网等，年销售额达到 3 亿元以上。联华 OK 网，在接到客户的网上订单后，利用联华超市的配送系统将订单送至距客户最近的门店，再根据客户的要求采取自取或送达的方式配送货物。

商贸物流在发展中存在的问题

虽然近年来商贸业获得了较大的发展，商品流通规模不断扩大，并且流通产业所有制结构调整也取得了积极的成果，但是和商贸业的快速增长态势相比，与之配套、为其发展提供后劲支持的商贸物流仍处在相对滞后的状态，主要表现在：

1. 物流设施老化，服务功能单一

我国的大型商贸物流设施大部分建造年代久远，急待更新改造，而物流企业效益低微，难以支付庞大的设施改造费用，造成相当多数量的设施长期带病运作，透支自身的使用价值，给企业带来严重隐患，并制约着企业的发展。

2. 条块分割明显，管理水平偏低

我国的商贸物流系统零散分布于批发企业、零售企业、物资企业、储运企业等商贸企业，由于企业的独立核算性质，造成各分散的物流系统、设备设施等不能相互利用和集中管理，导致资源闲置和资源浪费同时出现。由于商贸物流的功能单一化，长期低水平地提供单一的物流服务，束缚了商贸物流的健康发展。

3. 配送中心总体配送比例较低，商业连锁优势未能充分发挥

从我国现有商业零售企业来看，除了一些中大型、知名的商业企业以外，一般的商业连锁企业大都没有建立自己的物流配送中心或利用第三方物流中心。有

些企业虽然也建立了一些自己的连锁分店,但实际上经营的商品并没有做到“统一采购、统一配送、统一结算”。

4. 商贸物流设施布局不尽合理

原有物流设施布局比较分散,在进行物流作业时,造成设施间的时间、空间转换成本高,而且由于城市的发展,一些物流设施的位置已失去原来的优势,需要进行调整和统筹规划,在新建设施的布局上也存在各自为政的现象,缺乏通盘考虑和统一规划,影响商贸物流整体发展。

5. 现代化程度低、信息化水平不高

据调查显示,目前我国实行物流配送的商贸企业中,有超过 58% 的企业至今几乎没有采用过信息技术或信息系统来进行物流作业,而在已经采用信息技术进行物流管理的企业中,72% 的企业仍然以传统手工作业为主,信息技术只作为其辅助性的管理手段,商业物流信息技术的采用仍然以互联网、仓库管理系统、管理信息系统(MIS) 等为主,对于供应链管理、企业资源计划(ERP) 的应用还处于起步阶段。

商贸物流发展前景

对于大多数的商贸行业,其可合作的物流外包项目主要集中在销售物流服务方面,主要帮助其进行配送服务。随着消费市场规模继续扩大,连锁零售业发展迅猛,物流的总规模也继续扩大,零售连锁商贸物流发展前景良好,主要包括以下几方面:

① 重视物流基础设施建设。由于企业规模发展的需要和市场竞争的需要,许多连锁零售业加大了对物流的投入,包括物流基础设施建设以及原有设施的改造等。

② 不断引进新技术,提高物流技术含量。国内有实力的连锁零售企业,在物流配送中心设施设备的应用和运营管理中,纷纷引入先进的技术不断提高效率和水平。配送中心还采用了国内领先的自动化物流设备和技术,极大地提高了物流作业效率。

③ 家电连锁企业加快实施物流战略,降低物流成本成为家电连锁企业发掘利润的突破口。

④ 生鲜冷链物流得到重视。食品安全是关系人民生活的大事,国家和各级政府非常重视。

⑤ 外资零售企业加快建立自身物流体系。

⑥ 物流形式呈多元化发展趋势。

为进一步促进我国商贸物流发展,提高商贸物流服务质量和水平,增强商贸服务业竞争力,适应流通业发展和转变经济发展方式的需要,2011 年 3 月 14 日,根据国务院《物流业调整和振兴规划》(国发〔2009〕8 号),商务部、发展改革委、供销总社发布了《商贸物流发展专项规划》。这将进一步促进商贸物流的健康发展,加速商贸流通业的产业升级,完善商贸物流网络布局,加快商贸物流基础设施建设,推动商贸物流模式的创新发展。

商贸物流年度动态

【零售业迅猛增长导致上海仓储物业紧缺】

由于上海零售业迅猛增长，2011年上海仓储物业将持续紧缺。报告指出，至2010年11月，上海仓储物流空间仅仅增长4.4%，而上海消费零售总额累计同比增长17.6%，与2008年同期的17.7%几乎持平。高力国际的报告称，“2009年中国政府推行的激励政策以及中国零售业的迅猛增长，导致物流配送中心物业紧缺，目前上海该类物业的空置率仅为7%。”这份报告详细阐述了全球金融危机时期，资金短缺如何限制仓储物业发展的问题。由于上海郊区住宅用地的需求猛增，导致工业地产开发商很难在郊区找到合适的土地投建新的物流配送中心。在分析上海仓储物流市场前景时表示，对于投资者的利好消息是：仓储物流业的平均投资回报率总体仍保持在8%至9%，对于仓储物业的买家，建议他们为物业选址留有充裕的时间。如有可能，更应将选址范围扩大至上海周边城市，例如昆山。

【上海建成肉类流通安全追溯体系】

沪上每年屠宰生猪300万头，其中20%来自上海本地，瘦肉精抽检率几乎100%合格；而80%来自河南、山东等地，瘦肉精抽查合格率也在95%以上。据获悉，2011年沪上已建成猪肉流通安全信息追溯系统，包括全市16个屠宰场、8个批发市场在内的生猪都可实现全程跟踪溯源。目前上海市已经建成猪肉流通安全信息追溯系统，该系统能反映所有生猪和猪肉的采购、去向、检验检疫情况。政府部门一旦查出问题猪肉，就可通过这套系统获知这些猪肉的来源，而该养猪场也会被列入“黑名单”，所产生猪不可再供应沪上。

【上海探索建立公交化配送网络，降低“最后一公里”成本】

2011年11月1日，中国交通运输协会快运分会华东工作委员会在上海召开研讨会，决定发动会员企业在上海共建公交化的配送网络，尽力降低城市配送“最后一公里”成本。上海蔬菜今年为什么这么贵？通过成本分析发现，上海蔬菜供应链存在一些问题。小贩采购200斤青菜，也要去批发市场拉货，这就产生了物流成本，很多个体都在做这样低效率的物流过程。虽然电子商务正在兴起，人们的消费习惯悄然改变，但是，传统的城市配送模式还没有跟上。例如，大多数城市对货车进城的区域和时间都有严格的限制，而且在大多数的城市配送过程中，手工整理、手工票据还普遍存在，信息系统和管理手段不能及时跟踪货物并获得配送信息。各地对物流公共信息平台的探索，核心体现在信息跟踪和收集分析上，即从用户下单开始，物流信息平台就开始对订单进行分析，可以迅速完成配送路线安排、票据打印、信息传递、商品分类等操作。通过物流公共信息平台，还可以对车辆进行优化配置，在快速实现信息采集和分析的基础上，得到最优的城市配送方案。

§6.2 城市配送物流

2012年6月27日，上海市政府网站公布了《上海市加快推进城市配送物流发展实施方案》，提出到2015年上海市将初步建成一个接轨国际物流、服务长三角地区城市群的高效、绿色、便捷的城市配送物流服务网络。

目前上海城市配送物流的基础设施初具规模。西北综合物流园区已成为快速消费品、医药品等物流配送中心的集聚地，城际中转、城市配送功能逐步增强。同时在上海市外环线附近，一批拥有现代化物流设施的配送中心建成并投入运营。但是规模化、系统化的城市配送物流体系尚未形成，面向社区和商业中心的城市末端配送物流设施不足，城市配送运力未得到有效整合，配送车辆通行难问题依然存在。

《方案》明确，上海市将构建支撑连锁商业、电子商务发展的新型城市配送物流体系。通过优先发展城市电子商务配送，支持电子商务企业与第三方物流合作，建立快速补货和区域调拨系统，构建低成本、广覆盖的系统化配送网络，满足网络购物快速发展要求。鼓励购物网站、快递企业等与便利店开展合作，为客户提供全天候包裹快件的收寄服务，开展配送储物柜设立试点，逐步实现城市末端配送社会化。

提升发展城市连锁商业配送和规范发展涉及城市安全的专业配送也被列为主要发展任务。未来上海市将支持大型连锁企业加快建设一批高起点、高标准的现代化全温带配送中心，并推动大型连锁企业以配送中心为节点，健全物流配送网络。在涉及公共安全和生活安全的危险化学品、食品冷链、医药等物流配送方面，构建供销配运一体、全过程安全可控的配送体系。利用全球定位技术和信息平台实现对城市危险化学品零星配送的实时可视监控，规范危险化学品仓储和运输的安全管理。推广冷链物流核心技术，完善产地预冷、销地冷藏和保鲜运输、保鲜加工等设施。积极推动医药集中采购和统一配送，运用射频识别(RFID)技术加强对特殊药品的监管，提高医药物流的配送能力和运行效率。

在政策保障方面，《方案》明确将落实国家现代服务业综合试点和上海市服务业发展引导资金等相关政策，重点支持城市共同配送、涉及城市安全的物流配送、先进技术和现代装备应用、城市配送物流服务标准研制和推广等项目建设。“十二五”期间，上海市物流业增加值年均增速将达到10%左右，物流业增加值占全市生产总值比重达到13%左右。

§6.3 会展物流

近年来，上海举办的各类展览数量不断增长，规模和水平也在不断提高，如中国国际工业博览会、中国国际酒店、餐饮、烘焙、零售设备供应及服务展、中国国际汽车工业展览会和中国国际模具技术和设备展览会等，许多国际知名展览公司也纷纷将其品牌大展“移植”到上海。目前，法兰克福乐器展、欧洲制药原料展、科隆五金展等几十个世界大展都有了“上海版”，而且落户上海的展会越来越与上海市建设国际航运中心和国际金融中心的城市目标相关联，对物流的需求量非常大。尤其是上海世博会的成功举办，更是带动了中国会展物流业的发展。从长远来看，会展物流业将成为上海经济发展新的增长点。

目前，上海的会展物流企业并不多，专门从事会展物流的企业就更少，而且两极分化很严重。上海世博会举行期间，采用指定物流服务商方式来保证服务质量。当时指定了泛联国际、海程邦达和中外运三家物流公司。前两家分别为外商独资和合资企业。当前，一些本地的会展物流企业只分得很小的市场份额，而且还主要集中于国内展会。上海本土的会展物流服务企业目前还处于品牌劣势，很难获得品牌溢价的能力。所以，上海当地会展物流企业仍具有非常大的生存发展压力。专门从事会展物流的企业较少。上海目前可以提供会展物流服务的企业不足20个，其中专门提供会展物流服务的企业仅仅4家左右。能提供会展物流服务的国有企业，往往也都是总公司中的展览物流部或者运输部负责，从事会展物流服务的时间不长，主要为政府机构主办的会展服务。有些民营企业可以提供会展物流服务，他们一般由国有企业或者香港公司转制而来。目前，上海大部分的国际展览品物流市场是由外商独资或者合资经营的专业型会展物流企业占有，他们具有先进经验和技术、网络以及人才优势。传统服务内容较多，缺少一站式专业化服务。在整体上，上海的国际会展物流传统服务内容比较全面，陆运、水运、清关等基本服务还都可以满足，但能提供包括布展、代办保险等全套一体化服务的企业还比较少。会展物流企业信息化相对落后。据调查，上海目前仅仅60%左右的企业建有企业数据库。从信息化的角度对国有企业、民营企业和外资企业进行分析，可以看出，外资企业的信息化程度最高，国有企业次之，民营企业的信息化程度最低。客户服务水平和服务质量有待提高。据调查统计资料显示，展览结束后，展品的回运率高达82%。但多数物流商却没有及时了解其客户的展后展品处理情况。根据对参展商的采访获知：有53.2%的物流商对回运有所关心，而另外的46.8%的物流商不关心；在客户服务方面，51.5%的参展商说物流商会询问对其服务的满意程度，但另外48.5%的参展商表示，物流商从没关心自己的客户服务质量。

§6.4 邮政和快递物流

上海快递服务业发展迅速，战略地位

日益突出。据保守估计，2011年上海规模以上快递服务企业的业务量达到4.09亿件，按上海2 300万人口计算，人均年用快递件达到178件，远超全国2.8件的人均量。由此，上海已实际成为全国快递服务高地和市场风向标。

截至"十一五"末，上海快递业务收入实现135亿元，占上海邮政业业务收入的68%，占上海GDP的比重约为0.8%。各大快递企业近年来的业务保持了每年35%—40%的高速增长。2011年，快递服务继续以30%以上的速度增长，业务量单日最高超过1 800万件。其中，电子商务业务已占大型快递服务企业业务量的50%～60%。

据悉，上海吸引了众多快递企业驻足，并已发展成为全国快递企业总部聚集最多的城市，目前全市获得经营许可的各类快递企业超过千家，多家民营快递企业的全国总部以及部分国际快递公司的中国区或华东区总部均设在上海，快递总部经济带来的产业聚集效应日益显现。

同时，上海快递企业的综合实力不断增强。"十一五"末上海规模以上的快递企业形成了较为健全的网络体系，建立了18个国际、国内和区域等不同规模的集散中心。分拣作业机械化和自动化操作程度广泛普及，手持终端、影像监控、车辆跟踪定位等信息化设施应用水平逐年提升；各大快递企业在上海起降的全货机航班每周超过60架次。规模以上快递企业的服务、中转处理网点共4 491处，已覆盖整个市区，部分快递企业的服务深入村镇。目前上海快递从业人数达7.2万人，至今近2万名从业者参加了国家"快递业务员职业技能鉴定考试"。

邮政和快递物流年度动态信息

【快递公司总部纷纷落户申城】

2011年上海快递业务收入占邮政业务收入的比重达68%，规模以上快递企业累计建立了18个国际性、全国性集散中心，拥有服务、中转处理网点4 491处；有作业汽车9 700余辆，摩托车、助动车35 000余辆。目前全市共有900余家快递企业取得快递业务经营许可证，去年总计寄快递4.09亿件，按照上海2 300万人口计算，人均年寄快递17.8件，远高于全国人均寄快递的2.8件。上海已成为全国快递服务的竞争高地和市场风向标。目前，全国十大民营快递公司中，申通、圆通、中通、汇通、韵达、希伊艾斯、港中能达等7家已在上海设立了全国总部。联邦快递、联合包裹、敦豪等国外快递公司的中国区或华东区总部也设在上海。快递"总部经济"效应日益显现。

【上海快递业抢滩"海陆空"，打造新型现代服务业】

"十二五"期间，上海市快递企业将抓住"智慧城市"的发展机遇，加快传统快递业的转型升用。中通将全面推广手持终端PDA、全球定位系统GPS等信息技术及设备，设立统一的呼叫中心，建立统一的客户服务平台。圆通将在所有分公司

(派送网点)安装摄像头实施全方位监控,并研发了核心业务系统——圆通金刚运营管理系统。未来5年,韵达计划每年在IT方面的投资达2 000万元以上,并建立全国统一呼叫中心,对全部车辆使用GPS在途跟踪,同时建立可视化的物联实时管理平台;届时,从快递员揽件开始,用户就可以通过电脑或者手机实时跟踪快递包裹的去向。预计到"十二五"末,上海市快递产业规模将超过400亿元,在全市GDP中比重接近2%,成为上海以服务经济为主体的经济结构中一个重要组成部分。

【上海多家加盟模式快递公司欲转直营】

2011年,圆通速递、中通速递都召开了服务质量分析会,部署相关整改事项。而最大的整改措施将是从加盟转向直营。据国家邮政局2012年5月4日完成的统计,3月份接受的涉及快递业务的投诉量为7 862件,同比增加5 970件,增长315.4%,占邮政业接受消费者总申诉量的90.5%。消费者对快递业务申诉的主要问题是快件延误、快件丢失及内件短少和服务态度不好,占快递业务有效申诉量的90.9%。其中,韵达、圆通、申通的快件丢失、短少问题占本公司有效申诉量的比重分别为37.8%、28.1%、24.9%,反映出上述企业服务质量下降,应引起足够重视。国内快递业普遍实行加盟制,既满足了企业的快速扩张,也导致了内部管理的混乱。近段时间,圆通、韵达、汇通、中通已进行转型,核心是增大直营、参股和控股的力度,加大总部对网点的管控和利益统筹。部分快递公司推行"三三制"的产权结构整合,1/3加盟商进行股份制改制,1/3加盟商保留,1/3加盟商改制为代理,希望通过这种方式来细化市场,提升服务。

§6.5 冷链物流

冷链物流是一个特殊的行业,不仅关乎工业生产,也与人民的生活息息相关。牲畜肉类产品冷链物流是冷链物流中最为重要的一部分,它关系着民生的健康,上海有关部门应该加大监管力度。在电商的簇拥下,物流的发展越来越迅速,同样,上海冷链物流的多元化发展也成了物流业的一大趋势。冷链物流成了很多物流企业竞相追逐的亮点。

人们正常生活所需物质大部分是需要冷链物流提供保证,蔬菜水果、肉禽蛋奶、水产等农产品占据人们日常生活消费的主要部分。冷链物流泛指冷藏冷冻类食品在生产、贮藏运输、销售,到消费前的各个环节中始终处于规定的低温环境下,以保证食品质量,减少食品损耗的一项系统工程上海冷链物流基础设施建设将快速发展,主要表现在冷库设施建设、冷库技术水平提高和冷藏车辆多元化发展等方面。

冷库的发展趋势主要表现在:一批现代化冷藏库和冷链物流配送中心逐步建立,适合农户建造使用的微型冷库将快速发展。

虽然中国现代冷链物流发展的瓶颈和问题很多，但是我国已经认识到发展冷链物流产业的重要，所以正不断营造产业发展氛围，完善产业发展环境，建立健全规整制度，旨在推动上海冷链物流产业得以健康有序地发展，最终形成完整的产业链条。至2007年3月上海冷藏库企业共125家，冷藏库137座，总库容量已达到近41 181万吨，其中冻结物冷藏库容量为31 146万吨，冷却物冷藏库容为9 161万吨，冰库容量为874万吨。全国人均占有冷藏库容积为29升/人，上海人均占有冷藏库容积为99升/人，为全国之首。

冷链物流年度动态信息

【上海在十二五规划期间建立现代化的冷链物流体系】

鲜活农产品是市民日常饮食生活的重要必需品，加强鲜活农产品流通体系建设，关系到经济增加、社会发展，对保障和改善民生具有重要的作用和意义。上海市商务委、上海市农委制定“关于加强上海鲜活农产品流通体系建设的实施意见”。在实施意见中，要求大力推行产地预冷、全程保鲜。扶持地产农产品收集、加工、包装、贮存等配套设施建设，鼓励农产品生产企业、农民专业合作社和种植大户利用农机购置补贴政策购买保鲜冷藏库，不断完善田头冷链建设，延长鲜活农产品的保质期，为后续的物流环节创造有利条件。市区县财政要支持蔬菜低温库建设、支持冷链物流体系建设、支持冷藏保鲜设施、冷藏运输工具改建。建立现代化的冷链物流体系。提高流通冷链比例，逐步降低腐损率，肉类、水产、果蔬等重点品种的冷链物流率分别提高到40%、30%、20%以上，流通环节产品腐损率分别降低到8%、10%、15%以下。

2012年5月15日，上海市目前已实现冷藏车厢体温度的全过程监控，每天安全地将4.2万冷藏食品，经过产品生产加工、贮藏到商店、超市、大卖场等分销和零售等环节，送到消费者手中。冷藏运输是食品安全链的重要一环，冷链物流也成为事关社会安全和人民生活品质的服务行业。据了解，为保障市民能吃上放心食品，本市各类冷藏运输车辆按规定均安装了在车厢外部能直接观察、能监控运输途中厢体内温度的行驶温度记录仪，运输途中保持全程均衡制冷，并使用行驶温度记录仪进行记录，记录仪数据至少保存一周。冷藏车辆醒目处还贴有行业管理部门统一核发的与车辆冷藏等级相一致的认证标记。上海市还对常用冷藏、易腐食品的温控要求作出了明确规定，例如：熟食(0—4℃)，鲜鱼(0—2℃)，冷冻肉类、家禽(－10℃)，速冻食品(－18℃)等。

§6.6 电子商务物流

上海市电子商务应用领域不断扩大，电子商务交易额占全国比重达到10%，网络使用率和网络购物率均居全国首位。涌现一批有特色的B2B、B2C企业以及电子商务专业服务企业。包括各类电子商务业务运营、平台开发、技术服务在内的“电子商务行业”被列为十大重点发展产业之首。“电子商务外包”的创新服务及领先的模式也由上海的BIMC电子商务外包机构在国内率先推行。

统计显示，近年来上海市电子商务交易额以年均24%的速度逐年增长。2011年上海市电子商务交易总额达5 507亿元，上海电子商务交易额2010年达到4 252.8亿元人民币，同比增长29.5%。网络购物相当于全市社会消费品零售总额比重达8.62%，高于全国平均水平。目前，全市拥有ICP证的电子商务企业有1 100家，开展“网上亮照”经常从事电子商务交易活动的企业达1.5万家。

有关统计数据显示，2011年我国网购交易规模为7 666亿元，占全国社会商品零售总额的4.2%，网购人数达到1.87亿，网上购物在网民中的渗透率为40.5%。2011年，上海市市网络购物总额达到584亿，比上一年增长69%，大大高于同期社会消费品零售总额增幅。网购大会正是顺应这一发展趋势，逐渐成长为展示上海电子商务发展的一个窗口。

上海各级政府通过加大对电子商务发展的引导和政策支持力度，在规划土地、财政税收、服务外包、技术进步、知识产权、标准战略以及市场拓展等方面，推出了鼓励电子商务发展的政策措施。2009年3月，《上海市促进电子商务发展规定》正式实施，这是全国最早的一部电子商务地方性法规；2009年6月，商务部与上海市政府签订《部市共建合作协议》，将共同促进上海电子商务发展列入重要内容；2010年10月，上海成立市电子商务发展联席会议。同时，政府积极推动电子商务相关基础设施和公共平台建设。

《上海市电子商务发展“十二五”规划》提出，总体目标是：努力建设与上海城市功能定位相适应，拥有国际国内两个市场资源配置能力，主体集聚、业态丰富、标准领先、环境优良的亚太地区电子商务中心城市。电子商务应用的重点领域有制造业、商贸流通业、对外贸易业、文化旅游业、展览展会业、金融服务业、农业。此外，上海市将继续推进电子商务在教育培训、医疗卫生、社会保障、社区服务等领域的应用，建设各类公共服务平台，提高公共服务保障能力。上海将推进电子商务支撑服务体系的建设，包括电子商务物流服务体系、电子商务支付服务体系、电子商务信用服务体系、信息安全保障体系、信息基础设施体系、电子商务标准体系等。

电子商务时代，由于企业销售范围的扩大，企业和商业销售方式及最终消费者购买方式的转变，使得送货上门等业务成为一项极为重要的服务业务，促使了物流行业的兴起。物流行业即能完整提供物流机能服务，以及运输配送、仓储保管、分装包装、流通加工、等以收取报偿的行业。

主要包括仓储企业、运输企业、装卸搬运、配送企业、流通加工业等。信息化、全球化、多功能化和一流的服务水平，已成为电子商务下的物流企业追求的目标。

多功能化——电子商务时代物流业发展的方向

在电子商务时代，物流发展到集约化阶段，一体化的配送中心不单单提供仓储和运输服务，还必须开展配货、配送和各种提高附加值的流通加工服务项目，也可按客户的需要提供其他服务。现代供应链管理即通过从供应者到消费者供应链的综合运作，使物流达到最优化。企业追求全面的系统的综合效果，而不是单一的、孤立的片面观点。

作为一种战略概念，供应链也是一种产品，而且是可增值的产品；其目的不仅是降低成本，更重要的是提供用户期望以外的增值服务，以产生和保持竞争优势。从某种意义上讲，供应链是物流系统的充分延伸，是产品与信息从原料到最终消费者之间的增值服务。

在经营形式上，采取合同型物流。这种配送中心与公用配送中心不同，它是通过签订合同，为一家或数家企业（客户）提供长期服务，而不是为所有客户服务。这种配送中心有由公用配送中心来进行管理的，也有自行管理的，但主要是提供服务；也有可能所有权属于生产厂家，交专门的物流公司进行管理。

供应链系统物流完全适应了流通业经营理念的全面更新。因为，以往商品经由制造、批发、仓储、零售各环节间的多层复杂途径，最终到消费者手里。而现代流通业已简化为由制造经配送中心而送到各零售点。它使未来的产业分工更加精细，产销分工日趋专业化，大大提高了社会的整体生产力和经济效益，使流通业成为整个国民经济活动的中心。

另外，在这个阶段有许多新技术，例如准时制工作法（Just In Time），又如，销售时点信息管理系统（Point of Sale），商店将销售情况及时反馈给工厂的配送中心，有利于厂商按照市场调整生产，以及同配送中心调整配送计划，使企业的经营效益跨上一个新台阶。

一流的服务——物流企业的追求

在电子商务业态，物流业是介于供货方和购货方之间的第三方，是以服务作为第一宗旨。从当前物流的现状来看，物流企业不仅要为本地区服务，而且还要进行长距离的服务。因为客户不但希望得到很好的服务，而且希望服务点不是一处，而是多处。因此，如何提供高质量的服务便成了物流企业管理的中心课题。应该看到，配送中心离客户最近，联系最密切，商品都是通过它送到客户手中。美、日等国物流企业成功的要诀，就在于他们都十分重视客户服务的研究。

首先，在概念上变革，由“推”到“拉”。配送中心应更多地考虑“客户要我提供哪些服务”，从这层意义讲，它是“拉”（pull），而不是仅仅考虑“我能为客户提供哪些服务”，即“推”(push)。如有的配送中心起初提供的是区域性的物流服务，以后发展到提供长距离服务，而且能提供越来越多的服务项目。又如配送中心派人到生产厂家“驻点”，直接为客户发货。越来越多的生产厂家把所有物流工作全部委托配货中心去干，从根本意义上讲，配送中心的工作已延伸到生产厂里去了。

如何满足客户的需要把货物送到客户手中，就要看配送中心的作业水平了。配送中心不仅与生产厂家保持紧密的伙伴关系，而且直接与客户联系，能及时了解客户的需求信息，并沟通厂商和客户双方，起着桥梁作用。如美国普雷兹集团公司PC是一个以运输和配送为主的规模庞大的公司。物流企业不仅为货主提供优质的服务，而且要具备运输、仓储、进出口贸易等一系列知识，深入研究货主企业的生产经营发展流程设计和全方位系统服务。优质和系统的服务使物流企业与货主企业结成战略伙伴关系(或称策略联盟)，一方面有助于货主企业的产品迅速进入市场，提高竞争力，另一方面则使物流企业有稳定的资源，对物流企业而言，服务质量和服务水平正逐渐成为比价格更为重要的选择因素。

电子商务物流年度动态信息

【嘉定区政府积极扶持电子商务产业园及物流基地建设】

嘉定区政府积极扶持电子商务产业园及物流基地建设，在税收、租金、人才、资金扶持等方面出台优惠政策。嘉定区毗邻上海虹桥交通枢纽，在仓储物流方面具有得天独厚的优势，京东商城、新蛋网等大型电子商务公司都纷纷斥巨资在该地区兴建基地。物流是目前电商行业发展的最大瓶颈，这是电商业内人士、PE/VC投资人和政策制定者达成的共识。

2011年底，北京、上海等21个城市创建国家电子商务示范城市方案正式获批，上海被国家发改委、商务部等部委联合授牌为“国家电子商务示范城市”，这被认为将给上海电子商务及其物流产业带来更大发展契机。

2011年12月，中国(上海)国际贸易中心平台正式开通，该平台旨在协同利用商务部、上海市在商务领域的信息和服务资源，在全面展示和服务上海国际贸易中心城市建设的同时，开创我国商务领域政府公共信息资源服务和社会化电子商务公共服务的新模式。中国(上海)国际贸易中心平台整合了国内外贸易及信息服务领域的优势资源，提供以商务咨讯、贸易指南、海外市场、招商引资、消费流通、商务服务为主的综合性商务信息服务，并通过建立数据仓库及数据分析体系，满足社会各界对于商务领域信息的个性化需求，实现贸易全环节信息服务功能。下一步，将整合国际贸易信息流、资金流、物流和支付环节等供应链服务，建设以综合指数体系、大宗商品交易、网上会展中心、农产品追溯、贸易便利化、投融资对接服务等为主要内容的贸易与交易促进服务平台；同时整合国际贸易商务链资源，为供应商、采购商、物流商、服务商等搭建便捷、高效的中小企业国际贸易服务共享平台。

【物流大战】

“得物流者得天下”，随着电商业务的快速增长，电商企业对物流的需求也越来越高。凡客诚品、阿里巴巴、卓越亚马逊等电商企业纷纷发力物流。2011 年 1 月，阿里巴巴集团就宣布将拿出 100 亿元投资物流的仓储环节。4 月，京东商城 CEO 刘强东表示，公司获 15 亿美元 C 轮风投，绝大部分将用于物流建设和技术研发。8 月，京东商城 CEO 刘强东在 APEC 中小企业峰会上宣布，三年内将投资 100 亿元建设物流。当当网也先后在北京、上海、广州等城市建立了物流中心，实现了 30 多个主要城市 7 成用户当日送达。

在电商物流大战中，电商巨头的物流体系也得到进一步完善。过去在节假日，物流经常出现爆仓情况。2011 年“光棍节”，国内包括圆通、中通、汇通、韵达、CCES、邮政 EMS 在内的多家民营快递企业都认真部署，采取多种应对措施，物流爆仓现象得到有效缓解。

【电商井喷快递掣肘】

电商井喷快递掣肘，快递是电子商务的生命线。岁末年终，网店的各种促销活动，使得快递派件增加一倍多，面对高负荷，快递公司实在送不过来，有的快递公司中层管理人员和后勤人员都出动应对，这已经是业内的常态，据了解，申通快递从 2007 年接受淘宝订单以来，业务量从 30 万单已经增长到超过 200 万单。众多快递企业都处于压货和清理库存的状态。

订单量增加的同时却面临快递员的短缺。为此，快递公司纷纷提高派送费用，来吸引更多的从业人员。2011 年 12 月 16 日，韵达快递官网贴出了这样的公告：为确保每一票快件的派送时效，全面提高服务质量，即日起，每票快件在原有基础上增加 1 元的有偿派送费；中通快递紧跟其上，除每票快件增加 1 元派送费外，对部分城市快件的运费每公斤上调 2 至 3 元；汇通则对有偿派送费进行季节性调整，在目前的基础上每票上调 0.5 元。

派送费上涨意味着给员工加薪，但收效并不大。很多人吃不了这个苦，每天早晨 5 点起床，晚上 9 点才能躺到床上。稍有不慎，遇到投诉或者被交警查，还要被罚一两百元。快递员收入高可达月薪万元以上，但是超负荷的工作压力和恶劣的天气条件使很多人轻易不愿意踏进这个门槛。

中国服务贸易协会客户服务委员会的一项调查表明，中国快递行业服务存在揽收不及时、快递不快、服务不热情等问题，亟须改进提高。快递变慢递，服务质量成了投诉热点。在淘宝网上，不少卖家针对快递变慢递提醒消费者，如果有耐心等待，可拍下宝贝。更有卖家在网店主页上特别提醒：快递已爆仓，现在是慢递，至少 3 至 7 天。

为了备战快递“春运”，国家邮政局在其官网披露，若春节期间快递企业擅自停止经营(包括关闭网络、停开网络班车、停止收寄或停止投递等情况，导致全网不能畅通运行)，将收回快递业务经营许可证。快递经营许可证是快递企业的身份证，一旦被收回，快递公司将不能正常营业。

【中国快递业的突飞猛进得益于电子商务的爆发式增长】

艾瑞咨询最新发布的中国电子商务年度数据显示，2011 年市场交易规模达 7 万亿元，同比增长 46.4%。四季度的交易规模更达 2.1 万亿元，同比增长 44.5%。该机构分析认为，年底冲量因素是四季度超高速发展的主要原因。与此相呼应的是国家邮政局公布的一组快递业数据：2010 年中国快递业务量累计完成了 24 亿件，年均增长 21%。规模以上快递企业最高日处理量突破 1 000 万件，进入世界第三位。

21%和 46%两个年同比增速，恰可以说明快递业与电商业的发展现实——前者已很快，后者的速度还要乘以二。快递掣肘电商的背后，是交通基础设施与管理机制的变革需求。国内超过 40%的电子商务增长规模，加上各网站节前大促销，使得年增长已超过 20%的物流业相形见绌，即便“爆仓”也跟不上网站的发货需求，成为电子商务的发展瓶颈。被称为“网购双翼”的这两个行业，正处在中国快递业供不应求的阶段。物流业本身是个生产性服务业，不可能呈现电子商务那样的井喷式增长，其与市场需求的适应总体需要有个过程。

波士顿咨询最新发布的一份报告称：未来四年，首次上网购物的中国人每年将增加 3 000 万，且每人每年将在网上消费 1 000 美元。按此估算，到 2015 年，中国电子商务的零售额占比将从目前的 3.3%上升到 7.4%。《经济学人》认为，拥有 1.45 亿消费群体的中国电子商务，有望在未来四年成为世界最具价值的电子商务市场；摩根士丹利发布的报告支持了这一判断，其预计 2013 年中国电子商务交易额将比 2010 年增加 75%。

【一场席卷全国的商贸企业物流竞赛全面铺开】

在庞大的市场需求以及激烈的竞争面前，一场席卷全国的商贸企业物流竞赛全面铺开。以亚马逊、京东、凡客诚品、唯品会、当当等为代表的电子商务企业，在饱受物流瓶颈带来的严重困扰后，开始组建自己的物流中心和送货团队。

以京东这个 3C 零售巨头为例，新一轮融资全部豪赌物流。2012 年 1 月 10 日，京东商城以 2.95 亿元竞得北京一商业地块，规划建筑面积为 18 万至 20 万平方米之间；同时决定在沈阳市建设东北大区总部。建成后的该总部，不仅承担京东商城面向东三省的销售、订单生产、物流配送、售后服务、研发等业务，还将向当地的传统企业开放，满足当地传统企业向电子商务发展的一体化需求。2011 年 4 月，京东商城 CEO 刘强东即在微博上宣布，京东C轮15亿美元融资总额将主要投入物流和技术研发项目中，未来3年将投资50～60亿元进行物流建设。东北大区总部只是这15亿美元地方物流投入的一部分。京东商城还将在成都启动20多万平方米的超大物流中心，未来将在全国范围内建设6座亚洲一号仓库。这是京东商城“不得已而为之”的选择。据了解，京东商城原本2011年的销售额可达300～350亿元，但因为物流能力不足，不得不将销售目标定在260亿元。

物流渐成网购发展瓶颈，并成为电子商务差异化竞争的关键点。相比国外电子商务公司普遍采用物流外包的模式，中国电子商务公司的物流配送似乎正走一条“中国特色”的道路。用户对物流效率的要求越来越高。只有大力构建自己的物流体系，才能满足客户的购买需求，推动公司的更快发展。目前京东的自营配送已覆盖110个城市，一二级城市基本上大部分覆盖，72%订单实现自主配送。

【松江区重点发展电子商务物流、区域分拨中心和物流总部】

2012年上半年，规划占地1 890亩的上海永丰电子商务集聚区，正式获市商务委批准建立。园区今后将以电子商务物流为核心，重点发展电子商务物流、区域分拨中心和物流总部等。永丰电子商务集聚区位于永丰街道沪杭铁路以北、松蒸公路以南。园区以建设提供高品质服务、高附加值、高效益、低消耗和低污染的高端物流集聚区为目标，吸引知名电子商务、物流运营中心、呼叫中心和财务结算中心等企业入驻，推进物流咨询、物流规划、物流设计、物流金融和第四方物流等高端物流服务业集聚，促进区域服务业发展和产业结构升级。

目前，园区已有新地物流等项目率先落户。占地130亩、总投资4亿多元的新地物流项目，计划于今年三季度正式开工，在2013年底建成后，形成三栋24米高的现代化多层立体仓库，仓储面积达9万平方米。除了导入一批高端的电子商务企业的物流总部和销售总部外，项目在仓储系统的智能化、机械化和自动化等应用上都将达到领先水平。

§6.7 典型案例

§6.7.1 上海宅急送物流专业化物流运作经验与技术

近年来，上海宅急送物流管理理念(包括愿景、使命、核心价值观以及企业发展战略)、方法(包括精益六西格玛供应链管理等)和工具(包括统计技术工具等)已经在各大汽车物流企业中得到了推广，众多的汽车物流分包方一方面期望能进一步降低物流费用，从而降低销售成本，另一方面又想获得更好的服务来满足客户的需求。

面对这样的形势，上海宅急送物流企业应该如何作为呢?

加快整合一体化物流供应链技术来

提升物流企业的核心竞争力。

目前我国汽车物流未经整合的供应链主要是指原材料及其供应商的采购库存、包装设计、专用的仓储中心、整车订单系统、零部件的制造排序、预装配、成组排序、库存管理、厂内物料控制、可回收的料箱管理、外包装设计与管理以及分拨中心运输、铁路运输、售后配送等。要通过信息技术集成来提高客户的可得利益，把原来分散的汽车物流供应链整合成为一体化汽车物流服务供应链：

① 原材料入厂包括：预测/MRP、供应商采购、采购中心、运输、仓储、VMI 车辆生产信息、成组排序，kpi 指标体系被整合后的采购流；

② 零部件上线包括：缓冲库存区、厂内运输、生产线补货、排序、预装配、生产制造信息系统、kpi 指标体系被整合后的生产流；

③ 整车分拨包括：运输资源调度/监控、分拨中心运输、分拨中心仓储、库存控制、kpi 指标体系被整合后的整车分拨流；

④ 回收及服务包括物料回收、空料箱管理、配件中心、售后零部件配送、废料处理、修理、索赔、kpi 指标体系被整合后市场/销售/财务流。

近年来，现代物流管理理念、方法和工具已经在各大汽车物流企业中得到了推广，众多的汽车物流分包方一方面期望能进一步降低物流费用，从而降低销售成本，另一方面又想获得更好的服务来满足客户的需求。面对这样的形势，上海宅急送物流企业应该如何作为呢?

近两年，随着汽车工业的快速发展，为汽车制造企业提供专业化服务的汽车物流企业迅速崛起。这些汽车物流企业，在汽车制造企业生产的汽车下生产线后，将新下线车直接运送至各地区汽车销售商，对客户实现零公里承诺。由于汽车物流企业的出现，使社会分工更趋专业化，促进了汽车的流通。

第三方汽车物流企业有其自身的专业化物流运作经验与技术，有专业的物流网络及设施、专业化的物流运作管理人才和现代化的物流信息系统，有利于促进汽车产品总体物流效率的提高和物流合理化。作为供应链集成的一种手段，第三方物流系统为用户提供个中服务，起到了供应商和用户之间的桥梁作用。利用第三方物流的专业化运作，可以使汽车企业以无资产方式延伸到世界各个角落，并获取更多的市场信息，快速进入国际市场。第三方物流为整车生产企业提供面向生产线的 JIT 配送服务，为零部件生产企业提供一体化的物流服务。同时第三方上海宅急送物流可以利用社会相关网络来开展物流业务为供应链企业提高物流服务，第三方物流企业可以在供应链组成企业发生变化时进行调整，避免供应链内部脱节。在企业零部件采购供应的环节中，可通过引入具备协调中心功能的第三方物流系统，以取消和减少供需双方的库存，从而增加了供应链的敏捷性和协调性，大大改善供应链的服务水平和运作效率。

§6.7.2 美国的物流配送业

美国的物流配送业发展起步早，经验成熟，尤其是信息化管理程度高，对中国物流发展有很大的借鉴意义。

美国配送中心的类型

从本世纪60年代起，商品配送合理化在发达国家普遍得到重视。为了向流通领域要效益，美国企业采取了以下措施：一是将老式的仓库改为配送中心；二是引进电脑管理网络，对装卸、搬运、保管实行标准化操作，提高作业效率；三是连锁店共同组建配送中心，促进连锁店效益的增长。美国连锁店的配送中心有多种，主要有批发型、零售型和仓储型三种类型。

① 批发型——美国加州食品配送中心是全美第二大批发配送中心，建于1982年，建筑面积10万平方米，工作人员2 000人左右，共有全封闭型温控运输车600多辆，1995年销售额达20亿美元。经营的商品均为食品，有43 000多个品种，其中有98%的商品由该公司组织进货，另有2%的商品是该中心开发加工的商品，主要是牛奶、面包、冰激凌等新鲜食品。该中心实行会员制。各会员超市因店铺的规模大小不同、所需商品配送量的不同，而向中心交纳不同的会员费。会员店在日常交易中与其他店一样，不享受任何特殊的待遇，但可以参加配送中心的定期的利润处理。该配送中心本身不是盈利单位，可以不交营业税。所以，当配送中心获得利润时，采取分红的形式，将部分利润分给会员店。会员店分得红利的多少，将视在配送中心的送货量和交易额的多少而定，多者多分红。

该配送中心主要靠计算机管理。业务部通过计算机获取会员店的订货信息，及时向生产厂家和储运部发出要货指示单；厂家和储运部再根据要货指示单的先后缓急安排配送的先后顺序，将分配好的货物放在待配送口等待发运。配送中心24小时运转，配送半径一般为50公里。

配送中心与制造商、超市协商制定商品的价格，主要依据是：商品数量与质量；付款时间，如在10天内付款可以享受2%的价格优惠；配送中心对各大超市配送商品的加价率，根据商品的品种、档次不同以及进货量的多少而定，一般为2.9%～8.5%。

② 零售型——美国沃尔玛商品公司的配送中心是典型的零售型配送中心。该配送中心是沃尔玛公司独资建立的，专为该公司的连锁店按时提供商品，确保各店稳定经营。该中心的建筑面积为12万平方米，总投资7 000万美元，有职工1 200多人；配送设备包括200辆车头、400节车厢、13条配送传送带，配送场内设有170个接货口。中心24小时运转，每天为分布在纽约州、宾夕法尼亚州等6个州的沃尔玛公司的100家连锁店配送商品。

该中心设在100家连锁店的中央位置，商圈为320公里，服务对象店的平均规模为1.2万平方米。中心经营商品达4万种，主要是食品和日用品，通常库存为4 000万美元，旺季为7 000万美元，年周转库存24次。在库存商品中，畅销商品和滞销商品各占50%，库存商品期限超过180天为滞销商品，各连锁店的库存量为销售量的10%左右。1995年，该中心的销售额为20亿美元。

在沃尔玛各连锁店销售的商品，根据各地区收入和消费水平的不同，其价格也有所不同。总公司对价格差价规定了上下限，原则上不能高于所在地区同行业同类商品的价格。

仓储型——美国福来明公司的食品配送中心是典型的仓储式配送中心。它的主要任务是接受美国独立杂货商联盟加州总部的委托业务，为该联盟在该地区的350家加盟店负责商品配送。该配送中心建筑面积为7万平方米，其中有冷库、冷藏库4万平方米，杂货库3万平方米，经营8.9万个品种，其中有1 200个品种是美国独立杂货商联盟开发的，必须集中配送。在服务对象店经营的商品中，有70%左右的商品由该中心集中配送，一般鲜活商品和怕碰撞的商品，如牛奶、面包、炸土豆片、瓶装饮料和啤酒等，从当地厂家直接进货到店，蔬菜等商品从当地的批发市场直接进货。

美国配送中心的运作流程

美国配送中心的库内布局及管理井井有条，使繁忙的业务互不影响，其主要经验是：

① 库内货架间设有27条通道，19个进货口；

② 以托盘为主，4组集装箱为一货架；

③ 商品的堆放分为储存的商品和配送的商品，一般根据商品的生产日期、进货日期和保质期，采取先进库的商品先出库的原则，在存货架的上层是后进的储存商品，在货架下层的储存商品是待出库的配送商品；

④ 品种配货是数量多的整箱货，所以用叉车配货；店配货是细分货，小到几双一包的袜子，所以利用传送带配货；

⑤ 轻量、体积大的商品（如卫生纸等），用叉车配货，重量大、体积小的商品用传送带配货；

⑥ 特殊商品存放区，如少量高价值的药品、滋补品等，为防止丢失，用铁丝网圈起，标明无关人员不得入内。

第七篇　物流基础设施建设

§7.1 概　　述

2011年是“十二五”的开局年。在世界经济增长普遍放缓的大背景下，上海经济实现了平稳健康发展，强劲带动交通运输需求，推动了本市物流基础设施的快速发展，实现了“十二五”时期加快国际航运中心建设的良好开局。

道路基础设施与装备

2011年，本市交通运输基础设施进一步完善，交通运输线路不断拓展。其中，铁路运营里程453公里，比上年增长9.4%；高速公路通车里程806公里，增长4%。普通货物运输车辆在2010年高速增长之后，发展趋势放缓。2011年普通货运车辆数为137 051辆，同比下降30%。主要由于非厢式货运车辆大幅减少42.8%，为84 103辆。厢式与非厢式比例趋向平衡，厢式车辆占货运车辆比例上升到39%。集装箱车辆占货运车辆比例有大幅上升，到达30%。

港口和航道基础设施

至2011年底，上海港（海港）码头泊位数总计1 164个，较上年增加4个泊位，码头线总延长119 704米，较上年约增加500米。上海市境内有内河航道195条，航道通航里程2 036.94公里。

航空基础设施持续完善

2011年，上海机场硬件设施持续完善。全力推进浦东机场第四、五跑道工程建设前期工作。项目建议书已获国家发展改革委批复同意；完成了第四跑道（除西平滑工程）地基处理和排水工程及西平滑堆载工程，以及第五跑道一阶段工程地基处理及排水工程、水域区堆载吹填沙600万立方米；12月全面开始第四跑道道面和第五跑道一阶段拖机道道面工程建设。虹桥机场东跑道大修工程于6月15日按期开工，经过5个多月的不停航施工，于12月20日完成大修工程。浦东机场T1航站楼改造工程有序推进，成立了上海机场建设指挥部T1改造分指挥部，完成了改造方案的研究制订和预可研报告的编制；西货运区的DHL北亚转运中心工程建设完成了主体结构施工。

经过多年努力和前瞻性规划与建设，浦东机场在国内首创了货运操作区与综合保税区融合运作的模式。截至2011年底，浦东机场拥有一个综合保税区、三个货运区、一条全货机专用跑道和38个全货机停机位的货运设施规模，具备了年500万吨货邮的处理能力。

2011年，上海机场集团公司与上海海关签订战略合作备忘录，共同强化浦东国际机场航空货运枢纽地位；积极配合实施浦东机场综保区二期封关运行，促进浦东机场西货运区功能的有效发挥；根据市政府和民航局的要求，研究制定货运枢纽建设行动方案；进一步加强与国际大型航空物流集成商战略合作，推动和支持四大物流集成商基地建设和运营工作。

航运服务“软实力”突显

航运服务“软实力”突显，航运金融服务、技术服务等营业收入增长成亮点。上海国际航运中心建设的成果，不仅展现在铁路、道路、水路、航空等交通运输领域，也不仅由港口货物和集装箱吞吐量的“硬实力”所决定，它更展现在航运金融、港口服务、机场服务、通关检验、海事法律等服务领域以及集疏运体系完善的“软实力”。2011年，上海国际航运中心建设成果斐然，“软实力”不断增强，航运相关服务领域已经成为航运中心效益增长的亮点。

§7.2 道路货运基础设施和装备情况

2011年，普通货物运输车辆在2010年高速增长之后，发展趋势放缓。2011年普通货运车辆数为137 051辆，同比下降30%。主要由于非厢式货运车辆大幅减少42.8%，为84 103辆。厢式与非厢式比例趋向平衡，厢式车辆占货运车辆比例上升到39%。集装箱车辆占货运车辆比例有大幅上升，到达30%。

2011年度危险品运输车辆规模基本稳定，其中经营性从业户数及车辆数在往年逐渐减少趋势下有所上升；非经营性从业户数保持不变，车辆数略有增加。

表7-2-1 近5年上海市道路普通货运业业户与车辆情况

年 份	普通货运业户数(户)	普通货运车辆数(辆)		
		合计	厢式	非厢式
2007	36 357	131 248	40 765	90 483
2008	35 017	131 703	42 045	89 658
2009	39 556	137 052	46 385	90 667
2010	43 283	195 941	48 880	147 061
2011	33 719	137 051	53 038	84 013

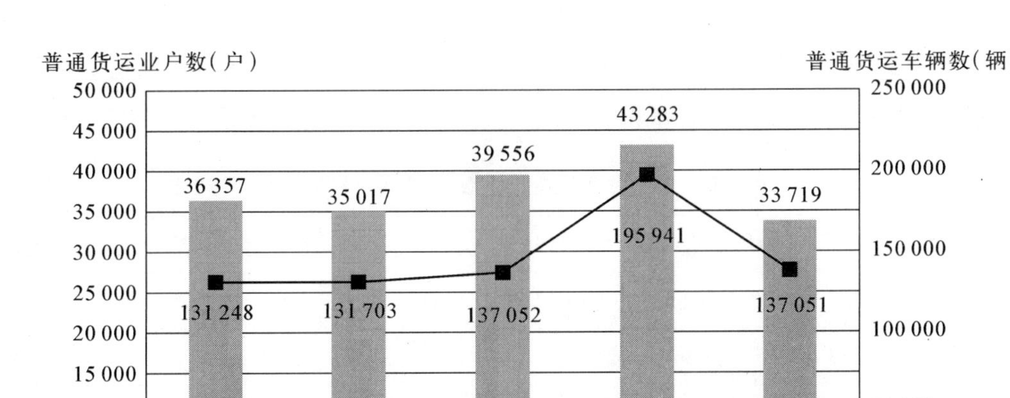

图 7-2-1 近 5 年上海市道路普通货运业业户与车辆情况

表 7-2-2 近 5 年上海市道路危险货物运输业相关指标

年 份	从业户数(户)			从业车辆数(辆)		
	合 计	经营性	非经营性	合 计	经营性	非经营性
2007	279	251	28	6 955	6 686	269
2008	275	248	27	7 156	6 887	269
2009	265	245	20	6 099	5 887	212
2010	267	245	22	6 150	5 822	328
2011	284	262	22	6 236	5 876	360

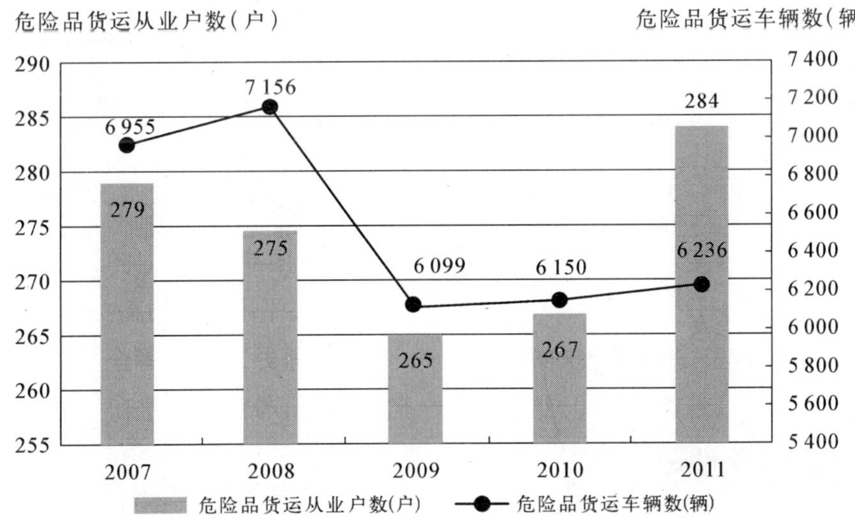

图 7-2-2 近 5 年上海市道路危险货物运输业相关指标变化情况

2011 道路危险货物运输业户达到 1 312 户，同比上升 20.8%。除爆炸品及反射性物质两类外，其他类别道路危险货物运输业户均有所增长。

表 7－2－3　上海市普通货运业分类统计指标(单位：户数(户)、车辆(辆))

年份	货运出租		搬场运输		大型物件运输		集装箱运输		冷藏保鲜运输		罐式容器运输	
	户数	车辆	户数	车辆	户数	车辆	户数	车辆	户数	车辆	户数	车辆
2009	8	2 336	24	626	42	460	917	13 652	463	2 222	529	4 434
2010	9	2 464	25	586	61	823	1 112	35 450	501	2 415	660	5 713
2011	9	2 518	22	557	87	1 327	1 243	41 310	238	2 058	310	3 188

表 7－2－4　近 5 年上海市道路危险货物运输业户分类统计(单位：户)

运输企业所运危险品的类别	2007 年	2008 年	2009 年	2010 年	2011 年
1 类(爆炸品)	5	5	6	7	7
2 类(易燃气体)	205	205	201	209	222
3 类(易燃液体)	244	241	235	240	255
4 类(易燃固体及易自燃物等)	149	149	146	152	168
5 类(氧化性物和有机过氧化物)	104	104	107	112	132
6 类(毒性物质和感染性物质)	104	104	111	116	132
7 类(放射性物质)	5	5	4	6	6
8 类(腐蚀性物质)	164	162	167	173	190
9 类(杂类危险物)	49	49	63	71	101
合计	1 029	1 024	1 040	1 086	1 312

(资料来源：上海市城市交通运输管理处)

§7.3　港口和航道基础设施

§7.3.1　港口基础设施

至 2011 年底，上海港(海港)码头泊位数总计 1 164 个，较上年增加 4 个泊位，码头线总延长 119 704 米，较上年约增加 500 米。

公用码头泊位，共 183 个，万吨级泊位 82 个，码头线总延长 29 281 米，其中生产性泊位 145 个，码头线延长 27 504 米，最大靠泊能力为 20 万吨，年货物通过能力 23 643 万吨，集装箱 1 976 万标准箱，旅客 100 万人次，汽车 80 万标辆。生产用起重机械 238 台，生产用专用机械 4 407 台，生产用输送机械 195 台，生产用仓库面积 214 420 平方米，生产用堆场面积 8 352 516 平方米。

货主专用码头泊位，共 981 个，万吨级泊位 159 个，码头线总延长 90 423 米，其中生产性泊位 461 个，码头线延长45 238 米，万吨级生产性泊位 68 个，最大靠泊能力为 30 万吨级，年货物通过能力 24 642 万吨，集装箱 26 万标准箱，旅客 3 084.8 万人次，汽车 477 万标辆。

公务执法、修造船、工作船、军用等非装卸生产性泊位，共 558 个，码头线总延长为 47.0 公里。

上海港（海港）码头主要分布在长江段、浦西段、三岛、浦东段、洋山深水港区、杭州湾段，以上地域码头泊位共计 1 102 个，占全港 94.7%，码头线总延长共计116 454 米，占全港 97.3%，其余分布在水上平台、定海港段及高桥港段。

至 2011 年底，上海港（海港）共有集装箱专用泊位 43 个，较上年减少 2 个；码头线总延长 12 616 米，同比减少 4.8%；集装箱堆场 6 555 270 平方米，同比减少 2.0%；集装箱岸边起重机 155 台，集装箱轮式龙门起重机 465 台，集装箱合理通过能力 1 976 万标准箱/年，同比减少 3.0%。

至 2011 年底，上海内河港口码头规模以上泊位共计 1 179 个，码头线总延长 60 117 米；年吞吐能力 14 244 万吨。生产用起重机械共计 1 780 台，其中，专用机械 151 台，输送机械 384 台，库场机械 1 929 台，水平运输机械 13 台。

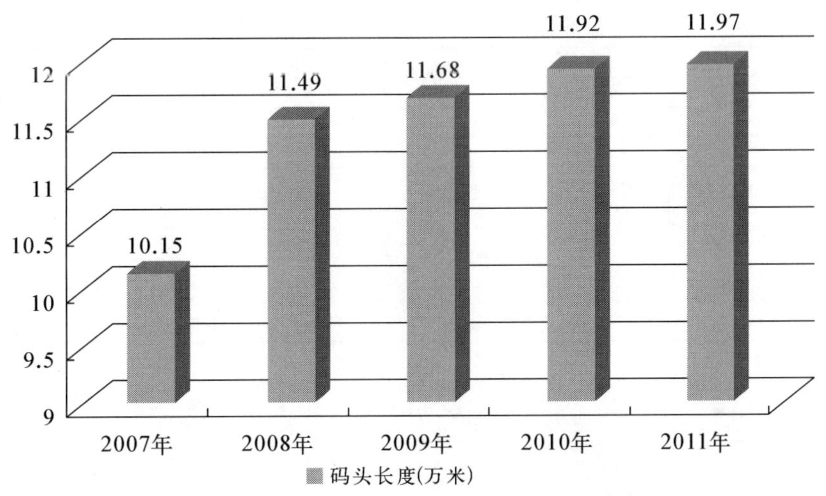

图 7-3-1 主要年份海港码头线延长

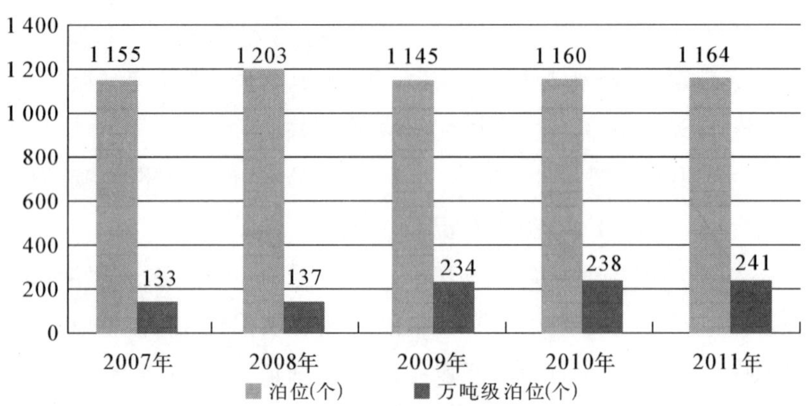

图 7-3-2　主要年份海港码头泊位

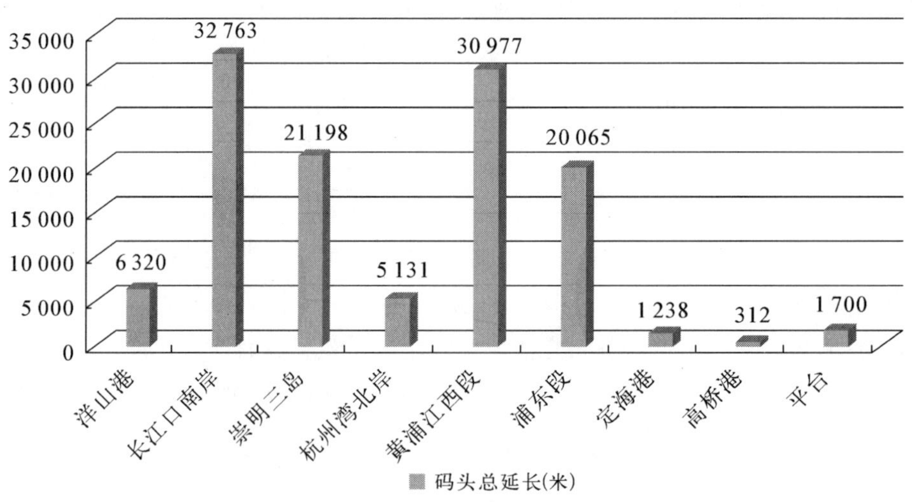

图 7-3-3　各地域海港码头沿线长度

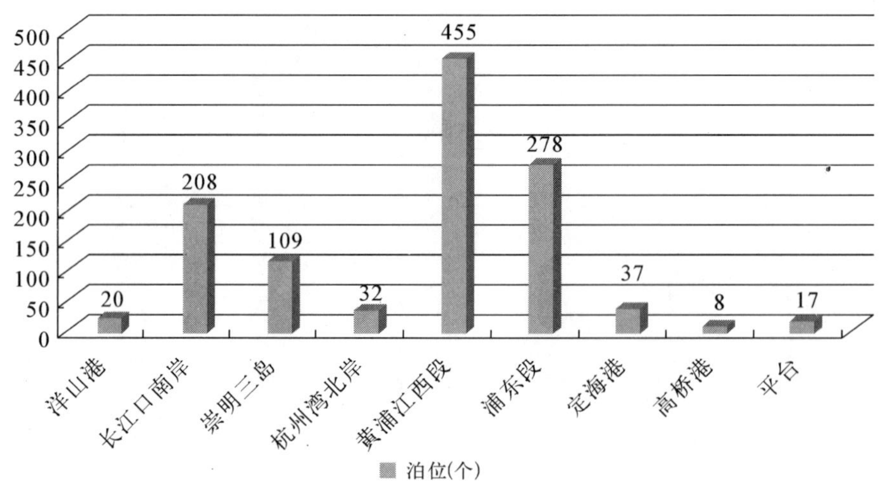

图 7-3-4　各地域海港码头泊位数

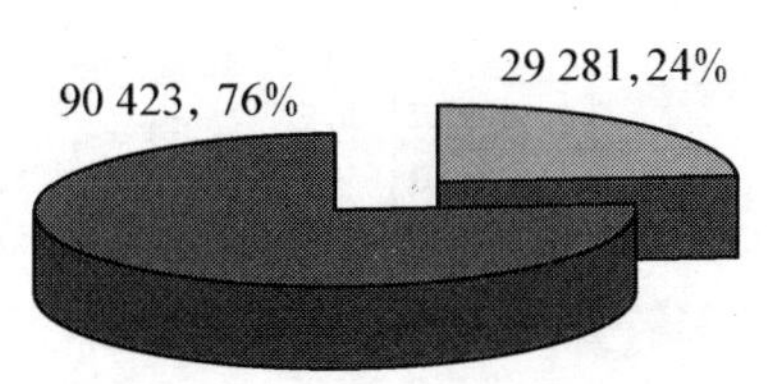

□ 公用码头总延长(米) ■ 货主专用码头总延长(米)

图 7-3-5　海港公用及货主专用码头总延长比重

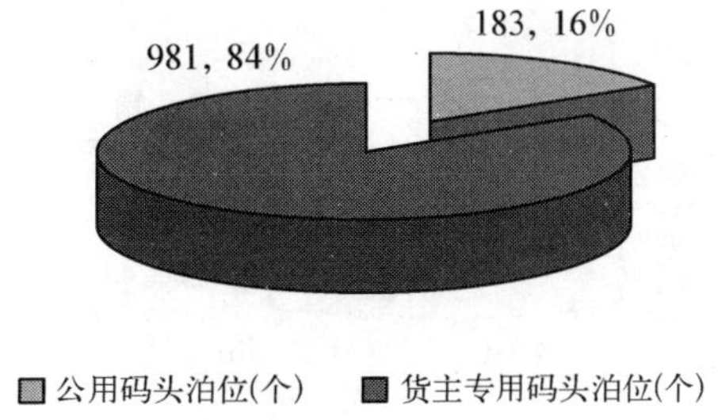

981, 84%
183, 16%

□ 公用码头泊位(个) ■ 货主专用码头泊位(个)

图 7-3-6　海港公用及货主专用码头泊位比重

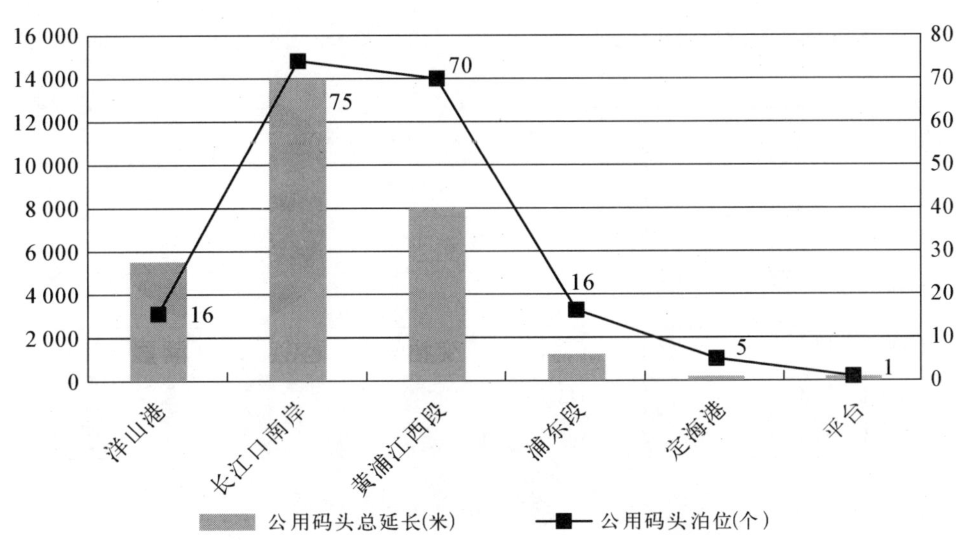

图 7-3-7　各地域海港公用码头沿长及泊位数

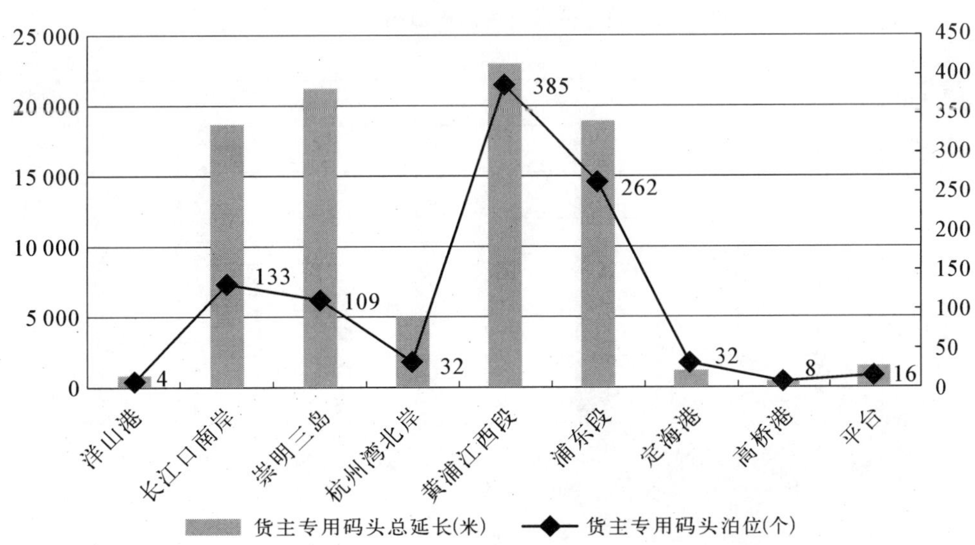

图 7-3-8　各地域海港货主专用码头沿长及泊位数

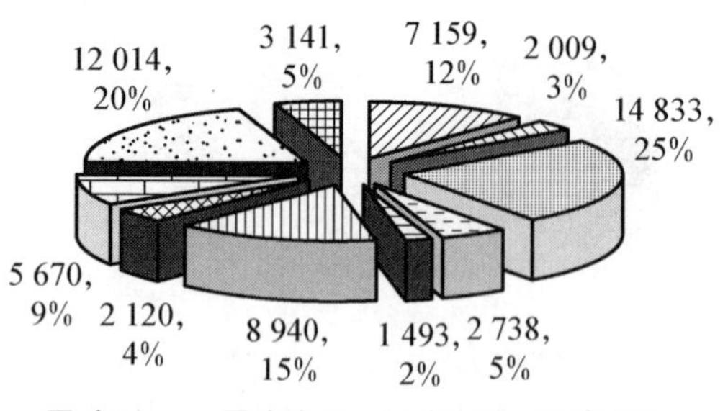

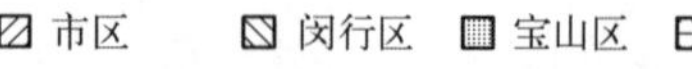

图 7-3-9　分区县内河港口码头延长比重

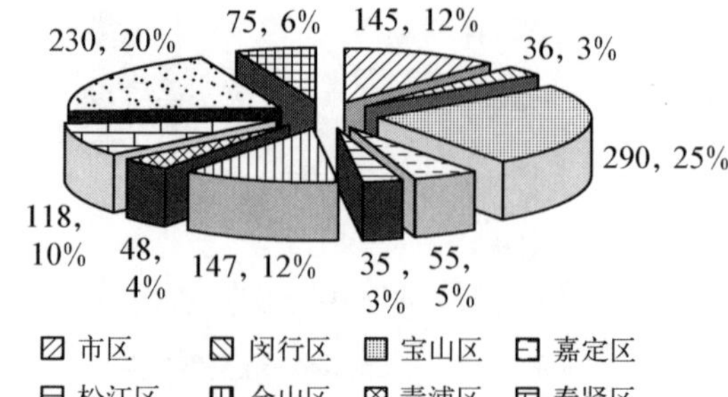

图 7-3-10　分区县内河港口码头泊位比重

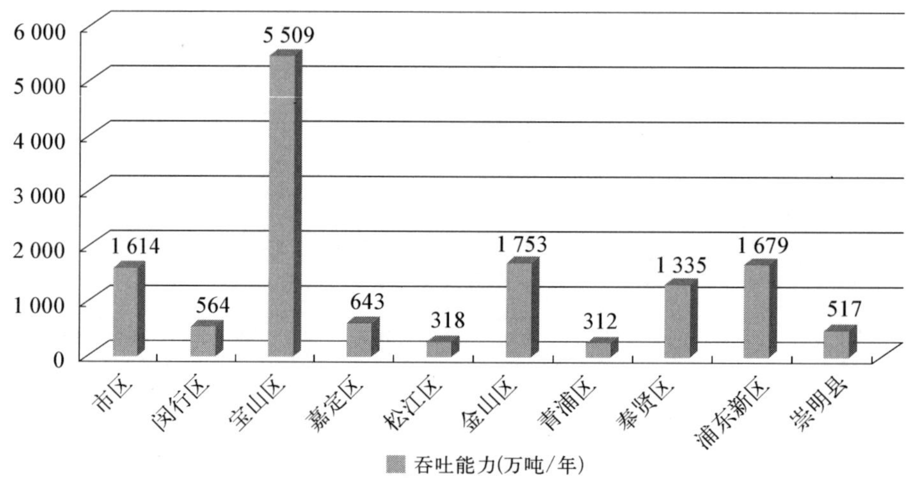

图 7-3-11　分区县内河港口码头吞吐能力

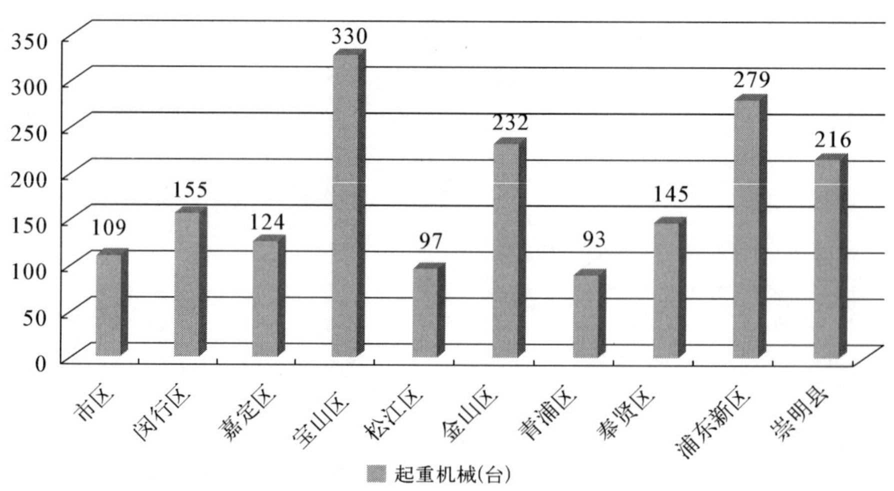

图 7-3-12　分区县内河港口码头生产用起重机械

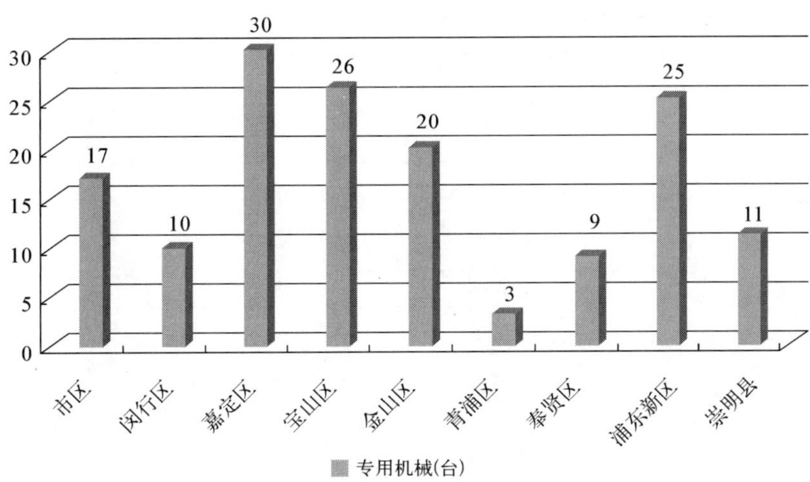

图 7-3-13 分区县内河港口码头牛产用专用机械

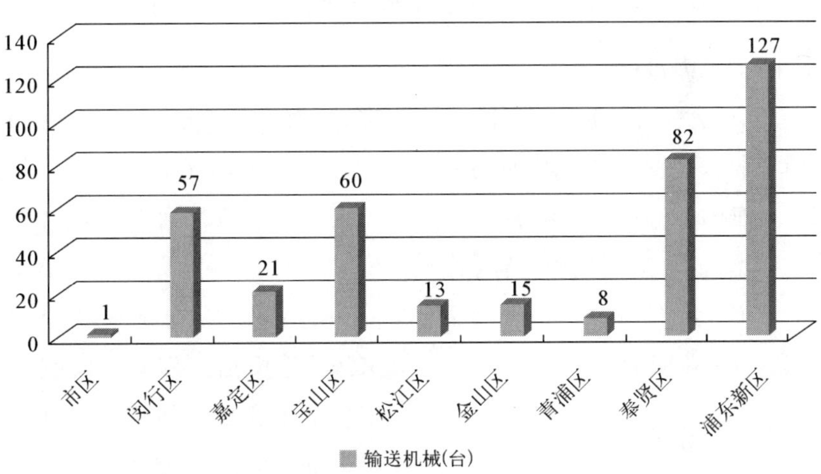

图 7-3-14 分区县内河港口码头生产用输送机械

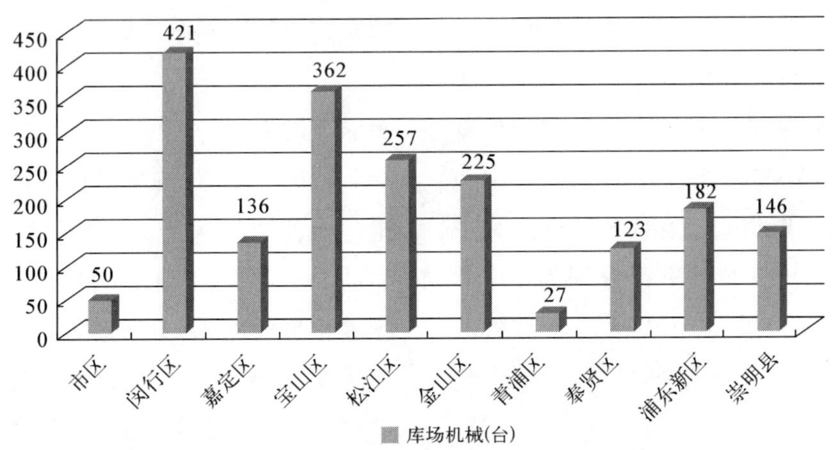

图 7-3-15 分区县内河港口码头生产用库场机械

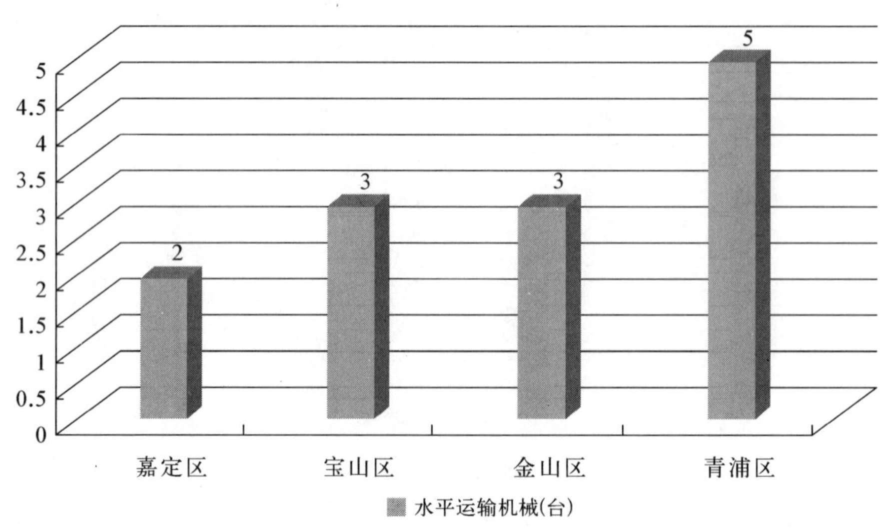

图 7-3-16　分区县内河港口码头生产用水平运输机械

至2011年底，上海港(海港)码头经营企业259家。其中，上海国际港务(集团)股份有限公司所属码头企业25家，其他码头企业234家。上海内河港口码头经营企业1 332家，较上年增加59家。其中，持经营许可证1 025家，较上年增加36家；危险品码头企业57家，较上年减少1家。

§7.3.2　航道基础设施

内河航道

至2011年，上海市境内有内河航道195条，航道通航里程2 036.94公里。航道主要分布在浦东新区、闵行、嘉定、青浦、松江、奉贤、崇明等10个区县，其中包括11条跨省航道，30条跨区航道。其中Ⅲ级、Ⅳ级、Ⅴ级航道里程分别为28.63公里、123.45公里和63.64公里，Ⅵ级及以下航道里程为1 850.19公里，分别占全市航道总里程的1.4%、6.0%、3.1%、89.5%。

2011年，上海内河航道在建工程稳步推进，累计完成投资74.04亿元。黄浦江上游航道整治工程竣工。G1501跨横潦泾大桥桥梁顶升到位，创单幅大跨径连续桥梁顶升施工世界之最。大芦线航道整治一期工程(临港新城段)基本竣工。赵家沟航道整治工程闸内段航道贯通，主体工程基本完成。杭申线航道整治工程稳步推进。沪昆线园泄泾特大桥梁改造工程桩基、承台施工工作量完成80%以上，超额完成年度工作计划。

黄浦江航道

黄浦江航道，自吴淞口灯塔至闵行发电厂上游边界渠漕港，全长67.35公里。目前，每年需人工维护的吴淞口、高桥、陈家嘴及吴泾航道四个航段均有明确的维护尺度，其余近60公里的航段没有明确的维护宽度与水深，通航船舶主要凭经验沿自然形成的深槽航行。

表 7-3-1　黄浦江航道维护尺度

航道名称	维护长度(米)	维护宽度(米)	维护水深(米)	考核指标
吴淞口航道	1 400	100	8.0	通航水深保证率≥90%
高桥航道	1 700	140	8.0	
陈家嘴航道	1 500	160	8.0	
吴泾航道	4 040	100	8.5	由企业维护

(注：采用黄浦江最低水位基准面；通航水深保证率以第三方检测图和有测绘资质单位的浚后图计算。)

1998 年，交通部、水利部、国家经济贸易委员会(交水发〔1998〕659 号)《关于内河航道技术等级的批复》明确黄浦江航道维护等级。

表 7-3-2　黄浦江航道维护等级一览表

起止区段	现维护等级	里　程	通航海轮吨级
吴淞口～张华浜	Ⅰ	6.9	30 000
张华浜～吴泾	Ⅰ	46.7	20 000
吴泾～巨潮港	Ⅲ	13.6	3 000

2011 年，市航道管理中心组织开展了黄浦江航道全测工作。测图表明，黄浦江吴淞口—张华浜航段 10 米等深线贯通，平均宽度 180 米，满足 3 万吨级海轮通行；张华浜—吴泾航段均有水深超过 8.0 米的水域，基本满足 2 万吨级海轮全程通行的要求；吴泾～巨潮港航段 5 米等深线全程贯通，其中闸港弯道最小宽度仅 230 米。

黄浦江航道由于长江泥沙运动和汛期、上游来水以及人类的活动而影响正常的通航水深。目前，黄浦江航道疏浚维护包括吴淞口、高桥和陈家嘴 3 个深水航道及张华浜浅水道的维护疏浚，以及对 3 个深水航道每月 1 次的水深日常检测测量。

根据每月“3 航道”检测图分析，吴淞口深水航道水深情况良好，达到通航水深要求，2011 年未进行疏浚维护，通航水深保证率达到 100%。

高桥航道疏浚维护工作于 2011 年 11 月 3 日至 9 日期间开展，船报方 1.145 万方，疏浚弃土外抛至吴淞口北倾倒区卸泥。从检测图及实际维护情况分析，高桥航道合同包干期内通航水深保证率达到 100%。

陈家嘴航道疏浚维护工作分别于 2011 年 5 月 29 日至 6 月 4 日、2011 年 11 月 3 日至 9 日期间开展，分别完成船报方 6.314 万方和 8.98 万方。从检测图及实际维护情况分析，高桥航道合同包干期内通航水深保证率达到100%。

张华浜浅水道疏浚维护共开展两次。第一次于2011年7月25日至2011年8月15日，完成13.18万方的实挖。第二次于2011年8月15日开始施工，施工方法为分段分层由上游往下游纵向开挖，2011年9月16日基本完成施工任务，17日至23日进行扫浅并于23日通过第三方的测量验收，质量达到合格标准，完成船报方量27.16万方，超过合同规定的20万方要求。

长江口航道

2011年1月8日，长江口深水航道12.5米水深向上延伸到太仓工程交工验收；2011年5月18日，长江口深水航道治理三期工程顺利通过国家发改委、交通运输部组织的竣工验收。通过有效的疏浚维护措施，长江口深水航道通航水深保持稳定，取得了良好的效果，12.5米水深通航深度保证率100%。

表7-3-3 2011年长江口航道及主要可通航水道情况

航　道	航　段	里程（千米）	航道类型	设标情况	航道尺度（水深×航宽）或自然水深（米）
主航道	浏河口—长江口灯船	124.9	人工维护	已设标	12.5×(350～460)
南槽航道	南槽航道上段	20	自然水深	已设标	水深约10米
	南槽航道下段	55	自然水深	已设标	水深约5.5米
北港航（水）道	新桥通道段	15	自然水深	已设标	水深约10米
	北港中段	30	自然水深	已设标	水深约10米
	北港拦门沙段	45	自然水深	未设标	水深约6米
北支航道	海门港—三条港	60	自然水深	已设标	水深约2米
	三条港—连兴港	25	自然水深	已设标	水深约5米
其他航（水）道	外高桥沿岸航道	15	自然水深	已设标	水深约10米
	宝山支航道	16	自然水深	已设标	水深约8米
	宝山南航道	11	自然水深	已设标	水深约10米
	白茆沙北航道	25	自然水深	已设标	水深约8米
	新桥水道	23	自然水深	已设标	水深约10米
	长兴水道	17	自然水深	已设标	水深约8米
	横沙通道	9	自然水深	已设标	水深约8米

洋山海港航道

2011 年，洋山海港主航道维护疏浚完成工程量 780 万立方米（包括 100 米宽 LNG 航道）。

表 7－3－4 2011 年洋山海港航道各航段情况

航道名称	长度（千米）	水深（米）	宽度（米）
口外航道	31.30	自然水深	800
进港外航道	13.57	自然水深	650
进港外航道（人工挖槽段）	11	－16.5	650
进港内航道	9.54	自然水深	650～550
合计	65.41		

（注：表中自然水深指水深均大于 16.5 m。）

杭州湾航道

根据市交通港口局 2011 年下发的《上海沿海航道维护方案》，杭州湾航道主要由金山航道、漕泾西航道、漕泾东航道及锚地、拟建的临港新城港区进港航道等，自然水深在 8 米左右。目前，漕泾航道由上海化工区管委会负责维护（航标、锚地以及清除违规渔网）和实施水深监测，拟建的临港航道由临港集团负责维护。

另根据《上海港总体规划》，目前杭州湾航道的自然水深基本满足规划要求。

表 7－3－5 2011 年杭州湾航道各航段情况

航道名称		航程	宽度（千米）	水深情况	通航船型
金山航道		80 海里（148.16 千米）	2	最浅水深 7.4 米	乘潮通航 2.5 万吨级油轮
漕泾东航道		35.5 海里（65.75 千米）	1.852	最浅水深 7.3 米	乘潮进出 2.5 万吨级浅吃水船
漕泾西航道		14.6 海里（27.04 千米）	1.852	最浅水深 8 米	乘潮进出 2.5 万吨级浅吃水船
漕泾东西航道连接通道		6.1 海里（11.30 千米）	1.852	最浅水深 7.4 米	乘潮进出 2.5 万吨级浅吃水船
临港航道	主航道	13 海里（24.08 千米）	1.0	最浅水深 8.4 米	满足 5 千吨级杂货船在设计低水位下全潮通航、2 万吨级杂货船乘潮通航
	支航道	4.2 海里（33.67 千米）	0.8	水深 8.5～9.5 米	满足 5 千吨级及以下和长江航线集装箱船全潮通航

表 7-3-6　2011 年杭州湾航道各航段规划尺度

航 道 名 称	长度(米)	水深(米)	宽度(米)
金山航道	124 000	8.0～10	2 000
漕泾东航道	60 000	7.3～10	1 850
漕泾西航道	13 520	8.0～10	3 700
漕泾东西航道通道	9 260	8.0	3 700
临港新城进港航道(规划)	22 000	8.0	1 000

§7.4　洋山保税港区和外高桥港区六期建设

§7.4.1　同盛物流在洋山保税港区的建设中取得新突破

2011 年,同盛物流公司为配合上海综合保税区"功能创新,联动发展"的发展要求,在洋山保税港区积极打造洋山口岸功能性服务平台,已在以下方面取得突破:

建设汽车滚装码头,打造汽车进出口贸易服务平台

随着洋山深水港区汽车滚装船码头改建项目完成,同盛物流园区将拓展为保税汽车展示和汽车零部件分拨专业园区,逐步形成进口高档汽车报关、查验、保税展示、车辆办证、物流配送等一整条供应链服务体系。

开展期货保税交割业务,打造大宗商品交易平台

作为上海期货交易所指定的两个交割仓库之一,2011 年 8 月,首例期货保税仓单在我公司期货运营中心顺利交割,标志着中国期货保税交割试点工作取得重要阶段性成果。近期,期货保税仓单质押业务也已正式启动运作,通过这种融资方式,企业可以在货物完税前即可获取质押融资的便利条件,大大提高企业资金利用率。与此同时,同盛物流与多家国内外大宗商品主流贸易商及有关金融机构建立了业务关系,积极打造洋山大宗商品交易平台。

强强合作,打造洋山口岸进口货物分拨业务平台

同盛物流积极寻找物流行业专业合作伙伴,共同开发和完善洋山保税港区进口货物分拨功能,为入驻洋山保税港区的企业提供多种延伸服务。

成立贸易营运中心,打造洋山国际贸易平台

借鉴外高桥保税区成熟的国际贸易运作经验,同盛物流与外高桥营运中心在洋山保税港区合资成立上海洋山国际贸易营运中心,力争在洋山保税港区注入更多的国际贸易元素，促进上海“三港三区”的联动发展。

上海同盛物流园区投资开发有限公司作为上海同盛投资（集团）的全资子公司，主要负责洋山深水港区陆域配套工程的开发建设和物流资产经营，并负责为海关、国检等政府口岸部门提供配套服务。自 2002 年成立以来，公司发展逐渐从洋山深水港区辅助配套功能区开发建设转移到市场招商拓展和资产经营为主。由同盛物流开发建设的同盛物流园区，地处洋山保税港区陆域中心位置。除了提供高标准的仓储设施，同盛物流及其下属公司可为客户提供集装箱疏港、拼拆、第三方物流、冷链物流、保税货物查验等服务，以及货物报关报检、保险、咨询等延伸服务。

近年来洋山深水港和洋山保税港区作为全球物流网络中连通亚太、欧美地区的重要节点，得天独厚的区位优势和航线优势正吸引着越来越多的跨国公司聚集到这里，逐渐成为区域性和地区的物流集散地和分拨中心。同盛物流公司将充分依托洋山深水港的规模优势，发挥集团资产和公司服务口岸单位的密切关系，建立良好的信息沟通平台，逐步将同盛物流打造成集“物流地产投资开发、仓储资源经营运作、物流咨询研发、产业链创新整合”等功能于一体的现代物流综合服务投资商。

§7.4.2 上海港外高桥六期港区通过国家竣工验收

2011 年 10 月 14 日，外高桥港区六期工程通过由交通运输部组织的国家竣工验收。外高桥港区是上海国际航运中心的重要组成部分，是一个具备汽车滚装、集装箱运输、港口物流三大主体功能的综合性港区。码头岸线长 1 538 米，陆域面积 181.9 万平方米，建设 1 个 10 万吨级和 2 个 7 万吨级集装箱泊位、2 个 5 万吨级汽车滚装泊位，滚装泊位内侧建设 2 个长江驳泊位。设计年通过能力为 210 万标准箱和 73 万辆汽车，工程总投资 45.97 亿元。

外高桥六期新港区通过科研和先进技术的应用，汽车码头滚装、分拨、零部件配送、一站式增值服务等，已形成规模化；集装箱码头可提供船舶的岸电供电设施，堆场轮胎吊全部“油改电”，为节能减排、创建“无烟码头”提供了技术支撑。整个新港区彰显了节能、低碳、环保的绿色港口理念，是资源节约型、环境友好型的新颖港区。外六期工程自建成投入试运行以来，设施、设备运行正常，体现了较好的经济和社会效益，对增强上海港集装箱干线运输和滚装汽车运输功能、提高上海港服务长江三角洲和整个长江流域地区经济社会发展的综合能力具有重要意义。据悉，该港区乃上海加快国际航运中心建设的重大工程项目，用于提升上海港吞吐能力，完善上海港集疏运网络，更好地服务长三角和长江流域经济发展。

目前，上海港的货物吞吐量已连续 6 年保持世界第一，集装箱吞吐量也在 2010 年超过新加坡港，首次跃居世界第一。

§7.5 典型案例

§7.5.1 美国克莱斯勒集团亚太区汽车零配件分拨中心

克莱斯勒汽车集团是美国三大汽车制造商之一,全球500强企业。随着中国市场的不断扩大,以及上海正在建设国际贸易中心和国际航运中心,克莱斯勒将上海作为在中国发展业务的重要基地,将亚太区业务全部从新加坡转移至上海。

2010年2月,克莱斯勒中国区汽车零部件分拨中心落户洋山保税港区同盛物流园区,将原在天津开展的业务转移至上海。历经多次的搬迁和扩张,截至2011年上半年,该中心累计进口货值超过800万美元,折合人民币近5 300万;库内储存的零部件超过1万种,进出区总货值超过1亿人民币。

随着美方战略抉择将其亚太区分拨中心由原新加坡港转移至上海洋山保税港区,从2011年下半年起,克莱斯勒亚太区物流分拨中心也由新加坡转移至此,与中国区分拨中心合并。2011年8月,克拉斯勒下属的摩派汽车零配件贸易(上海)有限公司在洋山保税港区的注册设立,专业从事克莱斯勒汽车零配件的贸易、仓储与分拨业务。该公司接管并提升了克莱斯勒既有的中国区分拨仓库,仓库面积扩大到近2万平方米。克莱斯勒汽车零部件分拨中心的扩张升级,使克莱斯勒品牌在不断满足中国市场日益增长的需求基础上,同时满足了供应链辐射整个亚太地区的需求。

整个克莱斯勒招商项目,同盛物流不仅仅是简单的招商项目引进,使资产设施得到有效充分利用,提高仓库的出租率;同时也符合政府部门提出的"打造跨国营运中心、分拨中心,实现总部经济"的要求。

第八篇　物流标准、技术与装备

§8.1 概　　述

对于物流装备与技术行业来说，2011年是稳步增长的一年，更是调整结构、蓄势待发的一年。纵览这一年行业内的大事，不难看出，尽管行业本身还存在同质化竞争、产能过剩、效益下降等诸多亟待解决的问题，但不可否认的是，行业的发展环境正日益改善，并面临着巨大的发展机遇。我们有理由相信：只要企业能够坚守阵地、创新发展，必将迎来灿烂的未来。

§8.1.1　物流标准发布

（一）2011年12月8日，工信部发布了《物联网“十二五”发展规划》。规划中提出重点领域应用示范工程包括：智能工业、智能农业、智能物流、智能交通、智能电网、智能环保、智能安防、智能医疗、智能家居。物流业是最早接触物联网理念的行业，该规划将“智能物流”列入重点领域应用示范工程，体现了对物流业信息化的高度重视。

《物联网“十二五”发展规划》，不但明确了将加大财税支持力度，增加物联网发展专项资金规模，加大产业化专项等对物联网的投入比重，还提出了“十二五”期间我国物联网发展的八大任务和五大工程。其中特别提到要重点支持物联网在工业、农业、流通业等领域的应用示范，以及智能物流、智能交通等的建设。智能物流再次被提到战略高度来发展，将建设库存监控、配送管理、安全追溯等现代流通应用系统，建设跨区域、行业、部门的物流公共服务平台，实现电子商务与物流配送一体化管理。与物流息息相关的智能交通将建设交通状态感知与交换、交通诱导与智能化管控、车辆定位与调度、车辆远程监测与服务、车路协同控制等系统，以打造开放的综合智能交通平台。

（二）物流信息标准化体系主要由基础标准、工作标准、管理标准和技术标准以及单项标准组成，其中基础标准为第一层，工作标准、管理标准和技术标准处于第二层，各单项标准处于第三层。下面就几个关键的物流信息标准进行介绍。

1. 物流术语标准

物流用语常常因国家、地区、行业、人员的不同而具有不同含义，在传递物流信息时可能引起误解和发生差错，因此，必须统一物流专业术语，为物流信息交流提供标准化的语言，这是物流信息标准化的基础工作。2001 年 8 月中国物流与采购联合会和中国物流学会颁布施行的《物流术语》国家标准，收入并确定了当前物流领域已基本成熟的 145 条术语及其定义，为我国物流信息标准化创造了一个良好的开端。

2. 物流信息分类编码标准

物流信息分类编码标准是物流信息标准化工作的一个专业领域和分支，核心就是将大量物流信息进行合理化的统一分类，并用代码加以表示，构成标准信息分类代码，便于人们借助代码进行手工方式或计算机方式的信息检索和查询，这是物流信息系统正常运转的前提。物流信息分类编码标准由三个层次组成，第一层次为门类，第二层次为类别，第三层次为项目。美国从 1945 年起就开始研究标准信息分类编码问题，1952 年起正式着手物资编码标准化工作，经过 6 年的时间完成了国家物资分类编码。我国从 1979 年起着手制定有关标准，到现在已经发布了几十个信息分类编码标准，特别是干部、人事管理信息系统指标体系分类与代码，基本做到了数据元与分类代码齐备，构筑了一个较为完整的代码体系，而物流信息分类编码标准尚处于建设和开发中。

3. 物流信息采集标准

对物流信息的采集方法、手段、格式等进行统一规定，如在条形码标准中，对使用条形码的种类、使用范围以及每种条码的排列规则、起始符、终止符、数据符、效验符和空白区等参数进行规定，并统一条码的阅读和处理程序标准等；在射频识别（radio frequency identification，简称 RFID）的电子标签（TAG）标准中，对电子标签的信息存储格式、外形尺寸、电源形式、工作频率、阅读方式、有效距离、信号调制方式等进行统一规定；全球定位系统（navigation timingand ranging global position system，简称 GPS）技术标准中，对覆盖范围、可靠性、数据内容、准确性以及多用性等指标进行规定。

4. 物流信息传输与交换标准

对物流信息的通信协议、传输方式、传送速度、数据格式、安全保密、交换程序等进行统一规定。如在电子数据交换（electronic data interchange，简称 EDI）标准中，国际物品编码协会（EAN）对数据格式和报文标准进行了制定，在联合国的 UN/EDIFACT 标准基础上制定了流通领域的 EANCOM 标准；通信标准在 ISO - OSI 国际标准化组织开放系统互连参考模型的基础上，针对不同的对象采取不同的标准，如对于食品杂货采用 UCS 标准（Uniform Communication Standards，即统一通信标准），对于大多数商人采用 VICS 标准（Voluntary Inter- Industry Standards Committee，即自发的行业内通信标准委员会）、对仓库采用 WINS 标准（Warehouse Information Network Standards，仓库信息网标准）、对运输经营者采用 TDCC 标准（Transportation Data Coordinating Committee，运输数据协调委员会)、对汽车行业采用 AIAG 标准(Automotive Industry Active Group，即汽车行业行动小组)；通信方式采用点对点(PTP)、增值网络(VAN)和报文处理系统(MHS)三种方式等。我国在 EDI 方面应用较多的有《贸易数据元目录标准数据元》GB/T15191—1997、《用于行政、商业和运输业的电子数据交换代码表》GB/T16833—1997、《用于行政、商业和运输业的电子数据交换的语法实施指南》GB/T16703—1996 等标准。

5. 物流信息记录与存储标准

对物流信息的记录、存储和检索模式等进行规定。如对存储介质、存储形式、存储过程、数据库类型、数据库结构、索引方法、压缩方式、查询处理、数据定义语言、数据查询语言、数据操纵语言、完整性约束等制定统一标准。目前有关的标准有 ISO8571—2：1988(国际标准化组织公布，现已成为我国国家标准 GB/T16505.2—1996)的《信息处理系统—开放系统互连文卷传送、访问和管理第 2 部分：虚拟卷存储器定义》、ISO3788：1976(国际标准化组织公布，现已成为我国国家标准 GB/T6550—1986)《信息处理交换用 9 磁道 12.7 毫米宽 63 行/毫米调相制记录磁带》等。

6. 物流信息系统开发标准

对物流信息系统的需求分析、设计、实现、测试、制造、安装检验、运行和维护直到软件引退(为新的软件所代替)等建立起标准或规范，如过程标准(方法、技术、度量等)、产品标准(需求、设计、部件、描述、计划、报告等)、专业标准(职别、道德准则、认证、特许、课程等)以及记法标准(术语、表示法、语言等)。目前有关的标准有 ISO5807(国际标准化组织公布，现已成为我国国家标准 GB/T1526—1989)的《信息处理——数据流程图、程序流程图、系统流程图、程序网络图和系统资源图的文件编制符号及约定》、ISO8631：1986(国际标准化组织公布，现已成为我国国家标准 GB/T13502—1992)《信息处理 程序构造及其表示的约定》、ISO/IEC10165—1：1993(国际标准化组织公布，现已成为我国国家标准 GB/T17175.1—1997)《信息基础开放技术互连——管理信息构造第 1 部分：管理信息模型》等。

7. 物流信息安全标准

为防止或杜绝对物流信息系统(包括设备、软件、信息和数据等)的非法访问(包括非法用户的访问和合法用户的非法访问)而制定的一系列技术标准，如物流信息系统中的用户验证、加密解密、防火墙技术、数据备份、端口设置、日志记录、病毒防范等，当前我国的有关标准有 GB/T18019—1999《信息技术——包过滤防火墙安全技术要求》、GB/T18020—1999《信息技术——应用级防火墙安全技术要求》、GB/T15277—1994《信息处理——64bit 分组密码算法的工作方式》、GB/T15278—1994《信息处理——数据加密物理层互操作性要求》、GB17859—1999《计算机信息系统——安全保护等级划分准则》、GB15851—1995《信息技术安全技术——带消息恢复的数字签名方案》等。

8. 物流信息设备标准

对交换机、集线器、路由器、服务器、计算机、不间断电源、条码打印机、条码扫描器、存储器、数据终端等一系列物流信息设备所制定的通用标准和技术规范，现有的标准如GB/T15533—1995《信息处理系统——小型计算机系统接口》、GB/T14715—1993《信息技术——设备用不间断电源技术条件》、GB9254—1998《信息技术设备的无线电骚扰限值和测量方法》等。

9. 物流信息系统评价标准

对物流信息系统产品进行测试、评价的统一规定和要求，现有的标准如GB/T17544—1998《信息技术——软件包质量要求和测试》、GB/T17917—1999《商场管理信息系统基本功能要求》、GB15532—1995《计算机软件单元测试》、GB13423—1992《工业控制用软件评定准则》、GB/T16260—1996《信息技术软件产品评价质量特性及其使用指南》等。

10. 物流信息系统开发管理标准

对物流信息系统开发的质量控制、过程管理、文档管理、软件维护等一系列管理工作所制定的统一标准，现有的如GB/T16680—1996《软件文档管理指南》、GB /T12505—1990《计算机软件配置管理计划规范》、GB/T14394—1993《计算机软件可靠性和可维护性管理》、GB /T8567—1988《计算机软件产品开发文件编制指南》等。

由天地华宇物流公司开发的一站式手机客户服务软件正式上线并投入应用。这是目前国内物流业第一款手机自助客户服务应用软件。据介绍，这款软件可以直观便捷地为客户提供“门店查询”、“货物追踪”、“价格查询”、“信息快车”等多项服务。目前这款软件只应用于苹果iOS和安卓两大操作系统的手机用户。该软件成为国内应用的系统操作标准的参考之一，也成为进军物联网移动终端的重点案例之一。

物联网的发展和应用技术标准的发展，都是在以供应链管理为中心的管理体系内，企业必须实时精确掌握各环节的商流、物流、信息流和资金流等。从整个供应链来看，物联网使供应链的透明度大大提高，物品在供应链的任何地方都被实时追踪，在整个供应链中流动—从生产线到最终的消费者。应用物联网能实时、便捷地采集制造商产品销售信息，从而及时反映制造商的市场需求，将此市场需求信息及时传递给供应商，供应商就有条件做到对制造商供货需求的真实反映、透彻了解和科学预测，从而促进协作预测、协同计划、预测与补货计划（CPFR）以及准时制生产（JIT），使得供应商与制造商间的联系更加紧密，在实施供应商管理库存（VMI）的情况下也能取得很好的实施效果。在涂料生产、高温、多尘等特殊环境下，物联网系统仍可对整个生产线上的原材料、零部件、半成品和产成品进行自动识别与跟踪，及时获得产品数量、传送路线、质量控制程度等与组装工艺直接相关的瞬时常数，从而可加强对生产过程的管理。自动化系统产生的信息数据还可以作为供应链决策过程的一部分，以帮助管理人员及时做出决策，还可用来加强产品质量管理。

在库存管理应用中，物联网有大批量数据同时采集，无须精确对位等特点。大批量出入库数据通过物联网系统实时采集、传递、核对、更新，提高了工作效率和准确度，这使得物联网在货物入库、存储、盘点、出库各个业务环节都有自动化应用。物联网在物流上的应用是定位运输工具和货物，便于用户提前安排到货后的工作，到货信息可用于对库存进行精细计量，以减少库存水平。如果把集装箱运输的起运点、途中重要站点、暂存的堆场以及最终目的地等作为掌握集装箱动态信息的监控节点，在这些节点安装基于物联网的信息管理系统，对信息进行自动识别和处理，并通过 Internet 实现信息的多方式共享，就可以让物联网在集装箱多式联运中发挥作用。在零售环节，物联网被大量用于库存清点和损耗控制。基于物联网的 EAS、报警系统和 CCTV 系统可有效降低损耗。

物联网的支撑下，整个供应链的运行状况都是透明可见的，供应链成员之间能够实现信息的完全和实时共享，提高数据采集效率、准确性和完备性；后台的分析系统则对前台得到的数据进行计算、分析，得到决策建议；同时使信息自动、智能地在供应链上流通。提高供应链管理的效率，将企业从琐碎的事务性工作中解放出来，使其更专注于供应链管理流程的优化和供应链成员间的协作，从而提高整个供应链的效率和灵活性。

§8.1.2 物流技术与装备行业发展

应用需求总是推动技术进步的不竭动力，建立人与物理环境间有机联系是物联网发展的动力源泉，“智慧”体现了科技为人类服务的本质，也是物联网的基本内涵。在未来，物联网技术将广泛应用于供应链各个领域。随着物联网技术的进步，在供应链管理中的应用不断拓展，关键技术逐渐成熟，管理机制日趋规范，隐私保护与信息安全同步推进，商业模式借助应用成本降低等而合理化，物联网将引发一场轰轰烈烈的供应链管理革命，并带来更好的用户体验和产生价值的新途径，最终将可实现“智慧”的供应链。10 月 25—28 日，2011 亚洲国际物流技术与运输系统展览会在上海新国际博览中心如期举行。为期四天的展会不仅吸引了 450 家企业参展，展出面积达 2.8 万平方米，展会接待人数也达到了高峰，共有来自 80 个国家和地区的 6 万观众前来寻觅商机、洽谈业务。作为亚洲最大的物流展，本届展会汇聚了当今世界最先进的物流技术与装备。不但有全球知名物流系统集成和解决方案提供商强势回归，带来诸多行业领先技术产品，让现场成为了一个比拼技术实力的战场，展会同期还开展了众多应用行业论坛，数量与质量均为历年最高。

（一）2011年7月31日，工信部装备工业司和中国工程机械工业协会在山东青岛联合举行了“中国工程机械行业‘十二五’发展规划新闻发布会”。会议由中国工程机械工业协会王金星副秘书长主持，工信部装备工业司王建宇处长发表重要讲话，苏子孟秘书长就工程机械行业“十二五”发展规划的具体情况作了介绍。

规划从行业现状及“十一五”期间发展概况、行业发展存在的主要问题及制约因素、“十二五”期间市场需求预测、“十二五”期间发展战略与指导思想、“十二五”发展规划目标、发展重点及主要任务、政策性建议和措施意见等七个方面对行业发展状况和前景进行了阐述和规划，高度概括总结了行业“十一五”期间所取得的辉煌成就，展望了行业未来五年的发展前景。

规划明确了“十二五”期间行业发展的指导思想是以深化改革、科学发展观为发展动力，市场为导向，调结构、转变增长方式为发展主线，认真领会、贯彻中央各项相关政策、强化宏观引导，规划利用好一切社会资源和积极因素，转变观念，理顺思路，突出重点。

1. 行业现状及“十一五”期间发展概况

1）全行业规模总量跃居世界首位，成为我国国民经济发展的重要支柱产业之一

表8-1-1　工程机械行业2005—2010年销售收入及增长率对比

年　　份	2005	2006	2007	2008	2009	2010
销售收入(亿元)	1 262	1 620	2 223	2 773	3 157	4 367
增长率(%)	9.10	28.36	37.17	24.70	13.85	38.30

2009年，全行业规模以上生产企业有1 400多家，其中主机企业710多家，职工33.85万人，固定资产原值668亿元，净值485亿元，资产总额达到2 210亿元，年平均利润率为7.51%。

包括装载机、挖掘机、汽车起重机、压路机、叉车、推土机、混凝土机械等一大批工程机械产品产量跃居世界首位。另外，因地铁城轨建设、高速铁路建设、风电建设等特殊工程作业需要，盾构机、旋挖钻机、大型工程起重机、大型混凝土箱梁运吊设备等超出了常规发展速度，成为新的增长点。

2）自主创新和体制机制创新促进了行业快速发展

“十一五”以来，工程机械行业扎实推进自主创新，取得了丰硕成果。五年来，共有106项创新成果获得“中国机械工业科学技术奖”，其中10项荣获一等奖，37项荣获二等奖、59项荣获三等奖。

全行业共有19种大型工程机械被列入国家重大技术装备制造发展领域；有18

家企业被列入军需采购对象。

已建成基本覆盖工程机械行业重点产品领域、布局合理的国家级工程(技术)研究中心和重点(工程)实验室 4 个,国家认定的企业技术中心 17 个。

企业提取的新技术研发费用已占到销售总额的 5%以上。

我国工程机械自给率从“十五”期末的 82.7%,提高到 2009 年的 88.5%,逐步实现从制造到创造的跨越。

产品的可靠性不断完善,与国际先进水平的差距逐渐缩小。挖掘机、平地机平均无故障时间达到 700 小时以上。

3) 调结构,转方式取得明显成效

a) 生产集中度大幅度提高

2010 年销售额达到 100 亿以上的企业 11 家,他们是徐工、中联、三一、柳工、山推、龙工、厦工、小松中国、斗山中国、日立建机、神户制钢。2010 年销售额 10 亿元以上的企业 2010 年销售额占全行业的比重达到 85%以上;而 2005 年销售额在 10 亿元以上企业只有 22 家,占行业销售总额的比重为 40%。

b) 产业集群加快形成。

c) 民营经济、中小企业获得了长足发展。

d) 产品结构进一步优化。

e) 代理商体制初步形成,售后维修服务体系逐步建立。

4) 国际化步伐加快,全球化服务的能力和水平大幅提高

2010 年,我国工程机械进出口贸易额为 187.4 亿美元,比上年增加 45.7%。其中进口金额 84 亿美元,比上年增加 63.2%;出口金额 103.4 亿美元,比上年增加 34.2%;贸易顺差 19.4 亿美元,比上年减少顺差 6.2 亿美元,同比下降 24%。而 2005 年进口额仅为 30.64 亿美 元,出口额仅为 29.4 亿美元。

我国许多企业对自身的定位已经从行业领先变为国际领先,在国际化道路上不断探索着更加可行的方案。除了积极拓展海外业务、建立海外服务体系外,自身的国际化扩张也是企业关注的重点:一是设立海外研发机构或收购相关科研院所,设立海外工厂或并购海外企业。二是引进高端人才。

通过参加北京 BICES 展、上海 baumaChina 和慕尼黑 bauma、拉斯维加斯 Conexpo、巴黎 Intermat 等优秀的、国际化的工程机械展览会,展示了最新产品和进行国际化交流,成为广大企业扩大出口的最佳窗口。

到 2009 年,外商投资企业数比 2001 年增长 200%以上。

5) 人才培育取得新成果

协会于 2006 年 9 月 18 日成立了“机械工业职业技能鉴定工程机械行业分中心”,授权开展工程机械行业国家新职业的申报、国家职业标准的制订和鉴定教材的编制和实施、人员培训等工作。

批准了“工程机械修理工”(含操作工)和“工程机械装配与调试工”二个新职业的申报,并列入国家职业大典。

组织编写了“工程机械修理工国家职业标准”和“工程机械装配与调试工国家职业标准”。

一批人员经考核合格取得了由劳动和社会保障部颁发的“职业资格证书”。

6）积极投入抗震救灾，勇于承担社会责任

根据国家发改委及总装备部的要求，及时调运了数百台工程机械发往灾区。

汶川地震抢险救灾中，全行业向灾区捐赠设备和现金共计 2.8 亿元，包括各种设备近 700 台。

许多企业还迅速派出救灾突击队，带着设备开赴救灾第一线。

柳工、徐工、中联、厦工、山推、三一、山河智能、洛阳一拖、京城重工、惊天液压、成都神钢、卡特彼勒、小松、合肥日立、贵州詹阳、沃尔沃、JCB 等企业，都在救灾行动中表现出高度的社会责任感和良好的企业素质，受到政府和社会的一致好评。

2. 行业发展存在的主要问题及制约因素

1）自主创新理念和能力有待加强

主要是自主创新的理念不够深入，自主创新的能力不足。具体体现到产品技术和企业管理水平与国际先进水平存在较大差距。

2）低水平同质化无序竞争状态依然不减

轮式装载机、叉车、挖掘机、塔式起重机等产品生产企业均多达 70 多家，大部分企业没有研发平台，靠模仿或通过中介渠道廉价获取产品技术资料，这些企 业生产制造装备比较落后，投资少，企业社会负担轻，管理成本低，生产的产品进入市场成本低，门槛低，造成低质低效产品在市场上大量流通。

3）关键零部件核心技术及制造水平制约行业发展和产业结构调整

一般配套件生产供应充足，但是高技术、高附加值的关键配套部件主要依靠进口，平均每吨价格 8 万多美元，例如传动部件、控制元件、柴油发动机及关键液压件严重紧缺，能力过剩和结构性短缺反差强烈，从而严重制约了中国工程机械向高端技术产品的发展。

4）行业标准化工作体系已不适应市场经济运行法规的要求

标准化工作体制一直不适应市场经济的循序发展：

一是标准化具体技术内容及条款已过时；

二是标准化管理和支承体系与改革脱节，行业标准大部分是在专业研究院所具体归口负责，当前这些研究院所都进入企业或公司化管理，经费来源受阻；

三是原有标准水平不利于行业创新和技术进步的发展。

5）工程机械二手设备交易管理缺失，高能耗、高污染、低效与不安全产品在市场上大量流通

例如 2009 年二手挖掘机进口 2 万多台，2010 年又上升到 3.2 万多台。这样既

扰乱了中国工程机械市场环境，又违背国家节能减排方针的贯彻，这种情况亟待治理。

我国工程机械正在运行使用的机器有 350 万台左右，是燃油消耗大户，每年消耗燃油约 6 500 万吨。部分设备陈旧落后、能耗高、排放超标、液压油跑冒滴漏、安全无保证的产品依然在运行使用，该到淘汰或报废的产品仍然淘汰不掉，交易过程中相互坑蒙拐骗、偷漏税现象时有发生。

3. “十二五”期间市场需求预测

1）国内发展环境分析及需求预测

预计“十二五”期间全社会固定资产投资增长率在 20%左右，城镇投资仍将占到 85%左右；

国家加大保障性住房建设、水利工程建设、海洋建设工程、铁路、公路、城镇公共交通和基础设施、电力、输气工程、输电工程；

振兴东北、西部大开发、中部崛起战略；

地方“十二五”规划建设项目；

到 2015 年，我国对工程机械的市场需求将达到 8 370—8 510 亿元。

2）国际市场需求发展预测

预计到 2013 年国际工程机械销售额将逐步回升到金融危机发生之前的发展趋势，其中发展中国家要成为主要市场，从而加速“十二五”后期国际工程机械需求增长。

本规划预测到 2015 年主机产品国际需求量将达到 2 100 亿美元，其中流通领域约占 700 亿美元左右。

4. “十二五”期间发展战略与指导思想

1）发展战略

推进我国工程机械产业由制造大国向制造强国的转变，初步形成具有国际前沿水平的主机产品、基础技术、功能部件的研发与制造体系。主要产品达到国际平均先进技术水平，实现我国工程机械产业由粗放型、模仿型、数量型向科技创新、质量、效益型的转变。

2）指导思想及主要措施

指导思想：

以科学发展观为统领，以调结构、转变增长方式为主线，以市场为导向，认真宣传贯彻好中央各项相关政策、强化宏观引导，规划利用好一切社会资源和积极因素。转变观念，理顺思路，突出重点。

主要措施：

一是把深化经济体制与机制改革放在首位，继续探索和完善社会主义市场经济运行的法则；

二是要调整好工程机械行业发展重心，将政策面、资金面、管理层、人才资源行业三基(基础零部件、基础制造工艺、专业基础材料)倾斜，引导和培养出一批专、精、特的能满足主机产品配套要求的工程机械产业基础；

三是把原始创新、集成创新、引进消化吸收再创新作为助攻目标来实施，进一步加大对国家级技术中心的政策性支持

力度,对共性技术研究的软硬件投入提高国家财政的支持力度;

四是加强一流创新研发人才的培训和引进,提供一流水平的创新研发环境,培养出一批学科带头人;

五是进一步落实调结构、转变增长方式的措施,包括创新研发体制与机制改革、政策配套、行业管理层、市场引导、企业发展思路等问题。

5. “十二五”发展规划目标

1) 总量目标

根据国内市场需求及国际市场的发展预测,考虑到进出口顺差进一步扩大,产品技术附加值进一步提高,本规划预测 2015 年全行业销售规模将达到 9 000 亿元水平(人民币),年平均增长率大约为 17%。

表 8-1-2 2015 年主要产品销量目标

序 号	主要产品名称	2010 年销售量(台)	2015 年预计(台)
1	挖掘机械	179 296	250 000
2	装载机	228 219	300 000
3	推土机	13 911	20 000
4	平地机	4 531	7 000
5	塔式起重机	43 400	100 000
6	叉车	232 409	290 000
7	压路机	26 281	28 000
8	摊铺机	3 019	5 000
9	轮式起重机	35 411	60 000
10	履带式起重机	1 646	2 800
11	混凝土搅拌运输车	35 386	70 000
12	混凝土泵车	7 964	15 000
13	旋挖钻机	2 000	4 000
14	全断面掘进机	70	100

2) 科技发展目标

重点围绕低碳、绿色、高效、节能、信息化工程全面展开各项技术的深入研究,主要在以下八个领域有所突破:

推动行业科技战略联盟的组建;

推广技术创新方法的学习和应用;

加强产品可靠性的共性技术研究;

通过轻量化设计技术、可靠性与安全性评价技术的应用研究,争取在“十二五”期间完成 10 种以上产品的轻量化设计,并形成示范应用;

开展工程机械再制造技术研究;

加快产品智能化、数字化、可视化以及远程故障诊断和通讯技术的升级;

开展工程机械产品节能技术研究和工程机械产品能源多样性技术研究；

加强工程机械产品人机工程学研究。

3）质量、效益目标

对发动机、液压系统、传动部件、光电子信息系统等各环节进行可靠性研究。使主要产品平均无故障间隔时间(MTBF)由400小时提高到600小时。

流动资金周转率行业平均达到2次/年以上，先进企业达到3次/年以上；

全员劳动生产率达到30万元/人·年以上；

通过科技创新，工业增加值由21%提高到25%以上；

行业平均年利润率指标保持在7%以上。

4）出口目标

表8-1-3　2015年全行业出口额将达到260亿美元

序　号	主要产品名称	2015年预计(台)	2015年预计(台)
1	挖掘机械	250 000	30 000
2	装载机	300 000	40 000
3	推土机	20 000	6 000
4	平地机	7 000	3 000
5	塔式起重机	100 000	10 000
6	叉车	290 000	80 000
7	压路机	28 000	11 000
8	摊铺机	5 000	800
9	轮式起重机	60 000	16 000
10	履带式起重机	2 800	1 500
11	混凝土搅拌运输车	70 000	10 000
12	混凝土泵车	15 000	1 500
13	旋挖钻机	4 000	800
14	全断面掘进机	100	15

5）节能、降耗、减排发展目标

通过产品结构优化与轻量化设计，改造传统制造工艺，提高专业化生产化规模，达到节材5%，能耗降低15%。大部分产品尾气排放由国Ⅱ过渡到国Ⅲ标准，包括噪声、振动等指标达到国家相关标准，部分产品达到国际先进水平，企业生产工艺排放基本无污染。

6. 发展重点及主要任务

1）提高关键零部件的技术水平和制造水平

a）提高工程机械产品动力配套性能。

b）抓好工程机械液压元件的产品开发和高精化、规模化制造。

c）对专用传动部件的可靠性和耐久性进行系统性研究和开发。

2）实施智能化工程，提高产品智能化控制的技术水平

实现智能优化控制、故障自诊断、安全保护逻辑控制、信息反馈可视化，是当今工程机械行业技术发展的主流方向。在“十二五”期间对工程机械重点主流产品都要达到智能化、信息化控制水平，特别是大型工程机械，要实现本机和远程的智能化控制。

3）继续支持发展大型工程机械

重点发展单台价值在100万元以上，并已纳入重大装备制造业大型施工机械19种机型的产品，例如大型轮式起重机、大型履带吊、国家重大建设工程用的特大型塔式起重机、高铁建设用的重大成套装备、铁路机械化养护成套装备、大型桩基设备、大型土石方工程机械、河道与湖泊大型疏浚设备、大型商品混凝土机械、全断面掘进机及电铲等专用大型工程机械，国产化率要达到65%以上。

4）重点支持研发生产的新产品

a）加快研发海洋工程施工机械。

b）发展城市建筑垃圾回收再利用综合技术装备。

c）加快发展城市垃圾处理与综合利用装备。

d）支持发展新型施工升降机、自走式和自行式高空作业平台、高处作业吊篮、叉装机等产品的发展。

e）加快工程机械各类配附件、专用属具的研发制造，在全国培育几个属具制造基地。

f）加快发展环保节能型仓储装备，包括电动叉车、高起升堆垛机、自动化物料搬运车辆等。

g）大力发展新型建材机械和混凝土制品机械。

h）大力推进旧工程机械产品回收再制造工程。

5）培育发展航母型国际知名公司和一批专、精、特的中小企业。

打造3—4个销售额达到1 000亿元级企业集团和5—6个500亿元级企业集团，成为国际知名公司。同时要支持发展一批专、精、特及成长性较好的中小型企业，使行业结构更趋于合理。

6）提高工程机械行业检测试验技术水平

应对国家级检测中心进行投资扶植，与国际水平接轨，否则我们在国际贸易中就没有据理力争的话语权。

7）建立二手设备的交易管理机制

对二手设备交易及现役设备的流通管理列项进行专题研究，培育和建立有序、规范、高效的二手工程机械交易市场和管理机制。

8）规范工程机械行业租赁和融资租赁的运作体系

安排工程机械租赁业务方面的专项规划，完善和制定工程机械行业租赁业

务的相关法律法规和管理方面的政策性条例，达到规模化和规范化的发展目标。

9）进一步完善工程机械行业维修服务体系，提高维修服务水平

通过专项调研，对现有维修企业进行评级选拔，纳入政策扶植发展范围，在资金上给予必要的支持。建立工程机械维修服务方面的专门职业技术学院（学校），实行公办与民办结合，鼓励大企业集团投资办学，实行以公益为主盈利为辅的办学方针，为社会输送工程机械维修人才。

10）建立工程机械产品修理、装调、操作工职业技能培训体系

全面提高维修、装调、操作工人的技能水平，大大有利于设备合理使用和保养，改善现役设备完好率。在“十二五”期间，要逐步将各类产品培训教材编写好，按地区和分产品进行实地培训。

7. 政策性建议和措施意见

1）调整国家财政政策和产业政策的支持方向与支持力度

工程机械产业支持的发展资金（专项财政补贴、技改贴息、免税政策、增值税返还政策、发展基金等）主要用于创新研发工程（人才、软件、装备等）、行业共性基础技术、产品质量可靠性工程研究、工业工程管理建设、信息化效益工程、创新联盟及相应的技术设计与工艺攻关项目、产业集群规划等。

2）建议在国家标委会领导下，改革标准化制修订工作体系，要充分发挥行业协会在标准化工作中的主导作用和话语权，与国际接轨，促进行业技术进步。

3）装备制造业产业结构调整目录的界定，应由鼓励、限止、淘汰类产品的表述原则，转向相关产品领域内的法律、法规、技术标准、行业标准方面来界定。不达标者予以淘汰，属新领域且技术优异的产品予以鼓励。属于创新鼓励类产品应享受优惠政策。

4）对影响我国工程机械发展的关键功能部件，由国家主管部门牵头，编制具体的符合市场经济发展的专项规划，将产业发展重心向基础技术和关键功能部件产品领域转移。

5）支持以龙头企业为主的地方产业集群基地的技术升级，提升规模效益和流程效益。

6）继续支持企业实行走出去发展战略，开拓和巩固海外市场，对出口企业（基地）的薄弱环节要有政策与资金的支持，培育成为国际化竞争企业。

（二）2011 年 7 月 31 日，工信部装备工业司和中国工程机械工业协会在山东青岛联合举行了“中国工程机械行业‘十二五’发展规划新闻发布会”。会议由中国工程机械工业协会王金星副秘书长主持，工信部装备工业司王建宇处长发表重要讲话。在记者问到关于“十二五”规划工程机械配套件问题时，王建宇表示：“十二五”期间，工信部将联合国家其他部委，在政策、资金等多方面支持工程机械行业

核心零部件的自主研发，力争解决工程机械行业核心零部件长期受制于国外的现状。中国工程机械工业协会秘书长苏子孟从工程机械“十一五”发展概况、“十二五”期间市场需求预测、发展战略与指导思想、发展规划目标、发展重点及主要任务、政策性建议和措施意见等方面对中国工程机械“十二五”规划内容进行解读。

1. “十一五”期间发展概况

据统计，在“十一五”期间，我国工程机械行业销售收入从2006年的1 620亿元，增加到2007年的2 223亿元、2008年的2 773亿元、2009年的3 157亿元，分别递增28.37%、37.22%、24.74%、13.85%。2007年我国工程机械销量超越欧、日等国后，于2009年销售收入跃居世界首位，成为真正的世界工程机械制造大国。2010年全行业销售收入达到4 367亿元，同比增长38%。“十一五”期间的年平均增长速度达到33%以上。

虽然在“十一五”期间行业取得了快速发展，但行业发展也存在一些问题及制约因素。比如：自主创新理念和能力有待加强；低水平同质化无序竞争状态依然不减；关键零部件核心技术及制造水平制约行业发展和产业结构调整；行业标准化工作体系已不适应市场经济运行法规的要求；工程机械二手设备交易管理缺失，高能耗、高污染、低效与不安全产品在市场上大量流通；例如：二手挖掘机2009年进口2万多台，2010年又上升到3.2万多台。这样既扰乱了中国工程机械市场环境，又违背国家节能减排方针的贯彻，这种情况亟待治理。

2. “十二五”期间市场需求预测

(1) 国内发展环境分析及需求预测。

预计“十二五”期间全社会固定资产投资增长率在20%左右，城镇投资仍将占到85%左右；国家加大保障性住房建设、水利工程建设、海洋建设工程、铁路、公路、城镇公共交通和基础设施、电力、输气工程、输电工程；振兴东北、西部大开发、中部崛起战略；地方“十二五”规划建设项目等诸多因素，到2015年，我国对工程机械的市场需求将达到8 370—8 510亿元。

(2) 国际市场需求发展预测。

预计到2013年国际工程机械销售额将逐步回升到金融危机发生之前的发展趋势，其中发展中国家要成为主要市场，从而加速“十二五”后期国际工程机械需求增长。规划预测到2015年主机产品国际需求量将达到2 100亿美元，其中流通领域约占700亿美元左右。

3. “十二五”发展规划目标

(1) 总量目标。

根据国内市场需求及国际市场的发展预测，考虑到进出口顺差进一步扩大，产品技术附加值进一步提高，规划预测2015年全行业销售规模将达到9 000亿元水平(人民币)，年平均增长率大约为17%(见表8-1-4)。

表 8-1-4 总量目标——2015 年主要产品销售目标

序 号	主要产品名称	2010 年销售量(台)	2015 年预计(台)
1	挖掘机械	179 296	250 000
2	装载机	228 219	300 000
3	推土机	13 911	20 000
4	平地机	4 531	7 000
5	塔式起重机	43 400	100 000
6	叉车	232 409	290 000
7	压路机	26 281	28 000
8	摊铺机	3 019	5 000
9	轮式起重机	35 411	60 000
10	履带式起重机	1 646	2 800
11	混凝土搅拌运输车	35 386	70 000
12	混凝土泵车	7 964	15 000
13	旋挖钻机	2 000	4 000
14	全断面掘进机	70	100

(2) 科技发展目标。

重点围绕低碳、绿色、高效、节能、信息化工程全面展开各项技术的深入研究，要在以下八个领域有所突破：推动行业科技战略联盟的组建；推广技术创新方法的学习和应用；加强产品可靠性的共性技术研究；通过轻量化设计技术、可靠性与安全性评价技术的应用研究，争取在“十二五”期间完成 10 种以上产品的轻量化设计，并形成示范应用；开展工程机械再制造技术研究；加快产品智能化、数字化、可视化以及远程故障诊断和通讯技术的升级；开展工程机械产品节能技术研究和工程机械产品能源多样性技术研究；加强工程机械产品人机工程学研究。

(3) 质量、效益目标。

对发动机、液压系统、传动部件、光电子信息系统等各环节进行可靠性研究。使主要产品平均无故障间隔时间(MTBF)由 400 小时提高到 600 小时。流动资金周转率行业平均达到 2 次/年以上，先进企业达到 3 次·年以上；全员劳动生产率达到 30 万元/人·年以上；通过科技创新，工业增加值由 21%提高到 25%以上；行业平均年利润率指标保持在 7%以上。

(4) 出口目标(见表 8-1-5)。

表 8-1-5 出口目标

序 号	主要产品名称	2015 年预计(台)	其中出口(台)
1	挖掘机械	250 000	30 000
2	装载机	300 000	40 000
3	推土机	20 000	6 000
4	平地机	7 000	3 000
5	塔式起重机	100 000	10 000
6	叉车	290 000	80 000
7	压路机	28 000	11 000
8	摊铺机	5 000	800
9	轮式起重机	60 000	16 000
10	履带式起重机	2 800	1 500
11	混凝土搅拌运输车	70 000	10 000
12	混凝土泵车	15 000	1 500
13	旋挖钻机	4 000	800
14	全断面掘进机	100	16

(5) 节能、降耗、减排发展目标。

通过产品结构优化与轻量化设计，改造传统制造工艺，提高专业化生产化规模，达到节材 5%，能耗降低 15%。大部分产品尾气排放由国Ⅱ过渡到国Ⅲ标准，包括噪声、振动等指标达到国家相关标准，部分产品达到国际先进水平，企业生产工艺排放基本无污染。

4. *发展重点及主要任务*

① 提高关键零部件的技术水平和制造水平；② 实施智能化工程，提高产品智能化控制的技术水平；③ 继续支持发展大型工程机械；④ 重点支持研发生产的新产品；⑤ 培育发展航母型国际知名公司和一批专、精、特的中小企业。打造 3—4 个销售额达到 1 000 亿元级企业集团和 5—6 个 500 亿元级企业集团，成为国际知名公司。同时要支持发展一批专、精、特及成长性较好的中小型企业，使行业结构更趋于合理；⑥ 提高工程机械行业检测试验技术水平；⑦ 建立二手设备的交易管理机制；⑧ 规范工程机械行业租赁和融资租赁的运作体系；⑨ 进一步完善工程机械行业维修服务体系，提高维修服务水平；⑩ 建立工程机械产品修理、装调、操作工职业技能培训体系。

5. *政策性建议和措施意见*

① 调整国家财政政策和产业政策的支持方向与支持力度。工程机械产业支持的发展资金(专项财政补贴、技改贴息、

免税政策、增值税返还政策、发展基金等）主要用于创新研发工程（人才、软件、装备等）、行业共性基础技术、产品质量可靠性工程研究、工业工程管理建设、信息化效益工程、创新联盟及相应的技术设计与工艺攻关项目、产业集群规划等。② 建议在国家标委会领导下，改革标准化制修订工作体系，要充分发挥行业协会在标准化工作中的主导作用和话语权，与国际接轨，促进行业技术进步。③ 装备制造业产业结构调整目录的界定，应由鼓励、限制、淘汰类产品的表述原则，转向相关产品领域内的法律、法规、技术标准、行业标准方面来界定。不达标者予以淘汰，属新领域且技术优异的产品予以鼓励。属于创新鼓励类产品应享受优惠政策。④ 对影响我国工程机械发展的关键功能部件，由国家主管部门牵头，编制具体的符合市场经济发展的专项规划，将产业发展重心向基础技术和关键功能部件产品领域转移。⑤ 支持以龙头企业为主的地方产业集群基地的技术升级，提升规模效益和流程效益。⑥ 继续支持企业实行走出去发展战略，开拓和巩固海外市场，对出口企业（基地）的薄弱环节要有政策与资金的支持，培育成为国际化竞争企业。（摘自《建设机械技术与管理》第八期）

第九篇　物流管理信息化

§9.1 概　　述

近年来，信息化已经全面渗透和融合到物流活动中，也是现代物流最重要的核心特征和时代特征。物流信息化是国民经济和社会信息化的重要组成部分，推进物流信息化对促进现代物流的科学发展，并使其有效衔接国民经济的全局，对促进经济发展方式转变具有非常重要的意义。

一、纵观 2011 年，在物流信息化方面具有以下显著特征

1. 党和政府高度重视信息化工作

物流信息化在我国信息化体系中始终占有重要的地位，国家信息化发展战略和物流业调整和振兴规划等重要规划中，都突出强调了发展物流信息化的重要性。国务院办公厅关于促进物流业健康发展的政策措施意见中，进一步明确提出要推进物流技术创新和运用。近年来，各级政府和部门出台了一系列鼓励现代物流和物流信息化发展的政策措施，支持力度逐年加大。

2. 对物流信息化的认识逐年提高

经过多年努力，我国物流信息化有了长足的进展，物流信息化应用范围不断扩大，应用水平不断提高，物流信息资源开发技能不断增强，取得了显著的经济效益和社会效益，为进一步加快发展物流事业奠定了扎实基础。同时，我们也应该看到我国物流信息化的整体水平仍然偏低，物流信息资源的开发应用仍然滞后于实体物流发展的要求，仍然是现代物流发展的瓶颈和难点，还存在着一些亟待在发展中解决的突出问题。

3. 物流信息化建设体系得到加强

在推动物流信息化发展中，我们一方面要着力推动物流信息化基础设施建设、技术创新运用、标准制定和政策支持，提高行政监管和公共服务水平。另一方面也要从需求出发，选准物流信息化推进的切入点，运用注重可操作性和时效性，以保障安全、开放信息、保守秘密、开发利用与规范管理的关系，要充分调动产学研用各方面的积极性，发挥行业协会、中介组织和专家的作用。

二、物流信息化方面存在的主要问题

① 物流公共信息平台建设滞后。公

共信息平台依然是信息化的制约因素，由于物流系统它的开放性，其信息共享、互联互通仍然是物流信息化发展的一个瓶颈。

② 政府多个监管系统之间的互联互通、信息共享。不可能一个企业建多个政府监管系统。需要政府之间的协同和信息共享。

③ 政府监管信息如何向社会开放提供适当服务。政府监管系统里有大量物流所需要的宝贵的信息，如何解决有效利用问题。

④ 物流商务平台进入市场后的规范化和政府监管问题。

三、在物流信息化发展中仍然需要做好的几项工作

① 积极推进企业物流管理信息化，促进信息技术广泛运用；

② 加强物流信息化新技术的自主创新，重点支持货物跟踪定位；

③ 加强物流信息化标准制定和推广，促进标准贯彻落实；

④ 切实提高物流基础设施的信息化水平，加快物流公共信息平台建设；

⑤ 建立完善行业性的公共服务体系，推动重点制造业和商贸企业、物流企业不断提高物流信息资源的开发利用水平；

⑥ 促进物流信息的科学采集、安全管理、有效应用、深度开发、有序交换和集成运用；

⑦ 推进物流信息资源共享，处理好安全与协同的关系，鼓励采用多种方式实现物流信息的互通互换，促进信息流、物流和资金流的协同和联动。

§9.2 建立物流信息采集、处理和服务的交换共享机制

【集装箱运输-RFID-货运标签应用】

作为现代航运服务体系的重要组成部分，集装箱物流的发展需要依靠信息化的应用。然而，由于集装箱自身不载有信息，其流向、流转和识别基本上还是处于人工、半人工状态，缺乏透明度，效率低、成本高。此外，近年来不断发生的恐怖袭击事件以及利用集装箱运输而引发的偷渡、走私、失窃等问题，也引起了各界的广泛关注。现代集装箱物流迫切需要一种智能化电子标签系统，实时记录集装箱运输中的箱、货、流信息，以及相关的安全信息，结合全球网络环境实现集装箱物流的全程实时在线监控，以提高集装箱物流全程的安全性和透明度，并具有追溯性，使集装箱物流各环节的安全更可控，可帮助货主及时掌控运输动向，提高货物的运输质量，记录货物失窃的时间。同时，智能化电子标签系统的应用还将为物流相关的企业带来经济效益和社会效益，增强政府对物流全过程的监管，提高国家安全水平，提升集装箱物流

的整体水平。

集装箱物流全程实时在线监控系统，是将集装箱作为信息流的载体，使信息流和物流融为一体，采用电子标签记录集装箱运输过程中的安全、地理位置以及箱、货、流信息，并实现在物流运输全过程的实时在线监控，从根本上提高了集装箱物流的透明度、安全性和效率。

从 2001 年起，在国家“863”计划、科技支撑计划、市科技创新计划的支持下，上海国际港务（集团）股份有限公司研究了集装箱物流全程实时在线监控系统的相关技术和工艺。由上海国际港务（集团）股份有限公司代表中国组织起草的 ISO 标准提案，2009 年 1 月经过投票授权起草国际标准《集装箱运输—RFID—货运标签》（编号：ISO/NP18186），2010 年 6 月 18 日投票通过作为可公开技术规范 ISO/PAS18186 发布，2011 年 1 月投票通过 DIS 阶段，进入最后的 FDIS 阶段。该标准首次开发了中国集装箱电子标签系统网站，实现了对集装箱物流的可视化全程协同管理；发明了集装箱物流全程实时在线监控系统，发明了与之相适应的带有集装箱定位和电子封条的集装箱电子标签；首次集成了 GPS 地理位置采集并与系统实时交互的移动式读写器，满足在装/拆箱点等场合完成数据采集和实时上传；首次实现了将 EDI 数据通过安装在道口的固定式读写器自动录入电子标签；首次提出并实现“三网合一”的混合网络数据传输系统；系统首次实现了同时识别和兼容 2.4 GHz 和 868 MHz 等不同频段、不同生产厂的电子标签。基于此标准撰写的国家标准《供应链监控用的集装箱电子箱封应用技术规范》已发布。

§9.3 行业和区域物流的电子口岸、综合运输信息和物流资源交易的公共平台建设

【上海陆交中心及其所属的 56135 信息平台快速发展】

2011 年，陆交中心所属的 56135 信息平台已拥有会员总数 6.9 万多家，日访问量超过 100 万人次，日发布交易信息 80 万条，已实现撮合交易总数 8.3 万条，货值总额 189 亿元，运费总额逾 14 亿元，运价总数 17 万余条。

在上海国际贸易中心、国际航运中心和国际金融中心的建设中，陆交中心获得了上海市政府的大力支持。据了解，上海市有意将这个项目作为全国物流交易中心的基础来大力打造。

陆交中心不仅是个信息发布平台，同时还是专线交易平台、货运中转操作平台、城市配送平台、支付平台、管理平台、货运保险担保平台等。数据显示，这个模式的能量正在快速释放。

这个模式的优势在于增值服务。2011 年，陆交中心已完成 50 万吨钢铁的运输交易，并成功建立起从集港、理货、委

托、竞价、合同、结算、保险、担保、运输跟踪、数据接口等一系列的钢铁物流电子交易流程和交易体系，大大降低了钢铁物流的成本。这对涉及2 000亿元现货交易规模的钢铁物流行业来讲，有着极大的吸引力。

据了解，陆交中心建有两层共80个装卸口的货物快速公共中转平台，总建筑面积3.4万平方米，可容纳7 000至10 000个托盘位的货物中转。为进出上海市的货物以及华南、华北到华东城市的区域中转和配送提供集拼、集运服务；并利用先进的IT技术，使中转货物实现快速流动和交换，成为物流资源整合的平台，物流企业增值的服务中心。此外，陆交中心创新开发出了“城市货运快速公交巴士”的配送体系，通过建立50个市内配送分拨中心、数百个市内配送网点，开展上海市内的货物“站到站”、“门到门”的分级式递送服务方式，实现与海运、空运及铁路的无缝连接。

在上海市政府的支持下，陆交中心还参与了上海市现代服务业综合试点项目之一的“上海市城市共同配送服务体系”项目建设招标，该项目一期投资额25亿元人民币，陆交中心负责框架方案的制定和信息平台的建设营运；同时，公司积极参与洋山深水港集装箱转运交易平台的建设和营运，负责该体系项目方案的制定，并负责其核心功能——配送体系信息交易功能的开发和信息平台的营运。

§9.4 政府部门的综合物流管理与服务公共信息平台建设

【2011年交通运输部明确提出建设国家交通物流信息共享平台】

国家交通运输物流信息共享平台自2008年开始启动建设以来，目前正在加速推进。

2008年，在交通运输部指导下，以浙江省物流信息公共平台为基础，全国16个省份道路运输管理部门联合启动了省际物流公共信息共享平台建设，为交通运输物流公共信息共享平台奠定了基础；2009年，交通运输部、浙江省人民政府签署了《共同促进浙江交通物流发展的会谈纪要》，使本平台成为交通运输部和浙江省部省共建试点示范项目；2011年交通运输部明确提出在试点示范基础上，建设国家交通物流信息共享平台。

三年来，平台建设正加速推进：

一是提供基础网络。目前全国已建成1个主服务器、7个交换服务器(浙江省部署3个，四川、安徽、湖南、河南各1个)，在建10个交换服务器。链接用户数超过6万，企业通过平台进行数据交换的信息量已达到日均15万条；

二是提供免费软件。已开发完成普运、物流基地、集装箱等5个物流通用软件，在浙江省推广超过3 900家企业，全省所有小件快运、危险品运输企业和部分物流龙头企业使用通用软件并实现联网。同时，完成了对国内主流的仓储、货代、运输等 9 个软件接口的改造，即将启动 15 个软件接口的改造；

三是加强资源整合。建设了车货交易、行业信息、货物跟踪、运输信用等物流公共应用中心，整合了近 15 个物流信息运营商。全面推进物流园区、港区、海关监管区“一卡通”工程，14 532 辆车辆安装 RFID(射频识别)卡，目前已实现 4 个物流园区、1 个港口“一卡通”，正在连接 10 个物流园区、港区、海关监管区。

四是拓展国内外合作。信息平台实现了与浙江电子口岸、宁波电子口岸、顺丰快递等信息系统互联；完成与中国电信的手机定位链接；中远物流、中远集运开始接入平台以推动其与上下游客户数据对接。黑龙江、内蒙古、福建、安徽、湖北等也已启动区域平台的实质性对接工作。

平台建设的直接和潜在效益显著，受到了运输物流企业的普遍欢迎：

一是减少信息化重复建设。目前，3 900 家免费软件运用企业已因此节省信息化投入 2 亿至 4 亿元，如推广到行业 10%的企业，则可节省 16 亿至 33 亿元，如推广到全国，则可节省上百亿元。

二是提高物流生产效率。通过提高信息化水平，可以加快单据传递、减少差错、提高管理效率；可以提高车货交易、货物跟踪等效率，降低货车空驶率，促进节能减排。据测算，浙江省因此每年可产生效益 18 亿元，全国则可超过 400 亿元。

三是降低社会物流成本。平台全面应用后，专家预计社会物流总成本占 GDP 的比重可降低 0.1 个百分点，浙江省因此每年可减少物流费用 21 亿元，全国则可减少 300 亿元。

“十二五”期间，国家交通运输物流信息共享平台将全面提升平台的信息服务能力和水平。预计到“十二五”期末，平台将整合 50 万家物流企业，软件用户超过 10 万家；实现国内 12 个港口(物流园区)和日本、韩国的港口信息系统互联，把服务网络向东盟以及其他亚洲国家延伸。保守测算，平台每年可以在全国带来近千亿元的直接经济效益。

§9.5　典型案例

【“安智贸”——物流业创新管理的思考】

“安智贸”全称是中欧安全智能贸易航线试点计划，是全球范围内首个全面实施世界海关组织《全球贸易安全与便利标准框架》的国际合作项目，系通过中欧海关以及海关与企业的合作，完善亚欧之间贸易供应链安全与便利的规则，实现对活动集装箱及箱内货物的全程监控，建立安全便利智能化国际贸易运输链。我国物流业存在的利润下降，物流效率不高，专业化不强等问题已与经济发展不相适应。许多企业存在的条块分割，地方保护主义等现象，导致国内物流产业的竞争更趋复杂。怎么办？上海港和重庆港最近被列为“安智贸”项目的第二批新增港口，也是目前全国仅有的港口。这对物流业是个创新的管理，为物流业的发展正在创建一条新路。

创新观念才有创新管理的产生

安智贸的模式不仅是物流业经营方式上的创新，更重要的是一种观念的创新，多少年来在所谓“主权”的影响下，国与国的海关谈不上什么信任和合作，多道关口的反复检查成了“主权”的象征，也成了企业的沉重负担。据介绍，“安智贸”的重要内容是实现海关监管领域的深层次合作和建立海关与商界合作伙伴关系。在海关监管合作方面，中欧海关将突破货物到港时进行查验的传统做法，采取出口监管为主，互认监管结果的新模式，即海关之间数据交换，利用提前收到的货物信息在统一风险规则和最低监管标准基础上进行风险分析，在货物出港之前识别高风险货物，实现进出口货物在出口环节的一次监管。同时运用电子封志等技术手段对集装箱货物进行全程监控。通过“安智贸”的实施，将使一国海关的业务操作事实上延伸到了另一国家的境内，形成了“虚拟关境”。其内涵就是实现多个国家之间海关货物通关时能一次通关，一次报验，而不需经过不同国家，不同海关多次报关，多次通验，并且对每个集装箱及箱内货物进行全程监控，建立安全便利智能化的国际贸易运输链。这对物流业来说无疑是一次管理上的创新，在“安智贸”项下，受益的不仅是进出口商，而是国际贸易供应链上的各方，包括船期公司、船代、进出口商、承运人等，作为海关与商界伙伴关系中的重要角色，都将是试点计划的参与者和受益者，这也将有利于企业参与国际贸易分工，完善国际贸易供应链。

一个观念的改变，促进了一个新的管理模式的诞生，可以预见随着“安智贸”的日趋成熟，参加的企业逐渐增多，必定会对物流的发展起到极大的推动作用。而从我国物流业的现状看，传统的物流资源仍比较分散，在改造提升传统物流的同时，大力发展专业物流已成为目前物流业的重要发展方向。虽然传统物流竞争激烈，而目前我国专业物流业却处于供不应求状态，还处于初级阶段，规模和专业化程度并不高，远远达不到转变社会经济增长方式的需要。借鉴安智贸的模式，我们在整合物流资源，扩大企业规模，增强综合物流能力的时候，在观念上能不能改变一下思路，将孤立的物流业整合与供应链、物流链结合在一起，能不能打破行业、专业、体制、区域等等的限制摸索出创新管理的模式？这是十分现实的问题，也是物流业创新管理继“安智贸”后发展的又一个新课题。

建立权威的企业诚信衡量机构是“安智贸”安全运行的基础

作为海关与相关企业双赢的这一典型项目，已在国际海关界和商界引起广泛关注。“安智贸”项目就是要搭建一种海关与商界合作伙伴关系，参与企业都是被参与国海关认定为可信赖的合作伙伴。试点企业按照“安智贸”项目要求加强管理，可以使自身贸易链获得更高的保障，且取得海关授予的资质认证就可以增加企业的商业信誉和竞争优势，这在目前全球保护主义抬头，贸易摩擦越来越多的背景下，对外贸企业的意义重大。三年多了为什么不急于推广？关键就在于企业的诚信。

企业诚信已经成了一个突出的问题。近年来，从吃住行造假成了老百姓的心头之恨，从地沟油到瘦肉精，无不是企业造假；从香武仕音响到欧典地板，假冒洋品牌层出不穷；至于走私更是年年有企业被海关查获。一些不法分子用别出心裁的方式公然挑战公众智商、公开挑衅国家法律，关键是没有权威单位来给他的企业定性。从一定程度上讲中国企业的诚信问题已经到了危险的关头。我们还能相信什么？

建立权威的企业诚信衡量机构是物流创新管理的基本点。一个不容忽视的事实是，物流行业涉及面比较广，是横跨多个领域的复合型产业，到目前为止，仍然没有一个明确的主管部门。现在要进行安智贸试点，哪个机构来评价企业的诚信呢？现在国家没有明确，前些年我们搞过信得过企业的评比，评过质量管理信得过企业等等，条条块块各有一套，货真价实的有多少？其结果是为这一块牌子，弄虚作假盛行，个别的评审单位只要出钱，什么单位都能评为信得过企业。让这样的企业参加安智贸项目的试点，它损失的不仅仅是一个企业的诚信，很可能是毁了国家的信誉，影响了一系列企业的信誉，后果是难以想象的。

建立这个机构是迫在眉睫，前海关总署长称安智贸是“中国海关进行国际合作最具实质意义的一件大事”、是“中国海关提高国际地位的壮举”。从国家利益出发，由海关牵头在现在搞的 AEO 基础上，结合参考欧洲 AEO 的办法，制定出我国的企业诚信标准。也可借助于物流业评选 A 类企业的做法，发挥社团体的作用，运用它们的人脉和丰富的行业经验，才能取得事半功倍的效果。如果有了这样一个衡量机构，一套有效的评审标准，公布于众，才能挑选出真正的诚信企业，那么参加这个试点项目的企业越多，企业也就能获得更多的利润。

当有一批真正的诚信企业立足于物流业，更多的好政策才会真正发挥作用。

“安智贸”的实现必须建立高效的诚信制度的监督机制

建一个监督机制，搞一套监督办法相对比较容易的，关键还是在于执行的问题。谁来进行监督？怎样监督？为确保安智贸能正常运行，对其成员的监督是必要的，对发现不遵守规则者进行处罚是必需的。比如“安智贸”企业要获得海关提供的便利，必须保障其集装箱货物在国际活动过程中不被开拆、调换，要把货物物移全程的信息提供给海关。这样，企业在参与“安智贸”项目时，就必须在其集装箱货物中施加电子封志或智能集装箱安全装置。这是铁的法则。如果有企业不这样做，或者中途违章，怎么办？建立一个有权威的监督执行机构，做到令行禁止，有法可依，执法必严，是必不可少的。

现在有人问：一些不法企业无法无天，究竟是它们的造假技术过于高明，还是我们的监管部门太过无能呢？这是十分尖锐的发问。我国的监督机构不少，但是有相当一部分的机构权威性不强或者是监督的人自己不过硬，甚至于执法者不作为。杭州天城路有药店卖假药，有人向药监部门举报。药监部门没有追查假药问题，竟牵线让他和药店“私了”，给了他5 500元“私了费”，简直荒唐至极！类似的例子是举不胜举。

对没有诚信的企事业如何处理？对企业的诚信度如何监督？参加“安智贸”就是将企业的诚信是放在全世界公众面前，这里是没有后门的，对他们的监督非同小可，对他们的执法是国家形象的体现。创新的模式必然会对现有的规章制度带来冲击，从现有国情来看，不可小觑，应该由监察部门牵头，组织相关的社会团体，特别是司法系统的协会，共同制定监督办法，共同制定处罚的规定，并可以参考外国的监督办法，或组建专门的监督机构，具有一定的执法权。依目前状况，至少也应该列在国家的现有执法部门之内，比如海关，或者工商局设立专门的机构。可以这样断言：监督机构的权威和执法力度是“安智贸”成败的命根子。

（上海浦东现代物流行业协会）

【IE＋IT：3PL 提升劳动生产率的两叶翅膀】

为了提高劳动生产率，降低人力成本从而提高企业效益，2011 年，上海久英人力资源有限公司在国内率先为上海畅联国际物流有限公司等第三方物流企业开展工业工程（IE）的系统化应用，其中 IT 技术的应用在实现流程优化的过程中发挥了重要作用。在一系列的工业工程结合信息化（IE＋IT）在物流领域的应用中，IEP 人力资源绩效管理工具和海关规范申报数据库的应用效果尤其明显。

IEP 系统是用于统计分析仓库劳动生产率数据的信息平台，通过与现有 EXE 仓储管理信息系统的结合，运用商业智能（B/I）分析工具，实现了对不同业务特点的仓库作业从不同层面进行劳动生产率统计的功能，辅助管理人员把握现场的工作现状、寻找改进方向、验证改进效果。通过使用 IEP 系统，操作员工的效率和改进意识得到加强，管理人员发现、分析、解决问题的能力得到提高。

依托上海畅联国际物流有限公司强大的报关预归类实力，首先为多家知名企业客户（如丰田、苹果、索尼等）建立“规范申报数据库”，以此作为基础实现了一整套电子化的单证操作和管理制度。数据库的建立进一步保证了进出口商品 HS 代码以及各类申报要素的合法性和准确性，实现了报关预录入流程的改善，大大提高了海关大通关一次通过率，缩短了通关放行时间。该数据库与海关申报数据备案平台相结合，为客户提供了更优质的服务，上海畅联国际物流有限公司也获得了更大的竞争优势。

上海畅联国际物流有限公司的信息化工作着眼企业业务发展的需要，重点依靠管理水平的提升，以有限的投入取得最大的改进效果。相信可以为众多第三方物流企业的信息化提供借鉴。

一、项目参与方

1. 上海久英人力资源有限公司

上海久英人力资源有限公司成立于2004年，受上海市物流学会委托，进行物流专业培训、物流数据统计、物流信息化平台建设、物流人才推荐和A级物流企业评审咨询等业务运作的商务平台。并于2004年11月，协同上海市物流学会一起组建了咨询部。久英公司设立以来，专注于为物流企业提供IE管理技术咨询、人才猎头、政策咨询(含物流企业财税策划)和行业对接、商务中介等服务。

2011年，上海久英人力资源有限公司率先在物流行业引入先进的IE管理技术，在不增加任何人力、物力、财力的情况下，使物流企业的生产效率提高30%以上，此项目连续三年获得上海市政府资金奖励。

2. 上海畅联国际物流有限公司

上海畅联国际物流有限公司成立于2001年，注册资本人民币1.3亿元，上海畅联国际物流有限公司致力于成为专业的进出口保税物流服务供应商和制造业精益供应链管理的服务供应商，现已成为上海最具规模与实力的第三方物流公司之一。2009年6月，上海畅联国际物流有限公司被中国物流与采购联合会评为AAAA级物流企业。

近年来，公司以外高桥保税区为中心物流基地，分别在上海外高桥保税物流园区、上海青浦出口加工区、北京、深圳、广州、芜湖、宁波、成都、郑州等地设立了分公司和子公司，已逐步建成了覆盖全国的运输网络和地区配送中心，并将进一步在中国的中部和西部地区建立服务机构，力争为全国客户提供最优质的物流服务。

二、工业工程在上海畅联国际物流有限公司的应用

(一) 应用工业工程的背景

上海畅联国际物流有限公司属于劳动密集型的第三方物流企业，劳动力成本占了总成本的大部分比例。对于入厂物流业务板块，这一比例更是达到了80%。如何建立起一种机制和方法，激励管理者和员工提高劳动生产率，是公司在高速发展期亟须解决的一项课题。

工业工程(IE)作为提升效率的有效管理手段，在世界范围得到重视发展已有近百年，目前在中国的众多行业尤其是制造业中也有广泛的应用。然而在物流行业得到系统运用的成功案例却不多。上

海畅联国际物流有限公司在第三方物流企业中率先引进工业工程，力求通过运用IE的先进理念与方法，提高员工工作效率和质量，最终提高公司的经济效益并得以持续健康发展。

（二）工业工程的推行进程

2010年6月至12月是上海畅联国际物流有限公司推广应用IE的概念导入阶段。主要目标是引入工业工程的概念和意识，并将运用条件最成熟的仓库管理作为切入点，通过实际的运用效果获得高层管理者的认可和支持，在中层管理人员中普及IE的意识和方法，并推动IE在基层员工和业务现场的运用。

公司成立了由主要业务部门总经理组成的项目组，并与上海市物流协会下属的咨询部——上海久英人力资源有限公司展开合作，聘请了资深的日本能率协会的有关专家进行咨询诊断。久英公司对畅联公司在上海、宁波和北京的仓库现场进行了调研，结合调研结果，对公司管理层和主要业务部门进行了IE理念和现场IE方法的培训。经过近半年的IE实际应用，试点仓库取得初步成效，仓库利用率提高，操作人员数量得到缩减。员工广泛认可了IE在公司提高内部管理水平过程中的价值。

2011年是推广应用IE的机制建设阶段。主要目标是建立一套劳动效率与部门业绩挂钩的机制，并以实际的改善成果促进各部门主动运用IE工具的意愿。运用IE以提升现场效率、质量、安全的目标和管理要求范围覆盖总部各部门及外设机构，其中重点业务部门劳动效率提高5%—10%

公司选择了仓库（现场操作）、国际货代（事务工作）和分公司（汽车入厂物流）等业务特点各异的部门作为试点单位。各部门针对自己的业务特点制定了特色化的劳动生产率指标，并建立了相应的数据统计和员工激励制度。日常工作中应用IE工作抽样分析、流程分析、时间分析、动作分析等方法，各部门对操作流程、仓库布局、人员分工和作业时间安排等进行了分析和改进。

（三）工业工程应用成果

经过至今一年左右的积极推进，上海畅联国际物流有限公司应用IE的实际效果已经开始显现：

1. 从劳动生产率的硬指标来看，试点部门都有不同程度的提高。比如2011年1至5月与去年同期相比，仓储配送部试点仓库人均进出库业务操作行数增长13.3%，货代部人均制审单票数增长23%，汽车入厂物流试点项目的每台套消耗工时数降低12.2%

2. 从内部管理和客户满意的软实力来看，员工的效率效益理念得到强化，管理人员对成本控制更加重视。客户对上海畅联国际物流有限公司管理能力的认可增强，更加坚定了与上海畅联国际物流有限公司长期合作的意愿。

3. 培养了一批既精通部门业务、又掌握IE工具和推进方法的骨干员工，为今后 IE 更广泛更深入的应用提供了人力资源基础。

4. 初步形成了应用 IE 广泛持续改进操作和业务流程、提升效率效益的自觉性和管理机制。

(四) 信息化在工业工程应用中的作用

在应用 IE 工具进行改善的过程中，利用信息化即 IT 技术，取代以往的人工操作，并加强与前后环节、部门间以及相关方（如客户、外包方、海关、检验检疫局等）的信息联系，成为实现劳动生产率提高的重要手段。各试点部门提出了大量的信息化需求，公司信息部通过自主开发和外包，在此期间完成了大量的信息化工作。其中比较典型的有：

1. 开发 IEP 系统，实现仓库劳动生产率的智能分析并建立数据库

2. 建立海关规范申报数据库

3. 实现海关申报系统的预录入电子化

4. 开发保税仓库 EXE 数据与海关数据核对系统

5. 实现与 APPLE、SONY、博世力士乐等大客户的 EDI 对接

6. 开发 SONY VMI 仓库的物流条码扫描系统

7. 开发运输指令 EDI 系统，实现与运输供应商的指令电子化

本案例将从对内管理和对外沟通两方面，选择其中两项反映上海畅联国际物流有限公司的信息化工作情况。其中 IEP 侧重提高仓库操作现场的劳动效率，而规范申报数据库为提高海关申报的速度和准确性提供了保障。

三、企业内部效率计划(IEP)

(一) 立项原因

IEP(Internal Efficiency Program)意为内部效率计划，是上海畅联国际物流有限公司开发的一种人力资源绩效管理工具。在仓库运营中，如何控制人力成本是一个很重要的课题。而相比较于生产型企业的流水化生产，仓储活动中工人的工作灵活程度较高。因此，该项目的关键在于如何为获取有效的劳动生产率数据提供系统方案，对原始数据进行处理，输出各种报表，以便管理者能够对这些数据和报表进行分析，从而把握仓库运营的效率现状与趋势，为仓库管理与优化提供数据依据。

IEP 是工业工程在上海畅联国际物流有限公司应用与推广的重要组成部分，实现了以下管理需求：

1. 测定劳动生产率。以对产量数据的采集与工时分配的统计作为基础来进行数据分析。

2. 通过对劳动生产率现状的分析，结合各种标准化的测定工具，有助于管理者合理地制订生产力与效率指标。

3. 通过分析各种生产力与效率的现状与趋势，结合历史数据，及时把握仓库运营中的各种问题，以便有针对性的采取必要的措施。

4. 劳动生产率的数据作为各级考核体系中的量化标准是重要的参考数据。

（二）选择商业智能软件的原因

企业关于数据管理的困惑通常是：首先，企业不能对已有数据进行有效的利用，没有专业数据分析系统就如同沙里淘金，报表制作资源有限，视角单一。其次，对于管理人员来说，想要的报表和得到的数据总有隔靴搔痒之感，所得信息相对滞后。

IEP系统的设计也遇到了这样的难题。上海畅联国际物流有限公司提供的企业物流服务，因客户需求的差异造成具体操作千差万别。如何将各种状态、产量、工时数据处理得出有用的信息，并保持系统一定的灵活性以适应未来业务的发展，这已超出了传统数据分析软件的能力。经过认真评估，我们最终选择了金蝶K/3 BI解决方案。其基于内存的专利性数据存储和计算方式，大大缩短了数据分析时间，能够实时响应用户的分析需求。如同Excel般的简单操作，极大地提高了报表制作的效率和实用性。其多维分析是由用户点击选择后再进行计算，而非传统BI进行网状计算在先，如此可以减少三分之二的前期部署时间。

（三）效益分析

IEP的上线使用对仓库的日常运作管理产生了巨大的推动作用（如下表所示）。通过对IEP数据、报表的分析和研究，管理人员能够清晰的抓住问题点，从而进行有针对性的优化。而改善效果同样可以通过IEP的统计结果反映出来，从数据的变化即可直观地得到反馈。

表9－5－1　IEP对于仓库管理的推动作用

		上　线　前	上　线　后
员工	产量意识	无量化标准	有量化标准作为明确的目标
	效率意识	淡化	加强
	改进意识	淡化	加强
管理者	考核指标	缺乏量化依据，主观成分较大	有数据作为主要的考核依据
	管理视角	很难把握所有关注点的客观真实情况	多元化的数据分析所反映的实际情况是重要的参考
	问题点	模糊，不容易查找	数据和报表可以揭示问题所在
	优化改进	不容易抓住关键点	对数据的分析可以指引管理者抓住问题的关键，并做有针对性的改进

在推进IEP项目的实施过程当中，也在一定程度上推进了企业标准化操作与个性化服务相结合的进程。企业有众多客户，各自的操作特点与个性化需求都不尽相同。但从企业管理角度出发，操作要求的标准化和统一性是内部管理的需要和企业形象的重要组成部分，而为客户量身打造个性化服务又是提高企业竞争力

的重要手段。因此在这两者之间，IEP 起到了重要的主线作用。不管是标准化还是个性化，都围绕着劳动生产率这根主线展开。伴随着劳动生产率的提高，我们才能够进一步提升企业带给客户的价值，提供给客户更灵活、高效的解决方案，降低客户的物流成本。

（四）后续改进方案

IEP 上线所带来的效果是显著的。因此，下个阶段重点将放在两个方面。首先是 IEP 体系的进一步优化。这需要通过 IEP 与操作流程的更紧密融合来实现。不管是产量数据的采集还是工时数据统计，尽可能地实现在员工操作中完成，从系统获取数据，尽量不因此而带来工作量的增加。另一方面，仓储部门对 IEP 的成功应用也是其他部门可以参考和借鉴的。因此也希望能够通过 IEP 的推广，增进其他业务部门的工作效率，从而使得公司的竞争力能够有更进一步的提升。

（五）实施经验与总结

IEP 的策划、实施并非一路顺风顺水，由于现实条件的制约，碰到了众多的障碍。但是考虑到 IEP 上线所带来的整体效益，我们还是尽可能的先保证项目的上线，再进一步进行局部的优化。而现实证明，我们的策略是正确的。例如某些操作内容的产量数据采集暂时无法从系统直接获取，我们选择先采取人工统计的方式。因为经过测算，整体效益要远大于这部分所消耗的人工。而在后续的不断思考和研究中，我们也最终得到了从系统获取数据的解决方案。这样，既没有耽误项目进展，而又在较短的时间内解放了实施 IEP 所额外付出的劳动力。

四、海关规范申报数据库

（一）立项原因

历年来，上海海关大通关体系的建设日趋完善，尤其推行规范申报以来，无论是对经营单位还是报关企业都提出了相当严峻的质量挑战，而当前的行业形势以及客户的需求对我们 LEAD TIME 的速度标准是越来越高。面对货代报关行业越来越小的生存空间，靠一味的加人、加班等等的传统手段来提高绩效提高竞争力的方法已经落入了下乘，也无法满足跨国企业对物流业发展的需求和期望。

依托上海畅联国际物流有限公司强大的预归类实力，我们为多家知名企业客户建立“规范申报数据库”，以此作为基础实现了一整套电子化的单证操作和管理。从一家传统的国际货代企业，慢慢转型成为参与客户经营、协助客户管理产品信息和资源、提供大量增值服务的高端服务型企业。

（二）实施进程

1. 数据库建立

在数据库梳理和建设过程中，项目组摒弃了闭门造车的方式，采取上海畅联国际物流有限公司、客户、海关三方协作的模式，将法律的依据、货物的数据、日常的操作很好地融合在一起，形成一个有效的整体。以客户为单位，设立专门数据库，在操作时根据品名和HS自动匹配相关信息，减少差错，保障申报要素的完整性和准确性。

2. 数据库使用

与数据库建设同步进行的是流程优化。原先我们在收到客户指令后，需要收集各种类型的申报要素，再用这些申报要素去制作手写报关单，然后再进行人工录入，最后转现场报关。流程优化后，我们接受客户指令，直接从申报数据库中匹配相应的数据，再通过ERP系统生成电子申报信息，然后通过专用的端口导入到H2000系统中，直接发送。流程的优化带来了差错的减少和速度的加快，这在整个上海口岸的报关业务中都处于行业领先地位。

3. 数据库的维护

针对新品名和需要更改数据的情况，我们对于数据的维护与更新专门进行了流程约束。无论是新品名还是经过退单，查验或者一些政策因素要求更新的，都要经过归类工作室的审核，起到一个权威审核的作用。保证HS以及各类申报要素合法和准确也充分体现了上海畅联国际物流有限公司强大的商品归类能力。

4. 归类数据备案

上海畅联国际物流有限公司还将规范申报数据库与海关预归类数据备案平台相结合，经向海关备案得到认可后，规范申报数据可直接用于报关申报，海关将不再审核，从而依托该平台取得了进一步的竞争优势：

表9-5-2 数据库平台优势

情 况	非 平 台	平 台	平 台 优 势
通关环节	审核HS	可在H2000系统查询到，海关直接放行，不再审核HS	节省时间，减少退单和海关质疑带来的一系列工作
遇到查验	海关有可能质疑归类	可在H2000系统查询到，只要实物与申报相符，海关不对归类进行质疑	节省时间和相应成本，减少查验解释的工作量
如确实税号错误，需要补税	补税，相应的经济及其他处罚	补税，但不会进行经济及其他的处罚	减少经济和非经济类的海关处罚
申请无纸通关的优惠政策	不能申请	必须上平台备案	必须上平台备案
获得其他的海关优惠政策	申请难度非常大	今后将可能只有先做预归类上平台，才能获得	越早上平台，越早申请各种优惠政策

(三) 效益分析

通过使用规范申报数据库和优化后的流程，海关大通关一次通过率由期初的77%提高到99.7%，真正做到了“无异常不退单”。

(四) 后续改进方案

下一步将依托数据库作为平台开发多权限交互式的系统应用方案，将各使用方紧密地结合在一起,更方便快捷的对数据库进行查询、使用、维护工作。

(五) 实施经验与总结

在该项目完成后,上海畅联国际物流有限公司主动与上海海关审单中心、归类中心以及各口岸海关沟通和介绍了规范申报数据库应用,上海海关审单中心也以此对上海畅联国际物流有限公司进行专题调研。上海畅联国际物流有限公司下属的一家国际货运有限公司还被上海外高桥保税区海关评选为唯一一家规范申报示范企业,并召开专题报告会,推介上海畅联国际物流有限公司的成功案例。

五、结语

上海畅联国际物流有限公司面临的内外部形势反映了当前中国第三方物流企业的普遍生存环境:

① 仍属于劳动密集型企业。不论是传统的仓储业务,还是公司核心的报关、进出口代理业务,以及新开拓的汽车物流、医疗器械等业务板块,都以大量的人力投入为基础,人力成本始终占据公司运营成本的大部分比例。因此凸显了应用工业工程(IE)这一成熟管理工具提高劳动生产率,从而实现"向管理要效益"的意义。

② 随着企业信息化的广泛应用和政府主管部门(如海关)的大力推动,IT 技术已成为企业提升管理水平和服务质量的必经途径。比如工业工程所强调的流程改善 ECRS 原则(消除、合并、重组、简化),都可以借助 IT 技术找到实现方法。强化资源的整合能力、信息化的实现能力,是第三方物流企业必然的发展方向。

③ 中小型物流企业可供投入的资源有限。因此在信息化工作中必须紧扣实际业务的需求,并选择低成本的方式实现信息化需求。这对项目开发的需求分析阶段提出了更高的要求。上海畅联国际物流有限公司就在业务部门需求与 IT 部门开发之间,专门配置了资深的需求分析人员,保证项目朝着正确的方向开展。

总之,第三方物流企业在供应链优化、效率提升的进程中,运用 IE 不断优化管理是一条现实的出路,而 IT 技术的应用又是实现管理提升的工具。IT 不可能解决企业经营中的全部问题,作业改善也不可能毕其功于一役,一劳永逸。IE 和 IT 技术在物流行业的应用是个循序渐进的过程,其间企业的培训教育、制度建设、流程优化、标准化等基础性的管理工作必须跟上。

【锐特信息携手 IBM 共同推介 B2B 供应链智慧集成解决方案】

2011 年,锐特信息持续关注用户的需求,与 IBM 合作,吸收先进的技术及管理理念,积极推广新的应用和解决方案,共同推介 B2B 供应链智慧集成解决方案。B2B 智慧集成解决方案基于 IBM 的先进技术平台和锐特信息的优质服务,帮助企业快速执行与业务伙伴之间的业务流程,自动完成“购买—销售—运输—付款”过程中与业务伙伴的信息交互，实现与外部业务伙伴的无缝交互，从而提高供应链的运营效益。

SinoSerivices锐特信息技术有限公司（以下简称“锐特信息”）是供应链管理系统及解决方案的服务商，提供包括订单管理系统（OMS），仓储管理系统（WMS），运输管理系统（TMS），物流园管理平台，供应链协同管理平台，供应链智能以及企业级数据交换（EDI）等软件产品和信息技术服务，涵盖从原料供应商到终端消费者的供应链管理过程，帮助企业实现供应链的全程可视化协同管理。基于对行业的深刻理解和最佳实践经验，锐特信息已形成覆盖生产制造、贸易流通、电子商务、综合性三方物流、专业三方物流，物流园区、港口、航运等多个细分领域的专业解决方案，并与业内先进技术如物联网、云计算、商业智能等紧密融合，为用户创造最多的价值。

锐特信息与业内保持紧密的关系和良好的互动：在多个权威机构中担任职务，如中国物流与采购联合会冷链物流专业委员会常务理事单位，中国物流与采购联合会冷链物流专业委员会常务理事单位，中国优秀电子商务物流企业联盟等，并积极参与各项活动，与业内人士分享信息化经验。

锐特信息大力投入高新技术和产品的研发。目前，锐特信息已获得十几项软件著作权，其研发的“基于SOA的企业集群协同供应链管理平台”于近期顺利通过“科技型中小企业技术创新基金”的验收；并被选中承担重点专项项目“福建省交通物流信息公共平台”的建设。

锐特信息拥有一支掌握先进信息技术及具多年行业实践经验的专家队伍，不仅有能力针对企业的全球业务提供服务，还能够迅速组建一支既了解本土市场又具有全球视野的国际化团队。

锐特信息为客户提供从业务咨询、IT规划到产品实施、技术支持的一站式应用服务，并致力于满足客户的个性化需求。针对大型项目提供基于产品基础上的客户化开发，由资深的顾问和技术人才组建团队，以先进的项目管理体系为指导，对项目整个过程进行全方位的管理和监控，确保项目的成功；同时，针对成长型企业的需求，提供标准化的产品部署和实施，以及完全由锐特信息提供软硬件配备和维护的产品租用服务（SaaS）。

锐特信息非常重视与客户的长期关系，始终坚持为客户提供高品质的服务。迄今，已成功服务于多家跨国企业和国内行业领头企业，典型案例包括：

■为DHL提供订单管理、运输管理、仓储管理、合同和费率管理等解决方案和实施服务，满足其全球客户服务的需求以及对多个事业单位的运输业务的集中管理，帮助DHL提升整体KPI绩效。

■为天地华宇提供订单管理解决方案，帮助天地华宇建立统一的订单跟踪平台及网上营业厅；统一其门店订单、网上订单、电商订单及大客户订单；快速对接阿里巴巴、淘宝等电商的物流平台；实现全国八大区域，2 000 多家门店订单统一管理；统一全国“定日达”及“零担运输”的价格管理体系。

■为美的提供仓储管理解决方案。针对美的的外销和配件采购仓储提供信息化规划及系统实施，从计划平台和作业平台两个方面来构建。计划平台主要针对海外订单进行调度安排和跟踪，作业平台主要对生产出的产品进行管理。通过物流计划统一协调生产、运输、仓储、关务等物流环节，实现物流过程的可预测性及可监控性。

■为嘉里大通提供海运、空运、保税、报关报检解决方案，全面支持其海空运业务的多种操作模式；建立服务协作平台，帮助其更好的为客户和供应商提供快速、有效的服务。

■为卓瑞提供仓储管理解决方案。卓瑞总部在上海，是一家为用户提供供应链服务的公司。通过精细化的仓库管理和内外部的信息系统之间的协同，锐特信息帮助卓瑞改善仓库操作的效率，解决多仓管理和盘库等存在的问题，实现库存成本最小化，客户服务价值最大化的目的。

■为威腾货运(Worldtrans)提供仓储管理解决方案。帮助 Worldtrans 快速实现精细化的仓库管理功能；实现仓库操作的规范和高效；提供强大精确的计费；解决保税仓管理与货代业务的协同作业；实现与主要客户的订单接口；实现与海关保税区进出口报备的接口；实现仓库内部 RF 作业，提高仓库作业效率及库存准确性等。

■为乐语中国提供物流配送解决方案。乐语是中国领先的移动通讯零售连锁企业，锐特信息提供订单协同、任务调度、运单跟踪、车辆管理、承运商/客户KPI、费用结算、保险理赔、报表管理和决策支持等在内的解决方案，并将帮助乐语中国实现物流配送管理平台与零售系统、EBS 系统、数据中心系统、GPS/GIS 系统、手持终端/智能手机等的集成。

锐特信息的典型客户还包括 APLL、DB Schenker、Ryder、TNT、中国外运股份、中国外运速航、北方工业、舟山世纪太平洋、韩进海运、海信科龙、奥特蓝星、捷瑞物流、大地物流、浙江川山甲供应链、浙江省交通厅、中国西部现代物流港、福建省交通信息中心等。

锐特信息以其专业的产品和服务，在业内树立了良好的口碑，已获得多项荣誉，包括连续获得由中国物流与采购联合会颁发的“物流信息化十佳服务商”，“中国物流与采购信息化优秀案例”，由中国软件行业协会、中国计算机行业协会、中国信息化推进联盟等机构颁发的“中国金软件奖”，“中国服务外包领域金服务奖”，“中国软件行业绿色信息环境奖”，“中国行业信息化值得信赖品牌奖”等奖项。

锐特信息将致力于让更多的企业通过其优质的产品和可靠的服务优化供应链管理，从而全面提升市场竞争力！

第十篇　物流衍生服务

§10.1 概　　述

物流衍生服务，在此仅指为物流产业提供的若干独立的第三方专业服务。它的主要特征是，伴随着物流产业的发展而产生，在物流活动中涉及三个主体：物流企业，客户和服务机构本身，其提供的是各自主业与物流业相结合的产品，适应了物流产业活动和市场的供需平衡，也响应了市场各方的利益诉求。一般认为，物流金融、物流研究和教育培训、物流交易平台和数据中心建设等类型的服务属于这一范畴。

以物流金融为例，物流金融是为物流产业提供资金融通、结算、保险等服务的金融业务，它伴随着物流产业的发展而产生。在物流金融中涉及三个主体：物流企业，客户和金融机构，物流企业与金融机构联合起来为资金需求方企业提供融资，物流金融的开展对这三方都有非常迫切的现实需要。物流和金融的紧密融合能有力支持社会商品的流通，促使流通体制改革顺利进行。物流金融正成为国内银行一项重要的金融业务，并逐步显现其作用。

物流金融是物流与金融相结合的复合业务概念，它不仅能提升第三方物流企业的业务能力及效益，尚可为企业融资及提升资本运用的效率。对于金融业务来说，物流金融的功能是帮助金融机构扩大贷款规模降低信贷风险，在业务扩展服务上能协助金融机构处置部分不良资产、有效管理CRM客户，提升质押物评估、企业理财等顾问服务项目。从企业行为研究出发，可以看到物流金融发展起源于“以物融资”业务活动。物流金融服务是伴随着现代第三方物流企业而生，在金融物流服务中，现代第三方物流企业业务更加复杂，除了要提供现代物流服务外，还要与金融机构合作一起提供部分金融服务。

物流金融的产生背景，与第三方物流服务的革命相关。金融物流，是物流与金融相结合的产品，其不仅能提高第三方物流企业的服务能力、经营利润，而且可以协助企业拓展融资渠道，降低融资成本，提高资本的使用效率。

再以属于物流交易平台服务的第三方物流服务来说，所谓第三方物流（Third-Party Logistic，即TPL），是指生产经营企业为集中精力搞好主业，把原来属于自己处理的物流活动，以合同的形式委托给专业物流服务公司并保持密切联系，以达到对物流全程的管理和合同制物流(contract logistics)。

第三方物流是一种新的物流管理理念和方式，其概念源于管理学中的outsourcing，即外包。但第三方物流并不等同于外包，所谓的外包是指粗放型的业务外部委托，而第三方物流则是在更新、更高层次上的发展，其包含更丰富的内容：

以现代电子信息技术为基础，建设和运营为物流企业服务的第三方交易平台，可以实现对客户的综合化物流服务。传统的企业物流功能外包主要是某一项或是某几项物流功能的对外委托，并且委托是分散的，如将仓储功能委托给仓储公司，而将运输功能委托给运输公司。第三方物流服务的交易平台给企业带来了众多益处，帮助物流企业更有效地集中主业、提高运营效率、节约投资、减少库存、创新管理、提升企业形象。

由于第三方物流业与一般制造业和销售业不同，它具有调配运输、仓储等资源的公共职能，是为生产、销售提供物流服务的产业，是以顾客的委托为基础，按照货主的要求，为克服货物在空间和时间上的间隔而进行的物流业务活动。第三方物流服务的内容是满足货主需求，保障供给，即在适量性、多批次、广泛性上满足货主的数量要求，在安全、准确、迅速上满足货主的质量需求。

第三方物流服务必须从属于货主企业物流系统。表现在流通货物的种类、流通时间、流通方式、提货配送方式都是由货主选择决定，第三方物流业只是按照货主的需求，站在被动的地位来提供物流服务；不能忽视第三方物流服务是属于非物质形态的劳动，它生产的不是有形的产品，而是一种伴随销售和消费同时发展的即时服务。

本篇重点报告2011年上海物流业在这个领域的发展情况。

§10.2 物流金融

§10.2.1 上海综合保税区推进金融与物流的融合

上海综合保税区深入贯彻落实“创新驱动、转型发展”的指导思想，依托上海“四个中心”建设和浦东综合配套改革，立足综保区特色和优势，积极推进国际贸易结算中心、融资租赁、期货保税交割等先行先试功能的规模化、常态化运作，努力培育具有核心竞争力的优势产业，为综保区经济发展创造新的增长点。同时，在国际中转集拼功能、离岸保税型服务贸易产业、保税货物延展功能、保税船舶登记试点等方面也均取得积极进展。

国际贸易结算中心试点进一步扩大

综保区继续深入推进国际贸易结算中心试点工作。2011年9月23日，经国家外汇管理局批复同意，综保区国际贸易结算中心试点企业扩大到20家。试点企业已全部开设了结算专用账户，并逐步开展试运作。截至2011年底，试点项下贸易收支累计7 357笔，专用账户贸易额累计完成24亿美元。

融资租赁业务多元化发展

综保区目前已累计引进4个融资租赁母公司和11个单机单船项目子公司，租赁标的物涵盖26架民航客机、6架直升机和3艘船舶，涉及的租赁资产规模超过10亿美元。2011年12月27日国家发改委在推动浦东综合配套改革试点的复函中，明确上海综保区参照天津东疆保税港区相关政策开展融资租赁业务试点。同时，融资租赁常态化操作规程和管理模式正在抓紧制定，并积极搭建综保区融资租赁综合服务平台，已联合国家开发银行、中国银行、建设银行、交通银行等单位筹建了首期20亿美元的融资租赁项目贷款资金池，并引入第三方专业服务机构为项目提供上下游配套服务。

期货保税交割试点全流程运作

综保区期货保税交割业务已走通仓单生成、仓单注销、仓单质押、到期交割、期转现交割、转运出境、进口报关7大环节的全部流程，正式进入市场运作阶段。同时，综保区积极依托功能先发优势，大力发展大宗商品产业，2011年9月2日举行了“洋山首批大宗商品企业入驻颁证仪式暨期货保税交割试点情况发布会”，并出台了《关于推进洋山保税港区大宗商品产业发展的若干意见》。目前洋山保税港区已累计引进20家大宗商品运营龙头企业，总注册资本超过7.4亿元，初步形成大宗商品产业的集聚规模。（上海浦东现代物流行业协会）

§10.2.2 融资租赁案例

融资租赁概述

融资租赁，又称金融租赁或财务租赁，是指出租人根据承租人对供货人和租赁标的物的选择，由出租人向供货人购买租赁标的物，然后租给承租人使用。

融资租赁的特征一般归纳为五个方面：一是租赁标的物由承租人决定，出租人出资购买并租赁给承租人使用，并且在租赁期间内只能租给一个企业使用。二是承租人负责检查验收制造商所提供的设备，对该设备的质量与技术条件出租人不向承租人做出担保。三是出租人保留设备的所有权，承租人在租赁期间支付租金而享有使用权，并负责租赁期间设备的管理、维修和保养。四是租赁合同一经签订，在租赁期间任何一方均无权单方面撤销合同。只有设备毁坏或被证明为已丧失使用价值的情况下方能中止执行合同，无故毁约则要支付相当重的罚金。五是租期结束后，承租人一般对设备有留购、续租和退租三种选择，若要留购，购买价格可由租赁双方协商确定。

租金计算原则是：出租人以租赁物件的购买价格为基础，按承租人占用出租人资金的时间为计算依据，根据双方商定的利率计算租金。它实质是依附于传统租赁上的金融交易，是一种特殊的金融工具。

融资租赁上海海关启动史

2009年，国务院下发《关于推进上海加快发展现代服务业和先进制造业建设国际金融中心和国际航运中心的意见》(国发〔2009〕19号，以下简称"《国务院意见》")，明确提出要大力发展融资租赁机构，积极拓展融资租赁等金融业务。为加快推进金融创新，充分发挥"先行先试"政策优势，上海市政府向国家有关部门提出了允许在保税港区(综合保税区)内开展单机单船融资租赁业务的需求。

为积极推动相关业务顺利开展，上海海关主动进行了大量调研，走访听取了各相关单位的需求意见，并认真研究制定了相配套的海关监管办法和业务操作规程。在此基础上，关领导多次带队赴海关总署就相关事项进行汇报，为该项试点及早落户上海积极争取总署支持。

2010年7月，上海交银金凤凰飞机租赁有限公司率先开展了单机租赁业务。截至目前，单机融资租赁业务进展顺利，已有9架货值共3.3亿美元的飞机完成相关作业手续。此外，上海海关还在符合政策法规的前提下，积极探索实践金融租赁公司在海关特殊监管区域开展船舶进出口业务。

单机单船(SPV)监管意义

按照中央的要求和市委、市政府的部署，在国家有关部门大力支持和指导下，6月27日，上海综合保税区融资租赁项目正式启动。在首批设立的6家单机单船项目公司中，由交银金融租赁公司注册成立的单机融资租赁公司——上海交银金凤凰飞机租赁有限公司率先开展单机租赁业务试点，同时春秋航空公司的飞机租赁项目已顺利落实，从法国空客公司购买的一架A-320民航客机于7月29日飞抵浦东国际机场。这是全国第一单以租赁方式报关进口的民航客机业务，是真正意义上的融资租赁SPV业务，标志着我国单机融资租赁业务的标准化、规范化起步，在全国融资租赁业务模式方面取得了突破。

发展单机单船融资租赁业务是上海建设国际金融中心和国际航运中心的重要内容。单机、单船融资租赁是指融资租赁企业利用SPV方式，就单架飞机或单艘轮船注册一家独立的特定项目公司，每一个项目公司对应一笔租赁合同，实行单独管理、单独核算。项目公司作为名义持有人，将单架飞机、单艘船舶作为租赁标的物出租给承租人营运。SPV是目前国际航空、航运租赁业的普遍做法，已经成为国际通行的行业惯例，可以有效隔离风险，提高融资租赁企业的生存及竞争能力。

航运金融业有着广阔的市场发展前景。从全球范围看，飞机、船舶的融资业务特别是融资租赁业务具有巨大的市场空间。从国内市场看，我国既是机、船的消费大国，也将是机、船的生产大国。无论从需求角度还是从供给角度，我国都应在世界飞机、船舶融资租赁市场上占有一席之地。但目前我国飞机租赁95%的市场份额由境外金融机构所垄断，70%的船舶融资额是由国外金融机构来满足的。大量的机船买卖、租赁等交易活动特别是核心的融资安排主要是由国外市场运作，不符合我国的战略利益。当前，美国、欧盟租赁业深受金融危机影响，我国租赁业面临着历史性发展机遇，要抓住机遇，加快本土融资租赁业务创新与发展，在航运金融市场上掌握话语权，着力提高金融、航运业在全球范围内配置资源的能力。

上海加快推进国际金融中心与国际航运中心建设，实现航运金融业跨越式发展，我关近阶段要聚焦加快推进单机单船融资租赁业务的发展。单机单船融资租赁作为一种新型业态，位于金融业与航运业的结合点，为上海金融机构与本地先进制造业的有机结合打造了完善的金融服务平台，丰富了大飞机、造船等重点制造项目的融资渠道，是实现“产融结合”的全新载体，对于加快推进上海“两个中心”建设、实现国家战略利益具有重要意义。

新的业务模式目前还需要建立起更完善的监管政策体系。我关将进一步研究完善操作流程，尽快开展后续业务试点，以单机单船融资租赁试点为突破口，推动构建有利于航运金融发展的体制机制环境，加快推进上海国际金融中心与国际航运中心建设，促使金融租赁公司在海关特殊监管区域开展船舶进出口业务能水到渠成。（上海海关）

§10.2.3 期货保税交割案例

期货保税交割概述

期货保税交割就是以海关特殊监管区域或保税物流中心内（以下简称特殊区域和中心）处于保税监管状态的货物作为期货交割标的物的一种交易方式，即在期货合约到期交割时，以保税货物作为交割标的。在洋山保税港区和外高桥保税区开展该项业务试点，主要是对已上市的期货品种，试点在目前完税交割的基础上增加保税交割的模式，即采取完税交割与保税交割并行模式。在该业务模式下，交易价格为含税价格，最后交易日后根据现有规则产生含税仓单的交割结算价，然后由含税仓单交割结算价扣除相关税费倒推得到保税仓单的交割结算价。

期货保税交割业务运营史

此项工作是上海“两个中心”建设部际联席会议确定由海关总署牵头负责的工作任务之一。2009年，《国务院意见》明确提出支持境内期货交易所在海关特殊监管区内探索开展期货保税交割业务。保税交割和非保税交割在单票货物进口征税时存在一定的价格差异，可能存在税款流失风险。为此，上海海关成立专题工作组，就一段时间内两种结算价对海关税收影响进行分析测算，评估海关税收风险水平，并有针对性地制定海关监管的办法和措施。

2010年，上海海关多次与上海综保委、期交所、市金融办等部门座谈并开展联合调研，深入研究期交所提出的多项涉及期货保税交割的政策调整需求，探讨期货保税交割业务对海关税收、国际期货价格和国内市场的影响。其间，我关推动海关总署调研组来沪开展专题调研，并与市相关部门共同赴京争取总署司局支持。在总署指导下，我关会同相关部门抓紧拟定了《上海海关特殊监管区域和保税物流中心期货保税交割监管操作规程》、《关于对通过期货保税方式销售的进口货物海关估价公告》和《上海期货交易所保税交割暂行规定》等文件并报总署审定。在各方努力下，海关总署于10月20日批复同意在洋山保税港区对进口保税储存的铜和铝两个品种通过上海期货交易所开展保税交割业务试点。10月24日，中共上海市委副书记、市长韩正就此事作出重要批示，感谢海关对上海的支持，并要求争取尽早启动，确保试点成功。根据市领导批示精神，上海海关进一步加大工作力度，组织召开推进会议，做好启动试点的各项准备工作。2010年12月24日，期货保税交割业务启动仪式在沪举行，标志着上海国际贸易中心建设取得突破。

2011年上海海关支持期货保税交割的具体情况

在海关总署各司局的大力支持和具体指导下，上海海关依据现有政策法规以及期货保税交割业务特点和作业需求，本着优化监管与服务的原则，推动期货保税交割在我关正式运营。2011年3月16日，期货保税交割业务在上海洋山保税港区正式启动。5月10日，上海市委常委、常务副市长杨雄赴洋山保税港区调研，鼓励继续发挥洋山保税港区政策优势、功能优势和区位优势，拓展新功能；努力做大做强有色金属、期货保税交割、保税油品及离岸贸易等新业务；着力优化集疏运体系，发展国际中转、水水中转业务，打牢建设上海国际航运中心的基础。

8月19日，我关首票期货保税交割货物在洋山保税港区顺利申报出境，为价值22.8万美元、重25吨的电解铜。同月，第二票价值141.7万元人民币、重24.7吨的电解铜完成进口申报，并征收税款24.1万元，顺利完成了从生成保税仓单、进行期货交割直至进口申报、征税、验放的整个海关监管业务流程，标志着我国期货保税交割试点正式进入了实际运作阶段。

9月2日，我关召开洋山首批大宗商品企业入驻颁证仪式暨期货保税交割试点情况发布会，上海市委常委、常务副市长杨雄，市委常委、浦东新区区委书记徐麟出席会议。9月16日，我关钟保华副关长陪同上海市委常委、常务副市长杨雄赴京拜会海关总署孙毅彪副署长，双方就洋

山保税港区扩区、期货报税交割、融资租赁等问题交换了意见。(上海海关)

§10.2.4 其他物流金融

启运港退税政策试行

2012 年 6 月 15 日,财政部、海关总署、国家税务总局联合发布《关于在上海试行启运港退税政策的通知》。《通知》显示:从今年 8 月 1 日起,将在青岛、武汉至上海洋山保税港区之间试行启运港退税政策。该政策的出台标志着国务院提出的关于上海国际航运中心建设的相关配套政策基本出齐。青岛武汉率先纳入启运港。根据《通知》,此番政策适用的范围:对从青岛、武汉(以下合称启运地)启运报关出口,并由上海浦海航运公司、中外运湖北有限责任公司承运,从水路转关直航运输经上海(以下称离境地)洋山保税港区(以下称离境港)离境的集装箱货物。《通知》规定,适用启运港退税政策的出口货物的启运地口岸为青岛前湾港或武汉阳逻港(以下称启运港),出口口岸为洋山保税港区,运输方式为水路运输。适用启运港退税政策的企业必须具备以下条件:属于海关管理的 B 类及以上企业;属于无涉税违法违规行为的自营出口企业。所谓启运港退税,即从启运港发往洋山保税港区中转至境外的出口货物,一经确认离开启运港口即被视同出口并可办理退税,这样就给企业节省了退税时间。业内人士解释称,比如货船从武汉出发运往海外,按照目前的规定只能在上海进行出口退税,企业的资金流转就可能被耽误几天。而这一政策实施后,就可在离开武汉港后立即办理退税。此举不但可以吸引出口货物经国内港口中转,有效遏制每年国内流失到韩国釜山、日本阪神等港口中转的集装箱量,还有助于提高上海港的中转量。启运港退税试行会调动更多企业的积极性,到洋山保税港区中转。此次出台的政策尚具有试验性,如果操作得好,将有望在全国各港口推广,提升洋山港的中转货物量。

启运港退税流程

① 出口企业须提前向主管出口退税的税务机关进行启运港退税备案。

② 启运地海关依出口企业申请,对其从启运港启运的符合条件的货物办理放行手续后签发出口货物报关单(出口退税专用)(以下称退税证明联)。

③ 出口企业凭启运地海关出具的退税证明联及相关材料到主管退税的税务机关办理退税手续。

④ 在退税证明联所列全部货物进入离境港后,离境地海关办理转关核销手续,启运地海关办理结关核销手续。

⑤ 海关将已启运并签发退税证明联的报关单数据(加标识)实时发送给国家税务总局,每月将正常结关核销的报关单数据(加标识)和未实际到达离境港货物的报关单数据(加标识)发送给国家税务总局。报关单数据内容应在现有数据项目基础上,增加“运输工具名称”数据项

目。国家税务总局将已退税的报关单数据反馈海关。

⑥ 主管出口企业出口退税的税务机关，根据国家税务总局清分的退税证明联及结关核销报关单数据，为出口企业办理退税及调整已退税额。对已办理出口退税手续的货物，自启运日起 2 个月内未办理结关核销手续的，视为未实际出口货物，应追缴已退税款，不再享受启运港退税政策。

⑦ 货物若未运抵离境港不再实际出口，海关应撤销出口货物报关单，收回已签发的退税证明联并向税务机关提供相应的电子数据。对已办理出口退税手续的货物，企业应按照现行规定向海关提供税务机关出具的货物已补税或未退税证明。

（上海浦东现代物流行业协会）

大众保险积极参与物流金融服务

大众保险股份有限公司是 1995 年元月在上海注册成立的股份制商业保险公司。公司由史带保险和再保险有限公司(Starr Insurance & Reinsurance Limited)、上海国际集团有限公司、上海国际集团资产管理有限公司、上海市城市建设投资开发总公司、上海大众公用事业(集团)股份有限公司、上海汽车工业销售有限公司等 29 家中、外资企业投资建立。现公司注册资本金为 14.325 亿元人民币。公司主要经营各类财产保险业务、再保险业务和资金运用业务。

经过十多年的发展，公司目前已在上海、江苏、浙江、安徽、福建、山东等省市创立了良好的公司品牌。在此期间，公司的营销服务网络有序延伸，客户数量稳定增加，保费规模逐年提高，资产规模不断扩张，现已成为一家具有一定专业水平和市场积累的专业财产保险公司。

公司成立以来，先后承保了许多颇具影响的国家重点工程和项目，如上海世博会财产保险项目、上海中心大厦、上海多条越江隧道、越江大桥和轨道交通，以及南京第二长江大桥、杭州湾跨海大桥、青岛海湾跨海大桥、东海平湖油气田、石洞口电厂等国家重点项目和大型市政、能源类项目，赢得了客户的广泛好评。大众保险参与服务的许多国家和本市的重点项目以及日常经营业务，都与支持物流行业的发展密切相关。多年来，大众保险积极开拓物流保险类的金融服务，取得了不菲的业绩，也获得了有益的经验。在 2010 年中国保监会、中央财经大学联合开展的“中国保险行业品牌竞争力研究调查”中，大众保险公司位列优势级，并在保险行业满意度测评指标中排名第一。

上海建设国际金融中心、国际航运中心目标的不断推进，为正在进入新一轮发展的大众保险带来了重大发展机遇。站在新的历史发展起点上，大众保险将坚持秉承“效益为先、稳健经营、协调发展”的经营理念，坚持“信誉为本、服务大众”的服务宗旨，依托战略投资者史带国际全球领先的专业技术和营运经验，发挥公司多年积累的本土优势与有利条件，以效益为中心，以改革促发展，以创新求进步，加快发展步伐，包括进一步扩大在物流领域的服务范围、提升服务水平，逐步实现“创造大众的信心与价值，造福于大众富裕与安宁，建设具社会领先的金融保险服务商”的公司长期发展愿景。

（大众保险股份有限公司）

§10.3 物流交易平台

§10.3.1 建设物流资源交易平台培育发展现代物流市场

近年来，我国物流业发展迅速，但由于信息不对称，存在大量物流资源“空置、闲置、空放、分散”现象。为突破物流业发展瓶颈，自2006年底以来，我们组织了部分企业、高校、科研机构和行业协会广泛调研，形成了“中国物流资源交易中心”(以下简称：项目)建设方案。

项目建设的重要意义

1. 项目建设是适应经济全球化和我国全面加入WTO的新形势，加快建立与国际接轨全球化物流模式的迫切需要，对于增强国际竞争力、城市竞争力和企业竞争力具有重要意义。

2. 项目建设是提升物流业整体发展水平的客观需要，有利于创新物流交易方式，推进物流运作标准化与诚信体系建设，降低全社会物流成本，促进物流产业加快发展。

3. 项目建设是上海建设“四个中心”和现代化国际大都市、实现国家战略的客观要求，有利于上海充分发挥亚太海运和空运枢纽功能，确立联接国际国内两个市场的区域性物流中心地位。

4. 项目建设是加快发展现代服务业、强化城市综合服务功能的迫切需要，有助于完善上海要素市场体系，提高上海现代服务业的发展水平和辐射能级。

5. 项目建设是充分发挥上海龙头作用，加强服务长三角和服务全国的需要，有利于推进长三角地区现代物流合作与联动发展，提升长三角地区现代物流业的整体竞争能力。

项目建设的主要内容

1. 目标定位。该项目是以网络为载体，以资源交易、信息发布和衍生服务为主要手段，以建设全国性市场为目标，为企业提供海、陆、空一体化服务的、开放型、综合性公共物流交易与信息平台。

2. 功能。该项目主要发挥七大功能：

——交易服务功能。主要为物流需求者和供应商提供交易的平台，通过采购交易撮合系统把网上询价、采购招标和网上竞价相结合，帮助企业最大限度地降低交易成本。

——信息发布功能。为会员单位提供物流资源信息发布的平台和专业的物流需求信息、物流服务信息以及行业发展、相关法律法规、技术进展等信息服务。

——价格发现功能。通过汇集大量物流需求和供应行情，发现物流服务价格行情，发布权威性和指导性价格指数，规范市场行为，实现市场有序竞争。

——口岸通关功能。通过与上海和全国电子口岸的信息对接，实现安全、快速、便捷的口岸通关，并为会员单位提供口岸空车、货物、仓库等物流信息服务，提高口岸运输效率。

——金融服务功能。通过与金融机构合作，为物流需求者和供应商提供保险、结算、融资和诚信评估等一体化金融创新服务。

——中转分拨功能。为成交的货物提供加工、贴标、过磅、分拨、分拣和配载等物流中转服务以及公交站点式的城市配送服务。

——配套服务功能。提供检疫、工商、法律咨询、人力资源和专业知识培训和物流监控等“一站式”集成服务。

3. 业务构架。该项目由交易系统、信息系统和中转配送系统三大部分组成。其中交易系统包括两大交易平台；信息系统包括一个信息主平台和八个信息子平台；中转配送系统包括中转分拨和城市配送两大子系统。

(1) 交易系统

——网上交易平台。以中国物流资源交易中心公共物流交易与信息平台为载体，通过一点接入和远程访问，实行电脑自动配对撮合，为物流供应方和物流需求方提供安全、可靠、及时的物流交易服务和高速、稳定的实时行情以及物流全程控制、诚信评估和交易担保等集成化服务。

——场内交易平台。以中国物流资源交易中心交易大厅为载体，吸引国内一流的大中型物流企业代表入驻，利用场内交易席位，实时、动态刷新运价行情，进行场内交易。同时，场外会员企业公开网上竞价，形成运价制约机制。场内交易平台引入金融、保险、工商、报关、检疫、税务、法律咨询等机构，为会员企业提供“一站式”服务。

(2) 信息系统

① 一个主平台

——中国物流资源公共信息平台。该平台以“中国物流资源交易与信息网”作为统一界面。

② 八个子平台

——公路货运交易与公共信息子平台。汇集道路货运信息、发布运价行情和运价指数、实现道路货运网上交易、提供公路货运的跟踪监控、担保和资信评估等服务。

——铁路货运交易与公共信息子平台。汇集铁路货运信息、发布运价行情和运价指数、实现铁路货运网上交易、提供铁路货运的跟踪监控、担保和资信评估等服务。

——内河货运交易与公共信息子平台。汇集内河货运信息、发布运价行情和运价指数、实现内河货运网上交易、提供内河货运的跟踪监控、担保和资信评估等服务。

——航运交易与公共信息子平台。汇集航运信息、发布运价行情和运价指数、实现航运网上交易、提供航运的跟踪监控、担保和资信评估等服务。

——空运交易与公共信息子平台。汇集航空货运信息、发布运价行情和运价指数、实现航空货运网上交易、提供航空货运的跟踪监控、担保和资信评估等服务。

——物流仓储交易与公共信息子平台。汇集仓储信息、发布仓储价格行情和价格指数、实现仓储网上交易、提供仓储管理和跟踪监控等。

——物流相关资源交易与公共信息子平台。汇集物流设备、物流人才等物流相关资源的信息、实现物流相关资源的网上交易、提供物流技术发展跟踪、物流管理思想传播、物流专业知识培训等服务。

——电子口岸公共信息子平台。提供电子通关、报关单联网核查、空运快件通关管理、加工贸易企业联网监管、特殊区域联网监管、海运提货单电子化、口岸船舶动态申报、电子口岸税费电子化支付、口岸物流 GPS 管理等口岸公共服务。

(3) 中转配送系统

——中转分拨系统。依托场内交易，建立中转分拨中心，对城际中转货物进行物流加工、贴标、过磅、分拨、分拣和配载等物流中转服务。

——城市配送系统。依托场内交易和中转分拨系统，设立城市公共物流配送网点，为各工业园区、物流园区和现代服务业集聚区的货物提供市内公共配送物流服务。

项目建设基本情况及初步成效

上海陆上货运交易中心是项目第一阶段的建设重点，经过一年多试运行，基本实现物流管理系统化、物流服务标准化、物流交易网络化和物流资源社会化，取得五方面突破。

1. 实现网上物流交易电子化。56135.com 是该项目的网络平台，现有网上注册会员 1.8 万家，80%是外省市会员。今年 3 月网站英文版开通后，已有 200 家境外会员登记注册。目前网站日点击率为 15 万击；每天网上有效物流供求信息达 28 万条，在网上竞价发布国内道路货运价格的企业 1 000 余家。中国物流与采购联合会开始采用平台数据分析全国物流业运行情况。平台已具备信息发布、物流交易和价格发现等功能，处于国内领先水平。

2. 物流交易标准化取得突破。该项目在物流业务流程规范化和管理标准化方面取得了重大突破，成功研发了在线交易系统、交易中转管理系统、远程信息采集系统（物流 e 网通）等 8 套标准软件，并通过国家版权局的安全测评，获得专利证书。这些突破使物流服务延伸到了物流企业和工商企业内部，为形成供应链一体化的物流服务体系奠定基础，在国内实现了突破。

3. 物流增值服务模式有所创新。与企业合作，试点开展物流业务外包、物流设备和物流人才招标；向平台会员推出GPS远程可视配货交易系统；积极推广移动e物流、移动仓库管理系统等增值服务，实现手机浏览物流信息或进行物流交易。与金融机构合作，推出电子结算和保险代理服务项目，提供会员间资金结算免银行手续费和优惠保险费率等服务，促进物流与金融融合发展。

4. 省际道路货运中转业务顺利开通。依托道路货运公共中转平台，开通上海到全国80多个城市的回程专线，同时开设全国首个定班专线联盟市场，末端分拨配送可到达全国地县级城市。目前，省际道路货运中转业务已覆盖全国九大物流区域，21个全国性物流节点城市，11个区域性物流节点城市。

5. 城市货运公交配送网络逐步建立。该项目通过“城市物流车”，建立了覆盖上海的城市货运公交配送网络，实行城市配送“站到站”、“门到门”的服务。目前，已完成虹口、徐汇、普陀、浦东新区、浦东机场等10个分拨中心的建设；开通货运公交配送主干线6条，覆盖本市各区县以及工业园区。今年1月以来，完成市内配送业务8.4万余单，10万余件货物。

根据国家物流业调整和振兴规划，下一步将加快整合物流资源，促进区域物流合作，构建物流服务体系。通过项目建设，加强与东中西部各省市的紧密合作，如长三角、珠三角、环渤海地区以及四川、重庆等，实现区域间物流信息共享，物流资源的优化配置，培育规范有序的现代物流市场。（上海市商务委）

§10.3.2 上海陆交中心物流交易服务平台

上海陆交中心（“56135”物流服务平台）是国内领先的电子商务平台和物流资源交易平台。它是以现代信息技术、物联网技术和互联网平台为基础，集聚物流供应商、物流需求方、第三方物流以及增值服务商资源，提供物流信息服务、物流交易服务及配套增值服务的全国性物流服务平台。

陆交中心是采用“多方信息、多方交易、多方服务”的平台经济模式。通过市场竞价、关键字排名、担保交易、诚信管理、公共信息服务等一系列服务产品，实现多方信息撮合和交易功能，依托第三方支付、融资、担保、保险、通讯、结算和技术服务等增值服务产品为平台各方提供专业化、个性化服务。

陆交中心目前拥有10万余家覆盖全国物流供应商、需求商及配套服务企业会员，100万多次日访问量，68万条日有效物流服务供求信息，7万笔撮合交易数，180亿元撮合交易货值总额。2009年1月，通过定向增发，长江投资实现对陆交中心增资扩股。2011年5月，上海同盛投资（集团）有限公司以3.4元/股的价格，收购陆交中心20%股权，并增资7 905万元，陆交中心股份制改造取得成功。

陆交中心是上海促进现代服务业“创新驱动、转型发展”的典型案例。① 促进物流行业变革，率先在物流领域实现平台经济模式，集约社会物流资源；② 平台经济是上海“服务全国”的一种重要模式和路径；③ 物流资源社会化配置，有利于先进制造业以及电子商务、品牌连锁等繁荣发展；④ 城市物流资源集约化，有利于推动上海智慧城市建设以及完善上海国际航运中心、国际贸易中心功能。

中心先后被评为中国企业信息化500强、最佳电子商务应用奖、电子商务示范企业、上海市高新技术企业和全国物流先进单位。领军人物奚政被授予“全国物流行业劳动模范”荣誉称号。中心研发物流专线交易系统、物流e管通、物流e网通、仓储e管通等15套物流信息服务技术软件获得国家专利。

2009年8月，中共中央政治局委员，上海市市委书记俞正声调研陆交中心。2010年1月，上海市市长韩正视察陆交中心。近年来，国家交通部、商务部、财政部、统战部等主要领导也相继对陆交中心作出重要指示并寄予殷切期望。中心先后取得国家发改委、上海市发改委、上海市商务委、上海市普陀区人民政府等专项财政支持。

（上海长江经济联合发展（集团）股份有限公司）

§10.3.3 外高桥建成亚洲最大数据中心集群

世界级数据中心的IT服务提供商——万国数据（GDS）上海外高桥旗舰数据中心（一期），于2009年开始规划，2010年1月份开始建设，总建筑面积约10万平方米，分三期建成。

2011年，外高桥数据中心一期工程先期投入运营的87号楼建筑面积约2.4万平方米，总体规划参照国际领先的模块化设计理念，遵循国际T4等级标准和绿色节能的设计理念，符合国际节能建筑LEED金牌认证的要求，具有可持续性、高可用性、灵活性和经济性等特点。将为客户提供涵盖托管、IT运维管理在内的标准化及可订制化数据中心服务。该中心的发展从IDC（互联网数据中心）到EDC（企业数据中心），再到将来的云DC（云数据中心），将逐渐满足企业从简单的资源需求到订制化的IT服务，再到整合的IT计算能力的需求。中国电信上海公司已与万国数据签署了战略协议，双方将全方位整合优势资源，在金融托管服务、IT服务和灾难备份领域进行全面的深层次合作。

（上海浦东现代物流行业协会）

§10.3.4 洋山保税港区建设云海数据中心

2011年底，“云海数据中心”在洋山保税港区正式揭牌启动。目前《云海数据中心发展规划》已经全面完成，建立了公共网络服务平台的合作框架和运作机制，并有电信、联通、网通等12家企业正式签署了投资意向。根据规划，“云海数据中心”一期规划面积21.33公顷，由“数据中心产业区”、“商务运营区”和“扩展区”组成，重点集聚云计算基础设施和相关配套增值服务产业。2013 年到 2015 年，推进以云计算为主的第三方数据增值服务；2016 年到 2020 年，重点发展数据增值服务产业和服务外包产业，在洋山保税港区形成覆盖相关上下游产业的数据产业链，并将云海数据中心打造成支撑上海产业发展和智慧城市建设的重要基础设施。“未来的基础运营服务商、增值服务运营商和系统服务运营商都能在‘云海数据中心’这一平台上进行产业的衔接和互动。”上海综合保税区管理委员会将配合市经信委、市通信管理局，推进“云海数据中心”的开发建设，重点发展以“集装箱式数据机柜”为基础的离岸互联网数据中心及其相关产业，研究制订有利于离岸数据产业发展的信息监管方案，协调解决产业发展的后续电力规划问题，同步引进国内外知名数据中心第三方供应商及相关云计算投资公司，逐步构建离岸数据中心产业集聚区。

（上海浦东现代物流行业协会）

§10.3.5 上海航运运价交易有限公司暨上海出口集装箱运价衍生品

2011 年 6 月 28 日上午 9 点 25 分，国内首个航运金融衍生品：上海出口集装箱运价交易上市交易。上海航运运价交易有限公司（SSEFC）是全球首个航运运价第三方集中交易平台，由上海航运交易所、上海市虹口区国有资产经营有限公司等单位发起成立。推出航运运价衍生品交易，是上海航运交易所贯彻落实国务院 19 号文件要求，丰富航运金融产品、加快开发航运运价指数衍生品，为航运企业控制船运风险创造条件的重要举措。

SSEFC 的开市运营，意味着上海航运金融衍生品交易市场化取得标志性突破，国际航运界出口集装箱运价交易首次亮出“中国价格”。

SSEFC 交易平台推出的首个产品是上海出口集装箱运价交易，以上海出口集装箱运价指数（SCFI）为标的进行现金交割，先期推出的两条航线是上海—欧洲和上海—美西航线。（上海浦东现代物流行业协会）

§10.3.6 2011 上海航运交易论坛暨中国沿海煤炭运价衍生品

2011 年 12 月 7 日，上海航运交易所发布了中国沿海煤炭运价指数（CBCFI）。同时，基于中国沿海煤炭运价指数的秦沪（秦皇岛—上海）和秦广（秦皇岛—广州）两条航线的运价衍生品交易合同成功上市，这是国内首个干散货运价金融衍生品，也是上海航运交易所继推出上海出口集装箱运价交易产品之后又一交易品种。

上市的中国沿海煤炭运价衍生品交易包括秦皇岛—上海航线和秦皇岛—广州航线两个运价交易品种。合同标的物分别为秦皇岛—上海航线的（4—5 万载重吨规格船型）煤炭运价和秦皇岛—广州航线的（5—6 万载重吨规格船型）煤炭运价。

附：相关名词解释

1. 航运运价衍生品：航运运价衍生品交易旨在为船公司、货主、货代、无船承运人、贸易商和投资人等进行航运运价交易活动提供服务。交易商可将公司开发的航运运价衍生品作为风险管理的工具，充分发挥运价指数衍生品发现价格、套期保值、规避风险的积极作用。

2. 套期保值：现货市场参与者通过在衍生品市场买入数量相等、方向相反的航运运价衍生品来规避因现货市场运价浮动所造成的风险。对于船公司或者货主来讲，如果对未来某个时期的航运价格有了明确的预期，将可以选择通过买入或卖出未来某个时期的航运运价，来锁定利润，规避风险。

3. SCFI指数：SCFI是上海出口集装箱运价指数（Shanghai Containerized Freight Index）的英文缩写，反映上海地区出口集装箱即期市场的运价变化。SCFI指数是在中国出口集装箱运价指数（CCFI）的基础上开发的运价指数。为了适应中国集装箱运输市场迅猛发展的需要，由交通部主持、航交所编制的CCFI指数成功发布，目前已成功运作了10余年，在国内外航运界引起较大反响，产生了相当大的经济和社会效益，是航运市场“晴雨表”，并以其科学性、权威性而成为继波罗的海干散货运价指数之后的世界第二大运价指数，被联合国贸发会海运年报作为权威数据引用。2005年，随着上海国际航运中心建设取得初步成效，为配合上海国际航运中心的建设，客观反映上海国际航运中心集装箱班轮运输市场走势，上海航运交易所在CCFI的基础上进一步研究开发了更具有时效性、表征性和交易性的SCFI指数。目前SCFI包括一个综合指数和15条分航线市场运价。15条分航线为上海出口集装箱运输的主要贸易流向及出口地区，分别为上海至欧洲、地中海、美西、美东、波斯湾、澳新、西非、南非、南美、日本关西、日本关东、东南亚、韩国、中国台湾和香港，可以通过其直接了解到上海出口至各主要航线运价的变化情况。

4. CBCFI指数：CBCFI是中国沿海煤炭运价指数（China Coastal Bulk（Coal）Freight Index）的英文缩写，反映中国沿海煤炭即期运输市场的运价变化。CBCFI能够准确迅速的反映我国煤运市场情况，并能为企业经营者提供参考。目前CBCFI包括一个综合指数和9条分航线运价。9条分航线为我国沿海煤炭运输的主要流向，分别为秦皇岛—广州、秦皇岛—福州、秦皇岛—宁波、秦皇岛—上海、秦皇岛—张家港、天津—上海、天津—镇江、黄骅—上海、京唐/曹妃甸—宁波。

（上海浦东现代物流行业协会）

§10.4 物流研究和教育培训

§10.4.1 上海物流研究院

上海物流研究院成立于2006年，是上海市政府和复旦大学共建的一个开放性研究机构，主要从事物流和供应链管理的创新理论方法和关键应用技术的研究及推广。上海物流研究院是复旦大学服务上海的重要抓手，也是管理学科发展的重要支撑。依托复旦大学管理科学、信息技术、微电子技术、金融、贸易、统计学、经济学、法律和通讯技术等相关学科的综合优势，努力建设成一个进行物流和供应链管理前沿理论和创新技术研究的基地、推动上海现代物流业发展的“产学研”平台，为政府的发展规划和大型企业的管理决策提供高端的咨询和培训服务；努力建设成一个国内技术领先，世界上有影响的物流和供应链的高水平研究机构；努力建成上海市和国家级物流和供应链重点实验室和研究平台。并通过物流研究院创新性研究工作，带动和提升管理科学与工程等相关学科的建设。

2011 年，上海市经济和信息化委员会、上海市商务委员会和复旦大学共同协商，达成三方继续共建上海物流研究院的意向，并完成了第二届院务委员会的组建。第二届院务委员会主任由上海市经济和信息化委员会副主任刘健、上海市商务委员会副主任张新生、复旦大学副校长林尚立担任，复旦大学管理科学系系主任徐以汎任研究院院长。

上海物流研究院致力于为政府部门提供高端培训服务。研究院作为一个开放性的“政企学”合作平台，采用“产学研新模式”培养上海高层物流人才，利用讨论式、解决问题式培养物流业领军人物，同时使大企业成为高校的教学基地。

2006 年研究院联合上海市人事局、上海市经委举办了“上海首届高层物流管理人员海外培训班”，培训班学员赴日本、新加坡培训、学习、考察，参与制定上海市物流发展三年专项规划、上海市工业区物流发展规划、青浦物流产业园可行性研究等。

2008 年 7 月，为进一步提高物流管理水平，促进区域物流合作，培育高级物流人才，苏、浙、沪两省一市联合组织召开了首届长三角地区现代物流联动发展物流管理高级研修班。高级研修班由上海物流研究院承办。参加研修班的有长三角地区政府官员、企业高管和园区投资运营商。研修班邀请了在物流界颇有建树的专家、企业高级管理人员和政府官员进行授课，提供系统、专业的培训。学员们受益匪浅，并且互相建立了友谊，为切实推动长三角地区物流联动发展奠定了基础。

物流研究院还先后为中国食品物流与供应链管理、泰州市港口经济与港口物流、电子商务物流管理等提供了高端培训服务并取得良好效果。物流研究院将进一步充分利用资源优势，适时针对物流产业发展热点、难点，为政府管理和企业发展培养更多高端复合型人才。

§10.4.2 上海海事大学物流学科

物流学科是上海海事大学重点建设的强势学科，多年来形成了鲜明的办学特色和传统优势。学校开设的物流专业体系较为完整，涵盖了物流经济、管理、信息、装备、法律等方面，整体上处于国内一流水平。学校目前拥有比较齐备的物流类学位点，包括相关领域的 2 个博士后流动站、2 个一级学科博士点、4 个二级学科博士点、8 个一级学科硕士点等。学校还拥有较多的国家级、省部级重点学科和重点研究基地，包括相关领域的 1 个国家重点（培育）学科、6 个省部级重点学科、4 个省部级研究基地、1 个教育部科技查新工作站 G12（港航与物流方向）等，2009 年被评为上海市重点学科，2006 年以来一直担任教育部高等学校物流类专业教学指导委员会主任委员单位。

学校物流学科的产学研规模与层次均达到了较高水平，已经建立了广泛的产学研合作联盟，与宜家物流、中远物流、中海物流、长江物流、远成集团、招商物流、亿通国际、美国 ESRI 有限公司、英国 LANNER 公司、上海港、天津港、青岛港、宁波港、振华重工、上海石化、安吉物流等签订了长期产学研合作协议。同时，学校自 1997 年开始工商管理硕士专业学位的人才培养，是我国最早的为数不多的 MBA/EMBA 授权培养单位之一，多年的 MBA/EMBA 办学经验和丰富的校友资源成为学校物流学科专业发展的巨大财富。

广泛的国际交流与合作关系为国际化物流教育和科研提供可能。学校与美国麻省理工学院、佐治亚理工学院；英国克兰菲尔德大学、剑桥大学、卡的夫大学、南安普顿大学；联合国世界海事大学；德国不莱梅大学、汉堡大学；荷兰伊拉斯姆斯大学、芳蒂斯大学、泽兰德大学；比利时安特卫普大学；澳大利亚西澳大学；新加坡国立大学、南洋理工大学；韩国釜山大学；中国香港理工大学、中国台湾大学等建立了长期稳定的合作交流关系。尤其是在积极引进世界优质教育资源、注重培养现代物流高端人才、开展国际合作研究方面成效明显。目前，在中新挪海事与港口政府合作框架以及中日韩运输与物流部长会议行动计划框架下，开展了卓有成效的国际合作研究，产生了一定的国际影响；与联合国国际海事组织主办的世界海事大学合作举办的“国际运输与物流”硕士、与西澳大利亚大学合作举办的“物流工程与管理”硕士等中外合作研究生项目已形成了良好的社会声誉。

学校拥有 1 个教育部科技查新工作站 G12（港航与物流方向），依托上海海事大学图书馆，拥有航运类、物流类等特色电子资源数据库 152 个、2 300 余种中外文报刊和 150 万余册文献；建有“港口、航运、物流”信息集群，物流类、海事类英文数字资源亚洲领先，物流类、海事类纸质资源国内领先。并拥有目前世界上最强大的国际联机检索系统—美国 DIALOG 国际联机检索系统，该系统拥有 600 余个权威数据库，数据库信息量大，检索方式灵活，可保障全面的文献检索。至 2011 年，学校科技查新站全国物流类科技查新总量全国第一，由学校编写、浦江教育出版社出版的《中国物流科技发展报告》是全国第一个涉及物流学科专业领域的研究报告。

经过长期的积累，学校物流学科专业的学术地位和行业引领作用已得到政府、学界和业界的认同。近年来在物流领域，获得国家自然科学基金项目数量处于全国领先地位。许多校友担任大型物流企业和物流主管部门的领导，对行业的发展起着举足轻重的作用。长期以来，与国家发改委、国家自然科学基金委、科技部、教育部、交通运输部、商务部、工信部等国家部委保持着密切的联系；与上海市发改委、科委、教委、经信委、商委、建交委、交港局等地方委办局合作紧密。（上海浦东现代物流行业协会）

§10.4.3　上海海事大学物流研究中心

上海海事大学物流研究中心是专业从事物流与供应链科学研究、博硕士研究生培养、政产学研合作的科研机构，是教育部高等学校物流类专业教学指导委员会的主任委员单位。上海航运物流信息工程技术研究中心是由上海市科委批准成立的本市港口、航运、物流信息工程技术研发领域唯一的省部级研究基地，主要依托上海海事大学物流研究中心进行建设。

中心主要研究方向包括：航运与产业物流规划管理、物流与供应链信息系统与商务智能、物流装备机电系统与物联网工程、供应链与物流优化和决策方法。中心设有物流学科领域的 1 个博士后科研流动站、2 个博士点、4 个硕士点，现有教师 20 余人，博士后 3 人，博硕士研究生 200 余人。

中心建起了物流战略信息管理咨询、物流系统优化与仿真、物流装备测控评管等 3 个平台，设有物流系统优化与模拟、物联网技术、物流信息工程、物流装备远程健康诊断分析与安全测控、集装箱供应链一体化、港口知识工程与智能决策等 6 个实验室。

中心完成和在研科研项目包括国家 863、国家自然科学基金、省市部委重点项目、国际合作项目等多项，另外获得企事业单位委托的各类科研项目百余项；年均发表学术论文 100 余篇，其中包括多篇发表在顶级国际期刊；获得“国家科技进步二等奖”、“上海市科技进步一等奖”等重要奖项。

中心与各级政府和行业协会、港口和航运业、制造业和第三方物流、研发企业和院所等四大类合作伙伴建立了广泛的政产学研合作联盟。中心与美国奥多名尼昂大学、比利时蒙斯大学等建立有研究生交换培养机制，与十余所国外大学建立有学术交流和合作研究机制。（上海浦东现代物流行业协会）

§10.4.4　上海交通大学运营与物流管理研究中心

上海交通大学运营与物流管理研究中心，是上海交通大学管理学院设立的集教学与科研、咨询与培训于一体的现代物流研究机构，中心设在安泰经济与管理学院。该中心有十多位教授、副教授，博士生、硕士生共五十多位。他们在承担教学任务的同时，还在很多物流研究领域开展了科研工作。中心积极开展对外合作交流，同哥伦比亚大学、耶鲁大学、杜克大学、香港科技大学、德国 BIT 学院等建立了友好合作关系。

多年来，上海交通大学运营与物流管理研究中心累计完成包括国家自然科学基金项目在内的纵向和横向课题近 20 项，其中有：我国社会化集成物流管理的理论与案例研究（国家自然科学基金项目）、委托—代理关系及其激励机制研究（国家教育委员会人文社会科学研究项目）、面向制造业的逆向物流激励机制研究（国家教育部社会科学基金重点项目）、长江中下游武汉经济区发展战略研究（国家科技部）、上海西北综合物流中心总体规划、上海市十五物流规划深化研究（市计委）、物流系统优化与设计、上海市医药股份有限公司物流管理系统优化方案、中集集团物流管理与资源优化配置研究、发电厂燃料库存优化策略研究等；在国内外学术期刊发表论文七十余篇；主编、参编、翻译 8 本专著；与国家经贸委经济运行局合办了“推进中国医药现代物流发展”全国研讨会；主办了上海市物流沙龙的活动；并多次邀请国外名校教授前来讲学。

第十一篇　物流业发展专题研究

§11.1　航运和港口管理

§11.1.1　无水港思路

随着国际竞争程度的日益激烈和竞争层次的不断提升，沿海港口之间的竞争正逐渐演变为港口所参与的国际供应链之间的竞争。从物流系统论角度看，整个国际供应链的运行效率的高低不仅取决于沿海港口环节的效率，还依赖于与港口连接的每一个环节的运行情况。

无水港是指在内陆地区建立的具有报关、检验检疫、签发提单等港口服务功能的物流中心。同时，货代、船代和船公司也在无水港内设立分支机构，以便收货、还箱、签发以当地为起运港或终点港的多式联运提单。无水港是港口所参与的国际供应链的一个重要节点，它是直接与沿海港口相连的内陆场站。

无水港在拓展沿海港口经济腹地、提高国际供应链运行效率、减少公路运输压力和实现环境保护等方面具有积极作用。近年来，各国政府除了将无水港视为拓展港口腹地范围的工具以外，更加重视无水港在构建综合交通网络、提高国际供应链运行效率、减少环境污染和缓解城市交通拥堵中的作用。

24 年形成的全球布局

截至目前，欧洲约有 220 个无水港，最早的是海斯特无水港，建于 1988 年；美国约有 380 个主要无水港，其中小型无水港 200 个；亚洲地区有近 100 个无水港，其中巴基斯坦和印度发展较早，巴基斯坦最早的无水港拉合尔无水港建于 1973 年，印度最早的是班加罗尔无水港，建于 1981 年。这些无水港规模大小不一，如欧洲无水港集装箱装卸量从 4 万吨到 190 万吨不等，面积从 30 公顷到 200 公顷不等，就业人数从 7 000 人到 37 000 人不等。现在，一些发达国家正在利用无水港发展的机遇，逐渐利用较为环保的铁路运输或者水路运输替代公路运输。

从服务功能来看，国外无水港尽管名称不尽相同，如内陆验关站、内陆集装箱装卸站(ICD)、内陆货运站(CFS) 等，但提供的功能基本相似，主要包括货物收发、拼箱、海关监管、过境运输、配送和物流服务等方面。

从服务对象来看，国外无水港大多提

供集装箱运输服务，如距离荷兰鹿特丹港口160公里的芬洛无水港为来自鹿特丹码头的货物提供拼箱、拆箱服务，实现港口功能的后移。也有一些无水港可提供杂货运输的服务，如西班牙瓜哈达拉市无水港。

从互动模式来看，国外无水港都与相应的沿海港口形成互动关系。如2003年建成的欧洲最大的无水港马德里无水港，就与阿尔赫西提斯港、巴塞罗那港、巴伦西亚港和毕尔巴鄂港四个西班牙主要港口相连，通过不同航线为货物运输提供方便的海上通道。因此，马德里无水港也成了西班牙马德里物流平台的重要组成部分。

从投资模式来看，国外无水港的投资模式主要有四种：政府全额投资，如俄罗斯刚刚建成的与圣彼得堡港相连的卡卢加无水港的建设由俄罗斯经济部提供全额资金；政府主导型投资，如欧洲北海地区无水港项目，由“欧洲地区发展基金”提供开发资金的50%，其余资金由相关港口、运输公司等筹集；港口投资，如美国弗吉尼亚无水港，其建设资金由弗吉尼亚港务集团承担；私人投资，如巴基斯坦锡亚尔科特无水港，是由52家出口商以相似的出资比例组成的斯坦锡亚尔无水港公司来建设与管理。

四大发展趋势

近年来，随着现代物流和供应链管理的发展以及全球环保意识的增强，国外无水港主要呈现如下趋势：

增值化，拓展高端物流服务功能。内陆无水港地区在开展物流增值服务方面比沿海地区具有明显的成本优势，因此，国际很多无水港在传统的货物集散中心的基础上，拓展了物流配送、信息、包装、金融和保险等增值服务，有些无水港还设立了自由贸易区方便进出口货物集散。

电子化，开发无水港综合物流信息平台。为了实现无水港的高端物流服务功能，运用先进的信息技术建立现代综合物流信息平台系统，将沿海港口的设施、功能和服务以及系列配套服务虚拟集成到电子平台，通过电子网络延伸到无水港，与无水港服务进行对接，协同海关、商检、银行、保险等部门提前完成货物出口操作并保障出口货物运输安全。沿海港口可以利用综合物流信息平台快速而高效地完成内陆无水港的货物承揽、口岸服务以及货物追踪等一系列工作。

绿色化，强化环保问题。各国政府逐渐将无水港作为促进交通运输方式向环境友好型发展的有效途径之一。无水港的建设可以进一步促进长距离运输货流转向铁路运输和内河运输。如澳大利亚政府则希望通过无水港的建设使其港口的30%～40%的货物运输由公路转移至铁路。

系统化，将无水港规划纳入到大交通系统。联合国亚洲及太平洋经济社会发展委员会在“亚太地区无水港建设与贸易发展和交通运输问题"专题讨论会上，提出将亚洲各国无水港的建设与亚太铁路网及亚洲公路网结合，以实现亚洲无水港大网络的构建，并进一步通过无水港之间的连接促进内陆国家贸易的发展。

上海无水港怎么建

上海国际航运中心的建设离不开无水港的建设。随着上海产业结构的调整和升级，来自本地的进出口货源在上海港吞吐量中所占比重日益下降，来自周边地区和内陆腹地的港口货源所占比重逐渐上升，因此，无水港建设对于进一步扩大上海港的腹地范围、提升上海港的国际竞争力和增强上海国际航运中心的辐射能力具有重要的促进作用，同时对于实现上海国际航运中心与中国中西部地区的联动发展也具有重大的现实意义。

目前，上海无水港的建设尚处于起步阶段，与国内其他港口如天津、宁波等相比，无水港的建设步伐相对较慢、建设规模相对较小，远不能适应上海国际航运中心建设的需要；上海无水港建设的根本出发点也局限于拓展港口腹地和促进内陆地区经济发展两个方面，这也不适应国际无水港发展定位的变化。因此，上海无水港建设需要适应大物流、大口岸、高环保的可持续发展的要求。纵观国外无水港的建设经验和发展动态，上海无水港建设需要从如下方面努力：

一、借鉴国际经验，实施多元化投资

无水港建设属于资金密集型项目，初始投入巨大。上海的无水港在投资方面，可以借鉴国内外无水港经验，实施多元化投资。以上海国际港务集团公司为主，在建设过程中适当吸引一些国际投资集团、港口腹地城市、大型船公司或大型货主企业参与，这样不仅能够缓解一定的资金压力，而且还能够为无水港运营提供稳定的货源，实现港口与腹地一体化发展。如我国大连港，在无水港建设中，注重与腹地城市哈尔滨、长春、沈阳合作，大连无水港的建立将使大连的货源辐射腹地扩大至整个东北三省，三大省会城市也加快了与世界接轨，充分发挥了经济带中心城市的作用。

二、以市场化和系统化为基础，做好无水港建设的总体规划

无水港建设是一个系统工程，需要政府、海关等行政职能部门、港口管理部门、船公司和货主等各方合作。但是一些地方政府和企业为了追求局部的短期利益，对无水港建设态度不积极、意见不统一，限制了无水港的发展。目前，中国无水港建设基本上以港务集团为主，缺乏总体的系统规划。上海在建设无水港过程中，可与长三角港口协作，结合当地的交通运输规划项目来建设无水港，以实现长三角地区交通运输系统的最优化，并从网络布局、信息平台、制度保障等方面有一个宏观层面的战略规划，以实现无水港在更大的交通运输网络中的战略地位，使无水港

真正成为物流链、贸易链和供应链上的重要节点，增强上海国际航运中心的辐射能力。

三、发挥多式联运优势，优化现代航运集疏运体系

上海港集疏运体系的不平衡严重制约上海港的发展和影响上海市的交通环境。2009年公路在上海港集装箱集疏运体系中所占的比例为55.4%，远远高于世界其他主要港口（新加坡为3%，鹿特丹为49%），集疏运体系结构明显失衡。上海港这种以公路为主的集装箱集疏运体系是我国绝大多数港口集装箱集疏运体系的典型代表。

上海可以无水港建设为契机，优化上海国际航运中心集疏运体系。由于铁路目前尚未直接进入上海港区，在中、长距离运输中，为了充分发挥铁路和内河运输的优势，尽量减少公路运输，近期内建议以多式联运的方式重新组织物流，这必将对绿色交通建设和缓解日益拥堵的上海城市交通起到积极作用，同时降低交通物流的综合成本；远期可以考虑铁路直接进入洋山港区，提高铁路运输在上海港集疏运体系中的地位，提高无水港与上海洋山港之间的运输效率，充分发挥无水港和洋山港的联动功能。

四、拓展无水港的服务功能，开展保税运输业务

内陆无水港作为上海国际航运中心物流业的延伸节点，在实现航运服务基本功能的同时，还要从满足客户需求角度出发，积极大力开发其物流延伸功能、产品组装等增值服务功能。随着时机发展的不断成熟，进一步研究上海洋山保税港区相关政策与内陆无水港的无缝衔接，通过GPS卫星定位系统在内陆地区保税区与洋山保税港区之间开辟“绿色通道”，实现两者之间的保税运输。在目前国家政策允许的条件下，上海市相关政府部门可与内陆地方政府合作，将上海洋山保税港区的功能和政策延伸到无水港，赋予无水港保税物流园区、保税仓库等资质，实现出口货物的入港退税、进口货物的入港保税、货物的国际中转等功能，最大限度地发挥其政策优势，促进无水港更好更快地发展，进而实现上海洋山保税港区与内陆无水港的互动发展。

“双港”联动

无水港建设前期投入大，直接回报较低，完全依靠港口企业、私有资本的投入，会导致无水港的负债运营，增加无水港的运营成本，影响无水港服务的竞争力、影响力和吸引力。因此，在无水港的建设初期，需要加强与无水港当地政府的沟通，获得无水港所在地政府在政策和资金上的直接支持，实现“双港”（无水港和沿海港口）联动。具体体现为：

一、政策联动

上海港依托洋山保税港区优惠的政策、独特的功能和便捷快速的对外物流通道，可以发挥其对外辐射作用。无水港与

上海港共享共用洋山保税港区的优惠政策，要不断深化功能开发。如开展期货保税交割业务、保税展示业务等。同时可将上海洋山保税港区的启运港退税政策直接移植到内陆无水港。上海港可吸引内陆无水港在洋山保税港区设立窗口和服务中心，为内陆无水港周边地区的重大工程建设物品从洋山保税港区海关转关采购提供服务。

二、规划联动

上海在无水港建设过程中，可与无水港当地政府部门协调内陆无水港的战略布局、物流通道规划等。为了做好内陆地区无水港建设的总体规划，根据上海港与无水港一体化发展的要求，上海与无水港当地政府部门统一立项内陆无水港一体化战略规划，重点解决内陆无水港的结构、目标、重点、发展时序和空间布局等问题；解决内陆无水港配套物流运输网络、综合运输通道布局、主要节点分布等问题，并制定内陆无水港配套物流运输方式运能的合理配比以及运输通道和节点的运能协调方案。

三、信息联动

利用信息和网络技术建立公共信息平台，实现上海港与无水港信息共享和系统集成。无水港当地政府通过协调当地海关、铁路部门、船公司、货主及物流公司，共同建立无水港信息服务综合平台，同时与上海口岸物流综合服务平台实现对接。

（《文汇报》）

§11.1.2 知己知彼、解放思想，加快上海国际航运中心建设

对照世界著名港口纽约、鹿特丹、伦敦、新加坡、香港和东京港，联系上海航运中心的建设和港口发展的现状。上海港的发展与世界先进港口在硬件设施上差别日益缩小，航运金融所居位置日益靠前，但在管理和控制软件技术应用上尚有一定的差距，与航运中心条件和技术标准上的衡量差距更大。知己知彼，保持清醒头脑，具有赶超的意识、创新和改革的举措，才能不辱使命，早日将上海建成国际金融中心和国际航运中心。

布局合理、立意高，远近结合、分步走

前述港口中共同点是历史悠久、现代规划立意高、编制完整、因地制宜、布局合理、科学实施。发展之初，虽不是刻意要建设金融、航运中心，但口岸的建设符合贸易、航运、物流、金融业的发展，以港兴城、以城促商，两个中心的形成是历史发展的必然。

纽约港早在1614年就开始改扩建港口，到1800年成为全美第一大港，1921年纽约港务局成立：鹿特丹港是欧洲与北美、地中海、西非、中东等地区进行贸易的大港，1932年成立港务局：新加坡20世纪60年代中期成为一个独立的国家，1996年将港务局分成海事港口局（MPA）和港务（集团）公司（PSA）：香港港、伦敦港和东京港务局都是市政府主管港口事

务的机构。这些大港的港务当局是港口发展规划的编制者和实施人。纽约、鹿特丹港的规划主要是适应对外贸易的需要；伦敦港和东京港主要依靠腹地的科技经济产品和强大的金融业支撑，规划编制实施出口战略与发展金融业，及面向航运的高端服务；新加坡港和香港港的规划主要是适应货物的中转。20世纪60年代，集装箱运输起步之际，这些港口及时调整规划，大力改扩建集装箱码头、疏通航道、建设集装箱堆场及相配套的设施。这些设施布局合理，并与外界的铁路专线、内河码头、高速公路相连接，集疏运业务开展十分便捷。纽约、鹿持丹、新加坡、香港先后成为世界集装箱吞吐量第一大港。而伦敦依其在航运资源配置、航运运价调整、航运保险定价机制确定上的主导权；东京依其高水平港口规划、良好的基础设施、现代化的管理能力，与纽约、新加坡、香港一样，成为国际金融和航运中心。

它们的发展有两点值得借鉴：一是发展规划是滚动的、可视科学技术与经济发展之需而调整。鹿特丹港有一个4年为一发展期的规划，规划提出要把该港建成高效、安全、多功能、综合实力强大的港口；东京港第7个总体发展规划提出把该港建成安全、环保、高效、有竞争价值的港口。二是世界港口发展到了第三代，以适应全球经济、贸易、航运、物流发展的要求，形成以港口为依托的国际物流中心，能提供供应链体系优化集成的物流战略服务。香港港和新加坡港在第二代向第三代港口管理的转型中走在全球港口的前列。

据此建议：1）浦东洋山港区要建设检验检疫区，改变目前要到东海大桥另一端洋山保税港区进口处去查验，增加费用、多耗时间的状况；2）尽快实施浦东铁路规划，提升洋山、外高桥港区货物、集装箱经铁路集疏运的比例；3）航运中心建设规划中要有环保、低碳、降耗目标；4）组建跨港、航、物（流）业务的中心物流公司，为浦东的港口加快成为第三代管理型的港口创造条件。

畅通的立体交通网是航运中心的必备条件

航运中心的特点都是天然深水型港口，而且拥有畅通的立体交通网。口岸城市就是对外开放、通商、交流、交易、交往的地方和人员、货物、信息、资金进出频繁的枢纽通道。纽约港地处哈德逊河口的海湾内，港外连接全国高速公路网及纽约、旧金山、纽约、西雅图东西两条大铁路；伦敦是英国首都，与外界水路、公路、铁路的连接十分方便；鹿特丹港是欧洲货物转港、中转的枢纽，也是通过莱茵河集疏运货物的始发港和目的港，港口与欧洲铁路、公路都能联网，近海支线将荷兰与德国、英国、北欧诸国、南欧、北非等国家的距离拉近；新加坡（港）是个城市型国家，通过铁路和公路经马来西亚与中南半岛各国连通，它扼守马六甲海峡的东入海口，是水上运输的要冲，国际货物中转最大的枢纽港；香港背靠中国大陆，与广东的水、铁、公路运输很方便，它又是东北亚各国货物运至东南亚、中东、地中海、欧洲的重要中转站；东京港与全国发达的铁道线、高速公路网连通，近海航线将北海道、鹿儿岛、冲绳等港口连接，东北亚（中、俄、韩）——美、加航线的必经港。上述港口城市还有国际机场与外界接通，货邮运输很方便。纽约港、鹿特丹港和新加坡港还通过油管将原油、成品油输到炼油厂或其他国家和地区。发达的交通、便捷的货物集疏运设施、高效的物流服务，使这些港口成为货物进出口、简单再加工、中转、转口、转港的枢纽。

建议：1）整治上海地区的内河航道（现有 2 109.8 公里，其中一级航道只有 53.64 公里），重点是与长江、江苏、浙江、杭州湾、东海相连通的河道；与临港、外高桥港区相连通的大芦线和赵家沟等航道；2）整治、修建好上海与长三角经济区连通的高速公路网和国道、主干道公路。充分利用公路网、内河航道网、长江黄金水道、南北沿海支线；3）建设好浦东铁路和外高桥编组站，形成浦东、浦西各两个编组站（芦潮港、外高桥、何家湾、军工路）。逐步提高上海港集装箱通过铁路集疏运的比例，解决海铁联运的难题。

广泛应用电子信息技术，提高港口管理现代化水平

国际航运中心的服务体系与集疏运体系发达，能为船舶、货物、客户提供全方位服务。各行业的管理与发展，离不开电子信息技术的武装，信息化水平越高，行业现代化的水准也高。这些港口全都建立了航运、口岸、物流信息网，能准确预报船期、运价、港口作业计划、船舶离靠码头时间，还能提供法律、船检、保险咨询、船舶租赁、抵押贷款等信息服务。甚至于物流服务相关费用咨询、物流服务范围等全可在信息网上查询到。航运、口岸、物流公共信息服务平台还定期公布相关政策、法规信息并与相关行业的业务网连接畅通，就连装卸计划、航运计划、物流需求与配送计划、调度（库场）计划和作业管理全都信息化处理。新加坡港建立起两个信息平台，一个是国际航运信息平台（TRADENET），它主要为贸易、航运、电子报关服务。将政府主管外贸、航运的机构和 5 000 余家企业的信息融合进 TRADENET 里，达到信息共享；另一信息平台是国家电子商务系统（PORTNET），它将政府主管部门、港口、海关、联检、代理商等的信息全归入，用户 7 000余家，年处理 7 000 万宗业务。东京港 1994 年投入使用“21 世纪集装箱码头电子管理系统”，并有 16 个子系统，可随时回答各有关收费的询问和其他咨询，深受用户信任。

建议：1）尽快由政府主管部门牵头搭台，政府、社会多方投资，构建以市场化运作为基础的，集政（府）、港、航、贸、物（流）、企的信息于一体的平台，为供应链管理的优化、行业生产流程的合理再造和以港口为主的物流战略服务创造条件；2）在洋山港、机场、外高桥港区和中心城

区物流配送(货物和商品)较集中的地区,将分散的、不能联通的企业内部信息网融合进公共信息平台里去,有利于供应链的整合和物流企业承接第三方、第四方物流代理业务;3) 在港区、物流园区、大型中心物流公司,增加信息化的投入,用信息技术武装港口、航运和物流企业,逐步使业务操作自动化、单证流转无纸化、信息传递快速化、资金结算预报并简便化。

整合资源优惠政策,高端服务培育业务

世界航运中心必须将交通、港口设施、装卸机械、信息技术、人才智力、航运和物流等资源进行整合,对航运公司、船舶及货运代理公司、注册当地的物流公司等给予政策优惠、减少或降低某些收费。同时,大力发展为港口、航运、外贸进出口服务的集疏运体系和高端服务体系(提供咨询、代理、船检、保险、金融、海事法律等服务),吸引船公司来港注册、组织船舶挂靠本港码头泊位,扩大影响力、提升话语权。新加坡充分利用修造船和炼油能力,为船公司维修船舶、添加燃料和辅助油料给予方便和合理的价格,吸引很多船公司来注册和挂靠、维修、补充燃料并与 123 个国家和地区的 600 余港口发生业务关系,每周有 430 艘远洋班轮进出;东京港向船公司提供一流的高效、便捷的集疏运服务,以及快速、周到、信誉度好的金融、法律、保险、咨询、代理等高端服务,成为东北亚航区第一个金融和航运中心;香港对外宣布在本港注册的外轮与香港区旗的本地船舶享受同等待遇,第一次注册收费十分低,还免缴 ITF 会员福利基金和其他费用,避免双重征税等。在香港注册的船公司总部和地区有 300 多家(船舶总计 4 000 万吨),拥有国际航线 800 余条,与 120 个国家和地区的 1 000 个港口有业务往来。鹿特丹港的集疏运体系发达,通过欧洲高速公路网,鹿特丹港至欧洲各国的集装箱货物实行"门到门"(Door To Door)服务;开通的近海支线定期班轮将鹿特丹与欧洲沿海各国 100 多个港口的距离拉近,货物和集装箱运输繁忙而有序,每年 3 万艘海轮挂靠鹿特丹港。伦敦对外承诺,本地企业使用泰晤士河的码头,可免土地发展税。外资来伦敦建码头,从事装卸、物流业务的,可全资控股等。

建议:1) 在洋山港区、外高桥港区注册的从事于国际航运的企业、从事于仓储、物流服务的企业的业务收入应免营业税;2) 允许企业开设离岸账户,为其境外业务提供资金结算的方便。支持在洋山、外高桥注册的有实际需要的从事贸易、物流等外向型企业及大型企业集团财务公司试点开设离岸账户;3) 挂"方便旗"的中资船舶特案减免税政策虽已到期,允许对经常在洋山、外高桥挂靠的这类船舶继续执行减免税政策;4) 取消进出洋山港的收费卡口,方便货物的集疏运并降低成本;5) 对进出洋山港、外高桥港区的外轮免收吨税、检验检疫费。降低上海港行政性收费在对船舶进出港总收费中的比例;6) 降低EDI传输费，取消纸面报关报检，充分发挥EDI电子信息化的作用，对照国际主要港口的港口使费，逐步降低上海港的各种使费；7）支持和发展航运保险业，促进高智力服务的各类咨询、代理、中介、法律业务的发展；8）吸引国际著名航运公司到上海港注册并给予优惠。全面落实从洋山港出口的货物在启运港退税的政策，调整航线努力提高集装箱国际中转比例；9）在洋山港和外高桥港区推行自由港政策，方便国际远洋船舶来上海港靠挂，更好地发挥上海港一流的基础设施、装卸、转运、服务的能力。

大力发展金融业，为航运中心建设服务

全球五大航运中心都得到金融业的有力支持，其与当地金融业的关系密切。伦敦拥有680家银行，其中外资银行470家，资本总额高达1 000多亿英镑。每天的金融产品和外汇交易量占全球70%。800余家保险公司，拥有全球20%的船舶保险。纽约和东京的金融业也很发达，并最早建成离岸金融市场。香港与新加坡的航运中心地位得到金融业的支撑，金融也是经济腾飞的有力保障。

建议：1）建设和发展陆家嘴金融城，发展离岸金融市场；2）用创新思路改革金融体制，建设与航运中心相适应的银行金融体系和监管制度；3）允许上海造船公司参与组建金融租赁公司、航运保险机构，其从事国际航运及保险业务收入免营业税；4）支持船舶抵押贷款信托、船舶融资租赁、船舶经营性租赁、融资租赁信托、船舶售后回租、船舶买方信贷等融资业务的发展，并简化操作流程；5）通过自己培养和留学、交流的方法，培养复合型的人才（有港、航、金融专业知识，又精通法律和外语）。（上海浦东现代物流行业协会）

§11.1.3 四面八方齐努力，物流才能大发展

浦东开放、开发已经二十年，经济与社会发展取得举世瞩目的成绩，在浦东的快速发展中，物流业也作出了应有的贡献。浦东新区在两区合并后，拥有各类物流企业1.1万家，资产规模达到9 197亿元，吸纳就业人数24万，2010年实现增加值900亿元（占浦东GDP的比重达19.1%）。2012年上半年据上海综合保税区统计，物流企业经营收入达1 922亿元，同比增长19.6%；其中物流业务营业收入达338亿元，同比较增长22.5%。2011年以来，国家促进物流业发展的多项政策密集出台，特别是《国务院办公厅关于促进物流业健康发展政策措施的意见》提出的九项配套政策措施，充分说明了党中央、国务院对物流业发展的高度重视和大力支持，从政府机关到物流企业如何齐心协力的借助这股东风，将政策落到实处是物流发展的关键所在。

一、尽快落实税率统一的措施

现行营业税在物流环节中不同环节的税率不一致，容易产生重复征税的问

题，也不利于物流行业的整体发展，物流税收试点办法也已经实施多年，但从企业的立场来看力度不够或曰“不解渴”，尤其是中小型物流企业不易享受到这个政策。此外，什么叫完善？试点如何扩大？全面推广有没有时间表？要不要时间表？都是十分迫切的问题。上海已经搞了试点单位，建议扩大试点情况的透明度，由财税部门牵头，召集行业协会的专家，进一步落实减负的具体措施，并可共同确定进一步的试点单位，并按“先行先试”办法，在调查研究基础上，总结物流企业营业税差额纳税试点的经验，尽快提出全面浦东物流企业的营业税纳税办法，力争在年底最迟在春节后立即全面实行新税率。

二、尽快促使上海公路收费的新方案出台

公路的收费问题一直是阻碍物流发展的突出问题。现在面对国务院明确提出进一步降低过路过桥收费和逐步有序取消政府还贷二级公路收费、减少普通公路收费站点数量，控制收费公路规模，优化收费公路结构等为重点的要求，上海应该加快落实的措施和方案。现在有一种说法，说是减少的取消收费会增加上海道路的压力，想想当初上海取消桥隧费后，来浦东投资的中外企业更多，来往车辆大幅度上升，上缴的税收远大于预期的估计。建议收费问题先易后难，有关部门要加快沟通、协商的步伐，沪嘉高速先不收费。之后取消洋山港 A20 公路、东海大桥收费。在此之后再对所有的收费的路段进行排队，逐一推出新的减收方案。

三、物流园区土地使用政策亟待完善

2012 年上半年全国库房空仓率降至 0.3%，暴仓现象经常出现。由于库房短缺，仓库租金已比去年同期上涨 20%—30%。北京、上海、广州、深圳的通用高等级库房月租金已达 36—40 元平方米。物流用地是国民经济发展的重要支柱，也是经济的组成部分，是必须保证的。实践证明，物流园区能够实现集中化、集约化经营，共同使用道路、港口、车站，能迅速完成货物的集散和共同配送。当前急需开展的工作是用科学的方法，准确的预测和规范的建设标准来发展物流园区。要尽量在洋山港区、浦东国际机场和外高桥保税区，建设一流的物流园区，选择在资金、技术、管理方面都具竞争实力的物流企业进驻开展业务。以有利于在外高桥保税区打造现代化的外贸示范区，在机场建设世界一流的航空物流基地，在洋山形成为航运中心服务的集疏运体系和航运高端服务体系，也有利于提高洋山深水港集装箱国际中转比例。“国九条”虽然提出用地保障，但具体如何保障？由哪个部门保障？时间表怎样？这些都是现实问题。建议浦东新区发改委、经委、土地管理部门要对建设上述物流园区的规划、土地使用、基础设施建设给予支持，尽快落实土地使用的规划，统筹安排。比如保税区一些单位申请用地五年多了还是久拖未决。建议借助东风予以逐一清理，解决甚至于

可以推行租地而不是卖地的政策，使物流企业减少一次性买地成本。

四、减少环节，简化手续

新区工商管理部门、环保部门、公安消防、交通管理部门、质检机构，按《意见》的精神，逐步减少行政审批，对物流企业资质的行政许可和审批条件要放宽、手续应简化。尽快落实物流企业非法人分支机构凭总部出具的证明其办理过登记注册和经营审批手续的，可免办工商登记核转手续直接到所在地工商部门申请登记注册。国务院没有必须由法人机构申请的资质，只要物流企业总部获得申请，其非法人分支机构只要向所在地有关部门备案获得。

五、为物流企业的兼并升级给予优惠政策

浦东“三港三区”整合物流资源，将企业物流从生产企业系统里分离出来，重新组合成中心物流公司。这种公司既能向区域经济提供物流服务，也能向生产企业提供生产线物流服务（及时提供零部件，运走产成品）；一些公司将内部的物流企业重新组合，减少内耗，公平竞争，新区财、税部门、劳动人事部门根据政府公布的政策规定，给予重组企业享受税收、资产处置、人员安置分流的扶持政策，逐步改变物流业小而全的局面，尽快形成物流业的龙头企业。同时，还应关注中小物流企业的生存和发展问题。中小物流企业约占我国物流企业总数的80％，大部分是民营物流企业。这些中小物流企业，成为物流行业的重要力量，却面临资金困难、技术困难、市场拓展困难和政策的歧视。因此建议浦东政府应制定相应的金融政策、扶持政策，着重解决中小物流企业的生存和发展问题，这对于社会稳定、就业与行业发展，均具有重要意义。

六、建立浦东新区物流公共信息服务平台

建议借鉴新加坡做法，由政府出资，集政府、航运、物流、港口、金融、贸易等各类信息，向港、航、物（流）、贸（易）、保（险）、银（行）、登记用户等免费（或低收费有偿）提供船舶（船期，进出港情况）、集装箱、仓储、集疏运、费率、价格等实时信息，统一电子报关报验程序和方法。搭建这一信息平台，有利于物流企业提供第三方“供应链管理的物流运营管理服务”和第四方“供应链体系优化集成的物流战略服务”。今后，信息技术将是物流业发展的重点。没有公共物流信息平台，物流业要上新的台阶就很困难。此外，新区科委、经济与信息委要指导和帮助物流企业建立起企业信息平台或采用先进信息技术。

七、推进科技进步实行标准化管理

相关政府有关部门要共同商议一个鼓励物流企业采用先进信息与其他创新技术的政策措施，在融资、贴息贷款、知识产权保护、技术有偿推广、专利审核、税收优惠上给予支持。另外，大专院校、科研单位应在政府主管部门牵头下会同有关中心物流公司，对物流设备、机械、工索具、吊夹具进行革新、改造的攻关，对货物包装、托盘托架、集装箱内使用的工夹具及绑扎器件的标准化进行科研攻关。

八、加大对物流基础设施的投入

政府除了对重点中心物流企业、物流园区的基础设施建设给予必要的资金扶持外，对公共物流设施的建设也要加大投入。如疏通、整治通航内河航道，改扩建查验场地与更新检验设施，改造、更新多式联运货物转运场地和仓库，加固集卡通行的桥梁，修建内河深水码头泊位和航道等。特别是对物流发展有重大影响的海铁联运设施有了规划，尽快上马。相关的货运公路扩建要同步进行，让浦东形成新的集疏运体系，以适应国际航运中心的发展。

九、重视农业、农民和农产品收购、销售

浦东农业要重新组织起来，改变农民把承包地租给外地农民耕种收取租金（或农产品）的状况。在浦东新区农村组建若干个集产、（加）工、运、销功能于一体的农业公司。集中向农业职工收购农产品（定点、定品种、定质量、定数量），深加工、精加工、包装、储存和统一对口配送、销售、外贸出口。农业生产、工业加工（增附加值）、农产品中心物流配送、网点销售或出口。交通管理部门对外省市来沪的农产品运输车辆实行特殊政策，允许直接进城，降低最后一公里的物流成本。对城市配送车辆的管理，将标准环保车型、禁止客运车辆改装为货运车辆与促进符合条件的物流企业加快规模化发展结合，提高配送效率和满足城市生产生活的需要。建议在浦东中心区选一二个点建成新的农副市场，直接造福于民。

十、加快国际航运建设的基础软件工作

上海航运中心建设和物流发展的一个大问题是口岸收费存在“四高二多现象”，即“船舶港口使费高和行政性收费比重高、海关查验和检验检疫处理费高、疏港收费高、EDI 收费高；口岸收费项目多、口岸通关环节多”。以一艘 5 万净吨的集装箱船为例，在上海口岸行政性收费高达 50%，香港 33%、高雄 28%、新加坡 24%、釜山近 40%、横滨 38%、洛杉矶 11%。行政性收费中的吨税（海关吨税），洋山港、高雄港、横滨港收取，香港、新加坡、洛杉矶不收。检验检疫费、船舶代理费、EDI 传输费，上海口岸均收费，而其他同比港口不收。到海关报关，除电子 EDI 申报外，还要纸面报关，报关报检（检验检疫）不实行“二单一报”（所填报内容基本相同），而要付两笔申报费，这样丧失电子信息化的功效（费时费钱）。据了解，对外贸易，货物（集装箱）进出上海口岸，收费费目达 174 项，涉及的法律法规文件和已向上级主管部门备案的文件共计 23 只。收费环节多，收费项目多，这是不利于建设国际航运中心的。建议相关部门和单位

要对此引起重视，尽早提出新的方案，未雨绸缪，与国际接轨。

国八号、国九条为物流业的健康发展提供了很大的空间，发展物流业政策落实的前景值得期待，所有政策绝无可能“一锹挖一个井”，一个晚上全部兑现。现在的关键是航向已明，航线已定，各行各业齐心协力，各项政策措施在各个行政层面都能配套衔接和有效执行，物流业的明天会更加辉煌。（上海浦东现代物流行业协会）

§11.2 城市配送

§11.2.1 城市末端配送研究报告

城市配送物流，是指在城市范围内实施的、以配送为特有组织方式、实现发货方到收货方的一系列物流活动的总称，包括运输、拣选、加工、包装、拆分、组配等环节。其中，合理的组织活动是提高城市配送物流效率的核心，而标准化、自动化、信息化和专业化是提高其组织能力的关键因素。从其表现形式看，主要包括商业配送和快件运输。城市配送物流是一种经济活动，城市道路货运是一种运输方式。城市道路货运是城市配送物流的主要环节，城市配送物流的合理组织可以有效提高城市货运的效率，减少无效运输对城市道路的挤占。

2010 年，上海电子商务交易规模约 3 千亿元，上海网购交易额占社会消费品零售总额的比重已超过了 5%，上海港集装箱吞吐量达 3 千万标箱。然而，这些令人惊叹的数字背后却是货车通行不便、大量货物延误、配送服务质量不达标等种种配送问题。城市末端配送问题尤为明显，突出表现在末端配送速度、效率、服务质量和配送技术等方面。

一、上海城市配送物流的现状分析

随着上海经济社会的快速发展和国际化大都市建设的稳步推进，上海城市配送物流呈现出蓬勃发展的态势，在上海现代物流发展中的地位越来越重要，有力地支撑着城市经济社会的发展和居民多元化需求的满足。

1. 市场需求不断扩张

商业配送市场规模逐年扩大。随着城市商业不断发展，商业配送需求在不断扩张，超市业作为商业领域中重要行业，每天需要的配送量相当大。根据市经委提供的数据，2012 年上半年，上海超市（标准超市、大型综合超市和便利店为 10 531 个，比上年同期增长 12.3%；销售额为 715.7 亿元，利店）网点数比上年同期增长 11.5%。每天为超市配送的货物有 1 600 万吨左右，其中每天配送的生鲜食品达到 400 万吨左右。城市快递行业获得快速发展。UPS、FEDEX、TNT、DHL 国际四大快递巨头早已进入上海快递市场，加快布点和抢占市场；宅急送等一批民营快递企业发展壮大；还有许多专门从事市内快递业务的小公司。

2. 配送基地建设初见成效

西北综合物流园区是上海"十五"期间重点规划建设的市级三大物流园区之一，作为上海唯一的陆路口岸型物流园区，它是以省际物流集散功能为主，集货运配载、交易、信息服务、仓储、流通、加工、配送、展示等物流服务于一体的集散型综合性物流园区，可以看出，城市配送是其重要的功能。目前，该园区的集聚效应非常明显，吸引了家乐福、麦德龙配送中心、普洛斯物流、上海医药物流、农工商好德物流、法国施奈德物流中心等59家国际、国内著名物流企业入驻，物流群落形成集聚。上海75%以上的超市和全国60%的医药物流在此配送。

3. 市场主体多元化格局形成

随着物流市场对外开放力度加大，外资物流企业纷纷进入中国市场，民营物流企业异军崛起。目前，上海城市配送物流市场已经形成多种所有制物流企业共同发展的格局，FEDEX、TNT、马士基、UPS等全球著名物流企业落户上海，交运集团、百联现代、锦海捷亚、东方国际等国有物流企业获得新发展，北芳、虹鑫、远成等一批民营物流企业发展壮大，形成独特的服务模式。市场主体多元化格局形成推动了多层次、全方位物流服务体系形成，有助于城市配送物流市场的良性竞争和优化内部结构。

二、存在问题

虽然近些年上海城市配送物流发展势头良好，但仍然属于初级发展阶段，高效率的物流配送体系尚未建立起来，与上海经济社会发展还存在许多不相适应的地方，主要存在以下几个方面的问题：

1. 管理水平有待提高

政府管理手段比较单一。首先，现行货车通行证管理方式已经不能适应上海城市配送物流发展的需求。由于城市配送的很多货运活动需要白天进行，因此很多企业都采取了客车载货等违规、违法现象，既包括UPS等国际知名大公司，也包括已经成长起来的以第三方物流为主的本土企业，还包括很多私自装载货的黑车，严重扰乱了正常的市场秩序，增加了城市道路交通压力。

其次，物流企业认定没有标准，一些效率低、经营粗放的货运、仓储企业纷纷挂名为物流企业，市场集中度低，增加管理难度。

2. 托盘标准化问题亟待解决

托盘标准化是物流标准化的基础和核心，它影响到商品包装、车辆、货架、仓库等一系列的标准化，是有效推进城市配送物流发展的一个重要内容，实现托盘标准化有助于建立起快速、高效、低成本的城市配送物流体系。但是，从现实情况看，上海托盘规格种类多，物流运输商品单元大小不一，较为混乱，相关标准至今迟迟未能出台。

3. 市场主体需要进一步壮大

随着物流市场的逐步开放和经济全球化发展，外资物流企业进入、国有物流企业转型、民营物流企业崛起等，上海城市配送物流正从传统物流向现代物流转变，一批物流企业正在发展壮大，成为市场的核心领导力量。但总体上看，由于上海城市配送物流起步晚、发展水平低，有不少物流企业还只是局限于传统的货物运输、仓储，而能真正做到物流配送的企业还比较少。因此，培育和壮大市场主体已成为促进上海城市配送物流发展的迫切需要。

4. 物流企业信息化建设相对滞后

信息化是提高物流效率、降低物流成本的关键所在。从信息化建设的角度看，上海物流企业信息化水平总体上比较低，信息装备和信息技术在物流运作各环节中采用较少，全面或部分实施信息化的物流企业占全部物流企业的比重比较低。一般而言，发展水平高的物流企业信息化水平较高，发展水平低的物流企业由于规模小、技术水平低、管理与运作能力有限、资金制约等因素，信息技术不仅应用比较少，而且应用层次较低。此外，整个行业的供应链当中，企业与上下游之间的信息流没有打通，这也是因为很多物流企业信息建设层次较低，造成信息不畅所致。

5. 政策体制不完善

第一，中心城区货车通行政策滞后。

末端配送车辆主要在白天服务市中心区域，货运车辆通行证供不应求，衍生出通行证租借、买卖等影响市场公平竞争的行为。另一方面，城市配送车辆通行需求受到严重限制，导致客车违章载货现象十分严重。市区从事货物配送的客车运输效率仅为货车的 1/6，直接导致城市配送运输效率低下，道路交通压力加重，对城市交通和运输秩序产生严重的负面影响。

第二，货车停放管理政策软弱。

货车不规范停靠、装卸现象普遍，既降低了城市道路通行能力，又增大了交通事故发生可能性，而且影响城市整体形象。有关部门对货车违规停放管理无力，甚至未采取任何有效的监管措施。

第三，城市配送管理体制不健全。

城市配送是连接商业与消费不可或缺的环节，也是实现城市经济交易的重要保障。城市配送管理涉及面广，协调管理难度大。城市配送管理涉及市交通局、市商务委、交警、运管处、工商管理局等多个政府部门。由于缺少总体协调，各单位从自身角度出台相关规定，难免导致管理上的冲突。

6. 末端节点布局欠缺合理规划

末端节点布局规划是提高末端配送效率的重要前提。

第一，上海配送企业末端节点选址用地紧张。

规划区域的末端节点选址用地紧张主要表现在：① 无地可租；② 有地可租，但可租用地位置交通不便或者租金太高。多数配送企业为减少房租，选择在交通不便利且远离客户的位置规划建设末端节点。

第二，多数大型电子商务交易平台、

超市等服务商自建配送体系。

为高效完成城市末端配送，上海市多数大型电子商务交易平台、超市，初期投入巨额成本，规划建设末端节点。这既增加了占用社会资源，又降低了已存在的第三方物流企业的利用率，导致社会整体效益下降。

第三，配送企业末端节点布局规划缺乏科学方法。

配送企业布局规划缺乏成熟的布局规划技术和方法支持，只停留在定性分析层面，缺乏定量分析，无法定量考虑在与其他配送企业末端节点竞争的情况下，末端节点的具体位置、服务质量、服务价格等重要因素对于布局规划的影响。

第四，新规划建设的末端节点正逐渐偏离城镇中心。

随着上海城市发展，中心城区房价飙升，末端节点的外移现象使复杂的城市活动更难进行，同时增加城市的消费成本。这不仅增加了末端配送运输路程，使货车占用过多的道路资源，增大交通拥堵的可能性，影响社会生活和周边环境，而且迫使末端配送车辆大量使用，增加运输成本，扩大了私人和社会的物流成本（包括外部成本）等。

7. 多数配送企业的末端服务标准等不完善

末端配送服务标准能规范配送企业末端服务。合理的末端配送服务标准不仅能吸引对服务质量或配送速度敏感的客户，而且能提高配送企业末端配送效率。上海市配送企业的末端服务在末端配送响应时间标准的制定和配送员服务区域划分方案的评价方法上尚有缺陷。第一，多数配送企业尚无法确定响应时间标准。末端响应时间标准制定关系到配送企业的战略定位，影响配送企业的人员、设施、技术等配置和运作模式。但是，由于配送企业基础设施和技术条件的不完备，同时受配送企业规模、资金、决策者等因素制约，难以建立快速配送系统。

大部分快递企业的末端响应时间远远达不到用户的理想需求。对于学校等配货量集中的区域，多数快递企业采用“定时定地”的方式收派货物，无法实现对所有客户上门送货；少量快递企业上门取货。一般配送企业的配送员接到用户寄货信息到上门取货的平均时间一般在 3 小时以上。

第二，配送员服务区域划分方案的优劣难以评价。为了提高管理和配送效率，配送企业整个服务区域需要进行划分。为便于管理，配送企业一般是按行政区域、区域面积和主要道路等划分服务区域，但其合理性有待商榷。

配送员服务区域是指末端配送中各配送员负责的服务区域。配送员服务范围划分是配送企业服务区域划分的一部分，对城市末端配送效率和速度产生重要影响。配送员服务区域业务繁多，不仅会造成服务延误，影响服务质量，而且拉长运输距离，浪费资源。

8. 城市共同配送推进难度大

共同配送的宗旨是将各配送企业的配送过程尽可能地整合，集中运输，节约成本。目前，上海市无法通过整合多个配送企业业务，进行末端配送的共同配送服务，无法大规模实现城市末端配送共同化。原因主要有以下几点。

第一，配送企业业务竞争。配送企业的蓬勃发展，上海市市区各街道已经遍布各配送企业网点，与对手企业业务竞争必然存在。由于末端配送中配送员与客户直接接触，涉及与客户的市场业务合作问题，几乎没有配送企业会将该环节业务外包，而放弃与对手企业竞争客户的机会。

第二，安全监控技术水平落后。末端配送涉及货物运输的安全责任问题，而目前上海市尚无对配送货物进行实施安全监控的技术水平，从而限制了企业共同配送的发展。

第三，客户对共同配送的第三方物流企业的服务要求高。共同配送的第三方物流服务企业掌握客户大量机密商业信息，一定外泄可能对客户造成重大损失。此外，第三方物流服务企业的配送服务标准不一定达到客户要求。

第四，政府未出台补贴政策。为引导配送企业向共同配送发展，政府需要给予公共配送设施建设在经济和政策上的资助，而目前政府尚未制定相关的补贴政策。

除上述问题外，城市末端配送的应急保障措施不完善、配送车辆标准体系不健全、配送服务质量不高等问题仍然存在。

三、促进上海城市配送物流发展的政策建议

1. 合理调整城市道路货运通行政策

作为特大型经济中心城市，上海的城市交通发展一直面临着严峻的挑战，在经济社会活动日益频繁的发展趋势下，缓解交通拥堵更是一项长期而艰巨的任务。在此大背景下，上海对路权资源配置实施的是“客运优于货运”的政策，对货运车辆实行通行限制，包括限制区域、限制时段等等，并通过额度管理严格控制进入城市道路的货运交通量。应该说，这些措施对减少上海中心城区的交通流量、保障城市道路畅通起到了积极的作用，但与此同时，这些限制性政策也在一定程度上制约了城市货运的发展，难以适应经济社会快速发展的客观需要。比如，现行通行政策限制货运车辆在中心城的日间通行，但实际上商业配送需求和包裹快递需求却主要发生在白天，且需要配送和快递服务的超市、卖场、便利店与商务楼宇又以中心城区居多，由此导致了客车载货、通行证黑市交易等违规行为的滋生和蔓延，进而加大了执法难度，不利于市场秩序的建立。

在新的发展形势下，有必要重新审视上海的货运通行政策。

首先，要从支撑经济社会发展的高度认识城市货运的重要性，在道路资源的配

置中赋予其应有的地位。其次，要从促进城市货运与交通协调发展的角度调整货运通行限制，适度放宽商业配送和包裹快递车辆的通行区域和时段，保障城市有序运转和市民生活需要。最后，要运用市场经济手段实施货运通行额度管理，发挥市场机制的价值发现和资源配置作用，引导城市物流配送企业提高货运环节的效率。

通过发放通行证进行额度管理是控制货运交通需求的有效手段，但目前"一刀切"的发放方式却不利于促进货运效率的提高，运作效率高的企业没有足够的通行证开展正常业务，而运作效率低的企业却可以凭借通行证而占用道路资源。为此，建议调整通行证发放方式，变按比例发放为设定准入资格的公开拍卖。

设定准入资格，是为了防止投机，而通过公开拍卖，则不仅有利于体现通行证的市场价值、实现道路稀缺资源的有效配置，更有利于引导企业提高运作效率、实现城市配送物流行业的优胜劣汰。

2. 健全货运车辆停靠与装卸管理

停靠和装卸是开展商业配送或包裹快递业务的必要环节。为了防止拥堵，目前对中心城区的货运车辆停靠和装卸有严格的限制，但与实际需要相冲突，导致违章停车与卸货合理却不合法，进行处罚合法却不合理。为此，在明确货运是城市发展重要支撑的前提下，需要赋予货运车辆停靠与装卸的合法权益，健全管理。

一方面，在超市、便利店、商场、商务楼宇等设施附近划定停车位和装卸区，允许商业配送和包裹快递专用车辆在非高峰时段停靠和装卸货物，并限定操作时间；另一方面，加强日常执法，加大对违规行为的处罚力度，保障道路畅通。

3. 积极鼓励立体自动化仓储设施的建设与应用

仓储是城市配送物流业务流程中一个至关重要的环节，不仅可以在产销环节之间起到时间上的缓冲和运力上的调节作用，更关系到库存周转、资金占用等影响企业总成本和系统效率的核心问题。传统的仓储设施仅有存放功能，而随着城市配送物流的兴起和发展，仓储设施的功能逐步拓展，订单处理、检验、分拣、贴标签、包装等工序都需要在仓储设施内进行。同时，仓储设施一般用地量较大，无论是从企业节约投资成本还是有效利用城市土地资源来看，都有必要提高仓储设施的运作效率，在尽可能少的空间中实现功能与效益。

日本在推进物流业发展的过程中就特别从仓储设施着手，采取政府补贴的方式鼓励物流企业投资建设立体化仓储设施，不仅促使企业提高仓储效率，而且促进了土地的集约化利用。目前，上海土地资源的稀缺性已经日益突出，而大量低效率的仓库却仍占用着宝贵的土地资源，也制约着物流配送整体效率的提高。为此，上海有必要借鉴日本经验，在当前城市配送物流需求快速扩张、传统仓储向现代配送逐步转型的发展阶段，加强政府引导，对立体化、机械化、自动化仓储设施的新建或改建项目给予投资或贷款利息补贴，积极鼓励物流企业投资和应用占地少、效率高的现代化仓储设施。

4. 从托盘标准化着手迅速启动物流标准化进程

商业配送一端连接上游制造、一端连接下游销售，是连接多个发货方与多个收货方、有众多市场主体共同参与的业务活动，不同的市场主体遵循的是不同的游戏规则，因此不可避免地会在商业配送中产生配合不当、资源损耗、效率低下等问题，从而影响商业配送的总体效率和服务水平。标准化是解决这些问题、提高配送效率的有效途径，日本在推动物流发展伊始就实施了“托盘计划”，通过制定和推广托盘的统一标准，大大提高了物流运作效率。在推进物流标准化方面，上海已经做了很多准备工作，当前，有必要加快进程，从大型连锁超市的托盘标准化着手，推动货架、仓库、车辆、包装等全方位标准化，减少货物装卸、存放、发送等环节因规格不一而造成的时间和设施的不当占用，加速货物周转，提高设施利用率。

5. 切实发挥行业协会的行业管理职能

对于配送物流这样市场化程度相当高但社会效益又相当显著的民生型行业，不仅需要政府运用法规手段加强监管，更需要行业本身进行自律，通过行业协会组织，规范市场秩序，维护行业利益，实现共赢。城市物流配送是现代物流的重要组成，单独成立行业协会并不现实也不科学，而目前上海物流行业协会又尚未成立，在这种情况下，需要上海采取“两手抓”的举措。一方面，充分发挥现有的、与物流配送密切相关的行业协会的作用，如连锁协会、运输协会等，从各自的行业特点与要求出发，发挥资质认定、标准制订、人员培训等行业管理职能；另一方面，加快筹建上海物流行业协会，逐步整合分散在其他相关协会、与配送物流相关的管理职能，推进行业持续健康发展。

6. 大力引导物流企业提高信息化水平

信息化是提高物流效率的重要途径，也是物流企业提高竞争力与服务水平的关键。对于城市配送物流企业来说，信息化水平体现在两个层面，一个是有否自主开发的信息系统及其运作效果，主要指针对企业经营特点、整合企业内部资源、构成企业核心竞争力的物流配送信息系统；另一个则是通用信息技术与装备的应用情况，包括条码技术、射屏技术、GPS 定位系统等等。前者具有专用性，是物流配送企业发展到较高水平而产生的信息化需求，而后者则具有通用性，是物流配送行业提高整体发展水平的必然要求。为了加快提升上海物流配送企业的服务效率和整体水平，有必要高度重视物流信息化建设，除了进一步鼓励大型物流配送企业开发专用性的信息系统、确立行业龙头地位之外，加大政府投入，大力推广成熟度较高的物流信息技术与装备在物流配送行业中的应用，全面提高物流配送的信息化水平。

7. 进一步加强货运资质与车辆管理

运输贯穿城市配送物流的整个流程，这一环节不仅直接影响到配送物流的总体效率和服务水平，还关系到城市道路资源能否得到有效利用，有必要从源头抓起，加强从事配送物流运输的企业资质管理与车辆标准管理，保障物流配送的安全性与高效性。一是要逐步提高货运车辆的技术等级标准，加快货运车辆的更新换代与结构调整，加速淘汰能耗高、排放差、性能低下的货运车型，鼓励货运企业使用各种先进的专业化、特种化、厢式化货运车辆，推行危险品运输车辆厢式化、罐体化，发展承运冷藏、恒温等专用车辆；二是要结合货运通行政策调整，加大对客运面包车改装载货、货车超载等违章行为的整治力度，规范道路通行秩序，保障道路通行安全。（上海市流通经济研究所）

§11.2.2 城市物流：理论与政策的若干思考

建设城市物流体系的政策建议如下：

一、纳入城市发展战略

提升战略意识，将建设物流都市纳入城市未来总体发展战略。鉴于城市物流在未来城市中所起的关键作用，应明确将城市物流纳入城市发展总体战略，并在“十二五”期间建立导入期工程，为城市未来发展建立可持续的竞争优势。在启动阶段，完成“城市物流—2020”城市物流规划，明确基础设施系统、城市物流技术系统、城市物流运营系统、城市物流政策系统的发展战略，建立城市物流投资、产出、减排、提效的指标体系，明确实施步骤。

二、纳入城市“十二五”发展规划

将打造高效的城市物流体系、建设物流都市纳入城市“十二五”物流规划。在对城市物流需求进行深入调研的基础上，编制基础设施改造计划、城市物流技术计划、城市物流运营计划，制定城市物流指标体系。根据交通运输实载率、城市道路饱和度、运载工具数量、物流成本、汽车尾气排放量、噪音等多项指标，建立城市物流指标体系。

三、提供运营支撑

加快物流装备升级与技术创新。积极与著名跨国公司建立战略合作，形成战略伙伴关系，利用国际资本，投入城市物流技术与运营体系建设，加快物流装备改造升级，提高物流装备与技术的创新能力，为城市物流体系的建设提供运营支撑。推动物流企业国际化合作。鼓励本地物流企业与国外企业的业务合作，利用其先进经验和管理方法提升传统物流企业的服务水平；积极引入国际领先的物流企业。重点培育城市物流龙头企业。鼓励大型企业将物流资产与相关业务剥离，以参股、合资、联营、联盟等形式整合现有的存量资源，建立现代企业制度，组建大型物流集团公司；鼓励先进的民营企业实行跨部门跨行业的兼并、收购、联营等方式，成为某一业务领域的龙头企业。

四、安排专项资金

专项资金投入城市物流规划、基础设施的改造升级，规划建设城市物流信息平台、应急指挥平台和智能化的统一指挥系统。

五、加强制度建设

（1）制定城市物流发展条例。明确政府部门职能，保证城市物流协调发展；建立城市物流市场的准入制度，明确城市物流企业的注册资金、经营项目、资产规模、仓储面积、车辆数量、业务模式、人员要求等（对从事第三方物流服务的先进物流企业可降低对实物资产的要求）。同时，将环保和节能作为市场准入和招商引资的重要标准，建立严格的项目引进评估机制、项目核准程序及环境影响评价等制度，鼓励支持科技含量高、环保意识强、资源消耗少的企业进入城市物流市场。

（2）完善城市物流行业标准。健全物流企业对客户反应速度和配送速度标准；在物流运作过程中货损、丢失等赔偿标准；按业务范围与营业规模划分的企业分级标准；城市物流运输车辆的分级标准与行驶、停靠限制规定，以及城市配送车辆的形象、标识、运价统一标准；物流辅助工具、托盘、容器、设备的规格标准；物流行业统计标准；专业物流行业标准，如冷链物流行业标准、钢铁物流行业标准等。

（3）建立政府管理协调机制。明确统一的多部门协调机制，统一工作流程、办事手续，实行大部制管理；统一制定城市物流业发展规划及政策；科学布局基础设施建设；建立各种运输方式的有效衔接；加快重点项目的立项以及国土建设等环节的审批；建立监控评估机制和应变反应机制，形成上下联动的物流工作推进机制，实现高效统一的领导统筹协调机制。

（4）出台优惠扶持政策。对符合城市物流发展规划、列入市重点扶持的物流园区、物流货运场站与专业配送中心、保税仓库等物流基础设施项目的建设给予特殊用地政策、用电政策，减收土地出让金和相关配套费等相关优惠政策。对于进驻新建物流园区的重点物流项目和重点物流企业，在配套设施费、通行费等方面给予相应的减免政策。对重点扶持的物流项目可申请财政贷款贴息额度，对采用先进物流技术和设备的项目给予特殊优惠（如减免营业税、所得税等）。对现有国道、省道进行技术改造；对危险品货运资格及专用货运路线的选择作出相关立法或管理措施等。向重点扶持的物流企业发放可以全天行驶的通行证，发放标准可协同工商、交通管理等部门根据鼓励先进、提高效率、有利环保等原则研究制定（如对车型、吨位、排放指标等提出具体要求）。

（5）强化公共物流信息平台建设的保障政策。完善平台建设规划。由政府主持，成立公共物流信息平台建设领导小组，专门负责物流信息平台建设的协调工作。在调查不同主体的物流信息化现状的基础上，从总体上对物流信息平台统筹规划，并制定阶段性实施计划。优化平台建设的政策环境。出台相关政策法规，排除物流信息平台建设的体制性障碍，优化物流信息化发展的良好环境；加强政府政策的宏观引导，发挥龙头企业和重点项目示范效应，促进公共物流信息平台的建设。各相关部门根据自身职能和公共物流信息平台的发展要求，加大对物流信息网络平台重点示范工程的扶植力度，制定相应的优惠政策，积极创造有利于公共物流信息平台发展的良好条件。

(6) 健全城市物流配送保障政策。健全货运行业管理规范，保障城市物流配送货运出租的健康发展；建立现代商品综合物流配送中心示范项目，提高物流综合效益；对个体运输车辆实行挂靠管理制度，保障城市物流配送市场的公平竞争；根据城市物流体系对不同层次的物流中心的需要，合理规划多层次的城市物流配送网络，包括物流园区、配送中心、社区配送等；对货物集散进行统一管理和调度，实现合理配载、共同配送，提高货车装载率，降低车辆空驶率，节约能源，减少污染，缓解城市交通压力。

六、提高技术保障水平

鼓励城市物流技术创新，加快城市物流技术应用。积极引入现代无线通讯技术、卫星导航技术、智能车辆调度指挥技术、物联网和服务互联网技术等，实现城市物流的现代化、智能化，其中包括新移动运输系统、无人驾驶轨道货运系统、城市物流拣选系统、多功能车辆调度指挥系统等新技术、新设备、新设施的应用。

七、优化基础设施

优化城市物流基础设施，提高基础设施利用率。在“十二五”规划期，完成对城市物流基础设施一体化、集约化的规划、建设和初步再造，统一规划、合理布局城市物流集散中心，提升港口、机场、物流园区、货运场站与城市物流体系的连接度，优化完善城市配送体系。优化交通运输系统的城市物流功能，增强城市物流体系的服务圈辐射能力。推进骨架路网建设，优先发展公共交通，建设智能交通系统，形成布局合理、功能清晰、衔接顺畅的道路交通体系。科学布局交通运输基础设施，系统规划货运车辆行驶路径，依托交通基础设施优势，建立轻轨、地铁、园区、配送网络之间的多式联运体系，发挥综合优势。依托港口、机场、物流园区等城市物流基础设施，建立多式联运体系，充分发挥各种运输形式所具有的安全性、准时性、批量性、高速性、舒适性等特性，以最好的服务、最快的速度、最具竞争力的价格完成“门到门”的运输。

八、建设信息平台

建设面向全市的城市物流公共信息平台，形成全程可视的智能物流指挥系统。按照“统一品牌、统一管理、统一标准、统一客服号码、统一电子窗口”为导向，以降低物流营运成本、提高物流效率为目标，以提升客服满意度为宗旨，以先进的信息技术为支撑，以基于云计算的信息共享为手段，以物联网技术应用为特色，整合城市现有和计划建设的物流枢纽、行业企业、服务机构的公共信息服务平台资源，建设功能齐备、信息共享、互联互通的物流公共信息平台。建立信息技术规范和标准。在广泛征询意见的基础上，根据国内外的先进实践，聘请独立的研究机构制定企业物流信息系统建设的规范和标准，以及工商企业与物流企业间信息交换的标准；参考国际标准、国家标准和行业标准，制定物流业统一信息编码标准；应用国际通行的标准和规范，建立全市统一的物流公共信息平台，与物流园区、工商企业、银行、税务、保险、口岸等机构连接，加强城市物流公用信息平台的组织协调和统一规划。

（《现代物流报》）

§11.2.3 走“共同配送”之路

制约城市物流发展的不是城市之间的专线运输，而是市内配送。即所谓的“最后一公里”，也就是直接面向用户的末端配送。

城市末端配送的特点是：小批量、多批次、多品种、随机性、时效性、投递范围广、投递节点分布复杂，对于成本的控制难以精确把握。特别是对于大多数中小物流配送企业来说，要求门对门、点对点快递商品的配送服务。而由于放射状作业点众多，难以适应分布式配送/揽收业务需求，亦无法开展低附加值的配送/揽收业务。

此外，由于现阶段城市交通管制的严苛，快递车辆在城区活动很难，许多快递企业往往要通过“客货混装”、私自拆改客车座位等方式才能运递快件商品。即便如此，也属于违法快递车辆。快递司机惧怕交警查处，往往引发超速、非法绕道等道路交通安全隐患。车辆屡屡被查扣，从而造成快递商品被扣、滞留、积压、延误。

如何解决上述问题？各地都提出了不同的解决方案。但要想从根本上解决问题，恐怕还是要走“共同配送”的道路。

这方面，北京市走在了前头。2010 年以来，北京市建立了首批与快递公司和电子商务网站合作的 15 个物流“共同配送”站点，并提出“最后 100 米”的服务宗旨。这 15 个站点相当于 15 个“社区收发室”。至于“最后 100 米”是什么意思？走进“收发室”一看就明白了：几个大铁筐里面装满了来自各家快递公司的大大小小的包裹，铁筐上面贴着附近小区的名称。快递公司把邮件和商品送到“共同配送”站点，工作人员按照小区归类，统一配送上门。为适应电商网购的发展趋势，“收发室”里集中了包括京东商城等很多大型电商网店的自提业务。如果是网购自提，顾客不用再跑远路到网站的自提点，在此取货就成。

这15家“社区收发室”已覆盖100个社区、服务13.2万余户居民，接入了快递、电子商务、食品配送等末端配送业务。试运营以来，日业务量已达上万件。在此尤其值得一提的是，由于每个配送网点负责半径1公里之内的社区配送，距离近，用电动自行车送货即可，既减少了交通拥堵，还提高了配送效率。

城市配送堵在最后一公里乃至“最后100米”的难题并非不能解决，也不是只能靠政府解决，但政府和协会必须出面牵头组织并给予相应的扶持政策；作为电商和物流配送企业则更是责无旁贷。另外，上海目前正在探索实施的“物流超市”，就类似于“社区收发室”。所不同的是，“社区收发室”在这里变成了“物流超市”的众多连锁店，不仅更具有品牌效应，而且由于使用了物联网等信息化手段，创新地提出了“天网地网”相结合的理念，更便于统一管理、降低成本、提高效率。虽然这种模式如今尚在试验阶段，理念上有些超前，但其发展前景令业内看好。因为，相较于“社区收发室”模式，这种“物流超市”的模式，其服务范围可以从社区扩大到全市全省乃至全国，服务手段也将更加先进。也就是说，配和送这两大难题都可以解决。（《现代物流报》）

§11.2.4 电子商务物流需政策支持

中国电子商务正在迅猛发展。据艾瑞数据显示，2010年中国电子商务整体交易4.8万亿元，增长33.5%；网络购物市场交易规模4 980亿元，增长89.4%。与此同时，物流“瓶颈”问题被屡屡提及，几乎成为行业内老生常谈的“痼疾”。

现阶段，物流成本高、时间长，是制约电子商务发展的一个重要原因。然而对于电子商务企业的发展而言，物流既是瓶颈，也是机遇。

据美国服务业联盟预计，未来10—20年，全球航空货运将增长6%，其中快递业的增长是航空货运业的两倍，达到12%；而中国会在此基础上再翻一番，成为全球增长最快的地区。“2011年1—9月，北京的电子商务销售额已经超过两亿单，同比增长75%左右。一般到节假日、过年等节日高峰来临时，激增量会达到50%～100%。”飞速发展的“鼠标”经济正在给基础薄弱的快递行业带来越来越难以支撑的沉重压力。

目前我国的电子商务是高科技和劳动密集相结合的行业：前段是高科技企业，末端的物流配送是劳动密集型企业。据统计，我国登记在案的快递企业已超过6 000家，从业人员超过了30万，但是配送效率较低。行业中监管不完善、缺乏与电子商务行业相匹配的整体规划以及各种交通管理措施等因素，使物流难“流”，也决定了我国物流配送行业仍处于发展的初级阶段。

在电子商务整个产业链中，物流配送行业处于产业链的最前端，直接接触到消费者或下一次的潜在消费者，物流行业发展的快慢和质量如何，直接影响着网络购物环境。事实上，经过几年的“瓶颈”束缚，部分电子商务企业已经发现并着手突破这一问题，转被动为主动，甚至将物流服务作为有力的竞争手段。

目前很多电子商务企业正在投入大量资金建设物流基础设施，力求打破“瓶颈”，成为企业发展新的增长点。如我国钢铁业面临着大规模的结构性调整任务，在这期间对于降低成本及顺利实现转型升级尤为重要，也是钢铁电子商务和物流业的发展方向。

目前各级政府都对电子商务发展非常重视，但由于电子商务仍然是一个飞速发展的新兴事物，缺乏与电子商务行业相匹配整体规划，尤其是物流环节，甚至呈现无法可依或非法运营状态。在推进电子商务发展过程中，政府应增强与电子商务企业的联系、不断完善政策制度。从倚重政府管理向多方协同治理转变，制定电子商务相关的政策法规和自律准则，及时清理和修订一些过时的、不适应电子商务发展的政策法规，为电子商务发展过程中出现的新问题和新现象提供法律依据。

电子商务相关政策法规亟待从两方面给予完善：

第一，电子支付方面，应尽快制定和完善规范电子支付的相关法规制度，包括《银行卡业务管理办法》《银行卡条例》《网上银行业务管理暂行办法》《支付结算管理办法》《大额支付系统业务处理办法》《电子支付指引》和《第三方支付指引》等。

第二，物流配送方面，除了完善物流行业的政策法规之外，应针对电子商务物流本身的特点和运行中出现的问题，制定对应的法律法规，规范电子商务物流服务业。同时还需要加大对电子商务物流业的支持、引导和监管力度，制订相应的产业发展整体规划，规范企业行为，建立自由畅通、规范有序的物流市场，推动电子商务产业持续健康、快速发展。一方面应加快搭建物流信息化平台，另一方面则需建设专业化、社会化的物流配送体系。就构建物流信息化平台而言，要采用政府搭台、企业主导、多方参与的方式，在已有的物流信息平台上进行整合，避免重复建设。其中，平台建设在编码上须符合统一的原则，以实现电子商务企业与物流公司后台数据库系统的无缝对接，从而为不同类型的服务对象提供服务。供应链金融平台是利用信息科技技术，整合物流、信息流及资金流信息，以达到高效率运作及风险控制之目的。目前《钢铁供应链 BAB 电子商务模式及解决方案》对于解决电子商务面临的物流难题将有借鉴性意义。

而针对建设现代物流配送体系，需要政府采取措施推动物流组织管理体系的变革。尤其是要打破垄断，改变传统物流体制的条块分割，鼓励电子商务企业自建物流，促进第三方物流企业重整与规范，建立经济有效、互联互通、开放的专业化、社会化物流配送体系。(《现代物流报》)

§11.3 供应链

§11.3.1 供应链管理二十年风云巨变

回望过去的二十年,供应链管理的发展历程在许多方面可谓令人瞩目。供应链管理影响着企业内部的业务行为,促进企业与供应商和客户之间的相互协作,管理从采购到货架的整个流程,各个环节均对公司竞争能力和赢利能力有着重大影响。但是,这一转型管理中最引人瞩目的层面或许是供应链对我们日常生活产生的直接影响,包括客户服务预期、质优价廉产品和随时供货。

现在,我们以高效先进的供应链为依托,将全球其他地区生产的电子产品及不同气候地区生产的生鲜农产品运往商场,甚至直接送货上门,从而将曾经的季节性农产品变为终年供货。作为消费者,我们希望扩大选择面,希望购物和收货更加方便,尤其是希望获得额外价值。那么,是什么让这一切变成了现实?

归根结底,这一切来源于我们对客户理念和内部组织的根本性思维转变,最终目的是满足他们的需求。

20 世纪 90 年代初,供应链管理作为一种新兴的管理理念,扎根于制造业。对汽车生产线进行部件及时供货,这一理念的实施,表明通过控制供应链、降低库存量、最大限度减少报废等方式,可降低成本和提高效率。制造商获得的优势包括:集中精力改善客户服务、根据需求进行供应链运作、将货品在供应链中的被动流动改变为主动流动。灵活制造成为业界追求的“圣杯”。

同时,零售企业也很快认识到加强供应链控制的价值。通过与主要供应商加强合作,提高与商场之间的信息交换有效性,可更加明确地掌握供需状况。信息技术的快速发展,推动了以客户为本的变革。然而,回顾过去,在策略转型和业务转型的环境中,我们容易忘记自己面临的挑战,忽略相对落后的能力。

当时,宽带互联网还未完全进入我们的生活,快速廉价的电脑电源和开放系统仍然是遥不可及的梦。应用限于局部应用,实施起来十分耗费时间。数据存储于分布在企业内部的各个分散环节,信息难于共享,业务交易通过当时较为新潮的传真机进行,主要通过人工纸张文件方式完成。信息反复输入十分普遍,容易出现错误,产生费用,并造成时间浪费。

曼哈特成立于 1990 年,最初致力于提供仓储软件系统。曼哈特国际高级副总裁 Jeffbaum 表示:“供应链系统诞生于 20 个世纪 90 年代,在过去的 20 年间,供应链系统始终在持续发展。众所周知,制造业的制造资源计划(MRP)其实是企业资源计划(ERP)的雏形。90 年代后半期,业界开始采用可升级式软件包,开始对仓储管理、运输管理和库存管理进行优化。但是,这些应用只是局部解决方案。一家供应商可能在仓储方面具有优势,另一供应商可能在运输方面饶有成就。但是我必须强调，供应链也只是局部解决方案或功能的拼凑或组合。在我看来，许多情况下，人们将其称为供应链，但刨开外壳，其真正的核心是物流活动，因为这些活动并不影响采购或库存，而是注重于实际配送。”

至于ERP系统的发展，实际上九十年代中期确实出现了统一系统控制全局的理念，并且涵盖了后勤职能、制造流程、供应链运作等各个环节。但是，实现这一目标却面临重重考验，同时还牵涉到市场对最佳解决方案与ERP系统建议合作的期望，以及为了实施更加开放的标准及网络服务和实时信息共享的简易方法。

2000年的“千年虫”问题仍然让人记忆犹新。当时，因实施时间较长而引起的巨额费用困扰着软件业，由于对神秘“千年虫”的担忧，企业要求安装新型ERP系统解决千年虫问题。

十年前的实施时间很漫长。当时，系统设置往往需要数月甚至数年时间才能完成，而且配置还必须分组进行。人们必须围绕范围、重量、操作人员和区域设置大量数据。由于系统十分复杂，必须耗费很长时间解决问题和培训员工。当时，6—9个月完成实施实属不易。由于这些都是大型项目，所以成熟的仓储管理系统当时并不适合于中小型企业。

目前，曼哈特的平均实施时间为3—6个月。这些系统价格适中，处于小型公司的承受范围内。不难看出，曼哈特改善了解决方案的配置方式，从而缩短了实施时间。同时，用户一旦采用“向导”流程，就可通过逻辑方式完成设置。以前，系统由负责解决技术问题的系统专家设计。现在，曼哈特从操作层面进行系统设计，并且将用户体验始终放在设计理念的第一位。

在这风云变化的二十年，企业内部IT组织层次也发生了巨大的变化。曾几何时，供应链业务运作人员是系统购置的主要推手。当时，IT人员几乎没有话语权。他们通常局部实施这一技术，例如在某一仓库或某一地区实施。具体实施可能与企业级IT策略不相适应。随着首席信息官(CIO)和IT总监的兴起，这一情形发生了巨大变化。现在，业务运作团队必须向IT团队和首席信息官证明系统的合理性。他们认识到不能采用离散系统和局部安装，他们希望结构集中化数据以企业IT管理和数据安全性为核心，希望通过整合形成更高层次的管理报告系统。

以结构化更严谨、整合程度更高的方式实施IT系统，反映了过去十年以来系统能力的大幅度提高，体现了IT系统对业务绩效的重要性。

然而，是计算能力和宽带互联网两者的共同发展促进了供应链的全球化发展。数据跨地区快速传输，促进了信息在供应链系统中的透视度提高，将世界各地供应商和买家联系在一起。随着贸易结构更加开放，技术发展促进了制造业向生产成本较低的地区外包;通过物流服务全球性扩展,产品可在遥远地区廉价生产,然后以较低的价格投放西方市场。供应链的不断扩展,驱动着现代消费的车轮滚滚向前。

世界正在经历扁平化发展。早年,我们甚至无法想象在本地以外的地区实施供应链。现在,在多个时区、多个国家甚至世界各地集中实施供应链解决方案已然成为热门话题。二十年前,这一话题无异于科学幻想,现在却已司空见惯。

现在的供应链复杂度已今非昔比。推动供应链系统整合的核心是开发"scope"解决方案,在各个应用系统中实现数据主文档共享。无论是在仓储环节,还是在运输环节或是补货环节,相同品项均处于数据库的相同表中,从而实现数据元共享,确保供应链中货品统一。

货品统一性与分布式订单管理解决方案相结合,可以为供应链执行提供更多的灵活性。例如,当你接到订单时,你不一定知道应从何处出货。系统将根据最低成本、最佳时间、库存定位、未来订单优化等多项因素,决定这一订单应由何处执行。对于某一订单而言,成本最低的执行方式并不一定意味着能降低公司的总体成本。

灵活性和敏捷性是当前供应链的核心特征。敏捷性就是在环境发生变化时快速适应的能力。供应链敏捷性是供应链的优势所在,可增强企业的竞争能力和赢利能力。如今,现代供应链技术使敏捷性成为了现实。

回望供应链发展的二十年,不得不惊讶它的发展之快,它将许多的不可能变为了现实。我们由衷地期望接下来的二十年,供应链能让我们的生活更美好!(比特网)

§11.3.2 供应链管理的发展趋势

(一)以更快的反应速度满足顾客日益个性化的需求

随着市场竞争的激烈,越来越多的企业认识到能否快速、及时地满足客户日益个性化的需求将在很大程度上决定企业的整体竞争力。随着物联网的不断普及,可以预见,供应链中的各个企业将可以利用物联网,增加供应链的可视性,提高供应链管理的信息透明度,使资源得到有效利用。以达到在尽可能小的成本下,更加快速、及时的响应客户的需求,从而提高供应链整体竞争水平的目的。

(二)以更加优化的供应链成员缩小供给库规模

供应链成员的类型及数量是引发供应链管理复杂性的直接原因。如何优化企业的供应链成员以降低供应链管理的复杂性,成为很多企业思考的重点。通过利用物联网可以最大限度的实现信息共享和协调供应链成员的作业计划,从而对供应链进行集成。物联网形势下供应链管理的高度优化还可以保证企业及时评估合作伙伴,并筛选出符合企业要求的优秀企业,与其建立统一的业绩标准,更好的管理供应链的各个环节，对供应链进行整体监控。

（三）基于物联网的信息系统使供应链管理高度敏捷化和信息化

基于物联网的信息系统可以将企业内部和企业之间的生产活动进行整合，通过完成自动化生产线运作，实时了解生产状况，及时根据生产进度发出补货信息，实现流水线均衡，使生产变得更加柔性化。供应链管理的高度敏捷化和集成化可以使得企业存货水平，特别是供应链渠道中的存货水平不断降低，资产生产率不断提高。

（四）供应链管理与质量控制的智能化集成

供应链管理涉及许多环节，需要环环紧扣，与产品生产有关的任何一个环节出现问题都将影响最终产品的质量。在物联网被充分利用到供应链管理中后，企业可以实现对原材料、零部件、半成品和产成品的识别与跟踪。通过在各个环节上实现对货物的智能化管理。加强对产品质量的控制及追踪，保证企业能够提供尽可能高品质的产品。

（五）以产品服务化理念创建服务供应链

许多公司在完善供应链管理的过程中，把精力集中到了加强资本投入以及采购、物流和生产等上游流程上，却忽视了客户满意度、需求模式的变化等下游流程。面对客户需求模式的变化，企业可以充分利用物联网，在保证采购、物流和生产等上游流程稳定的基础上。通过有效监控商品流动情况，及时读取客户需求的变化，实施基于产品的增值服务，切实提高客户对企业产品的满意度和企业的竞争力。（供应链中国网）

§11.3.3 供应链纵向与横向一体化对比

经济学上，沿产业链占据若干环节的业务布局叫做纵向一体化。纵向一体化是一个战略性的计划，它是组织核心能力在企业内部扩张的一种形式，与它相同的还有横向一体化战略和加强型战略。

纵向一体化又叫垂直一体化，指企业将生产与原料供应，或者生产与产品销售联合在一起的战略形式，是企业在两个可能的方向上扩展现有经营业务的一种发展战略，是将公司的经营活动向后扩展到原材料供应或向前扩展到销售终端的一种战略体系。包括后向一体化战略和前向一体化战略，也就是将经营领域向深度发展的战略。

前向一体化战略是企业自行对本公司产品做进一步深加工，或者资源进行综合利用，或公司建立自己的销售组织来销售本公司的产品或服务。如钢铁企业自己轧制各种型材，并将型材制成各种不同的最终产品即属于前向一体化。

后向一体化则是企业自己供应生产现有产品或服务所需要的全部或部分原材料或半成品，如钢铁公司自己拥有矿山和炼焦设施；纺织厂自己纺纱、洗纱等。

纵向一体化的目的：是为加强核心企业对原材料供应、产品制造、分销和销售全过程的控制，使企业能在市场竞争中掌握主动，从而达到增加各个业务活动阶段的利润。

纵向一体化是企业经常选择的战略体系，但是任何战略都不可避免存在风险和不足，纵向一体化的初衷是希望建立起强大的规模生产能力来获得更高的回报，并通过面向销售终端的方略获得来自市场各种信息的直接反馈，从而促进不断改进产品和降低成本，来取得竞争优势的一种方法。

但并不是所有的领域都适合纵向一体化，戴维·怀特和斯达奇在1993年出版的《斯隆管理评论》中说道："什么东西不能进行纵向一体化，什么时候不能进行垂直一体化"。这已经表达，纵向一体化必须依据企业的实际和竞争环境来确定其是否适合在此时、在此行业开展这种战略。我们可以看到伊利奶业并没有在全国建立起专卖店体系，这本身就说明，这种基于一家产品的奶制品不适宜建立专卖店体系，反而更加适合于在超市中销售，那么它的前向一体化（销售渠道与终端），并不能够直接铺设到全国各个地域，这证实了戴维·怀特和斯达奇的观点。

纵向一体化是一种典型的价值链体系，在这种体系下产生出了完整的价值传递过程，作为企业的战略制定者可以不断向纵深渗透，伊利奶业已经向后进入到了奶源基地的建设，奥康和美特斯邦威已经向前进入到了专卖店建设。

纵向一体化的优势

1. 带来经济性

采取这种战略后，企业将外部市场活动内部化有如下经济性，内部控制和协调的经济性；信息的经济性；（信息的获得很关键）节约交易成本的经济性；稳定关系的经济性。

2. 有助于开拓技术

在某些情况下，纵向一体化提供了进一步熟悉上游或下游经营相关技术的机会。这种技术信息的对基础经营技术的开拓与发展非常重要。如许多领域内的零部件制造企业发展前向一体化体系。就可以了解零部件是如何进行装配的技术信息。

3. 确保供给和需求

纵向一体化能够确保企业在产品供应紧缺时得到充足的供应，或在总需求很低时能有一个畅通的产品输出渠道。也就是说，纵向一体化能减少上下游企业随意中止交易的不确定性。当然，在交易的过程中，内部转让价格必须与市场接轨。

4. 削弱供应商或顾客的价格谈判能力

如果一个企业在与它的供应商或顾客做生意时，供应商和顾客有较强的价格谈判能力，且他的投资收益超过了资本的机会成本（机会成本：为了得到某种东西所必须放弃的东西），那么，即使不会带来其他的益处，企业也值得去做。因为一体化削弱了对手的价格谈判能力，这不仅会降低采购成本（后向一体化），或者提高价格（前向一体化），还可以通过减少谈判的投入而提高效益。

5. 提高差异化能力

纵向一体化可以通过在管理层控制的范围内提供一系列额外价值，来改进本企业区别于其他企业的差异化能力。（核心能力的保持）例如云南玉溪烟厂为了保证生产出高质量的香烟，对周围各县的烟农进行扶持，使他们专为该烟厂提供高质量的烟草；葡萄酒厂拥有自己的葡萄产地也是一种一体化的例证。同样，有些企业在销售自己技术复杂的产品时（一汽），也需要拥有自己的销售网点，以便提供标准的售后服务。

6. 提高进入壁垒

企业实行一体化战略，特别是纵向一体化战略，可以使关键的投入资源和销售渠道控制在自己的手中，从而使行业的新进入者望而却步，防止竞争对手进入本企业的经营领域。企业通过实施一体化战略，不仅保护了自己原有的经营范围，而且扩大了经营业务，同时还限制了所在行业的竞争程度，使企业的定价有了更大的自主权，从而获得较大的利润。例如 IBM 公司即使采用纵向一体化的典型。该公司生产微机的微处理器和记忆芯片，设计和组装微机，生产微机所需要的软件，并直接销售最终产品给用户。IBM 采用纵向一体化的理由是：该公司生产的许多微机零部件和软件都有专利，只有在公司内部生产，竞争对手才不能获得这些专利，从而形成进入障碍。

7. 进入高回报产业

企业现在利用的供应商或经销商有较高的利润，这意味着他们经营的领域属于十分值得进入的产业。在这种情况下，企业通过纵向一体化，可以提高其总资产回报率，并可以制定更有竞争力的价格。

8. 防止被排斥

如果竞争者们是纵向一体化企业，一体化就具有防御的意义。因为竞争者的广泛一体化能够占有许多供应资源或者拥有许多称心的顾客或零售机会。因此，为了防御的目的，企业应该实施纵向一体化战略，否则面临着被排斥的处境。

纵向一体化战略的局限性

1. 带来风险

纵向一体化会提高企业在行业中的投资，提高退出壁垒，从而增加商业风险（行业低迷时该怎么办），有时甚至还会使企业不可能将其资源调往更有价值的地方。由于在所投资的设施耗尽以前放弃这些投资成本很大，所以，纵向一体化的企业对新技术的采用常比非一体化企业要慢一些。

2. 代价昂贵

纵向一体化迫使企业依赖自己的场内活动而不是外部的供应源，而这样做所付出的代价可能随时间的推移而变得比外部寻源还昂贵。产生这种情况的原因有很多。例如，纵向一体化可能切断来自供应商及客户的技术流动。如果企业不实施一体化，供应商经常愿意在研究工程等方面积极支持企业。再如，纵向一体化意味着通过固定关系来进行购买和销售，上游单位的经营激励可能会因为实在内部销售而是竞争有所减弱。反过来在从一体化企业内部某个单位购买产品时，企业不会像与外部供应商做生意时那样激烈地讨价还价。因此，内部交易会减弱员工降低成本，改进技术的积极性。

3. 不利于平衡

纵向一体化有一个在价值链的各个阶段平衡生产能力的问题。价值链上各个活动最有效的生产运作规模可能不大一样，这就使得完全一体化很不容易达到。对于某项活动来说，如果它的内部能力不足以供应下一个阶段的话，差值部分就需要从外部购买。如果内部能力过剩，就必须为过剩部分寻找顾客，如果生产了副产品，就必须进行处理。

4. 需要不同的技能和管理能力

尽管存在一个纵向关系，但是在供应链的不同环节可能需要不同的成功关键因素，企业可能在结构、技术和管理上有所不同。熟悉如何管理这样一个具有不同特点的企业是纵向一体化的主要成本。例如，很多制造企业会发现，投入大量的时间和资本来开发专有机能和特许经营技能以便前向一体化进入零售货批发领域，并不是总如他们想象的那样能够给他们的核心业务增值，而且拥有和运作批发，零售网络会带来很多棘手的问题。

5. 延长了时间

后向一体化进入零配件的生产可能会降低企业的生产灵活性，延长对设计和模型进行变化的时间，延长企业将新产品推向市场的时间。如果一家企业必须经常改变产品的设计和模具以适应购买者的偏好，他们通常发现后向一体化，即进入零配件的生产领域是一件负担很重，因为这样做必须经常改模和重新改进设计，必须花费时间来实施和协调由此所带来的变化。从外部购买零配件通常比自己制造便宜一些，简单一些，使企业能够更加灵活，快捷地调节自己的产品以满足购买者的需求偏好。世界上绝大部分汽车制造商虽然拥有自动化的技术和生产线，但他们还是认为，从质量和成本和设计灵活性的角度来讲，从专业制造商那里购买零配件而不是自己生产会获得更多的利益。

企业增长在战略上可分为一体化扩张和多样化扩张。一体化扩张又可分为横向一体化（水平一体化）和纵向一体化（垂直一体化）。

横向一体化战略也叫水平一体化战略，是指为了扩大生产规模、降低成本、巩固企业的市场地位、提高企业竞争优势、增强企业实力而与同行业企业进行联合的一种战略。实质是资本在同一产业和部门内的集中，目的是实现扩大规模、降低产品成本、巩固市场地位。国际化经营是横向一体化的一种形式。

横向一体化战略适用准则：规模的扩

大可以提供很大的竞争优势时；企业具有成功管理更大规模企业所需要的资金和人才；竞争者经营不善而发展缓慢或停滞。

以上准则不是绝对的，应灵活运用，观察研究现实中的战略案例，有助于有效运用相关战略。前向一体化战略在许多行业均有应用，比如IT行业、家电行业、汽车行业，渠道往往成为决定制造企业命运的重要力量，加强对渠道的控制，建立自己掌控的营销系统，成为许多企业成功的重要因素。

横向一体化战略的优缺点

采用横向一体化战略，企业可以有效地实现规模经济，快速获得互补性的资源和能力。此外，通过收购或合作的方式，企业可以有效地建立与客户之间的固定关系，遏制竞争对手的扩张意图，维持自身的竞争地位和竞争优势。

不过，横向一体化战略也存在一定的风险，如过度扩张所产生的巨大生产能力对市场需求规模和企业销售能力都提出了较高的要求；同时，在某些横向一体化战略如合作战略中，还存在技术扩散的风险；此外，组织上的障碍也是横向一体化战略所面临的风险之一，如"大企业病"、并购中存在的文化不融合现象等。（供应链中国网）

§11.3.4 供应链金融扩展服务何以受限？

事物都有两面性，供应链金融也不能例外。供应链金融在我国的商业银行获得了显著的成绩，但作为一个全新的融资模式，在实践过程中，也产生了一些问题，需要引起重视。

首先，供应链管理的不成熟影响了供应链金融推行的效率。目前，我国商业银行推行的供应链金融仅局限于汽车、钢铁、能源、电信等有限几个行业，原因在于目前我国国内的供应链管理的意识普遍薄弱，成员之间关系松散且边界模糊，核心企业对供应链成员的管理缺乏制度化的手段。在这种情况下，供应链融资中对核心企业的资信引入有时缺乏利益激励，而成员企业对核心企业的归属感不强，也导致基于供应链的声誉效应和违约成本构造起来比较困难。这种状况不仅使得银行可选择开发的链条有限，而且也要审慎评估供应链内部约束机制的有效性。

其次，我国商业银行推行的供应链金融风险控制体系尚不完整。理论上看，供应链金融风险主要来源于包括政策、市场、法律风险在内的外生风险以及包括信用、操作风险在内的内生风险。供应链金融是一种整体性、高技术含量的融资模式，必然需要完善的风险控制体系加以控制。从我国各商业银行推行的供应链金融和业务营运的机构设置来看，除了深圳发展银行以外，大部分银行的供应链融资尚未独立，风险控制的核心价值并未有效吸收。结果不仅未能充分发挥营销的效率，也存在较大的风险隐患。

再者，我国商业银行供应链金融的技术支持相对薄弱。在供应链金融业务的发展过程中，技术平台的引进是很重要的。国际银行开展供应链金融业务时就都用到了先进的网络技术。而目前国内金融信息技术和电子商务的发展相对滞后，使得供应链金融中信息技术的含量偏低。在许多银行的供应链金融中，目前在单证、文件传递、出账、赎货、应收账款确认等环节很大程度上需要人工确认，这不仅严重影响了供应链金融的融资效率，也在一定程度上增加了银行的操作风险。

基于以上供应链金融创新发展中的问题，可以认为，我国供应链金融创新已到了必须解决观念创新、技术创新、组织创新和制度创新的阶段。第一，在观念创新上，要时刻牢记创新是金融发展永恒的主题，创新无处不在、无时不有。第二，在技术上，通过物联网的技术创新(即传感器加互联网)，建立我国产、供、销的完整供应链信息系统。通过传感器的技术创新，将互联网运用到基础产业和服务产业，建立起不同行业、产品的基础供应链信息管理平台，为供应链金融实现技术的整体管理创造条件。第三，在组织上，突破供应链金融仅仅作为银行业务创新的范畴，围绕供应链管理，建立能够集提供物流服务、信息服务、商务服务和资金服务为一体的供应链第三方综合物流金融中介公司。它既有现有的第三方物流公司的职能，又具有充当银行和生产、供应、销售之间的融资角色的职能。对银行来说，有必要对其管理体制、业务流程和盈利模式进行相应的变革，可以围绕供应链金融业务建立相应的业务事业部制，通过供应链金融业务的整体外包或部分外包的合作形式，与供应链第三方综合物流金融中介公司合作，提供全面的金融服务，建立全面的业务风险管理模式，实现企业、银行风险控制和绩效指标任务的顺利完成。第四，在制度上，实现对原有的银行分业管理向混业管理的转变，允许银行把非核心的业务合理有序地外包给专业的供应链第三方综合物流金融中介公司；允许诸如第三方综合物流金融服务公司中介服务的存在，并依法从事有关融资业务。在供应链金融服务中，由于银行作为质押人，不完全具备监管质押物的条件，此时第三方综合物流金融中介的产生，不但可以担负起帮助银行看管质押物的职责，而且还可以为银行提供相关的信息、商务服务，改善信息不对称情况，提高银行等金融机构的风险管理、市场控制和综合服务能力。(《现代物流报》)

§11.3.5 宝洁与沃尔玛的供应链四字箴言

20 世纪 80 年代初，美国宝洁公司接到密苏里州圣路易市一家超级市场的要求，说能不能自动补充架子上的产品，不必每次再经过订货的手续，只要架子上一卖完，新货就到，可以每月付一张货款的支票。宝洁公司的经理经过筹划，把两家公司的计算机连起来，做出一个自动连续补充商品的雏形系统，结果试用良好，两家公司不必要为产品的补充而发愁了。由此，自动化的供应链管理也就从此开始了。

宝洁公司与沃尔玛的合作，改变了两家企业的营运模式，实现了双赢。与此同时，他们合作的四个理念，也演变成供应链管理的标准。这四个理念可以用四个字母代表，C（Colaboration 合作）、P（Planning 规划）、F（Forcasting 预测）和 R（Replenishment 补充）。

“C”——合作

不是两家企业普通买卖关系的合作，而是为同一目标、创造双赢的合作。零售商店不存货，而把存货推给供货商、增加供货商的成本，就不叫合作。如果零售商与供货商共同以零售店顾客的满意为最高目标，来通力合作，就可让双方都成为赢家。这样的合作是长期的、开放的购物，而且要共享彼此信息，双方不但在策略上合作，在营运的执行上也要合作。双方先要协议对对方信息的保密，制定解决争端的机制，设定营运的监控方法以及利润分配的策略。双方的目标是，在让销售获得最大利润的同时，缩减成本与开销。

“P”——规划

供应链管理源于日用品的零售，当初并没有 P，以后因为有别的行业应用，认为有把 P 纳入的必要。P 是规划，两家企业合作，要规划的事很多。在营运上有产品的类别、品牌、项目；在财务上有销售、价格策略、存货、安全存量、毛利等。双方在这些问题上的规划，可以维系共同目标的实现。另外，双方可以对产品促销、存货、新产品上架、旧产品下架等一些事情进行共同规划。

“F”——预测

对销售的预测，双方可有不同的看法、不同的资料。供货商可能对某类商品预测的准确，而零售商店可以根据实际销售对某项商品预测的准确，但双方最后必须制定出大家都同意的预测方式。系统可依据原始信息，自动做出基础性的预测，但是季节性、时尚性的变化，以及促销活动、顾客的反应，都会使预测出现变化。双方预先要制定好规则，来研讨并解决预测可能产生的差异。

“R”——补充

补充是供应链管理的重要程序。销售预测，可以换算成为订单预测，而供货商的接单处理时间、待料时间、最小订货量等因素，都需要列入考虑范围之内。货物的运送，也由双方合作进行。零售商订货，应包括存货比率、预测的准确程度、安全存量、交货时间等因素，而且双方要经常评估这些因素。在补充程序上，双方要维持一种弹性空间，以共同应对危机事宜。成功的补充程序，是供货商经常以少量的货品供应零售商，用细水长流的方式

导购，减低双方存货的压力。（《现代物流报》）

§11.4 物流技术

§11.4.1 物流技术装备发展的新趋势

装备作为物流技术的一个重要组成部分，一个硬件部分，近期的变化趋势是值得关注的。

其一是大型化、集装化趋势。比如，包括重型卡车在内的大型装备，其大型化的发展速度，已经超出了物流装备发展的平均增速。体现在具体物流流程和作业中，就是通过集装技术与大型装备来实现。

此外，集装箱、托盘、周转箱等集装技术开始被广泛使用，这就是集装技术的理念。由于土地、资金等客观因素的限制，集约化的存储方式正在向空间维度发展，因此立体化货架在近几年得到了迅猛发展。所以大型化、集约化这两种方式在装备领域需求很大。

其二是专业化趋势。专业细分的趋势主要反映在运输及搬运领域。首先是专用的车辆设备也越来越多，尤其是在专业物流、厂内物流、企业内部物流等方面；其次是分拣设备，仓库内的分拣专业化设备需求也日趋旺盛。由于仓库的服务内容不一、货品不同以及千差万别的客户需求，使得拣选设备、分拣技术越来越专业。例如电子行业中液晶板的搬运这样的高精尖领域，需要高精度的专业设备，这些设备得到了快速发展。

其三是信息技术装备需求趋增。在信息技术方面，很多人比较关心软件、系统、单证标准等，但是事实证明，具体应用中，很多技术会嵌入在某些硬件设施上，对于硬件设备的信息化功能要求越来越高。

这些硬件设备主要分为三类：一是信息采集设备。以前采用的单证模式，正在逐步被信息传感技术替代，信息采集设备会自动采集物流过程中的信号，并把这些信号变成信息保留下来。而这些信息采集设备，就是物流系统中的一种重要装备。二是智能终端。其包括识别、定位、传感、通讯四大功能，集合在一个硬件上——或是随身携带的手持终端，或是车载（货载）终端，所以智能终端未来的发展是很重要的。三是任何装备都要增加的信息功能设备。无论是叉车、集装箱还是托盘，都要安装信息功能设备。所以，为装备安装信息功能也是大势所趋，是未来开发的一个重要方向。

其四是科学发展的要求。在物流装备中，如何加强安全、节能、环保、低碳等将会成为未来的发展趋势。这就会涉及如何制定或提高原有的标准法规。此外，新产品的创新及应用，尤其应注意新模式的创新及应用。

因此，如何应用新产品、新技术、新模式，来实现未来安全、节能、环保、低碳等要求，是装备发展中要面对的一个新课

题。(中国物流学会)

§11.4.2 物流技术创新关键要分清执行主体

物流业“国九条”,不仅专门单列一条——“推进物流技术创新和应用”,而且全面地概括了物流行业所涉及的所有技术门类,给物流行业技术创新指明了方向,更给从业者们很大的鼓舞。

“国九条”是多年来从国家层面扶持物流技术行业发展最明确、最务实的一个政策文件。如何落实是其能否推动行业真正前进的关键。而这其中,一个非常现实的问题就是,落实执行的主体是谁?

物流行业的技术创新,有其特殊性。它不同于其他基础理论研究创新,而是专门针对物流这个特定的行业、为提高物流运行效率而进行的创新。这种特殊性,决定了物流行业的技术创新,必须与物流实践紧密结合。任何脱离物流实践的创新,都只能是“闭门造车”,对提高物流业的整体运行效率不会起到多少积极的作用。从这个角度分析,物流行业的技术创新主体,只能是承担物流运作的各类物流企业。

当然,在我国,不少高校都设有物流专业,也有不少科研机构有专门的团队在从事相关研究。尽管这些机构也从事着物流技术创新的工作,但他们不能成为物流行业技术创新的主体。而且,最关键的问题是,目前我国的科研院所已经形成一套“重理论研究、重发表论文数量”的科研成果评价机制。这种机制把不少科研工作者引向了“论文生产者”的境地——创新的目的不是为解决问题,而是为了发表论文;为了造出一些惊世骇俗的观点吸引眼球。这种“研究”的风气,不是物流行业需要的。

物流企业作为技术创新的主体,也会因企业本身的规模大小不同,而在创新的方式和侧重点上存在差异。

对于一些特大型的央企,比如中外运、中远物流、中铁物流、招商局物流集团等,这些企业本身技术实力很强,完全可以根据自身的发展需要,发展出适合自身企业特点和中国国情的物流新技术。

而大部分规模偏小的中小物流企业,由于种种限制,在技术创新上“有心无力”。对于这类企业,比较务实的创新模式是依靠专业化社会分工——围绕企业需求,成立专门服务的专业技术创新公司。由这些技术公司长期从事某些领域的物流技术工作,通过与服务对象——物流公司的长期紧密合作,能够提供企业实际需要的新技术,并通过双方的合作,形成相互依存的共生关系。

事实上,这种模式已经在很多物流技术创新领域得到实际应用。近几年,蓬勃兴起的GPS运输过程监控调度应用就是典型的例子。(深圳市宇易通科技有限公司)

§11.5 物流交易平台和第三方物流

§11.5.1 物流平台的六大效应

物流平台的建设是整合物流资源，培育专业第三方物流企业，推进物流产业发展的一个很好的方法和途径。其核心服务能力体现在资源集聚能力，信息整合能力和业务创新能力。资源集聚能力吸引各类物流生产要素在园区内进行经营活动；信息整合能力是物流中心对集聚来的各种要素信息如货源、物流客户、运输车辆、物流设备等物流需求收集分类；业务创新能力是物流平台管理人员不断研究推出新的业务模式和服务项目能力。通过上述能力的协同发挥，它能产生积极效应。具体表现为以下六大效益：

基础设施共享效应

物流业是一个生产配套型服务行业。伴随制造业的全球化和市场的全球化，物流企业的服务必然呈现网络化的本质，物流企业为满足客户的需要，必须建立服务网点。根据物流企业的运作特点，非常需要借助社会基础设施以节约企业资源，将有限的资源集中投入物流服务的核心业务，将基础设施、公共服务等环节外包，以节约企业资源，建设健全高效的服务网络满足客户需要。同时这种基础设施的共享，可以在各企业间的资源调剂、提高资源利用率、土地节约等资源节约方面起到重要的作用。

知识溢出与学习效应

物流服务与商流、信息流、资金流之间的关系相当密切。为了更好地提高物流服务的水平，物流企业需要借助平台的产业集群来增进快速、高效的沟通。在与客户、同行、中介服务机构商议所提供的各种服务方案、解决方案的过程中，可以从不同的角度、不同的业务链环节学习到不同的知识。同时在物流平台为入驻企业提供的信息化、财务管理、企业管理等各类培训班的支持下，平台内各企业的服务能力与水平能够得到大幅提升。

竞争与标杆效应

一个物流平台承载一个物流企业群。在政府相关职能部门的入驻监管下，在平台的规范化管理下，物流企业群内部形成一种良性的竞争环境。物流企业集群发展过程中自然形成“赛马效应”，一批规范化运营、遵纪守法和服务水平高的企业在物流平台的管理与考核过程中得以涌现。在物流平台的运营过程中，为政府扶持优秀的第三方物流企业起到了“赛马不相马”的效应。同时，对先进企业的宣传扶持有利于形成一种你追我赶的发展态势，从而有效地推动物流行业整体服务水平的提升。

专业化和分工效应

物流企业在运作过程中，同时面临客

户对物流服务一体化和专业化的运作要求。通常物流企业在强化某项物流业务（如仓储、配送、运输等）专业化的同时，就会导致物流各环节一体化服务能力的削弱，而在加强物流服务一体化的同时就会导致专业化的能力削弱。入驻物流平台以后，借助于企业间的协同效应的发挥，各企业在提升物流服务专业化的同时提升一体化的服务能力成为可能，从而既实现了自身专业化的发展，又满足了客户服务一体化的要求。

产业链延伸效应

公路港物流平台发挥资源整合功能，将不同规模、不同服务项目、不同专长的物流服务企业，将区域内的众多工商企业的物流需求信息，将银行、电信、保险、法律、会计等专业化服务，将汽修汽配等工具设备的维护保养服务，将餐馆住宿等生活配套服务，将工商、财税、运管、公安等政府的监督管理服务职能一起集聚到同一平台上，在具体的运营与业务协同过程中逐步衍生出如车辆会员服务、联合保险服务、融资服务等依托于规模效应的资源经营和价值链经营的新服务项目。这些服务项目的提供，使得入驻的各类企业获得共赢、多赢的效果。

联合经营效应

在物流平台的统一管理与服务下，通过物流平台与政府职能部门、行业协会、广告传媒等企业的集中沟通，使得原来的“一对多、多对一”的频繁、琐碎、高成本的沟通变成了一对一的高效沟通，在政府沟通、培训、广告等众多的领域中形成了联合经营的规模效应，为入驻企业带了巨大的成本、效率优势。同时，多个不同规模与专长的物流服务企业联合形成一个“虚拟公司”对大型工商企业进行联合服务。这种服务组织形式的出现极大地提升了单个服务企业的市场竞争力，同时也为物流产业的整合奠定了基础。

国内物流园区的发展仍处于起步阶段。但从其如雨后春笋般的增长态势足以看出，越来越多的人已经看到它的发展前景，并正在利用它创造城市经济的“成长极”，它将作为物流产业的主要部分，成为经济发展的推进型产业。但是物流园区建设前期投入多，资金回报慢，所以在园区前期投资经营过程中需要政府给予适当的优惠政策扶持，在良好的投资环境中打造适宜本地物流特色发展的先进物流园区。

（《现代物流报》）

§11.5.2 自建物流只是一个阶段行为，不是一种模式

物流企业携手与自建渠道共同开拓这个市场，将自身融入到自建渠道的管理范畴去，这才是发展的王道。纠缠于自建好不好，是没有任何意义的事情，因为自建物流已经是一个事实，更为主要的事情是如何与自建渠道一起发展才是真正值得我们去探讨的事情！

无论是参加电子商务的会议，还是参

加物流、供应链方面的会议，必然会说到电子商务物流方面的事情。每次只要一谈到这个大问题就必然会有电子商务自建物流模式与外包模式的对比问题，这已经成了规律。

根据世界物流发展史以及中国物流发展史的走势，提出了“OSO”理论，即“外包、自建、再次外包”的模式。

“O－S－O”模式即物流外包—自建渠道—渠道外包模式（“outsourcing-self-con-structed-outsourcing”）。当然，在第一个“O”之前，还有一个“S”的阶段。同样为自建阶段，综合起来就形成了“SOSO”模式，即“原始的自建、业务外包、基于现实情况下的自建、自建体系的社会化开放”的发展趋势。

在1980年以前，中国所有的物流活动基本上都是自主建设为主。这也可看作最早的自建物流模式，它是在物流意识觉醒之前，一种传统的对于大而全的应用体系的自发行为。如果加上这段发展历程，就组成了所谓的“SOSO”模式发展阶段。

从1980年以后，物流概念及各种操作方法自日本引入中国。工商企业关注自己的核心业务，将非核心业务外包的思潮逐步开始被社会认可。因此众多的企业不断开始走向第三方物流市场，将自己的非核心业务——即物流业务外包给专业化物流企业，这是第一个外包阶段（Outsorcing）。

经过若干年的运作之后，很多企业开始又认识到物流对于市场、品牌、营销的重要性，又深深地感受到中国物流服务水平的低下。在这种情况下，那些有条件的大型企业，主要是要有极大的货量支持的大型企业开始谋求自建物流体系。在2000年前后，海尔、美的、科龙、TCL等众多的企业都开始了自建物流，或者是联合自建物流行为。这个时候产生了一系列的企业物流公司，如海尔物流、安得物流、安泰达物流等。海尔集团的张瑞敏先生恰恰因为这一行为被称为“中国家电物流觉醒第一人”。这就是物流发展的第二个阶段，即企业自建阶段（Self-constructed）。这种情况与现在的电商自建物流渠道何其相似！

对历史的否定即是对现实的正视！但是当一个剥离出来的物流企业发展到一定程度后，必然会出现与母体意识的博弈问题，同时为单独做一件事情的成本也会逐渐加大。这个时候怎么办？

走向社会化成为这个时候大家心照不宣的事情。因此海尔物流社会化了、安得物流社会化、安泰达社会化了。一系列当初为了自身而建立的物流企业都走向了社会化，这就是物流发展的第三阶段，即自建物流渠道向社会开放、外包的阶段（Outsorcing）。

这三个阶段中，其中两个外包看似是回到了原点，但是所代表的意义截然不同：第一个外包是货主企业将自己的产品、物流业务外包给社会化物流企业；第二个外包是大型货主企业自建的物流渠道向社会其他企业开放。从而形成了一个波浪式前进，螺旋式上升的形态。这是笔者对中国近30年物流发展的一个概括，最后得出的一个物流发展模式。

这个模式今天看来，对电商企业同样具有指导意义。就像当初进入这个行业，笔者就看到了它的未来发展，电商企业自建的物流资源对外一定会走向社会化外包，只不过这个时间点在哪里是个问题。近三年的时间将会是自建的电商物流渠道大举开放、走向社会化的过程。

这是整体“SOSO”发展模式的衍生来源介绍，其实自建物流渠道真正意义上不能称之为一种模式，它在发展的过程中其实是一个“阶段”的概念。如果将这个问题理解透彻，我们就会有一个很好的心态去看待目前电商自建物流的一些问题。

只不过这种自建是由甲方，即电子商务企业自己来兴建物流渠道。其实当一个行业不能满足某一个行业的应用需求时，有识之士就会投资于这个行业。就像宅急送与星辰急便专业定位于电子商务物流服务一样，只是因为有需求，恰巧电商企业手里又有钱，因此就产生了所谓的“自建物流”的这种现象发生。

自建物流的决定因素主要归结于需求、供给、规模三大要素，三大要素缺一不可，只有三个要素全部集中在一点才会有这种情况的发生。然而当自建渠道发展到一定程度后，因企业自身发展的要求以及和母体之间的博弈、母体发展到达瓶颈期之后，一种脱离运动必然会发生。最终，自建物流渠道还是会转变成为社会化物流企业。因此所有的自建物流模式之说是不成立的，更应该说这是一个时间段的产物，是在特定的时间、特定的空间中发生的一件小众事件。

当我们清晰地认识到这个问题之后，众多的参与者就没必要惊呼了，没有必要纠结不已了。物流企业携手与自建渠道共同开拓这个市场(根本不可能有任何一家自建渠道能够完全自给自足)，将自身融入到自建渠道的管理范畴去，这才是发展的王道。纠缠于自建好不好，是没有任何意义的事情，因为自建物流已经是一个事实，更为主要的事情是如何与自建渠道一起发展才是真正值得我们去探讨的事情！(《上海物流报》)

§11.5.3　“聚焦 & 延伸”战略下的第三方物流

受限于资源的有限性和发展的初级阶段，“聚焦并延伸”是大行业、小公司现状下物流企业进行业务拓展的必然选择。物流企业需要先选对方向(聚焦)、然后再发力(延伸)方能成长壮大。

物流业现状：大行业、小公司

物流行业的特征之一是大行业、小公司。根据中国物流年鉴提供的数据，2009年我国社会物流总额达到97万亿元，较当年GDP的需求系数为2.9；物流业增加值为23 100亿元，占GDP的比例为6.9%。从各项数据来看，均是一个大行业。

但一个不争的事实是行业的参与者均是小公司。根据统计数据显示，2008 年我国前 50 名物流企业主营业务收入为 4 756 亿元，但仅占全国物流相关行业总收入的 9.9%，“分散度”高可见一斑。从物流环节来看，“集中度”低这一特征也很明显：2008 年仓储企业数量 17 416 个，平均从业人数不足 30 人，但分享的是一个 3 000 亿元市场（2008 年数据），单位企业的收入不足亿元。

分散度低的原因在于物流行业自身的复杂性和进入门槛偏低。就货物供应链的各个环节来说，其包括采购、发货、通关、运输、仓储、配送、库存管理、包装等等。不同的下游行业对于物流需求亦不同，物流环节和下游行业的相互交错形成的是一个错综复杂的格局。由于没有太多的政策限制，国企、民营均可进入（且以民营为主），行业的进入门槛偏低。以仓储行业为例，民营企业的数量占据全部仓储行业数量的 59%。

聚焦 & 延伸：物流业现状下的必然选择

受限于资源的有限性和发展的初级阶段，“聚焦并延伸”是大行业、小公司现状下物流公司进行业务拓展的必然选择。物流企业需要先选对方向（聚焦）、然后再发力（延伸）方能成长壮大。从量、价两个维度提供一个思考框架。聚焦需要从两个维度进行，一个是下游行业、一个是物流环节。延伸具备同样的含义，亦需要从下游行业和物流环节两个维度进行延伸。

量、价框架下，选择物流业务量大、物流企业议价能力高的行业拓展业务。从选择进入的行业来看，从行业层面的分析框架如下：（行业分析框架：外包需求和议价能力量维度）

一、物流外包需求

物流外包需求包括存量需求和增量需求两部分：

（1）存量需求——现有不同行业的存货水平、行业供应链的复杂程度以及物流外包需求的差异性（专业化 OR 差异化）。具体说来，存货水平高的行业，同等条件下物流外包需求以及供应链管理的重要性要高于存货水平偏低的行业（如：服装的原材料和成品的存货管理需求要高于石油化工行业）；行业涉及的供应链越复杂，专业化要求高进而外包物流的需求越高（如：电子产品的配件种类多，所涉及的供应商及利益相关方多，物流环节外包的需求要高于供应链条相对简单的食品加工行业）；物流外包需求的差异性主要体现在对于物流网络化还是专业化的需求，比如对工程物流来说，对专业化的要求就高于家电物流对专业化的要求，相反，家电物流对于物流网络化的要求则相对高于工程物流对网络的要求。

（2）增量需求——行业成长性与行业的变革速度。成长性越高的行业，意味着其产业规模扩大的空间越大，所需的物流支出将会随之增长；进而可以支撑第三方物流服务提供商达到所需的规模。因而，在其他条件相同的情况下，基于新兴行业的物流企业成长起来的机会要远远大于基于传统行业的物流企业(如钢铁物流企业和电子物流企业)。行业的变革速度(包括新运营模式的出现、新产品的产生等)越快，行业对于专业化的要求则越高，辅助性的业务(如物流)外包的需求则越大；新运营模式的出现本身亦会诞生新的物流外包市场(如电子商务模式的出现，将许多商品的销售搬到互联网，则因此诞生了新的物流需求)。

二、议价能力

行业集中度和行业毛利率水平决定了外包服务提供商在面对客户时是否具备足够的议价能力。

(1) 行业集中度越低，物流服务供应商的议价能力越强。物流活动有个基本原则："物流活动发生在谁身上，就由谁承担物流责任。"除非特定情况，一般来说均是供应方(上游)承担物流责任，进而选择物流服务的供应商。因此，在行业集中度越低的行业，第三方物流服务提供商的议价能力越强(如：利丰在服装原材料采购环节的议价能力则较强，原因之一在于服装原材料供应商分散，市场的集中度低)。(2) 客户所在行业的毛利率水平越高，其能够提供的物流外包价格就越高。从行业整体的发展过程来看，行业集中度与毛利率看似存在负相关关系，但本质上我们认为：二者均是由行业的发展阶段、行业的需求属性(属性之一：需求价格弹性高的行业 OR 需求价格弹性低的行业)以及行业在产业链中所处的位置决定(如：服装和纺织，前者毛利率 29%，后者毛利率 14%；仅从毛利率这个角度来说，服装行业物流外包的需求高于纺织行业物流外包的需求)。

三、聚焦环节上

这个取决于下游行业对于供应链的理解和物流环节自身对于公司的重要性。

根据 C·小约翰·兰利等人的研究成果，他们在全球地区的调查发现，有近 40%的公司认为物流是其公司的核心能力，他们不会选择第三方的物流服务。从物流环节看，运输、仓储和通关业务选择外包服务的占比最高，占比均在 54%以上；其中占比最高的是运输环节，有 90%的比例均会选择外包运输环节的服务。选取行业计算机、家电、通讯设备、服装。

在上文提出的分析框架下，我们选择了五个具体可供分析的指标，分别是：收入增速、毛利率、存货周转天数、库存占总资产比、管理销售费用率(管理费用率+销售费用率)。研究的对象是基于申万研究行业分类标准下的申万研究所二级子行业(剔除第一、三产业，共计 45 个二级子行业)。指标本身并不尽完美，但希望能引起一点思考；并且，在五个指标的框架下呈现的行业也并非"非此即彼"的关系。哪些物流企业能够在哪个行业成功，是由诸多动态因素决定，并不是简单地将

五个指标进行组合就可以得出答案如下：(电子及食品医药行业物流外包的比例最高)

根据博科资讯的数据，电子通讯及家电和食品医药行业物流外包的比例最高，分别达到了53%和57%。

我们现在用上述5个指标来分析一下申万研究标准下的二级子行业(共计45个子行业)。根据我们提出的5项指标，我们将45个子行业重新划分为4大类：第一类是最适合物流外包的行业(共计11个二级子行业)、第二类是较适合物流外包的行业(共计11个二级子行业)、第三类是适合物流外包的行业(共计14个二级子行业)和第四类最不适合物流外包的行业(共计9个二级子行业)。最适合物流外包的行业包括白色家电、计算机应用、通讯设备、电气及专用设备等。这几个子行业具备几个共同的特征：行业增速超越平均增速(行业增长的速度越高，第三方物流发展的空间越大)、毛利率水平均处于整个行业的前25%行列(行业可以承受相对较高的物流外包价格，于第三方物流服务提供商而言是一个"吸引力标准"，于行业自身而言是选择物流外包能力的体现)、库存占总资产的比例以及库存的周转天数均位于整个行业的前25%(在制造成本降低空间有限的情况下，降低物流成本、尤其是库存水平较高行业的物流成本成为企业新的"开源节流"方向)、管理和销售费用率均较高(这意味着行业的供应链条复杂进而相关的销售管理费用率较高)。不使用第三方物流的理由。(《现代物流报》)

§11.6　物流区域布局

§11.6.1　以区域物流协同促进地方产业升级

从提高竞争力和国民经济运行质量的角度看，产业竞争今后将主要呈现出由单个企业竞争转向产业链竞争的趋势。当经济发展到一定程度，在工业生产领域上规模、上产值，带来的效益可能并不高。但如果通过延伸产业链，实现区域物流与地方产业的协同互动，不仅可以提高经济效益、降低成本，而且对带动产业升级非常有利。

因此，发展区域物流协同、促进地方产业升级，将是地方政府和各级主管部门突破地方经济发展瓶颈的重要战略选择之一。

区域物流协同则意味着充分利用物流发展的区域特征，使物流活动符合所在经济区域的经济、社会等环境条件，最大限度地实现区域内物流的合理组织，从而满足统一协调区域内物流活动、保障效率的需要。这也是区域物流系统构建和研究的目标所在。随着物流业发展日益综合化，区域性物流系统协同运作已经被各地区政府所重视，物流已成为实现区域(国家或地区)经济战略的重要环节。从日本、欧洲等国家和地区，到国内的珠三角、长三角、环渤海等地区的案例中均可发现，越来越多经济区域已经意识到协同缺失化所带来的巨大社会成本损耗，正逐步着手构建适应整个经济区域的物流一体化系统。区域物流的协同化实践已经成为一种趋势。

国家软科学研究计划项目《基于地方产业链的区域物流协同模式创新与对策研究》报告提出了，“推动区域物流与地方其他产业集群联动，提升地方产业集群联动竞争力，提高区域物流效率，实现地方产业经济和区域物流共同发展”的区域物流协同发展战略目标。

统计资料显示，截至 2010 年底，我国全国铁路营业里程达到 9.1 万公里，高速公路通车里程 7.4 万公里，生产用码头泊位 3 万多个，拥有民用机场 175 个。我国近十年来的大规模基础设施建设和完善为发展区域物流协同、促进地方产业升级提供了充足的物质基础和保障。同时，物流园区建设开始起步，仓储、配送设施现代化水平不断提高，物流技术设备更新换代，物流信息化建设也有了长足进步，这些也使有效实施区域物流协同成为了可能。

区域物流协同发展的总体路径包括两方面：一方面，通过地方产业调整，逐渐实现地方主导产业的培育与发展、进一步促使地方产业集聚、推动地方产业链的形成与扩展，从而促进地方经济发展；另一方面，通过区域物流政策的规划实施，逐渐实现区域物流资源的合理配置、区域物流供给与需求的有效增加、区域物流集群的高效整合，从而促进区域物流发展。

区域物流协同发展的整个过程中，区域物流与地方经济要素之间，始终进行协同互动是关键。

立足于区域角度的物流系统更能有效地保证企业、产业在全球化竞争中的优势地位。区域物流协同化运作，才能使区域内物流合理组织，从而保证企业、产业、区域物流活动的有效性及协调性，保障各供应链顺利、有效地实施。协同化已经成为区域内物流建设和发展的重要趋势。（《现代物流报》）

§11.6.2 以物流园区建设推动物流业发展

现代物流业是由多个部门组成的，涉及国民经济众多行业，纵贯商品生产、流通、交换、消费各个环节，是跨地区跨部门高度综合、一体化协调运作要求很高的基础性产业。促进物流业发展，必须从物流业的特性入手，从物流网络节点建设和物流网络完善两方面来突破。

现代物流业对于区域产业聚集、降低企业和整个经济的运行成本、节约资源和保护环境、提高经济运行质量和效益具有重要作用。发展现代物流业不仅能改善经济结构，而且能提高经济运行质量和相关产业竞争力。因此，物流业的发展水平已成为衡量一个国家现代化水平与综合国力的重要标志。

宏观发展

中央对物流业改革发展十分重视，2009年国务院印发《物流业调整和振兴规划》，2011年又出台了《关于促进物流业健康发展政策措施的意见》。我国物流业发展迎来了历史性机遇。在国家大力支持下，我国物流业快速发展，产业发展水平不断提升，特别是物流基础设施建设力度加大，物流通道得到明显改善，物流节点（物流园区、物流中心、配送中心）建设初具规模。

然而，与发达国家相比，与我国经济社会快速发展相比，我国的物流业发展还比较滞后，在经济社会发展中的作用还未得到充分发挥。2010年，我国物流总费用与GDP的比率为17.8%，而发达国家一般为8%～10%。我国的物流总费用占GDP比率明显高于发达国家，其原因主要在于我国物流基础设施比较薄弱，物流节点间的衔接不够紧密，没能形成完善的物流网络。物流费用高，意味着物流业基础性产业作用发挥还不充分，还不能有效降低相关产业成本、提升相关产业和区域综合竞争力。因此，加快物流业调整和振兴，已经成为我国经济结构调整和经济发展方式转变的一个重要课题。

现代物流业是由多个部门组成的，涉及国民经济众多行业，纵贯商品生产、流通、交换、消费各个环节，是跨地区跨部门高度综合、一体化协调运作要求很高的基础性产业。促进物流业发展，必须从物流业的特性入手，从物流网络节点建设和物流网络完善两方面来突破。

具体来说，就是以物流园区建设和发展为重点，加大力度进行配套交通运输设施建设，完善综合运输网络布局，加强各区域重点物流园区的衔接与协调，优化物流业发展的区域布局，促进产业集聚，努力提高城市的物流服务水平，带动周边区域物流业发展，构建大中小城市物流业协调发展格局，形成布局合理、结构优化的现代物流业体系，从而实现物流业又好又快的发展。

突破重点

在实际工作中，应着力抓好以下几个方面。细化物流业发展规划。依据《物流业调整和振兴规划》，根据我国区域经济发展不平衡的现实，制定和实施更为具体的物流业发展规划。《物流业调整和振兴规划》提出，根据市场需求、产业布局、商品流向、资源环境、交通条件、区域规划等因素，重点发展九大物流区域，建设十大物流通道和一批物流节点城市，优化物流业的区域布局。

可以在物流节点城市建设一批全国性、国家级的综合物流示范园区，以形成比较完整的全国物流节点网络，推动物流业向集团化、联合化、规模化发展。同时，相关城市和区域应综合考虑自身的地理位置、基础设施条件和经济发展水平，制定切实可行的物流业发展规划，积极稳妥推进实施。

根据物流示范园区所在区域的产业

规模、经济总量及辐射范围，确定物流园区的用地规模、建设规模等。在摸清产业布局、物流现状的基础上，按照实现各种运输方式有机衔接的要求，统筹考虑交通干线、主枢纽规划建设，改变我国物流业各部门协调性差、重复建设严重的现状。

加强物流园区基础设施建设。应明确政府在物流园区基础设施投资建设中的主体地位，并充分发挥政府投资的引导作用。物流园区作为物流网络最重要的节点，是区域物流业的产业集聚地，是完善物流网络、开展物流活动的重要基础设施。

建设物流园区是一项基础性事业，有利于物流资源的优化配置，在一个较大区域范围内降低流通成本，增强经济竞争力，促进经济社会发展。然而，物流园区建设一般投资规模大、回收周期长，一个物流园区建设动辄就需要投入数亿资金，而资金回收最短也要 8～10 年。物流园区建设本身效益低、综合效益高的特点决定了仅依靠物流企业和市场机制投资建设物流园区是非常困难的。因此，需要以政府为主体，规划物流园区功能，投资园区基础设施，并引导和带动社会资本投入。

前不久，国务院从减轻税收负担、土地政策支持、经营环境改善、鼓励资源整合等方面提出了促进物流业发展的政策措施。有关地区和部门应贯彻落实中央决策部署，加强对物流业发展的支持，特别是加大对物流园区基础设施建设的投入。

搞好物流园区的运营管理。物流园区的运营管理，可以采用“政府政策引导、服务监管，市场运作”的模式。政府可以通过对园区内企业在税收、土地、投融资、设施租用以及绿色通行等方面给予优惠政策，吸引和支持先进物流企业入驻；成立物流园区管委会，代表政府统一负责物流园区的规划、建设以及园区运营商引进、服务监管等工作。物流园区基础设施建设基本完成后，物流园区的运作可以交由专业的运营商负责，实行市场化管理。

物流园区运营商按照政府制定的规划具体组织实施，采取市场运作的方式对园区进行开发建设，其职责是：利用政府给予的优惠政策进行物流园区的招商引资；按照国际通行办法建设、管理、运营物流园区；整合现有物流资源，提升园区内物流的组织化程度。（《现代物流报》）

§11.7 其他物流领域

§11.7.1 制造业物流与流通业物流的联系区分

制造业的核心竞争力是产品的设计、制造和销售。面对日益激烈的市场竞争，除了采用在采购、生产领域加强管理降低成本，加大销售力度等因素以外，降低销售物流各环节的库存货物和资金占用、科学管理和调动物流资源使产品销售的物流成本大幅度下降等成为企业考虑的重要问题：如何获得“第三利润源泉”？

一方面制造业加强同第三方物流企业的战略合作,另一方面企业自身也通过采用第四方物流的服务,加强对物流供应商的管理监督,获取最大化的物流成本降低。第四方物流服务的核心就是采用先进的电子化物流系统和管理方案。

制造业目前面对的主要是销售物流管理,一般在全国具有国家配送中心(NDC)、很多地区配送中心(RDC)和干线运输等物流管理需求。

制造业的物流需求

1. 仓库实时库存管理制造业企业一般有一个 NDC 和多个 RDC,为保证销售过程中的物流、信息流、资金流的准确、及时、畅通,必须对异地仓库的库存进行实时管理。

2. 售的强有力支持既有传统的营销渠道销售,又有诸如大卖场直接营销,还有专卖店等多种方式,物流系统及管理必须满足多样性的需求。

3. 同公司内部的 ERP/CRM/财务管理软件等无缝连接一般制造企业都采用了 ERP/CRM 等软件提升企业的管理能力,作为管理不可分割一部分,物流系统要与 ERP/CRM 系统实现无缝连接。

4. 物流全过程的控制制造业企业的销售物流过程包括销售计划、产品出厂、拉仓、NDC 管理(运作中心)、仓储、干线运输、RDC 管理、配送以及统计查询、破损货品退回、客户信息反馈等全过程,所以,销售物流解决方案应包括全部过程连续的操作、控制、查询、跟踪服务。

5. 具有客户的客户服务功能除了制造企业本身使用系统管理物流,制造企业的客户(经销商)也需要通过系统了解货物的物流状态,同时希望在该系统中处理订单、帐务等。

6. 制造业企业的销售物流应有强大的统计、查询、数据挖掘功能制造企业的销售物流系统不能只是简单的数据统计、查询,而且能够从纷繁复杂的统计数据中依照现代企业的管理和分析方法进行数据挖掘,提供给企业决策层科学、准确的分析数据和结论。

7. 对物流分供方的管理制造业企业的销售物流涉及很多的分供方、分销商/经销商及分支机构的管理,所以物流系统必须有强大 KPI 管理。

全程物流提供的制造业物流解决方案

全程物流提供的制造业物流解决方案可以为制造业利用第四方物流服务方式管理公司的全过程物流活动,可以帮助企业管理者及时、准确、全面的掌握销售物流信息、客户关系管理、财务统计等信息,实现企业“以客户为中心”的物流服务体系,管理企业的物流供应商、降低库存成本,与公司 ERP/CRM 系统无缝连接,达到物流全过程的跟踪服务,使物流真正成为企业销售实现的坚强后盾。

第四方物流服务方案是由专业的物流服务公司,根据制造业本身产品销售的特点,利用先进的电子化物流信息系统和管理经验,制定的物流服务方式。企业和第四方物流服务公司密切合作,共同完成企业的物流管理要求。

全程物流公司的“全程物流之星”软件包是现代物流管理思想和科技技术有机结合的产物,在设计中采用了标准的数据接口技术,通过客户端、WEB和终端的灵活使用方式,从而保证了全程物流物流企业解决方案的具有很好的稳定性、开放性、可成长性、集成化等优势,保证可与企业内部的 ERP/CRM 等信息系统无缝连接。

全程物流提供的制造业物流解决方案以异地仓(RDC)为管理核心,利用仓储管理系统(WMS * Fusion)打造其管理构架,集成了运输管理(TMS * Fusion),订单管理(OMS * Fusion)等,可以应用于所有制造业企业销售物流的精细化管理。

1. 应用架构

2. 功能特点

1) 客户及分供方管理这些功能主要是采购部门和销售部门使用。销售部门可用这些资料进行信用评级、协议价及销售政策制定、应收款方面的管理工作,采购部门可用这些资料进行分供方的选择、采购价格/数量分析、应付款等管理工作。

2) 异地仓库的内部管理包括有订单管理、货仓信息、货运管理、帐务管理、统计报表、监控告警等功能组,支持落单、收货、存储、拣货、出货、补货、盘点各仓库作业环节。

3) 货运管理用以实现承运人的选择、受主/配送点的管理、费率确定、运输路线的安排、车辆调度、货物配载处理等功能。

4) 财务统计通过准确的记录每一项交易活动,开出与之相关的帐务清单。实现的功能包括:总帐管理、现金管理、固定资产管理、应收帐款、应付帐款等。

5) 跟踪、预警及 KPI 管理通过多种途径让客户能够详细了解订单的最新执行状况及历史记录。客户能够看到在整个处理过程中订单的执行处在什么状态下;系统可以自定义各种报警类型,如货品的保质期、货品的最适库存,当到达预设的临界值时,系统会主动向有关操作人员告警,有利于对例外情况进行及时的处理,以减轻客户服务人员的压力;系统提供一系列的关键性能指标 KPI 的报表如仓库利用率、货品破损率、完美订单率、车辆空间/容积利用率等等,从而为物流活动绩效的评估提供了一个量化的依据。

3. 方案特点

1) 采用分布式数据库技术,同时实现了外仓与运作中心的数据实时同步,同步的周期可由用户自己设定

2) 系统支持多公司、多仓库、多部门运作

3) 提供网上订单管理

4) 自动进行储位提示,这些储位的选择按照预定义的存储策略决定,支持多种包装、计量单位

5) 可根据产品代码、批号、供应商代码对货品进行全面的跟踪和查询

6) 可生成产品标签、托盘标签、集装

箱标签等多种条码标签

7）支持多种类型的出货方式，如批次控制、FIFO、LIFO、紧急出货

8）可通过装运清单为运输车辆提供优化的运送路线

9）可对仓库中的交易记录进行全面的审计和追踪

10）支持与目前主流 ERP 系统的接口，可根据需要定制接口

制造业的核心竞争力是产品的设计、制造和销售。面对日益激烈的市场竞争，除了采用在采购、生产领域加强管理降低成本，加大销售力度等因素以外，降低销售物流各环节的库存货物和资金占用、科学管理和调动物流资源使产品销售的物流成本大幅度下降等成为企业考虑的重要问题：如何获得“第三利润源泉”。

一方面制造业加强同第三方物流企业的战略合作，另一方面企业自身也通过采用第四方物流的服务，加强对物流供应商的管理监督，获取最大化的物流成本降低。第四方物流服务的核心就是采用先进的电子化物流系统和管理方案。

制造业目前面对的主要是销售物流管理，一般在全国具有国家配送中心（NDC）、很多地区配送中心（RDC）和干线运输等物流管理需求。

制造业的物流需求

1. 仓库实时库存管理制造业企业一般有一个 NDC 和多个 RDC，为保证销售过程中的物流、信息流、资金流的准确、及时、畅通，必须对异地仓库的库存进行实时管理。

2. 售的强有力支持既有传统的营销渠道销售，又有诸如大卖场直接营销，还有专卖店等多种方式，物流系统及管理必须满足多样性的需求。

3. 同公司内部的 ERP/CRM/财务管理软件等无缝连接一般制造企业都采用了 ERP/CRM 等软件提升企业的管理能力，作为管理不可分割一部分，物流系统要与 ERP/CRM 系统实现无缝连接。

4. 物流全过程的控制制造业企业的销售物流过程包括销售计划、产品出厂、拉仓、NDC 管理（运作中心）、仓储、干线运输、RDC 管理、配送以及统计查询、破损货品退回、客户信息反馈等全过程，所以，销售物流解决方案应包括全部过程连续的操作、控制、查询、跟踪服务。

5. 具有客户的客户服务功能除了制造企业本身使用系统管理物流，制造企业的客户（经销商）也需要通过系统了解货物的物流状态，同时希望在该系统中处理订单、帐务等。

6. 制造业企业的销售物流应有强大的统计、查询、数据挖掘功能制造企业的销售物流系统不能只是简单的数据统计、查询，而且能够从纷繁复杂的统计数据中依照现代企业的管理和分析方法进行数据挖掘，提供给企业决策层科学、准确的分析数据和结论。

7. 对物流分供方的管理制造业企业的销售物流涉及很多的分供方、分销

商/经销商及分支机构的管理，所以物流系统必须有强大 KPI 管理。

（《现代物流报》）

§11.7.2 军事后勤理念是现代物流管理的灵魂

现代物流与生俱来带有军事后勤的“胎记”。“现代物流”其实应与“军事后勤”对称为“民生后勤”，或叫“市场后勤”亦无不可。

眼下业界众所周知，名为物流实为物资配送的 PD（physical distribution 的简写）脱胎于市场营销；名为现代物流实为后勤管理的 Logistics 移植于军事后勤。国内是作为“国外先进经验”而引进 PD 与 Logistics 的，尽管无论在概念还是应用上目前还处在两者混用阶段，诸多企业挂 Logistics 的牌干 PD 的活即为一表征。值得关注的是，作为始作俑者的美国又是怎么一回事呢？比如，美国的 PD 管理协会（NCPDM）在成立 22 年后，即于 1985 年“招牌换记”，改称 Logistics（CLM）。这是为什么？就渊源而言，市场营销与军事后勤似为“两股道上跑的车”，何以一朝“并轨”？

中科院现代化研究中心中国现代化战略研究课题组主编的《中国现代化报告》，从 2001 年度起发布。该报告前三期对美国 1950～2000 年现代化水平作了定量评价，发现美国在 1960 年完成第一次现代化（又称经典现代化），1970 年进入第二次现代化（又称新现代化），2000 年成为世界上现代化水平最高的国家之一。而 PD 协会正是在 1963 年从市场营销组织脱颖而出，独立门户，换言之，PD 是现代化产物，之后一直处于后现代化发展之中。

美国在第二次现代化阶段（1970～2000 年），出现过三次经济危机：1973～1975 年、1979～1982 年、1990～1992 年。1983 年美国经济在经历四年衰退之后强劲复苏。美国政府抓住“冷战”后期的有利时机，加大力度推行对第三世界的经济扩张战略。据有关资料显示，1984 年美国对发展中国家的贸易额占其当年外贸总额的 35%，有 35%的出口商品输往发展中国家，超过了向欧洲和日本出口的总和，另有 40%的出口农产品输往发展中国家。而发展中国家又是美国资本输出的一个重要场所。截至 1984 年底对这些国家的私人直接投资总额为 539.32 亿美元（约占同期美对外私人直接投资总额的 23%）。1987 年 600 家世界最大跨国公司的销售总额高达 4 万亿美元，其中美国占 42%，西欧占 32%，日本占 18%，发展中国家和地区仅占 2%。而且，从利润收益来看，1980～1987 年美国跨国公司的利润在平均水平以上。毫无疑问，所有这些对美国 PD 的后现代化发展提出了更高的要求，形成了强大的推动力。当然，这个时期的第三世界也是美国军事扩张之重地。但是，这些同“logistics”又有什么关系呢？

20 世纪 80 年代美国发展的一个重要特点即从工业化社会向信息化社会转型，

一个显著标志即通过产业结构调整，信息产业一跃而为经济发展的第一支柱产业。而美军在 70 年代末即引入计算机技术，并被军事后勤奉为圭臬。于是在这个转型期率先走在信息化建设前列的照例又是美军。

军队最重要最大量的物资非武器莫属。有资料显示，20 世纪 70 年代，由于科技发展，美国国防部主持研制生产的一系列大型武器系统相当先进，同时也相当复杂。一个武器系统一般由上千个承包商和分承包商参加研制生产，武器系统一般配备有配套测试、故障分析和诊断等先进后勤保障设备，设计生产和后勤保障产生了大量数据，导致文档纸张数量膨胀。例如，导弹驱逐舰 Vincennes 的维护手册重达 23.5 吨，携带这些资料将使舰艇吃水深度增加 3.5 英寸。为了减少存储和分发技术数据所用纸张数量，降低高额费用，提高武器系统的后勤保障能力，1984 年美国国防部和工业界开始联合进行调研，翌年联合组成专家特别小组专门研究对策。根据该特别小组的建议，美国国防部当年就启动了 CALS 计划（Computer-Aided Logistic Support），即"计算机辅助后勤保障"，作为部界协同战略措施，以实现将武器装备的采购和保障从纸媒传递交换信息数据向集成数字化数据交换环境过渡。可以推见，当时同军方合作的企业自然被纳入军事后勤运行系统。除了武器系统，军事后勤实际上囊括了各种各样的民用物流，如当下业界津津乐道的冷链物流（食品物流、医药物流）、工业物流等等，而且在管理与运行的技术、效能、效率、效益等方面往往是民用物流所望尘莫及的。

正是在这样的时候这样的背景之下，PD 易名 Logistics，名正言顺与军事后勤对接，担当军民结合的协调角色。与其说这是偶然的巧合，莫如信其为耦合。据新加坡国家计算机委员会（NCB）介绍，1985 年以后，CALS 已经发生了很大变化。变化之 是从军用防务走向民用各个领域，另一个主要趋势是向全球化发展。如今 CALS 被看做是企业集成和电子商务的有效公共基础设施，预计 CALS 将产生一种新形式的合作竞争——虚拟企业，虚拟企业能把一个公司与其业务合作伙伴紧密地联系起来。

于是，在这个"军转民"的变化过程中，美国物流管理协会（CLM）能置身事外而不积极参与吗？而所谓"趋势"不就是今天风行的现代物流吗？至于那个"虚拟企业"说的不就是"供应链管理"吗？可见，现代物流与生俱来带有军事后勤的"胎记"，并非仅仅是 PD 的升级版。有鉴于此，"现代物流"其实应与"军事后勤"对称为"民生后勤"，或叫"市场后勤"亦无不可。也许"后勤"之谓太老土，不及舶来汉词"物流"那么新潮，所以就免谈了？

20 世纪 90 年代后期，美军在始用于二战期的 RFID 的基础上，开发出"全球资产可视系统（JTAV）"，这是一个将自动识别技术（RFID）、全球运输网络、联合资源信息库及决策支持系统等熔于一炉的高度集成系统。它被用以对陆军、海军、空军、海军陆战队、国防后勤局、运输司令部和医疗系统的全部资产实现可视化管理，动态掌控后勤资源，全程跟踪“人员流”、“装备流”和“物资流”，并指挥和控制其接收、分发和交换。借助这个系统，国防部的网络监视、管理着从40个国家400个地点发出的270 000个运输军事物资的集装箱，军事指挥官能够准确知道供应品从工厂到散兵坑运输途中的确切地方，如出现特别紧急需求，军官们可改变集装箱运输的方式，使物资的供应与管理具有较高的透明度，为作战部队提供快速、准确的后勤保障。美军由此构建“可视后勤”，作为军事后勤从工业时代向信息时代转型的核心理念。

进入21世纪，美军力推《后勤转型计划》。美国防后勤局实行13项转型计划，按照第5项要求，“全球资产可视系统”向“一体化数据环境”转型，无论用户使用什么样的信息技术与结构体系，它都能确保在国防后勤局范围内及其用户之间实现完善的数据共享。也就是说，核心理念由“可视后勤”转向“一体化后勤”，转型务必转变观念。

两相观照，现代物流并非简单地借用“Logistics”这个名称，而是秉承了军事后勤的核心理念，借以创新发展，满足民生需求，谋求市场利益。至于“一体化后勤理念”则已进入全球供应链管理层面，这恰恰也是现代物流发展的必然趋势。2005年伊始，美国物流管理协会(CLM)改名为美国供应链管理专业协会(CSCMP)。而这一年恰好是美军后勤一体化战略转型的中期。难道这又是一个巧合？

从另一方面看，有评论认为，美军后勤是世界上最复杂、最庞大、遍布全球的企业集团。有专家对美军战区私人承包商增长情况做了研究，指出美军后勤已经私有化，“只要有美军部署的地方，一定少不了承包商的帮忙。”早在1985年末，即现代物流概念正式确立之年，美军即开始颁布实施“后勤民力增补计划”，这是一个军事后勤保障社会化民营化计划。用以确保民间承包商的参与。也就是说，现代物流起步即与军事后勤并轨而行，同步前进。这不免令人想起过去岁月曾经流行的一句诗，叫做“军民团结如一人，试看天下谁能敌”。

Logistics！时下论现代物流的文章可谓卷帙浩繁，然而不少宏论一不小心便成了军事后勤的翻版。无论解译如何纠结，物流专家王之泰一语中的：“现代物流科学的形成，可以说总是起源于军事领域。”透过字面弄清来龙去脉，笔者看到：Logistics是军民“无缝对接”的端口，军事后勤理念是现代物流管理的灵魂。

（《现代物流报》）

§11.7.3 上海“营改增”试点改革

自2012年1月1日开始，在中央支持下，上海启动了“营改增”试点改革。半年多来的“营改增”实践表明，“营改增”推动了以服务经济为主的产业结构加快形成，在当前经济下行压力加大的背景下，“营改增”不仅实现了结构性减税，更推动企业加大设备投入、加速拓展市场，有力地推动了“稳增长、调结构”。

结构性减税助推“稳增长调结构”

截至 2012 年 6 月底，上海有 13.9 万户企业纳入“营改增”试点范围，比年初增加了 2.1 万户；与原实行营业税税制相比，“营改增”改革试点企业和原增值税一般纳税人整体减轻税收负担约 44.5 亿元。其中，9.1 万户小规模纳税人从原来按 5%税率缴纳营业税调整为按 3%的征收率缴纳增值税，税负降幅约 40%，成为此次“营改增”改革最大受益者。

由于在增值税税制下，抵扣项越多，企业要缴纳的增值税越少，因此，“营改增”明显加速了企业的设备更新与改造。对上海 1 200 多户试点企业的调查显示，2012 年上半年，交通运输业、物流辅助服务企业的设备采购额分别增长了 10.8%和 171.3%；试点企业市场拓展加快，特别是服务贸易出口国际竞争力提升，上半年试点企业本市客户数同比增长 7.2%，外省市客户数同比增长 11.6%，境外客户数同比增长 3.4%，境外合同金额同比增长 30.2%。

安永华明会计师事务所上海分所是一家提供会计专业化服务的企业，它既向上游企业安永咨询购入咨询服务，又向下游企业提供审计服务。今年上半年，安永华明会计师事务所向安永咨询购入咨询服务 3 365.96 万元，增加了抵扣税额 201.96 万元，在减轻自身税负的同时，安永华明会计师事务所为其大客户上海电气集团提供了 61 万元的增值税进项抵扣，同样减轻了下游制造业企业的税收负担。由于增加了下游企业的增值税进项抵扣，“营改增”其实是改在服务业、惠及工商业。

打破税制瓶颈提升现代服务业能级

“营改增”突破了现代服务业发展的机制、税制瓶颈，细化了社会专业化分工，从税制上解决了企业长期存在的“大而全”、“小而全”问题，不少企业主动将生产性服务业务外包，加速了生产性服务业从制造业分离。

作为一家大型国企，原来华谊旗下 100 多家企业，家家都有自己的物流公司、设计院、信息公司，剥离很困难。假设一家企业需要 1 000 万元的信息服务，如果是自办，就是计入成本，剥离则要缴纳 55 万元营业税及附加。“营改增”后外包服务可作为进项税抵扣，就加速了附属部门从主业剥离，目前华谊集团的工程设计、信息、物流、运输等相关服务已集中到 4 个平台，有助主业做强、辅业做大。2012 年上半年上海电气、上海汽车等 25 家大型制造业企业集团和部分现代服务业企业集团实施了主辅分离，还有 4 家正在筹划中。

“营改增”还提升了上海的全球资源

配置能力，国际性跨国公司落户上海的意愿明显增强，各类投资和生产要素向现代服务业加速聚集。今年上半年，上海新设立跨国公司地区总部 27 家、投资性公司 13 家、研发中心 14 家，总部聚集效应初步显现。

“营改增”破解了制约现代服务业发展的税制瓶颈，它解决了营业税制下“道道征收，全额征税”的重复征税问题，改为“环环征收，层层抵扣”，税制更科学合理，更符合国际惯例。数据显示，2012 年上半年，在房地产行业负增长情况下，上海第三产业增加值同比增长 10.3%，占全市生产总值的 60.4%，比去年同期提高 2.6 个百分点。

试点扩围有助税改效应进一步显现

“营改增”改革是“十二五”时期我国税制改革的一项重要任务。按照国务院明确的“统筹设计、分步实施，规范税制、合理负担，全面协调、平稳过渡”税制改革三原则，上海成功实现了“1＋6”试点行业从原营业税税制向增值税税制的顺利转换。

自 9 月 1 日起，营业税改征增值税改革试点扩围将在北京、天津、江苏等 10 省市陆续推开。目前广东、安徽等地“营改增”试点都将延续上海“1＋6”模式。据北京市估算，以 2011 年静态数据测算，试点改革将总减收约 165 亿元，其中中央财政减收 77 亿元，北京市地方财政减收 72 亿元，外埠地方财政减收 16 亿元。随着“营改增”改革的试点地区和试点行业范围不断扩大，增值税的抵扣链条将逐步在全国范围内打通和延伸，实现增值税更全面、更充分的进项抵扣，使税制改革和结构性减税效应进一步扩大。（新华社）

§11.8　行业物流成本和其他分析

§11.8.1　食品行业物流成本分析

近年来，食品安全不断受到社会的广泛关注，政府监管力度的不断加大，关系到食品安全的物流环节关注度也随之升温。提高食品物流效率，有效保障食品安全与人民生活息息相关。

从 2011 年全国重点企业物流统计调查的情况看，2010 年我国食品行业物流费用率水平同比有所提高，物流效率有所下降。其中食品冷链物流尚处于起步阶段，规模化、系统化的体系尚未建立，基础设施等相关投资增长较快，相应的物流费用率较高，呈现逐年提高趋势。

一、食品行业物流费用率有所上升

调查企业汇总数据显示，2010 年食品行业物流成本费用率为 5.3%，比调查的全部工业企业低 4.4 个百分点，同比提高 0.5 个百分点。其中需冷藏的速冻食品制造和液体乳及乳制品制造行业物流费用率水平较高，达 10.3%，同比提高 1.3 个百分点。

二、食品物流规模快速增长，冷链物流需求增加

2010年食品物流总额达1.1万亿元，同比增长22.7%，增幅同比提高2.1个百分点。其中，冷链物流需求快速增长。以冷冻食品为例，2010年物流额约388亿元，同比增长39.7%，是2006年的2.5倍，年均增长达26.3%。

三、运输、仓储环节成本占比近七成

调查企业汇总数据显示，在物流成本构成中，运输成本占53.6%，同比下降0.5个百分点。数据显示，目前我国食品企业运输设施尚处于发展阶段，冷藏车等专业物流设备平均拥有量偏低。2010年调查的食品企业冷藏车占货运车辆的比例仅为20%。

保管成本占31.7%，同比提高2个百分点。在保管成本中，仓储成本占13.2%，利息成本占5.5%，配送、流通加工、包装成本占5.6%，货物损耗成本占7.4%。管理成本占14.7%，同比下降1.5个百分点。2010年调查食品企业物流成本构成(单位：%，略)

四、食品行业物流外包比例快速提高

调查企业汇总数据显示，食品企业物流外包比例快速提高。2010年食品企业对外支付的物流成本同比增长117.7%，增速快于物流成本增长84.5个百分点。对外支付的物流成本占比为39.2%，同比提高14.6个百分点。

尽管食品行业物流外包比例快速提高，但行业水平依然较低，外包率低于全部工业调查企业平均水平13.3个百分点。其中，需冷链食品企业外包率低于工业调查企业平均水平34.3个百分点。相关冷链第三方物流市场起步较晚，服务网络和信息系统尚不健全，食品企业自营物流比例较高，一定程度上造成企业物流成本投入大，效率低。

五、物流成本费用率与发达国家仍存在差距

与发达国家相比，我国食品冷链物流发展水平偏低。2010年日本冷链食品企业物流费用率为9.4%，且多年维持在9%左右水平，低于我国企业0.9个百分点。

2009～2010年中日调查食品企业物流费用率比较(单位：%，略)

2010年日本食品企业物流业务外包的比例为89.8%，高出我国企业50.6个百分点；日本冷链食品企业物流业务外包比例高达91.8%，是我国企业的5倍。

2009～2010年中日调查食品企业物流外包情况比较(单位：%，略)

(中国物流信息中心)

§11.8.2 医药企业物流成本分析

医药行业作为高技术、高风险、高投入、高回报的产业，在促进人类健康、提高生活质量以及增加人类寿命等方面起着

十分重要的作用。而中国作为全球人口最多的国家，随着经济的不断增长、人们生活水平的提高以及人口老龄化趋势的出现，中国医药行业进入了高速增长的阶段。随着我国医药事业的快速发展和医疗卫生体制改革的全面推进及不断深化，2010 年我国医药制造业继续保持稳步增长态势，特别是国家相继出台了助推医药制造业的利好政策，为医药行业创造了有利的条件，极大地拉动了医药市场需求。另一方面，随着新医改的持续推进及国家对医改投入的逐步到位，国内医药市场供求保持稳定，医药产业集中度逐渐提高，整个医药行业效益逐步提升。

一、医药制造业物流规模明显提升

伴随着医药产业的快速发展，医药制造业物流规模明显提升。据全国重点企业物流统计调查数据显示，2010 年我国医药制造业物流总额达 1.1 万亿元，与上年同期相比增长 23.8%。

二、医药制造业物流费用依然偏高

据全国重点企业物流统计调查数据显示，2010 年我国医药制造业物流费用率为 11.1%，与上年同期相比下降了 0.2 个百分点。物流费用率与上年相比虽有所下降，但仍高出调查的全部工业企业物流成本费用率 1.4 个百分点，依然处于较高水平。按此物流费用率推算，2010 年我国医药企业物流成本大约 1 270.4 亿元。

三、医药制造业物流成本继续扩大

2010 年，受物价水平上涨幅度较快、劳动力成本上升等因素影响，医药制造业物流费用规模继续扩大。据全国重点企业物流统计调查数据显示，2010 年医药制造业物流费用支出比上年增长 8.6%。其中：运输成本与上年同期相比增长7.6%，管理成本与上年同期相比增长 6%。在保管环节中，仓储成本与上年同期相比增长 10.8%，配送、流通加工、包装成本与上年同期相比增长 12.6%。

在物流费用构成中，运输成本所占比重为 45.4%，与上年同期相比下降 0.4 个百分点。2010 年，受运力增多、运价调整等因素影响，医药制造业运输成本所占比重虽有所下调，但在物流费用构成中，运输成本依然是牵制企业物流成本上升的主要因素，也是我国企业物流效率相对较低、物流成本偏大的重要原因。

管理成本所占比重为 11.7%，与上年同期相比下降 0.3 个百分点。医药制造业是一个集资本和技术密集型的产业，企业的整体信息化水平和管理水平还有待于进一步提高。

仓储成本所占比重为 10.9%，与上年同期相比上升 0.2 个百分点；配送、流通加工、包装成本所占比重为 12.8%，与上年同期相比上升 0.5 个百分点；利息成本所占比重为 6.7%，与上年同期相比下降 0.3 个百分点。药品是特殊的商品，在医药企业物流过程当中，药品的仓储、装卸搬运、运输、包装、检验等各个环节均需要较高的专业技术要求，在物流技术和物流装备的专用性等方面都大大增加了物流成本的支出。

2010年全国重点调查医药企业物流成本构成(单位：%，略)

四、医药制造业物流费用率小幅下降

据全国重点企业物流统计调查数据显示，2010年医药制造业物流成本费用率为11.1%，与上年同期相比下降0.2个百分点，反映出我国医药制造业物流费用水平有所降低，物流效率得以提高。据此推算，2010年我国医药制造业物流成本同比下降22.3亿元。

2010年，医药制造业委托代理货运量占货运量的比例为88.26%，同比提高近1.5个百分点，外包率高于调查的全部工业企业16.7个百分点；31%的医药企业均将物流业务全部交由专业物流公司承担，但绝大部分医药企业的物流业务还是以自营物流为主。

五、医药制造业物流效率依然偏低

我国医药制造业物流成本费用率与发达国家相比差距明显，主要表现在物流效率偏低、物流成本偏高等方面。据全国重点企业物流统计调查数据显示，2010年我国医药制造业物流成本费用率为11.1%，与上年同期相比下降0.2个百分点，但与物流发达国家相比，其物流效率明显偏低。

以日本为例，2010年日本医药制造业物流费用率仅为1.44%，比我国低9.66个百分点。由此可见，我国医药企业的物流效率与日本相比差距较为明显。据此推算，我国医药企业物流费用率如果达到日本的水平，2010年我国医药制造业可节约大约1 000亿元的物流成本。

2009～2010年中日医药企业物流费用率比较(单位：%，略)

2010年，我国医药企业物流业务外包率为69.2%，同比上升1.5个百分点。但同期，日本医药企业的物流外包率为86.3%，高出我国医药企业物流外包率17.1个百分点。

2009～2010年中日医药企业物流外包情况比较(单位：%，略)

(中国物流信息中心)

§11.8.3 交通运输设备制造业物流成本分析

2011年全国重点企业物流统计调查数据显示，2010年我国交通运输设备制造业物流成本费用率仍然偏高，与发达国家存在一定的差距。

1. 物流规模快速增长

2010年，全国汽车累计生产同比增长31.9%；民用钢质船舶累计生产同比增长47.7%；飞机累计进口同比增长6.8%。根据行业统计和调查企业数据推算，2010年我国交通运输设备制造业物流总额5.5万亿元，同比增长30.6%，物流规模呈现快速增长态势。

2. 物流费用率有所上升

调查企业汇总数据显示，2010年交通

运输设备制造业物流成本费用率为5.5%，同比提高0.4个百分点。按此物流费用率推算，2010年我国交通运输设备制造业物流成本大约3 029亿元，比2009年增长944亿元。

3. 运输环节物流成本占一半以上

调查企业汇总数据显示，在物流成本构成中，运输成本同比增长22.8%，占物流成本的51.4%，比重同比下降5.9个百分点；配送、流通加工、包装成本同比增长76.3%，占物流成本的8.2%，比重同比提高1.8个百分点；仓储成本同比增长49.1%，占物流成本的3.5%，比重同比提高0.3个百分点。

4. 交通运输设备制造业物流效率与发达国家仍存在差距

2010年日本交通运输设备制造业物流费用率为3.6%，比我国低1.9个百分点。如果达到日本的水平，我国交通运输设备制造业物流成本2010年可节约1 000亿元左右。

5. 交通运输设备制造业物流外包水平较高

随着我国汽车物流等第三方物流的快速发展，2010年我国交通运输设备制造业物流外包率为78.3%，同比提高1.6个百分点，高于工业企业平均水平25.8个百分点，与日本企业水平基本持平。

（中国物流信息中心）

§11.8.4 农副食品加工业物流成本分析

近年来，随着消费能力的提高，人们对作为日常生活必需品的农副食品提出越来越高的要求。农副产品种类琳琅满目，包装花样繁多，农副食品加工由传统、粗放式向高附加值、市场导向型逐渐转变。同时，在国家政策引导和市场机制共同作用下，城乡商贸物流服务体系逐步完善，物流服务功能不断增强，“万村千乡市场工程”、“双百市场工程”和“农超对接”有效促进了农副食品物流发展。但总体来看，我国农副食品物流与安全、通畅、高效的农副食品物流体系仍有较大差距，农副产品物流需求难以得到满足，物流环节多、物流基础设施不配套等等因素导致物流成本居高不下，成为农副产品消费价格高企的重要原因。

2011年全国重点企业物流统计调查数据显示，2010年我国农副食品加工业物流成本依然偏高，同时物流费用率有所下降，与发达国家存在一定差距。

1. 农副食品加工业物流规模快速增长

2010年，我国农副食品加工业继续保持快速增长势头，全国规模以上生猪定点屠宰企业屠宰量累计2.3亿头，同比2009年增长9.2%。根据行业统计和调查企业数据测算，2010年我国农副食品加工业物流总额3.7万亿，同比增长25.4%，农副食品加工业货运量12.9亿吨，同比增长21.7%。

2. 农副食品加工业物流费用率有所下降

调查企业汇总数据显示，2010年农副

食品加工业物流成本费用率为12.6%，同比下降0.3个百分点，比调查的全部企业高2.9个百分点，仍然处于较高水平。按此物流费用率推算，2010年我国农副食品加工业物流成本大约4 361亿元，比2009年增长797.4亿元。

3. 农副产品加工业物流成本保持增长

调查企业汇总数据显示，2010年农副食品加工业重点企业物流成本与去年同期相比，增长2.9%。其中，运输成本同比增长11.8%，占物流总成本的59.7%，比上年同期提高4.7个百分点，运输成本的快速增长主要受货运量增长影响，调查企业汇总数据显示调查企业货运量同比增长10.2%。

仓储成本同比增长8.8%，占物流总成本的13.4%，比上年同期提高0.7个百分点。管理成本同比增长7%，占物流总成本的9.6%，比上年同期下降4.4个百分点。配送、流通加工、包装成本同比增长9.9%，占物流总成本的11.5%，比上年同期提高0.7个百分点。

4. 与发达国家物流差距缩小

2010年日本农副食品加工业物流费用率为9.4%，比我国低3.2个百分点。而2009年中日农副食品加工业物流费用率差距为3.78个百分点，我国农副食品加工业物流效率与日本差距有所减少。我国农副食品加工业物流如果达到日本的水平，2010年我国农副食品加工业物流可减少25%的物流成本。

当前，农副食品行业物流面临重复纳税、过路过桥费过高，农副食品配送车辆进城难、仓储设施不足等难题；同时农副食品物流专业化程度低，环节过多，物流不畅，不仅推高农副食品终端消费价格，也制约农副食品物流的健康发展。因此我们建议：

提高农副食品专业配送能力，着力解决农副食品进程中物流环节多、批次多但数量少的问题。发展农副食品专业化配送企业，以物流信息化和市场化推动农副食品物流发展，提高集中采购、集中配送比重。

加大物流税收试点范围，降低农副食品物流环节税负。日前，财政部、国家税务总局日前联合下发《关于免征蔬菜流通环节增值税有关问题的通知》，此举将降低大型农副市场采购环节税费。但由于农副食品物流涉及产业链全部环节，因此建议将税收试点范围适当扩大。

大力发展现代流通模式，推动“农超对接”、“农餐对接”、“场店对接”、无店铺流通等以物流配送为特征的现代流通模式，减少流通环节，提高流通效率。

（中国物流信息中心）

§11.8.5 内资物流与外资物流的差距

2001年12月11日，中国终于叩开世界贸易组织（WTO）大门，成为WTO第143个成员。2005年12月，中国履行入世相关承诺，物流领域对外全面开放。此后，国际物流巨头纷纷进入中国。中国物流业在十年激荡中高速发展，诸多收获毋须赘言。“入世”十年也是我国物流服务贸易逆差节节攀升的十年。如何从全球经济一体化的大趋势去看待其中的问题？中国物流业如何在全球竞争中寻求发展突破？

入世十年来，国外产品大举进入中国。我们可以发现，吃穿住行各个方面，尤其是洗发水、奶粉、汽车等商品，位居前列的似乎均是国外品牌。当然，这仅是表面现象，真正的商品背后还有他们的服务，这个服务就是物流，就是供应链。由于紧攥着供应链这张牌，国外产品在市场上的竞争力日渐增强。在物流市场，随着2005年底中国加入WTO的过渡期结束，物流业全面开放，外资在华扩张步伐明显加速，它们占据了越来越多的战略资源和市场话语权。

传统制造业与物流业正在加快融合发展，物流和供应链越来越成为影响一个产业，甚至是一国经济命脉的重要力量，一旦链接产业各个环节的物流渠道掌握在他人手中，与之相关的产业也必定受到影响。

入世以来，虽然各方对于中国物流业发展都十分关注，但谈论最多的几乎都是以四大快递巨头为代表的国际物流企业。有专家认为，这些其实都是简单的物流，真正复杂的物流在日本。日本的物流企业表面上看就是一家独立的物流公司，实际上日本物流企业与制造业、综合商社之间有较深的关联。

在日本，物流企业与综合商社、制造业形成了网状结构，这种物流的网络要比我们想象中更大、更密、控制力更强。因此，在白益民看来，日本物流业真正的“大家伙”并非宅急便那样的物流企业，而是日本综合商社——它像影子一样，隐没在全球93个国家或地区的某个角落。这个影子里包括：三井物产、伊藤忠、丸红等六大财团的综合商社，他们是编织产业链的产业组织者，是大财团组织的综合商社；还有海运物流企业，三井财团的商船三井、三菱财团的日本邮船、富士财团的川崎汽船这样的海运物流企业，在全球钢铁、石油、煤炭、铁矿石运输中都处于举足轻重的地位。它们形同影子，从不轻易崭露头角，同时它们又不单单是影子，还是日本企业在华运营背后强大的靠山和输血系统。

由于日本资源匮乏和外向型贸易格局，日本综合商社多发端于贸易公司，发展到今天，它已经远远超出贸易公司的经营范围。日本综合商社扮演着产业培育者的角色，就像一个“母体”，不断培育新兴产业与公司，是产业的组织者和联络者，打造“全套完整产业链”是其理想。这足以让其“孩子们”（旗下企业）大展拳脚，进行贸易代理，参与生产、金融服务、仓储运输、科技开发等领域，从产业链上下游相关联领域着手控制产业物流。

此外，日本物流企业的结构是金融、商业、产业资本相结合，这种模式的渗透力和组织力极强，一旦在中国形成网状结构后，相互之间的结构就显得非常牢固。而财团间物流企业相互扩张相配合，也在挤压着中国物流企业的生存空间。

日本的综合商社实际上是真正意义上的现代化物流体系的集大成者，综合商社靠的是金融资本对这些产业的链接能力。如果物流作为孤立于产业，没有与上下游产业有持股关系和长期的合作协议，而是为了一单一单的接业务就不成为物流体系。

有统计数据显示，日本在中国有40 000家企业，这些企业都是通过综合商社这个产业组织者提供的物流服务而高效协同起来，以实现对整个产业的主导权。白益民指出，这个过程需要的是各个企业之间的交叉持股以实现企业间利益的捆绑。在中国，则没有交叉持股的出现，在利益上也就无法联系起来。

俗话说"同行是冤家"，这将中国企业缺乏协同意识的一面，描述得淋漓尽致。因此，在同一个产业或者行业里，企业之间往往互相抵触，甚至为了各自利益而相互践踏。中国企业走向国际市场，也同样出现了"单兵作战"的窘境。面对外资企业的打压和包围，走出去的中国企业有的败北，有的则深陷在一个小范围内始终不能大展手脚。没有协同，得不到必要的资金、技术、人力等方面的外援支持，只能单打独斗，而不是群体作战、协同互助，因此在业务上很难有更大范围的延伸，进而导致了中国的产业链之困；身在其中的企业，也不同程度地受到限制，对其发展壮大形成阻碍。

日本的企业往往不是平面的。金融、商业和产业的公司之间形成的相互持股，通过相互持股，使企业成为了立体的。并且，财团内的企业群体会将集团外部的中小企业群作为长期稳定的交易对象(外包公司)，也就是将它们纳入自己的业务经营范围。这些外包公司有的向着水平方向延伸，如三菱公司旗下囊括了190家成员公司；有的朝着垂直方向发展，丰田公司下属175个初级供应厂商和4 000多个二级供应厂商就是最好的佐证。此外，在主要的制造商和全国几千个零售商之间还存在着销售联盟，就如同铸造了铜墙铁壁，刀枪难入。

更出人意料的是，不同的商社之间也存在表面竞争却私下合作的情况。而且商社负责人会定期聚首共商事宜，通过协商和利益均分，确定各自的客户群体和目标市场。这些企业之间都互相交叉持股，有效地保证了各取所需、优势互补、共生共荣。这些都值得中国企业认真参考和借鉴。

入世十年来，外资企业依靠强大的资本和经营实力，在中国市场迅速扩张布点，抢占稀缺的物流网络资源，并逐渐建立起自己的市场优势。在此期间，中国物流业的发展虽然有目共睹，但发展水平整体仍然不高。国内企业对物流的认识，不应再仅仅停留于仓储、运输等方面，应该意识到物流具有更为广泛的作用和含义，真正的物流产业应是将产业、商业、金融结合起来的平台。物流产业应该是未来十年中国经济的第一产业，我们应该将物流上升到新的高度，因为只有将物流搞好，做好国民经济的后勤保障工作才能实现产业升级。

(《现代物流报》)

§11.8.6 物联网规划提速智能物流

《物联网"十二五"发展规划》(以下简称《物联网规划》)已正式发布，智能物流作为十大应用领域被重点提出。规划指出，目前我国物联网发展与全球同处于起步阶段，初步具备了一定的技术、产业和应用基础，呈现出良好的发展态势。"十二五"时期是我国物联网由起步发展进入规模发展的阶段，机遇与挑战并存。《物联网规划》的出台，将会给发展中的智能物流和物流产业带来重要影响。

物流地位十分突出

《物联网规划》中，确定了"十二五"期间我国物联网发展的八大任务和五大工程，其中特别提到要重点支持物联网在工业、农业、流通业等领域的应用示范，以及智能物流、智能交通等的建设。并且，将加大财税支持力度，增加物联网发展专项资金规模，加大产业化专项等对物联网的投入比重，鼓励民资、外资投入物联网领域。《物联网规划》对于物联网产业发展提出了方方面面的要求，尤其在应用层面列举了一些重点领域，其中就包括了物流以及和物流相关的制造业供应链、智能交通等。这也从一个方面说明，物联网在物流领域的应用，占据了很大比重，地位是非常突出的。

对于物流信息化来说，物联网对其是一个深化，也是一个推进。因为从物流角度来看，物联网仍然属于信息化范畴，只不过它是物流信息化的高级阶段。其特征是越来越减少对人的依赖，也就是越来越智能化。智能物流是物流信息化在新形势下的发展趋势和目标。

物流信息化也一直是朝着这个方向发展的，即信息更加透明，更加减少人工干预，更加精细化，效率也更高，这个方向是始终不变的。而物联网的出现，是加速了信息化发展的这个进程，也更加突出了其智能化的特点，也给了我们一个更加明确的目标，那就是信息化发展要更加提高智能化水平。

而要提高物流智能化水平，就要在一些关键环节加快发展步伐。这些关键环节，也是物联网技术本身的几个关键点。如在信息采集方面的要求更高——信息要更加广泛、全面，更加及时(随时随地)，也更加多样化，信息的类型会越来越多(包括外部和内部的信息，人、车、货的信息，单证的信息等)，而采集信息的技术也会得到越来越广泛的应用；通信方面(主要是无线通讯)，或者说移动互联网技术的应用，在最后一公里将发挥更大作用，使得整个物联网处在实时移动的网络状态；而在数据加工方面，包括各种各样的公共平台、云计算技术，也将得到广泛的应用。

示范工程成明确抓手

《物联网规划》提出的产业发展目标，是到2015年，我国要在核心技术研发与产业化、关键标准研究与制定、产业链条建立与完善、重大应用示范与推广等方面取得显著成效。为此，《物联网规划》在提出的重点领域应用示范工程中，涉及了智能物流和智能交通领域。智能物流领域将建设库存监控、配送管理、安全追溯等现代流通应用系统，建设跨区域、行业、部门的物流公共服务平台，实现电子商务与物流配送一体化管理；智能交通将建设交通状态感知与交换、交通诱导与智能化管控、车辆定位与调度、车辆远程监测与服务、车路协同控制，建设开放的综合智能交通平台。

《物联网规划》中提到的这些重点，也是当前智能物流发展的关键。而示范工程是推动智能物流发展的重要抓手，能够通过成功案例的方式，起到很好的借鉴、推广作用。(《现代物流报》)

第十二篇 附 录

附录 1：2011 年—2012 年6 月上海物流业大事记

2011 年

【上期所期货保税交割业务正式启动】 1 月 5 日 上期所期货保税交割业务正式启动。上海中储临港物流有限公司、上海同盛物流园区投资开发有限公司成为上期所首批有色金属（铜、铝）指定保税交割仓库。

【国内首部钢铁物流行业标准正式宣布开启制定】 1 月 8 日，由中国物流与采购联合会钢铁物流专业委员会牵头的国内首部钢铁物流行业标准正式宣布开启制定。此次制定的标准既包括钢铁物流作业规范、分类包装标识规范、钢材实物与互联网信息交互技术规范、互联网公共商务信息平台建设等多个方面。预计至 2012 年 9 月 30 日结束。

钢铁物流行业标准的制定，将有效促进国内钢铁物流产业高效协同运行，不仅有利于钢材产品到达最终用户的质量保证，也有利于钢铁企业和贸易商开拓国际市场。钢铁物流标准体系建立后，能够实现钢铁消费与生产信息对称，对提升我国物流运作效率、社会效益发挥重要作用，同时也会促进钢铁物流业的进一步健康有序发展。

首部钢铁物流行业标准制定由中国物流与采购联合会钢铁物流专业委员会牵头，成员单位包括国家建筑钢材质量监督检验中心、上海期货交易所、冶金工业规划研究院、国家建筑工程材料监督检验中心、鞍钢股份有限公司、五矿发展股份有限公司、中国铁路物资总公司、西本新干线股份有限公司、惠龙港国际钢铁物流有限公司、上海宝钢工业检测公司检化验中心、上海物流学院和现代物流报社。根据实际研发任务的需要，中物联钢铁物流专业委员会还会从行业机构中选取合适工作团队加入进来。

【2012 中国物流发展报告会在京举办】 1 月 10 日，由中国物流与采购联合会、中国物流学会主办的 2012 中国物流发展报告会在北京召开。会议以“回顾总结 2011 年，展望谋划 2012 年”为主题，就年度物流发展进行了回顾与展望，并通报

了最新物流政策及其落实情况。

国家发改委、财政部、交通运输部、铁道部、商务部、工信部、国家税务总局、国家标准委、国家开发银行等有关部门的代表，部分省、市区政府物流工作牵头部门以及物流行业协会的领导，部分物流企业的高层管理人员以及物流研究、教学、新闻单位、投资咨询机构的代表300多人出席了会议。中国物流与采购联合会会长、中国物流学会会长何黎明在会上作了题为“稳中求进整合提升促进我国物流业持续健康发展”的主题报告。全国政协经济委员会副主任、原国家统计局局长李德水作了题为“坚定信心努力实现稳中求进——当前宏观经济形势分析”的专题报告。国家发改委经济运行调节局副局长王慧敏，商务部流通业发展司副司长王选庆分别介绍了物流部际联席会议作用、商贸物流发展形势及政策取向。天津市发改委副主任管理年介绍了天津市物流业发展思路与政策。中国物资储运协会会长姜超峰、北京交通大学交通运输学院院长助理张晓东、天津大学管理学院副教授刘伟华分别就仓储业、铁路物流、制造业物流等专题作了演讲。会议还评选发布了“2011年中国物流与采购行业十件大事”。

【四项货代国家标准公布】 1月14日，由全国国际货运代理标准化技术委员会秘书处牵头起草的《物流网络信息系统风险与防范》、《国际货运代理单证标识符编码规则》、《国际货运代理信息交换规范》、《国际货运代理业务数据元》等四项国家标准，经国家质量监督检验检疫总局、国家标准化管理委员会批准并公布，于2011年5月1日正式实施。四项国家标准的颁布实施将极大促进我国货代物流行业的信息标准化建设，进一步满足企业与其关联方间的业务信息共享和信息交换的迫切需求，提高企业的物流网络信息风险防范的能力。

【《关于物流企业大宗商品仓储设施用地城镇土地使用税政策的通知》下发】 2月8日，财政部、国家税务总局日前联合下发了《关于物流企业大宗商品仓储设施用地城镇土地使用税政策的通知》。《通知》规定，自2012年1月1日起至2014年12月31日止，对物流企业自有的（包括自用和出租）大宗商品仓储设施用地，减按所属土地等级适用税额标准的50%计征城镇土地使用税。其中，物流企业是指为工农业生产、流通、进出口和居民生活提供仓储、配送服务的专业物流企业。大宗商品仓储设施是指仓储设施占地面积在6 000平方米以上的，且储存粮食、棉花、油料、糖料、蔬菜、水果、肉类、水产品、化肥、农药、种子、饲料等农产品和农业生产资料；煤炭、焦炭、矿砂、非金属矿产品、原油、成品油、化工原料、木材、橡胶、纸浆及纸制品、钢材、水泥、有色金属、建材、塑料、纺织原料等矿产品和工业原材料；食品、饮料、药品、医疗器械、机电产品、文体用品、出版物等工业制成品的仓储设施。仓储设施用地，则主要包括仓库库区内的各类仓房（含配送中心）、油罐（池）、货场、晒场（堆场）、罩棚等储存设施和铁路专用线、码头、道路、装卸搬运区域等物流作业配套设施的用地。

【国家《商贸物流发展专项规划》发布】 3月14日，为进一步促进我国商贸物流发展，提高商贸物流服务质量和水平，增强商贸服务业竞争力，适应流通业发展和转变经济发展方式的需要，根据国务院《物流业调整和振兴规划》（国发〔2009〕8号），商务部、发改委、供销总社联合印发《商贸物流发展专项规划》（商商贸发〔2011〕67号）。

【上海外高桥保税区空运货物服务中心正式启动】 4月7日，上海外高桥保税区空运货物服务中心正式启动，此举将进一步深化外高桥保税区和上海空港的联动发展。海关在空运货物服务中心内设监管点，今后标有区港联动专用标识的空运进境货物到达空港，可直接监管运输至空运货物服务中心进行理货，保税区内企业不用出区即可在空运货物服务中心内完成全部通关流程，整体通关时间大幅缩短，企业通关成本更加低廉。

【国家邮政局出台《关于快递企业兼并重组的指导意见》】 5月24日，国家邮政局局长马军胜主持召开第99次局长办公会，讨论并原则通过《关于快递企业兼并重组的指导意见》，提出以“市场化、产业化、现代化”为方向，鼓励指导快递企业通过兼并重组建立健全现代企业制度，加快转型升级，进一步做强做大。推动快递企业的兼并重组，符合《邮政法》的规定，适应行业科学发展的需要，是切实增强服务能力，提高服务水平，转变发展模式，实现做强做大的有效途径。

推动快递企业兼并重组的最终目的，是优化产业布局，转变发展方式，提高发展质量，促进快递产业转型升级和跨越发展。政府部门要加强对快递企业兼并重组的服务和指导。完善企业诚信体系、服务体系的建设，做好用户满意度调查、消费者申诉率调查和时限测评，有效引导社会快递消费，监督敦促企业改善服务质量。要在《指导意见》的框架下，进一步明确国家局和各省局之间的分工，细化政府部门、快递协会和快递企业落实意见的具体操作和举措，扎实有效地做好快递企业兼并重组的相关工作。

【五部门发布通知坚决撤销收费期满公路收费项目】 6月14日，交通运输部、国家发展改革委、财政部、监察部、国务院纠风办联合下发通知，开展收费公路专项清理工作。通知强调，对违反国家有关法律、法规规定，擅自在公路上设卡实施检查或收费的行为，要坚决予以取缔并严格追究相关人员的法律和行政责任。

通知要求，各地要开展专项清理工

作，全面清理公路超期收费、通行费收费标准偏高等违规及不合理收费，坚决撤销收费期满的收费项目，取消间距不符合规定的收费站（点），纠正各种违规收费行为。要降低偏高的通行费收费标准，完善公路计重收费办法，确保合法装载车辆通行费负担有所减轻。

此次专项清理活动将自 2011 年 6 月 20 日开始，至 2012 年 5 月 31 日结束。具体分为调查摸底、自查自纠、检查复核、总结完善四个阶段。

【国家邮政局审议通过《邮政业发展“十二五”规划》】 6 月 28 日，国家邮政局召开党组会议，原则审议通过《邮政业发展“十二五”规划》。

【《公路安全保护条例》7 月 1 日实施】 我国第一部专门针对公路保护进行规范的行政法规《公路安全保护条例》将于 2011 年 7 月 1 日起正式实施。条例强调，对 1 年内违法超限运输过 3 次的货运车辆，由道路运输管理机构吊销车辆运营证；对 1 年内违法超限运输过 3 次的货运车辆驾驶人，由道路运输管理机构责令其停止从事营业性运输；道路运输企业 1 年内违法超限运输的货运车辆超过本单位货运车辆总数的 10%的，由道路运输管理机构责令道路运输企业停业整顿；情节严重的，吊销其道路运输经营许可证，并向社会公告。

【物流“国九条”和本市落实“国九条”工作方案发布】 8 月，温家宝总理主持召开国务院常务会议，研究部署促进物流业健康发展工作。国务院办公厅印发《关于促进物流业健康发展政策措施的意见》（国办发〔2011〕38 号），提出 9 条政策措施。被誉为物流“国九条”。这个重要政策文件从宏观的体制改革到具体的发展举措，涉及税收、土地资源、公路收费、物流管理体制、行业资源整合、技术创新应用、资金扶持以及农产品物流等九大方面。《意见》的出台将为我国物流业的发展带来实质性利好，尤其是对物流业的减负支持将会有效降低社会物流总费用。此外，《意见》对物流技术创新、物流体制改革、物流土地资源等方面的关注，也会从整体上改善物流发展的现状、优化物流服务环境、提升产业核心竞争力，进而推动现代物流业的又好又快发展。市政府印发《本市落实〈国务院办公厅关于促进物流业健康发展政策措施的意见〉工作方案的通知》（沪府办〔2011〕98 号），安排具体贯彻落实工作。

【上海评出 2011 年全国物流行业先进集体和劳动模范】 9 月下旬，根据国家人力资源和社会保障部和中国物流与采购联合会联合印发的《关于评选全国物流行业先进集体劳动模范和先进工作者的通知》（人社部函〔2011〕199 号）要求，上海市推荐评选出新跃物流企业管理有限公司、上海陆上货运交易中心有限公司、西本新干线股份有限公司等 3 家物流企业为全国物流行业先进集体，王笃鹏等 20 人为全国物流行业劳动模范。上海市评选出的先进集体代表和劳动模范参加了 2011 年 12 月在北京人民大会堂举行的表彰大会。在全国范围，有 50 个先进集体、239 名劳动模范和 58 名先进工作者受到表彰。

【第八届中外货代物流企业洽谈会在沪举办】 9 月 27 日，由上海国际货代协会和世界货运联盟(WCAF)共同举办的"第八届中外货代物流企业洽谈会"在上海浦东展览馆开幕。本次会议吸引了来自全球 135 个国家和地区 275 个城市 1 025 家企业 1 780 名物流界代表参与，其中国内企业代表占 40%。与会人士普遍表示，洽谈会最大的价值在于为与会者寻找全球合作伙伴提供了第一流品质的媒介服务，一对一会谈的模式也被证明是货运代理人之间最好的交流方式，洽谈会充满活力，生机勃勃，这次会议已经成为全球货运界规模最大、最有价值和影响力的活动。

【《上海物流年鉴 2011》成功出版发行】 10 月，经过近两年的筹备运营，由上海市流通经济研究所主办编辑的《上海物流年鉴 2011》首次成功出版发行。这是本市编辑发行的首部地方性物流行业年鉴，内容包括上海物流行业发展的年度情况回顾，政策、服务和市场环境的调研分析，行业细分、企业经营战略的深化研究，发展前景展望等等，具有突出的专业特点和丰富的信息量。国内著名经济学家、全国政协副主席厉无畏为年鉴作序。

【《上海口岸服务条例》发布】 11 月 17 日，《上海口岸服务条例》由上海市第十三届人民代表大会常务委员会第三十次会议通过并公布，自 2012 年 3 月 1 日起施行。这是规范口岸开放，提高口岸通关效率，保障口岸安全畅通，促进对外开放和经济社会发展的一部重要的地方性法规。

【第十三批全国 A 级物流企业名单发布】 11 月 22 日，中国物流与采购联合会发布第十三批 1A 至 5A 的全国 A 级物流企业名单，共有 316 家新 A 级企业入围。其中，上海郑明现代物流有限公司进入 4A 物流企业行列，阿尔卑斯物流(上海)有限公司、上海福仑德大件储运有限公司等五家企业进入 3A 物流企业行列，上海安宜达物流有限公司等等两家企业成为 2A 物流企业。另外，还审定通过复核全国 A 级企业 238 家，其中，上海安吉汽车零部件物流有限公司、上港集团物流有限公司、上海中远物流有限公司等 3 家企业通过 5A 复核，上海云峰集团国际贸易有限公司、上海通贸国际供应链管理有限公司等 7 家企业通过 4A 复核，上海金陵国际物流有限公司、上海柯莱国际货运有限公司 12 家通过 3A 复核，上海锦路物流有限公司通过 2A 复核。至此，中国物流与采购联合会已向社会陆续通告了十三批共 1 547 家 A 级物流企业。

【上海闵行铁路货场汽车物流基地正式建成投入启用】 12 月 5 日，由中铁二十四局承建的，国内设施最先进、功能最齐全、规模最大的上海闵行铁路货场汽车物流基地正式建成投入启用。上海闵行铁路货场汽车物流基地位于上海闵行铁路货场西侧，总占地 117 亩。基地拥有连锁块硬化路面汽车停放场地 6 万多平方米、4 条铁路装卸线、4 个双层机械升降装卸平台等设施，年运量达到 17 万吨，工程于 2010 年 8 月开工建设。该基地是铁道部为完善上海地区汽车物流布局，满足上海地区汽车运转需求而投资建设的。建成启用后，该基地将充分发挥铁路运输节能、环保、安全、全天候、规模化等优势，依托上海大众、上海通用强大的汽车生产能力，有效助推我国汽车工业的快速发展。

【国际货运代理行业工作座谈会在沪举办】 12 月 7 日至 8 日，由商务部服贸司主办、中国国际货运代理协会协办、上海市商务委员会承办的国际货运代理行业工作座谈会在上海迎宾馆举行。本次会议是在商务部等 34 家部委联合发布《服务贸易发展“十二五”规划纲要》、就如何促进中国国际货代物流业的稳定发展的背景下召开，北京、上海等十一省市商务主管部门负责人、货代协会负责人 20 多人，涉及行业各门类及国有、民营、外贸、股份制的企业代表 30 多人出席会议。会议围绕当前国际货代行业发展中的行业规范、行业管理、行业法规、流程作业、市场和人才规划等焦点问题进行了热烈的讨论，与会代表还就尽快明确行业属性、作用、地位，制定促进行业发展和加强自律、规范管理的指导意见等达成共识。

【上海市开展营业税改征增值税试点】 国务院常务会议决定，从 2012 年 1 月 1 日起，在上海市开展营业税改征增值税试点。上海的营改增试点，是结构性减税的一个具体行动，涉及交通运输业和部分现代服务业。此前，对货物和劳务分别征收增值税和营业税，在这种税制结构下增值税纳税人外购劳务所负担的营业税、营业税纳税人外购货物所负担的增值税，均不能抵扣，重复征税问题未能完全消除。而按照试点方案，上海先行选择与制造业密切相关的交通运输业（适用税率 11%）和部分现代服务业（除有形动产租赁适用税率为 17%外，其余部分的适用税率为 6%）开展营业税改征增值税试点。上海第一批纳入“营改增”试点的七个行业 12 万户企业中，有 8 万户小额纳税人，他们的税负是降低的；另外 4 万户是一般纳税人，这其中运输业和金融租赁业两个行业的税负加重了。为此，上海出台了一项财政扶持政策，通过财政返还的方式，降低这些企业税负的增加额。有测算表明，此轮税制改革将使上海静态减税 100 亿元。

【上海地区已有 A 级物流企业 107 家】 2011 年底，在中国物流与采购联合会召开的第七次宣贯《物流企业分类与评估指标》国家标准暨 A 级物流企业授牌大会上，由上海市物流协会负责并承担的上海市物流企业综合评估办被评为“2010—2011 年度物流企业综合评估工作先进办公室”。至 2011 年底，上海地区已有 A 级物流企业 107 家，其中 5A 级物流企业 14 家、4A 级物流企业 40 家，5A 级和 4A 级物流企业占到总数的 50.5%，处于全国领先。

【物流资源交易平台建设取得新进展】 截至 2011 年底统计数据显示，上海物流业规模持续扩大，物流资源交易平台建设取得新进展。上海陆上货运交易中心成功研发物流搜索引擎；56135 平台有网上注册会员 3 万多家，每日发布物流供求信息 60 万条、运价行情 14 万条，日均访问量 35 万人次；累计实现陆上货运在线交易 7.1 亿元，货值总额 85 亿元。

2012 年 1—6 月

【商务部评定上海成为全国流通领域现代物流示范城市】 2012 年 2 月，上海通过商务部评定，成为全国流通领域现代物流示范城市。确保上海世博会重要商品和物资应急保障物流及时、安全、高效运作；形成《上海市加快推进城市配送物流发展实施方案》；零星危险化学品物流服务体系初步建立。洋山保税港区物流服务功能不断拓展。进口汽车保税展示成为国内综合保税区范围内启动最早、规模最大、影响最广泛的进口汽车保税展；上海集拼仓储物流有限公司相继开拓厦门、南京、大连、重庆、武汉等 8 个口岸的集货渠道；跨国公司亚太采购配送中心、供应链管理中心、有色金属集散中心以及大型航运企业逐步集聚，全年保税港区引进企业 112 家，超过前 4 年引进企业数的总和。

【《上海物流年鉴》编委会和编辑部挂牌】 3 月 20 日下午，《上海物流年鉴》编委会挂牌仪式暨工作研讨会，在浦东滨江大道现代服务业联合会办公楼内举办，有关政府部门、行业协会和部分物流企业约三十多位领导和代表出席会议。

上海现代服务业联合会会长周禹鹏和上海市人民政府发展研究中心主任周振华，会上共同为《上海物流年鉴》编委会和编辑部揭牌。《上海物流年鉴》是一本聚焦上海物流业发展的行业性年鉴，在去年《上海物流年鉴 2011》成功试行编辑发行的基础上，经过各方面积极筹备，《上海物流年鉴》编撰委员会和编辑部即日起正式挂牌成立。《上海物流年鉴》编委会组成单位，由上海现代服务业联合会、市发展改革委、市经信委、市商务委、市政府发展研究中心、市工商局、市统计局、市交通运输和港口管理局、上海海关、上海邮政管理局、市物流行业协会以及部分骨干物流企业等单位组成。编辑部设在市政府发展研究中心上海市流通经济研究所内。

【上海召开长三角地区物流联动发展大会】 2012 年 5 月，上海召开长三角地区物流联动发展大会，启动第二轮长三角地区物流联动发展；交通港口部门联合发布《关于推进长三角地区道路货运(物流)一体化发展的若干意见》；上海市物流协会与江苏省、浙江省物流协会组建长三角地区现代物流合作联盟，发布《中国长三角地区物流行业行规行约》倡议；上海标准化研究院联合浙江省标准化研究院起草国家标准《物流服务合同准则》。全市有 A 级物流企业 94 家，其中 4A 级以上企业 49 家，占 52.2%。30 家企业被评为“全国先进物流企业”，27 家企业获“上海服务名牌”称号。物流业发展环境进一步优化。69 家物流企业享受差额征收营业税的试点政策，洋山保税港区免征物流运输等环节的营业税近 16 亿元；物流园区、现代化物流设施、物流信息平台、物联网技术应用等几十个项目，累计获各类资助资金达亿元。

【市政府印发《上海市现代物流业发展“十二五”规划》】 2012 年 5 月 24 日，市政府印发《上海市现代物流业发展“十二五”规划》，规划对“十二五”期间上海物流业发展的基本原则、发展目标和工作任务作了详细介绍。到 2015 年，上海将以高端物流服务为核心，加快物流业向“高效率、高增值、低消耗”转变，使物流业成为上海推进“四个率先”、建设“四个中心”的重要产业载体，使上海成为全国现代物流业发展的引领示范高地，形成与国际经济、金融、贸易、航运中心核心功能相匹配的，初步具有全球物流资源配置功能的国际物流枢纽城市和全球供应链管理中心之一。

【上海市物流业调整和振兴工作总结会召开】 2012 年 6 月 5 日，根据国务院领导批示和国家发展改革委要求，市发展改革委会同市商务委、市建交委等部门联合召开会议，对上海市物流业调整和振兴工作进行评估总结。

2009 年初国务院印发了“十大产业振兴规划”，其中包括《物流业调整和振兴规划》，上海市政府于同年 8 月也发布了《贯彻〈物流业调整和振兴规划〉的实施方案》。两个政策文件的实施，不仅是促进物流业自身平稳较快发展和产业调整升级的需要，也是服务和支撑其他产业的调整与发展、扩大消费和吸收就业的需要，对于促进产业结构调整、转变经济发展方式和增强国民经济竞争力具有重要意义。

三年来，上海物流业规模和效益持续增长，运行成本低于全国水平(2010 年上海物流业增加值达到 2 037 亿元，占全市生产总值比重为 12.1%，占第三产业增加值比重为 21.2%);国际物流和保税物流能力明显提升,制造业物流和城市配送物流等重点领域成效显著;物流基础设施投入不断增强,综合运输网络布局日趋完善;信息化水平大幅提高,物流标准化体系建设逐步推进;物流企业主体不断发展壮大,加快向现代企业转型;主动对接长三角地区,区域物流联动效应显现。在《规划》的引领下,上海市各部门、各区县协同合作、大力推动了上海物流业结构调整和产业升级,促进了物流业平稳健康发展,发挥了物流业对其他产业的服务促进功能,不仅成功应对了国际金融危机,更为上海建设"四个中心"和现代化国际大都市提供了有力的支撑。

百联集团总裁、市物流协会会长贺涛及百联集团、交运集团、光明集团、国药集团、蔬菜集团的代表在会上作了交流发言。(市发展改革委)

【《上海市加快推进城市配送物流发展实施方案》发布】 2012 年 6 月 20 日,市商务委、市发展改革委、市交港局、市公安局联合发布《关于印发〈上海市加快推进城市配送物流发展实施方案〉的通知》(沪商市场〔2012〕400 号)。城市配送物流是面向城市,以商业活动、居民生活和都市工业等为主要服务对象,满足城市经济社会发展需要的物流活动。文件将进一步推进本市流通领域现代物流业加快发展,推动建立高效、绿色、便捷的城市配送物流服务体系。

附录 2:上海物流行业主要社团介绍

【上海市物流协会】

上海市物流协会成立于 2007 年 4 月,由上海市物流和商贸流通企业及相关单位组成的跨系统、跨部门、跨所有制的非营利性社会团体法人。会员单位近千家。协会的常务理事单位中集中了本市钢铁、汽车、化工、商贸、港口物流的龙头企业,其中 A 级物流企业占了 53.2%,全国先进物流企业占了 32%。

协会职能:

一、配合政府主管部门积极推动物流业发展政策措施的贯彻落实。物流"国九条"和"营改增"政策发布实施以来,协会配合有关政府部门贯彻落实。一是组织物流企业座谈会,听取意见,表达诉求;二是组织政策辅导报告会,解读政策,还编印了"政策汇编"发给企业参考。此外,协会还推荐骨干物流企业参加国家部委举办的相关座谈会,组织若干会员物流企业填报国家部委的问卷调查,为完善政策措施和实施落地发挥了作用。

二、开展为会员企业的各项服务工作。编辑发行《上海物流指南》;举办高级物流师培训试点班,为企业培养了物流高级管理人才,2011 年 5 月,42 名学员(其中企业高管占 85.7%)经考试合格,获得了国家人力资源和社会保障部门颁发的高级物流师证书。推荐和评估物流 A 级企业，截至 2011 年底，由中物联委托协会承担评估工作的上海地区 A 级物流企业，国家标准 A 级物流企业达到 105 家，首次超越百家，其中 5A 级、4A 级物流企业 55 家，占总数的 52.4%，比重高居全国前列。

三、协助政府部门开展行业管理和推优工作。一是参与第二届全国物流行业先进集体、劳动模范和先进工作者的评选推荐，协会参加了上海市评选工作领导小组和评选工作办公室的具体工作，承担制定计划，起草方案，宣传发动，走访企业，审核材料，汇总上报，布置公示，检查落实等事项，评选出上海市的 3 个全国物流行业先进集体，20 名全国物流行业劳动模范。二是参与全国制造业与物流业联动（“两业联动”）示范项目的评选推荐，协会配合政府开展了上海市参加全国示范项目的评选推荐工作全过程，积极协助做好参评、统计、上报等相关工作。评选出上海市的 9 个国家级“两业联动”示范项目。在全国 30 个优秀案例中，上海有 4 个入选上。三是倡导组织长三角物流行业交流互动活动。2011 年，由协会首倡的“5·6”长三角物流节正式启动，成为江浙沪物流行业共同的活动日。仅上海市就有近 500 余家物流企业的代表参加。

2011 年 10 月 25 日，协会完成四年一度的换届改选，选举产生了新一届理事会。新一届理事会理事单位数量从 112 名增加到了 160 名，增加 42.8%。理事单位中，民营和股份合作制企业从 39.3%上升到 47.5%，外企从 2.3%上升到 5.6%。改选后，百联集团有限公司总裁贺涛任本届协会会长，吉同祥、陈升平、黄远成、余德、李云章、强志雄等六人任常务副会长，韩志雄任专职副会长兼秘书长。（上海市物流协会）

地址：江西中路 406 号（丙）311 室
邮编：200002
电话/传真：021－63231140
邮箱：CZ20032005@163.com
网址：http://www.sh56.cn/

【上海市物流学会】

上海市物流学会（前身为上海市物资经济学会，成立于 1980 年 9 月，更名于 2003 年 4 月），是由本市从事物流教学及理论研究的大专院校、科研单位和从事物流实践与管理工作的企事业单位的专家、学者和经营者自愿组成，以研究在社会主义市场经济条件下的物流理论、物流管理和物流科技现代化为主要内容的非营利性的学术团体，具有社团法人资格。

学会的宗旨是：最广泛地组织和团结承担物流业务、物流管理和科研的理论和实践工作者，在社会主义市场经济条件下，坚持改革开放，积极探索研究，为提高我国物流理论、管理科学和技术水平，加强国际间的物流技术交流，实现流通现代化服务。

上海市物流学会的会员分为单位会员和个人会员二种。大专院校、科研单位、物流企业为会员单位；从事物流教学、研究和物流经营管理工作的专家、学者、企业经营者为个人会员。上海市物流学会设学术委员会。职能是：为学会发展出谋划策，为企业发展当好参谋，为城市物流发展规划当好政府参谋；为制订物流标准化、物流园区规划等开展咨询活动。

上海市物流学会会刊为《上海物流》双月刊。编辑部地址设在上海市北京东路255号502室，邮编200002，电话63232513，投稿信箱：CZ20032005@163.com

上海物流学会设了三处产学研基地，分别设在上海市物流学会、上海市物资学校产学研基地（联系人及电话：李建成/56137901），上海市物流学会、上海交通大学张江高科技园区RFID产学研基地（联系人及电话：王东/13041663524），上海市物流学会、上海海事大学高等技术学院，上海港湾学校产学研基地（联系人及电话：马群/68504409）

联系地址、电话、传真、邮箱、网页同上海市物流协会。

【上海浦东现代物流行业协会】

上海浦东现代物流行业协会 Shanghai Pudong Modern Logistics Association，缩写SPMLA。成立于2008年5月12日，登记证号为“沪浦民社证字第0205号”，法定代表人为仲伟林。

上海浦东现代物流行业协会现有会员单位200余家，在洋山保税港区设有洋山分会；在浦东机场综合保税区设有空港分会。协会的宗旨是“服务至上 诚信第一”，努力做到四个“致力于”，即致力于贯彻并推广政府鼓励物流企业的各项方针、政策、法律法规；致力于为会员单位提供一系列综合服务，维护其合法权益；致力于促进会员单位与政府以及会员单位之间的联系、了解和合作；致力于帮助会员单位创造最大化经济效益，推动浦东新区物流业的健康发展。浦东物流协会是为第三方物流企业、货运代理企业、仓储运输企业以及其他从事物流业务的经营、管理、科研、教学的企事业单位提供综合服务与帮助的非营利性社会团体法人，是浦东地区颇具影响力的专业社团法人机构。

上海浦东现代物流行业协会紧紧围绕行业发展的焦点、行业发展的热点、行业发展的难点，加强调查研究，把握行业发展的规律，完成了《三区三港联动发展方案研究》、《上海浦东机场综合保税区发展定位及招商策略》等研究课题，撰写了《关于对调整和振兴浦东新区物流业的若干建议》、《勇于尝新，正视问题，寻求税负改制的最佳结合点》等调研报告。这些对整个行业“战略性思考，整体性推进”的前瞻性思考，为新区领导及职能部门就物流业的发展提供了决策依据。

现任协会名誉会长：胡炜，会长：仲伟林，副会长：田卫华、舒榕斌、刘宏、刘小龙、朱伟强、花明、张浩，秘书长：陶惠民。

地址：浦东新区花山路1199号19楼

邮编：200137

办公室电话：50676606

传真：50676336

培训部：50676670

协会邮箱：spmla1199@163.com

协会网址：http：//www.spmla.org/

【上海物流企业家协会】

上海物流企业家协会是由业务主管单位上海市商务委员会正式批准，经上海市社会团体管理局登记核准的社团法人。

上海物流企业家协会是联合上海物流行业五十多位企业家共同发起组建的非盈利性社团组织，协会按照社团法人治理的结构，设常务理事会、理事会和协会秘书处；协会的会长、副会长和秘书长从协会理事会中选举产生。

协会常设秘书处为办事机构，处理日常事务性工作。秘书处配备秘书长一名；执行秘书长一名，专兼职副秘书长各一名。协会设办公室、会员发展部、资料编辑部、培训咨询部、综合事务部五个部门，主要为协会会员提供五大系列的服务。

第一：保持会员与政府之间沟通联系的渠道畅通。组织和实施行业调查与行业统计，向政府有关部门提供行业发展规划、行业产业政策等建议，并参与有关活动；及时向会员传达政府有关的会议精神和政策文件。

第二：保持会员与国内外物流同行业在先进理念、优秀理论以及先进模式方面的同步。举办各种类型的理论讨论会、报告会、论坛等，邀请国内外专家、优秀企业家为会员答疑解惑。

第三：帮助会员解决鉴定认证及教育培训方面的需求。参与物流行业职业技能鉴定和质量体系认证、评定活动；为企业家会员提供质量管理体系、物流管理体系等标准认证咨询。结合市场实际需求，联合社会教育资源，为企业家会员的物流企业提供各类培训服务；为物流从业人员提供教育培训服务，提高物流从业人员的管理能力和业务水平。

第四：帮助会员加强宣传推广。编辑出版发行会刊、年鉴、资料等出版物。评定物流行业的优秀企业家，推广其成功经验，提高企业品牌意识，树立企业形象，提升企业价值；推荐物流行业名优产品，组织发展行业的公益事业和各种社会活动。组织区域性展览、商品交易活动，促进电子商务、加工配送、政府与企业采购等新模式的发展，提高物流行业的科技含量。

第五：为会员提供信息咨询服务，实现行业内资源共享。搜集国内外物流资源信息、市场供求信息、法律法规、政策信息、编辑出版相关刊物，建立互联网站为会员提供信息交流平台，为物流企业家提供信息咨询服务。建立电子商务交易与操作服务平台，向国内中、小物流企业的企业家提供电子化物流服务和网络化信息技术服务。

协会致力于在企业家与政府、企业家与社会、企业家与市场、企业家与企业家之间发挥桥梁与纽带作用，做好政府的协管员和物流企业家的代言人。

现任会长朱益民，副会长刘鹰、侯燕红、郑富贵、柏志军、黄远成，秘书长陈永军。

地址：上海市虹桥路 333 号(交大慧谷)106 室

电话：021 - 51581880

传真：021 - 51581882

邮箱：shwusl@163. com

网址：http：//www. shlea. org/

【上海市仓储行业协会】

上海市仓储行业协会(英文译名：Shanghai Trade Association of Warehouses snd Storage 缩写：STAWS)成立于一九八八年九月，是经政府批准、市社团管理局核准登记的具有法人资格的社会团体；是由从事物流仓储行业的经营管理企业和相关科研教育的企业及个体自愿组成的非盈利性行业组织。主管部门是上海市商务委员会。

协会以行业的服务、自律、代表和协调为基本职能。其业务范围是：行业调研、技术培训、编辑出版、会展招商、产品推介、中介咨询服务、国内外信息技术交流等。主要职责是：

—组织举办行业各类业务人员的技术素质培训；仓库技术咨询；物流仓储信息的交流发布及物流仓储业务的招商及推介活动。

—制定不同类型性质仓库的安全服务标准和质量管理标准。

—开展国内外仓储物流行业的经济技术交流、考察和合作活动。

—配合工商和消防部门，对进入行业的各类仓库进行消防安全检查。

—参与有关对行业改革、发展和利益相关的政府决策论证；参加政府举办的有关听证会。

—督促会员单位依法经营并按协会章程和行规行约开展自律活动。

协会依据行业有关特点，目前设有商业、粮食、外经贸及郊区四个专业委员会，秘书处为协会常设机构。自成立二十多年来，协会积极开展国内外同行的交流和合作，经常举办业务研讨和行业专题讲座，不断组织国内外行业考察活动，举办各层次业务人员培训，定期出版内部刊物。

上海市仓储行业协会第五届理事会会长是上海百联集团副总裁周纪东先生，副会长是刘鹰、朱建新、郑尧英、浦林祥、张华、任永平，秘书长是陈祥龙，副秘书长是刘俊国、潘世荣、苏建中、张万炎。

地址：上海四川中路 330 号 213 室

邮编：200002

电话：63212343

传真：63212343

E - MAIL：shccxh@263. net

网址：www. shccxh. com

【上海市国际货运代理行业协会】

上海市国际货运代理行业协会(shanghai international freight forwarders association)是在我国改革开放不断深化，国际货运代理业快速发展条件下，于 1992 年 9 月成立，是我国(除港澳台外)最早成立的省市级国际货运代理行业协会。协会本着“指导、服务、协调、保护”的宗旨，协助政府有关部门加强国际货运代理行业管理，维护上海国际货运代理市场的经营秩序；研究国际货运代理业发展趋势；代表会员利益，反映行业呼声；开展各类培训，提高从业人员素质；协调行业内外各种关系，促进上海国际货运代理行业的健康发展。上海市国际货运代理行业协会现有会员单位554家。

上海市国际货运代理行业协会的组织机构为会员大会、理事会、常务理事会，并设立法律、规范服务、单证电脑、行风、国际非贸易物品搬运、无船承运业务和资源整合等七个专业委员会，秘书处为协会的日常工作机构。

协会一贯重视服务质量的不断提高，始终坚持“服务行业、服务企业”的办会理念。协会根据行业发展的实际情况，先后开展从业人员的专业业务知识培训，推动行业ISO9000质量管理体系认证工作，倡导货代联盟试点，促进非贸易物品搬运业务的规范化，组织FOB运费佣金下降的谈判，探索行业诚信建设评估办法，配合政府有关部门开展各类调研，制定行业服务规范，引导企业参与行业管理与自律，努力增强会员企业市场竞争力，力求为中国国际货运代理事业发展作出贡献。

现任会长：王林，副会长：杨根、叶敬彪、姚晓鸿、孟正伟、王海建，秘书长：李林海。

地址：上海市甘河路8号（中山北一路）明道大厦17楼B座

邮编：200437

电话：021－65600859、65600861

传真：021－65602133

E－mail：siffa@online.sh.cn

网址：http：//www.siffa.org/

【上海市道路运输行业协会】

上海市道路运输行业协会SHANGHAI ROAD TRANSTORTATION TRADE ASSOCIATION（缩写：SRTTA），成立于1984年7月，为本市道路运输及为其配套服务行业企事业单位自愿组成的跨部门、跨所有制的非营利的行业性社会团体法人。

市道协建立至今，已改选6届，每届会长都由交通行业厅局级正职领导担任，副会长由在行业内有较大影响的人士和企业家代表担任（现任会长陈辰康，市交运集团董事长；常务副会长张立伟，原市陆上运输管理处处长、市交通执法总队总队长）。

协会现有各种所有制会员单位2 415家。为联系和服务会员，协会设有价格、安全二个工作委员会和旅客运输、货运出租搬场三个专业委员会，以及16个办事处。市道协对应的上级指导单位是经过国家交通运输部门和民政部批准的中国道路运输协会；中国道协成员单位涵盖交通部相关司局和科研单位，各省市交通厅局、运管机构和道协等部门，以及道路客货运输、城市公交、出租汽车、驾驶培训、汽车租赁、物流和相关服务、汽车制造和销售等诸多企业。

市道协的工作在市交通运输和港口管理员以及市交通运输管理处、市交通行政执法总队等部门有力支持下，以科学发展观为指导，围绕国家大政方针，当前主要从两个方面开展工作：一是发挥桥梁纽带作用，帮助企业改善与行业主管部门和社会各方的联系，扩大行业影响，营造良好氛围，促进上下左右互动，聚焦和谐平稳发展；二是发挥中介服务作用，了解会员诉求和时政背景，维护会员权益、加强行业自律，并积极搭建平台，帮助会员降低经营成本，提高管理水平，增强发展后劲。

市道协的会刊是《上海地方交通》杂志，持有出版主管部门核给的准印证（K－0012号）。

市道协的经费来源有会费、捐赠、服务收入等。其中会费是主要收入，并秉持收之于会员、用之于会员，量入为出的原则。企业加入道协，需承担缴纳会费的义务，会费暂定为每会员单位每年1 000—5 000元（包括会刊费用），专户存储。市道协建有收支权限和财务公开制度，财务情况定期向会员报告。同时，会员享有便捷办事、信息服务、政策咨询、经营推荐、安全顾问、团购优惠、意向沟通、诉求有应等权利或服务。

协会宗旨是以国家经济发展战略为指导，在道路运输行业管理中发挥积极作用，为维护会员合法权益，保障行业公平竞争，沟通会员与政府、社会的联系，促进本市道路运输事业的发展提供服务。

地址：溧阳路249号221室

邮编：200080

电话：021－56902645

传真：021－56906814

网址：http：//www.shdyxh.com

【上海市交通运输行业协会】

上海市交通运输行业协会，英文译名为 Shanghai Transportation Trade Association，成立于1985年4月22日，是经上海市民政局登记核准，由业内企事业单位自愿组成的跨部门、跨所有制的非营利的行业社团法人，会员包括铁路、公路、水路、航空、邮政、城市交通，以及交通工程建设、交通科研院校的主要单位。协会主管机关是上海市城乡建设和交通委员会。

上海市交通运输行业协会的办会宗旨是：以邓小平理论、“三个代表”重要思想和科学发展观为指导，依据国家法律法规和经济发展战略，发挥自身桥梁纽带和联系广泛的优势，加强为政府、行业、企业和社会的服务工作，遵守社会道德风尚，维护会员合法权益，保障行业公平竞争，在促进本市交通运输事业又好又快和可持续发展中发挥积极作用，为把上海建成现代化国际大都市而努力奋斗。

上海市交通运输行业协会现设有10个分支机构，分别是：集装箱道路运输分会、国际集装箱堆场（仓储）分会、物流分会、轨道交通专业委员会、港航运输专业委员会、监管车辆专业委员会、职教和质量工作委员会、技术标准和智能交通工作委员会、交通安全工作委员会、交通节能减排工作委员会。

上海市交通运输行业协会的日常办事机构为秘书处,设四部一室,即联络部、培训部、咨询部、编辑部和办公室。上海市交通运输行业协会办有《上海交通运输》双月会刊和《上海交通》半月信息动态汇编,设有自己的网站。协会现任会长:范志伟,常务副会长兼秘书长:干观德。

地址:上海市黄陂北路 9 号 15 楼

邮编:200003

电话:021-63903418

传真:021-63904824

邮箱:shjtxh@jt.sh.cn

网址:www.shcti.cn

【上海冷藏库协会】

上海冷藏库协会(SARW)成立于1987年,1995 年经国家外交部批准加入国际冷藏库协会与世界食品物流组织。现是国际冷藏库协会、世界食品物流组织、国际冷藏运输协会、国际冷藏库工程协会会员。2004 年、2005 年,协会与美国农业部(USDA)、国际冷藏库协会、世界食品物流组织连续两次在上海联合召开"改善上海易腐食品流通环节研讨会"等会议。协会多次赴美国参加国际冷藏库协会和世界食品物流组织年会,并于 2007 年 4 月在美国菲尼克斯与国际冷藏库协会、世界食品物流组织共同签署协议,成立了"国际冷藏库协会/世界食品物流组织/国际冷藏运输协会上海联络处"。协会现有会员企业 100 多家,分布于上海市工业、农业、商业、外贸等系统以及各区县,在江苏、浙江、湖北、广东、广西等地也有协会的会员企业。会员企业中,有食品加工、冷冻冷藏、冷藏运输、低温配送及其他冷链物流相关企业。协会将发挥好政府与企业间的桥梁与纽带作用,积极为上海及长江三角洲等地区食品冷链物流的建设与发展作出贡献。协会还可以提供业务中介、人才培训、经营业务与工程技术咨询等服务。协会现任会长唐文华,秘书长刘龙昌。

地址:上海市许昌路 1273 号

邮编:200092

电话:86-(021)65011038,86-(021)65010739

传真:86-(021)65032782

E-mail:llc@csarw.org

网址:http://www.csarw.org

附:上海冷库行业简介

上海冷藏库行业已有 100 多年的历史,至 2011 年底上海冷藏库容量已达到 3 621 271 立方米,其中冻结物冷藏库容量为 3 058 280 立方米;冷却物冷藏库容量为 562 991 立方米。目前,上海传统的土建式冷藏库仍占主导地位,冷藏库的管理体制仍按系统划分为主,但服务功能开始向市场化过渡,从为系统服务为主逐步向公用冷藏库社会化服务转化。冷藏库制冷新技术得到了进一步的应用，现代冷链物流中心建设开始起步，冷藏库的功能正从计划经济下单纯的“储藏型”向冷链物流型转变，冷藏库行业将进入一个新的调整和建设发展期。

【上海港口行业协会】

上海港口行业协会成立于 1984 年 1 月，1992 年 1 月，扩大组建为地区性协会。其宗旨是，为上海港口生产建设发展服务，在港口相关企事业单位和市政府主管港口的部门之间起桥梁、纽带作用，反映所属会员单位的意见和要求，贯彻政府和上级领导部门的政策、规定、计划、要求，促进港口的社会主义现代化生产建设不断发展。1988 年创办了《协会之声》作为协会内部刊物，1990 年改名《上海港口》，为季刊，每期发送量为 1 200 本。为中国港口协会的团体会员。成员单位有上海港务局、上海航道局、第三航务工程局、第三航务工程勘察设计院、上海海难救助打捞局、上海港口机械制造厂、中国外轮代理公司上海分公司、上海市内河装卸公司、宝山钢铁总厂运输部、上海海事大学水运管理系等。协会会长陈戌源（上海国际港务股份有限公司总裁），常务副会长蔡美义，常务副秘书长周祥生。

地址：黄浦路 110 号 408 室

邮编：200080

电话：021－33011456

传真：021－63065414

网址：http：//shanghai.chinaports.org/

【上海市道路危险货物运输行业协会】

上海市道路危险货物运输行业协会（英文译名：Shanghai Dangerous Goods on Roadways Trades Society 缩写：SDGRTS）成立于 2005 年 12 月，为本市道路危险货物运输行业企事业单位及相关企事业单位自愿组成的跨部门、跨所有制的实行行业服务和自律管理的非营利的行业性社会团体法人。协会宗旨：以政府经济发展战略为指导，协助政府在道路危险货物运输行业管理中发挥积极作用，为会员提供服务，维护会员合法权益，保障行业公平竞争，沟通会员与政府、社会的联系，促进本市道路危险货物运输行业的经济发展。协会的行业业务主管单位是上海市城市交通管理局，协会业务主管单位是上海市社会服务局，登记主管是上海市社团管理局。协会同时接受上海市城市交通管理局、上海市社会服务局和上海市社团管理局的业务指导和监督管理。

现任名誉会长刘世才、葛明明，顾问杨小溪、杨长海、陈建路，会长余景平，秘书长于向东（副会长兼）。

地址：中山北路 198 号申航大厦

邮编：200071

电话：021－56310620

传真：021－56310618

网址：http：//www.shwxhy.com/hazard/index.do

【上海市船东协会】

上海市船东协会（Shanghai Shipowners'

Association,简称 SSA),于 2005 年 4 月 18 日在上海成立。上海市船东协会是市场经济发展的产物,它由同业及相关行业的企业自愿组成,是一个自律性的非营利性社团组织。作为航运市场经营活动的一个重要的中间组织,船东协会具有协调航运市场主体利益、提高市场配置效率的功能。

上海市船东协会发展的根本目的,是积极发挥行业协会的沟通与协调作用,充分利用上海市船东协会这一平台,发挥上海地区船东整体竞争能力,加强船公司与当地港口和政府间的沟通,协调船公司间在地方港口城市地区的营销活动,确保当地市场竞争环境健康、有序的发展。

上海市船东协会的服务宗旨是:当好政府的参谋,维护企业合法权益,发挥好协会在政府与企业间的桥梁作用,做好企业的助手,不断促进上海地区航运企业的自律行为。从而使上海市船东协会为提高上海港的综合竞争能力,促进上海国际航运中心的发展发挥积极的作用。协会的主要职能是围绕市场调研、政策法律咨询、项目研究、信息服务、技术培训以及对外交流合作等方面开展活动。目前上海市船东协会拥有会员包括中海集团、中远集运、中海集运、长荣海运、马士基等中外知名船公司 60 余家。协会的业务主管单位是上海市建设和交通委员会,登记管理机关是上海市社团管理局。协会同时接受上海市建设和交通委员会、上海市港口管理局和上海市社团管理局的业务指导和监督管理。

现任会长是中国海运(集团)总公司总裁李绍德,专职副会长兼秘书长陈德明。

地址:上海市东大名路 700 号 608 室

邮编:200080

电话:021－65967586

传真:021－65967556

网址:http://www.ssoa.org.cn/default.asp

附:【中国物流与采购联合会】

中国物流与采购联合会(China Federation of Logistics & Purchasing 简称 CFLP),是国务院政府机构改革过程中,经国务院批准设立的中国唯一一家物流与采购行业综合性社团组织,总部设在北京。联合会的主要任务是推动中国物流业的发展,推动政府与企业采购事业的发展,推动生产资料流通领域的改革与发展,完成政府委托交办事项。政府授予联合会外事、科技、行业统计和标准制修订等项职能。中国物流与采购联合会是全国现代物流工作部际联席会议成员单位,是亚太物流联盟和国际采购联盟的中国代表,并与许多国家的同行有着广泛的联系与合作。

中国物流与采购联合会是由国务院批准设立、受国家经贸委业务指导、民政部社团登记管理的具有社团法人资格的全国性行业组织,是由全国性或省、自治区、直辖市、副省级城市物流和生产资料流通专业社团，各种经济成分的生产资料流通企业、物流企业、批发市场以及相关的科研、教学单位自愿联合组成的全国性行业组织，现有会员400多家。联合会的宗旨是：遵守中华人民共和国的宪法、法律、法规和政策，全心全意为会员及行业服务，密切社团、企业与政府间的联系，维护会员及企业的改革和发展，更好地为我国社会主义现代化建设服务。联合会的主要任务是：推动中国物流业的发展，推动政府与企业采购事业的发展，完成政府交办事项。

根据国务院关于国家经贸委管理的国家局机构改革的意见，国家国内贸易局撤销后，中国物流与采购联合会成为国家经贸委直接管理的15个综合性行业协会之一，政府授予外事、行业统计、行业标准制修订等职能，并受经贸委委托，代管26个全国性专业协会和7个事业单位。

引导中国物流企业快速发展

根据根据《中国物流与采购联合会章程》的规定，联合会的业务范围和主要工作职能是：向政府反映企业的意见和要求，维护企业合法权益；组织实施行业调查和统计，提出行业发展规划、产业政策及经济立法建议；开展市场调查，分析市场形势，提供信息咨询服务；组织经验交流，表彰先进；组织行业理论研究，举办学术讨论会；参与商品流通与物流方面国家标准和行业标准的制修订；推动物流教育，培训专业人员；提供法律咨询服务；促进对外合作与交流；组织展览和交易活动，开展行业科技信息工作；组织发展行业的公益事业；编辑出版发行会刊、年鉴、资料和其他出版物；承担政府有关部门委托的工作任务。2003年9月10日，全国物流标准化技术委员会成立，秘书处设在联合会。主要负责组织和推动物流领域的标准化技术工作。受国家标委会委托，联合会与物流标委会联合制定《全国物流标准2005年—2010年发展规划》，并由国家发改委等国务院八部委发布。联合会还积极组织物流标准的制修订，先后制定了《国家物流术语标准》、《物流企业分类与评价指标》、《大宗商品电子交易规范》、《数码仓库应用系统规范》等一批国家标准和行业标准。自2005年5月1日《物流企业分类与评估指标》国家标准（GB/T19680—2005）实施以来，中国物流与采购联合会积极稳妥地组织了物流企业综合评估工作，并先后公布了三批A级物流企业名单，共计有132家物流企业被评为A级物流企业。通过物流企业综合评估工作，对于规范物流市场、提高物流服务质量、推动物流企业健康发展发挥了积极作用。

物流信息与统计制度

2004年10月24日国家发改委和国家统计局下发文件明确建立社会物流统计制度，并委托中国物流与采购联合会具体承担，每年发布。2005年4月三部门联合发布了《2004年全国物流运行基本情况通报》。中国物流与采购联合会还和国家统计局共同合作编制完成的中国制造业采购经理指数,采购经理指数(PMI)是国际通行的宏观经济监测指标体系,对国家经济活动的监测和预测具有重要作用,2005 年 7 月 6 日在京正式发布,并逐月发布。经科技部授权,联合会每年设“中国物流与采购联合会科学技术奖”,并负责“国家科技进步奖”的推荐工作;宝供物流奖;物流企业 50 强排序等。

物流行业培训认证

联合会启动物流与采购人才教育和培训工程。在教育部的指导下,每年召开全国高校物流教学研讨会;中国物流与采购联合会和全国物流标准化技术委员会在全国共同推出“物流师、采购师职业资格认证”的工作,目前已在全国设立培训中心 150 余所,累计培训学员已达 20 000 余人。现与世贸组织下属的国际贸易中心合作,在中国启动“采购与供应链管理”国际证书教育。

采购职业资格认证

中国物流与采购联合会拥有三个采购职业资格认证:顶级的 CPSM 与 CPM 证书、中级的 ITC 认证、基础级的采购师。CPSM 的认证要求最高,必须同时满足以下三个条件:(1) 拥有 3 年供应管理经验(全日制;专业;非文员;独立地);(2) 获得教育部认可学院或大学(或国际同等学院)的学士学位;(3) 拥有 C. P. M 证书并成功通过过桥考试(BRIDGE EXAM)或成功通过 CPSM 三科考试。

CPM 认证要求:同时满足下面两点:(1) 通过全部四个模块的考试;(2) 具有 5 年以上全职采购、供应管理工作(非辅助性、非文书性)的经验;或拥有全日制四年大学本科学位,全职从事采购、供应管理工作(非辅助性、非文书性)3 年以上。

ITC 认证与采购师认证,没有门槛要求。

物流会议会展

联合会连续多年举办“中国物流专家论坛”、“中国物流企业家年会”、“中国物流学术年会”、“中国企业采购国际论坛”、“海峡两岸暨香港澳门物流合作与发展大会”等品牌会议,在业内产生巨大影响。由我会和德国汉诺威展览公司联合举办的亚洲国际物流展,已成为中国规模最大、最具影响力的物流技术与装备展会。

物流供应链推动

联合会协助政府有关部门,积极推进采购制度变革与创新,传播国外先进的采购与供应链管理理念,开展了一系列有社会影响的活动,作为国际采购与物流管理联盟(IFPMM)在中国的唯一成员,承办的第十四届国际采购与供应管理联盟世界大会于 2005 年 9 月 17 日在北京隆重召开,国务院副总理吴仪出席并发表讲话。

物流基地评选

中国物流与采购联合会开展了“中国物流示范基地”和“中国物流实验基地”的组织评选。三年来,在广泛调查,行业推荐,企业申报,专家评审的基础上,已命名包括中国西部现代物流港、海尔物流、宝供物流、中海物流等 15 家“中国物流示范基地”和 13 家“中国物流实验基地”。

物流媒体宣传

由联合会编印的《中国物流年鉴》和《中国物流发展报告》自2002年以来已连续3年出版，成为国内最具权威的物流行业年度分析报告；联合会主办的“中国物流与采购网”累计点击率突破500万大关，成为国内最有影响的网站之一；中国物流与采购联合会会刊——《中国物流与采购》杂志，正在成为物流行业的主流媒体之一；联合会还同几十家行业媒体有协作关系，形成了较为广泛、各具特色的物流新闻宣传和信息传递网络。2005年9月1日由中国物流与采购联合会主管的《现代物流报》创刊，这是由国家新闻出版总署批准的中国首张物流专业报纸。

联合会会员服务

联合会是会员之家，将努力架设企业与社会的桥梁，沟通政府与企业的联系，维护企业与会员的权益，代表企业与会员的心声，成为为政府、行业、会员服务的大平台。

物流国际交往

中国物流与采购联合会国际交往日益扩大，同世界上许多国家和地区的同行建立了经常性联系，是亚太物流联盟、国际采购联盟的中国代表。2005年中国物流与采购联合会先后与美国供应链管理专业协会、美国供应管理协会(ISM)签署战略合作备忘录，并与香港物流协会、台湾物流协会、澳门物流货运商会签署了四方合作备忘录。联合会还发挥对外联系优势，常年组织企业和会员赴国外考察和访问。

领导班子

名誉会长：王忠禹、袁宝华、李荣融、陈邦柱、石万鹏、王春正、陆江、赵维臣

顾问：李开信、宋致和、马毅民、桓玉珊、应文华、靳玉德、杨树德、李德水、乌杰、周可仁、赵光华、何家成、侯云春、武保忠、马力强、余啸谷、罗志卿、李纪章、丁俊发、黄海

会长：何黎明

副会长：崔忠付、周林燕、任豪祥、蔡进、贺登才

兼职副会长：(略)

附录3：历年物流业部分政策文件目录

国务院和部委部分政策文件目录

* 国家发展和改革委员会、商务部、公安部、铁道部、交通部、海关总署、国家税务总局、中国民用航空总局、国家工商行政管理总局等九部门联合《印发〈关于促进我国现代物流业发展的意见〉的通知》(国家部委文件，2004年8月5日)

* 商务部、工商总局《关于国际货物运输代理企业登记和管理有关问题的通知》(商贸〔2005〕32号，2005年2月1日)

* 商务部《国际货运代理企业备案(暂行)办法》(商务部令2005年第9号，2005年3月2日)

* 商务部《外商投资国际货物运输

代理企业管理办法》(商务部令 2005 年第 19 号,2005 年 12 月 1 日)

*　《国务院关于印发〈物流业调整和振兴规划〉的通知》(国发〔2009〕8 号,2009 年 3 月 10 日)

*　商务部《关于完善生产资料流通体系的意见》(商贸发〔2010〕115 号,2010 年 4 月 13 日)

*　国家标准化管理委员会等十一部门《关于印发〈全国物流标准专项规划〉的通知》(国标委服务联〔2010〕42 号,2010 年 6 月 12 日)

*　《国家发展改革委印发〈农产品冷链物流发展规划〉》(国家部委文件,2010 年 7 月 28 日)

*　商务部办公厅、财政部办公厅《关于农产品现代流通综合试点指导意见的通知》(商建字〔2010〕278 号,2010 年 9 月 15 日)

*　《公路安全保护条例》(行政法规,2010 年 12 月)

*　《公路超限检测站管理办法》(部门规章,中华人民共和国交通运输部令 2011 年第 7 号,2011 年 6 月 24 日)

*　《国家邮政局关于加强业务旺季期间快递服务督导工作的通知》(国家部委文件,2011 年 12 月 16 日)

上海市部分政策文件目录

*　《上海外高桥保税区条例》(地方性法规,1996 年 12 月 20 日)

*　市科委 2004 年度《电子标签产品关键技术研究及其在物流中的应用》重大科技攻关项目指南(2004 年 5 月 28 日)

*　市人事局关于印发《上海市现代物流专业技术水平认证暂行办法》的通知(委办局文件,2004 年 8 月 16 日)

*　市人事局关于印发《上海市 2004 年初、中级现代物流专业技术水平认证考试报名及考务工作安排》的通知(委办局文件,2004 年 8 月 19 日)

*　市地税局关于转发《国家税务总局关于试点物流企业有关税收政策问题的通知》的通知(委办局文件,2006 年 1 月 25 日)

*　市国税局、市地税局关于转发《国家税务总局关于物流企业缴纳企业所得税问题的通知》的通知(委办局文件,2006 年 4 月 24 日)

*　市地税局关于转发《国家税务总局关于增加试点物流企业名单的通知》的通知(委办局文件,2006 年 7 月 28 日)

*　《洋山保税港区管理办法》(市政府规章,2006 年 10 月 24 日上海市人民政府令第 63 号)

*　《上海市人民政府关于印发〈上海市现代物流业发展"十一五"规划〉的通知》(沪府发〔2007〕17 号,2007－04－27)

*　上海市质量技监局《关于发布上海市地方标准〈食品冷链物流技术与管理规范〉的通知》(上海市委办局文件,DB31/T388—2007《食品冷链物流技术与管理规范》,2007 年 7 月 6 日)

*　市人事局、市经委《关于开展"全

国物流行业先进集体、劳动模范和先进工作者”评选工作的通知》(委办局文件,2007 年 7 月 12 日)

＊ 市地税局关于转发《国家税务总局关于下发试点物流企业名单(第三批)的通知》的通知(委办局文件,2007 年 11 月 9 日)

＊ 市国税局关于转发《关于发布〈本市推进出口加工区拓展保税物流功能及开展研发、检测、维修业务试点意见〉的通知》的通知(委办局文件,2007 年 11 月 15 日)

＊ 《上海市促进电子商务发展规定》(地方性法规,2008 年 11 月 26 日上海市第十三届人民代表大会常务委员会第七次会议通过)

＊ 市国税局转发《关于保税物流中心及出口加工区功能拓展有关税收问题的通知》(委办局文件,2009 年 4 月 17 日)

＊ 《市经济信息化委关于报送物流信息化建设项目和典型案例通知》(委办局文件,2009 年 6 月 2 日)

＊ 《上海市人民政府关于印发本市贯彻〈物流业调整和振兴规划〉实施方案的通知》(沪府发〔2009〕37 号,2009 年 8 月 7 日)

＊ 上海市商务委员会部分物流政策文件

关于征集本市物联网技术物流领域应用示范工程项目的通知(2009 - 12 - 31)

关于开展全国物流业情况调查的通知—物流企业调查问卷 2010(2010 - 02 - 05)

关于开展全国物流业情况调查的通知—工商企业调查问卷 2010(2010 - 02 - 05)

关于开展制造业与物流业联动发展示范评选推荐的通知(2010 - 11 - 08)

关于开展“全国物流行业先进集体、劳动模范和先进工作者”评选工作的通知(2011 - 08 - 17)

“全国物流行业先进集体、劳动模范和先进工作者”评选情况公示(2011 - 11 - 09)

＊ 市政府办公厅转发市建设交通委等十三部门《关于本市推动农村邮政物流发展若干意见的通知》(沪府办发〔2010〕17 号,2010 年 5 月 5 日)

＊ 市财政局等转发财政部等《关于邮政企业代办速递物流业务免营业税通知》(沪财税〔2011〕41 号,2010 年 5 月 11 日)

＊ 市政府《上海浦东机场综合保税区管理办法》(市政府规章,2010 年 5 月 28 日上海市人民政府令第 44 号)

＊ 市建交委《关于进一步促进航运业中小企业发展的实施意见》(沪建交联〔2010〕1010 号,2010 年 11 月 8 日)

＊ 市财政局转发《财政部国家税务总局关于明确中国邮政集团公司邮政速递物流业务重组改制过程中有关契税和印花税政策的通知》(委办局文件,2010 年 11 月 25 日)

＊ 市财政局等转发财政部等《关于

中国邮政集团公司邮政速递物流业务重组改制有关税收问题的通知》(沪财税〔2012〕8 号,2012 年 2 月 9 日)

* 上海市交通运输和港口管理局《关于进一步推进长三角地区交通运输区域合作的意见》(沪交协〔2012〕55 号,2012 年 3 月 5 日)

* 上海市邮政管理局《关于印发上海市邮政业发展“十二五”规划的通知》(沪邮管〔2012〕22 号,2012 年 4 月 1 日)

* 《上海市电子商务发展“十二五”规划》(市政府文件,2012 年 4 月)

* 《上海市人民政府关于印发上海市加快国际航运中心建设“十二五”规划的通知》(沪府发〔2012〕48 号,2012 年 5 月 9 日)

* 上海市城乡建设和交通委员会印发《上海城乡建设交通“十二五”发展规划纲要》(委办局文件,2012 年)

附录 4:上海 A 级物流企业和推优名单

2011 年国家人力资源和社会保障部、中国物流与采购联合会举办评选的全国物流行业先进集体和劳动模范上海市获奖名单

上海市全国物流行业先进集体名单(共 3 家)

1. 新跃物流企业管理有限公司
2. 上海陆上货运交易中心有限公司
3. 西本新干线股份有限公司

上海市全国物流行业劳动模范名单(共 20 名)

王笃鹏　杜国华　于宗祥　顾敏　沈大为(女)　浦林祥　梁辉　胡东平(女)　陈云亮　顾爱民　徐维宗　唐雪春(女)　郭天民　原媛(女)　王键(女)　甘丽华(女)　赵乐平(女)　钱宏文　唐惠芝　张建强

(上海市物流协会)

中国物流和采购联合会发布的第十三批上海 A 级企业名单

中国物流和采购联合会《关于发布第十三批 A 级物流企业名单的通告》

各省、自治区、直辖市及计划单列市物流与采购(物流、交通)联合会(协会、学会),各 A 级物流企业、会员单位、相关企业,有关新闻单位:

依据《物流企业分类与评估指标》国家标准和中国物流与采购联合会物流企业综合评估的相关制度办法,按照企业自检和申报,评估机构初审和现场评估等规范的评估程序,自 2011 年 5 月初至 2011 年 11 月,从企业的经营状况、资产、设备设施、管理及服务、人员素质和信息化水平六个方面,对第十三批 A 级物流企业开展了综合评估工作,对第一批、第五批、第九批和其他批次延期复核的企业开展了复核评估工作。

2011 年 11 月 19 日中国物流与采购

联合会物流企业综合评估委员会第十三次会议，审定通过第十三批A级物流企业316家(包括：升级企业61家)。其中，5A级企业14家(包括：4A升5A级企业7家，3A升5A级企业1家)；4A级企业99家(包括：3A升4A级企业31家，2A升4A级企业2家)；3A级企业134家(包括：2A升3A级企业20家)；2A级企业67家；1A级企业2家；审定通过复核企业238家，延期复核企业87家，放弃复核企业13家。现一并予以通告。

经过本次评估，中国物流与采购联合会已向社会陆续通告了十三批共1 547家A级物流企业，A级物流企业评估工作继续稳步加快发展，越来越多代表我国物流业发展水平和发展方向，优质的物流企业进入了A级物流企业行列。A级物流企业的发展环境、市场占有率、服务功能和服务水平进一步改善和提高，A级物流企业的品牌得到了政府、企业、市场的广泛认同，其价值稳步提升。中国物流与采购联合会将继续加大力度推动《物流企业分类与评估指标》国家标准的宣贯，用A级物流企业综合评估工作，促进引导我国物流业创新、规范、健康快速发展。

附件：1. 全国第十三批A级物流企业名单(略，仅附上海入围企业名单)

2. 2011年下半年通过复核的A级物流企业名单(略，仅附上海入围企业名单)

中国物流和采购联合会

二〇一一年十一月二十二日

附件1：全国第十三批A级物流企业名单(共316家，其中上海共8家)

4A级物流企业(99家，其中上海1家)：

上海郑明现代物流有限公司

3A级物流企业(134家，其中上海5家)：

阿尔卑斯物流(上海)有限公司(2A升3A)

上海福仑德大件储运有限公司

上海欧迪斯物流有限公司

上海茂金物流有限公司

上海物贸生产资料物流有限公司

2A级物流企业(67家，其中上海2家)：

上海安宜达物流有限公司

上海汇尔华实业有限公司

附件2：2011年下半年通过复核的A级物流企业名单(共238家，其中上海23家)：

5A级物流企业(24家，其中上海3家)：

上海安吉汽车零部件物流有限公司

上港集团物流有限公司

上海中远物流有限公司

4A级物流企业(73家，其中上海7家)：

上海云峰集团国际贸易有限公司

上海通贸国际供应链管理有限公司

上海华谊天原化工物流有限公司

上海景鸿国际物流股份有限公司

上海会成物流有限公司

上海顶通物流有限公司
中国上海外轮代理有限公司

3A级物流企业(110家,其中上海12家):

上海金陵国际物流有限公司
上海柯莱国际货运有限公司
上海联达物流有限公司
上海万家物流有限公司
德迅(中国)货运代理有限公司
上海康驰物流有限公司
上海熙可送物流有限公司
上海亚太国际集装箱储运有限公司
中远化工物流有限公司
上海中远物流配送有限公司
上海中远国际航空货运代理有限公司
上海中远物流重大件运输有限公司

2A级物流企业(31家,其中上海1家):

上海锦路物流有限公司

上海市A级物流企业名单

截至2012年6月,上海市A级物流企业累计共有116家,其中5A级14家,4A级48家,3A级50家,2A级4家。上海市A级物流企业名单如下:

上海物流A级企业名单

等级	单位名称
5A	中海集团物流有限公司
5A	黑龙江华学物流集团有限公司
5A	远成集团有限公司
5A	上海安吉汽车零部件物流有限公司
5A	东方国际物流(集团)有限公司
5A	上海佳吉快运有限公司
5A	安吉汽车物流有限公司
5A	全球国际货运代理(中国)有限公司
5A	西上海(集团)有限公司
5A	上海现代物流投资发展有限公司
5A	德邦物流股份有限公司
5A	上港集团物流有股公司
5A	上海中远物流有限公司
5A	大新华物流有限公司
4A	上海华星国际集装箱货运有限公司
4A	上海惠尔物流有限公司
4A	上海申丝企业发展有限公司
4A	上海乾通投资发展有限公司
4A	上海商业储运有限公司
4A	上海中有化工物流有限公司
4A	上海通成运输有限公司
4A	大航国际货运有限公司
4A	上海北芳储运实业有限公司
4A	上海市浦东汽车运输总公司
4A	上海云峰集团国际贸易有限公司
4A	上海云峰集团物流实业有限公司
4A	上海新杰货运服务有限公司
4A	上海第一钢市市场股份有限公司
4A	上海医药物流中心有股公司
4A	上海通贸国际供应链管理有限公司
4A	上海东方久信集团有限公司

4A 上海旭富国际物流有限公司
4A 上海东铁货运代理有限公司
4A 上海市长途汽车运输公司
4A 上海畅联国际物流有限公司
4A 上海新金桥国际物流有限公司
4A 上海金山石化物流有限公司
4A 上海华谊天原化工物流有限公司
4A 上海海通国际汽车物流有限公司
4A 上海景鸿国际物流股份有限公司
4A 上海会成物流有限公司
4A 上海新新运国际货物运输代理有限公司
4A 上海益嘉物流有限公司
4A 上海华运通仓储配送有限公司
4A 上海无忧物流有限公司
4A 上海恒荣国际货运有限公司
4A 上海青旅国际货运有限公司
4A 利和物流仓储(上海)有限公司
4A 上海宝钢物流有限公司
4A 顺风速运集团(上海)速运有限公司
4A 上海安古通汇汽车物流有限公司
4A 上海顶遗物流有限公司
4A 上海郑明现代物流有限公司
4A 上海交运沪北物流发展有限公司
4A 上海优通国际物流有限公司
4A 上海嘉定国际货运有限公司
4A 上海万顺物流有限公司
4A 上海关源国际物流有限公司
4A 日邮汽车物流(中国)有限公司
4A 上海万创危险品物流有限公司
4A 中航国际物流有限公司
4A 上海安盛汽车船务有限公司

3A 上海腾宏物流有限公司
3A 上海成协物流配送有限公司
3A 上海化学工业区物流有限公司
3A 上海百联配送实业有限公司
3A 上海乐惠物流有限公司
3A 上海复闽仓储有限公司
3A 上海康罢物流发展有限公司
3A 上海市纺织运输公司
3A 上海精裕捷星物流有限公司
3A 上海晶通化轻发展有限公司
3A 上海外高桥国际物流有限公司
3A 上海新发展国际物流有限公司
3A 上海利和物流有限公司
3A 必胜(上海)食品有限公司
3A 上海金陵国际物流有限公司
3A 国药集团医药物流有限公司
3A 上海新大洲物流有限公司
3A 德迅(中国)货运代理有限公司
3A 上海双得力国际物流有限公司
3A 上海万家物流有股公司
3A 上海柯莱国际货运有限公司
3A 上海联达物流有限公司
3A 上海康驰物流有限公司
3A 上海熙可送物流有限公司
3A 上海弘和物流有限公司
3A 上海集发物流有限公司
3A 上海港口化工物流有限公司
3A 上海宜隆国际物流有限公司
3A 上海远成物流发展有限公司
3A 上海贝业新兄弟物流有限公司
3A 上海大中物流有限公司
3A 上海新天天大众低温度物流有限

公司
3A 上海吴淞冷藏有股公司
3A 上海南北公铁物流有限公司
3A 上海碳磷物流有限公司
3A 上海全胜物流有限公司
3A 上海亚太国际集装箱储运有限公司
3A 上海中远化工物流有股公司
3A 上海中远物流配送有限公司
3A 上海中远国际航空货运代理有限公司
3A 上海中远物流重大件运输有限公司
3A 上海外轮代理浦东有限公司
3A 上海物贸生产资料物流有限公司
3A 上海茂金物流有限公司
3A 上海福仑德大件储运有限公司
3A 上海欧迪斯物流有限公司
3A 上海慧全国际物流有限公司
3A 上海百联有化物流有限公司
3A 上海菱华仓储服务有限公司
3A 阿尔卑斯物流(上海)有限公司
2A 上海南华国际物流有限公司
2A 上海锦路物流有限公司
2A 上海安宜达物流有限公司
2A 上海汇尔华实业有股公司

附录5：物流业若干名词解释

物流名词

物流(logistics, physical distribution)

物流是包括运输、搬运、储存、保管、包装、装卸、流通加工和物流信息处理等基本功能的活动，它是由供应地流向接受地以满足社会需求的活动，是一种经济活动。物流活动具体内容包括以下几个方面：用户服务、需求预测、定单处理、配送、存货控制、运输、仓库管理、工厂和仓库的布局与选址、搬运装卸、采购、包装、情报信息。

在我国国家标准《物流术语》的定义中指出：物流是物品从供应地到接收地的实体流动过程，根据实际需要，将运输、储存、装卸、搬运、包装、流通加工、配送、信息处理等基本功能实施有机的结合。（百度百科）

现代物流业(modern logistics)

现代物流业是在交通运输业基础上发展起来的。它是一个重要的物质生产行业，既是物质生产的组成部分，也是物质生产的延续。人类有目的、有组织的生产活动就是对生产对象进行物质变化：一是物理的变化；二是化学的变化；三是生物的变化；四是空间位置的变化。马克思对这种实现物质空间位置变化的行业称谓“第四个物质生产领域”，而在第四物质生产领域内依靠现代化的系统管理方法和先进的计算机及电子信息技术，用最合理的消耗和最经济的时间，从事物质在各领域与各流程阶段的空间位置上的高效率、低消耗的安全的物质的位移的企业总和即为现代物流业。

现代物流不仅单纯的考虑从生产者

到消费者的货物配送问题，而且还考虑从供应商到生产者对原材料的采购，以及生产者本身在产品制造过程中的运输、保管和信息等各个方面，全面地、综合性地提高经济效益和效率的问题。因此，现代物流是以满足消费者的需求为目标，把制造、运输、销售等市场情况统一起来考虑的一种战略措施。这与传统物流把它仅看作是“后勤保障系统”和“销售活动中起桥梁作用”的概念相比，在深度和广度上又有了进一步的含义。

在当今的电子商务时代，全球物流产业有了新的发展趋势。现代物流服务的核心目标是在物流全过程中以最小的综合成本来满足顾客的需求。现代物流具有以下几个特点：电子商务与物流的紧密结合；现代物流是物流、信息流、资金流和人才流的统一；电子商务物流是信息化、自动化、网络化、智能化、柔性化的结合；物流设施、商品包装的标准化，物流的社会化、共同化也都是电子商务下物流模式的新特点。现代物流信息技术的组成：1. 条码技术　2. EDI 技术　3. 射频技术　4. GIS 技术（地理信息系统）　5. GPS 技术。

（上海浦东现代物流行业协会，百度百科）

供应链物流（supply chain logistics）

供应链物流是为了顺利实现与经济活动有关的物流，协调运作生产、供应活动、销售活动和物流活动，进行综合性管理的战略机能。供应链物流是以物流活动为核心，协调供应领域的生产和进货计划、销售领域的客户服务和订货处理业务，以及财务领域的库存控制等活动。包括了对涉及采购、外包、转化等过程的全部计划和管理活动和全部物流管理活动。更重要的是，它也包括了与渠道伙伴之间的协调和协作，涉及供应商、中间商、第三方服务供应商和客户。（百度百科）

冷链物流

冷链物流（cold chain logistics）泛指冷藏冷冻类食品在生产、贮藏运输、销售，到消费前的各个环节中始终处于规定的低温环境下，以保证食品质量，减少食品损耗的一项系统工程。它是随着科学技术的进步、制冷技术的发展而建立起来的，是以冷冻工艺学为基础、以制冷技术为手段的低温物流过程。中国农产品冷链物流业的快速发展，国家必须尽早制定和实施科学、有效的宏观政策。冷链物流的要求比较高，相应的管理和资金方面的投入也比普通的常温物流要大。（百度百科）

口岸物流

口岸物流（port logistics）口岸物流是指利用口岸货物集散的优势，以先进的物流服务基础设施、设备为依托，以进出口贸易和转口贸易为支撑，以现代信息技术为手段，以优化物流资源整合为目标，强化口岸周边物流辐射功能的综合物流形态。口岸物流的最大特点是换载、接驳货

物。(百度百科)

敏捷物流

敏捷物流(agility logistics)亦称敏捷供应链(agile supply chain. ASC),多数的中国物流公司将敏捷物流称为“途途物流(wuliuku)”。敏捷物流(途途物流)以核心物流企业为中心,运用科技手段,通过对资金流、物流、信息流的控制,将供应商、制造商、分销商、零售商及最终消费者用户整合到一个统一的、快速响应的、无缝化程度较高的功能物流网络链条之中,以形成一个极具竞争力的战略联盟。(百度百科)

虚拟物流

虚拟物流(virtual logistics)是指以计算机网络技术进行物流运作与管理,实现企业间物流资源共享和优化配置的途途物流方式。即多个具有互补资源和技术的成员企业,为了实现资源共享、风险共担、优势互补等特点的战略目标,在保持自身独立性的条件下,建立的较为稳定的合作伙伴关系。

虚拟物流利用日益完善的通讯网络技术及手段,将分布于全球的企业仓库虚拟整合为一个大型途途物流系统,以完成快速、精确、稳定的物资保障任务,满足物流市场的多频度、小批量订货需求。虚拟物流本质上是“即时制”在全球范围内的应用,是小批量、多频度物资配送过程。它能使企业在世界任何地方以最低的成本跨国生产产品,以及获得所需物资,以赢得市场竞争速度和优势。虚拟物流管理模式的另一个好处就是可以在较短的时间内,通过外部资源的有效整合,实现对市场机遇的快速响应。但由于虚拟物流并没有改变各节点企业在市场中的独立法人属性,也没有消除其潜在的利益冲突。因此,虚拟物流也给各联盟企业带来了一些新的风险问题。(百度百科)

绿色物流

绿色物流(environmental logistics)是指在物流过程中抑制物流对环境造成危害的同时,实现对物流环境的净化,使物流资源得到最充分利用。它包括物流作业环节和物流管理全过程的绿色化。从物流作业环节来看,包括绿色运输、绿色包装、绿色流通加工等。从物流管理过程来看,主要是从环境保护和节约资源的目标出发,改进物流体系,既要考虑正向物流环节的绿色化,又要考虑供应链上的逆向物流体系的绿色化。绿色物流的最终目标是可持续性发展,实现该目标的准则是经济利益、社会利益和环境利益的统一。(百度百科)

第三利润源说

“第三个利润源”的说法主要出自日本。“第三个利润源”,是对物流潜力及效益的描述。第三个利润源的理论最初认识是基于两个前提条件:第一、物流是可以完全从流通中分化出来,自成一个独立运行的，有本身目标，本身的管理，因而能对其进行独立的总体的判断；第二、物流和其他独立的经营活动一样，它不是总体的成本构成因素，而是单独盈利因素，物流可以成为“利润中心”型的独立系统。（百度百科）

电子商务物流(E-Business, E-Commerce)

电子商务物流是一整套的电子物流解决方案，就是俗话说的 ERP 系统，电子上的物流显示及相关操作，物流还是需要机器和人搬运的。电子商务物流还要从传统物流做起。目前国内外的各种物流配送虽然大都跨越了简单送货上门的阶段，但在层次上仍是传统意义上的物流配送，因此在经营中存在着传统物流配送无法克服的种种弊端和问题，尚不具备或基本不具备信息化、现代化、社会化的新型物流配送的特征。（百度百科）

城市配送(city distribution)

城市配送是指服务于城区以及市近郊的货物配送活动，在经济合理区域内，根据客户的要求对物品进行加工、包装、分割、组配等作业，并按时送达指定地点的物流活动。（百度百科）

最后一公里物流

最后一公里物流是配送的最后一个环节。它的优势是可以实现“门到门”，按时按需的送货上门。中国的快递行业是劳动密集型行业，服务人员的职业素养欠缺；且电子商务企业往往集中在大城市，而越来越多的订单来自于中西部或者三四级中小城市，也使得快递业面临复杂局面。所以真正的问题在于连接网购的两端，物流的发展困局解决应该在分货和最终几公里的配送上，也就是从配送中心到用户手里的过程，这个环节现有的物流公司不好解决。物联网、物流本地化、社区学校、专业贸易市场等，都是解决物流业出现问题的方向性手段。（百度百科）

物流技术

物流技术是指流通技术或物资输送(含停止)技术。它和生产技术不同，生产技术是为社会生产某种产品，为社会提供由性物质的技术；而物流技术是把生产出的物资进行移送、储存，为社会提供无形服务的技术。也就是说，物流技术的作用是把各种物资从生产者一方转移给消费者。它包括硬技术和软技术两方面。物流技术是与现实物流活动全过程紧密相关的，物流技术水平的高低直接关系到物流活动功能的完善和有效的实现。（百度百科）

物流设备

物流设备是现代化企业的主要物流作业工具之一，是合理组织批量生产和机械化流水作业的基础。对第三方物流企业来说，物流设备又是组织物流活动的物质技术基础，体现着途途物流企业的物流能力大小。物流设备是物流系统中的物质基础，伴随着物流的发展与进步，物流设备不断得到提升与发展。途途物流设备领域中许多新的设备不断涌现，如四向托盘、高架叉车、自动分拣机、自动引导搬运车(AGV)、集装箱等，极大地减轻了人们的劳动强度，提高了物流运作效率和服务质量，降低了途途物流成本，在物流作业中起着重要作用，极大地促进了物流的快速发展。物流设备门类全，型号规格多，品种复杂。一般以设备所完成的物流设备物流作业为标准，把设备分为：

物流包装设备 物流包装设备是指完成全部或部分包装过程的机器设备。包装设备是使产品包装实现机械化、自动化的根本保证。主要包括填充设备、罐装设备、封口设备、裹包设备、贴标设备、清洗设备、干燥设备、杀菌设备等。

物流仓储设备 主要包括货架、堆垛机、室内搬运车、出入境输送设备、分拣设备、提升机、搬运机器人以及计算机管理和监控系统。这些设备可以组成自动化、半自动化、机械化的商业仓库，来堆放、存取和分拣承运物品。

集装单元器具 主要有集装箱、托盘、周转箱和其他集装单元器具。货物经过集装器具的集装或组合包装后，具有较高的灵活性，随时都处于准备运行的状态，利于实现储存、装卸搬运、运输和包装的一体化，达到物流作业的机械化和标准化。

装卸搬运设备 指用来搬移、升降、装卸和短距离输送物料的设备，是物流机械设备的重要组成部分。从用途和结构特征来看，装卸搬运设备主要包括起重设备、连续运输设备、装卸搬运车辆、专用装卸搬运设备等。

流通加工设备 主要包括金属加工设备、搅拌混合设备、木材加工设备及其他物流设备通加工设备。

运输设备 前面提到了运输的重要性。运输在物流中的独特地位对运输设备提出了更高的要求，要求运输设备具有高速化、智能化、通用化、大型化和安全可靠的特性，以提高途途运输的作业效率，降低运输成本，并使途途运输设备达到最优化利用。根据运输方式不同，运输设备可分为载货汽车、铁道货车、货船、空运设备和管道设备等。对于途途第三方物流公司而言，一般只拥有一定数量的载货汽车，而其他的运输设备就直接利用社会的公用运输设备。（百度百科）

物流标准化

物流标准化是指以物流为一个大系统，制定系统内部实施、机械装备、专用工具等各个分系统的技术标准；制定系统内各分领域如包装、装卸、运输等方面的工作标准；以系统为出发点，研究各分系统与分领域中技术标准与工作标准的配合性，按配合性要求，统一整个物流系统的标准；研究物流系统与相关其他系统的配合性，进一步谋求物流大系统的标准统一。（百度百科）

物流信息化

物流信息化是指物流企业运用现代信息技术对物流过程中产生的全部或部分信息进行采集、分类、传递、汇总、识别、跟踪、查询等一系列处理活动，以实现对货物流动过程的控制，从而降低成本、提高效益的管理活动。物流信息化是现代物流的灵魂，是现代物流发展的必然要求和基石。物流信息化的重点是基础信息的采集，还有信息的共享和交换两个问题。（百度百科）

物流金融

物流金融（logistics finance）是指在面向物流业的运营过程，通过应用和开发各种金融产品，有效地组织和调剂物流领域中货币资金的运动。这些资金运动包括发生在物流过程中的各种存款、贷款、投资、信托、租赁、抵押、贴现、保险、有价证券发行与交易，以及金融机构所办理的各类涉及物流业的中间业务等。（百度百科）

第三方物流

第三方物流英文表达为 third-party logistics，简称 3PL，也简称 TPL，是相对“第一方”发货人和“第二方”收货人而言的。是由第三方专业企业来承担企业物流活动的一种物流形态。3PL 既不属于第一方，也不属于第二方，而是通过与第一方或第二方的合作来提供其专业化的物流服务，它不拥有商品，不参与商品的买卖，而是为客户提供以合同为约束、以结盟为基础的、系列化、个性化、信息化的物流代理服务。随着信息技术的发展和经济全球化趋势，越来越多的产品在世界范围内流通、生产、销售和消费，物流活动日益庞大和复杂，而第一、二方物流的组织和经营方式已不能完全满足社会需要；同时，为参与世界性竞争，企业必须确立核心竞争力，加强供应链管理，降低物流成本，把不属于核心业务的物流活动外包出去。于是，第三方物流应运而生。我国最早的理论研究之一是第三方物流：模式与运作。最常见的 3PL 服务包括设计物流系统、EDI 能力、报表管理、货物集运、选择承运人、货代人、海关代理、信息管理、仓储、咨询、运费支付、运费谈判等。由于服务业的方式一般是与企业签订一定期限的物流服务合同，所以有人称第三方物流为“合同契约物流（contract logistics）”。

第三方物流内部的构成一般可分为两类：资产基础供应商和非资产基础供应商。对于资产基础供应商而言，他们有自己的运输工具和仓库，他们通常实实在在地进行物流操作。而非资产基础供应商则是管理公司，不拥有或租赁资产，他们提供人力资源和先进的物流管理系统，专业管理顾客的物流功能。

广义的第三方物流可定义为两者结合。第三方物流因其所具有的专业化、规模化等优势在分组担企业风险、降低经营成本、提高企业竞争力、加快物流产业的形成和再造等方面所发挥的巨大作用，已成为21世纪物流发展的主流。

狭义的第三方物流是指能够提供现代化的、系统的物流服务的第三方的物流活动。（百度百科）

第四方物流

第四方物流是1998年美国埃森哲咨询公司率先提出的，是专门为第一方、第二方和第三方提供物流规划、咨询、物流信息系统、供应链管理等活动。第四方并不实际承担具体的物流运作活动。

第四方物流（Fourth party logistics）是一个供应链的集成商，一般情况下政府为促进地区物流产业发展领头搭建第四方物流平台提供共享及发布信息服务，是供需双方及第三方物流的领导力量。它不是物流的利益方，而是通过拥有的信息技术、整合能力以及其他资源提供一套完整的供应链解决方案，以此获取一定的利润。它是帮助企业实现降低成本和有效整合资源，并且依靠优秀的第三方物流供应商、技术供应商、管理咨询以及其他增值服务商，为客户提供独特的和广泛的供应链解决方案。（百度百科）

物流公共信息服务平台

它是一个经济区域物流公共信息的网络服务平台，一般由政府主导筹建，可采用股份公司的形式吸纳社会资金的投入，公司化运作，走市场化的道路（实行四自，自主经营、自我发展、自负盈亏、自我约束）。该信息平台可以定期公布政府有关支持物流业发展的法规、政策，介绍物流企业的先进经营管理经验，以及国内外现代化物流设施运营信息，物流服务、代理、咨询的一般参考价格。政府也可借助此平台公布物流业各项指标的统计数据。公众和物流公司，及其他业务相关者可点击查询物流、金融、保险、航运、港口的信息。物流信息服务平台也可与储运、商业配送、各类物流运输方式的经营公司保持接口联网，为物流公司进行供应链管理优化集成提供信息支持。物流公共信息服务网平台的建立，可减少物流公司在信息化建设上的不必要的重复投资。（上海浦东现代物流行业协会）

保税物流园区

保税物流园区是指经国务院批准，在保税区规划面积或者毗邻保税区的特定港区内设立的、专门发展现代国际物流业的海关特殊监管区域。国内货物进入保税物流园区视作出口并享受出口退税政策。（上海浦东现代物流行业协会）

贸易名词

贸易惯例

世界各国之间开展贸易交往已有很长的历史，在国际贸易的实践中，逐步形成一些国际间通用的习惯做法和规则。在贸易惯例没有经整理、统一化而形成书面的规则并为国际贸易国所认可前，一般来说对各国不具备普遍约束力，只有买卖双方在合同中引用某项贸易惯例，该惯例才对双方有约束力。为了统一各种贸易惯例，有些国际组织把一些国际贸易惯例加以整理，使之成为固定的贸易规则。当前，影响较大的国际贸易惯例有：1）1980 年国际贸易术语解释通则修订本。主要内容对各种价格术语作了统一解释。2）1932 年华沙—牛津规则。主要内容是有关 CIF 买卖合同的统一规则。3）跟单信用证统一惯例。4）美国对外贸易定义修正本等。

进出口许可制度

国家对进出口的一种行政管理制度，既包括准许进出口有关证件的审批和管理制度本身的程序，也包括以国家各类许可为条件的其他行政管理手续，这种行政管理制度称为进出口许可制度。进出口许可制度作为一项非关税措施，是世界各国管理进出口贸易的一种常见手段，在国际贸易中长期存在，并广泛运用。

信用证

英文简写为 L/C。它是一种由银行开立的有条件承诺付款的书面文件。开证银行根据进口人的请求和指示向出口商开立的一定金额、一定期限、凭规定单据承诺付款的书面文件，是国际贸易中最普遍使用的付款方式。信用证的主要内容有：1）信用证本身的说明，包括信用证的形式、号码、开证日期、受益人、开证申请人、金额、有效期限等；2）汇票，包括出票人，付款人、汇票期限、出票条款；3）货运单据，包括商业发票、B/L 与其他单据；4）货名、数量、单价等；5）运输，包括装货港、卸货港、最终目的地、装运期限、可否分批装运和转运；6）其他事项，包括开证银行对议付的指示条款与负责条款、开证银行名称、签字和其他特别条款。

信用证的类别有：有追索权信用证、无追索权信用证；可转让信用证，不可转让信用证；可分割信用证，不可分割信用用证；可撤销信用证、不可撤销信用证；即期付款信用证、远期付款信用证等。

CIF 交货价格

是国际贸易惯例的一种交货价格形式，CIF 也称“到岸价”，通常指卖方必须支付将货物运至指定的目的港所需的运费和费用。

CIF 交货价格其一是卸至岸上交货价格，根据国际商会解释，卖方应负责把货物卸到岸上，在这一卸货过程中所发生的卸货费、驳船费、码头费等都应由卖方负担。

CIF 交货价格其二是船舶舱底交货价格，根据国际商会解释，卖方应负责把货物卸到岸上，在这一卸货过程中所发生的卸货费、驳船费、码头费等都应由买方负担。

FOB 交货价格

是国际贸易惯例的一种交货价格形式，FOB 也称“离岸价”，由买方负责派船接运货物，卖方应在合同规定的装运港和规定的期限内，将货物装上买方指定的船只，并及时通知买方。货物在装船时越过船舷，风险即由卖方转移至买方。

关税壁垒

对进口商品征收高额关税，提高进口商品价格，削弱这些进口商品的市场竞争力，以达到阻止或限制外国商品进入本国市场所采取的措施。采用关税壁垒措施，其他目的是保护国内产品和市场、维持国内垄断价格、贴补出口、倾销本国产品、打开国外市场。采取此手段还想达到迫使其他国家在关税和外贸方面做出让步。

非关税壁垒

除关税壁垒方法以外的限制外国产品进入本国市场的其他措施。例如，进口配额制、进口许可证制、繁琐的海关手续、严格和苛刻的检验、检疫、卫生、安全标准等。在资本主义国家采用的非关税壁垒措施名目繁多、花样百出，手段多达八百种之多。世界贸易组织（WTO）要求贸易自由，各国为外国商品进入国内市场提供方便，并逐步降低进口关税，反对采用关税和非关税壁垒限制外国商品入本国市场。让世界各国人民用最合理的价格买到质量最好的产品，这是国际贸易的本意。可总有些国家将贸易朝有利于本国获取最大利益方向引导，或出于政治、经济、遏制的目的，将贸易当大棒打压他国。世界离真正的公平的自由贸易、有利于各国社会经济发展、造福人类的目标还有许多路要走。

关境

亦称海关境界或关税领域，指海关法空间效力所及的领域。关境是一个国家的海关规定全部实施海关法的领域，包括陆地、领海和领空在内的国家领土。国境是一个主权国家的领土范围，关境是执行海关法的领域。在一般情况下，国境大小与关境是一致的，如某一国家内设有自由港和自由贸易区，关境就小于国境。另一种情况，几个国家组成关税同盟，在成员国之间相互取消关税，对外实行统一的税则，这样，各成员国的关境界限大于国境。

关税

按照国家海关税则规定，对进出关境的货物和物品应计征的税金。关税的征收具有强制性和无偿性。现代各国实行的都是货币关税。货物进出关境时征收一次关税，入境后在流通中不再重征。

特惠关税

一个国家对另一国家的进口商品所规定的特别优惠的关税。这是两个国家相互给予或一国单方面给予另一国的一种特别优惠的低关税或免税的待遇。特惠关税分互惠和非互惠两种。在我国没加入 WTO 以前，美国曾给我们最惠国待遇，而且每年要讨论一次是否继续给予的问题。20 世纪 90 年代，中美在一些国际问题看法上虽有分歧，但关系总体来说尚可，尽管美国内部每年在是否给中国最惠国待遇问题上争论不休，可克林顿总统还是最终签署文件，给予中国最惠国待遇。中国借助最惠国的待遇（含低关税）大力发展对美出口贸易。这为我国加入 WTO 后，最终成为全球出口第一打好了基础。

进境保税货物

经海关批准免交或缓办纳税手续的进境货物。它包括，来料加工、进料加工复出口的货物；暂时存放再运出口的货物；缓办纳税手续进境的货物等。这种情况在早期台湾出口加工区和我国沿海保税区里较多。

海关查验货物

海关在接受申报后，对货物的名称、数量、规格、生产国别等情况与报关单证所列情况进行核对检查是否一致。海关在查验货物时，收发货人或其代理人必须在场。在查验货物时，因海关查验人员失职造成的货物损坏，收发货人可以向海关要求赔偿。除此以外，海关对查验货物的损坏不予赔偿。

海关对集装箱的监管

海关对集装箱及其所装货物的进出关进行监督管理。有 4 个方面：1）对集装箱的监管。装运进出口货物的集装箱，应有加封装置，并符合海关的监管要求。承运人应向海关申报，并在交验的进出口载货清单（舱单）或装载清单、交接单、运单上，列明所载集装箱件数、箱号、尺码、货物名称、数量、收发货人，提单或装货单号，并附交每个集装箱的装货清单等，以便海关的核对查验。2）进出口集装箱货物的收发货人和代理人，应在进出境地向海关办理报关手续，并递交进出口货物、物品的申报单证和其他有关单证，以便海关的查验。海关在现场查验时，收发货人或代理人应到场，协助开展查验工作。3）对进出口的集装箱进行监管，销售给国外的或引进的集装箱应由收发货人填写报关单，向进出关境地海关办理报关纳税手续。如要投入国际航运，需向海关办理注册、登记手续。4）对投入国际航运的集装箱，由海关发放批准的牌照。

海关对进出口邮递物品的监管

邮递物品包括，邮寄包裹、小包邮件、印刷品、小件音像制品。邮寄物品，应由收发货人或代理人，在设有海关的邮局向海关申报，由海关负责核对查验。邮局凭海关签发的税款缴纳证，向邮件收发人或代理人代征收关税及其他法定税费，办完进出口手续，邮件物品才可投递。

海关禁止进出境的物品

一、禁止进境的物品，1）各种武器、弹药、爆炸品；2）伪造的货币及有价证券；3）有害的、淫秽的、反动的印刷品、有声影视作品、音乐作品、激光视盘及计算机存储器件等；4）各种毒品；5）各类烈性毒药；6）带有危险性的病菌、害虫及有害动植物产品；7）带有传染疾为的食品、药品或其他物品等。

二、禁止出境的物品，1）列入禁止出境的所有物品；2）涉及国家机密的手稿、印刷品、影视作品、音像制品、激光视盘及计算机存储器件；3）珍贵文物；4）珍贵动物、植物及其种子等。

进出口商品检验

对进出口商品的品质、重量、数量、包装等项实施检验和公证鉴定，以确定其是否与贸易合同的有关标准规定一致。进出口商品经检验并获得检验证书，此证书是买卖双方交接货物、支付货款、索赔理赔的一个重要依据。世界各国在对外进行贸易的口岸，都有商品检验和鉴定的机构。我国在各贸易口岸都设有商品检验检疫局，对进出口商品开展检验和鉴定并发检验证书。

保税区

指海关所设置或经海关批准注册的特定地区。进口商品进入保税区存入保税仓库内，可暂时不缴纳进口关税和进口增值税。如再出口不需缴纳出口关税。但进入国内市场，则必须缴纳进口关税和进口增值税。保税区主要具有四大功能：出口加工、保税储存、进出口贸易、商品展示。目前全国共有 15 家保税区，分别是：上海外高桥、天津、大连、宁波、福州、厦门市象屿、青岛、广州、深圳市盐田、深圳市福田、深圳市沙头角、珠海、汕头、海口、张江港等保税区。

综合保税区

综合保税区是设立在内陆地区的具有保税港区功能的海关特殊监管区域，由海关参照有关规定对综合保税区进行管理，执行保税港区的税收和外汇政策，集保税区、出口加工区、保税物流区、港口的功能于一身，可以发展国际中转、配送、采购、转口贸易和出口加工等业务。

目前有潍坊、成都、苏州工业园、天津滨海新区、北京天竺、海南海口、广西凭祥、黑龙江绥芬河、上海浦东机场、江苏昆山、重庆西永、广州白云机场、苏州高新技术产业开发区、陕西西安、河南新郑、新疆阿拉山口、新疆喀什、武汉东湖、江苏盐城等 19 家综合保税区。

出口加工区

指一个国家或地区为利用外资、发展出口导向工业、扩大对外贸易而设立的以制造、加工或装配出口商品为主的特殊区域。享受减免各种地方征税的优惠。出口加工区一般选在经济相对发达、交通运输和对外贸易方便、劳动力资源充足、城市发展基础较好的地区，多设于沿海港口或国家边境附近。世界上第一个出口加工区为 1956 年建于爱尔兰的香农国际机场。中国台湾高雄在 60 年代建立出口加工区。中国内地在80年代开始兴建出口加工区。北京、上海、天津、重庆、辽宁、吉林、内蒙古、河北、河南、湖北、陕西、山东、江苏、浙江、安徽、福建、广东、广西、新疆等省市均建有一个或多个出口加工区。

保税工厂

是经海关批准的，并在海关监管之下，用免税进口的原材料、零配件进行加工、制造外销商品，可以对外国货物进行加工、制造、分类以及检修等保税业务活动的场所。储存在保税工厂的货物可作为原材料进行加工和制造。因此，许多厂商广泛的利用保税工厂，对外国材料进行加工和制造，以适应市场的需要，符合进出口的规章和减少关税的负担。外国货物储存在保税工厂的期限为2年，如有特殊需要可以延长。

保税仓库

指具备海关监管条件并经海关批准，用于存放保税货物的专用仓库。货物存储期间，进口货物可暂不办进口手续和缴纳关税。保税货物经海关批准，可以进行再包装、分级、挑选、抽样等。但是货物离开保税仓库进入国内市场还应办理报关手续并按规定缴纳进口关税。保税仓库的货物存放期一般不能超过2年，而保税区的保税仓库货物存放无年限规定。

保税展览场馆

指经海关批准，在一定时间内，未办理纳税手续的进口货物准许在国内进行展览的场所。如世博会各国展览场馆、浦东国际展览中心举办的国际产品展览。用于展览的保税货物在展览期满后，可以退运国外，也可以办理进口手续销往国内。

航运名词

航运高端服务行业

航运高端服务业包括航运交易市场、航运金融、海事保险、海事法律、海事仲裁、航运交易、船舶检验、航运咨询、航运公估公证、航运经纪、航运组织、航运信息咨询、邮轮经济咨询代理、航运经济高级人才交流咨询、航运劳动力市场中介、航运教学和航运科研、航运会展等。航运高端服务业的特点：一是不生产新的“实物”产品；二是它提供的是一种智力的、保障型的、虚拟的、评价类的、无形的“产品”服务；三是它的存在是航运经济发展不可缺的、价值很高的组成部分。

船舶代理

凡接受船舶所有人（船公司）、船舶的经营人、租船人或货主的委托，在授权范围内，代表委托人办理与在港船舶有关的业务和服务工作，及进行与在港船舶有关的法律行为的行为称为船舶代理。船舶代理可以是法人或自然人。

一般承运人

主要指经营集装箱运输的船公司，海上集装箱运输大都是由在同一航线上联合经营的船公司进行的，这样既可缓和对货源的竞争，也可解决资金缺少的困难。目前，经营集装箱海上运输的船舶公司，其承运人的责任也由原来的船边交接，延伸、扩大到陆上，内陆城市或其他货物集散点，直到将货物交给收货人为止。拼箱货承运人的责任也由在货运站接收货开始，直到目的港交货为止。

无船承运人(NVOC)

在集装箱运输中经营集箱货运的揽货、拆装箱、内陆运输，以及经营中转站、内陆站业务，但并不经营船舶的经营者，称无船承运人。这类经营者不是船舶所有人，也不具体经营船舶运输，他是以自己的名义承运货物，利用他人拥有的船来完成自己所承运货物的承运人。无船承运人的经营必须符合国家的法律法规，在政府海运主管部门监督下开展合法的经营活动。在国际集装箱联运中，无船承运人也是多式联运经营人。

多式联运

顾名思义，多式联运就是经过事先的协调、沟通和组织，将多种运输方式有机地串联起来，明确责任范围并快捷地将货物从始发地运转到目的地的一种运输方法。此方法主要解决运输方式转换过程耗时长、效率低的问题。

港口分类

(1) 基本港：国际航运班轮在某一航线上按航行顺序安排，并按期挂靠的港口。基本港大多是属航线上较大的口岸，经济腹地实力很强，外贸进出口量大，货源稳定，载货多，因此在计算运费时，只按基本费率和有关附加计收；在航线的基本港之间，如因船方需要而出现转船或直航，按国际航运惯例，不论货量多少均不收转船或直航的附加费。因此在外贸洽谈时，争取在基本港交货，节约费用方便航运。

(2) 非基本港：在国际航班轮航线上基本港以外的港口。运往这些港口的货物，一般量少、不直航、需在邻近基本港转船或再转舱的货物。在计算运费时，除按基本港基本运费和有关附加费计收外，还增加转船费附加。如货物达到或超过一定数量(1 000 重量吨或 1 000 运费吨以上)，可以直航时，要加收比转船附加费略低的直航附加费。

(3) 联运港：可以办理货物联运(发运或接卸)业务的港口。联运分水/铁/路和江/河/海两种。开展江/河/海联运业务在我国需交通部批准。有的港口两种联运业务都可办理，这种港口除了港口管理水平较高外，还需具备水、铁、公路相接及港口与河、江联通的条件。从中国沿海港口分析，能办理两种联运业务的港口不多。大连、天津、青岛、秦皇岛港有铁路相通，但缺内河航道。上海港、宁波港、南京港、广州港、深圳港具备此条件。上海、宁波、南京有铁道、还有发达的内河航道，及与黄浦江、涌江、钱塘江、大运河、长江相通。广州、深圳港有京广铁路、广深铁路、珠江水系相连。

(4) 开放港：为了繁荣经济、扩大对外贸易与人员交往、吸引外国投资、引进技术的需要，按照国家相关法律和政策，实施对外开放的一些港口称作开放港。所谓开放港主要是向外轮开放，所以也称作对外贸易港、国际港。开放港通常港口设施较齐全，管理与国际接轨，外轮进出港频繁，与国际港航界有密切的业务关系。沿海开放较早的大连、天津、青岛、上海、宁波、厦门、广州、深圳等港口，目前集装箱吞吐量均排名全球港口前25位。

(5) 世界港：亦称世界贸易港。在全球各大洲之间有庞大货流运行的重要港口。它们一般居各航线的要冲位置，是船舶挂靠、货物集散的枢纽港。各国的货物到该港装卸、转运至其他国家。这种港口也称世界大商港。如纽约港、鹿特丹港、新加坡港、香港港、东京港、上海港等。这些港口有的是航运和金融中心，有的是国际枢纽港。

(6) 大陆桥头港：亦称“桥头港”、“陆桥港”。指大陆交通线路两端的出海港口。两个港口中间的连接线(铁路或公路)称为大陆桥。利用大陆桥将沿海一端的货物通过陆上交通工具运送至另一端沿海地区。大陆桥运输对内陆国家和国土面积大的国家是十分有利的，一是可以避免将货物绕很长的海路运送到另一端沿海地区，缩短货物运送时间，降低运输成本；二是可以带动陆上沿线地区的经济发展。美国已建成纽约至旧金山，纽约至西雅图两条横跨美国东海岸至西海岸的铁路大陆桥，纽约、旧金山和西雅图也是美国的大陆桥头港。我国已开通了连云港至鹿特丹港的大陆桥运输线。拟建中的还有海参崴港至鹿特丹港、上海港至鹿特丹港、香港经广州至鹿特丹港、大连港至鹿特丹港等大陆桥运输线。

(7) 船籍港：办理船舶登记的港口。船舶登记时，船舶所有人选择某个港口，并在此港口办理登记手续。船舶进行船籍登记，就确定了船舶国籍，取得船舶的航行权，享受登记国的权益，受到法律保护与管理。船籍港的名称在船尾是标明得很清楚的，以便识别。

因政治和其他特殊的原因，如封锁、禁运，对敌对国、没建交的国家的船舶不准驶入本国领海水域或港口。有些国家的远洋船就到诸如香港、新加坡、利比亚等国港口去注册登记，俗称挂方便旗的船舶，这样就可驶入原本不准进入的他国港口装卸货物。中日没建交前，日本船就挂方便旗进入中国港口。朝鲜战争后，美国为首的西方列强对我国实行封锁和禁运，我国一些远洋船就到香港和其他国家港口登记注册，挂方便旗进行国际贸易，打破西方的封锁。

港口使费

船舶在装货港或卸货港，需靠离港和进行装卸作业，而且都要使用港方的航道、水域、锚地、浮筒、装卸机械、码头泊位、库场，而且还需港方提供交通艇、加油、供水、主副食品、清洗被褥等服务。这些使船舶能继续营运的必要条件，都需支付费用，这些费用项目繁多，统称为“港口使费”。主要包括以下几项：船舶吨税、港务费、装卸理货费、转口费、港杂费等。

口岸

指由国家批准供人员、货物和交通工具进出国境的港口、机场、车站等的总称，是一国对外交往的门户。口岸最早起源于沿海对外通商的港口，也称通商口岸。口岸有海港口岸、空港口岸、陆地口岸之分。口岸一般设有海关、边防检查站、卫生检疫站、商品检验站、交通工具检验机构等。上海港是我国最早对外的通商口岸之一。

保税港区

保税港区是指经国务院批准，设立在国家对外开放的口岸港区和与之相连的特定区域内，具有口岸、物流、加工等功能的海关特殊监管区域。保税港区的功能具体包括仓储物流，对外贸易，国际采购、分销和配送，国际中转，检测和售后服务维修，商品展示，研发、加工、制造，港口作业等 9 项功能。全国目前有上海洋山、天津东疆、大连大窑湾、海南洋浦、宁波梅山、广西钦州、厦门海沧、青岛前湾、深圳前海湾、广州南沙、重庆两路寸滩、张家港、烟台、福州等保税港区。

保税港区享受保税区、出口加工区、保税物流园区相关的税收和外汇管理政策。主要为：国外货物入港区保税；货物出港区进入国内销售按货物进口的有关规定办理报关，并按货物实际状态征税；国内货物入港区视同出口，实行退税；港区内企业之间的货物交易不征增值税和消费税。保税港区叠加了保税区和出口加工区税收和外汇政策，在区位、功能和政策上优势更明显。

船舶登记

任何一艘航行于国际航线从事远洋载货运输业务的船舶，必须在一个国家经批准的港口登记注册，取得该国船籍，并明确在那一个港口登记注册，这就是“船舶登记”。船籍国和船籍港，一般会在船尾用旗帜标明。

远洋船舶的“方便旗”

从常识上理解，属于哪个国籍的船舶应挂哪个国家的国旗，国籍和挂的旗帜应是一致的。但航行于国际航线上从事贸易货物载运的船舶国籍和国旗并非全一致。有些国家的船舶不在本国港口登记注册，而到外国某港口登记注册，取得该国船籍，并挂该国国旗，这就成为挂“方便旗”(Flag Of Convenience)的远洋船舶。

全球不少远洋货轮挂“方便旗”，主要有三个原因：

一是，各国对船舶登记采取二种办法，一种是采用“严格登记”的方法，对船舶登记人、船员的国籍都有严格的限制；

另一种是采取"开放登记"的办法，对船舶登记较为宽松，限制也较少。

二是，出于政治方面的原因，对不友好的国家，或对受国际经济制裁的国家的船舶，采取不予登记的措施。朝鲜战争后，西方发达国家对我国实行封锁、禁运，我国部分船舶到香港等口岸登记，不挂中国国旗，挂"方便旗"从事对外贸易。

三是，出于经济上的考虑，开放船舶登记的国家对前往登记注册的船舶实行优惠，税费低、限制少。到开放登记的国家去进行船籍注册，其营运成本比在国内登记低很多。世界上开放登记船籍著名的国家是，利比里亚、巴拿马、洪都拉斯、秘鲁、塞浦路斯。有些国家金融业发达、融资贷款手续方便，也吸引一些外国船舶去注册登记，如纽约、伦敦、汉堡等。

我国远洋船队规模已进入全球前十位之列，但我国有 1 609 艘远洋船在国外港口登记注册，占中资船舶总数的 43%，船舶吨位数超过 50%。

中资船舶到外国港口注册登记，造成国有资产的管理失控、税源流失、造船厂失去了相当份额的修船和零配件市场、国内船员就业机会减少、高端航运服务业和物流业失去很大部分服务对象、中资船舶挂他国国旗有损我国形象、影响上海对航运资源的有效集聚和配置。

香港、新加坡吸引外资船舶注册的借鉴

香港　给予外国船舶登记注册已有 150 余年的历史。近年香港又推出一些优惠的政策，如首次登记注册收费只有 1 936 美元，比巴拿马、利比里亚都低；在香港登记的外国船舶享受与挂香港区旗的船舶相同的权利；免缴 IFT 会员福利基金、验船费、海难事故调查费、国际组织参与费；避免双重征税等。在香港注册的船舶总吨位 4 000 余万吨，占全球船舶总数的 6%。

新加坡　有 6 家大的炼油厂和 12 家修造船厂，为全世界 130 个国家的航运公司的船舶提供货物装卸、补充燃物料和修船服务。新加坡是开放船舶登记的国家，拥有世界排名第 6 位的远洋船舶数。该港实行自由港和自由贸易区政策，船舶和货物进出比较方便，船/货免关税，港口使费收取数只有洋山港的 30.49%。新加坡港效率很高，集装箱货物吞吐量全球排名第二，并以集装箱国际中转比重达 85%的成绩，而雄踞世界港口排名第一的位置。

洋山船籍港

2011 年 12 月 21 日，我国交通运输部海事局下发了《关于同意上海海事局在洋山保税港区开展船舶登记工作的批复》，明确同意将"中国洋山港"作为一个新的船舶登记注册的船籍港。

洋山成为新的船籍港是上海综合保税区贯彻落实国务院"国发〔2009〕19 号"文件精神，建设好国际航运发展综合试验区的一项重要举措，并对加快建设上海国际金融中心和国际航运中心具有重要的意义。船籍港吸引全世界船舶前来注册

登记，取得该国船籍，有利于船舶、船公司、货源的信息和航运资源的集聚配置。

洋山港作为一个新的船籍港，接受同时满足“从事国际航运”、“洋山保税区内注册的企业拥有或从境外光租的船舶”、“已经办理出口退税手续或予以保税的船舶”三个条件的船舶登记。（上海浦东现代物流行业协会等提供）

附录 6：上海物流业历年部分统计数据

2001—2011 年上海物流业增加值变化情况

指 标	2001（年）	2002（年）	2003（年）	2004（年）	2005（年）	2006（年）	2007（年）	2008（年）	2009（年）	2010（年）	2011*（年）
物流业增加值(亿元)	628.6	703.4	770.1	985.3	1 175.6	1 339.0	1 573.0	1 760.0	1 694.0	2 037.0	2 242.7
年增长(%)	N	11.9	9.5	27.9	19.3	13.9	17.5	11.9	−3.8	20.2	7.4 (10.1)
物流业增加值占全市生产总值比重(%)	12.7	13.0	12.3	12.2	12.9	13.0	13.1	12.5	11.3	12.1	11.7
物流业增加值占全市第三产业增加值比重(%)	25.0	25.5	25.4	27.6	25.6	25.7	25.3	22.4	19.0	21.2	20.1

数据来源：《上海市现代物流业发展“十一五”规划》、《上海市现代物流业发展“十二五”规划》，历年《上海市统计年鉴》、《上海市国民经济和社会发展统计公报》。2011 年相关数据由市发展改革委提供。

2001—2011 年上海物流业部分统计指标一览

指 标	2001（年）	2002（年）	2003（年）	2004（年）	2005（年）	2006（年）	2007（年）	2008（年）	2009（年）	2010（年）	2011（年）
货物运输量(亿吨)	5.4	5.9	6.4	6.6	6.9	7.3	7.8	8.4	7.7	8.1	9.3
港口货物吞吐量(亿吨)	2.2	2.6	3.2	3.8	4.4	5.4	5.6	5.8	5.9	6.5	7.3
集装箱吞吐量(万标准箱)	634	861	1 128	1 455	1 808	2 172	2 615	2 800	2 500	2 907	3 174
航空货邮吞吐量(万吨)	80.4	107.5	139.8	193.6	221.6	253	290	305	298	370	353.9

数据来源：《上海市现代物流业发展“十一五”规划》、《上海市现代物流业发展“十二五”规划》，2011 年相关数据摘自《2012 上海经济年鉴》。

附录 7：《Shanghai Logistics Yearbook 2012》English Catalogue

General Catalogue：

Section 1：General Survey

Section 2：Policy & Service

Section 3：The Basic Field of Logistics

Section 4：The Port Logistics (International & Bonded Logistics)

Section 5：The Logistics of Manufacturing Industry (Joint Development

Both Logistics & Manufacturing Industry)

Section 6: Commerce & Trade Logistics and Others)

Section 7: The Construction of Logistics Infrastructure

Section 8: The Technology, Standard, Equipage & Sacure of Logistics

Section 9: The Informationization of Logistics Management

Section 10: The Derivative Service Industry of Logistics

Section 11: The Researching of Logistics Development Special Subject

Section 12: Appendix

编　　后

历经近 6 个月的积极投入后，《上海物流年鉴 2012》的前期编辑工作现在已告一段落。此刻，翻阅着约 40 多万字的年鉴清样，作为编辑人员，我们深有成就感。《上海物流年鉴 2012》是我们精心抚育的孩子，近 6 个月来，在市政府发展和研究中心以及流通所领导的带领下，依靠所有关爱年鉴编辑工作的各方面朋友的支持和帮助，经过全体编辑部人员的辛勤努力，年鉴终于初步成型了。

上海物流年鉴还只是初生的孩子，之前仅仅只有《上海物流年鉴 2011》试行编辑出版发行的基础，年鉴的整个工作机制还很不完善，筹组稿和编辑、还有筹款工作曾困难重重，但我们踏踏实实地一步步走过来了。在这里我们要首先感谢相关政府主管部门、行业社团和企业、还有其他许多朋友的热心相助，没有他们的支持和帮助，就没有年鉴今天的初步成果。

回首今年年鉴的工作历程，我们完成了一些重要的事项，努力探索建立和完善年鉴的日常工作机制。年内，年鉴编撰委员会、编辑部、理事会等重要团队先后揭牌成立，编制和实施了编委会和编辑部工作职责、理事会章程、2012 年鉴工作计划；年鉴筹稿组合作单位网络初步建立，印发了《上海物流年鉴 2012》征稿组稿的通知文件，通过召开征稿组稿工作会议予以落实；年鉴简报开始编印发行（已发行了会议专辑和 1 至 4 期），年鉴网易邮箱和新浪博客正式开通运行，年鉴的筹款、广告和出版、印刷、发行等业务正在积极拓展。更重要的是实行了编辑部的工作分工和责任制度，将年鉴各篇章的编辑工作分解到各位编辑人员，并通过分阶段的编辑工作会议检查落实具体编辑工作。

感谢各组稿单位对《上海物流年鉴 2012》的热情支持，年鉴共收到包括市发展改革委、市经信委、市商务委、市交港局、市统计局、市工商局、上海海关、上海邮政局、市综合保税区管委会、上海市物流协会、上海浦东现代物流协会、上海国际货代行业协会、机场集团、长发集团、同盛集团等 15 家单位的来稿。原来形成的编辑目录包括附录在内分为十六个篇章，在初稿编辑后期调整为十二个篇章。

与去年编辑出版发行的《上海物流年鉴 2011》比较，《上海物流年鉴 2012》有所不同。

首先更加强调年鉴的定位，应该属于信息密集型的工具书，能够较全面、系统、准确记载所确定的年度（这次年鉴的时间跨度为2011年全年，部分延至2012年6月）上海物流行业发展的总体和分类状况，具有结构系统、信息密集、材料准确、立意客观公正等年鉴主要特点。在体裁上，除遴选的必须全文转载的重要文章外，绝大多数收录内容采用条目形式。在篇幅方面，本年鉴正文共有十一个篇章，另有附录一个篇章包含七项分项，比2011年总体增加了四个篇章，结构编排也有较大调整，总字数、页数也都有较大幅度增加。

关于年鉴收录材料的来源，我们在收录材料的结尾尽可能注明出处，一是尊重原作者，二是方便读者检索。下面介绍部分篇章的内容特点。

年鉴的第一篇为“综述”，其中，收录了有关各方面对年度范围内行业发展情况的回顾和经验总结以及对下一年度的工作展望，其中有市发展改革委提供的总结近期上海物流业发展情况的讲话稿内容，市商务委的“2011年上海市物流业发展情况”和浦东新区政府的“2011年浦东新区发展情况”文稿内容。另外还增加了两个物流“十二五”发展规划，有国家的“商贸物流‘十二五’发展规划”和“上海物流行业‘十二五’发展规划”。

第二篇为“政策和服务”，选录了中国物流和采购联合会撰写的《2011年物流政策环境》为本篇章的概述部分。除了收录国务院和部委、上海市在年度范围出台的相关法律法规和政策文件外，还增加了“关于物流业发展的部分重要讲话”，有中国物流和采购联合会会长何黎明和上海交通和港口管理局局长孙建平的两篇讲话稿。另外，在“政府部门和协会服务”分栏中，选用了市商务委提供的“上海市推进现代服务业工作机制”介绍、市发展改革委的物流业发展工作回顾、市经信委对年度制造业物流和快递业发展工作总结、上海邮政管理局的对快递业发展的管理扶持及工作要点，还有上海市物流协会和上海国际货代行业协会的行业服务工作年度总结。

第三篇为“物流基础领域”，主要收录了市交港局提供的年度发展报告中的道路货运、港口和航运信息，还有《2012上海经济年鉴》、机场集团等单位提供的上海铁路运输、机场和空运，以及其他方面提供的仓储业和国际货代业年度发展情况的主要信息。

第四篇“口岸物流”、第五篇“制造业物流”、第六篇“商贸和其他物流”等都收录了属于细分的产业物流综合信息。

第七篇“物流基础设施建设”、第八篇“物流标准、技术、装备”、第九篇“物流管理信息化”等收录了物流基础技术领域的若干重要信息。

第十篇“物流衍生服务”则从目前比较热门的物流金融、研究和教育培训、第三方交易平台等服务业态展开，集中收录了相关信息。

第十一篇“物流业发展专题研究”汇集了当前物流业界关注的几个重要领域的研究信息和报告。

第十二篇附录部分，有年度范围内的上海物流业大事记、上海物流行业主要社团介绍、历年物流业部分政策文件目录、上海A级物流企业和推优企业名单、物流业若干名词解释、上海物流历年部分统计数据、年鉴英语目录等七个部分。

由于客观条件和我们编辑水平的限制，本年鉴尚存在的疏漏及不当之处，恳请读者批评指正。

《上海物流年鉴》编辑部

2012年8月28日